LA RÉPUBLIQUE DES LETTRES 41

VOLTAIRE

LA TOLÉRANCE ET LA JUSTICE

Études réunies et présentées par
John RENWICK

ÉDITIONS PEETERS
LOUVAIN - PARIS - WALPOLE, MA
2011

A catalogue record for this book is available from the Library of Congress.

Illustration couverture:
Découpure de Jean Huber: «Voltaire, monté sur Pégase, brandissant son fouet»
(Voltaire Foundation, University of Oxford).
Chaleureux remerciements à Nicholas Cronk qui m'a autorisé à m'en servir pour
l'illustration de couverture.

© 2011, Peeters, Bondgenotenlaan 153, B-3000 Leuven, Belgium

ISBN 978-90-429-2235-8 (Peeters Leuven)
ISBN 978-2-7584-0078-3 (Peeters France)
D/2011/0602/29

To Willie,

This volume which revolves very much around a topic that interests us both.

All best wishes Tom

VOLTAIRE
LA TOLÉRANCE ET LA JUSTICE

LA RÉPUBLIQUE DES LETTRES

Collection dirigée par Jan HERMAN

COMITÉ SCIENTIFIQUE

SOMMAIRE

PARTIE III – JUSTICE ET JUSTICE CRIMINELLE: VOLTAIRE, DISCIPLES, ADVERSAIRES CONSERVATEURS ET COMPAGNONS DE ROUTE

LE POURQUOI D'UN COLLOQUE SUR VOLTAIRE, LA TOLÉRANCE ET LA JUSTICE

Au depart, il m'incombe de dire un mot sur la raison d'être et les paramètres du présent volume qui réunit tant de contributions de valeur. Appelé dès 1970, par Theodore Besterman, à cause de mes travaux sur ce «bréviaire de la tolérance» datant de 1767 (je viens évidemment de nommer le *Bélisaire* de Marmontel) à me pencher sur le même problème chez Voltaire, je me suis trouvé sans tarder pris dans un engrenage des plus impitoyables. Non seulement devais-je suivre le Maître de Ferney dans tous les méandres de sa propre campagne en faveur des Protestants souffrants, mais aussi – par là – découvrir à quel point, et avec quelle régularité, *tolérance* et *justice* étaient vite devenues des synonymes purs et simples chez ce vieillard qui, depuis 1762, était engagé dans un combat pour une société alternative, et surtout préférable parce que plus juste. Et pourtant, au fil de mes lectures dans le domaine de la critique et de l'exégèse, je fus obligé de reconnaître que les deux notions, tolérance et justice, y figuraient la plupart du temps comme des entités discrètes ... et même parfois séparables. Erreurs sans doute de présentation chez les critiques plutôt qu'erreurs d'appréciation. Mais en parallèle il y avait plus grave: pourquoi certaines des *causes célèbres* qui sont depuis toujours inséparables de son nom – par exemple celles de Calas, de La Barre, ou bien de Sirven – avaient-elles droit à l'affiche, alors que d'autres, qui étaient tout aussi révélatrices de son activité de philosophe, et surtout de son système des valeurs, étaient infailliblement passées sous silence ou traitées de la manière la plus cavalière[1]?

Pourquoi par ailleurs n'avait-on que peu ou jamais vraiment étudié de près les opinions de Voltaire *en perpétuel devenir* dans ces deux domaines dans la période 1762-1778? Pourquoi surtout n'avait-on pas cru souhaitable de *contextualiser* les opinions de Voltaire dans ces deux domaines?... ce qui expliquerait pourquoi cet «homme aux Calas» et ce champion des opprimés, examiné *in vacuo*, est considéré depuis si longtemps comme un grand homme (ce qu'il était assurément) qui réussit à lui tout seul à imprimer une direction à son siècle...alors que la justice voudrait plutôt qu'on le considère comme un grand homme qui a su dialoguer avec ses

---

[1] Voir mes premiers doutes, formulés dès 1994, dans *Voltaire et ses combats*, éd. Ulla Kölving et Christiane Mervaud (Oxford, 1997), p. 581-591.

contemporains engagés avec lui dans une entreprise commune. Bref, je me trouvais confronté partout à la méthodologie de ce qui, bon gré mal gré, me semblait une hagiographie défaillante plutôt qu'une recherche du probable…même si cette recherche du probable pourrait fort bien finir par enlever au patient une partie de sa gloire convenue.

Pour tout dire, ce que je trouvais, – au lieu d'une vue d'*ensemble* convaincante sur la tolérance et la justice telles que Voltaire les comprenait dans cette dernière période de sa vie, et dont surtout il *raffinait* sans cesse sa compréhension – c'était une mosaïque incomplète à laquelle il manquait non pas uniquement un certain relief, mais aussi un certain réalisme. Comment expliquer, voire justifier les raisons de cette insatisfaction? Dès 1970 – et au fil des ans l'impression globale devait se concrétiser de plus en plus – il me semblait qu'on ne laissait pas de traiter les parties émergées d'un gigantesque iceberg (les plus faciles à cerner), et de vouer à l'oubli ses profondeurs cachées qui infailliblement demeuraient donc très mal ou pas du tout connues. C'est que le canon des textes Voltairiens (c'est-à-dire ceux qui étaient sans faute les plus immédiatement accessibles, et qui se présentaient spontanément à l'esprit) était plutôt limité[2]. Bref, l'explication la plus plausible de cette myopie, c'est qu'il manquait des instruments de travail fiables, soit au niveau des textes mêmes, soit au niveau des véritables études de synthèse d'envergure. Mais comment – cercle vicieux – espérer trouver ces dernières quand les études de synthèse qui paraissaient étaient sans faute des études *ponctuelles* consacrées, qui à Calas[3], qui parfois à Sirven[4], qui de loin en loin à La Barre[5], … ou bien à Morangiés[6]. Mais dans le domaine de ces causes

---

[2] L'Histoire livrerait sans doute une liste comprenant, par exemple, les *Lettres philosophiques*; *Zaïre*; le *Siècle de Louis XIV*; *Alzire*; *Mérope*; *Micromégas*; *Zadig*; le *Poème sur la loi naturelle*; *Candide*; le *Traité sur la tolérance*; le *Dictionnaire philosophique*; *L'Ingénu*.

[3] La fascination qu'exerce Calas – bien supérieure à toute autre dans ce domaine des victimes d'un système judiciaire défaillant – est évidente d'après la liste des études à lui consacrées qui comprend essentiellement: Athanase Coquerel (1858; réédition, 1875; Slatkine Reprints, 1970), Adrien Salvan (1863), Raoul Allier (1898), Frederic Maugham (1928), Marc Chassaigne (1929), Alexandre Coutet (1933), David D. Bien (1960; édition française, 1987), Edna Nixon (1961), André Castelot (1965), Jacques Van den Heuvel (1975), José Cubero (1993), Gilbert Collard (1994). À comparer – dans les notes suivantes – avec la bibliographie consacrée à Sirven et La Barre.

[4] Camille Rabaud (1858; réédition 1891), Élie Galland (1911), Dominique Inchauspé (2004).

[5] Maurice d'Avray (1908), Marc Chassaigne (1920), Max Gallo (1987).

[6] Marc Chassaigne consacra une étude à l'affaire Morangiés en 1929. Elle devait disparaître de vue si complètement que, même avec toutes les ressources des bibliothèques à ma disposition, j'ignorais jusqu'à son existence lorsque je rédigeais ma propre étude sur Morangiés en 1982.

rendues célèbres par Voltaire lui-même, il n'y eut véritablement que celle de Calas pour susciter de nombreux commentateurs[7]. En dehors du roué de Toulouse, il y avait plutôt des zones d'ombre où évidemment l'on ne s'aventurait que rarement. Et comme par simple extension il manquait un véritable mouvement perceptible en direction d'une meilleure compréhension des rouages de ce système qui avait trahi ses propres justiciables, il fallait par voie de conséquence s'attendre à ce que les études savantes consacrées à la justice en tant que telle fussent de même peu nombreuses[8].

Tout était cependant appelé à changer de face. Et les quarante années qui se sont écoulées depuis l'époque de la décision capitale prise à Saint Andrews en 1967 le prouvent à l'évidence: le lancement de la grande édition scientifique des *Œuvres Complètes* signifie qu'on remédie petit à petit à toutes ces carences dans le domaine des textes, de leur exégèse, et donc de leur simple visibilité. Combien de textes traitant de la justice ou de la tolérance, ou des deux à la fois, qui étaient méconnus ou franchement inconnus en 1968 – année du lancement de l'édition – se trouvent-ils désormais dans le domaine public? Énumérons: *André Destouches à Siam* (1987); tous les textes concernant l'*Affaire de Bélisaire* (1990); les pamphlets de 1768 en faveur de la tolérance (1990); *Les Guèbres, ou la tolérance* (1997); tous les textes concernant la famille de Jean Calas, plus l'*Histoire d'Élisabeth Canning* (2000); le *Traité sur la tolérance* (2000); les neuf textes de 1771 qui défendent l'initiative du chancelier Maupeou destructeur du parlement de Paris (2004); deux textes concernant les serfs de Saint-Claude (2004); *La Méprise d'Arras* (2004); l'*Histoire du parlement de Paris* (2005); *L'Ingénu* (2006); l'*Essai sur les probabilités en fait de justice* (2006); les *Nouvelles probabilités en fait de justice* (2006); *La Voix du curé sur le procès des serfs du Mont-Jura* (2006); la *Relation de la mort du chevalier de La Barre* (2008); tous les textes de 1773, au nombre de onze, concernant Morangiés et Monbailli (2009); le *Prix de la justice et de l'humanité* (2009); et enfin les *Fragments sur*

---

[7] Lorsqu'un *Traité sur la tolérance* peut, par exemple, figurer aux concours de l'agrégation et du CAPES – comme ce fut le cas en l'an 2000 – il est évident que le nombre des études et des articles ponctuels consacrés à Calas peut même décupler. L'attention du public devient par là même encore plus prisonnière que jamais des optiques de rigueur.

[8] La tolérance chez Voltaire n'a jamais fait l'objet d'une étude d'ensemble. Par contre la justice a inspiré quatre interventions: Eduard Hertz, *Voltaire und die französische Strafrechtspflege im achtzehnten Jahrhundert* (1887; réimprimé en 1972; d'un accès difficile à cause de la langue… et du langage); Ernest Masmonteil, *La Législation criminelle dans l'œuvre de Voltaire*, Paris, A. Rousseau, 1901; Marcello Maestro, *Voltaire and Beccaria as reformers of criminal law* (1942); Renée Waldinger, *Voltaire and reform in the light of the French Revolution* (1959).

l'Inde (2009), vecteur de la défense du malheureux Lally, bouc émissaire trop commode des défaillances militaires de la France en Orient, sur lequel avaient fondu les rancunes d'une nation humiliée.

Il manque toujours à cette campagne de sensibilisation des éditions tout aussi étoffées du *Commentaire sur le livre Des délits et des peines*, et surtout de cette somme méconnue et surtout inexploitée (pour laquelle Christiane Mervaud se bat depuis si longtemps), qui cache encore des richesses insoupçonnées sur la justice et la tolérance: les *Questions sur l'Encyclopédie*[9]. Mais cela dit, il est évident que les parties cachées de l'iceberg deviennent depuis une quinzaine d'années de plus en plus visibles.

Voilà pour la toile de fond. Il se trouve que je n'ai pas été seul à avoir, au départ (au début des années 1990), nourri de tels doutes à son égard, et à avoir éprouvé, en la contemplant, de telles déceptions. Réunir une équipe de chercheurs à la fois aussi sceptiques que moi sur les optiques de rigueur, et qui étaient tout aussi capables de remédier à des défaillances de méthode ne fut pas un défi. Ont vite répondu présents à l'appel Graham Gargett, Claude Lauriol, Otto Selles et Ghislain Waterlot. Depuis 2003 – grâce à une importante subvention consentie par The Leverhulme Trust (laquelle nous a par ailleurs permis de recruter un jeune doctorant, James Hanrahan) – nous travaillons à redéfinir les paramètres de la carrière de Voltaire, champion des «droits de l'homme», non seulement à la lumière de tout ce qu'il avait pu écrire là dessus, mais aussi par le biais du *très large contexte dans lequel il œuvrait*. À notre sens, ce sont là les conditions *sine qua non* d'une meilleure compréhension de son activité et surtout de sa spécificité. Confrontons cette assertion à un exemple. Disons un mot (sûrement des plus révélateurs) de cette affaire même qui est censée avoir «subitement» infléchi sa carrière. Il s'agit évidemment de l'affaire Calas.

C'est celle-ci, et plus particulièrement le *Traité sur le tolérance*, qui depuis des décennies font couler des flots d'encre. Et pourtant c'est l'attention soutenue qu'on porte à ce texte qui trahit – encore une fois – une des faiblesses de l'approche scientifique adoptée envers le Voltaire des années 1762-1778: l'incapacité, ou pour le moins la réticence, à situer son engagement dans un contexte plus large. L'affaire Calas, et encore plus spécialement le *Traité sur la tolérance* (1763), furent l'occasion, apprend-on, d'une attaque contre *l'infâme*, et le début de cette campagne inlassable contre les méfaits d'une intolérance arrogante, et ô combien

---

[9] Cette édition, entreprise sous la direction de Christiane Mervaud et de Nicholas Cronk, est enfin en cours de publication: le volume 2 (A – Aristée), est paru en 2007, alors que le volume 3 (Aristote – Certain) est paru en 2008.

avilissante pour le genre humain. C'est l'évidence même. Mais pourquoi cette interprétation unidimensionnelle? Car le *Traité* n'est pas que cela. Nos recherches ont établi sans conteste que ce texte, adressé en réalité aux grands commis de Versailles[10], est tout autant une contribution non négligeable au débat socio-économique sur la tolérance civile et la *renaissance économique de la France* que Machault avait involontairement déclenché en 1751. C'est ce débat qui avait généré, entre 1751 et 1762, vingt-cinq écrits de dimensions impressionnantes (voir la contribution d'Otto Selles, p. 65-81). Cela déjà peut laisser rêveur. Mais il y a mieux: le récent examen attentif des trois éditions du *Traité*, dont la publication fut attentivement surveillée par Voltaire, a révélé quelque chose d'inattendu: une variante éphémère, figurant dans la seconde édition (inconnue de Bengesco) et s'étendant sur neuf paragraphes, démontre que Voltaire était *déjà* en octobre 1763 parfaitement conscient de la manière dont les parlementaires établissaient des preuves dans le domaine de la culpabilité,...et surtout du danger qu'ils couraient, ce faisant, d'ôter la vie à un innocent[11]. Donc, bien avant de rédiger *André Destouches à Siam*[12] en juin 1766, et de lire la traduction que l'abbé Morellet procura, en juillet 1766, du célèbre texte de Beccaria, *Dei delitti e delle pene*, qui donna lieu à son tout aussi célèbre *Commentaire*, il avait identifié le caractère défectueux (et évidemment meurtrier) du système judiciaire français. Mais cela soulève un autre problème de fond: pourquoi, devant l'immensité du problème qui l'avait ébranlé, Voltaire choisit-il de garder le silence pendant près de trois ans?

Les importantes nuances qu'on était ainsi à même d'apporter à une meilleure compréhension de «l'homme aux Calas» nous semblaient donc la raison suffisante d'une approche méthodique renouvelée de la problématique conjuguée du lien entre tolérance et justice dans sa vie et ses écrits. Le désir de voir à quel point un public de spécialistes partagerait notre point de vue fut à son tour la raison plus que suffisante de l'organisation d'un colloque international où l'on interrogerait de nouveau

---

[10] Le public pour lequel tel ou tel texte est conçu dicte évidemment les stratégies à employer. Il me semble que l'on a trop souvent cru que Voltaire avait en vue un public tout simplement éclairé, et en conséquence insuffisamment compris l'importance de celui qu'il ciblait en réalité. À ce propos, voir le *Traité sur la tolérance*, OCV, t. 56C, p. 61-65, 67-69, 75-77, etc.

[11] Voir *OCV*, t. 56C, p. 103-105, 260.

[12] On croyait communément que Voltaire ne s'était prononcé publiquement et de manière cohérente sur le problème global de la justice (et de ses défaillances) que dans le *Commentaire sur le livre Des délits et des peines*. Le premier écrit qu'il ait consacré à la nécessité d'une refonte fondamentale du système est pourtant à l'évidence *André Destouches à Siam*; voir *OCV*, t. 62, p. 109-126.

certains textes, et où l'on se donnerait aussi pour tâche de situer l'action de Voltaire *dans un contexte plus large*.

Un colloque n'est couronné de succès que dans la mesure où les paramètres prédéterminés de l'enquête permettent d'obtenir autant de réponses qu'on l'a souhaité. Le nôtre, ambitieux à souhait, ne fut pas – à cause de ses ambitions mêmes – aussi globalement efficace qu'on l'aurait voulu. Nulle contribution, hélas, à propos de certaines questions pourtant dignes de réflexions et de commentaires[13]. Mais par contre que de richesses ne nous a-t-on pas livrées dans les domaines suivants: la tolérance en France depuis Pascal jusqu'à Volney en passant par La Beaumelle; l'intolérance catholique et les modifications survenues dans la doctrine vers le milieu du XVIIIe siècle; la tolérance en Allemagne jusqu'à Kant; la tolérance et *l'intolérance* chez Voltaire au niveau quotidien et personnel (pour ne pas oublier la tolérance dont d'autres, en l'occurrence dom Calmet et dom Fangé, ont fait preuve envers un «mécréant» déjà reconnu comme tel); les devanciers français de Voltaire dans le domaine de la tolérance civile (1745-1762); les stratégies de Voltaire dans la dénonciation de l'intolérance et de l'injustice depuis *La Henriade* jusqu'au *Prix de la justice et de l'humanité* en passant par les grands textes des années 1760; les parlements et les parlementaires vers, et après, le «coup d'État» Maupeou; les opinions de Voltaire sur certains problèmes d'ordre judiciaire et les opinions contrastées de ces grands théoriciens que sont Muyart de Vouglans et Daniel Jousse; les mouvements vers la réforme de la justice criminelle dans les Pays-Bas autrichiens dans la deuxième moitié du XVIIIe siècle; l'affaire des Natifs; l'affaire Martin…

Voilà, pour revenir sur ce que j'ai écrit plus haut, de quoi constituer une deuxième *mosaïque*… à laquelle il manque – je viens de le reconnaître – certains éléments. Mais cette fois-ci, à la différence de celle dont je parlais, et qui a de quoi *décevoir*, il s'agit ici d'une mosaïque d'une tout autre envergure: celle-ci a l'énorme avantage de faire penser de manière *positive* et de faire entrevoir d'autres possibilités d'interprétation, et surtout de nouvelles pistes à explorer.

J'ai longuement hésité, tâchant de savoir si je devais ou non faire un résumé critique de ces vingt-quatre contributions, et indiquer par la même

---

[13] Comme, par exemple: «tolérance, justice et *opinion publique*»; «théoriciens de la justice de l'ordre et de l'importance de d'Aguesseau, Servan et Dupaty»; «théoriciens de la justice criminelle à l'étranger: Blackstone, Beccaria, Jovellanos, Pestalozzi, Sonnenfels, Jefferson, Godwin, Romilly, etc.»; «interventions voltairiennes et/ou textes sur Sirven, Lally, La Barre, les serfs du Mont Jura, Mlle Camp»; «évolution et/ou modification de la pensée voltairienne d'un cas particulier à un autre».

occasion les grandes lignes des recherches à privilégier, avant de prendre une décision sur les dimensions de cette introduction même. M'attendant dans un premier temps à devoir m'y atteler (la coutume est après tout quasiment incontournable), j'ai évidemment sous la main de nombreuses pages de notes détaillées, et de synthèses, engrangées après de longues semaines, voire des mois de lecture et de réflexion. Bien que la tentation de les utiliser, et de me prononcer, de jouer «les guides» soit grande, j'ai fini par y renoncer. Mais non pas, tout compte fait (vanité d'auteur mise à part), à contre-cœur. Il me semble qu'il importe beaucoup plus que le lecteur – convenablement averti sur les éléments de notre problème vieux de quelques décennies – puisse interpréter ceux-ci pour et par lui-même, et qu'il puisse dialoguer librement avec tous les intervenants sans devoir constamment rencontrer un intermédiaire. Plutôt que des lecteurs passifs, orientés au préalable, ce que nous voulons, ce sont surtout des lecteurs qui *redécouvrent* – par le biais de notre scepticisme initial, et des réponses fournies par nos amis venus à Édimbourg – les possibilités de *repenser* sous un angle différent l'action de Voltaire, champion de la tolérance et de la justice. Tout me dit que je ne me trompe pas.

Il me reste à remercier tous les collègues, et tous les organismes qui ont facilité, non seulement les recherches de l'équipe que j'ai pu réunir autour de moi, mais aussi l'organisation matérielle du colloque de septembre 2006. À l'origine (2003), The Leverhulme Trust, et son Directeur, Sir Richard Brooke, précédés de peu par The Development Trust de l'Université d'Édimbourg (2002), ont reconnu l'intérêt de ce que nous projetions d'entreprendre et ont, en conséquence, consenti à m'attribuer, en tant qu'animateur des recherches, de très importantes subventions. De même, la Commission des Recherches de l'École doctorale des littératures et cultures européennes (Université d'Édimbourg), tout comme la British Academy, et l'Institut Français d'Écosse (sous l'égide d'Olga Poivre d'Arvor) m'ont aidé à défrayer en partie ceux et celles qui ont consenti à venir de si loin. Je n'aurais, enfin, jamais réussi à organiser l'hébergement et la sustentation de tant de collègues, vite devenus des amis s'ils ne l'étaient pas déjà, sans le concours de Joanne Cockburn, fidèle parmi les fidèles. Que tous demeurent assurés de ma très vive gratitude.

John RENWICK
La Guirande, (19800) Eyrein, juin 2008 -
Édimbourg, décembre 2008

ABRÉVIATIONS

BestD ou tout simplement D:
Voltaire, *Correspondence and related documents*, éd. Th. Besterman, in: *Œuvres complètes de Voltaire*, vols. 85-135 (Oxford 1968-1977).

BV:
M.P. Alekseev et T.N. Kopreeva, *Bibliothèque de Voltaire: catalogue des livres* (Moscou 1961).

CLT:
Friedrich Melchior von Grimm, *Correspondance littéraire, philosophique et critique (1747-1793)*, éd. Maurice Tourneux (Paris, Garnier, 1877-1882, 16 vols.)

CN:
Corpus des notes marginales de Voltaire, Berlin, Akademie Verlag, 1979-1994, 5 vols; la continuation est en cours de publication dans le contexte des *OCV*: t.6 (t.141 des *OCV*, 2006); t.7 (t.142 des *OCV*, 2008).

Moland:
Œuvres complètes de Voltaire, éd. Louis Moland (Paris, Garnier, 1877-1885, 52 vols.)

OCV:
Œuvres complètes de Voltaire (Oxford, Voltaire Foundation, 1968 -).

SVEC:
Studies on Voltaire and the Eighteenth Century (1955-).

Vst:
René Pomeau, René Vaillot, Christiane Mervaud *et al.*, *Voltaire en son* temps (Oxford, Voltaire Foundation, 1985-1994, 5 vols.); nouvelle édition intégrale, revue et corrigée (Paris, Fayard-Oxford, Voltaire Foundation, 1995, 2 vols)

PARTIE I

AVANT CALAS

LA *HENRIADE* À L'ÉPREUVE DES FAITS: «HUGUENOTS» ET «PAPISTES», FRÈRES ENNEMIS OU RIVAUX PLACIDES?

Céline Borello

(*Université de Mulhouse, et Université du Pacifique*)

> «Hors de l'Eglise, point de salut»
> Saint Cyprien

Cet adage chrétien du IIIe siècle trouve une réalité relativement brutale avec les «troubles» ou guerres de religion qui suivent l'avènement de la Réforme et son développement dans le royaume de France au XVIe siècle. L'Autre, entendu comme «autre religieux», ne peut trouver sa place au Paradis car la vérité est une et portée, dans le cas présent, par l'Eglise catholique apostolique et romaine. L'Autre ne peut non plus être accepté sur un même espace politico-social: sa présence est un danger, une «pollution» éventuelle comme l'expriment les sources catholiques du XVIe et XVIIe siècles. De la même façon, les théologiens protestants ont écarté une possible réintégration dans l'Eglise catholique avec l'échec du colloque de Poissy en 1561. Le rejet est donc réciproque. Dans un texte de Voltaire, *La Henriade*, la présentation des Eglises catholique et protestante est orientée vers cette thèse claire: en France, l'acceptation de la différence religieuse est impossible et, au cœur des relations entre chrétiens, réside la négation d'une éventuelle existence de l'autre confession[1]. L'objectif est, dans la pensée voltairienne, de montrer comment les religions, en tant qu'institutions garantes de dogmes établis et, dans une perspective de biconfessionnalisation d'un espace, sont sources de massacres, de violence, de destruction sociale.

Le propos est ici, dans une perspective purement historienne, de se placer dans la réalité des relations entre catholiques et protestants. Qu'en est-il réellement de l'histoire des relations entre chrétiens depuis la division du XVIe siècle? Voltaire est-il un observateur éclairé ou répond-il, dans cette épopée du XVIIIe siècle qu'est *La Henriade*, à une logique de pensée en dehors de toute réalité historique?

L'analyse tentera, après une présentation rapide de *La Henriade*, de voir, dans les faits, quels types de relations entretenaient catholiques et

---

[1] Sur ce texte, voir *Autour de la Henriade*, numéro 2 de la *Revue Voltaire*, 2002.

protestants, simples fidèles et non membres d'une quelconque élite, jusqu'à l'écriture de ce texte. L'objectif sera alors de mieux cerner les présupposés de rédaction de *La Henriade* et de mieux comprendre les nuances à apporter dans les relations entre chrétiens.

LA HENRIADE ET LES RELATIONS ENTRE CHRÉTIENS

Commençons par rappeler brièvement le texte qui se voulait être une épopée et qui fut, tantôt encensé, tantôt rudement critiqué. *La Henriade*, conçue dans les années 1710 (entre 1713 et 1718), fut publiée clandestinement, une première fois, en 1723 sous le titre *La Ligue*, ou *Henri le Grand* (in-8°), deux autres éditions suivront la même année et en 1724. Dans ce texte, il s'agit de glorifier les actions d'Henri IV, comme l'indique le début du fragment de la dédicace au roi Louis XV, qui elle n'a été éditée qu'en 1820[2]:

> Sire, tout l'ouvrage où il est parlé des grandes actions de Henri IV doit être offert à Votre Majesté. C'est le sang de ce héros qui coule dans vos veines. Vous n'êtes roi que parce qu'il a été un grand homme, et la France, qui vous souhaite autant de vertus et plus de bonheur qu'à lui, se flatte que le jour et le trône que vous lui devez vous engageront à l'imiter[3].

C'est l'édition, in-4°, de 1728, réalisée grâce à l'aide de l'Angleterre, et alors dédiée à la reine de ce pays, qui porte pour la première fois le titre qu'on lui connaît: *La Henriade*, de M. de Voltaire. Le poème fut ensuite publié de nombreuses fois, séparé (par exemple en 1746) ou avec d'autres écrits (1738-39 avec la publication des *Œuvres*).

La trame historique de ce poème est le siège du Paris durant les guerres religieuses qui ont secoué le royaume de France jusqu'en 1598. Henri IV narre alors les événements depuis le début des guerres. Il n'est pour autant pas un document d'histoire, tel n'est pas son but, car, à côté d'événements véridiques, il y a des fictions, des anachronismes, du merveilleux à l'instar de l'apparition de Saint-Louis à Henri IV:

> Je suis cet heureux roi que la France révère,
> Le père des Bourbons, ton protecteur, ton père;

---

[2] Le «discours au roy» que Voltaire composa vers la fin de 1722 et qu'il destinait à la première édition de *La Ligue* fut publié pour la première fois par J.C. Jacobsen dans ses *Pièces inédites de Voltaire*, Paris, 1820.

[3] *La Henriade*, éd. O.R. Taylor, *OCV*. t. 2, p. 257. Toutes nos références à ce texte renverront à cette édition.

> Ce Louis qui jadis combattit comme toi,
> Ce Louis dont ton cœur a négligé la foi,
> Ce Louis qui te plaint, qui t'admire, et qui t'aime.
> Dieu sur ton trône un jour te conduira lui-même;
> Dans Paris, ô mon fils, tu rentreras vainqueur,
> Pour prix de ta clémence, et non de ta valeur.
> C'est Dieu qui t'en instruit, et c'est Dieu qui m'envoie [4].

C'est la trame historique de ce texte qui nous intéresse et plus précisément un thème qui retient l'attention: celui de la violence perpétrée pendant ces guerres civiles avec, comme corollaire, le fanatisme religieux car, très clairement dans le texte, la source de ces agitations est identifiée à la religion.

Ainsi dans cet extrait du chant II où Henri IV raconte à Elisabeth d'Angleterre les malheurs et les massacres qui ont touché la France et particulièrement les violences de la Saint-Barthélemy:

> Reine, l'excès des maux où la France est livrée
> Est d'autant plus affreux que leur source est sacrée.
> C'est la religion dont le zèle inhumain
> Met à tous les Français les armes à la main[5].
> [...]
> Je ne vous peindrai point le tumulte et les cris,
> Le sang de tous côtés ruisselant dans Paris,
> Le fils assassiné sur le corps de son père,
> Le frère avec la sœur, la fille avec la mère,
> Les époux expirant sous leurs toits embrasés,
> Les enfants au berceau sur la pierre écrasés:
> Des fureurs des humains c'est ce qu'on doit attendre.
> Mais ce que l'avenir aura peine à comprendre,
> Ce que vous-même encore à peine vous croirez,
> Ces monstres furieux, de carnage altérés,
> Excités par la voix des prêtres sanguinaires,
> Invoquaient le Seigneur en égorgeant leurs frères;
> Et, le bras tout souillé du sang des innocents,
> Osaient offrir à Dieu cet exécrable encens[6].

Quelle que soit d'ailleurs l'Eglise considérée, la source de la violence vient de la religion puisque les catholiques et les protestants sont renvoyés dos-à-dos dans la suite immédiate du texte de Voltaire:

> Je ne décide point entre Genève et Rome.
> De quelque nom divin que leur parti les nomme,

---

[4] *La Henriade*, *OCV*, t. 2, p. 505.
[5] *La Henriade*, *OCV*, t. 2, p. 391.
[6] *La Henriade*, *OCV*, t. 2, p. 404.

> J'ai vu des deux côtés la fourbe et la fureur;
> Et si la perfidie est fille de l'erreur,
> Si, dans les différends où l'Europe se plonge,
> La trahison, le meurtre est le sceau du mensonge,
> L'un et l'autre parti, cruel également,
> Ainsi que dans le crime est dans l'aveuglement[7].

L'idée est donc simple, en apparence: catholiques et protestants sont présentés comme violents du fait même de leur identité confessionnelle et par le zèle qu'ils s'attachent à mettre en œuvre pour défendre leur religion respective. Dès lors, peut-on s'interroger sur la réalité de cette présentation et prendre, donc, le texte de Voltaire comme prétexte à une interrogation qui a toute sa place dans une réflexion sur la tolérance, en tant que matérialité sociale: quelle est la nature des rapports entre catholiques et protestants jusqu'au moment de la rédaction de *La Henriade*? Le choix d'un tel motif violent pour Voltaire répond, à n'en pas douter, à une logique de démonstration inséparable de son parcours philosophique. Tentons de le comprendre.

DES RELATIONS AMBIGUËS

Il est indéniable qu'il existe dans l'histoire mêlée des deux Eglises des marques de violence et de rejet: les violences et les atrocités sont connues avec les guerres de religion au XVIe siècle, les vexations, dragonnades et Révocation de l'édit de Nantes au XVIIe siècle. Faut-il, dès lors, se résoudre à considérer que le thème violent de cette épopée de Voltaire est le seul mode opératoire des relations entre chrétiens sur le royaume de France depuis ces faits jusqu'à l'écriture de ce texte au début du XVIIIe siècle?

Une lecture partisane des sources pourrait laisser penser que les catholiques, dans leur immense majorité, avaient tous les mêmes objectifs pastoraux de reconquête que l'on connaît très bien par ailleurs. Certes, durant tout le XVIIe siècle, les Compagnies religieuses (Compagnie de la Propagation de la Foi ou Compagnie du Saint-Sacrement de l'Autel) et une partie du clergé montraient une volonté farouche d'en finir avec les huguenots. Certains mots dans les sources laissent transparaître le mépris réel ressenti, à l'exemple des écrits d'abjuration tel le récit de *La Conversion et profession de la foy Catholique et Romaine du Sieur Cacherat*,

---

[7] *La Henriade*, OCV, t. 2. p. 391-392.

rapport imprimé sans doute à valeur d'exemple, trouvé dans les liasses
de la *Congregazione per l'Evangelizazione dei Popoli*. Cette relation
commence en effet par ces termes évocateurs qui résument, à eux seuls,
la vision de l'Eglise catholique, dans une position de combat face à l'ennemi protestant:

> Comme l'hérésie est un monstre né de la corruption des siècles, ou
> pour mieux dire un enchantement composé d'impostures et de men-
> songes, si tost qu'à la lumière de la vérité on vient à descouvrir les
> horribles blasphèmes, et les damnables opinions que Calvin a caché
> dans ses livres, il est impossible qu'on ne renonce à l'erreur pour sui-
> vre le vray chemin du Salut qui nous est marqué da[n]s l'Eglise Catho-
> lique, Apostolique et Romaine, par les traces du Sang de Jésus-Christ,
> et les glorieux vestiges de tant de bien-heureux personnages qui nous
> ont précédés; Car de croire une indiférence de Religions, ou que hors
> de cette Eglise on puisse trouver le Salut, c'est non seulement vouloir
> introduire l'Athéisme dans le monde, mais se tromper soy mesme,
> démentir la raison, et combattre les divines Escritures qui nous ensei-
> gnent le contraire[8].

Du côté protestant, la verve n'en est pas moins claire: le pape est
identifié à l'Antéchrist, Rome à la Grande Babylone ou à la grande pros-
tituée, le culte catholique souvent raillé et présenté comme le culte du
dieu de pâte. Théodore de Bèze, dans son *Traité de l'autorité du magistrat ou la punition des hérétiques*, paru en français en 1560, plus fameux
sous le nom de *Traité des hérétiques*, se montre particulièrement sévère
à l'égard des catholiques, expliquant qu'aucun supplice ne peut égaler la
faute commise par eux de ne pas se rallier à la Réforme. Jurieu, en 1687,
soit un siècle plus tard, polémiquant avec Bayle, reprendra cette argumentation dans *Du droit des deux souverains en matière de religion, la
conscience et le Prince*. De la même façon, en 1699, un libelle, dont le
titre est à lui seul évocateur, *La Loi du talion*, indique clairement le sort
qu'il faut réserver aux catholiques romains: le même que celui infligé
aux protestants en cette fin de XVIIe siècle.

Il ne faut pas confondre, toutefois, théologiens romains, clergé local,
compagnie de la Propagation, conseil du roi et simple particulier, qui plus
est lorsque ce dernier faisait partie de la masse populaire alors dominante
dans cette société d'Ancien Régime. Même si chacun appartenait au

---

[8] *La Conversion et profession de la foy catholique, apostolique et romaine du Sieur
Cacherat, cy-devant ministre de la R.P.R. du Ponteau de Mer et de Quillebœuf en Nor-
mandie. Faite aux Augustins, Mercredy 14 mars 1635, en présence de Monseigneur le
Nonce ordinaire de Sa Sainteté*, Imprimé à Paris chez Jean Martin, 1635. S.O.C.G, vol
199 f° 253-260.

même «camp», celui de la religion du monarque, tous ne parlaient pas de la même façon des protestants, tous n'agissaient pas avec violence à l'égard des membres de la R.P.R. De fait, si l'on se place du côté des fidèles et non des institutions, il semble que les rapports soient beaucoup moins violents et ombrageux qu'il n'y paraît. Elizabeth Labrousse l'a largement démontré: «l'activisme religieux de quelques-uns contraste avec l'inertie générale des masses, spontanément attachées à un *statu quo* qui, depuis 1598, avait rendu licite la profession de la R.P.R.. Parmi les catholiques, comme parmi les réformés, tous les laïcs étaient loin d'être possédés à tous les instants par une ardeur militante, à conséquences agressives»[9]. Voyons cela plus en détail.

En ce qui regarde le peuple, la masse des fidèles, sur certaines provinces où les protestants étaient en très forte minorité comme la Provence, aucun témoignage ne montre des violences pour cause de religion au XVIIe siècle, l'édit de Nantes semblant jouer son rôle pacificateur. Bien plus qu'une absence de violence, catholiques et protestants vivaient ensemble, en relativement bonne intelligence. Nous avons par exemple un partage confessionnel des charges municipales, la religion minoritaire étant dès lors associée au pouvoir local, ce qui a première vue dépasse largement la simple acceptation de l'autre: l'autre religion est participative de la vie sociale à part entière par l'exercice du pouvoir local. A Lourmarin, village de l'actuel Vaucluse très fortement marqué par la Réforme puisque 90% de la population est protestante, il y eut en 1639 un consul «catholique romain», Jean Bernard Mattel.[10] En 1642, c'est le «catholique romain» Antoine Tasseau qui est nommé second consul.[11] Aux Baux, terroir catholique où l'on retrouve à peine 10% de la population du côté de la Réforme, le bourgeois et protestant Pierre Peyre Cabardet, fut de la même façon plusieurs fois consul de son village. Ces cas provençaux[12] ne sont pas majoritaires mais attestent que, même si la gestion communautaire penchait dans le camp majoritaire, protestant ou catholique, il y avait un partage des responsabilités, participation sociale et politique de la confession minoritaire. Autant dire, acceptation de l'autre confession, rendue participante de la vie communautaire.

---

[9] Elizabeth Labrousse, *La Révocation de l'édit de Nantes. Une foi, une loi, un roi?*, Paris, Payot, 1985, p. 67-68.

[10] Archives Communales de Lourmarin, AA1 – délibération du 1er Janvier 1639.

[11] Archives Communales de Lourmarin, AA1 – délibération du 1er Janvier 1642.

[12] Céline Borello, *Les Protestants de Provence au XVIIe siècle*, Paris, Champion, 2004.

On peut, d'ailleurs, imaginer les cas de conscience qui ont pu se poser, dans la gestion de la vie quotidienne, en considérant le binôme dualité religieuse/cohésion villageoise, en tout cas dans les localités partagées. Un peu partout en France, des cas montrent une primauté des intérêts villageois sur la confession durant tout le XVIIᵉ siècle. Ainsi, pour Mauvezin dans le Gers, Elizabeth Labrousse concluait que «le patriotisme municipal, l'attachement aux libertés et privilèges traditionnels de la ville a visiblement pris le pas sur toute autre considération et fait oublier un moment les conflits intestins, d'origine éventuellement religieuse»[13]. En Limousin, on trouve l'exemple à Beaulieu d'une coexistence entre les deux confessions. Le 21 avril 1610, les catholiques demandent au consulat la possibilité de prendre des pièces de bois dans «l'île de la ville pour réparer l'église et la chapelle». Ils obtiennent gain de cause et, dans un souci d'équité, «ceux de la religion ont les mêmes droits si besoin est»[14]. Pour le diocèse de Chartres, R. Sauzet évoque même un «œcuménisme de cabaret» alors que les visites pastorales, sources religieuses catholiques, font mention de curés et vicaires «en train de hanter scandaleusement les cabarets mesmes avec les hérétiques»[15].

Les liens inter-confessionnels apparaissent aussi au moment des mariages mixtes. Même s'ils sont interdits par les deux Eglises, le souci constant qu'elles avaient de les condamner marque leur présence constante dans la vie des fidèles des deux bords. Ces mariages mixtes sont repérés partout, même s'ils se situent à la marge du comportement chrétien. Ils ont incontestablement concouru à l'émergence de relations publiques entre catholiques et protestants. Ces unions mixtes sont ainsi à la fois l'indice d'un cloisonnement religieux, par leur faible nombre, et en même temps le signe d'un lien social – communauté d'habitants, réseau professionnel – qui transcende le clivage religieux. Leur existence montre d'ailleurs une solidarité des élites sociales: «en dehors des pratiques religieuses respectives qui différenciaient si clairement ceux qui le dimanche assistaient à la Messe ou se rendaient au temple, il n'y avait pas de ségrégation très sensible entre huguenots et catholiques»[16]. Si, entre clergé et

---

[13] Elizabeth Labrousse, «Conversion dans les deux sens», in: *La Conversion au XVIIᵉ siècle. Actes du XIIᵉ colloque de Marseille, Janvier 1982*, Aix-en-Provence, Publications de l'Université de Provence, 1985, p. 162.

[14] M. Cassan, *Le Temps des guerres de Religion. Le cas du Limousin (vers 1530-vers 1630)*, Paris, Publisud, 1996, p. 343.

[15] R. Sauzet, «Le problème protestant dans les visites pastorales chartraines du XVIIᵉ siècle», *Bulletin de la Société de l'Histoire du Protestantisme Français*, octobre-décembre 1972, p. 690-691.

[16] Elizabeth Labrousse, *La Révocation de l'édit de Nantes*, p. 68-70.

huguenots, on pouvait parler de franche opposition durant toute la législation de l'édit de Nantes, entre fidèles chrétiens il est possible de trouver une coexistence pacifique, tentée très largement en certains cas d'une acceptation franche de l'autre.

Certains domaines montrent même que l'entente était bonne entre le clergé et les huguenots. A Manosque[17], des réseaux économiques s'établissaient entre catholiques et protestants. Ainsi, l'inventaire après décès du riche médecin protestant Isaac Bourdin indique comme débiteur l'évêque de Sisteron pour la coquette somme de 6 300 livres. Parmi les 90 000 livres de prêts consentis par cet homme, on trouve aussi des débiteurs qui sont des communautés à prédominance catholique comme Manosque, Moustier, Sisteron. Un autre exemple est celui du pasteur de Manosque, Jean Bernard: la communauté de Riez, presque entièrement catholique, était la première à lui verser une rente en remboursement d'un prêt. Il serait sans doute possible de trouver d'autres exemples de liens économiques entre catholiques et protestants. Ces bonnes relations dépassaient parfois le seul lien économique, et était le fait même des membres des deux clergés: on pense alors au pasteur Amyraut qui dînait chez l'évêque de Chartres et recevait à Saumur les visites de l'archevêque de Paris. Il est vrai qu'il est connu surtout comme professeur de théologie à l'académie de Saumur. Cependant ce n'est pas un cas isolé.

Les exemples que nous avons développés sont le fait de la période de l'édit de Nantes. Sa révocation sonne-t-elle la fin de ces attitudes? La question se pose alors de savoir s'il faut penser les rapports interconfessionnels comme dépendants de la législation royale?

Pour l'ensemble de la France du XVIIe siècle, la périodisation générale de l'Edit[18] est relativement simple avec deux périodes de calme relatif (1600-1620 et 1629-1661). Le règne de Louis XIV quant à lui voit d'abord une application à la rigueur de l'édit jusqu'en 1680 puis l'effondrement des Eglises et la Révocation en 1685. Or, en considérant ce que nous avons vu précédemment, ce découpage est uniquement valable pour une étude juridico-politique des rapports interconfessionnels, c'est-à-dire des relations entre les instances du pouvoir royal et les réformés. Il ne tient pas compte des relations entre catholiques et protestants, entre les fidèles

---

[17] A. Collomp, «Protestants de Manosque, protestants de Provence, de l'édit de Nantes à sa Révocation», in: *Protestants en Provence, actes du colloque «Protestants en Provence» tenu à Marseille les 23 et 24 octobre 1998*, fascicule 197, juillet-septembre 1998, p. 636-637.

[18] Daniel Ligou, *Le Protestantisme en France de 1598 à 1715*, Paris, S.E.D.E.S, 1968, p. 44.

des deux religions. De plus, cette présentation juridico-politique des rapports inter-confessionnels est différente en fonction des provinces: si le Poitou entre dans cette chronologie, la Bourgogne voit démarrer les violences en 1661, avec la destruction des temples du pays de Gex par Bouchu. Cette grille de lecture n'est pas applicable non plus pour la Provence où nous avons une application correcte de l'édit jusqu'au début des années 1630; puis l'apparition de premières frictions entre le parlement d'Aix et les réformés jusqu'en 1663 et à partir de là, application «à la rigueur» de l'Edit, ouverte par la campagne de démolition des temples[19].

Ni cette analyse juridico-politique de la question protestante, ni celle de l'attitude du clergé ne doivent cependant faire illusion: «Si l'on s'en tient, par exemple, aux actes émanant de l'autorité, on aura une vision «légaliste» et donc, en l'occurrence, dure des choses. Si l'on se situe à la base, à l'arrivée et à l'application même des textes, la vision sera indéniablement plus nuancée car se trouvent alors mis en jeu la lourdeur et l'inertie des rouages administratifs, le poids des mentalités et des solidarités locales, l'acceptation des personnes, la collaboration plus ou moins active des autorités locales»[20]. Il faut, de fait, penser les rapports entre fidèles indépendamment des rapports entre les Eglises et les institutions même si les fidèles – et en particulier les plus lettrés d'entre eux – sont fortement influencés par ces dernières.

Même s'il faut faire abstraction de la législation royale, dès lors qu'il s'agit de penser les rapports interconfessionnels, il n'en reste pas moins que la Révocation peut en théorie changer la donne en excluant, de fait, de la scène politique et sociale les protestants et le protestantisme. Bien plus, la violence ouverte a été de nouveau utilisée avec les dragonnades, qui sont le fait de soldats à l'exemple de cet extrait de Jurieu:

> On voit entrer une armée dans chaque maison, les soldats insolents, briser, fracasser, brûler tous les meubles, jurer comme des démons, battre avec excez, faire toute sorte de violence, se divertir à inventer de nouveaux supplices, ne s'apaiser ni par argent ni par bonne chère, escumer comme des lions enragés, présenter la mort à toute heure, et ce qui est pis en tout cela, faire tourner l'esprit et pousser les gens au désespoir par les moyens diaboliques[21].

---

[19] Céline Borello, *Les Protestants de Provence au XVIIe siècle*, p. 433 et suivantes.

[20] G. Audisio, «Histoire d'une minorité autour de la révocation de l'édit de Nantes (1685-1985)», in: *Revue d'histoire des Religions*, CCIV-4 (1987), p. 416.

[21] Pierre Jurieu, *Réflexions sur la cruelle persécution que souffre l'Eglise réformée de France*, 1686, Ie partie, p. 39-42, cité par Yves Krumenacker, *Les Protestants du Poitou au XVIIIe siècle*, Paris, Champion, 1997, p. 68.

Jurieu n'est pas le seul à mentionner ces violences. Elie Benoist[22] fait un relevé plus minutieux de ces violences dans son *Histoire de l'édit de Nantes*. C'est surtout le *Journal* laissé par Jean Migault, instituteur du Poitou, qui donne le plus de précisions sur ces vexations quotidiennes endurées par certains protestants lors des dragonnades[23]. Il confirme aussi, s'il était besoin, que la peur incite ces hommes et ces femmes à abjurer. Cependant, à la fin du XVIIe siècle, nous ne sommes plus dans la même catégorie de violence que lors des guerres religieuses du siècle précédent où, le peuple, galvanisé par des prédicateurs zélés, en particulier à Paris, s'était laissé aller à commettre les atrocités que l'on connaît dans ce que l'on appelle, sur l'ensemble du royaume, la «saison des Saint-Barthélemy». Atrocités que décrit d'ailleurs Voltaire:

> Tout imita Paris; la mort sans résistance
> Couvrit en un moment la face de la France.
> Quand un roi veut le crime, il est trop obéi:
> Par cent mille assassins son courroux fut servi;
> Et des fleuves français les eaux ensanglantées,
> Ne portaient que des morts aux mers épouvantées[24].

Un siècle plus tard, les violences des dragonnades sont le fait des soldats du roi, symbole du pouvoir unificateur en matière religieuse. Un roi, une foi, une loi. L'intolérance politique rejoint alors l'intolérance théologique de la citation initiale de Saint Cyprien. La province du Poitou permet de nuancer l'attitude des catholiques de certaines localités qui, dans leur ensemble, tentent d'aider les familles protestantes lors des dragonnades. Ainsi, en juin 1681, Marillac se plaint des catholiques de Rom et d'Exoudun qu'il trouve trop compatissant à l'égard des «hérétiques». Certains officiers catholiques vont même jusqu'à prêter leur nom à des confrères protestants afin d'éviter qu'ils aient à loger chez eux des soldats[25]. Tout comme il ne faut pas confondre rapports entre institutions et rapports entre fidèles, il ne faut pas confondre dragons et simple particulier catholique.

Il ne s'agit pas ici d'idéaliser les rapports entre catholiques et protestants, mais de comprendre la nécessaire nuance à apporter entre fidèles et institutions, entre approche juridico-politique et approche «quotidienne» de la question de l'acceptation ou non de l'autre qui renvoie à celle de la tolérance.

---

[22] Elie Benoist, *Histoire de l'édit de Nantes*, Delft, 1693-1695, t. 3 p. 472-484.
[23] Yves Krumenacker, *Journal de Jean Migault, ou les malheurs d'une famille protestante du Poitou*, Paris, Les Editions de Paris, 1995.
[24] *La Henriade, OCV*, t. 2. p. 408.
[25] Yves Krumenacker, *Les Protestants du Poitou*, p. 75.

POURQUOI UN TEL POSTULAT DE VIOLENCE DE LA PART DE VOLTAIRE?

Revenons alors à la seconde de nos interrogations: Voltaire est-il un observateur éclairé ou répond-il, dans *La Henriade*, à une logique de pensée en dehors de toute réalité historique? On ne peut croire que le choix du sujet chez Voltaire, même si cette œuvre se situe au début de son parcours intellectuel, soit anodin.

Il choisit de présenter, compte tenu de ce que nous venons de voir de la réalité plus nuancée des rapports entre chrétiens, une position dure des rapports interconfessionnels qui ne sont qu'une partie, la plus visible, de la vie entre les deux confessions. Sa position tend donc à valoriser une approche juridico-politique de ces relations, c'est sur le droit qu'il se fonde avant tout. Pouvait-il faire autrement dans le contexte de rédaction de son œuvre? L'aurait-il pu, l'aurait-il fait?

A la première question, il faut clairement répondre par la négative. Au moment où Voltaire écrit *La Henriade*, très certainement vers 1718, nous sommes aux lendemains immédiats du règne de Louis XIV, la Révocation de l'édit de Nantes est la dernière étape officielle des rapports protestants-monarchie. C'est un geste, par ailleurs, très critiqué dans les pays protestants. Ce qui polarise, donc, c'est le contexte de rejet et non celui qui a pu prévaloir dans l'acte de signature d'Henri IV même si, dans ce dernier, il faut convenir d'un acte de concorde et non de tolérance religieuse. De plus, d'un point de vue historiographique, tant catholique que protestant, il est impossible de considérer les faits dont nous venons de parler, au début du XVIIIe siècle. Ils restaient inconnus, même des lettrés du temps. La stigmatisation de l'autre était en revanche au cœur même de l'écriture historique ou philosophique comme l'indique la publication de certains ouvrages évoqués plus haut, à l'exemple d'Elie Benoît qui publie son *Histoire de l'édit de Nantes* en 1693-95, à Delf. La conscience historique n'est pas à l'apaisement: les esprits, échauffés par certains écrits virulents, mirent parfois en pratique les exhortations de Pierre Jurieu, en particulier dans les Cévennes où des catholiques (les curés en premier lieu) furent exécutés dans une guerre à l'élan prophétique évident qui dura de 1702 à 1710. Les prises de position de Pierre Bayle en faveur de la tolérance civile ne sont pas des plus répandues, loin s'en faut. Il n'est donc pas surprenant que Voltaire, dans les années 1710, choisisse comme moteur principal de son action ces guerres de religion qui montrent l'aspect noir des relations entre chrétiens. Cette période des guerres civiles est d'ailleurs revisitée: Louis Maimbourg, lu par Voltaire, écrivit en 1682 et 1686 une *Histoire du calvinisme* et une *Histoire de la Ligue*, résumant dans le premier le massacre de la Saint-Barthélemy :

> Au reste, il ne faut pas que mon lecteur attende de moi que je raconte ici tout ce qui se fit en cette malheureuse journée que je voudrois de tout mon cœur qu'ont eust ensevelie dans les ténèbres d'un éternel oubli[26].

En 1691, parut *Les Héros de la Ligue ou la Procession Monacale conduite par Louis XIV pour la conversion des Protestants de son royaume* dans lequel les principaux protagonistes des persécutions infligées aux «nouveaux convertis» portent de gros capuchons de moines à l'image des pénitents de la Ligue. La mémoire de la fin du XVIᵉ siècle est donc réactivée par la Révocation de l'édit de Nantes et le choix du contexte pour situer son épopée répond à cette logique.

Néanmoins, quand on considère le parcours de Voltaire postérieur à *La Henriade*, il est fort à parier que le choix de cette période historique des guerres de religion, pour considérer les conséquences sociales et politiques des rapports entre catholiques et protestants, n'est pas fortuit. Et cela, indépendamment de son contexte rédactionnel. Cette séquence historique offre à Voltaire matière à diabolisation du prêtre assassin et du huguenot tueur et sans doute, même s'il s'en défend dans l'extrait cité plus haut, plus à révéler la première image que la seconde. Il sert à défendre l'idée qui sous-tend sa conception de la tolérance : l'institution religieuse est porteuse de destructions sociales. Et d'ailleurs, à bien y regarder dans l'extrait cité plus haut, c'est l'institution qui est nommée comme source de tous les mots : «Rome» et «Genève». Même s'il est difficile de désigner Genève comme centre religieux protestant au même titre que Rome pour le catholicisme, dans le cadre de la Réforme française, c'est de cette ville que les premiers pasteurs furent envoyés à partir des années 1560. Le symbole est donc là.

Pour les institutions religieuses et pour les fidèles, les frontières du «tolérable» ne semblent pas les mêmes. En tout cas, pas partout et pas toujours comme nous l'avons vu dans les quelques exemples précédemment présentés. Cependant, une dernière question peut alors être posée. Dans les attitudes «pacifiques» évoquées, faut-il parler de «tolérance» de faits, acquise plus précocement qu'une «tolérance» de droit, plus tardivement élaborée en particulier grâce à l'œuvre de certains penseurs du XVIIIᵉ siècle ? Ces simples particuliers qui vivaient parfois dans des

---

[26] Louis Maimbourg, *Les Histoires du Sieur Maimbourg*, t. 10, *Histoire du calvinisme*, 1682, p. 423.

villages, en milieu rural donc, loin de l'agitation philosophique des villes et des élites, étaient-ils à même de conceptualiser leurs attitudes comme une forme de tolérance théologique ou politique? Il est difficile d'attribuer dans ces gestes une cause qui relèverait d'un ou l'autre de ces postulats. Il s'agirait plutôt d'une «tolérance de la quotidienneté» en tant qu'acceptation de l'Autre qui est reconnu selon des critères identitaires où la religion n'est pas retenue comme facteur déterminant: le «protestant» est simplement le voisin, le confrère, celui qui partage une rue, que l'on croise quotidiennement dans l'espace familier. Quelques particuliers ont pu mettre d'une certaine manière en pratique les paroles de Michel de l'Hospital lors de l'ouverture des Etats généraux en 1560:

> On dit que la principale cause de la sédition est la religion, chose fort étrange et presque incroyable […]. Si sédition est guerre civile, pire que celle du dehors, comment advient-il qu'elle soit causée et produite de la religion, même chrétienne et évangélique, qui nous commande surtout la paix et amitié entre les hommes? […]. Ôtons ces mots diaboliques, noms de partis, factions et séditions, luthériens, huguenots, papistes: ne changeons le nom de chrétien[27].

Le mot qui vient alors à l'esprit pour qualifier le mieux ces attitudes est celui de fraternité qui repousse le seuil du «tolérable» bien plus loin que les institutions ecclésiale et civile. Fraternité chrétienne peut-être mais avant tout solidarité entre individus vivant sur un même sol et que la religion, même différente, ne peut toujours opposer.

Dans *La Henriade* de Voltaire, la version dure des rapports entre chrétiens détermine une prise de position claire de l'auteur en faveur d'une dénonciation du «fanatisme religieux». Elle n'est cependant pas intégralement représentative des rapports qu'ont pu tisser, entre les événements relatés et le contexte de rédaction de l'œuvre, les catholiques et les protestants. Mais, la conscience historique du temps n'était sans doute pas prête à considérer d'autres modes opératoires dans les rapports entre chrétiens. Le choix de ce sujet d'épopée est, pour l'auteur, en ce début de XVIIIe siècle, une piqûre de rappel sur les atrocités commises un siècle plus tôt. Il y a un refus de présenter protestants et catholiques simplement comme des «rivaux placides» d'une intolérance théologique réciproque.

---

[27] Michel de L'Hospital, *Discours pour la majorité de Charles IX et trois autres discours*, présentation de Robert Descimon, Paris, Imprimerie nationale, 1993, p. 87.

UN CAS PARTICULIER DE «TOLÉRANCE»: VOLTAIRE ET DOM CALMET*

Gilles BANDERIER
(*Bâle*)

> «Il y a une belle bibliothèque à
> Senone; il y a des gens bien savants»[1].

Il est plus difficile qu'il n'y paraît d'étudier la question des rapports entre Voltaire et l'idée de tolérance. Nous raisonnons (le moyen de faire autrement?) à partir de notre perception moderne de cette notion. Voltaire a certes contribué à donner à la tolérance son visage contemporain mais, en même temps, on sait que toute son œuvre est informée par un véritable fanatisme intellectuel, doublé d'un antisémitisme profond[2], lequel n'est que l'envers de son antichristianisme. Lors du colloque d'Amsterdam sur *Voltaire, Rousseau et la tolérance* (novembre 1978), F. Nef avait déjà publié un article excellent sur l'intolérance de Voltaire[3], question reprise plus récemment, et sur le mode polémique, par Xavier Martin[4]. Il ne nous est plus possible de lire l'article «Juifs», le plus long du *Dictionnaire philosophique*, à la fois parce qu'il a disparu de plusieurs éditions courantes (où l'on avait fusionné le *Dictionnaire philosophique*

---

* Je suis heureux de remercier Mmes Marie Cuny et Christine Valentin (Bibliothèque municipale de Saint-Dié), mon ami Marcel Israel, les personnels et conservateurs de la Bibliothèque universitaire de Bâle, ainsi que – *last but not least* – mon épouse, à qui je dois de m'intéresser à dom Calmet.

[1] Voltaire à Sébastien Dupont, c. 20 juin 1754 (D5848).

[2] Cette question a produit une abondante littérature, le plus souvent orientée dans le sens de la défense de Voltaire. On consultera notamment les pages de Roland Desné, «Voltaire était-il antisémite?», in: *La Pensée* 203, 1979, pp. 70-81 et Henry Vyverberg, *Human Nature, Cultural Diversity, and the French Enlightenment*, New York – Oxford, Oxford U.P., 1989, p. 103-107, ainsi que l'article (peu convaincant et non exempt de mauvaise foi) publié par Bertram Eugene Schwarzbach, «Voltaire et les Juifs: bilan et plaidoyer», in: *SVEC* 358 (1998), p. 27-91.

[3] F. Nef, «Le récit voltairien: tolérance et résignation», in: *Voltaire, Rousseau et la tolérance*, Amsterdam – Lille, Maison Descartes d'Amsterdam, P. U. de Lille, 1980, p. 113-128.

[4] *Voltaire méconnu. Aspects cachés de l'humanisme des Lumières, 1750-1800*, Paris, Dominique Martin Morin, 2006.

proprement dit et les *Questions sur l'Encyclopédie*)[5], et surtout parce
qu'après l'expérience du XXᵉ siècle, un tel article est insupportable.
Il n'est pas non plus certain que nous pourrons lire encore longtemps ce
petit texte qu'est «De l'horrible danger de la lecture» car, dans l'héritage
ambigu des Lumières, la liberté d'opinion et la tolérance ne peuvent
coexister avec le refus de toute discrimination. À l'aube du troisième
millénaire, cette interrogation, voire cette contradiction, sont au cœur des
sociétés modernes.

Bien que, comme l'a finement remarqué Peter Gay, «all the men of
the Enlightenment were cuckoos in the Christian nest»[6], la pensée des
Lumières s'est édifiée soit en laïcisant des idées chrétiennes, soit par
opposition à la conception du monde chrétienne en général, catholique
en particulier[7]. Contre le salut chrétien, les Lumières ont cherché à proposer autre chose. Polémiste ardent, Voltaire s'est souvent trouvé occupé
à rompre des lances avec des catholiques. Mais, dans un cas au moins,
la relation prit un tour bien particulier.

* * *

Sans doute ne saura-t-on jamais quelles pensées traversèrent la vaste
intelligence de dom Augustin Calmet lorsque, le 10 juin 1754, sous la
pluie et le vent[8], il vit arriver dans la cour de son abbaye le sieur Fran-
çois-Marie Arouet, dit Voltaire, accompagné d'un domestique et d'un
copiste[9]. L'abbé de Senones accueillait entre ses murs l'auteur déjà
fameux des *Lettres philosophiques*, de *La Henriade* et du *Siècle de Louis
XIV*, membre de l'Académie française, alors âgé de cinquante-huit ans,
et historiographe du roi. Il n'y avait aucun doute à entretenir sur ce qu'il
était, ni sur ce qu'il pensait. Le *Dictionnaire philosophique* était encore
à dix ans dans l'avenir, mais l'écrivain y pensait déjà. Avant d'«écraser

---

[5] L'article «Juifs» parut pour la première fois en 1771 dans les *Questions sur l'Encyclopédie*; voir Moland, t. 19, p. 526-541.

[6] *The Enlightenment. An Interpretation. The Rise of Modern Paganism*, New York,
Alfred A. Knopf, 1966, p. 368. Dans son ouvrage, Peter Gay a consacré des pages remarquables à dom Calmet (p. 361-364).

[7] «Une considération s'impose: le protestantisme est apparu au commencement des
temps modernes et se trouve ainsi en affinité beaucoup plus étroite que le catholicisme
avec les composantes qui ont secrété l'époque moderne. Sa configuration actuelle, il l'a
trouvée dans une large mesure au contact des grands courants philosophiques du XIXᵉ siècle» (Joseph Ratzinger, *Entretien sur la foi*, Paris, Fayard, 1985, p. 190-191).

[8] «La grêle ne tardera pas» (Voltaire à Marie Louise Denis, 12 juin 1754, D5843).

[9] *Revue Voltaire* 5 (2005), p. 213, note 13.

l'infâme», Voltaire songeait à s'en servir[10]. Le voici parvenu au cœur de la «croix des Vosges», une constellation de cinq abbayes (bénédictines ou prémontrées) qui comptait – en plus de Senones – Étival, Saint-Dié, Moyenmoutier et Bonmoutier (cette dernière, dont il ne reste rien aujourd'hui). Comment s'explique cet étonnant «passage à l'ennemi»? Tous les biographes de Voltaire et de dom Calmet ont mentionné ce séjour de trois semaines, mais sans toujours mettre en évidence sa profonde singularité. On sait que Karl Marx a composé l'essentiel du *Capital* dans la métropole d'un pays qui fut la matrice du capitalisme européen moderne, un pays où le communisme n'a jamais exercé une grande influence politique ou idéologique. À tout prendre, le station bénédictine de Voltaire n'est pas moins singulière.

Le séjour de Voltaire à Senones est documenté par un abondant dossier (même si nous sentons également que beaucoup de choses nous échappent), dont il convient de reprendre, plus ou moins succinctement, les principales pièces, qui se répartissent entre les deux protagonistes. Il est certes plus facile de travailler sur Voltaire que sur dom Calmet, car l'*opus epistolarium* de celui-ci – outil précieux pour l'intelligence de son œuvre – n'est que très partiellement édité, alors que le savant bénédictin entretenait des relations épistolaires dans toute l'Europe. C'est le lieu de dire que la mise à disposition des érudits, de la correspondance de dom Calmet, serait une tâche de première importance.

L'existence de dom Calmet, personnage considérable de son abbaye, de sa congrégation, de son ordre, a de bonne heure fait l'objet de notices, qui accordent naturellement une place à l'événement que constitua la visite de Voltaire à Senones. Ces mentions dessinent une *vulgate*, qui sera ensuite utilisée par les biographes – ou les hagiographes – de Voltaire et de dom Calmet. Il n'est pas certain que, même convenablement éditée, la correspondance de dom Calmet contiendrait de nombreuses allusions à Voltaire. D'après la documentation disponible, il semble que le philosophe n'ait été qu'un correspondant parmi d'autres et que le Bénédictin n'ait pas accordé une très grande importance au séjour d'Arouet dans son abbaye. Voici ce qu'on lit dans l'*Histoire de l'abbaye de Senones*, sous la plume de dom Augustin Fangé, neveu et coadjuteur de dom Calmet:

> En 1753 [*sic*], dom Calmet reçut la visite du célèbre M. de Voltaire. Il avoit conçu depuis longtems une singulière estime pour l'abbé de Senones, et il lui en avoit donné des preuves par plusieurs lettres qu'il

---

[10] François Bessire, «*Orate fratres*. Écr. l'inf»: quand Voltaire écrivait à ses disciples», in: *Poétique de la pensée. Études sur l'âge classique et le siècle philosophique, en hommage à Jean Dagen*, Paris, Champion, 2006, p. 71-83.

lui avoit écrites. Dès l'année 1748. M. de Voltaire, qui étoit alors à la cour de Lunéville, avoit témoigné beaucoup d'empressement de voir et de converser avec dom Calmet dans son abbaïe. […]

Il vint enfin à Senones en 1753, et y passa environ trois semaines. Il y employa tout ce tems là, ou à converser avec dom Calmet et son neveu, ou à travailler dans la bibliothèque. Ces deux savans hommes se témoignèrent une estime réciproque; et si dom Calmet admira le grand savoir et le bel esprit de M. de Voltaire, celui-ci à son tour ne pût refuser à dom Calmet le respect que sa vertu, l'étendue de ses lumières et sa rare modestie méritoient.

La conduite que tint M. de Voltaire tout le tems qu'il séjourna en l'abbaïe de Senones, rend témoignage à la vénération qu'il avoit pour le chef qui la gouvernoit, et à sa considération pour ceux qui l'habitoient. Il y vécut en quelque sorte comme en religieux, n'ayant voulu pendant tout ce tems là manger qu'avec la communauté au réfectoire, et ne converser qu'avec les religieux.

Il assista le jour de la Fête-Dieu à la procession et à tout l'office, qui se fait ce jour là à Senones avec beaucoup de pompe et de majesté, ayant témoigné être très-édifié de cette cérémonie.

M. de Voltaire fut si satisfait de son séjour à Senones, à cause principalement des grands secours qu'il y avoit trouvés dans la nombreuse et belle bibliothèque de cette maison, qu'il forma le dessein de s'y fixer pour le reste de ses jours. Il en fit écrire de Colmar, où il résidoit alors, au coadjuteur de dom Calmet, demandant qu'on lui louât la maison abbatiale, ayant résolu de s'y retirer. Mais d'autres affaires l'ayant appelé ailleurs, ce projet n'eut point de suite. M. de Voltaire a témoigné depuis dans plusieurs lettres écrites ou à dom Calmet ou à son neveu, qu'il se souvenoit toujours avec plaisir du séjour qu'il avoit fait à Senones, et dans toutes les occasions il n'a cessé de marquer une singulière estime pour dom Calmet[11].

Un document manuscrit, intitulé «Eloge historique du t. R. p. dom Augustin Calmet abbé de Senones», contient sous la rubrique «Estime des gens de lettres» une appréciation voisine:

le célébre M. de Voltaire […] a toujours témoigné de vive voix et par ses lettres le cas qu'il faisoit des vertus et de la science de nôtre abbé. Il vint à Senones en 1754 uniquement pour voir dom Calmet et converser avec lui, et y sejourna pendant trois semaines. Les deux savans hommes se témoignerent une estime reciproque: et si dom Calmet admira le grand savoir et le bel esprit de M. de Voltaire, celui-ci à son tour ne put refuser à dom Calmet le respect que sa vertu, l'étenduë de

[11] Dom Augustin Fangé, à la suite de l'*Histoire de l'abbaye de Senones*, Épinal 1878-1879, t. 2, p. 124-125, où l'on cite le début de D7488. On trouve un texte plus concis dans la *Vie de dom Calmet* manuscrite (Saint-Dié, Bibliothèque municipale, ms. 80, vol. 23, f.141v°-142r° = p. 50-51).

ses lumieres et sa rare modestie meritoient. M. de Voltaire après la mort de dom Calmet n'a rien diminué des sentimens d'estime qu'il lui avoit marqués pendant sa vie[12].

On notera pour commencer – et le fait est déjà assez remarquable en lui-même – que dom Calmet avait choisi «Arouet» comme nom d'emprunt, dans ses activités destinées à défendre la doctrine janséniste en Lorraine[13]. Cela étant, il faut bien observer que Voltaire ne fut pas aussi important pour dom Calmet, que dom Calmet ne le fut pour Voltaire. On n'a pas manqué de signaler l'ampleur de la dette contractée par le philosophe (y compris pour sa tragédie de *Saül*), bien qu'il ne se soit point privé de retourner ensuite le savoir accumulé dans les ouvrages de dom Calmet contre l'Église même[14]. Commentant la publication du *Dictionnaire philosophique*, le président de Brosses écrivait à Charles Loppin, baron de Gemeaux: «Il y a, à travers des folies et des disparates, des choses bien vues et bien exprimées, qui vous feront plaisir, mais d'ailleurs communes et que tout le monde sait; il passe sa vie à lire le commentaire de Calmet, où il prend son érudition et ajuste ses épigrammes»[15]. Exagération? Sept ans plus tôt, et quelques mois avant la mort de dom

---

[12] Saint-Dié, Bibliothèque municipale, ms. 73, p. 1-42 (p. 20).

[13] René Taveneaux, «Noms d'emprunt en usage chez les Jansénistes lorrains», *Le Jansénisme en Lorraine, 1640-1789*, Paris, Vrin, 1960, p. 585.

[14] «Anecdotes historiques concernant M. de Voltaire et Dom Calmet», *Neuvième Recueil philosophique et littéraire de la Société typographique de Bouillon*, 1779, p. 151-156 [Bibliothèque nationale de France, Z.20317, Staatsbibliothek zu Berlin, Preußischer Kulturbesitz, Ab.3100]; G. Baumont, «Voltaire chez dom Calmet. Une retraite philosophique dans une abbaye bénédictine (juin 1754)», discours prononcé à la distribution des prix du collège de Saint-Dié (27 juillet 1912), in: *L'Estafette* (30 juillet 1912) et in: *Bulletin de l'enseignement secondaire de l'Académie de Nancy* (juin 1913), p. 13-23; Elizabeth Nichols, «Dom Calmet «qui n'a raisonné jamais»», in: *The French Review* 31 (1957-1958), p. 296-299; Arnold Ages, «Voltaire, Calmet and the Old Testament», in: *SVEC* 41 (1966), p. 87-187; Marie-Hélène Cotoni, *L'Exégèse du Nouveau Testament dans la philosophie française du XVIIIᵉ siècle*, SVEC 220 (1984), *passim*; David Levy, *Voltaire et son exégèse du Pentateuque: critique et polémique*, SVEC 130 (1975), p. 149-176; Béla Köpeczi, «Un scandale des Lumières: les vampires», in: *Thèmes et figures du Siècle des Lumières. Mélanges offerts à Roland Mortier*, éd. Raymond Trousson, Genève, Droz, 1980, p. 123-135; François Bessire, «Voltaire lecteur de dom Calmet», in: *SVEC* 284 (1991), p. 139-177; Roland Mortier, «De Dom Calmet à Voltaire, ou les avatars du «pauvre Job»», in: *Les Combats des Lumières. Recueil d'études sur le XVIIIᵉ siècle*, Ferney-Voltaire 2000, p. 174-182; l'article «Calmet» de l'*Inventaire Voltaire*, Paris, Gallimard, 1995, p. 191 et «Bible et création littéraire», in: *Revue Voltaire* 1 (2001), p. 53-67; G. Gargett, article «Calmet» du *Dictionnaire général de Voltaire*, Paris, Champion, 2003, p. 162-163.

[15] Charles de Brosses à Charles Loppin, baron de Gemeaux, 31 décembre 1764 (D12277).

Calmet, la parfaite connaissance que possédait Voltaire, de l'œuvre du Bénédictin, lui permit de détecter une sorte de plagiat commis par un pasteur de Lausanne[16]. Les ennemis du philosophe, de leur côté, n'ont jamais manqué de souligner le décalage frappant qui existe entre, d'une part, sa critique nourrie, précise, argumentée, de la Bible et, d'autre part, la maigreur de ce qu'il pouvait connaître de première main: «Comment M. de V., qui ne sait pas un mot d'Hébreu, qui connaît à peine les caractères de cette langue, s'est-il avisé de faire un long commentaire sur la Genèse?»[17]. L'œuvre et la personne de dom Calmet permettent de résoudre cette contradiction. Voltaire se contente d'énoncer un fait et de reconnaître une dette intellectuelle, sans la moindre trace d'ironie[18], lorsque, six ans avant sa venue à Senones, il écrit à dom Calmet: «je ne veux pas avoir à me reprocher d'avoir été si près de vous, et n'avoir point eu l'honneur de vous venir voir. Je veux m'instruire avec celui dont les livres m'ont formé, et aller puiser à la source. Je vous en demande la permission; je serai un de vos moines. Ce sera Paul qui ira visiter Antoine»[19]. On ignore précisément ce que dom Calmet pensa en recevant cette surprenante missive. Trois ans après le séjour de Voltaire, la même idée revient dans sa correspondance: «La plupart de ses ouvrages [de dom Calmet] ne sont pas seulement de bons livres, ce sont des livres dont on ne peut se passer»[20]. L'écrivain a commencé de pratiquer lesdits ouvrages de bonne heure, puisque le nom de Calmet apparaît sous sa plume dès 1736, à la fin du *Mondain*:

> C'est bien en vain que tristement séduits,
> Huet, Calmet, dans leur savante audace,
> Du Paradis ont recherché la place:
> Le Paradis terrestre est où je suis[21].

Il entra en contact avec le moine bénédictin par l'intermédiaire de leur commune relation, Madame Du Châtelet[22]. L'œuvre immense de dom

---

[16] Voltaire à D'Alembert, 24 mai 1757 (D7267).

[17] Chaudon, *Dictionnaire antiphilosophique*, 1ᵉ partie, p. 184, cité par Didier Masseau, *Les Ennemis des philosophes. L'antiphilosophie au temps des Lumières*, Paris, Albin Michel, 2000, p. 247, note 1.

[18] Contrairement à ce que pense René Pomeau, *La Religion de Voltaire*, Paris, Nizet, 1956, p. 161.

[19] Voltaire à dom Calmet, 15 février 1748 (D3618).

[20] Voltaire à dom Augustin Fangé, 14 juin 1757 (D7288).

[21] *Le Mondain*, éd. H.T. Mason, *OCV*, t. 16, (p. 269-303), p. 303. *Cf.* la troisième des *Homélies prononcées à Londres en 1765 dans une assemblée particulière*, éd. Jacqueline Marchand, *OCV*, t. 62, (p. 461-476), p. 465.

[22] Voir par exemple la lettre de la marquise Du Châtelet à dom Calmet, 18 mai 1741 (D2487).

Calmet est organisée selon plusieurs lignes directrices: histoire, théologie, exégèse. Voltaire semble avoir suivi ses publications dans chacun de ces différents domaines. En juillet et août 1741, il pria Nicolas Claude Thieriot de bien vouloir se rendre chez un libraire, pour feuilleter l'*Histoire universelle* de dom Calmet, qui l'intéresse[23], mais sur laquelle il souhaite un avis, avant une éventuelle acquisition[24]. Incidemment, Voltaire se rendra à Senones alors qu'il travaillait à faire imprimer son propre *Abrégé de l'histoire universelle* (qui deviendra l'*Essai sur les mœurs*). Onze ans plus tard, en septembre et octobre 1752, il demanda à Charlotte Sophia d'Aldenburg, comtesse Bentinck (la Cunégonde de *Candide*), le *Dictionnaire de la Bible*, au complet («avec tous les tomes de ses commentaires, et sur tout ses prolégomènes»)[25], non sans un coup de griffe au passage, qualifiant l'ouvrage de «vaste recueil de sottises sacrées […] plein de choses curieuses»[26]. Voltaire possédait le *Commentaire littéral sur tous les livres de l'Ancien et du Nouveau Testament* (1709-1734), le *Dictionnaire historique, critique, chronologique, géographique et littéral de la Bible* (1730), les trois volumes des *Dissertations qui peuvent servir de prolégomènes de l'Écriture sainte* (1720), les *Nouvelles dissertations sur plusieurs questions importantes et curieuses* (1720 également) et le très controversé *Traité sur les apparitions des esprits* (1751). Il les a lus avec attention, ponctuant les marges de remarques aimables à l'adresse de l'auteur: «faquin», «imbecile», «ah pauvre Calmet» ou «Miserable tu regardes l'histoire de l'univers comme un petit preliminaire aux contes bleus d'une horde de voleurs [*i.e.* les Juifs]»[27].

On ne sait au juste quand le projet de séjourner à Senones et de rencontrer «[s]on voisin dom Calmet»[28] germa dans l'esprit du philosophe. La présence de Maupertuis et de La Condamine à Plombières, où Voltaire souhaitait venir prendre les eaux, a vraisemblablement servi de catalyseur[29]. Depuis le 2 octobre 1753, Voltaire résidait à Colmar. Le 24 janvier 1754 lui parvint une mauvaise nouvelle, à savoir que Louis XV lui

---

[23] Voltaire à Nicolas Claude Thieriot, 19 juillet 1741 (D2516).

[24] Voltaire au même, 14 août 1741 (D2530).

[25] Voltaire à Charlotte Sophia d'Aldenburg, 29 septembre, 2 et 3 octobre 1752 (D5023, D5027 et D5030)

[26] Voltaire à la même, 29 septembre 1752 (D5023).

[27] *Corpus des notes marginales de Voltaire*, Berlin, Akademie Verlag, 1983, t. 2, p. 22-363 (p. 277, 326, 329 et 342).

[28] Voltaire à Charles Jean François Hénault, 14 août 1749 (D3980).

[29] Voltaire à Charles Augustin Feriol, comte d'Argental, 12 juin 1754 (D5841).

interdisait de regagner Paris, ce qui condamnait (provisoirement) le philosophe à demeurer dans les marches. Le 24 mai 1754, dom Benoît Sinsart, abbé de Munster (une abbaye où dom Calmet avait vécu) annonce à dom Augustin Fangé, le neveu et coadjuteur de dom Calmet, la venue de Voltaire à Senones:

> M. de Voltaire doit aller incessamment à Plombières, il passera chez vous, pour rendre ses devoirs au cher oncle qu'il honore infiniment. [...] Il est très partisan des Bénédictins; c'est le seul ordre qu'il aime, parce que nous étudions et que nous laissons le monde comme il est, sans nous mêler d'intrigues. Il me disait, il y a quelque temps, que si nous mangions gras et qu'il y eût un peu moins de moinerie chez nous, il deviendrait notre confrère. Ce ne serait pas la nécessité qui le ferait notre prosélyte, puisqu'il a plus de 80.000 livres de rentes[30].

Peu avant son départ, alors qu'il se trouve encore à Colmar, en sa maison de la rue des Juifs, l'auteur des *Lettres philosophiques* annonce à Madame Denis la suite des événements:

> Je passerai deux jours à Senone avant d'arriver à Plombiere[31]. Vous ne connaissez pas l'abbé de Senone. C'est un bénédictin de quatre vingts ans, qui a une bibliothèque de trente mille volumes, c'est don Calmet. Avez vous entendu parler de don Calmet et de la bible? Il l'a commentée en quatorze tomes que j'ay dans notre cabinet de livres et que vous pourriez fort bien vendre[32]. L'autheur ni l'ouvrage ne sont pas trop faits pour vous. Mais je serai bien à mon aise dans la bibliotèque de Sénone qui est une des plus belles du royaume[33].

Le 10 juin, il s'installe dans les murs de la vénérable abbaye. Sans perdre de temps, il se met au travail, qu'il s'agisse de dicter, de prendre des notes ou de rester en correspondance avec ses amis. Le 12, il note dans ses carnets: «j'ai cherché dans la vaste bibliothèque de Senones l'origine des commandements de l'église; on n'a pu la trouver»[34].

---

[30] Dom Benoît Sinsart à dom Fangé, 24 mai 1754 (cité par Besterman en note de D5826). Cf. la lettre à dom Calmet du 15 février 1748 (D3618): «j'aurais la plus grande envie de venir passer quelques semaines avec vous et vos livres: il ne me faudrait qu'une cellule chaude; et pourvu que j'eusse du potage gras, un peu de mouton et des œufs, j'aimerais mieux cette heureuse et saine frugalité, qu'une chère royale». Voltaire exprimera ailleurs le souhait d'abbayes mixtes (lettre à Marie Louise Denis, 12 juin 1754, D.5843 citée *infra*).

[31] On notera qu'il n'est pas encore question d'un séjour de plusieurs semaines.

[32] Comment faut-il entendre cette expression «fort bien vendre»? Voltaire veut-il dire que ces ouvrages, étant recherchés des amateurs, se vendraient à un bon prix?

[33] Voltaire à Marie Louise Denis, 8 juin 1754 (D5838).

[34] *Notebooks*, éd. Theodore Besterman, *OCV*, t. 82, p. 536, et *Cahiers Voltaire* 3 (2004), p. 248.

Le même jour, il adresse deux longues lettres signées «le moine V.», l'une au comte d'Argental:

> [...] je me fais bénédictin dans l'abbaye de Senone avec don Calmet, l'autheur des commentaires sur la bible, au milieu d'une bibliothèque de douze mille volumes, en attendant que vous m'appelliez dans votre sphère. [...] Je ne perds pas icy mon temps. Condamné à travailler sérieusement à cette histoire universelle imprimée pour mon malheur, et dont les éditions se multiplient tous les jours, je ne pouvais guères trouver de grands secours que dans l'abbaye de Senones. Mais je vous sacrifierai bien guaiment le fatras d'erreurs imprimées dont je suis entouré pour goûter enfin la douceur de vous revoir [35].

l'autre à sa nièce:

> [...] je me suis fait bénédictin en attendant que vous me rendiez au monde, ou plustôt à vous, car du monde, je n'en fais pas grand cas. Je m'occupe à l'histoire dans une bibliothèque immense. Les moines me cherchent les pages, les lignes, les citations que je demande. Don Calmet, à l'âge de quatrevingt trois ans, monte au haut d'une échelle qui fait trembler, et qui tremble. Et il me déterre de vieux bouquins. Je veux luy faire un petit présent digne de sa bibliothèque. J'ay quelques livres de théologie anglaise, tous écrits en latin et en anglais. [...] Je vous prie de les faire emballer et de les envoier quai des Augustins chez le libraire de Bure l'ainé, avec cette adresse sur le ballot: *à m^r l'abbé de Sénone.*[36]

De quels livres s'agissait-il? La bibliothèque de l'abbaye fut dispersée à la Révolution et la reconstitution de son catalogue complet serait une affaire de longue haleine. Voltaire eut-il la malice de faire envoyer à dom Calmet des ouvrages composés par des déistes anglais, comme on l'a suggéré, auquel cas il s'agirait d'un cadeau, sinon empoisonné, du moins ambigu? Pensait-il que dom Calmet et ses auxiliaires s'y connaissaient si peu en livres qu'ils seraient incapables de séparer le bon grain de l'ivraie? De toute manière, il y a peu de chances qu'il se fût trouvé à Senones un seul moine ou un seul frère lai capable de lire l'anglais, langue alors peu répandue et que Voltaire – faut-il le rappeler? – fut l'un des premiers Français à apprendre. Si malice il y eut, il est probable qu'elle tomba à plat, comme l'indique une missive de dom Fangé:

> Nous avons reçu en leur temps les livres anglois dont il vous a plû d'enrichir notre bibliothèque. Je crois vous en avoir accusé la réception et vous en avoir marqué ma juste reconnoissance. Le deffaut de connoissance

---

[35] Voltaire à Charles Augustin Feriol, comte d'Argental, 12 juin 1754 (D5841).
[36] Voltaire à Marie Louise Denis, 12 juin 1754 (D5843). Les consignes sont à nouveau détaillées dans le *post scriptum*.

de cette langue et de maitre pour m'en instruire ne m'a pas encore permis de les lire. Votre retour à Senones, dont nous nous étions flatté, me
faisoit espérer ce double avantage. Mais confiné, comme vous êtes,
Monsieur, dans votre belle et délicieuse campagne, il n'y a guères plus
lieu d'attendre ce secours et le bonheur de vous voir[37].

Plaisanterie, somme toute, déplacée, comme la polissonnerie de collé-
gien que Voltaire, enfermé dans une abbaye bien tenue, déploie devant
ses correspondants («Adieu ma chère Héloïse, Abélard attend de vos
nouvelles dans l'abbaye de Sénones auprès de Ravon en Lorraine»)[38], ou
comme cette étrange remarque, qui brode un thème cher aux romanciers
libertins («je suis comme une fille passionnée qui s'est jettée dans un
couvent en attendant que son amant puisse l'enlever»)[39].

Comme dans toute abbaye, l'emploi du temps est à la fois simple et
uniforme. Voltaire passe le plus clair de son temps dans la bibliothèque
abbatiale et, une fois retiré dans ses appartements, persifle ce qu'il a
découvert:

> Je m'occupe avec don Mabillon, don Marthene, don Tuillier, don Rui-
> nart. Les anticailles où je suis condamné, et les capitulaires de Char-
> lesmagne sont bien respectables mais cela ne console pas de votre
> absence[40].

Par la même missive, toutefois, Voltaire prie d'Argental d'envoyer à
dom Pelletier, curé de Senones trois exemplaires du *Siècle de Louis XIV*
(dans lequel on lit cette notice sur dom Calmet, évidemment mise à jour
au fur et à mesure des éditions: «Rien n'est plus utile que la compilation
de ses recherches sur la Bible. Les faits y sont exacts, les citations fidèles.
Il ne pense point, mais en mettant tout dans un grand jour, il donne beaucoup à penser. Mort en 1757»)[41]. Mais, comme dans toute abbaye bénédictine, il y a également le plaisir de la conversation érudite. Voltaire
apporte à son hôte l'air et les nouvelles de France: «Aujourd'hui, 23 juin
1754, dom Calmet, abbé de Senones, m'a demandé des nouvelles; je lui
ai dit que la fille de madame de Pompadour était morte. «*Qu'est-ce que
madame de Pompadour?*» a-t-il répondu. *Felix errore suo*»[42]. Voltaire
se plie avec autant de bonne grâce que possible à la vie monastique et

---

[37] Dom Augustin Fangé à Voltaire, 25 avril 1757 (D7246).
[38] Voltaire à Marie Louise Denis, 12 juin 1754 (D5843). *Cf.* D5838.
[39] Voltaire à Charles Augustin Feriol, comte d'Argental, 20 juin 1754 (D5847).
[40] Voltaire au même, 24 juin 1754 (D5850).
[41] «Catalogue de la plupart des écrivains français», *Le Siècle de Louis XIV*, in: *Œuvres
historiques*, Paris, Gallimard, Bibliothèque de la Pléiade, 1957, p. 1145.
[42] *Notebooks*, OCV, t. 82, p. 501 et 705; *Cahiers Voltaire* 3 (2004), p. 248.

continue de recevoir son courrier. Serait-il tenté de s'aligner sur l'irrévérence, la gauloiserie, de ses correspondants, tel Cideville («vous avés passé quelque temps, par exemple, dans un cloître de St Benoist avec le vieux dom Calmet et des manuscrits encore plus anciens que luy»)?[43] Dans sa réponse, le philosophe prendra la défense de son hôte:

> [...] ne me dites point de mal des livres de Don Calmet.
>
> > Ses antiques fatras ne sont point inutiles,
> > Il faut des passetemps de touttes les façons,
> > Et l'on peut quelquefois supporter les Varrons,
> > Quoy qu'on adore les Virgiles[44].

Ce qui ne l'empêche pas de dresser à Madame Du Deffand un bilan mitigé de son séjour en l'abbaye de Senones:

> J'ay été malade madame, j'ay été moine, j'ay passé un mois avec s^t Augustin, Tertullien, Origène, Alcuin et Raban. Le commerce des pères de l'église et des savants du temps de Charlemagne ne vaut pas le vôtre. Mais que vous mander des montagnes des Vauges! et comment vous écrire quand je n'étois occupé que de priscilianites et de nestoriens! [...] Les recherches historiques m'ont appesanti. Plus j'enfonce dans la connaissance du septième et du huitième siècle, moins je suis fait pour le nôtre et surtout pour vous. Mr Dalembert m'a demandé un article sur l'esprit. C'est comme s'il l'avait demandé au père Mabillon ou au père Montfaucon. Il se repentira d'avoir demandé des gavotes à un homme qui a cassé son violon. [...] J'ai passé un mois avec un bénédictin de quatrevingt quatre ans qui travaille encor à l'histoire. On peut s'y amuser quand l'imagination baisse. Il ne faut point d'esprit pour s'occuper des vieux événements[45].

Peu après que Voltaire eut quitté l'abbaye, dom Calmet lui adressa une lettre dont, malheureusement, nous n'avons pas conservé l'entièreté. Le Bénédictin accuse la réception des trois exemplaires du *Siècle de Louis XIV* et termine sa missive de manière aimable: «Tous nos confrères vous prient d'agréer leur profond respect. Ils conserveront toute leur vie le souvenir de l'honneur que vous avez fait à notre maison par le trop court séjour que vous y avez fait»[46]. Voltaire répond de manière également aimable (le temps des invectives viendra ensuite):

> J'ai pris la liberté de faire mettre à part quelques livres de savants d'Angleterre pour votre bibliothèque; mais on n'a envoyé chez de

---

[43] Pierre Robert Le Cornier de Cideville à Voltaire, 30 juin 1754 (D5855).
[44] Voltaire à Cideville, 9 juillet 1754 (D5872).
[45] Voltaire à Marie de Vichy de Chamrond, marquise Du Deffand, 2 juillet 1754 (D5860).
[46] Dom Calmet à Voltaire, 10 juillet 1754 (D5874).

Bure que les livres écrits en langue anglaise; j'ai donné ordre qu'on y
joignît les latins. Ce sont au moins des livres rares, qui seront bien
mieux placés dans une bibliothèque comme la vôtre que chez un particulier. Il faut de tout dans la belle collection que vous avez. Je vous
souhaite une santé meilleure que la mienne, et des jours aussi durables
que votre gloire et que les services que vous avez rendus à quiconque
veut s'instruire[47].

Voltaire semble avoir été enchanté de son séjour et des conditions qui
lui ont été faites. Il s'en ouvre à dom Sinsart, qui le fait savoir à dom
Fangé :

Nous parlons de vous avec M. de Voltaire qui ne cesse de se louer des
bontés qu'on a eues pour lui à Senones. Il chante vos louanges et celles de votre cher oncle. […] C'est, selon lui, le premier savant de
l'Europe. Le jugement d'un homme d'un aussi grand esprit vaut seul
tout ce qu'on peut dire. Pour vous, Monsieur, il vous honore beaucoup.
Si j'étais, me disait-il, un an avec M. le coadjuteur, je deviendrais
bientôt savant; il a sa bibliothèque dans sa tête. Je n'avais qu'à lui
demander quelque chose, il le trouvait à l'instant. Il m'a dit qu'il avait
fait remettre chez de Bure ses livres anglais pour qu'il vous les
envoyât[48].

Le ton de la correspondance demeura d'une grande courtoisie, que
dom Fangé écrivît à Voltaire une très belle lettre, six mois jour pour jour
avant la mort de dom Calmet :

Nous avons trop d'intérêt à conserver le souvenir du peu de séjour que
vous avez fait en l'abbaye de Senones, pour jamais l'oublier. Il est
marqué dans nos fastes comme une époque autant honorable à notre
maison qu'elle nous a causé de joye et de plaisir dans le temps. Mon
oncle surtout ne parle jamais de votre séjour à Senones qu'avec une
effusion de cœur, qui marque combien ce moment lui a été agréable[49].

ou que Voltaire répondît par deux fois au coadjuteur, qui lui a envoyé
un exemplaire du *Diarium Helveticum* (1756) :

J'admire la force du tempérament de M. votre oncle: elle est égale à
celle de son esprit. […] Personne au monde n'est plus digne d'une
longue vie. Il a employé la sienne à nous fournir les meilleurs secours
pour la connaissance de l'antiquité. La plupart de ses ouvrages ne sont
pas seulement de bons livres, ce sont des livres dont on ne peut se
passer. Je vous prie monsieur de vouloir bien luy dire qu'il n'y a personne au monde qui ait pour luy plus d'estime que moy. […] Je voudrais bien que ma santé me permit de venir quelque jour dans vos

---

[47] Voltaire à dom Calmet, 16 juillet 1754 (D5881).
[48] Dom Benoît Sinsart à dom Fangé, 30 novembre 1754 (D6004).
[49] Dom Fangé à Voltaire, 25 avril 1757 (D7246).

cantons, et que je pusse encore jouir de votre aimable société et de votre bibliothèque. Vous souvenez vous du temps où vous montiez si agilement à l'échelle pour me dénicher un livre et pour me montrer la page dont j'avais besoin? Il s'en faut bien que j'aye de pareils secours dans le pays que j'habite[50].

La seconde lettre doit être citée *in extenso*:

Il serait difficile, monsieur, de faire une inscription digne de l'oncle et du neveu. Au défaut de talent, je vous offre ce que me dicte mon zèle.

Des oracles sacrés que Dieu daigna nous rendre,
Son travail assidu perça l'obscurité:
Il fit plus; il les crut avec simplicité;
Et fut par ses vertus digne de les entendre.

Il me semble au moins que je rends justice à la science, à la foi, à la modestie, à la vertu de feu monsieur dom Calmet mais je ne pourrai jamais célébrer ainsi que je le voudrais sa mémoire qui me sera infiniment chère. Vous partagez monsieur, ses travaux et son mérite. Je vous prie de me dire où vous en êtes de votre histoire universelle.
Je n'ai point ici de livres; si j'en avais seulement autant que d'ouvriers, je ne me plaindrais pas. Tenez moi lieu, je vous prie de bibliothèque. Dites moi quand l'église grecque a eu comme nous sept sacrements, car elle n'en a eu longtemps que cinq. Il me semble que la confirmation, et la confession auriculaire, n'étaient pas connues chez les Grecs avant la prise de Constantinople par les Turcs? Croyez vous que Claude de Turin ait regardé la confession des laïcs, comme un sacrement nécessaire? Il me semble que cet évêque pensait à peu près comme ceux qu'on appelle réformés, et que son opiniâtreté à rejeter les nouveaux usages fut à l'origine de la plupart des schismes qui ont divisé les chrétiens occidentaux: un petit mot de votre main m'instruirait plus que tous les livres[51].

Cette missive soulève une difficulté philologique et appelle deux remarques. Le texte nous a été transmis par deux copies anciennes, l'une datée du 1er décembre 1757 (mais cette copie est incomplète), alors que l'autre (complète) donne la date du 12 mars 1761. Dom Calmet est mort le 25 octobre 1757. Voltaire aurait-il envoyé deux fois cette lettre, une fois en 1757, l'autre en 1761, peut-être pour se rappeler au souvenir de dom Fangé? Ce n'est qu'une hypothèse, mais un document inédit semble lui donner quelque consistance, comme on le verra. Deux remarques sont à faire, au sujet de cette lettre de Voltaire à dom Fangé. La première porte sur le terme «simplicité». Il n'est pas impossible que Voltaire, frappé – comme le furent ou le sont tous ses lecteurs – par le soin que mit dom

---

[50] Voltaire à dom Fangé, 14 juin 1757 (D7288).
[51] Voltaire au même, 1er décembre 1757 [?] (D7488).

Calmet à défendre l'interprétation littérale de la Bible, y ait mis un grain de sel et glissé un double sens. Mais, pour un ecclésiastique, croire la Bible «avec simplicité» n'est pas un défaut. La seconde remarque sera pour noter qu'il a été fait réponse à la lettre de Voltaire, qui demandait à dom Fangé «un petit mot de [sa] main». Le philosophe a même reçu bien davantage qu'un «petit mot». Les papiers de dom Calmet, conservés en partie à la Bibliothèque municipale de Saint-Dié, renferment la copie d'un long texte sur la question des sacrements. Il a été transcrit par la même personne, mais le titre et la date sont d'une autre main: «Memoire ou dissertation envoiée à M. de Voltaire. 1761», millésime qui correspond à celui d'une des deux copies de la lettre à dom Fangé. L'essentiel était que celui-ci répondît, et il l'a fait de manière fort détaillée. On trouvera ce texte dans l'annexe à la présente communication.

Voltaire mettra vingt-et-un ans à rejoindre dom Calmet dans la tombe. Tous les documents que nous possédons sur la période comprise entre 1736 et 1757 indiquent que, malgré telle ou telle remarque critique (sans laquelle Voltaire ne serait point lui-même), le philosophe et le Bénédictin se sont témoignés un intérêt et une estime mutuels. Ce n'est qu'après la mort de dom Calmet que Voltaire commencera à l'accabler d'injures. Les véritables motifs de cette hargne sont à jamais hors d'atteinte. Est-ce parce que le séjour de Voltaire à Senones avait fait du bruit, et pas seulement dans les Vosges? Le 14 novembre 1754, Jean Martin de Prades adressait au philosophe ces lignes acides:

> Le roi [Frédéric II] croyoit que les conférences que vous avés eues avec Dom Calmet à Senones vous avoient fait oublier la vielle affaire dont vous lui parlés encore, et que la grande dévotion dans laquelle vous aviés donné ne vous permettoit plus que de penser à votre salut[52].

Voltaire voulait-il faire oublier ce séjour? Peut-être, bien que cela ne suffise pas à tout expliquer, et à expliquer pourquoi l'attitude de Voltaire à l'égard de dom Calmet allait changer de manière si radicale. Même s'il est encore question du «judicieux dom Calmet» dans le *Traité sur la tolérance* (1763)[53], le mépris de Voltaire s'exprime dans plusieurs passages de sa correspondance, qui sont autant de charges contre l'érudit bénédictin:

> Mon cher philosophe, seriez vous assez bon, et auriez vous assez de loisir pour jetter sur le papier quelque chose d'un peu détaillé sur les ophionites? Calmet qui parle de tout avec une ingénuité et une bonne foi imbécile qui enchante, ne dit rien sur cette matière. Je n'ai prèsque

---

[52] J. Martin de Prades à Voltaire, 14 novembre 1754 (D5983).
[53] *Traité sur la tolérance*, éd. John Renwick, *OCV*, t. 56C, p. 204. Même expression dans les carnets (*Notebooks*, *OCV*, t. 82, p. 651).

point de pères de l'Eglise dans ma bibliothèque, et c'est bien dommage, car ce sont de bons recueils de subtiles bétises[54].

Vous avez peut-être vu le livre attribué à Fréret, qu'on dit être d'un capitaine au régiment du roi. Ce capitaine est plus savant que dom Calmet, et a autant de logique que Calmet avait d'imbécillité[55].

La dissertation de Calmet [sur le voyage de saint Pierre à Rome] dont vous parlez est une de ses plus faibles. Il vous suffira d'un coup d'œil pour juger des paroles de ce pauvre homme[56].

Ce changement d'attitude est surtout sensible dans le *Dictionnaire philosophique* ou les *Questions sur l'Encyclopédie*, ces œuvres d'une modernité si ambiguë. Voltaire a rédigé ces livres, parmi les plus célèbres de son abondante production, avec les ouvrages de dom Calmet à portée de main. Il faut le redire après que d'autres l'ont montré: toute son érudition biblique, patristique, rabbinique (si souvent prétexte à développements antisémites) vient de là. Le fait est singulier, qui constitue en même temps un hommage implicite rendu aux veilles de dom Calmet. L'antisémitisme de Voltaire est, on l'a dit, la conséquence logique de son antichristianisme et, dans le *Dictionnaire philosophique* et les *Questions sur l'Encyclopédie*, les attaques contre «cet imbécile de dom Calmet»[57] se font d'une particulière virulence: si les articles «Abraham» et «Térélas» contiennent ces mots aimables et doucement ironiques: «L'Ancien Testament ne nous apprend point comment Sara était sœur de son mari. Dom Calmet, dont le jugement et la sagacité sont connus de tout le monde, dit qu'elle pouvait bien être sa nièce»[58]; «[…] je suis bien embarrassé entre le profond Calmet et le profond Huet. […] Mais malgré la démonstration de Huet, je suis entièrement pour le délicat dom Calmet»;[59] si on lit, à l'article «Babel», que le savant Bénédictin était «d'un esprit fin et d'une profonde philosophie», l'article «Corps» est bien clair, qui mentionne parmi les chimères de l'esprit humain «la déclinaison des atomes, les formes substantielles, la grâce versatile et les vampires de dom Calmet», tout comme l'article «Job», où Voltaire évoque «le bon Calmet ou dom Calmet (car les Bénédictins veulent qu'on leur donne du dom), ce naïf compilateur de tant de rêveries et d'imbécillités, cet homme que sa simplicité a rendu si

---

[54] Voltaire à Paul Charles Moultou, 26 septembre 1764 (D12105).

[55] Voltaire à Jean Le Rond d'Alembert, 13 juin 1766 (D13345).

[56] Voltaire au chevalier de Montfort, 21 février 1770 (D16172).

[57] *Dictionnaire philosophique*, éd. sous la direction de Christiane Mervaud, article «David», *OCV*, t. 36, p. 7. Voltaire adoucit cette attaque dans l'édition de 1771 («Rendons justice à dom Calmet»).

[58] Moland, t. 17, p. 32.

[59] Moland, t. 20, p. 498.

utile à quiconque veut rire des sottises antiques»[60] ou l'article «Résurrection» («Le profond philosophe dom Calmet trouve dans les vampires une
preuve bien plus concluante. Il a vu de ces vampires qui sortaient des
cimetières pour aller sucer le sang des gens endormis; il est clair qu'ils
ne pouvaient sucer le sang des vivants, s'ils étaient encore morts; donc ils
étaient ressuscités; cela est péremptoire»)[61]. Mais, par ces attaques, Voltaire s'avoue lecteur de l'œuvre de dom Calmet, en même temps qu'il met
à distance cette filiation intellectuelle, devenue embarrassante pour lui.
Certaines éditions du *Taureau blanc*, l'un des derniers contes de Voltaire,
et qui constitue une nouvelle critique de la Bible, donne le texte comme
«traduit du syriaque. Par dom Calmet». Il est certain que Voltaire fut
étonné, au sens classique du mot, par la publication du *Traité sur les
Apparitions des Anges, des démons, des esprits, et sur les revenants et
vampires de Hongrie, de Bohème, de Moravie et de Silésie*, dont il possédait un exemplaire[62] (BV618) et sur lequel il revient sans cesse[63]:

> Quoi! c'est dans notre XVIIIᵉ siècle qu'il y a eu des vampires! C'est
> après le règne des Locke, des Shaftesbury, des Trenchard, des Collins;
> c'est sous le règne des d'Alembert, des Diderot, des Saint-Lambert, des
> Duclos, qu'on a cru aux vampires, et que le révérend p. dom Augustin
> Calmet, prêtre bénédictin de la congrégation de Saint-Vannes et de
> Saint-Hidulphe, abbé de Sénones, abbaye de cent mille livres de rentes,
> voisine de deux autres abbayes du même revenu, a imprimé et réim-
> primé l'histoire des vampires avec l'approbation de la Sorbonne[64].

Il est probable qu'à la mort du savant Bénédictin, Voltaire s'est senti
libéré de toute dette à son égard. Il ne faut pas non plus négliger l'impact
des événements, comme le tremblement de terre de Lisbonne, qui amena
le philosophe à remettre en cause bien des conceptions du monde, à commencer par le providentialisme chrétien.

Il n'en demeure pas moins que le séjour de trois semaines qu'accomplit
Voltaire au cœur de la «croix des Vosges» est un fait étonnant, du moins

---

[60] *Dictionnaire philosophique*, *OCV*, t. 36, p. 252.

[61] *Dictionnaire philosophique*, *OCV*, t. 36, p. 497-498. Le terme «philosophe» est
employé de manière ironique: pour Voltaire, dom Calmet est tout, sauf un philosophe.

[62] L'édition publiée à Paris en 1751 (BV618). Voltaire s'est contenté de coller des
papillons dans les marges, sans vraiment l'annoter (*Corpus des notes marginales de Voltaire*, Berlin, Akademie Verlag, 1983, t. II, p. 358-363).

[63] Voir Béla Köpeczi, «Un scandale des Lumières: les vampires», in: *Thèmes et figures du Siècle des Lumières. Mélanges offerts à Roland Mortier*, éd. Raymond Trousson,
Genève, Droz, 1980, p. 123-135

[64] Article «Vampires» des *Questions sur l'Encyclopédie* (Moland, t. 20, p. 547). Voir
encore, en plus des exemples allégués *supra*, l'*Instruction du gardien des capucins de Raguse
à frère Pédiculoso partant pour la Terre sainte* (1768), sur le «cherub dom Calmet», après
que Voltaire a expliqué que *cherub* signifie «bœuf» en hébreu (Moland, t. 27, p. 302)

pour notre sensibilité moderne. Il semble qu'il nous est donné d'assister à la rencontre, point si conflictuelle que cela, de prime abord, entre le doute conquérant et la foi paisible, entre l'esprit des Lumières françaises, personnifié par son plus illustre représentant, et la longue durée du catholicisme, à travers l'ordre bénédictin, alors déjà vieux de plus de mille ans. Trois éléments semblent s'être conjugués pour amener Voltaire à Senones. Tout d'abord, son goût affirmé de la retraite, de la réclusion. Le philosophe avait du mal à demeurer en repos, mais il éprouvait du plaisir à se cloîtrer dans une chambre ou une cellule, comme le montre le dossier de textes réunis par René Pomeau[65]. Ensuite, la très riche bibliothèque constituée à Senones par dom Calmet et ses prédécesseurs: dans sa *Description de la principauté de Salm* (1755), dom Pelletier, curé de Senones, écrivait que «la bibliotheque [de l'abbaye] qu'on peut comparer aux belles de Paris, est bien solidement batie, voutée, et proprement boisée et parquettée, remplie de livres bien choisis; il y a un vestibule où l'on voit un riche medaillier. Elle est terminée par un balcon. Elle a de longueur 150 pieds de Roy, sur 25 de largeur. Elle contient environ douze mil volumes»[66]. Un mémoire de 1784 précise: «Il y a aussi une bibliothèque considérable, surtout pour ce qui concerne l'histoire civile et ecclésiastique. Beaucoup d'anciens manuscrits d'auteurs Lorrains, entre autres de Richérius, religieux de cette maison, qui écrivoit l'histoire du royaume d'Austrasie au XIIIe siècle. L'on dit beaucoup de ces manuscripts transportés de plusieurs abbayes, entre autres de celle de Saint-Mont, près Remiremont. Une grande partie des chartres et diplomes des principaux établissements des anciens Empereurs et Ducs de Lorraine; plusieurs belles éditions du Louvre, des Elzévirs, des Plantin, des Robert, des Etienne; beaucoup d'anciennes éditions, latines, grecques, caldéennes, arabes, hébraïques, etc.»[67] Pour comprendre pleinement ce que Voltaire est venu y faire, il ne faut pas oublier que la plupart des grands dépôts publics et «laïcs» de Paris n'étaient ouverts que de façon irrégulière. À Senones, Voltaire bénéficiait de grandes ressources bibliographiques et de la complaisance de moines appartenant à une congrégation vouée aux études:

> […] ne vous figurez pas que dans votre belle province vous ayez les livres qu'il faut à ma pédanterie. Je les ay trouvez au milieu des montagnes des Vauges, où ne va t'on pas chercher l'objet de sa passion? Il me fallait de vieilles croniques du temps de Charlemagne ou de Hugues Capet, et tout ce qui concerne l'histoire du moyen âge, qui est

[65] *La Religion de Voltaire*, p. 261-262. Cf. la lettre D5829, à Madame Denis: «à Colmar 28 may [1754] dans ma même chambre dont je ne suis pas sorti depuis 8 mois».

[66] Saint-Dié, Bibliothèque municipale, ms. 201.

[67] «Mémoire sur la principauté de Salm par Fachot l'aîné en 1784», in: *Bulletin de la société Philomatique Vosgienne* 9 (1883-1884), p. 138.

la chose du monde la plus obscure. J'ay trouvé tout cela dans l'abaye
de don Calmet. Il y a dans ce désert sauvage une bibliothèque
presqu'aussi complette que celle de s^t Germain des prez de Paris. [...]
Je me suis fait savant à Senone, et j'ay vécu délicieusement au réfectoire. Je me suis fait compiler par les moines des fatras horribles d'une
érudition assommante[68].

Voltaire a trouvé à Senones la paix et le silence. Il pouvait assouvir
son désir de quiétude:

Je suis fâché qu'on n'ait pas imaginé des abayes d'hommes et de femmes où les philosofes des deux sexes fussent reçus après avoir abjuré
les vanitez du monde, les sottises des préjugez, les absurditez des
superstitions, et avoir fait serment d'amitié et de tranquilité[69].

Enfin, on se souviendra qu'outre sa bibliothèque abbatiale, la petite
ville de Senones possédait un autre avantage: celui d'être et de n'être pas
en France, puisqu'elle était la capitale de la principauté de Salm, ce que
Voltaire n'ignorait pas: «Savez vous bien que je ne suis point en France?
que Senone est terre d'Empire? et que je ne dépends que du pape pour
le spirituel? Je lis icy ne vous déplaise les pères et les conciles»[70]. Par
ailleurs, rien n'interdit de penser que les Juifs et le judaïsme aient pu
former matière à entretiens, bien que l'antisémitisme commun au philosophe et au Bénédictin s'alimentât à des sources différentes[71]. Aux yeux
de dom Calmet, les Juifs demeurent le peuple déicide, frappé d'infamie.
On sait pourtant que l'abbé de Senones a appris l'hébreu seul et qu'il
connaît la religion, les us et coutumes du judaïsme comme peu de gens
à son époque. Pour Voltaire, les Juifs doivent être combattus, à la fois
parce qu'ils sont le tronc sur lequel s'est enté le christianisme et parce
qu'en raison de leur irrédentisme, ils ne sont pas réductibles à l'univer-
salisme des Lumières (ce que dira également Kant). L'article «Onan,
onanisme» des *Questions sur l'Encyclopédie*, où dom Calmet est cité
(sans ombre de polémique) est à cet égard éclairant:

Le révérend père dom Calmet fait cette réflexion à propos de l'inceste
de Juda avec Thamar et du péché d'Onan, chap. XXXVIII de la
Genèse: «L'Écriture, dit-il, nous donne le détail d'une histoire qui,
dans le premier sens qui frappe l'esprit, ne paraît pas fort propre à
édifier; mais le sens caché et mystérieux qu'elle renferme est aussi
élevé que celui de la lettre paraît bas aux yeux de la chair. Ce n'est pas

---

[68] Voltaire au duc de Richelieu, 6 août 1754 (D5901).
[69] Voltaire à Marie Louise Denis, 12 juin 1754 (D5843).
[70] Voltaire à Charles Augustin Feriol, comte d'Argental, 16 juin 1754 (D5845).
[71] Bertram Eugene Schwarzbach, «Dom Augustin Calmet, man of the Enlightenment
despite himself», in: *Archiv für Religionsgeschichte*, 3 (2001), p. 146.

sans de bonnes raisons que le Saint-Esprit a permis que l'histoire de
Thamar, de Rahab, de Ruth et de Bethsabée, se trouvât mêlée dans la
généalogie de Jésus-Christ».

Il eût été à souhaiter que dom Calmet nous eût développé ces bonnes
raisons; il aurait éclairé les doutes et calmé les scrupules de toutes les
âmes honnêtes et timorées, qui voudraient comprendre comment l'Être
éternel, le créateur des mondes, a pu naître, dans un village juif, d'une
race de voleurs et de prostituées. Ce mystère, qui n'est pas le moins
inconcevable de tous les mystères, était digne assurément d'être expliqué par un savant commentateur.

[…] C'est ainsi que pensent les protestants, les juifs, les musulmans,
et tant d'autres peuples; mais les catholiques ont d'autres raisons en
faveur des couvents. Je dirai des catholiques ce que le profond Calmet
dit du Saint-Esprit: ils ont eu sans doute de bonnes raisons[72].

Sous bien des aspects, cela ne rend que plus surprenante la hargne que
Voltaire manifesta envers dom Calmet. Il est vrai que Voltaire n'a jamais
entretenu une profonde estime pour l'état monastique: «Je n'ai jamais,
mon cher ami, parlé de l'abbé Prévost que pour le plaindre d'avoir une
tonsure, des liens de moine honteux pour l'humanité, et de manquer de
fortune»[73]. Cela étant, dom Calmet n'avait rien d'un de ces adversaires
des Lumières, dont parlait Isaiah Berlin. Il n'avait pas fait de son abbaye
une forteresse fermée aux idées du siècle. Une lettre de son éditeur parisien, le libraire De Bure, nous apprend que dom Calmet s'était fait
envoyer le prospectus de l'*Encyclopédie*[74]. Ce Bénédictin était suffisamment sûr de sa foi et de ses principes pour ne pas craindre l'air du temps,
un air qui – à mesure que le siècle irait vers sa fin – serait de moins en
moins respirable pour les catholiques. Il savait qui était Voltaire et lui a
cordialement ouvert les portes de son abbaye, parce qu'il savait que
Voltaire ne parviendrait pas à le convaincre de ce dont il n'entendait
point être convaincu. Dans ces conditions, dans cet état d'esprit à la fois
souple et ferme, dom Calmet n'avait aucune raison pour garder porte
close. Il savait que Voltaire ne faisait que passer, dans tous les sens du
mot, comme avaient déjà passé tant d'hommes et d'événements, et que
l'Église demeurerait. Si tumultueuse qu'elle ait été, la suite des événements
ne lui a pas donné tort. Les Évangiles ont survécu à Voltaire; le contraire
n'est pas vrai.

---

[72] Moland, t. 20, p. 133-134, 135.

[73] Voltaire à Thiériot, 28 décembre 1735 (D973). Cf. cette déclaration sans ambages:
«Les vrais vampires sont les moines, qui mangent aux dépens des rois et des peuples»
(article «Vampires» des *Questions sur* l'Encyclopédie, Moland, t. 20, p. 550).

[74] De Bure l'aîné à dom Calmet, 25 janvier 1751, Saint-Dié, Bibliothèque municipale,
ms 46, t. II, f.287r°-288v°.

ANNEXE

On trouvera ci-après la transcription de la dissertation envoyée par dom Augustin Fangé à Voltaire, à la suite de sa lettre du 1er décembre 1757 ou du 12 mars 1761 (D7488, texte donné *supra*); dissertation conservée à la Bibliothèque municipale de Saint-Dié, dans le manuscrit 80, t. XI, p. 237-243. L'orthographe de l'époque a été scrupuleusement respectée. Les mots ou expressions raturés sont indiqués entre crochets obliques (< >); les lettres ou mots manquants sont suppléés entre crochets droits. Sur la question traitée, voir le *Catéchisme de l'Église catholique* (1992), §1285-1321, qui souligne les différences entre l'Église de Rome et les Églises d'Orient.

[p. 237]
           Memoire ou Dissertation envoiée à M. de Voltaire
<u>1761.</u>

Avant de repondre à la premiere question qui concerne le tems auquel l'*Eglise grecque a reconnu sept sacremens*, il est à propos de faire quelques remarques qui paroissent nécessaires pour eclaircir cette matiere.

1°. Les auteurs qui ont parlé de la créance et de la discipline des Grecs et des Orientaux sur les sacremens[75] l'ont fait avec beaucoup de negligence: la plûpart sans avoir connu les livres ecclesiastiques, ni ceux des Théologiens Grecs et Orientaux; d'autres sans aucuns principes de Théologie, et sans aucune connoissance de l'antiquité, ce qui a fait qu'ils ont condamné trop facilement certains usages de ces Chrêtiens qu'ils n'entendoient pas, et qu'ils leur ont attribué des erreurs et des heresies toutes nouvelles, ce qui les a rendus plus éloignés de la réunion, et mis nos Théologiens et nos Missionaires hors d'état de la procurer, puisque la plûpart n'ont combattu que des chimeres. Nous mettons au rang des auteurs dont il s'agit les voyageurs, ceux qui ont dressé des catalogues d'heresies anciens et modernes, et quelques traitez imparfaits pour l'instruction des Missionnaires. En voici un exemple.

---

[75] Dom Calmet avait étudié de manière approfondie la question des sacrements, comme le montre son *Traité des sacrements*, composé en 1702 dans le cadre de son enseignement à l'abbaye de Moyenmoutier (Bibliothèque municipale de Saint-Dié, ms. 12, de la main d'un secrétaire, avec de nombreuses annotations de dom Calmet, dans les marges ou sur des paperoles). Ce travail, qui s'ouvre sur une bibliographie des ouvrages consacrés à la question, doit beaucoup (et le reconnaît) au *De Antiquis Ecclesiae ritibus* de dom Martène, dont il est question plus loin). Au f. 11r° du manuscrit, on lit cette note de la main de dom Calmet: «Commencé par d. Aug. Calmet professeur à Moyenmoutier en ~~1720~~ 1702. Perdu et retrouvé plus d'une fois. Mis au net en 1735». Il faut en outre observer que les sacrements étaient un problème important, pour les abbés de Senones que furent dom Calmet et dom Fangé. Ils avaient en effet rang «quasi épiscopal», c'est-à-dire qu'ils disposaient des mêmes prérogatives qu'un évêque, mais n'administrait pas la confirmation et n'ordonnait pas de prêtres.

En 1342. le Pape Benoit XII. fut averti par des personnes dignes de foy, comme il croioit, que les Armeniens étoient infectés de plusieurs erreurs contre la foy touchant la procession du Saint Esprit, le peché originel < au >, entr'autres touchant la maniere de celebrer les sacremens. On fit un receuil de ces erreurs au nombre de 117., qui sont rapportées dans Odoric Raynaldi, un des continuateurs de Baronius *t. XVI. Annalium* p. 161. Le Pape envoia ce receuil à Leon Roi d'Armenie, qui lui avoit demandé du secours contre les Turcs. Le Roi d'Armenie fit assembler un concile < de tous les > general de toute la nation, où l'on examina le libelle d'erreurs imputées à la nation, qui y furent condamnées unaniment. Du nombre de ses erreurs, étoit celle qui regardoit *la confirmation*, qu'on les accusoit de ne pas recevoir. Ils y disent formellement: *Omnis se per totum mundum, et in utraque Armenia sacramentum confirmationis dare post Baptismum per Episcopos et sacerdotes indifferenter*. Ils ajoutent qu'après l'union faite avec l'Eglise Romaine les Evêques de la Petite Armenie donnoient la confirmation, les uns à la maniere de l'Eglise Romaine, les autres suivans l'ancien rite de leur Eglise. Le p. Martenne[76] rapporte les actes de ce concile, tom. VII. *amplissimae collectionis* p. 310 et suiv. Ceux qui leur imputoient cette erreur ne scavoient pas que selon l'ancien usage de l'Eglise pendant 1200. ans on donnoit la confirmation aux enfans immediatement après leur Batême.

2°. Les Protestans ont été dans le même cas que nos Théologiens, comme ils ne connoissoient la doctrine et la discipline des Grecs et des Orientaux que sur le rapport des mêmes auteurs. Ils ont suivi le jugement que les auteurs catholiques, dont nous venons de parler, ont fait de la créance des Grecs; si quelques uns ont poussé la critique plus loin, et ont voulu déterminer la créance des Grecs selon la fausse confession de Cyrille Lucar[77], et celle des Orientaux sur des recits de voyageurs ignorans ou prévenus, ou sur des critiques absurdes de Hottinger[78] et de ses semblables, ils ont été solidement réfutés par le p. Morin[79], M. Habert[80], le p. Goar[81], Leon Allatius[82] et par d'autres scavans, qui ont < pr fait voir > prouvé d'une maniere incontestable que les Grecs et les Orientaux conservoient par une tradition immemoriale les memes sacremens que les Latins; et que la difference des rites et des cérémonies ne faisoit aucun préjudice aux dogmes essentiels conservés également en Orient et en Occident.
[p. 238]
3°. Nos Theologiens scholastiques, qui n'ont eu que tres peu de connoissance des cérémonies usitées dans l'administration des sacremens dans la primitive

---

[76] Dom Edmond Martène (1654-1739), auteur du *De Antiquis Ecclesiae ritibus* (1700-1702). Voltaire le cite dans D5850.

[77] Sur Cyrille Lucar (1572-1638), auteur de cette *Confession* (1629) qui souleva de si abondantes protestations, voyez l'article remarquablement documenté du *Dictionnaire de Théologie Catholique*, vol. IX, col. 1003-1019.

[78] Johann Heinrich Hottinger (1620-1667).

[79] Né en 1591, mort en 1659, adversaire de Hottinger, qui publia des *Exercitationes antimorianae*.

[80] Isaac Habert, mort en 1668, éditeur du *Liber pontificalis, graece et latine, cum notis* (Paris, 1643).

[81] Jacques Goar (1610-1653), Dominicain, auteur d'un Ευχολογιον, *sive rituale Graecorum, complectens ritus et ordines divinae liturgiae* (1647).

Eglise et dans celles d'Orient, et qui ne raisonnoient que sur la discipline de leur tems, ont de même condamné les usages de l'Eglise Grecque, parce qu'ils les voioient peu conformes à ceux de l'Eglise Romaine. C'est ainsi qu'ils ont regardé l'ordination des Grecs, et leurs autres sacremens comme invalides, et qu'ils ont décidé plus d'une fois qu'il falloit les reiterer. De plus, examinant tout selon la théologie de l'Ecole, ils ont souvent poussé leurs conjectures et leurs censures au dela des bornes; donnant trop aux raisonnemens pris de la philosophie d'Aristote, ils condamnoient souvent des cérémonies et des prieres fondées sur la tradition, sans autre raison, que parce qu'elles n'étoient pas conformes à celles de l'Eglise Latine. C'est sur ces principes qu'ils ont reformé les liturgies et d'autres offices. Il faut ajouter à cela l'ignorance de la langue des Grecs et des Orientaux, qui faisoit que ces Theologiens n'entendant pas les <sons> termes dont ils exprimoient les sacremens, lorsqu'ils demandoient par exemple s'ils reconnoissoient la *confirmation* et l'*extreme-onction*, ces Grecs ou Orientaux leur repondoient que *non*, parce que donnant à ces sacremens un tout autre que les Latins, ils ne les reconnoissoient sous ces noms. Mais si nos Missionnaires ou nos Théologiens avoient examiné leurs Rituels, ils auroient reconnu qu'il n'y avoit entr'eux et nous aucune difference à cet égard.

4°. < La seule discipline des Eglises Grecques et Orientales examinée sans prévention suffisoit seule pour faire connoitre aux Protes >

4°. Il faut néanmoins convenir qu'il s'est glissé plusieurs abus et plusieurs pratiques superstitieuses dans l'usage des sacremens parmi les Grecs et les Orientaux. Par exemple on reproche aux Nestoriens qui sont repandus dans la Mesopotamie et la Syrie [qu'ils] n'ont point la *confirmation*, ni l'*extreme-onction*; mais M. Assemanni[83] dans sa Bibliotheque Orientale *t. 3. parte 2 p. CCLX et CCLXI* prouve par leurs livres mesmes que ces deux sacremens sont en usage chez eux, ou au moins qu'ils y ont été en usage. Le meme auteur remarque que la *confession auriculaire* est depuis plusieurs siecles abolie chez ces peuples, *ibid. p. CCLXXXVIII*. M. Renaudot[84] observe aussi que la confession fut abrogée en Egypte par trois patriarches des Coptes au XIIe siècle, quoique les plus scavans de cette nation se soient opposés à ce changement, de meme que les Jacobites de Syrie. Renaudot tom. 2 *Liturg. Oriental. p. 50* et *Hist. Patriarchar. Alexandrinorum* p. 550.

J'avouë aussi que la plupart des Grecs modernes n'ont point la confession auriculaire. Tout le monde scait la ceremonie de la confession faite sur une encensoire, qu'un diacre porte dans l'église, et sur lequel les assistans confessent leurs péchés en general. Et sur quoi il faut observer que la pauvreté à laquelle sont aujourd'hui les prêtres Grecs les ayant obligés à exiger des retributions un

---

[82] Leone Allacci (1586-1669), bibliothécaire du cardinal Barberini, puis du Vatican. Il étudia la liturgie des églises grecques.

[83] Joseph-Simon Assemanni (1687-1768), *Bibliotheca orientalis Clementino-Vaticana*, Rome, Typis Sacrae Congregationis de Propaganda Fide, 1728.

[84] Eusèbe Renaudot (1646-1720), petit-fils de Théophraste, *Liturgiarum orientalium Collectio, in qua continentur Jacobitarum Syrorum liturgiae, ex multis codicibus Syriacis Latine conversae, tum Liturgia Nestorianorum tres*, Paris, J.-B. Coignard, 1716, t. 2, p. 50; *Historia Patriarcharum Alexandrinorum Jacobitatum, ad Marco usque ad finem saeculi XIII*, Paris, François Fournier, 1716, p. 550.

peu fortes pour la confession, et les pauvres de leur nation n'étant pas en état d'acquitter cette taxe, se sont crû dispensés de l'obligation de se confesser.

< Car > Au reste on ne doit pas s'imaginer que ces erreurs et ces abus regardent toute l'Eglise Grecque; ils ne regardent que quelques particuliers et les < Nouv > Grecs modernes. Il ne faut pas s'étonner que dans un pays où les Chrétiens gemissent depuis plusieurs siécles sous la tyrannie des Barbares, il se soit introduit plusieurs abus. Ils se repandent avec le tems dans les Eglises les plus florissantes, si la vigilance des Pasteurs n'en arrête le progrés; à plus forte raison ont-ils pû se glisser parmi ces peuples. Et si ces abus se sont glissés quelque part, c'étoit contre les anciens usages reçus universellement dans ces Eglises, et prescrits dans leurs anciens Rituels. Or, c'est sur de pareilles regles qu'on doit juger de la foy et de la discipline d'une Eglise.
[p. 239]

5°. < Un arg > Une preuve convaincante que les < no > Grecs ont reconnu de tout temps comme nous sept sacremens, c'est qu'il n'y a jamais eu à cet égard aucune dispute serieuse, et s'il y a eu sur cela quelque dispute, elle ne regardoit que quelques usages particuliers ou des rites peu essentiels.

J'ai crû devoir faire ces remarques préliminaires avant d'apporter les preuves que l'Eglise Grecque a reconnu de tous temps la confirmation et la confession auriculaire ou la penitence pour vrais sacremens, comme nous. < Les ne > Saint Clement d'Alexandrie, auteur du 3e siecle, dit *que le nouveau batisé recevoit ensuite le sceau du seigneur*, c'est-à-dire la *confirmation*, c'est le nom que la plupart des Peres Grecs donnent à ce sacrement qu'ils appellent *signaculum, sceau*. Clemens Alexand. apud Euseb. l. 3 Hist. c. 23[85]. L'auteur des constitutions apostoliques fait mention de l'onction qui se faisoit après le Batème *lib. 7. c. 42-43*. Dans le VIIIe Canon du Concile de Nicée de 325. il fut ordonné que ceux d'entre les Novatiens qui seroient dans les degrez ecclesiastiques, y demeureroient après avoir reçû l'imposition des mains, c'est-à-dire la confirmation, que ces heretiques ne confessoient point.[86] S. Cyrille de Jerusalem mort en 346. appelle la confirmation *chrisma* et *unctio*, chrême ou onction dans la 3e catèchese mystagogique, où il decrit la maniere de donner ce sacrement usitée de son tems. Ailleurs il distingue ce sacrement de celui du Batème: *c'est par elle*, dit il, *que nous est donné le sceau qui nous communique le Saint Esprit: nous atire, nous fortifie* Catechusi. 21[87].

On trouve dans saint Clément d'Alexandrie, auteur du 3e siécle, qui paroissant établir la verité du sacrement de confirmation, qu'il appelle le *sceau du Seigneur, sigillum domini*, nom que la plupart des Peres Grecs donnait ordinairement à la confirmation. La confession des pêchez secrets étoit en usage du temps de saint Irenée. Ce saint martyr nous apprend au chapitre 13. de son premier livre que parmi les femmes que l'imposteur Marc[88] avoit seduites, il y en eut quelques

---

[85] Le «sceau du Seigneur», «t³⁄₄n sfrag...da kur...ou», Eusèbe de Césarée, *Histoire ecclésiastique*, III, ch. 23, 8, éd. Gustave Bardy, Paris, Éditions du Cerf, 1952, p. 127.

[86] On peut lire le huitième canon du concile de Nicée, ainsi qu'un exposé très complet sur l'hérésie novatienne, dans Karl Joseph von Hefele, *Histoire des Conciles*, Paris, Letouzey, 1907, t. 1 (1e partie), p. 576-587.

[87] L'abbé Jacques-Paul Migne, *Patrologia Græcæ*, t. 33, col. 1087-1094. Désormais cité comme: Migne, *PG*, suivi du numéro du tome.

[88] Marcos, gnostique.

unes qui revinrent à l'Eglise et confesserent que cet heresiarque leur avoit fait perdre leur chasteté en leur inspirant de la passion pour lui[89]. Origene rend temoignage que de son temps < on se confessoit > l'usage de la confession secrete étoit établi, et il en fait voir l'utilité, en ce que le pecheur en reçoit la remission, s'il les confesse volontairement. Il enseigne que l'on confessoit quelquefois publiquement des péchés secrets; et il exhorte les penitens à n'en être point detournés par la honte qui pourroit leur en revenir; d'autant que par ce moyen ils en obtenoient le pardon. Seulement, ajoute t-il, examinez avec soin à qui vous devez les confesser, eprouvez auparavant le medecin à qui vous exposerez la cause de votre maladie, afin qu'ayant reconnu sa capacité et sa charité vous suiviez les conseils qu'il vous donnera[90]. Origen. *Homil. 3. in Levit. p. 70*; *Homil. 2. in Psalm. p. 294 t. I* edit Genebrardi. Selon saint Cyprien archeveque de Carthage au 3e siecle on se confessoit aux pretres des péchés meme de pensée, et on en faisoit penitence. Cypr. *Tract. de lapsis p. 95*[91]. Il établit des regles pour donner l'absolution. Origene établit aussi la necessité de la confession auriculaire faite au pretre: *Homil. 2. in Levit. p. 191 n. 4*. Il dit ailleurs que c'est une necessité que la confession des pêchez soit entiere, qu'elle s'etende sur tous les pechez, que nous avons pû commettre, soit en public, soit en secret, soit par pensée, soit par parole[92]. *Homil. 3 in Levit.* Saint Cyprien dans la lettre à Jubaien marque clairement le sacrement de la confirmation, lorsqu'en parlant de l'imposition des mains que les apotres donnerent aux Samaritains batisez par le diacre Philippe, il dit: c'est ce qui se pratique encore maintenant parmi nous; ceux qui ont été baptisés dans l'Eglise sont [p. 240] sont [*sic*] *presentés ensuite aux Prelats, et par notre oraison et* l'imposition de nos mains, ils recoivent le saint Esprit, et sont perfectionnés, c'est à dire, confirmés par le sceau du seigneur[93].

Saint Basile le Grand rend un temoignage autentique à la confession auriculaire lorsqu'il dit sur le chap. X de son commentaire sur Isaïe *que les pecheurs revelent* aux Pretres des pêchés secrets, qui n'étoient connus que de Dieu

---

[89] *Contra Haereses*, I, 13, Migne, *PG* 7, col. 577-594.

[90] Origène, *Homélies sur le Lévitique*, III, 4, éd. Marcel Borret, Paris, Éditions du Cerf, 1981, t. 1, p. 140-141; *Homélies sur les psaumes 36 à 38*, deuxième homélie sur le psaume 37, 6, éd. E. Prinzivalli, H. Crouzel, L. Brésard, Paris, Éditions du Cerf, 1995, p. 319

[91] Saint Cyprien de Carthage, *De Lapsis*, XVII, éd. J. Martin, Bonn, p. Hanstein, 1930.

[92] Origène, *Homélies sur le Lévitique*, III, 4 (t. 1, p. 141).

[93] «Quod autem dicunt quidam de eis, qui in Samaria baptizati fuerant, advenientibus apostolis Petro et Joanne, tantum super eos manum impositam esse, ut acciperent Spiritum sanctum, rebaptizatos tamen non esse, locum istum, frater carissime, ad praesentem causam videmus omnino non pertinere. Illi enim qui in Samaria crediderant fide vera crediderant, et intus in ecclesia, quae una est, et cui soli gratiam baptismi dare et peccata solvere permissum est, a Philippo diacono, quem iidem apostoli miserant, baptizati erant. Et idcirco quia legitimum et ecclesiasticum baptismum consecuti fuerant, baptizari eos ultra non oportebat, sed tantummodo quod deerat, id a Petro et Joanne factum est, ut oratione pro eis habita, et manu imposita, invocaretur et infunderetur super eos Spiritus sanctus. Quod nunc quoque apud nos geritur, ut qui in ecclesia baptizantur, praepositis ecclesiae offerantur, et per nostram orationem ac manus impositionem Spiritum sanctum consequantur et signaculo dominico consummentur» (saint Cyprien, *Epistola LXXII*, ad Jubaïanum, «de haereticis baptizandis», *Opera omnia*, Paris, Gauthier frères, 1836, p. 115b).

seulement.[94] < Ailleurs > Basil. t. I, p. 565 novae edit. Ailleurs il recommende cette confession des péchés comme une pratique importante au salut[95] *ibid. p. 553.* Le meme Pere dit encore qu'il faut confesser ses pechés, non à toutes sortes de personnes, mais à ceux à qui Dieu a confié la dispensation de ses mysteres; et observer à cet égard la meme précaution que lorsqu'il s'agit de decouvrir les maladies de notre corps, c'est à dire de ne les montrer qu'à ceux qui peuvent les guerir. *Basil. in regulis brevioribus* c. 288, c. 229[96]. Dans sa lettre à Amphiloque marque les pénitens que l'on devoit imposer pour les péchez d'impureté les plus secrets et les plus honteux, comme pour l'inceste avec le frere, la sœur, la belle sœur. On ne peut donc douter que l'on ne se confessat alors en secret et volontairement de tous ces péchez aux Ministres de l'Eglise qui avoient pouvoir d'en absoudre. < Car >

S. Pacien évêque de Barcelone au 4e siècle, invectiva avec force contre ceux qui après avoir péché refusoient de s'en confesser, et d'en faire penitence[97]. *Pacian. Paraenesis ad Poenitentiam p. 316.* Le meme saint dit que l'Eveque est ministre du *chréme*, c'est-à-dire de la confirmation. Par l'un de ces sacremens nos péchés sont purifiés; par l'autre, le Saint Esprit nous est donné[98]. *Idem Sermo de Baptismo p. 318-319. Tom 4. Bibliot. Patrum.*

Saint Gregoire de Nysse mort dans l'an 403. enseigne que la confession des pechés est une de ces pratiques anciennes recuës dans l'Eglise: elle étoit tellement autorisée dans l'Eglise, que ce saint en fait le fond d'un de ses argumens contre les Eunoméens. *Si la confession*, dit-il, *des trois personnes de la Trinité* est une chose inutile, il faut donc dire que les pratiques et les cérémonies de l'Eglise sont inutiles, comme le *sceau, sigillum*, c'est la confirmation, la priere, le Batême, la confession des péchés. Selon lui elle se faisoit au Prétre, et on lui confessoit même les péchéz secrets[99]. *Greg. Nyssen. Epist. ad Letoium p. 959 Orat. XI. contra Eunom p. 277.*

Saint Astere Eveque d'Amasée[100] dans le Pont mort en 400. parle de meme que saint Gregoire de Nysse.

Saint Chrysostome parlant des Samaritains qui avoient été batisés par le diacre saint Philippe, dit qu'ils n'avoient pas reçû le Saint Esprit, parce qu'il n'avoit pas le pouvoir de la leur donner, cela étant reservé aux Apôtres, comme un don qui leur etoit particulier. C'est pourquoi, ajoute t'il, cela est encore aujourd'hui reservé aux principaux Ministres de l'Eglise, c'est à dire, aux Evêques, et eux seuls, à l'exception de tous autres, donnent le Saint Esprit. *Chrysost. Homil. 18. in Aeta. t. 9 p. 146.* Il distingue ailleurs l'imposition des mains du Batême; et dit que c'est par elle que les nouveaux batisés recoivent le Saint Esprit par le Ministere de Saint Paul. *Homil.* < *in* > 9 *in caput et Epist. ad Hebr.* Il veut que

---

[94] Migne, *PG* 30, col. 547-548.

[95] Migne, *PG* 30, col. 519-524.

[96] Saint Basile de Césarée, *Règles des moines*, 229, 288, dans Migne, *PG* 31, col. 1235-1236 et 1283-1286; éd. K. Suso Frank, Erzabtei St. Ottilien, Eos Verlag, 1981, p. 318-319, 358.

[97] Migne, *Patrologia Latina* 13, col. 1081-1090; (désormais *PL*).

[98] Migne, *PL* 13, col. 1089-1094.

[99] Migne *PG* 45, col. 221-236.

[100] Astérios d'Amasée, auteur de seize homélies.

celui à qui la conscience reproche quelque crime, s'empresse de le confesser, et de montrer sa plaie au medecin, qui la guerisse en lui prescrivant des remedes convenables, et que le pécheur s'adresse même à lui secretement; qu'il lui expose sa conscience avec exactitude, assuré que par là il effacera aisement ses péchés: car, ajoute-t'il, la confession des péchés en obtient le pardon. Enfin il < ten > conseille aux Pretres de temoigner beaucoup de charité envers le pécheur. *Chrysost. Hom. 20. in Genesim. Hom. 3. ad populum Antiochum* t. 2. p. 42 [p. 241]

   Saint Jerome qui a composé la plupart de ses ouvrages en Orient, où il s'etoit retiré, rend < ce > un temoignage autentique à la pratique generale de toutes les Eglises de donner la confirmation aux nouveaux batisés dans son dialogue contre les Luciferiens: *Non quidem abnuo hanc esse Ecclesiarum consuetudinem, ut ad eos qui longe a majoribus urbibus per presbyteros et diaconos baptizati sunt, Episcopus ad invocationem sancti Spiritus manum impositurus excurrat … Quod in hoc loco quaeris, quare in Ecclesia baptizatus, nisi per manus episcopi, non accipiat Spiritum sanctum, quem nos asserimus in vero baptismate tribui, disce hanc observationem ex ea auctoritate descendere, quod post ascensum Domini Spiritus sanctus ad apostolos descendit*[101]. *Dialog. adversus Luciferianos cap. IV.* Voilà la confirmation bien distinguée du Batesme. Elle se donnoit en cela immediatement après le Bateme, même aux enfans par l'evêque, qui en étoit < po > alors regardé comme le seul ministre.

   Anastase Sinaïte, pretre et moine du Mont Sinaï, mort vers l'an 686. exhorte les pécheurs à confesser leurs péchez à Jesus Christ par le ministere des prêtres. Condamnez vous, leur dit-il, en presence des pretres, afin que le juste juge vous absolve et vous justifie et vous justifie [*sic*] en presence des anges et de tout le monde.

   L'abbé de Raïthou[102] Saint Jean Climaque abbé du Mont Sinaï du meme siécle regarde comme divin le precepte de confesser ses péchez aux prêtres pour en recevoir l'absolution, et prouve son sentiment par les traditions des Apôtres et par les regles qu'ils ont établies dans l'Eglise catholique sur le sujet. *Confiteri simpliciter peccata tenemur ex necessitate divini mandati patet an apostolicis traditionibus et regulis ab eis; institutis propositis Ecclesiae Catholicae per spiritum sanctum, quorum canones instituta tenenter, Dei laudatibus, juxta eorum praeceptum Joan. de Raïthou* Comment. in Climac. p. 511.

   Un des reproches que faisoit le Patriarche Photius au IX. siécle aux Latins, êtoit qu'ils ne craignoient pas de reïterer l'onction du saint Chrême sur le front à ceux qui l'avoient receuë des Prêtres; Ratramne moine de Corbie repondant à ces reproches au nom du Pape, dit que ce n'étoit pas < la pratique > l'usage chez les Latins que les Pretres fassent cette onction, qui étoit reservée aux seuls Evêques, qu'en cela les Grecs étoient blamables de ne pas se conformer à l'Ecriture sainte et à l'ancienne tradition qui porte que les Eveques et non les Pretres étoient les ministres de ce sacrement. On ne void pas bien clairement le commencement de l'usage des Grecs de permettre aux simples Pretres de conferer la confirmation, < qui est > on voit par Photius que < c'etoit > cette pratique etoit deja commune

---

[101] Migne, *PL*, t. 23, col. 164.
[102] En marge.

de son tems en Orient, et qui est devenuë generale depuis ce tems là, en sorte que les Eveques ne le font presque plus, mais la laissent faire aux Pretres.

L'Empereur Alexis Commene mort en 1118. dans sa novelle touchant les elections des Evêques, parle des peres spirituels préposés pour entendre les confessions: *dabant omnino (Episcopi) notos habere Patros illorum spirituales: ut ne pro Pastoribus lapsi reperiantur quidam ex eis qui confessiones hominum excipiunt Apud Cotelerium Monum. Ecclesiae Graecae* Tom. 2. p. 192 edit. Paris anni 1681.

Voici des preuves plus précises des sept sacremens reconnus par les Grecs bien avant la prise de Constantinople par Mahomet II. en 1453. Jean Patriarche de Constantinople envoia en 1277. < des > sa lettre synodale au pape Jean XXI. dans laquelle il donna sa profession de foy. Il y reconnoit sept sacremens receus par l'Eglise Romaine: Cum autem iterum cum supra scriptis sancta apostolica Ecclesia Romana [p. 242] dicit et praedicat, quod septem sunt sacramenta Ecclesiastica sacramentum Baptismus, sacramentum confirmationis, quod per manus impositione Episcopi conferunt chrismate renatos, poenitentia, Eucharista, sacramentum Ordinis, matrimonium et extrema unctio, quae secundum doctrinam B. Jacobi informantibus exhibatur…Confitemur sicut confirmationis sacramentum, licet apud Ecclesiam Romanam per impositionum manuum soli Episcopi conferant chirsmando renatos apud nos autem indifferenter praelati et presbyteri hoc faciunt, tamen non jam, quae hactenus apud nos obtenta fuit consuetudo in ipse ordinatione conservantes, quod a Romana Ecclesia super ipsa fit, sanctificationem et perfectionem confitemur. < Voy > Cette lettre se trouve dans le p. Raynaldi continuateur de Baronius Annal. Ecclesiastic. Tom. 14. ad ann. 1277. p. 267.

L'Empereur Michel Palaeologue et son fils Andronique avoient reconnu de meme sept sacremens en 1267. dans la profession de foy qu'ils envoierent cette année au Pape Clement IV *ibidem. p. 157 n. 7.* L'Empereur Jean Palaeologue reconnoit la meme < chose > nombre de sept sacremens dans la profession de foy que ce Prince envoia au Pape Urbain V. en 1369. *Ibidem* ad ann. 1369.

Simeon Eveque de Thessalonique, fameux docteur et canoniste de l'Eglise grecque mort vers l'an 1430. dans un ouvrage intitulé *Dialogus seu opus contra haereses de fide, ritibus et mysteriis ecclesiasticiis quibus Graecae Ecclesiae utuntur* imprimé à Jassy en Moldavie en 1680 declare que < dans sa > les Eglises greques reconnoissent sept sacremens: *Septem sunt donae spiritus sancti, teste Isaia; septem Ecclesiae sacramenta, quae ab eodem spiritu sanctevim operandi habent, quo nimirum sunt Baptisma, Chrisma, communio, manus impositio, matrimonium, poenitentia et sanctum oleum.* Simeon de Thessalonique traite ensuite de tous les sacremens en particulier dans ses chapitres < par > particuliers.

Je ne parle pas des autres Grecs modernes, qui ont ecrit depuis la pretenduë Reforme, qui tous reconnoissent comme nous sept sacremens. Tels sont Jeremie II. Patriarche de Constantinople, qui dans la censure qu'il fit de la confession d'Augsbourg, qui lui fut envoiée par les docteurs lutheriens de Tubinge en 1574. Il y dit nettement que son Eglise recoit sept sacremens, qui recoivent leur efficacité ou leur vertu du Saint Esprit. Cette réponse de Jeremie dans < un > les actes des theologiens de Wirtemberg et du Patriarche Jeremie, imprimés en grec et en latin en 1584. Melece Piga Patriarche Melchite d'Alexandrie, que les Grecs regardent comme un de leurs plus savans prelats des derniers tems. < Il > Ce

Patriarche dans ses homelies traite de la plupart de nos sacremens et plusieurs autres dont parlent Leo Allatius et M. Renaudot dans la perpetuité de la Foy sur l'Eucharisitie, etc. *La Confession orthodoxe de l'Eglise catholique et orientale*, qui est une profession de foy donnée par tous les patriarches d'Orient contre la doctrine de Calvin et de Luther, et confirmée dans le concile de Jerusalem tenu à cet effet en 1672. < Onp > on peut voir l'histoire de cette confession de foy dans la perpetuité de la foy Tom. IV. lib. 4. c. 9.10.11.

Tout le monde scait l'histoire du fameux Cyrille Lucar Patriarche de C.P[103]. et ses relations avec les Reformés. < Il > S'étant laissé gagner par leurs presens il leur envoia une profession de foy toute calviniste, qui fut desavouée par tous les Prelats de l'Eglise grecque, qui la condamnerent et la regarderent comme remplie d'erreurs et d'heresies.

Une preuve sans replique de la doctrine des Grecs sur le nombre des sacremens, se prend de leurs liturgies et de leurs rituels, qui sont des livres à l'usage de toutes les Eglises, et qui renferment la maniere de celebrer les divins offices et d'administrer les sacremens. Or on trouve dans ces [p. 243] Euchologues, et Rituels < et > la maniere de celebrer les sacremens toute semblable, à quelques cérémonies particulieres, à celle de nos rituels. Le pere Goar, scavant Dominicain nous a donné l'Euchologe des Grecs; M. Habert Eveque de Vabres a fait imprimer le pontifical de l'Eglise grecque en grec et en latin avec des scavantes notes.

Quoiqu'il ne soit pas aisé de fixer l'epoque de l'origine de l'Euchologe ou rituel des Grecs; il est neanmoins [sûr] que l'un et l'autre est tres ancien, et que l'Euchologe étoit deja redigé avant le schisme de Photius. Le premier que l'on scache qui ait fait mention de ce livre est le moine saint Anastase le Sinaïte, mort en 599., dans sa question 141. de l'édition du jesuite Gretser[104]. Le Pere Goar temoigne qu'en donnant l'Euchologe des Grecs il en a consulté plusieurs anciens manuscrits de ce livre, par exemple celui de la Bibliotheque Barberine ecrit sur velin en lettres onciales de plus de 900. ans d'antiquité, un autre, nommé *Euchologium Patriarchale*, qu'un nommé George Vari de Crete, pretre grec, donna au cardinal Julien de Sainte-Sabine au concile de Florence, et dont le Cardinal Bessarion fit par suite present au monastere de la Grotte ferrée *Cryptae ferratae*, ce manuscrit est de l'onzieme siecle. Le Pere de Montfaucon dans sa *Bibliotheca Bibliothecarum* t. 2. p. 1059. col. 2 en cite un de la Biblioteque de Saint Germain des Prez ecrit en 1027. On pourroit en citer encore d'autres, qui ne different entr'eux qu'en ce que les uns < sont > contiennent plus d'etendue que les autres.

Je pourrois ajouter la pratique de toutes les differentes communions Orientales, comme sont celles des Coptes, des Abyssins ou Aethiopiens, des Armeniens, des Syriens nestoriens de Chaldée, des < Nestoriens > Maronites, qui toutes ont sur cela les memes usages que le reste de l'Eglise grecque. Ceux qui examiné sur les lieux la discipline de ces Chretiens, ont remarqué que dans le nombre des sacremens, ils ne differoient en rien des Eglises greque et romaine. On peut consulter Vansleb, le Pere du Bernas jesuite missionaire en Egypte, *Nouveaux Memoires des Missions de la Compagnie de Jesus dans le Levant*, Paris, 1717. Tome V. Le Pere du Bernas ajoute que l'ignorance de ces peuples est telle, à

---

[103] Abréviation pour Constantinople.
[104] Jacques Gretser (1562-1625), de la Compagnie de Jésus, professeur à Ingolstadt (De Backer-Sommervogel, III, 1743-1809).

quoi il faut ajouter le defaut de livres, et meme de Catechismes qu'ils n'ont point, que quand on leur demande s'ils reconnoissent sept sacremens, ils repondent que non, mais si on les interroge sur chacun d'eux en particulier, ils le reconnoissent. On pourroit rapporter[105] les ecrivains de ces sectes qui ont traité des sacremens, et les paroles de leurs rituels, et M. Assemanni dans sa Bibliotheque orientale en cite un tres grand nombre.

———————

Quant à la seconde question qui regarde Claude de Turin.[106] Voici à quoi se reduisoient les erreurs enseignées par cet Evêque. La premiere regardoit le culte des images. Ayant été fait Eveque de Turin, il voulut d'abord reformer plusieurs abus introduits dans son < Eglise > diocése. Le culte des images y etoit, entre'autre, poussé jusqu'à la superstition. Claude pour le retrancher donna dans l'excès opposé; et par un zéle outré il effaça, brisa et < bl > ôta toutes les images, et toutes les croix de toutes les eglises de sa jurisdiction; il paroit qu'il desaprouvoit aussi les pelerinages à Rome. On l'accusoit aussi d'avoir dit que l'*Apostolique*, c'est à dire le Pape, suivant le langage de ce tems là, n'etoit pas celui qui remplit le siege de Saint Pierre, mais celui qui en remplit les devoirs[107]. Ce sont la toutes les erreurs reprochées à Claude de Turin.

< L'erreur de Cla Evêque > Cet Eveque est le premier qui enseigna en Occident l'erreur < con > touchant le culte des images. Il mourut vers l'an 840. Ses ecrits ne sont que des commentaires sur plusieurs parties de l'Ecriture sainte, dont il ne nous reste que tres peu de chose. On ne lit point qu'il ait enseigné aucune erreur sur la penitence ou sur la confession, au moins les auteurs qui nous font connoitre Claude de Turin ne nous disent rien sur sa croiance touchant la confession des laïcs. Son erreur n'eut aucune suite facheuse. Tout le monde connoit l'heresie des iconoclastes ou briseurs d'images, qui causa tant de desordres en Orient pendant l'espace d'environ 120. ans après que l'Empereur Leon Isaurien l'eust introduite[108].

———

[105] Dans l'interligne: *il étoit [illisible]*.

[106] Voir le *Dictionnaire de Théologie Catholique*, vol. III, col. 12-19; Louis Laville, *Claude de Turin. Essai sur le protestantisme au IXᵉ siècle*, Toulouse, A. Chauvin, 1889; Pascal Boulhol, *Claude de Turin, un évêque iconoclaste dans l'Occident carolingien*, Paris, Institut d'Études Augustiniennes, 2002. Né au VIIIᵉ siècle, Claude fut nommé évêque de Turin vers 817 ou 818. Dès son installation, il ordonna la destruction de toutes les images saintes, ce qui mit les fidèles en émoi. Des images, il en vint à refuser le culte des saints, des anges, des reliques, voire de la croix même. Les Protestants virent en lui un précurseur. Un an après avoir reçu la dissertation de dom Fangé, Voltaire l'évoquera dans le *Mémoire de Donat Calas pour son père, sa mère, et son frère*, éd. Robert Granderoute, *OCV*, t. 56B, p. 293-318 (p. 294): «quand on crut devoir changer l'économie de l'église, plusieurs évêques ne changèrent point; surtout Claude, évêque de Turin, retint les dogmes et le culte que le concile de Francfort avait adoptés et qu'il crut être ceux de l'église primitive; il y eut toujours un troupeau attaché à ce culte». Cf. l'article «Hérésie» des *Questions sur l'Encyclopédie*, Moland, t. 19, p. 335-336.

[107] *Dictionnaire de Théologie Catholique*, t. 3, col. 16, nº 5.

[108] Léon l'Isaurien, partisan de l'iconoclasme, fit couper la main droite de saint Jean Damascène, qui défendait le culte des saintes images.

UN PHILOSOPHE «À L'ÉCART»?
VOLTAIRE ET LE DÉBAT SUR LA TOLÉRANCE, 1750-1758

Otto SELLES

(*Calvin College, Grand Rapids*)

> Et jamais à Genève, s'il vous plaît, mais *par Genève*. Voulez-vous qu'on me prenne pour un huguenot réfugié? (D8633, 5 décembre [1759], au comte d'Argental)

> Il n'y a point de protestants en France aux yeux de la Cour, il n'y a que des nouveaux convertis. On ne connaît pas plus de corps de protestants que de corps de Turcs. Si par hasard il y en a dans les provinces, on veut n'en rien savoir. (D8255, 10 avril [1759], à Elie Bertrand)

Entre la mort de Mme du Châtelet en septembre 1749 et l'achat du château de Ferney en 1758, Voltaire vit une décennie à la fois mouvementée et productive. Après la dizaine d'années où Cirey lui offre une adresse permanente, Voltaire passe de Paris à Berlin. La stabilité promise par Frédéric II se transforme en différends et disputes et, finalement, son incarcération à Francfort en 1753 par l'ordre du roi de Prusse même. Il passe de Francfort à Strasbourg et à Colmar où il apprend en 1754 que Paris lui est fermé selon la volonté du roi (D5638). Sa vie demeure errante et il va de Lyon à Genève et au Pays de Vaud avant de s'établir en 1755, tout près de Genève, au château des Délices.

Pendant cette période plutôt agitée, Voltaire réussit à publier les premières versions d'ouvrages majeurs tels que le *Siècle de Louis XIV* et l'*Essai sur les mœurs*. Il surveille la publication de différentes éditions de ses *Œuvres complètes*, il continue à rédiger des pièces de théâtre, il participe à l'*Encyclopédie* et il produit toute une variété de textes polémiques. Malgré son activité impressionnante, le futur défenseur de Calas ne participe pas immédiatement au débat qui se développe à partir de 1750 sur le statut des protestants réformés (calvinistes) en France[1]. Est-ce simplement l'instabilité de sa vie qui ne lui permet pas de s'y intéresser?

---

[1] Jacques Poujol, «Aux Sources de l'Edit de 1787: une étude bibliographique», in: *Bulletin de la Société de l'Histoire du protestantisme français (BSHPF)*, 133 (1987), p. 343-384, et «Aux sources de l'Edit de 1787: suite d'une étude bibliographique», in: *BSHPF*, 142 (1996), p. 293-309.

Pour mieux situer l'engagement de Voltaire vis-à-vis des questions de
tolérance et justice avant l'affaire Calas, il impose d'examiner ce qui
rapproche et finalement éloigne Voltaire de ce débat.

Il ne s'agit pas d'étudier ici l'usage que Voltaire fera de ces textes
polémiques dans le *Traité sur la tolérance*[2]. Je souhaite rappeler le
contexte dans lequel on commence à débattre en France la question de
tolérance entre 1750 et 1758, surtout en ce qui concerne le protestantisme[3]. En présentant l'attitude que Voltaire porte à l'égard des protestants français, j'examinerai tout d'abord les débuts de la polémique sur
leur statut. A travers la présentation de quelques ouvrages d'auteurs
catholiques «éclairés», je tenterai d'expliquer pourquoi Voltaire reste à
l'écart de ce débat avant l'affaire Calas[4].

En décembre 1754, Voltaire quitte Lyon avec sa nièce Mme Denis et,
en se dirigeant vers Genève, il est témoin de l'arrestation d'un homme
qui serait un «ministre», c'est-à-dire un pasteur des églises réformées
clandestines en France, dites «du Désert». Dans la correspondance de
Voltaire, l'anecdote se trouve dans une lettre d'Etienne Chiron, un Genevois issu d'une famille réfugiée, à Antoine Court, pasteur réfugié à Lausanne et un des chefs des églises du Désert:

> Je [ne] vous écris ces deux lignes que p[our] dire que M. de Voltaire
> a raconté ici à un des mes amis que passant à Nantua il vit arrêter et
> lier un homme assez bien mis parce qu'il n'avait point de passeport, et
> qu'il avait été trouvé avec une carte de géographique où était écrit
> «évitez le Fort de la Cluse». Que M. de Voltaire et Madame sa Nièce
> avait sollicité inutilement son élargissement; qu'on leur avait répondu
> que ce pouvait être un ministre, qu'alors ils avaient dit que l'intention
> du roi était qu'ils sortissent du royaume et qu'ils répondraient aux vues

---

[2] Anne-Marie Mercier-Faivre, «Le *Traité sur la tolérance*, tolérance et réécriture»,
in: *Etudes sur le Traité sur la tolérance de Voltaire*, éd. Nicholas Cronk, Oxford, Voltaire Foundation, 2000, p. 34-55 et «Voltaire dans les pas d'Antoine Court: la tolérance
et son écriture», in: *Entre Désert et Europe, le pasteur Antoine Court*, Actes du colloque
de Nîmes de 1995, éd. Hubert Bost et Claude Lauriol, Paris, Champion, 1998, p. 301-
317; José-Michel Moureaux, «D'une lecture préparatoire au *Traité sur la tolérance…*»,
in: *Etudes sur le Traité*, p. 102-119; et Antoine Court, *Le Patriote français et impartial*,
éd. Otto Selles, Paris, Champion, 2002, p. LXXV-CLVII, désormais cité comme
Patriote.

[3] Geoffrey Adams, *The Huguenots and French Opinion, 1685-1787: The Enlightenment Debate on Toleration*, Waterloo, Wilfrid Laurier Press, 1991, p. 87-101; et *Patriote*,
p. XXV-LXXIII.

[4] Graham Gargett, *Voltaire and Protestantism*, SVEC 188 (1980), p. 250-398, désormais cité comme *VP*, et «Voltaire, les protestants et le protestantisme, avant et dans le
Traité sur la tolérance», in: *Etudes sur le Traité*, p. 23-33; et John Renwick, éd. *Traité
sur la tolérance*, OCV, t. 56C, p. 27-43.

du roi en favorisant leur évasion. Mais que le commandant n'avait point voulu entendre raison (D6037)[5].

On est témoin d'un Voltaire qui défend un protestant, des arguments politiques à l'appui – un beau symbole des liens entre les protestants et le philosophe lors de l'affaire Calas[6]. On pourrait y voir cependant un récit raconté sans commentaire, entre protestants, puisque Voltaire se trompe sur la situation. En effet, c'est le duc de Richelieu, commandant militaire du Languedoc, qui publie le 16 février 1754 un ban interdisant les assemblées du Désert et qui donne l'ordre d'arrêter les «ministres»[7].

Avant 1754, on trouve pourtant dans la correspondance entre Voltaire et son ami Richelieu des références aux protestants français. A Berlin, le 31 août 1751, Voltaire écrit au duc en citant les efforts des autorités pour apaiser les protestants et accommoder les évêques du Languedoc, qui demandent une politique plus répressive:

> vous avez les mêmes bontés pour mes musulmans que pour vos calvinistes des Cévennes. Dieu vous bénira d'avoir protégé la liberté de conscience. Faire jouer le prophète Mahomet à Paris, et laisser prier Dieu en français dans vos montagnes du Languedoc sont deux choses qui m'édifient merveilleusement, mais vous croyez bien que je suis plus sensible à la première. Je vous dois des cantiques d'actions de grâce (D4561)[8].

Voltaire réunit la représentation de sa pièce à Paris aux efforts politiques de Richelieu en faveur de la liberté de conscience dans le Languedoc, mais le théâtre reste le plus important. On reconnaît sa présentation badine des protestants, «qui prient Dieu en mauvais français», expression utilisée dans le *Traité sur la tolérance* douze années plus tard[9]. A Potsdam,

---

[5] Dans les citations, l'orthographe et la ponctuation sont modernisées. Chiron n'est pas pasteur, mais il a un pensionnat et l'autorisation d'enseigner aux catéchumènes. Voir A. Picheral-Dardier, éd., *Paul Rabaut, ses lettres à Antoine Court (1739-1755)*, Paris, Grassart, 1884, t. 1, p. 304-305, n. 1.

[6] Graham Gargett, *VP*, p. 273.

[7] John Pappas, «La Répression contre les protestants dans la seconde moitié du siècle, d'après les registres de l'ancien régime», in: *Dix-Huitième Siècle* 17 (1985), p. 118. Pour le texte du ban et les ordres du duc de Richelieu, Archives nationales (Paris), TT 441, n° 22, et Charles Coquerel, *Histoire des Eglises du Désert chez les protestants de France depuis la fin du règne de Louis XIV jusqu'à la Révolution française*, Paris, A. Cherbuliez, 1841, t. 2, p. 143-147. Voir aussi Graham Gargett, «Voltaire, Richelieu and the problem of Huguenot emancipation in the reign of Louis XV», in: *SVEC* 176 (1979), p. 104-105.

[8] Comparer Joseph Dedieu, *Histoire politique des protestants français (1715-1794)*, Paris, J. Gabalda, 1925, t. 1, p. 222-226.

[9] *Traité sur la tolérance*, *OCV*, t. 56C, p. 146, Comparer *Le Siècle de Louis XIV*, éd. Jacqueline Hellegouarc'h et Sylvain Menant, avec la collaboration de Philippe Bonnichon et Anne-Sophie Barrovecchio, Paris, Librairie générale française, 2005 (basée sur l'éd. Walter de 1753), chapitre 32, p. 787 (sans oublier *Œuvres historiques*, Paris, Gallimard, Bibliothèque de la Pléiade, p. 1049, et Best.D10478).

Voltaire écrit l'année suivante à Richelieu et fait une autre référence aux protestants français:

> Cet hiver-ci sera terrible à passer pour moi à Berlin. Il faudrait que je fusse à Naples. Nous autres Français, nous périssons tous. Vos colonies languedociennes, n'ont pas prospéré dans les pays froids; au lieu d'augmenter depuis 1686, elles ont diminué de moitié: c'est le contraire de ce qui est arrivé aux peuples du nord transportés en Italie (D5084).

Grâce à son séjour à Berlin, Voltaire témoigne des souffrances vécues par les «colonies» de protestants réfugiés après la Révocation. Quoique ces références permettent d'avancer que Voltaire est sensible à la situation des protestants français[10], on ne pourrait dire que Voltaire soit tout à fait au courant de la vie actuelle des huguenots du Midi ou que cette situation préoccupe sa pensée.

La politique exacte de la Cour, au début des années 1750, est pourtant difficile à cerner. Elle se partage entre une application rigoureuse de la législation anti-protestante et une souplesse administrative liée à une tolérance de fait. Jean-Baptiste Machault d'Arnouville, Contrôleur général des finances, favorise même le retour en France des négociants protestants. Le 27 août 1750, il écrit à de Tourny, intendant de Bordeaux, avec une demande de protection pour Pierre Frontin, un huguenot réfugié à Lisbonne qui souhaite retourner dans l'Agenais mais «craint d'y être inquiété à cause qu'il est de religion protestante». Machault explique son but: «Il est à souhaiter que la tranquillité dont il jouira puisse déterminer plusieurs autres négociants, qui sont à Lisbonne dans le même cas, à suivre son exemple»[11]. De Tourny écrit ensuite une lettre à l'évêque d'Agen, pour demander que Frontin ne soit pas gênée[12]. En novembre 1750, Chabannes écrit une longue lettre – manuscrite – à Machault pour protester contre tout rappel des protestants réfugiés et toute idée de «tolérance» à leur égard[13]. Au printemps de 1751, sa lettre est imprimée dans une édition de huit pages in-quarto et devient la fameuse *Lettre de*

---

[10] Voir le commentaire de Graham Gargett, *VP*, p. 258-259.

[11] Machault à de Tourny, 27 août 1750, citée selon Myriam-Idelette Garnier, *Histoire d'une famille protestante et de ses alliances en Périgord-Quercy-Dordogne (XVIIe-XVIIe-XIXe siècles)*, s.l., 1990, p. 127; et Denis Desert, «The Bishop of Agen attempts to bar the door, 1750-1», in: *Proceedings of the Huguenot Society*, XXVIII (2004), p. 149-159.

[12] Bibliothèque publique et universitaire de Genève (BPUG), Collection Court, 1/XXIV, p. 486-487, Galafrès à Court, 5 juin 1751, transcrite dans *Patriote*, p. XXXIV. Comparer, Denis Desert, «The Bishop of Agen», p. 151.

[13] AN: O1 447, f. 75v°, Saint-Florentin à M. l'évêque d'Agen, 29 mai 1751, transcrite dans *Patriote*, p. XXIV-XXV.

M. l'évêque d'Agen à M. le Contrôleur général contre la tolérance des huguenots dans le royaume[14], qui déclenche une vingtaine de réponses.

La *Lettre de M. l'évêque d'Agen* et le débat public qui la suit trouvent leurs racines dans des considérations économiques. Chabannes commence sa *Lettre* en faisant allusion à son opposition au vingtième, l'impôt que Machault avait voulu imposer au clergé:

> Voici encore une lettre, toutefois sur un sujet différent de celui pour lequel j'eus l'honneur de vous écrire il y a six semaines, et d'une importance bien plus grande, puisqu'il ne s'agit plus des intérêts temporels ni des immunités du clergé, mais de l'Eglise et de la religion elle-même (p. .9).

L'évêque évoque des principes religieux mais la justification de son intolérance est surtout historique et politique. Il rappelle les guerres civiles du XVIe siècle et la récente guerre des Camisards. Il qualifie la Révocation de l'Edit de Nantes de «coup d'éclat» contre «ces pernicieux sujets», «ennemis des rois et opposés à la monarchie» (p. 12). Selon l'évêque, les protestants «ont été rebelles par principes et ils sont républicains par système» (p. 16). Un rappel des huguenots mènera à de grands désordres sociaux puisqu'ils ne pourront pas se marier selon le sacrement de l'Eglise catholique, sans blesser leurs consciences et celle du prêtre. Chabannes évoque indirectement le problème juridique au centre du débat: faut-il accorder un mariage civil aux protestants qui demeurent en France soixante-cinq ans après la Révocation? Bénéficiant d'une tolérance de fait depuis la Guerre de Succession d'Autriche (1740-1748), de plus en plus de protestants célèbrent leurs mariages dans les assemblées du Désert, des mariages non reconnus qui provoqueront des procès[15].

Contrairement à l'évêque d'Agen, Voltaire avait apporté son soutien au vingtième. En mai 1749, il écrit une longue lettre publique à Machault pour soutenir l'impôt (D3927) et en 1750 il se trouve au centre d'une polémique autour du vingtième, notamment à travers *La Voix du sage et du peuple*[16]. Ce pamphlet défend vigoureusement les droits du roi:

> Cette raison nous enseigne que le prince doit être maître absolu de toute police ecclésiastique, sans aucune restriction, puisque cette police ecclésiastique est une partie du gouvernement[17].

---

[14] Présentée dans *Patriote*, p. 9-21.

[15] Jacques Poujol, «Aux Sources de l'Edit de 1787», p. 346-347 et p. 368-371.

[16] Marcel Marion, *Machault d'Arnouville. Etude sur l'histoire du contrôle général des finances de 1749 à 1754*, Paris, Hachette, 1891, p. 263-264.

[17] Voltaire, *La Voix du sage et du peuple*, éd. David Williams, *OCV*, t. 32A, p. 241.

C'est aussi une attaque contre *l'infâme*, bien avant qu'il n'utilise l'expression:

> La superstition est le plus horrible ennemi du genre humain; quand elle domine le prince, elle l'empêche de faire le bien de son peuple; quand elle domine le peuple, elle le soulève contre son prince (p. 243).

Voltaire critique à la fois les jansénistes et les jésuites pour la discorde qu'ils provoquent et préconise une tolérance basée sur une religion où tous les hommes vivent comme frères:

> Le prince philosophe encouragera la religion, qui enseigne toujours une morale pure et très utile aux hommes; il empêchera qu'on ne dispute sur le dogme parce que ces disputes n'ont jamais produit que du mal (p. 244).

Après cette idée de la tolérance, Voltaire présente ensuite une demande de justice:

> [Le prince philosophe] rendra, autant qu'il le pourra, la justice distributive plus uniforme et moins lente, et rougira pour nos ancêtres que ce qui est vrai à Dreux soit faux à Pontoise (p. 244).

Comment expliquer que Voltaire ne reprend pas les mêmes thèmes de tolérance et de justice pour répondre à l'évêque d'Agen? Etant donné qu'il s'établit à Berlin pendant l'été 1750, l'explication la plus simple, c'est qu'il n'est pas au courant de la *Lettre*; sa correspondance au moins n'en parle pas. Comme Marcel Marion le dit à propos du débat sur le vingtième, «Voltaire, éloigné de France, une foule d'écrivains continuèrent à harceler le clergé de leurs attaques»[18]. De même, ce serait le travail d'autres écrivains que Voltaire de répondre à l'évêque d'Agen.

Il faut noter que certaines opinions de Voltaire à l'égard des protestants français ressemblent à celles exprimées dans la *Lettre de M. l'évêque d'Agen*[19]. Dans *Le Siècle de Louis XIV*, publié aussi en 1751, Voltaire estime que l'Edit de Nantes «n'était au fond que la confirmation des privilèges que les protestants de France avaient obtenus des rois précédents les armes à la main»[20]. Louis XIV regardait les protestants «non sans quelque raison, comme d'anciens révoltés soumis avec peine» (p. 1049). Quoique Voltaire critique les mauvais effets économiques de la Révocation, il rencontre l'évêque d'Agen à travers sa critique de la guerre des Camisards où le maréchal de Montrevel «fit la guerre à ces

---

[18] Marcel Marion, *Machault d'Arnouville*, p. 265.
[19] Comparer Graham Gargett, «Voltaire, les protestants et le protestantisme», p. 27.
[20] *Le Siècle de Louis XIV*, in: *Œuvres historiques*, p. 1044.

misérables comme ils méritaient qu'on la leur fît» (p. 1060). Il termine son chapitre sur le calvinisme avec ce commentaire:

> en France, le temps, la prudence du gouvernement et les progrès de la raison ont rendu les calvinistes tranquilles: leur nombre est diminué avec l'enthousiasme (p. 1063).

Dans le contexte de tels propos, des protestants, victimes d'injustice, seraient-ils nécessairement certains de trouver un défenseur chez Voltaire?

Pour leur part, des huguenots à Paris et au Refuge reçoivent des exemplaires de la *Lettre de M. l'évêque d'Agen* au printemps 1751 et ils y répondent aussitôt. A Lausanne, Antoine Court, auteur de plusieurs pamphlets en faveur des assemblées du Désert, voit dans cette *Lettre* l'occasion de fournir un «plaidoyer» en faveur des huguenots et aussi un portrait de leurs souffrances. Sa réponse à l'évêque, distribuée au début de 1752, se divise ainsi entre son *Patriote français et impartial*, un traité polémique, et un *Mémoire historique*, décrivant les injustices et les peines vécues par les huguenots depuis 1744. A Paris, un groupe de protestants du Midi pense faire mieux. Ils s'organisent autour d'un certain chevalier de Beaumont et rédigent *L'Accord parfait*, un remaniement du *Patriote* de Court qui reçoit l'appui de Machault d'Arnouville. Finalement, un autre groupe de protestants – quasi maçonnique – au nom de la Société de l'Etoile, se réunit chez C.F. Baër, chapelain de l'ambassade de Suède, et rédige un *Mémoire théologique et politique au sujet des mariages clandestins des protestants de France*. Quoique Court souhaite un nouvel édit garantissant la liberté de conscience et de culte (*Patriote* CXXVIII, 295), le chevalier de Beaumont insiste surtout sur l'abrogation de la législation anti-protestante et le droit d'enregistrer baptêmes et mariages devant un juge (t. 2, p. 260). Le *Mémoire théologique et politique* demande seulement un mariage civil pour les protestants (p. 113-125, 140). En 1756, l'ouvrage d'Antoine Court sera de nouveau abrégé et allégé par un anonyme dans une *Lettre d'un patriote sur la tolérance civile des protestants et sur les avantages qui en résulteraient pour le royaume*[21].

Un deuxième groupe participe à la polémique: des auteurs catholiques qui tentent d'aider les protestants. Dans ce courant, le premier texte à paraître, dès 1753, c'est l'*Examen de deux questions importantes sur le mariage*, attribué à Pierre Le Ridant, avocat au parlement de Paris. Comme les auteurs du *Mémoire théologique*, Le Ridant propose de créer

---

[21] Ce texte fut longtemps attribué à Court, ce qu'une comparaison entre *Le Patriote* et la *Lettre d'un patriote* rend impossible. Sur la publication des ouvrages protestants indiqués ci-dessus, voir *Patriote*, p. XLI-L, LVIII-LXXI, CXXXII-CXLII.

pour les protestants un mariage civil (p. 586-587). Etant donné que cette idée se présente dans les deux dernières pages d'un ouvrage de près de 600 pages in-quarto, on aurait tort d'y voir une simple réponse à l'évêque d'Agen. Dans ses longs arguments contre la loi canonique, Le Ridant montre qu'il souhaite appuyer le pouvoir de l'Etat. Comme John Renwick le signale, les ouvrages du débat dépassent souvent le cadre du statut des protestants et reflètent les différentes batailles des années 1750 entre avocats civilistes et avocats canonistes, jansénistes et jésuites, philosophes et catholiques conservateurs.[22].

Un ouvrage intitulé *Le Conciliateur ou Lettres d'un ecclésiastique à un magistrat sur les affaires présentes* tente de réunir la question du statut des protestants en France au débat sur le traitement des jansénistes. On se rappelle que l'archevêque de Paris exige que les mourants, pour recevoir le sacrement, fournissent un billet de confession indiquant qu'ils adhèrent à la bulle *Unigenitus* et sa condamnation du jansénisme. Lorsque le parlement de Paris prend la défense des jansénistes, le roi l'exile à Pontoise provisoirement. Au début du *Conciliateur*, daté du 1er mai 1754, l'auteur se demande comment le roi va à la fois «renouveler les anciens règlements contre les protestants» et «donner gain de cause au parlement contre le clergé»[23]. Face aux protestants, aux jansénistes, aux évêques et au parlement, le roi n'a qu'un choix: de ne plus se mêler «des affaires de la religion» et de dire que son «empire n'est pas établi pour sauver les âmes» (p. 13 et 14). Cette séparation de l'Eglise et de l'Etat donnerait la liberté de culte aux protestants et, en même temps, permettraient aux évêques de refuser les sacrements aux jansénistes (p. 34 et 37).

Généralement attribué au jeune Turgot, *Le Conciliateur* est l'ouvrage du futur archevêque et ministre, Loménie de Brienne, selon les *Mémoires* de l'abbé Morellet[24]. Ce texte reflète le fruit des discussions entre Turgot,

---

[22] John Renwick, éd., *Traité sur la tolérance*, OCV, t. 56C, p. 19-20. Un problème lié à l'analyse de ces ouvrages est leur attribution. Par exemple, les *Questions sur la tolérance* (1758, avec une 2e édition en 1760 sous le titre *Essai sur la tolérance chrétienne*) est attribué à l'abbé Jacques Tailhé, un critique des jésuites, et Gabriel-Nicolas Maultrot, un défenseur des prêtres jansénistes, l'ouvrage serait donc «janséniste» (voir Geoffrey Adams, *The Huguenots and French Opinion*, p. 92). Cette attribution est possible, mais on repère aussi des passages qui suggèrent un auteur protestant (*Essai*, ii.61-62).

[23] Selon la réimpression de 1788, p. 1.

[24] Comparer *Le Conciliateur*, «Avis de l'éditeur», p. [i]; Geoffrey Adams, *The Huguenots and French Opinion*, p. 92; André Morellet, *Mémoires inédits de l'abbé Morellet, de l'Académie française, sur le dix-huitième siècle et sur la révolution*, 2e édition, Paris, 1822, t. 1, p. 18-19; et Gustav Schelle, *Œuvres de Turgot et documents le concernant*, Glashütten im Taunus, Verlag Detlev Auvermann KG, 1972 (réimpr. Paris, 1913), t. 1, p. 391-393, note (a).

Loménie de Brienne et Morellet lors de leurs études à la Sorbonne au début des années 1750. D'après Morellet, les trois étaient «entraînés par l'esprit philosophique» à travers la lecture de Montesquieu et de l'*Encyclopédie*, et ils «se déclarent pour la tolérance civile en s'efforçant de la distinguer de la tolérance ecclésiastique»[25]. Dans *Le Conciliateur*, l'auteur insiste qu'il «ne peut y avoir qu'une religion vraie» (p. 4), mais cette intolérance ecclésiastique ne permet ni à l'Eglise ni au Prince d'utiliser «les voies de contrainte et d'autorité» pour convertir qui que ce soit (p. 10). C'est un ouvrage assez provocateur, qui contient des phrases bien à la Voltaire: «Nous avons le cœur tolérant; l'habitude nous a rendu l'esprit fanatique» (p. 16) ou «Si l'utilité d'une chose rend légitime tous les moyens de la procurer, chacun pourra dire à son voisin: sois catholique, ou je te tue» (p. 27).

Cette même année, l'abbé Claude Yvon publie un texte sur la tolérance, la *Liberté de conscience resserrée dans des bornes légitimes*. A Paris, Yvon contribue des articles à l'*Encyclopédie* avant de s'exiler en 1752[26]. C'est probablement à Amsterdam qu'il écrit son ouvrage, qui essaie de concilier le droit de l'Eglise catholique à l'intolérance ecclésiastique avec les idées de Bayle sur les droits de la conscience. Yvon propose d'accorder «une pleine tolérance» aux différentes sectes (t. 2, p. 163-164). Cette tolérance comprend le déiste, mais non pas l'athée, qui «n'a pas de conscience à redouter» (t. 2, p. 178-179). Répondant directement à l'évêque d'Agen, Yvon propose de rappeler les réfugiés et de rétablir l'Edit de Nantes, à condition d'exclure les calvinistes «des charges et dignités» (t. 3, p. 57-58). Il termine son ouvrage en évoquant son maître à penser:

> Je laisse à Bayle la gloire d'établir sur de solides fondements la liberté de conscience. Qui mieux qui lui pouvait y réussir? La mienne à moi si pourtant cet ouvrage en mérite quelqu'une, c'est d'avoir détruit dans l'esprit des catholiques les préjugés qui les empêchent de sentir la force des raisonnements de ce philosophe et d'avoir prouvé qu'on peut être très bon Romain et aimer son frère le calvinisme [calviniste] (t. 3, p. 66).

Certains voient chez Yvon un esprit confus, qui ne se rend pas compte que la philosophie des Lumières est incompatible avec son orthodoxie[27].

---

[25] André Morellet, *Mémoires*, t. 1, p. 32-33.

[26] Voir Frank A. Kafker, avec Serena L. Kafker, *The Encyclopedists as individuals: a biographical dictionary of the authors of the Encyclopédie*, SVEC 257 (1988), p. 403-406; et Pierre Rétat, *Le Dictionnaire de Bayle et la lutte philosophique au XVIIIe siècle*, Paris, Les Belles Lettres, 1971, p. 403-411.

[27] Robert R. Palmer, *Catholics and unbelievers in eighteenth-century France*, New York, Cooper Square Publishers, 1961 (éd. originale 1939), p. 119, et p. 124.

Par rapport à la question de la tolérance, Yvon offre cependant un mélange intéressant de foi et de Lumières.

Dans le contexte de la Guerre de Sept Ans, l'abbé Morellet lui-même publie en 1756 sa propre contribution au débat, un *Petit écrit sur une matière intéressante*. Comme l'armée française semble remporter «de nouveaux avantages sur les Anglais» aux Colonies d'Amérique du Nord, il demande la conversion des hérétiques anglo-américains (p. 7). En raison de «la délicatesse de ce siècle corrompu», «on ne brûlera point les hérétiques»:

> On n'emploiera donc que les amendes, les prisons, les exils, la confiscation des biens, les dragonnades, l'enlèvement des enfants, la défense de se marier, les galères, et les autres moyens de douceur que la charité de Messieurs les Inquisiteurs leur suggérera.
> Il faudra pourtant excepter de cette indulgence, et brûler sans miséricorde, les ministres et les sorciers (car il y en a) (p. 23-24).

Morellet termine son ouvrage en citant les psaumes pour louer la violence du roi contre les hérétiques:

> C'est ainsi que [Sa Majesté] accomplira l'œuvre de Dieu; c'est ainsi qu'elle se fera dans ce monde la réputation d'un prince équitable et modéré et qu'elle méritera dans l'autre la gloire immortelle que Dieu prépare à ceux qui auront écrasé contre la pierre les petits-enfants de la malheureuse Babylone (p. 38).

L'ironie manque de subtilité, mais Morellet indique dans ses mémoires que:

> Cette plaisanterie eut quelque succès dans le temps […]. D'Alembert et Diderot furent ravis de voir un prêtre se moquer des intolérants, persuadés qu'ils étaient qu'on ne pouvait être tolérant sans abandonner les principes religieux; en quoi je leur soutenais toujours qu'ils se trompaient et que la tolérance était dans l'Evangile. M. de Gournay, M. Turgot, M. de Malesherbes furent aussi très contents de moi[28].

Après la publication de ce texte, Diderot et d'Alembert engagent Morellet à contribuer à l'*Encyclopédie*[29].

Les ouvrages de ce débat, imprimés sous l'anonymat et sans permission, ne sont pas probablement faciles à acquérir. Mais en 1756, on compte une douzaine de pamphlets sur la question, à laquelle il faut ajouter des rééditions, comme les quatre versions du *Mémoire théologique et politique*[30]. Cette production provoque aussi des articles dans les

---

[28] André Morellet, *Mémoires*, t. 1, p. 40. Selon Morellet (t. 2, p. 37), Gournay est intendant du commerce.

[29] André Morellet, *Mémoires*, t. 2, p. 40.

[30] Jacques Poujol, «Aux Sources de l'Edit de 1787», p. 362.

journaux, comme ceux de Formey et Fréron[31]. En mars 1756, Grimm mentionne le *Mémoire théologique et politique* ainsi que la *Lettre d'un patriote*, ajoutant ce commentaire:

> Si grâce à la philosophie, nous frémissons aujourd'hui du massacre de la Saint-Barthélemy, si nous gémissons sur les maux infinis que la Révocation de l'Edit de Nantes a causés au royaume, qu'avons-nous fait pour les réparer et pour en prévenir les suites? Rien. Philosophes bavards et frivoles, nous remplissons la capitale de nos vains raisonnements sur le bien public, pour tromper notre inutile oisiveté; mais malgré nos beaux discours, les lois dictées par l'injustice et la violence ne sont pas moins exécutées dans les provinces[32].

Grimm vise les philosophes à Paris, mais s'agit-il aussi d'une critique contre Voltaire, qui met en question la Révocation mais n'essaie pas de combattre «l'injustice et la violence» vécues par les protestants?

Depuis longtemps, on évite de tomber dans une critique de Voltaire à la manière d'un Grimm ou d'un historien protestant du dix-neuvième siècle, selon lequel «la philosophie du XVIIIe siècle [...] n'eut point de caractère positif et pratique. Elle s'en tint à de grandes et belles généralités»[33]. Par rapport au silence de Voltaire vis-à-vis de ce débat, la critique moderne a plutôt tendance à excuser ou justifier le philosophe. René Pomeau propose que «Voltaire connaissait ces pamphlets, mais, jusqu'en 1761, il était resté à l'écart de la polémique»[34]. Graham Gargett trace en détail les indications selon lesquelles l'attitude de Voltaire à l'égard des protestants français change progressivement, surtout à partir de son établissement aux Délices, où il «devient rapidement très bien informé de la situation des églises du Désert»[35]. C'est pourtant un changement rapide qui dure une dizaine d'années. Dans la biographie *Voltaire en son temps*, on fait remarquer «le procès de la superstition et du fanatisme» fait par Voltaire dans l'*Essai sur les mœurs*, publié dans sa première version

---

[31] A titre d'exemple, la *Nouvelle bibliothèque germanique* publie un compte rendu du *Patriote français et impartial* de Court (Amsterdam, P. Mortier, 1752, xi. 164-185). L'*Année littéraire* de Fréron parle du *Mémoire théologique et politique* (6 juin 1756, iii.210) et, par rapport aux textes des auteurs catholiques conservateurs, *La Voix du vrai patriote* (12 octobre 1756, vi. 192) et l'*Apologie de Louis XIV* de Caveirac (décembre 1758, iv. 280-2.), d'après John Renwick, in *Traité sur la tolérance*, OCV, t. 56C, p. 17, n. 33 et p. 23, n. 44.

[32] Melchior Grimm, *CLT*, t. 3, p. 193.

[33] Voir Charles Coquerel, *Histoire des Eglises du Désert*, t. 2, p. 477, passage signalé par Graham Gargett, *VP*, p. 251-52.

[34] René Pomeau, *La Religion de Voltaire*, Paris, Nizet, 1969, p. 324.

[35] Graham Gargett, *VP*, p. 251-83 et «Voltaire, les protestants et le protestantisme», p. 27.

complète en 1756. On présente Voltaire à travers la métaphore d'un guerrier qui se prépare pour la bataille – ses recherches historiques, «ce seront
autant de munitions pour ses campagnes futures»; et, plus important, ce
gladiateur sexagénaire:

> ne songe pas sans doute, en cette année 1756, à entrer en lice. Occupé
> à publier ses œuvres complètes, il semble plutôt disposé à prendre une
> retraite. Mais le combat va venir le solliciter, comme de l'extérieur, et
> l'on peut croire que son tempérament batailleur ne se dérobera pas[36].

Son silence s'excuserait par la retraite qu'il trouve finalement à Genève
et par la certitude que ses écrits, sans qu'il le sache, le préparent au grand
combat.

Pour reprendre l'explication de Pomeau, si Voltaire reste «à l'écart»
de ce débat, s'agit-il d'un choix selon lequel il «connaît» bien l'existence
de ces pamphlets – ainsi que les problèmes vécus par les protestants
français – mais il décide de ne pas participer à la polémique ou d'aider
des huguenots directement? Entre ignorance totale (impossible étant
donné les échos chez Grimm, Fréron, etc.) et décision mûrement réfléchie
(où est la réflexion?), proposons une ignorance volontaire. Il s'agit du
choix de ne pas s'intéresser à une question, avec la conséquence de
connaître son existence, au lieu de son fond. Car il me semble que Voltaire ne s'intéresse au débat sur la tolérance des années 1750 qu'en 1763
lors de la rédaction du *Traité sur la tolérance*.

Il est vrai que Voltaire reçoit en 1756 de P. D. Rouvière, avocat au
parlement de Paris, un *Essai de réunion des protestants aux catholiques
romains*. Mais cet ouvrage n'entre pas dans la question du mariage des
protestants ou de la liberté de culte. Rouvière propose plutôt des arguments théologiques afin de déterminer les protestants schismatiques de
revenir au bercail catholique[37]. Comparé au *Conciliateur* de Loménie de
Brienne et au *Petit écrit* de Morellet, cet ouvrage paraît assez fade. Voltaire répond toutefois à Rouvière en louant son *Essai*:

> J'y ai vu des intentions droites soutenues par beaucoup d'érudition. Je
> souhaite que votre ouvrage opère ce que la Révocation de l'Edit de
> Nantes n'a pu exécuter (D7006).

Dans le contexte de sa critique de la Révocation, ce commentaire
paraît étrange. Voltaire évoque plutôt son vœu de voir disparaître le protestantisme et ses disputes dogmatiques. Après cette lettre à Rouvière, sa

---

[36] René Pomeau, *Vst*, 1995, t. 1, p. 845.
[37] Geoffrey Adams, *The Huguenots and French Opinion*, p. 91, et Jacques Poujol,
«Aux Sources de l'Edit de 1787», p. 365.

correspondance de 1756-1758 entrent souvent dans ses conflits avec le clergé à Genève et Lausanne, mais elle ne tourne pas vers un examen du statut des protestants français[38].

Et si un auteur «éclairé» comme Morellet entre «en lice» bien avant Voltaire, c'est probablement lié au fait que Voltaire se trouve éloigné de Paris. L'amitié que Morellet partage avec Turgot et Loménie de Brienne le pousse à considérer des questions pratiques d'administration lorsqu'ils commencent leurs carrières administratives. Les études de Morellet deviennent «plus solides, non moins abstraites pour ceux qui veulent les approfondir, et plus utiles aux hommes lorsqu'on sera parvenu à en trouver le bout». En même temps, Turgot le présente à des commis tels que Gournay et Malesherbes, «des hommes dont les idées se portaient ainsi sur des objets utiles». Chez Gournay, il rencontre «un Languedocien», l'agent des protestants à Paris, qui lui parle du pasteur Paul Rabaut et lui inspire «beaucoup d'intérêt pour ses frères persécutés», ce qui le pousse à écrire son *Petit écrit*[39]. Il faut ajouter qu'il répond aussi à un ouvrage polémique sur le mariage des protestants, un *Mémoire politico-critique où l'on examine s'il est de l'intérêt de l'Église et de l'État d'établir pour les calvinistes du royaume une nouvelle forme de se marier*, publié en 1756 et attribué à un certain abbé de Caveirac que Voltaire ne connaît pas encore (*Petit écrit*, p. v-vi). Il semble que, même à Genève, Voltaire soit éloigné des administrateurs, des pamphlets et des protestants au centre du débat.

A Berlin, et surtout à Lausanne et Genève, Voltaire est en contact avec des Languedociens et d'autres protestants qui auraient pu lui parler de la vie des protestants réformés en France. Il rencontre, à Berlin, La Beaumelle, auteur de *L'Asiatique tolérant*, un ouvrage polémique, paru en 1748, sur la tolérance et le traitement de ses confrères protestants. Les rapports tumultueux entre La Beaumelle et Voltaire n'ont pas sans doute contribué à une discussion sur sur le protestantisme[40]. Le philosophe est aussi en contact à Berlin avec Jean Henri Samuel Formey, pasteur du Refuge. Il ne semble pas que leurs discussions tournent autour du

---

[38] Graham Gargett, *VP*, p. 276.

[39] André Morellet, *Mémoires*, t. 1, p. 37, p. 39 et p. 40. Il se peut que cet agent soit Jean-Louis Le Cointe, qui organise en 1755 des discussions entre le pasteur Rabaut et le prince de Conti. Voir John D. Woodbridge, *Revolt in Prerevolutionary France: The prince de Conti's conspiracy against Louis XV, 1755-1757*, Baltimore, The Johns Hopkins U. P., 1995, p. 50-52.

[40] Pour les années 1751-1752, voir Claude Lauriol, *La Beaumelle, Un protestant cévenol entre Montesquieu et Voltaire*, Genève, Droz, 1978, p. 259-314, et «*L'Asiatique tolérant* ou le «traité sur la tolérance» de La Beaumelle (1748)», in: *Dix-Huitième Siècle*, 17 (1985), p. 75-82.

protestantisme français[41]. A Lausanne, il habite tout près d'Antoine Court, mais il semble que les deux ne se rencontrent pas. Voltaire connaît aussi Jean-Antoine-Noé Polier de Bottens, professeur à l'Académie de Lausanne et président du comité secret qui dirige le séminaire du Désert – séminaire clandestin qui forme les futurs pasteurs du Désert. Comme Voltaire n'en parle pas, on pourrait conclure que Polier n'aborde pas le sujet avec lui[42]. A Genève, de nombreux professeurs de l'Académie participent au comité secret de cette ville[43]. Dans le contexte des différends entre Voltaire et Genève à cette époque, on pourrait avancer que ni ces professeurs ni les réfugiés français ne tentent d'obtenir l'appui de Voltaire – ou bien, ils essayent de l'intéresser, sans succès.

Voltaire rencontre en 1758 le troisième courant du débat, les écrits des catholiques conservateurs hostiles à toute forme de tolérance. Le 24 décembre 1758 il écrit à Thieriot pour lui demander «cette abominable justification de la St-Barthélemy», c'est-à-dire l'*Apologie de Louis XIV et de son conseil sur la Révocation de l'Edit de Nantes...avec une dissertation sur la journée de la Saint-Barthélemy* (D7995). Thieriot lui envoie le 25 janvier 1759 «l'horrible et détestable livre» et «indigne» ouvrage qu'il attribue à l'abbé de Caveirac, «homme fort méprisé et qui cherche à faire fortune à quelque prix que ce soit»[44] (D8065). Même si Voltaire donne l'impression d'avoir lu le livre (D8119), il ne semble l'examiner en détail qu'au moment où il rédige le *Traité sur la tolérance*. Le 2 janvier 1763, il écrit à Moultou:

> Puis-je vous demander ce que c'est qu'un *Accord parfait* etc. composé par un prétendu capitaine de cavalerie, cité à la page 474 du détestable livre de ce fripon d'abbé de Caveirac, plus ennemi encore du genre humain que le vôtre? (D10877).

Le 5 janvier 1763, Voltaire dit qu'il a «lu avec attention [...] une grande partie de *L'Accord parfait*». Dans la même lettre, il demande à

---

[41] Graham Gargett, *VP*, p. 257, n. 17.

[42] Graham Gargett, *VP*, p. 275, et *Patriote*, p. CXLIII.

[43] A propos du séminaire et des comités secrets de Lausanne et Genève, voir Claude Lasserre, *Le Séminaire de Lausanne (1726-1812), instrument de la restauration du protestantisme français*, Lausanne, Bibliothèque historique vaudoise, 1997.

[44] Comme Graham Gargett le signale («*Le débat sur la tolérance*», in: *Etudes sur le traité*, p. 274, n. 7), *L'Accord de la religion et de l'humanité sur l'intolérance* auquel Voltaire réagit dans le *Traité sur la tolérance* est attribué à l'abbé Malvaux et l'abbé de Caveirac. Selon John Renwick (*Traité sur la tolérance*, *OCV*, t. 56C, p. 75), Saint-Florentin, ministre chargé des affaires protestantes, aurait peut-être commandé les ouvrages de Caveirac et Malvaux, ce que le commentaire de Thieriot laisse supposer. Il faudrait de toutes façons mieux déterminer l'attribution de ces ouvrages.

Moultou d'envoyer le *Commentaire philosophique* de Bayle et la *Lettre de M. l'évêque d'Agen* (D10885). C'est finalement au début de 1763 que Voltaire rattrape un débat qui avait commencé en 1750.

Cet écart chronologique se comprend dans le contexte des différents écarts vécus par Voltaire pendant cette dizaine d'années. Il y a tout d'abord l'écart géographique et politique, un Voltaire éloigné de Paris et des autorités politiques. On constate aussi un écart culturel et social selon lequel Voltaire garde toujours une attitude négative à l'égard des protestants, malgré le fait – ou en raison du fait – qu'il vit dans des pays protestants. Si on regarde le *Traité sur la tolérance*, on constate qu'il existe aussi un écart philosophique entre Voltaire et les auteurs protestants et catholiques qui répondent à l'évêque d'Agen. Le philosophe ne veut pas défendre le culte protestant ou le mariage civil, comme Court et le chevalier de Beaumont, et il ne partage pas non plus la justification de l'intolérance catholique prônée par Morellet et Yvon. On constate aussi l'écart éthique entre Voltaire, défenseur du concept de la tolérance depuis *La Henriade*, et Voltaire, défenseur de Calas et opposant de l'évêque d'Agen, l'abbé de Caveirac et l'abbé Malvaux. Voltaire écrit, par exemple, à d'Alembert le 6 décembre 1757:

> Je sais que je ne pourrai jamais vous remercier assez de m'avoir appuyé de votre éloquence et de vos raisons, comme on dit que vous l'avez fait, à propos du meurtre infâme de Servet, et de la vertu de la tolérance, dans l'article *Genève* (D7499).

Faut-il critiquer, justifier ou relativiser l'écart entre la pratique de Voltaire de cette «vertu» lors de l'affaire Calas et son éloquence antérieure? Pour la période avant l'affaire Calas, il me semble que le plus important est de constater tous ces écarts afin de mieux apprécier les changements que Voltaire vit pendant ses premières années à Ferney.

BIBLIOGRAPHIE

1745-1750

1. [Court, Antoine] *Apologie des protestants du royaume de France sur leurs assemblées religieuses*, Au Désert, 1745[45].

---

[45] J'ai modernisé l'orthographe et j'ai aussi abrégé les titres. Pour plus de renseignements, voir Jacques Poujol, «Aux sources de l'Edit de 1787, une étude bibliographique», in: *Bulletin de la Société de l'histoire du protestantisme français*, 133 (1987), p. 343-384, avec une «suite», 142 (1996), p. 293-309; et aussi mon édition du *Patriote français et impartial* d'Antoine Court, Paris, Champion, 2002.

2. [La Chapelle, Armand de] *Mémoire apologétique en faveur des protestants...*, La Haye, Scheurleer, 1745.
3. [Allamand, François-Louis] *Lettre sur les assemblées des religionnaires en Languedoc écrite à un gentilhomme protestant de cette province...*, Rotterdam, 1745.
4. [Court, Antoine] *Réponse des protestants de France à l'auteur d'une lettre imprimée qui a pour titre Lettre sur les assemblées...*, Au Désert, 1745.
5. [Basnage, Jacques] *Instruction pastorale...*, Rotterdam, A. Acher, 1719 [1745].
6. [La Chapelle, Armand de] *La Nécessité du culte public parmi les chrétiens établie et défendue contre la Lettre de Mr. D.L.F.D.M. sur les assemblées...*, Francfort [Lausanne], W. Spreckius, 1747.
7. [La Beaumelle, Laurent Angliviel de] *L'Asiatique tolérant...*, Paris, Durand, l'an XXIV du traducteur [Amsterdam, 1748].

1751-1755

8. [Chabannes, J.-G. Gilbert de] *Lettre de M. l'évêque d'Agen à M. le Contrôleur général contre la tolérance des huguenots dans le royaume*, s.l.n.d. [1751].
9. [L'Honoré, François-Henri] *Lettre du curé de L*** à M. l'évêque d'Agen...*, s.l.n.d. [1751].
10. [Court, Antoine] *Le Patriote français et impartial ou Réponse à la Lettre de M. l'évêque d'Agen...*, s.l.n.d. [Lausanne, 1751].
11. [Court, Antoine] *Mémoire historique... au sujet de la religion réformée... depuis 1744 jusqu'à la présente année 1751*, s.l.n.d. [Lausanne, 1751].
12. [Court, Antoine] *Le Patriote français et impartial...*, Villefranche [Lausanne], Pierre Chrétien, 1753 [regroupe les textes 8-11]
13. [Beaumont, chevalier de] *L'Accord parfait de la nature, de la raison, de la révélation et de la politique ou Traité dans lequel on établit que les voies de rigueur en matière de religion blessent les droits de l'humanité et sont également contraires aux lumières de la raison, à la morale évangélique...*, Cologne, P. Marteau, 1753.
14. [Le Ridant, Pierre] *Examen des deux questions importantes sur le mariage... [Traité sur le mariage]*, s.l., 1753.
15. [Yvon, abbé Claude] *Liberté de conscience resserrée dans des bornes légitimes*, Londres, 1754.
16. [Loménie de Brienne, Etienne-Charles de] *Le Conciliateur ou Lettres d'un ecclésiastique à un magistrat sur les affaires présentes*, Rome, 1754 [réédité en 1788].
17. [Baër, Charles-Frédéric] *Mémoire théologique et politique au sujet des mariages clandestins des protestants de France...*, s.l., 1755 [plusieurs éditions en 1755 et 1756].

1756

18. [Villers, Marc-Albert de] *Sentiments des catholiques de France sur le Mémoire au sujet des mariages clandestins des protestants*, s.l., 1756.

19. [Lenfant, père?] *Dissertation sur la tolérance des protestants ou Réponse à deux ouvrages dont l'un est intitulé L'Accord parfait et l'autre Mémoire au sujet des mariages clandestins...*, en France, [1756].

20. [Besoigne, abbé Jérôme] *Réponse à une Dissertation contre les mariages clandestins...*, s.l., 1756.

21. [Beaumont, chevalier de] *La Vérité vengée ou réponse à la Dissertation sur la tolérance... par l'auteur de L'Accord parfait*, s.l., 1756.

22. [Besoigne, Jérôme ou Jean-Henri Marchand] *Lettre à l'auteur de la Dissertation sur la tolérance des protestants...*, s.l. [1756]

23. [?] *Réponse d'un bon chrétien aux prétendus sentiments des catholiques de France sur le Mémoire au sujet des mariages...*, s.l.n.d.

24. [Caveirac, abbé Jean Novi de] *Mémoire politico-critique où l'on examine s'il est de l'intérêt de l'Église et de l'État d'établir pour les calvinistes du royaume une nouvelle forme de se marier...*, s.l., 1756.

25. [?] *Lettre d'un patriote sur la tolérance civile des protestants et sur les avantages qui en résulteraient pour le royaume*, s.l. 1756 [plusieurs éditions].

26. [Bouniol de Montégut, abbé Antoine-François] *La Voix du vrai patriote catholique opposée à celle des faux patriotes tolérants*, s.l. 1756.

27. [Besoigne, abbé Jérôme] *Seconde réponse à des Dissertations contre la tolérance pour les mariages des protestants ou Lettre à l'auteur des deux mémoires intitulés Mémoire politico-critique et l'autre La Voix du vrai patriote catholique*, s.l.n.d.

28. [Morellet, abbé André] *Petit écrit sur une matière intéressante*, Toulouse, Pierre l'Agneau, 1756.

1758-1762

29. [Caveirac, abbé Jean Novi de] *Apologie de Louix XIV et de son conseil sur la Révocation de l'Edit de Nantes pour servir de Réponse à la Lettre d'un patriote...*, s.l., 1758 [autre titre, *Paradoxes intéressants sur la cause et les effets de la Révocation...*].

30. [Tailhé, abbé Jacques et Gabriel-Nicolas Maultrot] *Questions sur la tolérance où l'on examine si les maximes de la persécution ne sont pas contraires au droit des gens, à la religion...*, Genève, Henry-Albert Gosse, 1758 [paraît en 1760 sous le titre, *Essai sur la tolérance chrétienne*].

31. [Labroue, Frédéric-Guillaume de] *L'Esprit de Jésus-Christ sur la tolérance. Pour servir de réponse... particulièrement à l'Apologie de Louis XIV...*, s.l., 1760.

32. [Malvaux, abbé, ou Jean Novi de Caveirac?] *Accord de la religion et de l'humanité sur l'intolérance*, s.l., 1762.

VOLTAIRE, LA TOLÉRANCE ET LA JUSTICE: DE PRÉTENDU «OBSERVATEUR» EN ACTEUR. VOLTAIRE 1758-1762: PROBLÈMES ET PARAMÈTRES

John RENWICK
(*University of Edinburgh*)

Le 8 août 1762, évoquant rapidement – à l'intention de Sophie Volland – l'affaire Calas et les «deux nouveaux papiers»[1] qui venaient de paraître dans le public, Denis Diderot se laisse aller à la déclaration suivante: «C'est De Voltaire qui écrit pour cette malheureuse famille. Oh! mon amie, le bel emploi du génie! Il faut que cet homme ait de l'âme, de la sensibilité, que l'injustice le révolte, et qu'il sente l'attrait de la vertu. Car que lui sont les Calas? qu'est-ce qui peut l'intéresser pour eux? quelle raison a-t'il de suspendre les travaux qu'il aime, pour s'occuper de leur défense?[2] Quand il y aurait un Christ, je vous assure que De Voltaire seroit sauvé»[3].

L'intérêt de cette lettre, qui n'est que de quatre mois postérieure au moment où Voltaire acquit la certitude de l'innocence de Jean Calas, c'est qu'elle contient les trois interrogations pointues qui sont précisément celles-là mêmes qui devaient parfois intriguer et les contemporains et la postérité. Tous furent, tous seront constamment (mais non pas automatiquement) d'accord pour croire que chez Voltaire il s'était produit, pour les uns quelque chose de révélateur, pour les autres de remarquable car inattendu. Pourquoi, en somme, avait-il – opérant sur une scène insolite – fait de Calas, littéralement, une affaire d'État…où il s'était d'ailleurs dépensé avec une ardeur, une obstination et une ténacité inhabituelles au point de faire croire qu'on avait affaire à un Voltaire transformé, même métamorphosé.

Les différentes interprétations qu'on ne laisse pas de proposer depuis 1762 – quoique représentent les opinions d'un large éventail d'observateurs et de critiques, ici adversaires, là admirateurs – ont ceci de commun: elles nous laissent insatisfaits ou rêveurs, sceptiques ou incrédules.

---

[1] Il s'agit du *Mémoire de Donat Calas* et de la *Déclaration de Pierre Calas*.

[2] Il est révélateur que René Pomeau, en citant cette lettre (*Vst*, t. 2, p. 132), omette de son texte ces trois interrogations. Nous y reviendrons par la suite.

[3] *Correspondance*, éd. Georges Roth, Paris, Minuit, 1955-1970, lettre no 269, t. 4, p. 97.

Motivons de telles réactions. Passons en revue les différentes approches de la critique et leurs insuffisances.

Insuffisances criantes – cela va de soi – chez ses détracteurs. Ceux-ci sont uniformément pénibles car leurs appréciations, dénuées de générosité, sont uniquement le fruit de leur hostilité idéologique, profonde aversion même, pour des activités jugées scandaleuses, vecteurs ou fruits d'une mentalité malsaine: ainsi on dénonce ses inavouables débordements contre tout ce que l'Etat et l'Eglise ont de plus digne de respect, les sorties scandaleuses de ce méchant teigneux contre tout ce que l'humanité a de plus respectable. Pour eux, ils émanent uniquement de la volonté de faire parler de lui, coûte que coûte, pour l'excellente raison qu'il voulait attirer les regards d'un public qui le boudait de plus en plus. Depuis 1762, nous ne trouvons dans ce camp que les mêmes rengaines éculées. Au départ il y avait Fréron: pour ce dernier Calas ne fut qu'un prétexte dont Voltaire profita de façon cynique[4]. Tout aussi intimement convaincus de son abjecte mauvaise foi, les successeurs et continuateurs de *l'illustre critique* (par exemple: Charles Coquerel, Ferdinand Brunetière, Emile Faguet, Hilaire Belloc, Marc Chassaigne, John Charpentier, Kathleen O'Flaherty) insistent – à l'exception de toute autre considération – sur un anti-cléricalisme à la fois honteux et éhonté, parfois doublé d'un anti-parlementarisme indéniable…et toujours l'abjecte volonté d'attirer les regards[5].

La somme critique chez ces adversaires est navrante et horriblement injuste. Encore une fois, on voit que la haine et le mépris sont – dans le domaine de la critique – de très mauvais conseillers. Il vaut mieux y mettre un voile.

Les résultats des enquêtes menées dans l'autre camp sont-ils plus conséquents? La réflexion qu'on a consacrée à Voltaire et Calas est certes plus satisfaisante en ce sens précis qu'elle est plus équilibrée. Mais, voici le paradoxe: en dernière analyse notre optimisme initial pour ce qui concerne une définition globalement plus convaincante du «phénomène

---

[4] «il a vu dans cette affaire un sujet tragique et malheureusment trop tragique. Voilà d'abord sa tête poétique qui s'échauffe; qu'on ne s'y trompe pas, ce n'est pas tant un sentiment d'humanité que celui de ranimer son existence et de faire parler de lui qui l'a transporté dans cette occasion» (*Année littéraire*, 1765, t. 3, p. 156).

[5] Kathleen O'Flaherty, *Voltaire, Myth and Reality*, Cork, Cork U.P., 1945: «But when the unfortunate affair of the Calas family arose, when its echoes had spread over the whole of Europe, and when Voltaire saw what an incomparable opportunity it was to win back public opinion and the popularity which he was losing, he took up his pen…(sic) and intervened in a debate which he had not opened» (p. 27). Ici l'auteur fait siennes les conclusions de Ferdinand Brunetière («Le bilan de Voltaire», in: *Revue des Deux Mondes*, t. 81 1/6, 1er mai 1890).

Calas» dans la carrière de Voltaire n'est pas justifié. Je viens d'évoquer les jugements proférés (ou plutôt crachés) par les adversaires qui sont dénués de finesse et d'objectivité. En règle générale (mais il y a d'honorables exceptions) on se doit d'avouer que l'envergure des interprétations favorables est tout aussi limitée. Passons en revue les différentes manières de réagir. Ici aussi, comme dans le camp adverse, elles ont très souvent quelque chose de commun: leur point de départ. Depuis toujours, soit implicitement soit explicitement, on présente l'affaire Calas comme un moment charnière dans l'existence de Voltaire dont on ne saurait surestimer l'importance. Mais cela posé, les différentes prises de position ne tardent pas à diverger, parfois de façon radicale.

Certains critiques, par exemple, ne proposent aucune interprétation du phénomène, estimant sans doute qu'il s'agit là d'un fait qui s'inscrit si naturellement et si logiquement dans la destinée du Patriarche de Ferney qu'il peut se passer de commentaires. Bref, la vérité sur cette intervention serait depuis si longtemps si bien établie qu'il n'y a pas à revenir là-dessus[6]. Incuriosité ou défaut de méthodologie. Et c'est très souvent le même genre de critiques, soit dit par parenthèse, qui faillent à leur mission une seconde fois en parlant de la réhabilitation finale de Jean Calas de manière à faire penser que ce dénouement, intervenu en 1765, était à son tour aussi logique qu'inévitable. Car, ce faisant, ils nous invitent, voire ils nous incitent, à sous-estimer l'énormité de la tâche à laquelle Voltaire se trouvait confronté, ne réussissant par là qu'à simplifier les données du problème et, par voie de conséquence, à diminuer la nature et la qualité de l'engagement de ce «Don Quichotte des Alpes».

Mais tous ne sont pas si désinvoltes, même s'ils ne sont parfois guère plus convaincants que les partisans du moindre effort intellectuel. Deux choses me frappent: d'une part le caractère peu satisfaisant (car incomplet) de la démarche critique, d'autre part la superficialité quasi constante des explications proposées…quand on les trouve. Il y a longtemps, dans un ouvrage que l'on consulte toujours[7], René Pomeau formula sans équivoque la question capitale suivante (qu'il avait déjà posée, en 1956, dans *La Religion de Voltaire*)[8]: «Mais à cette mission [la défense de Calas]

---

[6] Voir par exemple A.J. Ayer, *Voltaire*, London, Weidenfeld & Nicholson, 1986, p. 156-161.

[7] *Voltaire par lui-même*. Paris, Seuil, 1959.

[8] Voir *La Religion de Voltaire*, Paris, Nizet, 1956, p. 321: «Ce n'est pas le lieu d'étudier en lui même ce procès, qui reste et probablement restera toujours obscur par certains côtés. Il suffit ici de chercher pourquoi Voltaire prit en mains et comment il mena à bien une «affaire» qui fut son œuvre».

qu'il créa, Voltaire était-il appelé par une vocation irrésistible? […] Constatons qu'il avait largement dépassé la soixantaine quand il se fit le «don quichotte des malheureux» et l'apôtre de la tolérance. Vocation tardive, donc, qui oblige à poser la question: qu'est-ce qui l'engagea dans cette voie?» (p. 36). Mais pour toute réponse, René Pomeau se contente d'alléguer «la pesée des événements» (p. 36) et des «circonstances propres à ébranler fortement les nerfs du patriarche» (p. 38). Voilà des jugements critiques qui renouvellent la déception de 1956 car dans *La Religion de Voltaire*, il avait proposé pour toute réponse, sans commentaire aucun: sa haine de *l'Infâme*, son amour de la justice, et son caractère émotif. Cette déception-là ne manquera pas de se renouveler de façon identique une deuxième fois, une quarantaine d'années plus tard, dans cet ouvrage collaboratif monumental qui lui doit son existence. Je viens évidemment de nommer *Voltaire en son temps*[9]. J'y reviendrai.

D'autres commentateurs adoptent un procédé différent. La question si pertinente que formule René Pomeau (quoi que l'on puisse penser de ses réponses) disparaît. Est-elle à ce point dans le domaine public, dans la conscience commune, qu'on peut se dispenser d'en définir de nouveau les éléments constitutifs? On procède très souvent, sans autre forme de procès, à proposer des remarques qui sont autant de réponses (déjà données) à une question qui – ici évidemment – manque. Puisqu'on sait, semble-t-on insinuer, quelles sont, grâce à d'autres devanciers passés maîtres dans l'art de l'exégèse Voltairienne, les problèmes irréductibles, et quelles sont donc les vérités évidentes et acquises, il suffit tout simplement de répéter celles-ci. Parfois même de les régurgiter de façon mécanique.

Mais il y a en réalité beaucoup plus grave: on ne peut manquer d'être frappé par l'envergure toujours strictement limitée de la prétendue réflexion. Où que l'on cherche, on ne trouve que deux (tout au plus trois) réponses à la question posée par René Pomeau (à laquelle il donna lui-même exactement trois réponses). On répète donc inlassablement que Voltaire, d'une émotivité et d'une compassion certaines, s'en prend à *l'Infâme* et à l'obscurantisme à cause de son amour inconditionnel de la tolérance et de la justice[10]. Hélas! la somme critique – étant donné que nous avons affaire à un être humain d'une complexité redoutable – n'est guère distinguée.

---

[9] *Vst*, Voltaire Foundation, Oxford, 5 vol. (1985-1994); nouvelle édition intégrale, revue et corrigée, Paris, Fayard; Oxford, Voltaire Foundation, 2. vol. (1995).

[10] Citons Condorcet, Theodore Besterman, Jean Orieux, Edna Nixon etc.

Mais soyons équitables: serait-ce par hasard Voltaire lui-même qui est à l'origine de ce réductionnisme? D'une réticence ou d'une réserve notoire (André Delattre disait jadis que Voltaire «a la pudeur de ses sentiments intimes»)[11], le Voltaire qui nous est connu, qui est celui de la *Correspondance*, n'est donc pas de ceux qui se laissent aller à des confidences, même en présence de ses disciples ou intimes. Encore moins donc dans cette lettre ô combien ostensible (Best D12425)[12] qu'il fit à l'intention de Damilaville le 1ᵉʳ mars 1765: «Vous voulez savoir comment cette réclamation de toute l'Europe contre le meurtre juridique du malheureux Calas, roué à Toulouse, a pu venir d'un petit coin de terre ignoré, entre les Alpes & le mont Jura, à cent lieues du théâtre où se passa cette scène épouvantable.» Et incontinent de donner au public une relation circonstanciée de ses différentes réactions devant les affaires Calas et Sirven, laquelle relation ne sert ni plus ni moins qu'à proposer au public son «portrait». Le lecteur y trouve de quoi «fixer» non seulement M. DE VOL[13] et M. D'AM...mais *surtout* M. DE VOL...Que trouve-t-on donc dans cette lettre: de toute évidence – malgré les grandes déclarations rhétoriques tous azimuts concernant l'humanité et son bien être – celui qui connaît son Voltaire y trouve clairement énoncée (les accents ne trompent pas) la haine de l'auteur – évidemment l'ami de la justice, de la tolérance et l'humanité souffrante – pour *l'Infâme*. Voltaire lui-même a donc aidé à simplifier les données du problème car il réussit – et quoi de plus facile? – à imposer une série de «vérités» évidemment «authetiques» non seulement à force d'attribuer à son entreprise une finalité certaine très circonscrite, mais aussi en assignant à sa prise de position des explications très précises en petit nombre que son public – comme tous les publics – voulait simples et vraisemblables.

Mais revenons aux différents courants critiques que j'ai brièvement évoqués. Quels sont les enseignements et les conclusions qui s'imposent

---

[11] *Voltaire l'impétueux,* Paris, Mercure de France, 1957, p. 9.
[12] «Mon cher frère, peut être la Lettre que je vous envoie sur les Calas et sur les Sirven fera quelque éffet sur les bonnes âmes. Je pense qu'on peut l'imprimer sans risque. Il est bon de faire voir combien la philosophie est utile aux hommes, et combien le fanatisme est dangereux.»
[13] Voltaire termine sa lettre à Damilaville de manière à faire comprendre qu'il s'y dévoile plus souvent qu'il n'y paraît. La formule finale: «Je m'aperçois que je fais votre portrait, & qu'il n'y manquerait rien si vous étiez assez heureux pour habiter la campagne» (confidence qui devait alerter tout un chacun) rejoint cette déclaration antérieure qui donne la seconde clef de l'interprétation voulue: «Vos passions sont l'amour de la vérité, l'humanité, la haine de la calomnie. La conformité de nos caractères a produit notre amitié. J'ai passé ma vie à chercher à publier cette vérité que j'aime.»

à la lumière de ceux qui se sont imposés? Autrement dit: quelles semblent être les tendances et les options méthodologiques majeures? Mais,
question tout aussi pertinente: quelle foi ajouter à leurs leçons?

Essentiellement je discerne deux vecteurs méthodologiques qui font en
sorte que le problème, et les démarches appropriées, soient escamotés.
Il y a d'abord la tendance «L'Homme et l'Œuvre» (Faguet, Naves);
ensuite – même genre d'approche – il y a la solution biographique et
chronologique qui privilégie des problèmes ponctuels, qui nous proposent
donc des sections ou des chapitres qui gravitent autour d'un seul problème
ou constat bien défini (voir, à titre d'exemple, Noyes et Besterman)[14].

De toutes les approches possibles et imaginables, les deux que je viens
d'évoquer sont de loin les moins satisfaisantes. Ce que l'on peut dire des
études du type «L'Homme et l'Œuvre» vaut très souvent pour celles du
second type qui, quoique de structure moins rigide, ont malheureusement
tendance à fournir les mêmes résultats. Ici comme là, ce n'est pas tant
une vie vécue qu'une série de *rôles différents*. Grâce au système de la
cloison étanche, on y trouve (très souvent – soit dit en passant – admira-
blement campés) l'auteur tragique, le conteur, l'historien, Voltaire et
Frédéric, Voltaire Suisse ou voisin des Suisses, Voltaire et Jean-Jacques
Rousseau. On y a droit en même temps à un examen de ses idées philosophiques comme de ses principes littéraires, ou à un exposé non moins
éclairant d'une série de problèmes circonscrits. Si cela est très commode,
on est quand même obligé de conclure que la méthode équivaut à simplifier Voltaire, voire – par simple extension – à le diminuer. Pourquoi?
Quand un commentateur a affaire à un personnage et une vie aussi complexes il peut, dans le but d'y mettre de l'ordre, préférer (comme Naves

---

[14] Noyes nous propose pour la période qui nous intéresse, et dans les chapitres XXXI-
XXXVIII, les problèmes ponctuels suivants: «The Abbey of Senones»; «Ferney»; «The
Cardinal's hat and *La Pucelle*»; «Ecrasez *l'Infâme*»; «From Jean-Jacques Rousseau to
Mademoiselle Corneille»; «The Calas case»; «Boswell at Ferney»; «Happiness at Ferney». Quant à Besterman, voici la mosaïque qu'il nous propose dans les chapitres précédant le chapitre 34 consacré à l'affaire Calas: «Reason and Progress, 1755-1778»; «La
Pucelle, 1755»; «War on all fronts, 1756-1760»; «Universal history, 1756»; «The story-
teller»; «The arts: unity and paradox»; «The Calas Case, 1761-1763». Même approche
critique, bien des années (London [1903]) avant Noyes ou Besterman, chez S.G. Tallen-
tyre, *The Life of Voltaire*, chapitre XXVII: «The visit of D'Alembert, and the affair of
Byng»; XXX: «The interference in the Seven Years' War, the "Geneva" article, and life
at Délices»; XXXI: «"The literary war" and the purchase of Ferney and Tourney»;
XXXII: «Ferney»; XXXII: «"Candide" and "écrasez l'Infâme"»; XXXIV: «The battle
of particules, and the battle of comedies»; XXXV: «Building a church, and endowing a
daughter»; XXVI: «The affair of Calas».

ou Besterman) mener une série d'enquêtes très focalisées. Or, en procédant ainsi, il n'arrivera jamais à nous restituer la complexité de cette *vie vécue*. Et pour comprendre le Voltaire qui devient le défenseur de Calas, il faut absolument restituer la complexité d'un homme *en devenir*. Voilà pourquoi Raymond Naves (p. 71), pourtant si perspicace quand il s'agit du psychisme de Voltaire, se trouve obligé – prisonnier comme il l'est de sa méthode – d'expédier le problème en une seule phrase: «En 1762, l'affaire Calas lui révèle clairement une nouvelle vocation dont il va illuminer son extrême vieillesse.»

Mais que dire de ces déceptions parallèles qui sont d'autant plus cuisantes que le biographe, conscient d'une inflexion dans la carrière de Voltaire (d'aucuns vont jusqu'à prononcer le mot de *transformation*), délimite parfois *grosso modo* les paramètres du problème, mais se trouve par la suite incapable d'en exploiter toutes les possibilités? Il reconnaît plus ou moins un Voltaire homme d'action, mais sans se donner la peine, ou plutôt s'assigner la tâche ou la responsabilité de chercher en quoi et pourquoi il fut invinciblement amené à *monter sur la brèche*. Ce «nouveau» Voltaire fait une apparition fugitive dans les temps modernes avec, par exemple, André Maurois[15], Graeme Ritche[16], André Delattre[17], Peyton Richter et Ilona Ricardo[18]. Mais ce ne sont pas là des études pointues et détaillées de biographes. Et on serait mal venus de leur en vouloir d'avoir «omis» d'approfondir la question. Or l'omission, car c'en est une, devient particulièrement visible dans ces ouvrages qui prétendent suivre Voltaire, de façon linéaire, dans tous les coins et recoins de sa vie

---

[15] *Voltaire*, London, Daily Express Publications, 1932, p. 97: «Legend is not wrong in seeing the Voltaire of Ferney as the true Voltaire. Before Ferney, what was he? A very famous poet and playwright, a much-discussed historian, a populariser of science: France regarded him as a brilliant writer, not as an intellectual force. It was Ferney that freed him, and so made him great.»

[16] *Voltaire*, London, Thomas Nelson & Sons, 1937, p. 112-113: «Voltaire had not been long at Ferney before his hitherto academic views on religious intolerance and legal injustice were put to the test of action. When the victims were no longer historical personages or characters in books, but suffering men and women who called at the château to implore his aid, then rage and pity moved his generous nature to action.»

[17] *Voltaire l'impétueux*, Paris, 1957: «Je ne vois nulle urgence de mission à mener à bien avec ce qui lui reste de forces» (p. 51). «Ce champion des persécutés, qui a-t-il défendu avant 1760, c'est-à-dire avant l'âge de soixante-cinq ans passés? Jusque-là la seule indication de cet ordre, toute impersonnelle, est ce que je relève dans les *Lettres anglaises*, et qui reste exceptionnel, peut-être unique, jusqu'à Ferney.»

[18] *Voltaire*, Twayne, Boston, 1980, p. 40-41: «[...] the final Ferney period of the author's life. This was also the time during which Voltaire underwent his last and most striking transformation. The man of letters became a man of action.»

publique et privée, intellectuelle et émotive. Limitons nos remarques à quatre biographes récents qui traitent du problème, mais qui nous proposent des explications dont la «complexité» n'est pas à la fin à la hauteur de la complexité du problème même.

Ainsi donc, John Hearsey, dans un ouvrage qui ne réussit pas à s'imposer[19], reconnaît que le Voltaire d'avant Calas est un composé de sentiments, d'impulsions, et d'expériences fort complexes. Il reconnaît de plus que le «nouveau» Voltaire passe de la «théorie» à «l'action» (p. 245). Avec raison il insiste sur les nouvelles responsabilités du nouveau propriétaire de Ferney, et ajoute là dessus une réflexion d'une solidité critique certaine: «It would not be quite true that a new and more compassionate Voltaire suddenly emerged as it were from a chrysalis about the year 1760. All his mature life he had detested and where possible opposed injustice and tyranny from any quarter. But now he was involved in affairs of individual people rather than abstract ideas» (p. 249). Or, quelques pages plus loin, ayant dûment évoqué les relations humaines marquantes, l'auteur – cédant à une impulsion rétrograde – se contente de simplifier le sens de son enquête (jusqu'ici passablement circonscrite) en déclarant (p. 258): «Quick to anger and to let fly a barbed shaft, Voltaire could also react speedily when his compassion was aroused. Now, both compassion and a feeling that a terrible injustice had been committed moved him to action.» Cela est vrai, ici comme partout ailleurs où les critiques émettent un tel jugement. Mais ô combien insuffisant tout ensemble!

Hearsey renouvelle donc la déception que Jean Orieux avait déjà réservée à son public, dix ans plus tôt[20]. Son ouvrage, rédigé sur le ton de la conversation, est facile à lire, est même parfois très divertissant. Mais il souffre du poids excessif de sa documentation qui est composée d'une infinité de détails, d'anecdotes et de commentaires passablement prolixes (l'ouvrage compte 785 pages) qui veulent que l'ensemble soit touffu et indigeste. Il est vrai d'une part que l'étude contient des réflexions utiles, mais ce sont autant de richesses éparpillées auxquelles – pour comble de malheur – il manque le relief nécessaire. Car, d'autre part, le biographe qui avait cette énorme masse de documentation à sa disposition ne chercha pas (par manque d'esprit critique?) à en trier les nombreux éléments, à les classer. En somme, il omit à tel point de leur assigner une importance absolue ou relative, primaire ou secondaire, que tout finit par avoir la même valeur documentaire et humaine. C'est ainsi que, dans les pages qui concernent les années qui nous intéressent (p. 512-590), certains des éléments qui eussent pu fournir un début de réponse à notre problème (qui n'est même pas défini) sont condamnés à demeurer inexploités, et semblent n'avoir tout au plus qu'une valeur anecdotique ou pittoresque.

Sommes-nous mieux servis, quarante ans après cette décevante entreprise, par le plus récent biographe de Voltaire, Roger Pearson?[21] Il s'agit ici d'une bien meilleure biographie du point de vue littéraire et scientifique. Le texte, très lisible, n'est pas déparé par les fioritures et les enjolivures si chères à Orieux; le fil conducteur, constamment présent, évolue dans des limites bien définies; l'approche, où un ton badin, moqueur ou comique, a le grand mérite (mais aussi – par là même – l'évident démérite) de privilégier le côté ludique de l'activité d'un Voltaire enjoué et folâtre. Cela étant, le choix des problèmes à présenter, à enchâsser dans le récit, et donc des matières premières à exploiter, est à l'évidence plus sûr. Sa manière de défendre sa thèse (à la grande différence d'Orieux qui ne semble pas en avoir une) n'est pas rébarbative.

Mais hélas! les deux pèchent par omission: ni l'un ni l'autre ne se posent la question essentielle de l'inflexion ou de la transformation intervenue dans la carrière de Voltaire, problème autrefois identifié par André Maurois, Graeme Ritchie, Peyton Richter, Ilona Ricardo…René Pomeau. Revenons donc à notre point de départ et à René Pomeau qui avait eu le grand mérite, en 1956, d'identifier le probème, et le mérite encore plus grand, en 1959, de la définir de façon encore plus percutante dans *Voltaire par lui-même*: «Constatons […] qu'il avait largement dépassé la soixantaine quand il se fit le «don quichotte des malheureux» et l'apôtre de la tolérance, vocation tardive, donc, qui oblige à poser la question: qu'est-ce qui l'engagea dans cette voie?» (p. 38). Et de proposer une explication sommaire…qui n'explique rien du tout. L'occasion de procurer une biographie critique destinée à remplacer Desnoiresterres, allait-elle lui donner l'occasion de revenir sur cette interrogation pour y proposer une réponse circonstanciée? Le travail d'équipe nous a valu une biographie collective fondée sur la plus solide érudition … mais qui n'aborde toujours pas la question soulevée en 1956 et 1959. Dans *Voltaire*

---

[21] *Voltaire Almighty. A Life in pursuit of* freedom, London, Bloomsbury, 2005.

en son temps, parlant de Calas et de l'intervention de Voltaire[22], le maître d'œuvre lui-même se contente de proposer des observations encore
plus rapides. Evoquant la polémique des années 1750 qui avait mis aux
prises tenants et adversaires de la tolérance civile des protestants de
France, il écrit: «Voltaire ne s'y est pas intéressé.» Et d'enchaîner en
sous-entendant que quelque chose de radical va toutefois se produire
incessamment: «Les choses vont changer lorsqu'en 1761 se produisent
les trois affaires Rochette, Calas, Sirven. L'homme de Ferney va prendre
en mains alors, avec éclat, les deux dernières. Il va les traduire devant
l'opinion de l'Europe. Ce qui, nous le verrons, modifiera l'état des esprits.
Et lui-même va acquérir une nouvelle stature, celle d'un champion de la
justice et de l'humanité» (t. 2, p. 111).

Mais comme il l'écrit encore lui-même: «son état d'esprit et son ton
changeront totalement quand il prendra en mains la défense des Calas»
(t. 2, p. 112). Pourquoi? Les réponses tardent à venir. La première,
comme cela s'était produit en 1956 et 1959, insiste surtout sur l'émotivité
de Voltaire: «A l'origine de l'action qu'il va mener avec tant de ténacité,
pendant des années, on discerne un ébranlement de sa sensibilité, dont
l'effet va perdurer» (t. 2, p. 121). La deuxième raison alléguée est *l'Infâme*, tel que l'historien, et surtout l'historien des mœurs, peut le détester: «Elle [l'affaire] ajoute un épisode particulièrement horrible «au
vaste tableau de nos fureurs et de nos faiblesses» brossé dans son *Essai
sur les mœurs et l'esprit des nations*» (t. 2, p. 121). La troisième et dernière raison invoquée (qui se rattache à la seconde) est la suivante: «"Si
quelque chose peut arrêter chez les hommes la rage du fanatisme, c'est
la publicité et la preuve du parricide et du sacrilège qui ont conduit Calas
sur la roue." Ainsi Voltaire s'est-il trouvé, "insensiblement" dira-t-il,
"enchaîné […] à cette épouvantable affaire". Pourquoi lui? "Parce que
personne ne s'en chargeait, […] parce que les hommes étaient trop indif-
férents sur les malheurs d'autrui"» (t. 2, p. 121)[23].

Comment se fait-il que nous trouvions les mêmes interpétations qu'en
1956 et 1959 (et rien d'autre?), lesquelles justifient la conclusion du

---

[22] *Vst*, Chapitre 9: «Le défenseur des Calas», t. 2, p. 110-133.

[23] Le premier membre de phrase date du 21 juillet 1762 dans une lettre à Cideville
(D10598); le second se trouve dans une lettre au cardinal de Bernis, datée du 3 septembre
1762 (D10685). Pour ce qui est de la teneur du second, nous ne sommes pas obligés d'y
ajouter foi. Voltaire savait, depuis quelques mois déjà, que d'autres personnes avaient été
prêtes en même temps que lui à se charger de l'affaire. Mais quoi de plus facile que de
s'attribuer le beau rôle de défenseur solitaire?

chapitre 9 en les termes suivants: «L'affaire Calas, comme celles du même ordre qui suivront, révèle le meilleur Voltaire: un homme grand par sa passion du juste, par sa générosité au service d'un idéal humain [...]» (t. 2, p. 133). Se peut-il que René Pomeau, privilégiant constamment la notion de l'émotivité de Voltaire, et sa haine de l'Infâme, comme explications de son engagement, ait jugé qu'il avait déjà suffisamment exploité toutes les possibilités de ces phénomènes majeurs dans sa thèse magistrale qui était, et qui demeure, largement connue des spécialistes?[24] Son «refus» d'approfondir dans Vst les raisons de cet engagement[25] s'expliquerait-il par une supposition optimiste, ou bien par un a priori hasardeux? Etant donné que, dans les chapitres 2, 3, 4, et 5[26], ses coéquipiers Jean Dagen et Sylvain Menant proposent une magistrale vue d'ensemble sur la période 1758-1762, se peut-il qu'il ait cru que certains paramètres majeurs du problème se trouvaient donc déjà à l'arrière plan, soit en pointillé soit en filigrane? Après tout, quoique éparpillés par ci par là sur cinquante pages bien remplies, ils indiquent quand même aux esprits curieux et éveillés quelles sont les interprétations fondamentales que l'on peut en déduire. L'inconvénient majeur d'une telle explication, c'est que rien n'indique – soit dans le texte, soit dans l'appareil critique – qu'on se doit de rassembler tous ces éléments du dossier, de les combiner, de les peser à la lumière de la monumentale décision prise par Voltaire de se jeter corps et âme dans la défense de «cette malheureuse famille qu'il a cru innocente» (D10490).

Où donc que nous regardions, notre légitime curiosité demeure insatisfaite. Plus on réfléchit à l'importance qu'assume Calas dans la vie de Voltaire, plus cette curiosité devient dévorante. Car à un moment indéterminé entre le 22 mars (D10382) et le 4 avril 1762 (D10406), en butte à des révélations pénibles qui ne laissaient pas de sortir de Toulouse, bombardé d'informations contradictoires mais en tout cas épouvantables

---

[24] La Religion de Voltaire, Paris, Nizet, 1956, p. 252-269, 321-330; nouvelle édition revue et remise à jour, Paris, 1969, p. 258-275, 321-330.

[25] Il est curieux que, dans ce chapitre, l'auteur s'abstienne de formuler de nouveau la question bien précise qu'il s'était posée en 1959: «qu'est-ce qui l'engagea dans cette voie.» Il est tout aussi curieux qu'en citant la lettre de Diderot du 8 août 1762 (voir plus haut) il ait jugé opportun de supprimer les trois interrogations. Mais comme cette lettre est citée en fin de chapitre, il se peut qu'il ait cru avoir suffisamment répondu dans les pages précédentes.

[26] Les quatre premiers sortent de la plume de Jean Dagen: 2. «Le laboureur de Ferney»; 3. «Les droits du seigneur»; 4. «Le château, l'église, le théâtre». Le chapitre 5, consacré à «Monsieur de Voltaire», est dû à la collaboration de Jean Dagen avec Sylvain Menant.

qui faisaient «dresser les cheveux à la tête» (D10387), Voltaire se détermina à prendre une initiative qui était remarquable par son caractère (apparemment) inédit, à la fois dans le contexte de sa propre carrière et du XVIIIe siècle. Pourquoi cet engagement au sens où l'aurait entendu Sartre? Pourquoi cet activisme inconditionnel? On se pose ces questions avec encore plus d'insistance chaque fois qu'on se dit que la tâche qu'il s'était donnée – qui a voulu qu'il haussât la nature de son activité de plusieurs crans – était non seulement colossale mais était aussi des plus aléatoires. Admettons après tout qu'il n'y avait aucune commune mesure entre les petites batailles qu'il avait jusqu'alors livrées à des individus (qui ne représentaient que peu de dangers pour sa sécurité et son repos) et la volonté de s'en prendre à un des grands corps de l'Etat et à des forces conservatrices séculaires (qui étaient de ce fait redoutables). Braver les forces réunies de l'Establishment et de la judicature – toutes choses courantes de nos jours – ne l'étaient pas en 1762-1765. Par ailleurs, le fait de relever le défi, d'affronter l'inconnu si résolument, de ne pas reculer devant l'énormité de la tâche, voilà ce qui trahit assez l'étendue de l'indignation et du désespoir que ressent Voltaire, ami de l'humanité…

Se demander ce qui s'était passé entre le 22 mars et le 4 avril 1762 relève donc d'une légitime curiosité, curiosité rendue d'autant plus insistante que la correspondance de Voltaire dans cette courte période, qui fait cruellement défaut, nous laisse perplexes. On y trouve un être, défenseur incessant de Calas, qui ne dévoile rien relativement au débat intérieur qui se déroulait sûrement chez lui. Bref, nulle motivation visible, que ce soit d'ordre psychologique, émotif ou personnel. Qu'on le veuille ou non, ce qui se produisit à cette époque précise relève du mystère. Or, étant donné que la carrière de Voltaire dès cet instant s'infléchit, même radicalement dit-on, pour prendre une autre allure, peut-on, doit-on (oserait-on?) le comparer à Saint Paul, subitement transfiguré sur la route de Damas, ou à Pascal qui connut à son tour sa nuit d'illumination? Des comparaisons ou des parallélismes dramatiques de cet ordre, pour séduisants qu'ils puissent paraître, seraient mal venus. Chez Voltaire il ne s'agit sûrement pas ici de spontanéité, d'impétuosité irréfléchies, pas d'une nouvelle mission surgie *ex nihilo*. La période de «préparation», car il y en eut une, fut plus longue.

Ce sont spécifiquement (mais non pas exclusivement) les années de Ferney (1758-1762) qui nous invitent à nous interroger sur ce qui précède Calas et ce qui aida à galvaniser son champion. Bien que la «réalité» de

Voltaire – à n'importe quel moment donné – soit suprêmement difficile à définir, c'est ici, dans cette vie active qui foisonnait d'activités de toutes sortes, qu'il convient de chercher à immobiliser le Voltaire qui va devenir le Voltaire de la légende. Quelles sont les perspectives d'ensemble qui aideraient à expliquer, à faire comprendre l'apparente inflexion de parcours? Mais prudence! Définir les éléments constitutifs d'un problème ne signifie pas forcément la possibilité de les imbriquer de nouveau les uns dans les autres pour en faire ressortir un être ressemblant ou plausible. Opération difficile surtout quand il s'agit de Voltaire. Depuis toujours on insiste sur son caractère proprement insaisissable. Témoin Paul Valéry qui, en célébrant après la Libération, cet homme dévoué à l'idéal de la liberté, avait parlé de «ce diable d'homme, dont la mobilité, les ressources, les contradictions, font un personnage que la musique seule, la plus vive musique, pourrait suivre»[27].

Les notes de cette symphonie, qui fusent dans tous les sens, qui s'enchevêtrent ou qui se répondent tantôt sur le mode majeur, tantôt sur le mode mineur, peindraient non seulement la plénitude, les satisfactions, les rêves et les tentations, mais aussi un mouvement de crispation intellectuelle, affective et émotive d'une redoutable complexité. Quels sont donc les thèmes de cette symphonie? J'y discerne, outre sa haine de l'*Infâme* et son tempérament nerveux et émotif, outre sa soif de justice, tous les problèmes suivants: quelle importance assigner à la gestion de Ferney et de Tourney, et à la vie active du propriétaire terrien qui est en contact quotidien non seulement avec son prochain (dont littéralement il a la responsabilité), mais aussi avec tout ce qui définit la complexité de l'aventure humaine? Quel rôle, dans cette vie quotidienne, assigner aux vicissitudes de la Guerre de Sept Ans qui pour de multiples raisons (mais essentiellement économiques, politiques, patriotiques) provoqua un malaise de plus en plus inconfortable chez Voltaire. Comment définir en parallèle, à cette époque où la réputation de la France est en train de péricliter dans tous les domaines, les rapports que Voltaire entretient avec les classes dirigeantes, et les classes cultivées, frivoles de Paris? Question tout aussi capitale: de quelles manières différentes la réaction antiphilosophique qui fait rage à cette époque affecte-t-elle celui qui est de

---

[27] *Hommage à Voltaire*, (Paris, 1945), republié in: *Œuvres*, Paris, Gallimard, Bibliothèque de la Pléiade, 1957, t. 1 (Variété. Études littéraires), p. 523. André Delattre définit le problème un peu plus prosaïquement quand – en parlant de l'Affaire des Natifs – il écrit (*Voltaire l'impétueux*, p. 60): «Peut-on débrouiller ce qui est affaire de principe et ce qui est activisme, pur besoin d'un tempérament pugnace?»

plus en plus fermement convaincu qu'une France qui dégénère sur tous les fronts de façon catastrophique peut être sauvée par une élite philoso-phique (dont lui – nouveau Cicéron – serait le chef), par une élite philo-sophique qui seule savait mettre la main sur les plaies et indiquer les remèdes? Vie active et vie philosophique ou de réflexion, activités domestiques, agricoles et commerciales, activités intellectuelles enga-gées, auraient-elles tendance à se fondre l'une dans l'autre (comme son *Epître à Madame Denis sur l'agriculture* le ferait croire)? Comment, dans le détail, vit-il son indépendance croissante? Autre considération connexe: dans cette vie bouillonnante d'activités et surtout de projets à long terme qui ne visaient ni plus ni moins que l'amélioration de l'hu-maine condition, quelle influence, et de quelles sortes, la santé de Vol-taire au quotidien (très souvent précaire) exerce-t-elle sur lui? Le temps qui lui reste suffira-t-il pour mener à bien sa mission gigantesque? Les questions commencent à se bousculer: quelle expérience Voltaire a-t-il de la justice? Quelles connaisances théoriques ou pratiques a-t-il de la justice proprement criminelle et de son administration? Où en est-il réel-lement avec sa réflexion sur la tolérance? Quelle idée – question sempi-ternelle dans tous les domaines de son activité – se fait-il de cette pauvre humanité qu'il défend, et donc de lui-même? Que sais-je encore?

Ce sont toutes ces considérations-là, tous ces motifs – évidemment *inextricablement mêlés* – qui aideront à mieux faire comprendre pour-quoi, le 4 avril 1762 (D10406), Voltaire lança à l'intention de Damila-ville la célèbre exhortation: «Criez, et qu'on crie.» Mais dans quelles proportions ces différentes considérations, ces nombreux motifs sont-ils présents ce jour-là? Dans la période en général? Et les proportions elles-mêmes risquent-t-elles, les circonstances aidant (et n'oublions pas que Voltaire est lui-même très changeant), de varier d'une époque à une autre, voire d'un jour à l'autre? Une telle entreprise peut-elle donc about-tir? La remarque, malgré les apparences, ne trahit pas une prise de posi-tion pyrrhonienne, n'est pas l'aveu d'une défaite inévitable. Il s'agit tout simplement d'une mise en garde obligatoire. Définir le Voltaire défen-seur des Calas est un exercice, certes ardu et peut-être aléatoire, mais auquel il faudra un jour s'astreindre car les «explications» qu'on nous propose depuis longtemps sur une base bien peu solide et sous une forme ô combien fragmentaire n'expliquent rien…ou si peu.

PARTIE II

TOLÉRANCE ET JUSTICE:
L'ACTION VOLTAIRIENNE … SANS OUBLIER CELLE
DES ADVERSAIRES ET DES DISCIPLES

L'INTOLÉRANCE CATHOLIQUE, 1750-1770

Gerhardt STENGER
(*Université de Nantes*)

Dans le *Traité sur la tolérance*, œuvre emblématique de Voltaire qui a fait changer, dans les années 1760, la manière de considérer la tolérance religieuse, l'auteur s'en prend, au chapitre XXIV, à deux apologistes de l'intolérance qui ont justifié, quelques années auparavant, la Révocation de l'Édit de Nantes, sinon le massacre de la Saint-Barthélemy[1]. «Ainsi donc, conclut-il son chapitre, quand la nature fait entendre d'un côté sa voix douce et bienfaisante, le fanatisme, cet ennemi de la nature, pousse des hurlements; et lorsque la paix se présente aux hommes, l'intolérance forge ses armes»[2]. Ici et ailleurs, le but de Voltaire est de montrer que le fanatisme religieux n'est pas naturel mais une tare spécifique de la religion chrétienne, intolérante par essence. On conviendra sans peine, en jetant un coup d'œil rapide sur l'histoire de l'Europe, que cette opinion de Voltaire n'était pas entièrement dénuée de fondement.

Après l'édit de 1787 sur l'état civil des non-catholiques, les protestants sont pleinement intégrés dans l'État en 1789 suite à la *Déclaration des droits de l'Homme et du Citoyen* qui stipule, à l'article X, que «nul ne doit être inquiété pour ses opinions, même religieuses, pourvu que leur manifestation ne trouble pas l'ordre public établi par la loi». Cet article, qui est l'ancêtre de la laïcité «à la française» consacrée par la loi de 1905 sur la séparation des Églises et de l'État, fonde la liberté religieuse en proclamant premièrement que la religion n'est qu'une opinion[3], n'ayant

---

[1] Il s'agit du livre de l'abbé Malvaux intitulé *Accord de la religion et de l'humanité sur l'intolérance* (s.l., 1762) et de celui de l'abbé Jean Novi de Caveirac (ou Caveyrac) intitulé *Apologie de Louis XIV et de son conseil, sur la révocation de l'Édit de Nantes [...] avec une dissertation sur la journée de la S. Barthelemi* (s.l., 1758). Des extraits de ces deux ouvrages furent publiés in: *Études sur le* Traité sur la tolérance *de Voltaire*, sous la direction de Nicholas Cronk, Oxford, Voltaire Foundation, 2000, p. 271-316, avec une introduction par Graham Gargett.

[2] *Traité sur la tolérance*, éd. John Renwick, *OCV*, t. 56C, p. 257.

[3] Il est intéressant de voir comment les *Dictionnaires* de l'Académie traitent le mot *opinion*. En 1762, la 4ᵉ édition le définit comme «sentiment» (la 6ᵉ précise: «sentiment particulier qu'on se forme d'une chose en la considérant en soi-même») et donne comme premier exemple: «C'est votre opinion, ce n'est pas la mienne». En 1798, la 5ᵉ édition fait précéder celui-ci par un autre: «Les opinions sont libres». La dégradation

aucun statut particulier, et deuxièmement que toute religion peut être admise à partir du moment où elle n'atteint pas à la sûreté publique. (Il est significatif que cet article soit le seul, dans l'ensemble de la Déclaration des droits, qui mentionne l'ordre public.) Dès qu'une religion porte atteinte aux droits de l'homme et risque d'être un facteur de troubles par rapport à l'ordre public ou de compromettre le bien commun du groupe social, c'est à l'État de faire respecter la loi. Cette affirmation est proprement révolutionnaire dans une France toute catholique, imprégnée de la controverse contre les hérétiques, c'est-à-dire contre ceux qui avaient une «opinion».

Depuis la Révocation de l'Édit de Nantes, tous les grands écrits en faveur de la tolérance religieuse, ou, plus précisément, contre la persécution religieuse, ont mis en avant l'argument suivant: aussi mauvaises qu'on estime être les opinions privées des personnes, et en particulier leurs opinions religieuses, dans la mesure où ces opinions n'appartiennent qu'à la conscience, aucune répression ne peut être efficace ou justifiée et la tolérance est la seule attitude possible. Or les catholiques ont vigoureusement contesté la doctrine selon laquelle les opinions religieuses n'appartiennent qu'à la conscience. Là où rien n'est certain, où rien n'est défini, les sentiments peuvent être partagés, les opinions peuvent varier; mais quand la Vérité est vécue comme unique et intangible, il n'y a pas de place pour l'opinion, le sentiment particulier, synonymes d'erreur doctrinale. Comme le disait Bossuet: «L'hérétique est celui qui a une opinion: et c'est ce que le mot même signifie. Qu'est-ce à dire, avoir une opinion? C'est suivre sa propre pensée et son sentiment particulier. Mais le catholique est catholique: c'est-à-dire qu'il est universel; et sans avoir de sentiment particulier, il suit sans hésiter celui de l'Église»[4]. La Vérité ne peut pas être objet d'opinions; avoir une opinion concernant la Vérité, c'est être «hérétique», le catholique étant précisément celui qui n'a pas d'opinion.

Au début de la Révolution française, toutes les opinions, qu'elles soient religieuses, philosophiques ou politiques, ont droit de cité dans la

---

de la religion à une opinion est clairement effectuée par Voltaire: «Il est clair que tout particulier qui persécute un homme, son frère, parce qu'il n'est pas de son opinion, est un monstre» (article «Tolérance» du *Dictionnaire philosophique*, éd sous la direction de Christiane Mervaud, *OCV*, t. 36, p. 557).

[4] Bossuet, *Instruction pastorale sur les promesses de l'Église*, in: *Œuvres complètes*, éd. François Lachat, Paris, Librairire de Louis de Vivès, 1862-1866, t. 17, p. 112. Dans la *Somme théologique* (IIa, IIae, qu. 11, art. i) saint Thomas cite l'opinion de saint Jérôme selon lequel le mot hérésie «vient du mot choix, c'est-à-dire que chacun choisit pour soi la discipline qu'il estime la meilleure».

France nouvelle qui est en train de se construire. Cette victoire sur l'intolérance doit beaucoup au défenseur des Calas et aux autres philosophes des Lumières, qui peu à peu ont acclimaté en France une attitude critique et sceptique à l'égard des religions révélées et de leurs prétendues vérités. Désormais la France est divisée en deux. Face au libéralisme issu de la Révolution de 1789, l'Église catholique s'obstinera, jusqu'au tournant des années 1880, à condamner l'exécrable liberté de penser et le pluralisme religieux. Voici la déclaration du pape Grégoire XVI dans son encyclique *Mirari vos* (1833):

> Alteram nunc persequimur causam malorum uberrimam, quibus afflictari in praesens comploramus Ecclesiam, «indifferentismum» scilicet, seu pravam illam opinionem, quae improborum fraude ex omni parte percrebuit, qualibet fidei professione aeternam posse animae salutem comparari, si mores ad recti honestique normam exigantur. […] Atque ex hoc putidissimo «indifferentismi» fonte absurda illa fluit ac erronea sententia, seu potius deliramentum, asserendam esse ac vindicandam cuilibet «libertatem conscientiae». Cui quidem pestilentissimo errori viam sternit plena illa, atque immoderata libertas opinionum, quae in sacrae et civilis rei labem late grassatur, dicantibus per summam impudentiam nonnullis, aliquid ex ea commodi in religionem promanare[5].

Ces paroles semblent venir d'un autre âge. Mais il y a derrière elles une logique implacable à laquelle l'Européen moderne et éclairé n'est plus sensible. Nous trouvons absolument normal, voire indispensable, de tolérer les opinions, les modes, les goûts etc. de nos concitoyens, car nous estimons que chacun a le droit de vivre et de penser comme il l'entend, attendu que les opinions, comme les goûts et les couleurs, se valent toutes plus ou moins (à condition toutefois d'être «politiquement correctes»). Nous vivons aujourd'hui sous l'héritage de Voltaire qui tirait de la faiblesse de l'homme et de sa raison l'argument décisif en faveur de la tolérance: «Qu'est-ce que la tolérance? C'est l'apanage de l'humanité.

---

[5] «Nous arrivons maintenant à une autre cause des maux dont nous gémissons de voir l'Église affligée en ce moment, savoir, à cet «indifférentisme» ou à cette opinion perverse qui s'est répandue de tout côté par les artifices des méchants, et d'après laquelle on pourrait acquérir le salut éternel par quelque profession de foi que ce soit, pourvu que les mœurs soient droites et honnêtes. […] De cette source infecte de l'«indifférentisme» découle cette maxime absurde et erronée, ou plutôt ce délire, qu'il faut assurer et garantir à qui que ce soit la «liberté de conscience». On prépare la voie à cette pernicieuse erreur par la liberté d'opinions pleine et sans bornes qui se répand au loin, pour le malheur de la société religieuse et civile, quelques-uns répétant avec une extrême impudence qu'il en résulte quelque avantage pour la religion». Cité in: *Recueil des allocutions consistoriales, encycliques et autres lettres apostoliques[…]*, Paris, Adrien Le Clère, (1865), p. 162-163 (texte en latin et en français).

Nous sommes tous pétris de faiblesses et d'erreurs; pardonnons-nous réciproquement nos sottises, c'est la première loi de la nature»[6]. Persuadé que l'homme est incapable de connaître la Vérité, qu'elle soit d'ordre religieux ou philosophique, Voltaire estimait que nos limites et nos faiblesses nous obligeaient non seulement à tolérer celles des autres, mais plus encore, à relativiser nos croyances: «Vous êtes mahométan, donc il y a des gens qui ne le sont pas, donc vous pourriez bien avoir tort»[7]. Mais au XVIIIᵉ siècle, les catholiques ne l'entendent pas de cette oreille. La faiblesse de l'homme et l'insuffisance de sa raison ne plaident pas pour la tolérance de l'erreur mais au contraire pour la soumission inconditionnelle à la Vérité que Dieu nous a révélée et qui est disponible pour tous ceux qui consentent à se tourner vers elle. Dans cette perspective, la question si on peut ou doit tolérer ceux qui ne professent pas la même religion n'a pas de sens. Comme l'écrira un autre homme d'Église du XIXᵉ siècle:

> [...] par la nécessité même des choses, l'intolérance est partout, parce que partout il y a bien et mal, vrai et faux, ordre et désordre; partout le vrai ne supporte pas le faux, le bien exclut le mal, l'ordre combat le désordre. Quoi de plus intolérant, par exemple, que cette proposition: 2 et 2 font 4? Si vous venez me dire que 2 et 2 font 3, ou que 2 et 2 font 5, je vous réponds que 2 et 2 font 4. Et si vous me dites que vous ne contestez point ma façon de compter, mais que vous gardez la vôtre, et que vous me priez d'être aussi indulgent envers vous que vous l'êtes envers moi; tout en demeurant convaincu que j'ai raison et que vous avez tort, à la rigueur je me tairai peut-être, parce qu'après tout il m'importe assez peu qu'il y ait sur la terre un homme pour lequel 2 et 2 font 3 ou 5[8].

Quand la vérité est censée assurer le salut, la tolérance de l'erreur n'est pas de mise. La tolérance est fille du scepticisme, alors que la certitude de détenir la vérité est constitutive de la foi. Le propre d'une religion, et particulièrement d'une religion révélée, est de se croire vraie, les hommes

---

[6] Article «Tolérance» du *Dictionnaire philosophique*, OCV, t. 36, p. 552. Dix ans plus tôt, l'abbé Claude Yvon avait écrit dans *Liberté de conscience resserrée dans les bornes légitimes*, Londres, 1754, 3 tomes en 1 vol.: «Le principe une fois admis que les erreurs sont l'apanage de l'humanité, on doit avoir une indulgence tolérante les uns pour les autres. [...] Avec de pareils sentiments on devrait être tolérant; car rien ne dispose tant à l'être, que de savoir qu'on peut se tromper» (t. 1, p. 16).

[7] Article «Secte» du *Dictionnaire philosophique*, OCV, t. 36, p. 520.

[8] Cardinal Louis-Édouard Pie, *Sermon prêché à la cathédrale de Chartres sur l'intolérance doctrinale*, 1841 et 1847, in: *Œuvres sacerdotales du Cardinal Pie*, Poitiers, 1901, t. 1, p. 356-357.

de foi tiennent pour des faits avérés les articles de leur credo. D'un côté la Vérité, au singulier car unique et intangible, la Vérité qui requiert l'unanimité; de l'autre côté les «erreurs», le pluriel traduisant la dispersion. Imputer à l'autre des erreurs en matière de croyances, implique qu'on considère qu'on sait soi-même bien ce qu'est la Vérité – on la revendique pour soi, et on en exclut l'interlocuteur. Rousseau avait bien compris cette incapacité des catholiques à supporter l'hétérodoxie, car ils ne peuvent qu'être intolérants: «Il est impossible de vivre en paix avec des gens qu'on croit damnés; les aimer serait haïr Dieu qui les punit; il faut absolument qu'on les ramène ou qu'on les tourmente»[9].

Malgré les résistances que l'on sait, la liberté de conscience, qui comprend le droit à l'erreur, à la «conscience errante» chère à Bayle, a fini par s'imposer. Aujourd'hui les Églises ont accepté le principe d'une société laïque et pluraliste, même si cette société n'a pas un fondement immédiatement religieux; l'État s'abstient désormais de souscrire à une certaine conception du bien et de l'imposer parce qu'il a l'idée qu'à condition de rester au sein de certaines limites, les convictions religieuses se valent toutes. La sécularisation a atteint en Europe un point de non-retour, quelles qu'en soient les formes institutionnelles dans les différents pays, qui a fait échouer la tentative entreprise par les Églises et le Vatican de faire inscrire Dieu et l'héritage chrétien dans le préambule de la future – et désormais hypothétique – constitution européenne.

Certains événements récents ont cependant démontré la fragilité de la laïcité. Depuis près de trente ans, le monde entier assiste à ce que Gilles Keppel a appelé «la revanche de Dieu»[10], à un retour du religieux prédit naguère par Malraux dans l'indifférence générale. Régression ou retour à la normalité? En France, il y a (encore) un assez large consensus pour considérer que l'affirmation «ostentatoire» de l'identité religieuse, telle qu'elle se traduit, par exemple, dans le port du voile dit islamique, est le signe qu'un islam un peu archaïque n'a pas encore su s'intégrer à la modernité laïque. Mais c'est là un point de vue discutable, occidentalocentriste. Certes, l'Europe chrétienne, ou du moins une grande partie de cette Europe, est devenue passablement indifférente en matière religieuse, et il n'y a plus que quelques «intégristes» à s'émouvoir devant des affiches publicitaires ou œuvres cinématographiques mettant en scène la religion de manière peu

---

[9] *Du Contrat social*, in: *Œuvres complètes*, Paris, Gallimard, Bibliothèque de la Pléiade, 1959-1995, t. 3, p. 469 (IV, 8).

[10] Cf. Gilles Keppel, *La Revanche de Dieu. Chrétiens, juifs et musulmans à la reconquête du monde*, Paris, 1991.

respectueuse à leur goût. En réalité, cette tolérance ou indifférence[11] est une attitude neuve en Occident, fort peu répandue dans le reste du monde. Qu'on y réfléchisse: si l'intolérable est tout ce qui touche au propre de l'homme, tout ce qui l'agresse, un croyant convaincu de la vérité absolue de sa foi ne peut accepter qu'on touche à sa religion. Deux siècles plus tard, l'affaire des caricatures de Mahomet donne encore raison à Chaudon contre l'auteur du *Traité sur la tolérance*:

> M. de V[oltaire] vante la tolérance des Turcs, des Persans, des Chinois, des Japonais. Eh! Monsieur, vous n'avez qu'un moyen de nous convaincre, mais ce moyen est infaillible. Allez faire chez ces peuples ce que vous faites ici; allez inonder la Turquie, la Perse, la Chine, le Japon, de libelles monstrueux contre la religion de ces États, et si on vous laisse tranquille, nous croirons alors ce que vous voulez nous faire croire aujourd'hui; mais vous éprouveriez que vous avez été dans l'erreur. Voilà ce que nous avons de plus certain sur la tolérance des Turcs, des Persans, des Chinois et des Japonais[12].

Il suffit de parcourir la littérature religieuse préconisant l'intolérance envers les hérétiques pour se convaincre que la tolérance en matière de religion n'est pas une attitude naturelle. «Quand on soutient la vérité, poursuit Chaudon, il n'est [pas] possible de ne pas la défendre avec zèle. Elle est une, elle est sainte, elle est jalouse. On ne peut s'unir avec ceux qui l'attaquent»[13]. Si les païens furent tolérants, c'est parce que leurs croyances, qui ne méritent même pas le nom de religion, n'étaient qu'un «amas d'absurdités» qui «s'alliait avec toutes les nouveautés et toutes les superstitions de la terre»[14]. Fondée sur une révélation véritable, la vérité du christianisme suppose la fausseté des autres religions: «On ne saurait blâmer dans la religion chrétienne cette intolérance qu'elle a toujours opposée au paganisme, sans faire tomber le reproche de fanatisme sur les martyrs qui l'ont scellée de leur sang»[15].

L'abbé Malvaux, quant à lui, fonde son apologie de l'intolérance sur le postulat qu'il est de l'essence de toute vérité de ne pas tolérer le principe contradictoire: «la vérité est essentiellement une, et par conséquent essentiellement intolérante»[16]. Selon l'abbé Nonnotte, enfin, la tolérance

---

[11] On reviendra plus loin sur les relations entre tolérance et indifférence.

[12] Louis-Mayeul Chaudon, *Dictionnaire anti-philosophique*, article «Tolérance», Avignon, Girard et Seguin, 1767, p. 351. On rappellera dans ce contexte que l'athéisme et l'apostasie sont passibles de la peine de mort en terre d'Islam.

[13] Chaudon, *Dictionnaire anti-philosophique*, p. 351.

[14] Chaudon, *Dictionnaire anti-philosophique*, p. 353.

[15] Yvon, *Liberté de conscience*, p. 9.

[16] Malvaux, *Accord de la religion et de l'humanité sur l'intolérance*, p. x.

est «une extravagance qui déshonore la raison; c'est un scandale funeste qui précipite dans l'éternelle damnation»[17]. La vérité sauve, l'erreur damne: cette logique confessionnelle de l'intransigeance, à l'opposé de l'œcuménisme moderne, rejette catégoriquement l'idée d'un salut hors de l'Église. Nonnotte reproche à Voltaire de «se moquer de ces bonnes gens de chrétiens, qui sont assez simples pour croire que les païens, les infidèles, les hérétiques ne seront pas sauvés»[18]. Grave erreur! Le Nouveau Testament dit exactement le contraire:

> Jésus-Christ nous dit que ceux qui n'auront pas reçu une seconde naissance spirituelle par le baptême, ne pourront pas entrer dans le royaume des Cieux. Pourquoi donc veut-il y placer, malgré Jesus-Christ, les Tite, les Trajan, les Marc-Aurèle, qui n'ont point reçu la grâce du baptême? L'Écriture nous apprend que sans la foi il est impossible de plaire à Dieu; que ceux qui n'auront pas la foi, seront condamnés; et que ceux qui n'écoutent pas l'Église, doivent être traités comme des païens[19].

Il est clair que ce type d'argumentation permet de refuser aux hérétiques tout droit de revendiquer une liberté de conscience. Puisque les vérités défendues par les catholiques sont parfaitement évidentes, il y a pour les catholiques une subordination très claire de la conscience aux normes fournies par l'Église, «dépôt sacré des vérités divines»[20]; l'unité, l'universalité, la durée du catholicisme sont des signes infaillibles de la vérité, tandis que les divisions et les «variations» du protestantisme sont en elles-mêmes les preuves de son erreur, indépendamment de toute analyse des croyances en question. Le tort des Églises réformées consiste dans leur refus obstiné de reconnaître l'infaillibilité de l'Église catholique en reconnaissant à chaque fidèle le droit et la faculté de discerner si l'enseignement du ministre est conforme à l'Écriture. La liberté de penser, explique l'abbé Yvon, est née de l'orgueil et de la présomption des hommes:

> C'est un principe dans la Réforme, que l'Écriture sainte est l'unique règle de foi des chrétiens, et qu'il n'y a sur la terre aucun interprète infaillible de cette même écriture, aucune autorité vivante et parfaite, capable d'en déterminer le vrai sens et de fixer l'esprit sur les dogmes

---

[17] Abbé Claude-François Nonnotte, *Les Erreurs de Voltaire*, Besançon, 1823, t. 2, p. 232 (1ère édition 1762).

[18] Nonnotte, *Les Erreurs de Voltaire*, t. 2, p. 226.

[19] Nonnotte, *Les Erreurs de Voltaire*, t. 2, p. 228. Nonnotte ajoute en note une référence à l'Évangile de Marc où on lit en effet à l'endroit indiqué: «Celui qui croira et qui sera baptisé sera sauvé, mais celui qui ne croira pas sera condamné» (Marc 16.16).

[20] Nonnotte, *Les Erreurs de Voltaire*, t. 2, p. 233.

qui composent le christianisme. Tel a été le fondement, le génie de la Réforme. Conséquemment à ce principe, on peut toucher à toutes les décisions de l'Église, et les rappeler à l'examen de l'Écriture, parce que l'Église peut se tromper dans sa doctrine, et qu'elle n'a aucune promesse d'une assistance infaillible du saint Esprit. Ceci une fois admis, il est évident que chaque particulier a un droit égal d'interpréter l'Écriture, et qu'il n'est tenu de se soumettre à la décision de qui que ce soit[21].

Ce principe de libre examen révolte tous les auteurs catholiques. La Bible n'est pas à la portée de tout le monde, même les savants les plus réputés se contredisent sur l'interprétation des Écritures[22]. La religion étant faite pour tous les hommes, et en particulier pour les simples, elle ne demande aucune activité intellectuelle complexe: tous peuvent se soumettre alors que tous ne peuvent réfléchir. La foi étant une adhésion sans restrictions et qui se passe de preuves, les fidèles n'ont rien de mieux à faire que de s'en remettre à l'Église infaillible, gardienne de l'orthodoxie:

> Toute loi a besoin d'être interprétée, l'Écriture Sainte est une loi: donc il faut qu'elle ait son interprète. Mille volumes de controverses se réduisent à ces deux lignes. Si les réformateurs avaient eu de la bonne foi, pressés par la force d'un raisonnement aussi simple, ils seraient convenus de la nécessité d'une autorité, et dès lors, on les aurait amenés à reconnaître celle de l'Église; mais intéressés à combattre, parce qu'elle était seule en droit de les condamner, ils se tirèrent d'affaire par un système, dont l'absurdité aurait suffi pour ruiner mille réformes, si Dieu n'eût permis à la passion de venir au secours de l'erreur, afin de punir l'une par l'autre. Ce système misérable consistait à rendre tous les hommes juges compétents du sens des Écritures; le séculier, comme l'ecclésiastique; l'ignorant, comme le lettré; l'artisan, le paysan, les femmes, tous par là devinrent capables, en un instant, de percer les voiles mystérieux de cette obscurité respectable: l'inspiration particulière prit donc la place de l'autorité, et donna naissance au fanatisme[23].

Arrivés à ce point de la démonstration, les hommes d'Église ne manquent jamais d'insister sur l'idée que les protestants, tout en prônant le libre examen et la tolérance vis-à-vis de leur hérésie, sont aussi intolérants

---

[21] Yvon, *Liberté de conscience*, t. 1, p. 52-53.

[22] Vers la fin du XVIIe siècle, un semblable constat avait débouché, chez certains courants et penseurs protestants, sur un scepticisme modéré: estimant avec Bayle que la vérité religieuse ne peut être établie avec une certitude totale, ils en concluent que ceux que l'on considère comme des hérétiques peuvent en réalité être de bons chrétiens.

[23] Caveirac, *Apologie de Louis XIV et de son conseil, sur la révocation de l'Édit de Nantes*, p. 179-180. On appréciera l'échelle des ignorants à la fin de la citation.

que les catholiques là où ils sont au pouvoir[24]. «C'est en effet une des plus étranges contradictions, note Chaudon, que de se plaindre d'être persécuté pour cause de religion, et de prétendre être en droit de persécuter les autres»[25]. Caveirac énumère les principaux pays où les catholiques sont persécutés par les protestants:

> Faut-il encore rappeler au lecteur ce que les calvinistes firent souffrir à leurs frères dans le Béarn et en Angleterre, sous l'autorité de deux reines; en Suisse et à Genève par l'instigation de Zuingle et de Calvin; en Hollande contre la foi des conventions passées entre les concitoyens; en Suède où la loi qui punit de mort le catholique est dans toute sa rigueur?[26]

Les crimes commis par l'intolérance protestante sont le fidèle reflet de ceux que l'on reproche à l'intolérance catholique. Mais il y a plus. Après avoir créé une pluralité d'Églises dont aucune ne s'affirme infaillible, après avoir développé le contact direct avec l'Écriture en relativisant la distinction entre clercs et laïcs, les protestants sont devenus les ennemis les uns des autres:

> Souvenez-vous du mépris de Luther pour le sentiment de Zuingle; des bassesses de celui-ci, de la fierté de l'autre [...]. Vous êtes donc intolérants les uns contre les autres; vous le fûtes même quand vous n'aviez pas assez de consistance pour vous séparer d'intérêt. Semblables à ces hommes fabuleux qui s'entretuèrent en naissant, vos sectes étaient encore au berceau, qu'elles s'insultaient, se provoquaient, se faisaient une guerre cruelle[27].

---

[24] L'intolérance protestante, représentée en particulier par le pasteur Pierre Jurieu, a été décrite par Barbara de Negroni dans son ouvrage *Intolérances. Catholiques et protestants en France, 1560-1787*, Paris, Hachette, 1996, p. 111-120. «Si Jurieu considère, comme Bossuet, que la religion repose sur des dogmes, s'il définit également la tolérance comme le fait de supporter pendant un temps limité des conduites et des croyances qui sont en soi blâmables, il recourt directement à Dieu, et non à l'autorité de l'Église, pour fixer une ligne de partage entre ce qui est tolérable et ce qui ne l'est pas» (p. 116). Pour Jurieu, Dieu a clairement notifié à l'homme certaines vérités: «Toute vérité suffisamment révélée notifiée à l'esprit a droit d'exiger son consentement; et si l'esprit refuse ce consentement Dieu a droit de punir l'homme pour ce refus. Il ne faut pas chicaner sur la suffisance, ou l'insuffisance de la notification. Car si on permet à l'hérétique de se cacher sous cette excuse, une telle vérité ne m'est pas suffisamment notifiée, il faudra aussi donner la même permission à l'athée, et à tous ceux qui s'entêtent des plus abominables opinions» (P. Jurieu, *Le Vrai Système de l'Église et la véritable analyse de la foi*, Dordrecht, 1686, p. 190).

[25] Chaudon, *Dictionnaire anti-philosophique*, article «Servet», p. 330.

[26] Caveirac, *Apologie de Louis XIV et de son conseil, sur la révocation de l'Édit de Nantes*, p. 552-553.

[27] Caveirac, *Apologie de Louis XIV et de son conseil, sur la révocation de l'Édit de Nantes*, p. 425 et p. 430.

Les auteurs catholiques sont parfaitement conscients que leur plaidoyer en faveur de l'intolérance vis-à-vis des protestants français est loin de rencontrer l'unanimité au milieu du XVIIIᵉ siècle. Aussi sont-ils tout prêts à mettre de l'eau dans leur vin. Sans remettre en question la Révocation de l'Édit de Nantes, ils déplorent sincèrement que «le fanatisme et la superstition», qu'un «faux zèle» aient «quelquefois porté l'intolérance à des excès indignes du christianisme»[28]. Ces concessions faites, les apologistes de l'intolérance n'en défendent que mieux l'intransigeance de l'Église romaine. Soucieux d'effacer l'image négative d'une «Église barbare et inhumaine qui, le fer en main, veut convertir les mortels»[29], ils reprennent à leur compte la distinction classique entre intolérance ecclésiastique et intolérance civile afin de démontrer que l'Église ne peut être tenue pour responsable des souffrances infligées aux protestants. Seule l'intolérance ecclésiastique est du ressort de l'Église, l'intolérance civile est du ressort de l'État.

En quoi consiste l'intolérance ecclésiastique (ou spirituelle)? Malvaux la définit ainsi: «L'intolérance spirituelle est celle qui rejette de la participation du culte sacré quiconque veut altérer le dépôt de la foi, ou rompre le lien de l'unité»[30]. C'est, en quelque sorte, le plus bas degré de l'intolérance: «l'Église se borne à nous interdire, avec ceux qu'elle a exclus de son sein, les communications inutiles, et qui ne tendraient qu'à nous inspirer leurs vices, ou leurs erreurs». L'intolérance ecclésiastique n'exerce que contre le chrétien hérétique; le citoyen conserve tous ses droits: «un catholique, qui veut se conformer au véritable esprit de l'Église, doit donc remplir, à l'égard des hérétiques, tous les devoirs de la loi naturelle et des lois civiles»[31].

L'abbé Yvon, collaborateur aux premiers volumes de l'*Encyclopédie* jusqu'à son exil en Prusse, consacre toute la première partie de son livre à justifier avec la dernière vigueur l'intolérance ecclésiastique. Il commence par s'en prendre à la distinction, leibnizienne d'origine[32], entre vérités ou articles fondamentaux et non fondamentaux, entre erreurs de

---

[28] Malvaux, *Accord de la religion et de l'humanité sur l'intolérance*, p. viii et p. xxii.

[29] Yvon, *Liberté de conscience*, Préface non paginée.

[30] Malvaux, *Acccord de la religion et de l'humanité sur l'intolérance*, p. x.

[31] Malvaux, *Accord de la religion et de l'humanité sur l'intolérance*, p. xi-xii.

[32] Défendant son projet d'une réunion des Églises, Leibniz écrivait à Pellisson qu'«il n'y a aucun article révélé qui soit absolument nécessaire, et qu'ainsi on peut être sauvé dans toutes les religions, pourvu qu'on aime Dieu véritablement» (cité in: *Opera omnia*, éd. Dutens, Genève, 1768, t. 1, p. 681).

bonne foi et erreurs volontaires. Yvon estime qu'il n'y a pas d'erreur excusable, de vérité plus ou moins importante ; tous les dogmes sont également respectables, même les plus absurdes en apparence. Du point de vue de la raison, admet-il, certains mystères catholiques comme celui de la présence réelle sont difficilement acceptables. Sans l'éclat des miracles et des prédictions, le christianisme des premiers siècles «n'eût jamais fait des conquêtes si rapides. L'esprit ne se fût jamais accoutumé à plier la fierté de sa raison sous des mystères dont la hauteur l'étonne, et dont le poids majestueux l'accable»[33]. Yvon n'est pas loin de réactiver le vieil adage tertullien : *Credo quia absurdum est.* Raison et foi s'excluent mutuellement ou, pour parler comme Voltaire : «la foi consiste à croire non ce qui semble vrai, mais ce qui semble faux à notre entendement»[34]. La remise en cause de l'infaillibilité de l'Église catholique dans l'interprétation du dogme a conduit les protestants au-delà des bornes du christianisme, et en dernier lieu à l'indifférence de toutes les religions. Étant donné que «le dogme de l'infaillibilité une fois anéanti, il n'est possible à aucun homme ni à aucune société, de s'assurer du vrai sens des Écritures [...], le scepticisme est le seul parti qu'il y ait à prendre»[35].

Yvon consacre tout un chapitre à la démonstration que «l'autorité infaillible est la seule digue qu'on puisse opposer au torrent de l'indifférence des religions». Conscients du danger, certains protestants ont essayé d'endiguer les excès résultant de la liberté d'examiner : «c'est en vain que la Réforme a travaillé à donner des bornes à leur licence effrénée. Elle a vu avec douleur l'indifférence des religions, fruit malheureux des disputes excitées dans toute la chrétienté, devenir le terme fatal où enfin a abouti son schisme d'avec Rome»[36]. Le rejet d'une autorité infaillible en faveur de l'exégèse personnelle, l'acceptation des erreurs de bonne foi ont conduit les protestants à tolérer toutes les opinions sans distinction : «le principe une fois admis que les erreurs sont l'apanage de l'humanité, on doit avoir une indulgence tolérante les uns pour les autres»[37]. Or tolérer toutes les religions, c'est, «à proprement parler, n'en avoir aucune»[38]. La tolérance,

---

[33] Yvon, *Liberté de conscience*, t. 1, p. 50-51.
[34] Article «Foi» du *Dictionnaire philosophique*, *OCV*, t. 36, p. 125.
[35] Yvon, *Liberté de conscience*, t. 1, p. 58-59 et p. 62.
[36] Yvon, *Liberté de conscience*, t. 1, p. 120.
[37] Yvon, *Liberté de conscience*, t. 1, p. 16.
[38] Yvon, *Liberté de conscience*, t. 1, p. 86.

conclut Yvon, entraîne automatiquement l'impiété. «Condamner la vérité à la tolérance, renchérira le cardinal Pie, c'est la forcer au suicide»[39].

L'identification de la tolérance à l'impiété se vérifie pour Nonnotte dans le cas des philosophes en général et de Voltaire en particulier. Pourfendeur du tolérantisme (le mot apparaît pour la première fois dans le *Dictionnaire de Trévoux* en 1721), Nonnotte est l'un des premiers à comprendre que la répression contre les protestants n'est plus de saison. Au tournant des années 1758-62 (entre l'affaire de *L'Esprit*, l'interdiction de l'*Encyclopédie* et l'affaire Calas), les ouvrages de Caveirac et de Malvaux peuvent apparaître presque anachroniques. Les vrais ennemis des catholiques, estime Nonnotte, ne sont pas les protestants mais les philosophes modernes et leur tolérantisme qui n'est qu'une impiété mal déguisée:

> Le tolérantisme n'est autre chose qu'une indifférence dédaigneuse pour toutes sortes de religions, un amour de l'indépendance qui fait qu'on ne se veut asservir à aucune loi de conscience, un air de philosophe qu'on se donne, et par lequel on se croit en droit d'examiner et de juger toutes les religions, quoiqu'on n'en estime et qu'on n'en respecte aucune[40].

Au même moment où Voltaire vante les mérites du défunt curé Meslier qui avait âprement critiqué la religion chrétienne dans son Testament, Nonnotte cite non moins habilement le témoignage de l'ancien ministre Isaac Papin – «un des plus grands hommes qu'ait eu le calvinisme en France»[41] – qui, ayant examiné les conséquences néfastes du tolérantisme, a trouvé dans cet «affreux système» les «premiers motifs de son retour à l'Église, et de sa conversion». Devant le spectacle de l'impiété, même les protestants, suggère Nonnotte, comprennent le bienfondé de l'intolérance: «ce qui effraya Papin, c'est ce qu'enseigne

---

[39] Qu'on nous permette de citer une dernière fois la prose de l'inénarrable cardinal: «Pour la vérité, l'intolérance c'est le soin de la conservation, c'est l'exercice légitime du droit de propriété. Quand on possède, il faut défendre, sous peine d'être bientôt entièrement dépouillé. [...] Je serai conciliant, si vous me parlez de littérature, de politique, d'art, de sciences agréables, parce qu'en toutes ces choses il n'y a pas un type unique et déterminé. Là le beau et le vrai sont, plus ou moins, des conventions; et, au surplus, l'hérésie en cette matière n'encourt d'autres anathèmes que ceux du sens commun et du bon goût. Mais s'il s'agit de la vérité religieuse, enseignée ou révélée par Dieu lui-même; s'il y va de votre avenir éternel et du salut de mon âme, dès lors plus de transaction possible. Vous me trouverez inébranlable, et je devrai l'être. C'est la condition de toute vérité d'être intolérante; mais la vérité religieuse étant la plus absolue et la plus importante de toutes les vérités, est par conséquent aussi la plus intolérante et la plus exclusive.»

[40] Nonnotte, *Les Erreurs de Voltaire*, t. 2, p. 224.

[41] Nonnotte, *Les Erreurs de Voltaire*, t. 2, p. 225.

Voltaire. Ce qui parut l'extravagance la plus déraisonnable aux yeux du ministre calviniste, c'est ce que le poète philosophe donne pour la vraie sagesse»[42].

Ce n'est donc plus envers les hérétiques mais envers les philosophes que Nonnotte réclame l'intervention de l'État, autrement dit l'intolérance civile. «Il n'est pas surprenant, écrit-il, qu'ils prêchent avec tant de zèle la tolérance. Il n'est personne qui en ait plus besoin qu'eux, et qui en mérite moins; parce qu'il n'est personne qui fasse plus de mal dans la religion. Le châtiment de leur audace est du ressort des lois»[43]. Qu'est-ce que l'intolérance civile? Elle consiste, lit-on dans l'*Encyclopédie*, «à rompre tout commerce et à poursuivre, par toutes sortes de moyens violents, ceux qui ont une façon de penser sur Dieu et sur son culte, autre que la nôtre»[44]. Dans l'esprit des auteurs catholiques, les choses sont cependant moins tranchées. L'intolérance civile, qui est de l'unique ressort du souverain et ne relève pas de la puissance ecclésiastique, est tout d'abord «relative au bien de l'Église». Quand l'Église est en danger, «l'empire s'unit au sacerdoce, pour combattre, par la force extérieure, les erreurs et les abus que la seule autorité spirituelle ne peut réprimer»[45]. Pour Malvaux, l'intolérance civile est défensive ou offensive. La défensive est celle qui «préserve, ou qui venge la religion des atteintes de ses ennemis»; l'offensive «ne se borne pas à protéger la vérité» mais «attaque encore l'erreur»[46]. Dans la perspective d'un catholicisme comme religion d'État, le magistrat civil a pour devoir de favoriser le catholicisme comme seule religion vraie au détriment des autres religions.

Mais les ennemis de l'Église sont en même temps les ennemis de l'État. Tous les apologistes de l'intolérance sont d'accord sur ce point: les protestants sont aussi des rebelles potentiels et désobéissent toujours à la loi. L'intolérance civile devient alors politique selon Malvaux. Relative au seul bien de l'État, elle «sévit contre les sectaires, considérés comme perturbateurs du repos public»[47]. C'est aussi l'avis de Nonnotte selon lequel l'hérésie est presque toujours accompagnée «du crime de rébellion contre les légitimes souverains»[48]. Là où elle est apparue, elle

---

[42] Nonnotte, *Les Erreurs de Voltaire*, t. 2, p. 225-226.
[43] Nonnotte, *Les Erreurs de Voltaire*, t. 2, p. 225.
[44] Diderot, article «Intolérance» de l'*Encyclopédie*, t. 8, p. 843.
[45] Malvaux, *Accord de la religion et de l'humanité sur l'intolérance*, p. xiii et p. xix.
[46] Malvaux, *Accord de la religion et de l'humanité sur l'intolérance*, p. xiii.
[47] Malvaux, *Accord de la religion et de l'humanité sur l'intolérance*, p. xiii.
[48] Nonnotte, *Les Erreurs de Voltaire*, t. 2, p. 138.

s'est montrée incompatible avec les lois et le bon ordre de la société monarchique. Caveirac le montre à l'exemple de l'Angleterre:

> La religion catholique [...] doit donc être maintenue chez une nation qui tire son lustre, sa félicité et sa durée de son obéissance à un seul: la religion calviniste, au contraire, ne reconnaissant ni autorité ni hiérarchie, a dans ce double renversement du bon ordre, de quoi faire trembler les trônes les mieux affermis; aussi n'a-t-elle pu se faire supporter que des états démocratiques, tels que la Hollande, la Suisse Genève, et c'est l'esprit d'indépendance qu'elle souffle partout où elle respire, qui rend ses sectateurs suspects à Versailles, odieux à Londres, esclaves à Berlin[49].

La tolérance religieuse, conclut Malvaux, «bien loin de remédier aux maux que l'on attribue au système opposé, ne serait propre qu'à occasionner le renversement de la religion et de l'État»[50].

En quoi l'intolérance est-elle alors capable de s'accorder avec l'humanité? Malvaux répond que l'Église étant opposée à toute espèce de violence, elle n'a rien d'inhumain lorsqu'elle est exercée avec mesure par l'autorité publique. L'intolérance civile consiste essentiellement dans l'instruction et la persuasion, même si la sévérité «est souvent nécessaire pour écarter les obstacles qui rendraient l'instruction infructueuse, et la persuasion impossible»[51]. Ainsi, après la Révocation de l'Édit de Nantes, il était défendu aux ministres protestants de prêcher davantage l'erreur et le fanatisme. On ne peut sans doute, commente Malvaux, «trouver rien d'injuste dans cette interdiction»[52]. Même son de cloche chez Caveirac, qui estime que la *Déclaration du Roi* de 1724 est «le chef-d'œuvre de la politique chrétienne et humaine»[53]. Le lecteur moderne a de la peine à en comprendre les raisons quand il y lit que «tout acte contraire à la [religion] catholique est puni de la peine des galères perpétuelles pour les hommes, et de la prison perpétuelle pour les femmes, avec la confiscation des biens»[54]. Mais la sévérité de la loi, explique Caveirac, s'exerce contre des fauteurs de troubles; c'est sous ce rapport qu'il faut considérer la *Déclaration* de 1724, «et ne pas chercher à faire illusion à la multitude,

---

[49] Caveirac, *Apologie de Louis XIV et de son conseil, sur la révocation de l'Édit de Nantes*, p. 363.

[50] Malvaux, *Accord de la religion et de l'humanité sur l'intolérance*, p. 87.

[51] Malvaux, *Accord de la religion et de l'humanité sur l'intolérance*, p. 36-37.

[52] Malvaux, *Accord de la religion et de l'humanité sur l'intolérance*, p. 57.

[53] Caveirac, *Apologie de Louis XIV et de son conseil, sur la révocation de l'Édit de Nantes*, p. 449.

[54] Caveirac, *Apologie de Louis XIV et de son conseil, sur la révocation de l'Édit de Nantes*, p. 449.

en publiant qu'on en veut à la façon de penser, qu'on veut contraindre l'homme à croire»[55]. La liberté de conscience est peu ou prou admise au premier sens (absence de contrainte) sans pour autant l'être au second (actions extérieures du culte): «Lorsque les lois humaines ordonnent des peines contre les errants, ce n'est pas parce qu'ils ne veulent pas croire, mais parce qu'ils ne veulent pas se taire; ceux qui sont assez sages pour prendre ce parti, ne sont pas plus inquiétés que les catholiques»[56]. Tout ce que le roi demande à ses sujets, c'est «qu'ils ne s'assemblent pas, qu'ils n'attirent pas dans le royaume des gens suspects, qu'ils soient tranquilles, et on ne leur dira rien»[57]. Malvaux estime lui aussi que les moyens à employer doivent être variés et adaptés aux circonstances. Il propose de traiter les chefs dans toute la sévérité des lois (amendes, exil, mort); quant aux simples fidèles, il suffit de leur interdire le culte public, de ne pas les admettre aux charges et aux dignités de la nation et d'interdire la faculté de contracter des alliances légitimes, l'un des meilleurs moyens d'empêcher la propagation de l'erreur[58]. Quoi qu'en pense Voltaire, on est loin de l'enseignement de saint Thomas selon lequel l'hérétique qui, après de suffisantes admonestations, persisterait dans son erreur, doit être livré au bras séculier «pour qu'il soit retranché du monde par la mort»[59]. À condition de se comporter officiellement comme des catholiques et de ne manifester par aucun signe ostensible leur foi protestante, les réformés français peuvent compter sur la bien-veillance de l'État, bien mieux lotis en cela que les catholiques anglais: «Comparez notre intolérance avec la tolérance anglicane, leur lance Caveirac, et vous verrez chez laquelle des deux nations l'humanité a le plus conservé ses droits, la discipline ecclésiastique le plus perdu de son ressort»[60].

J'ai gardé le meilleur pour la fin. Nous avons vu comment l'abbé Yvon, dans la première partie de son livre sur la liberté de conscience, avait catégoriquement rejeté la tolérance ecclésiastique, estimant qu'elle

---

[55] Caveirac, *Apologie de Louis XIV et de son conseil, sur le révocation de l'Édit de Nantes*, p. 450.

[56] Caveirac, *Apologie de Louis XIV et de son conseil, sur le révocation de l'Édit de Nantes*, p. 450.

[57] Caveirac, *Apologie de Louis XIV et de son conseil, sur la révocation de l'Édit de Nantes*, p. 450

[58] Voir *Accord de la religion et de l'humanité sur l'intolérance*, p. 90-91.

[59] *Somme théologique*, IIa, IIae, qu. II, art. 3.

[60] Caveirac, *Apologie de Louis XIV et de son conseil, sur la révocation de l'Édit de Nantes*, p. 42.

ouvrait la porte à l'indifférence des religions: «Le scepticisme est le seul parti qu'il y ait à prendre, dans la supposition qu'il n'y ait point d'autorité infaillible»[61]. Sur ce, il opère un revirement complet dans la deuxième partie de son ouvrage en plaidant, avec des accents dignes de Voltaire, en faveur de la tolérance civile:

> Il était réservé à un siècle aussi éclairé que le nôtre d'attaquer avec avantage un dogme qui, nourri et fomenté par le zèle aveugle des ecclésiastiques, a jeté dans les esprits des racines si profondes. Mais tel est l'empire de la superstition que, tandis que la raison élève son trône d'un côté, le plus absurde fanatisme dresse encore ses autels de l'autre. On ne peut trop élever la voix contre ses maximes infernales. L'esprit d'indulgence fait des frères; celui d'intolérance forme des monstres[62].

L'intolérance, continue-t-il, n'est point un caractère propre du christianisme mais prend sa source «dans je ne sais quel esprit de domination qui anime le clergé. [...] Abusant du respect dû à la religion, il a surpris celle des princes pour en extorquer des édits fulminants contre les religions des non-conformistes»[63]. Mais ce disciple des encyclopédistes va encore plus loin. Dès la première partie, il avait procédé à une relativisation du couple vérité/erreur en affirmant que les hommes vivent dans une logique interne où le poids des habitudes et des dominations traditionnelles joue un rôle important: «Qu'un homme naisse dans une secte quelle qu'elle soit, je suis bien sûr qu'entraîné par le torrent de ceux de son parti, il n'aura jamais d'autres sentiments que les leurs»[64]. Si les croyances religieuses, comme la pensée et les comportements, sont le résultat d'un certain nombre de déterminations sociales, chaque esprit, en outre, «a son télescope»[65], autrement dit le hasard et l'éducation ont amené tout un chacun à penser d'une certaine manière. D'où il s'ensuit que:

> le péché n'est pas dans l'objet erroné qu'on croit, mais dans la manière dont on le croit! Je ne vois pas pourquoi Dieu aurait d'autres sentiments d'un chrétien qui croirait la Bible par la même impulsion machinale que celle par laquelle un Turc croit l'Alcoran, qu'il n'en a de ce dernier. [...] C'est donc un principe constant que la nature des erreurs ne fait rien au péché, comme la nature des vérités ne fait rien au mérite. On peut pécher en suivant la vérité, et mériter en

---

[61] Yvon, *Liberté de conscience*, t. 1, p. 62.
[62] Yvon, *Liberté de conscience*, t. 2, p. 6.
[63] Yvon, *Liberté de conscience*, t. 2, p. 9.
[64] Yvon, *Liberté de conscience*, t. 1, p. 26-27.
[65] Yvon, *Liberté de conscience*, t. 1, p. 38.

s'attachant à l'erreur. Tout cela dépend de la manière dont l'esprit dirige ses opérations[66].

Fort de ces principes, Yvon démolit, dans sa deuxième partie, toute prétention de l'Église à l'intolérance. Reprenant dans les grandes lignes les principaux arguments de Locke[67] et de Bayle, il rejette la notion même d'orthodoxie et n'hésite pas à écrire:

> Non, je ne crains point de le dire, si le christianisme était tel que le peint à mes yeux le zèle fanatique des persécuteurs, je l'abjurerais sans balancer. Je suis homme avant d'être chrétien. Les obligations que cette dernière qualité m'impose, ne sauraient prescrire contre celles que la première me prescrit. [...] À travers les erreurs qui offusquent l'esprit de l'infidèle, de l'hérétique, je respecterai toujours dans l'un et dans l'autre le sacré caractère de l'humanité[68].

On l'a compris: l'intransigeance de la première partie s'efface complètement devant la tolérance de la deuxième. Mais en passant, Yvon a laissé sur la route la doctrine du «hors de l'Église, point de salut». De catholique, Yvon est devenu socinien, c'est-à-dire philosophe: «Je suis à peu près dans le cas de ces philosophes qui ont l'obligation à Descartes, ce restaurateur de la philosophie, d'avoir brisé les entraves où la raison faible et rampante languissait sans force et sans vigueur sous l'autorité d'Aristote»[69].

Ami des encyclopédistes et disciple de Locke, l'abbé Yvon est le témoin d'un moment historique où la question de la tolérance passe de la résorption d'un écart à une valorisation de la diversité, d'une vertu simplement négative («supporter») à une vertu positive («admettre»). Pour Caveirac et Malvaux, qui vivent dans un monde où le vrai et le bon ne peuvent se concevoir en dehors du catholicisme, la tolérance civile qu'ils préconisent tout de même – et contrairement à ce que Voltaire laisse entendre – n'est qu'une indulgence vis-à-vis de l'existence de ce qu'on ne peut pas détruire, mais qu'on ne veut pas voir et dont on nie la valeur. De l'autre côté, il y a tous ceux qui estiment qu'il n'y a pas de

---

[66] Yvon, *Liberté de conscience*, t. 1, p. 36-37. Cf. aussi t. 2, p. 94: «Aveugles que nous sommes sur les ressorts imperceptibles qui nous remuent, il nous sied bien de marquer les limites qui séparent les erreurs invincibles d'avec celles qui ne le sont pas! [...] Chacun, suivant le tour d'esprit qu'il a reçu de la nature, son génie, son tempérament, donnera plus ou moins d'étendue à ces sortes d'erreurs qui, par cela même qu'elles sont invincibles, nous disculpent devant Dieu».

[67] La distinction entre sociétés religieuse et civile (t. 2, p. 111-112), les limites de la tolérance (t. 2, p. 175-179), les droits de la conscience errante (t. 2, p. 150-152).

[68] Yvon, *Liberté de conscience*, t. 2, p. 128-129.

[69] Yvon, *Liberté de conscience*, t. 1, p. 57.

critère permettant d'établir en toute certitude que le catholicisme est vrai, et les autres religions fausses, voire que le catholicisme n'est qu'une opinion, et pas la moins absurde. Redoutable dialogue de sourds qu'on aurait tort d'enfermer dans une opposition simpliste entre lumières et ténèbres, progressistes et réactionnaires, entre bons et méchants. Les défenseurs de l'intolérance argumentent en vertu d'une conception selon laquelle seule la vérité a des droits; ils réfutent non sans pertinence Locke et Bayle en objectant à l'un que le magistrat a pour but de protéger les citoyens contre la rébellion, et à l'autre que les droits de la conscience errante sapent les fondements du magistère de l'Église établi par Jésus-Christ: si en matière de salut la vérité dépend de la conviction, alors toutes les convictions se valent.

De nos jours, les défenseurs de l'intolérance nous semblent pour le moins excessifs, alors qu'ils se situent encore dans un paradigme religieux où la tolérance est quasiment inconcevable. Les textes que nous venons d'évoquer montrent assez clairement que le principe de liberté religieuse ne se trouve pas au fondement de la religion catholique mais est le résultat d'une réflexion, voire d'une révision, à laquelle le catholicisme a été contraint par l'évolution sociopolitique depuis la Révolution. Désormais, la tolérance est une «véritable vertu morale», car si la Vérité reste une et unique, «elle est possédée de manière multiple et inadéquate». C'est ainsi que s'exprime le dominicain Claude Geffré avant d'ajouter aussitôt: «Sans tomber dans le relativisme, ma manière de professer la vérité dont je me réclame implique une certaine tolérance à l'égard des autres […]. La manière même dont je professe la vérité implique par nécessité une sorte de tolérance à l'égard du point de vue d'autrui»[70]. Une certaine tolérance, une sorte de tolérance: le danger est effectivement grand de sombrer dans le relativisme ou le scepticisme quand on admet comme légitime la diversité des démarches en direction de la vérité. On se gardera donc de rompre une lance en faveur de la «tolérance absolue», non pas parce qu'une tolérance sans limites n'est guère admissible[71], mais parce qu'elle «peut aboutir à la confusion ou à l'indifférentisme»[72]. Il y a une mauvaise tolérance qui vient «de l'indifférentisme à l'égard d'une vérité ou, du moins, d'une hiérarchie entre les

---

[70] Claude Geffré, «Conscience oblige», in: *La Tolérance. Pour un humanisme hérétique*, sous la direction de Claude Sahel, Paris, Éditions Autrement Philosophie, 1991, p. 61.

[71] Voir *Jusqu'où tolérer? Septième Forum* Le Monde *Le Mans*, Paris, Le Monde Éditions, 1996.

[72] Claude Geffré, «Conscience oblige», p. 60.

vérités; tandis que la bonne tolérance est le fait de pouvoir écouter les idées d'autrui bien qu'on ne soit pas d'accord et justement d'en discuter»[73].

Saluons de tout notre cœur cette toute nouvelle attitude de l'Église catholique, cette «grande nouveauté» (elle ne remonte guère au-delà de Vatican II) qui consiste à «se réclamer de la Vérité qui se trouve dans le message dont elle est dépositaire – la Parole de Dieu, le message évangélique – et, en même temps, [à] avoir une attitude de respect et d'estime pour des vérités différentes»[74]. Elle semble donner tort à tous ceux qui pensent comme Pierre Larousse que «toute religion qui a la prétention d'être seule en possession de la vérité est fatalement intolérante»[75]. Il n'en est pas moins vrai qu'aujourd'hui comme hier, certaines tendances actuelles des grandes religions «du Livre» s'opposent sans merci quand il s'agit d'imposer sa Vérité au détriment de l'autre. Chacun a sa stratégie propre d'opposition ou de dialogue avec ses concurrents, de conquête de nouveaux fidèles et d'exclusion des mauvais croyants par excommunication, condamnation, fatwah; mais toutes ont le même ennemi: la philosophie des Lumières, la sécularisation des sociétés, la culture laïque en un mot. Un nouvel œcuménisme se fait jour, qui est double: classiquement contre le principe de laïcité et de neutralité religieuse de l'État, mais aussi contre l'idée que la foi serait une affaire de conscience et de convictions personnelles. Dans nos sociétés modernes, l'hétérodoxie n'est plus un scandale; l'indifférentisme rampant de la plupart des fidèles non plus, tant qu'il ne s'affiche pas tel. N'importe quelle religion vaut mieux qu'aucune. Deux siècles après celui de Voltaire, un nouveau *Traité sur la tolérance* proclame: «L'objectif central de la séparation de l'Église et de l'État dans les régimes modernes est d'enlever le pouvoir politique à toutes les autorités religieuses en vertu de l'hypothèse réaliste selon laquelle elles sont toutes, fût-ce en puissance, intolérantes»[76].

---

[73] Claude Geffré, «Conscience oblige», p. 60.
[74] Claude Geffré, «Conscience oblige», p. 60.
[75] *Grand Dictionnaire Universel du XIXe siècle*, article «Tolérance», t. 15, p. 268.
[76] Michel Walzer, *Traité sur la tolérance*, Paris, Gallimard, 1998, p. 119.

TOLÉRER L'INTOLÉRANT
DE LA PÉTITION DE PRINCIPE AUX ACTUALISATIONS LITTÉRAIRES

Stéphane PUJOL
(*Université de Paris X – Nanterre, et Université du Pacifique*)

> Si vous voulez qu'on tolère ici votre doctrine,
> commencez par n'être ni intolérants ni intolérables.
> *Relation d'une dispute de controverse à la Chine*
> (*Traité sur la tolérance*, chap. XIX).
>
> Mangeons du jésuite, mangeons du jésuite!
> (*Candide*, chapitre seizième).

INTRODUCTION

L'affaire Calas a bien constitué pour Voltaire un moment critique. Avec la parution du *Traité sur la tolérance*, une conversion est en train de s'opérer sous les yeux du lecteur ébahi: Voltaire, en effet, donne à un drame de province la portée d'un événement historique.

La structuration de ce texte d'apparence hétérogène répond à une véritable exigence démonstrative. Voltaire part du récit d'un fait contingent (le procès des Calas) pour arriver à l'énoncé d'une loi nécessaire (le devoir de tolérance). Le *Traité* s'ouvre d'abord sur un exemple significatif d'intolérance, avant de procéder à une vaste mise en perspective historique. Après un pénible inventaire des crimes dus au fanatisme, on passe au plan des principes. Le philosophe s'intéresse aux fondements théoriques de l'intolérance pour montrer que celle-ci n'a pas de base rationnelle: elle n'est pas de droit humain; elle n'est pas de droit divin (chap. VI). Voltaire va pourtant énoncer une exception à la loi générale, en considérant le «seul cas où l'intolérance est de droit humain» (chap. XVIII). C'est précisément cette restriction que nous voudrions examiner, à la lumière du corpus voltairien.

Parce que la défense de la tolérance va de pair avec le traitement de l'intolérance, Voltaire se demande comment tolérer les intolérants? Mais on verra qu'à la pétition de principe sur le plan idéologique vont correspondre d'étonnantes résolutions sur le plan de la fiction. C'est la raison pour laquelle nous avons choisi de distinguer deux moments:

- Le moment théorique: c'est celui de la promotion de la tolérance comme une vertu nouvelle, une vertu politique et une vertu culturelle. C'est ce que nous pouvons appeler le *refus du principe sacrificiel*, principe communément désigné par l'allégorie du bouc émissaire.
- Le moment de la fiction: les œuvres littéraires peuvent constituer, à certains égards, un travail d'illustration du plan théorique. Mais elles peuvent aussi contredire le discours rationnel et raisonnable à travers des mises en scènes qui suggèrent un fantasme de violence longtemps refoulé. C'est le *retour du principe sacrificiel*, où l'on verra que l'intolérance reprend ses droits sous une forme ludique et déguisée.

A la proposition du prêtre des *Dialogues chrétiens*: «exterminons les philosophes», Voltaire a déjà répondu: «écrasons *l'infâme*». Mais cette réponse est presque toujours cantonnée dans le secret de sa correspondance. Pour saisir complètement le projet voltairien, il faut lire les différentes mises en scène d'une intolérance qui ne peut pas se dire, et qui se dit pourtant, à travers la fiction.

LA PÉTITION DE PRINCIPE

L'intolérance déraisonnable

En dépit de ce qui nous apparaît aujourd'hui comme un paradoxe, on a pu considérer, dans le contexte de la confessionalisation des Eglises, l'intolérance comme une vertu positive. Nombreux sont les théologiens des deux camps à en souligner la pleine et entière légitimité. Pour comprendre l'esprit qui prévaut à la Révocation de l'Edit de Nantes, il faut ainsi «recourir à une conception théologique de l'intolérance, qui en fait le signe même de la vérité de la foi»[1]. Ecoutons Bossuet:

> De cette sorte on voit clairement que ce qui rend cette Église [catholique] si odieuse aux protestants, c'est principalement, et plus que tous les autres dogmes, sa sainte et inflexible incompatibilité, si on peut parler de cette sorte; *c'est qu'elle veut être seule*, parce qu'elle se croit

---

[1] Barbara de Négroni, in: *Intolérances. Catholiques et protestants en France, 1560-1787*, Paris, Hachette, 1996, p. 79 (chapitre intitulé: «Du bon usage de l'intolérance: la sainteté de la haine»).

l'épouse: *titre qui ne souffre point de partage*; c'est qu'elle ne peut souffrir qu'on révoque en doute aucun de ses dogmes; parce qu'elle croit aux promesses et à l'assistance perpétuelle du Saint-Esprit. Car c'est en effet ce qui la rend si sévère, si insociable, si odieuse à toutes les sectes séparées, qui la plupart au commencement ne demandaient autre chose, sinon qu'elle voulût bien les tolérer, ou du moins ne les pas frapper de ses anathèmes. Mais sa sainte sévérité et la sainte délicatesse de ses sentiments ne lui permettaient pas cette indulgence, ou plutôt cette mollesse[2].

Voltaire va se moquer de cette prétention dogmatique à détenir la vérité et considère qu'elle est la source de tous les abus. Dans le *Traité sur la tolérance*, il récuse les sectateurs de l'intolérance par des arguments historiques: «si vous disiez que c'est un crime de ne pas croire à la religion dominante, vous accuseriez donc vous-même les premiers chrétiens vos pères, et vous justifieriez ceux que vous accusez de les avoir livrés aux supplices»; et il ajoute: «vous répondez que la différence est grande, que toutes les religions sont les ouvrages des hommes, et que l'Eglise catholique, apostolique et romaine, est *seule* l'ouvrage de Dieu»[3]. De nombreux textes voltairiens s'attachent à dénoncer cette rhétorique de l'unicité. Dans le dialogue du *Galimatias dramatique* (1757), le philosophe met aux prises un Anglican, un Quaker et un Jésuite qui se disputent la prétention à dire le vrai. Le représentant de l'Eglise anglicane s'arroge à son tour le droit à l'exclusivité: «Mes chères brebis, ne savez-vous pas que l'Église anglicane est *la seule Église pure*?»[4]. Et dans la «Relation d'une dispute de controverse à la Chine» (chapitre XIX), le mandarin a beau déclarer que «nul ne doit croire qu'il en sait plus que les autres, et que la raison n'habite que dans sa tête», un démenti de ce sage principe est aussitôt fourni par le jésuite: «Vous voyez, monseigneur dit le jésuite; ces deux gens-ci sont ennemis mortels, et disputent tous deux contre moi: il est donc évident qu'ils ont tous les deux tort et que la raison *n'est que de mon côté*»[5]. Comme le dit justement Barbara de Négroni, Voltaire, «en soulignant qu'il n'y a jamais eu d'unité dans l'Eglise chrétienne, [...] fait de la dissidence

---

[2] Bossuet, *Avertissement aux protestants*, in: *Histoire des variations des Eglises protestantes* (1688). Edition de 1770, t. 5, p. 165.

[3] *Traité sur la tolérance*, éd. John Renwick, *OCV*, t. 56C, chap. XI, p. 186; c'est nous qui soulignons.

[4] *Galimatias dramatique*, in: *Mélanges*, Paris, Gallimard, Bibliothèque de la Pléiade, texte établi et commenté par Jacques Van den Heuvel, 1961, p. 334; c'est nous qui soulignons.

[5] *Traité*, *OCV*, t. 56C, p. 239 et p. 240; c'est nous qui soulignons.

religieuse une composante habituelle de la foi et non un écart par rapport à une norme unique de vérité»[6]. C'est le sens de la *Profession de foi des théistes* (1768):

> Après avoir jugé par la raison entre la sainte et éternelle religion du théisme et les autres religions si nouvelles, si inconstantes, si variables dans leurs dogmes contradictoires, si abandonnées aux superstitions, qu'on les juge par l'histoire et par les faits, on verra dans le seul christianisme plus de deux cents sectes différentes, qui crient toutes: «Mortels, achetez chez moi; *je suis la seule qui vend la vérité*, les autres n'étalent que l'imposture» [7].

Il ne suffit pas de répéter que la violence et la contrainte physique se sont autorisées de l'exégèse, par saint Augustin, du verset de l'Evangile de Luc dont Bayle a donné son fameux commentaire[8]; il faut encore rappeler que l'idéal monarchique fait de l'unité de la foi le corollaire de l'absolutisme. C'est le sens de la devise *Cujus regio, ejus religio*. L'institution ecclésiastique et l'institution politique se prêtant un mutuel appui, l'Eglise en appelle naturellement au pouvoir politique afin de combattre l'hérésie[9]. Conscient que cette alliance favorise indirectement les moyens de l'intolérance, Voltaire, dans sa tragédie d'*Alzire* (1736), place à dessein la règle du *cujus regio* dans la bouche d'un conquistador impitoyable: «Je veux que ces mortels, esclaves de ma loi / Tremblent sous un seul Dieu comme sous un seul roi»[10].

Il existe une autre maxime d'exclusivité révoquant par principe la pluralité et la tolérance. C'est le vieil adage chrétien: «hors de l'Eglise, point de salut»[11]. Dans la France du XVIIIᵉ siècle, il résonne moins

---

[6] Barbara de Négroni, article «Tolérance» du *Dictionnaire Européen des Lumières*, sous la direction de Michel Delon, Paris, PUF, 1997, p. 1049.

[7] *La Profession de foi des théistes par le Comte Da... au R.D., traduite de l'Allemand*, Moland, t. 27, p. 70, chapitre intitulé «Que toutes les religions doivent respecter le théisme»; c'est nous qui soulignons.

[8] C'est en effet à partir du *compelle eos intrare* de Jésus, tiré de la parabole du grand festin, que Bayle développe sa défense de la tolérance religieuse. Voir le *Commentaire philosophique sur ces paroles de Jésus Christ: «Contrains-les d'entrer»* (1688).

[9] Comme le remarque Paul Ricœur, «sous l'Ancien Régime, le politique demande au religieux, représenté par sa hiérarchie, l'onction, c'est-à-dire le signe de sa sacralité; en échange, l'institution ecclésiastique demande au politique la sanction du bras séculier pour ce qu'elle tient pour schisme ou hérésie», «Tolérance, intolérance, intolérable», in: *Bulletin de la Société de l'Histoire du protestantisme français*, t. 136/II, avril-mai-juin 1988, p. 435-450, repris dans *Lectures 1. Autour du politique*, Paris, Editions du Seuil, 1991, p. 297.

[10] *Alzire ou les Américains*, Acte I, scène 1, éd. Theodore E. D. Braun, *OCV*, t. 14, p. 130-131.

[11] *Nulla salus extra Ecclesiam*, ancien adage de saint Cyprien, réaffirmé en 1439 par le concile de Florence et toujours d'actualité au début du XVIIIᵉ siècle.

comme un cri de combat que comme un défi à la tolérance. Voltaire s'en indigne: «On respecte cette maxime: «Hors de l'Église point de salut»; mais tous les hommes sensés trouvent ridicule et abominable que des particuliers osent employer cette sentence générale et comminatoire contre des hommes qui sont leurs supérieurs et leurs maîtres en tout genre: les hommes raisonnables n'en usent point ainsi»[12]. Et dans le chapitre XXII du *Traité*, Voltaire renchérit: Je suis bien loin de combattre cette sentence: «Hors de l'Eglise point de salut»: je la respecte, ainsi que tout ce qu'elle enseigne; mais en vérité, connaissons-nous toutes les voies de Dieu, et toute l'étendue de ses miséricordes? N'est-il pas permis d'espérer en lui autant que de le craindre?»[13].

Voltaire y revient encore dans *Le Dîner du Comte de Boulainvilliers* (1767):

> LE COMTE. Çà, dites-moi en conscience, entre nous et devant Dieu, si vous pensez que les âmes de ces grands hommes soient à la broche, éternellement rôties par les diables en attendant qu'elles aient retrouvé leur corps qui sera éternellement rôti avec elles, et cela pour n'avoir pu être syndics de Sorbonne et grands vicaires de M. l'archevêque?
>
> L'ABBÉ. Vous m'embarrassez beaucoup; car, hors de l'Eglise point de salut[14].

Motivée par un principe discutable et fortement discuté à partir de Bayle – la tentation d'imposer à autrui nos propres convictions – la violence est ainsi légitimée du point de vue de l'intolérance théologique. Inversement, la tolérance réclamée par les philosophes signifie pour le théologien de donner un droit égal à la vérité et à l'erreur. Comment dépasser la contradiction? Par le principe de la tolérance civile qui impose le partage entre le territoire de la conscience et celui de la loi. Comme l'explique l'abbé Morellet, la tolérance civile n'est pas liée à une indifférence en matière de religion, puisque le souverain, comme le magistrat «pouvaient être parfaitement convaincus que la religion chrétienne et catholique est la seule vraie, que, hors de l'Eglise, il n'y a point de salut, et cependant tolérer civilement toutes les sectes paisibles, leur laisser exercer leur culte publiquement, les admettre même aux magistratures et aux emplois; en un mot ne mettre aucune différence entre un janséniste, un luthérien, un calviniste, un juif même et un catholique,

---

[12] *Poème sur la loi naturelle*, éd. H.T. Mason et Thomas Wynn, *OCV*, t. 32B, p. 72-73, Troisième partie (note des v. 60-65).

[13] *Traité*, chap. XXII, éd. citée, p. 248-249.

[14] *Le Dîner du Comte de Boulainvilliers*, éd. Ulla Kölving, *OCV*, t. 63A, Premier entretien, p. 352.

pour tous les avantages et devoirs et charges et effets civils de la société»[15].

La tolérance rationnelle

Alors qu'au XVIIᵉ siècle, la tolérance a pu être pensée à la fois comme «une erreur politique et une faute religieuse»[16], on assiste, avec les Lumières, à un renversement complet de perspective. C'est le refus du pluralisme religieux qui est désormais coupable. A travers Voltaire, on peut saisir deux logiques argumentatives essentielles.

La première est philosophique, d'inspiration sceptique et relativiste. Elle repose sur le constat ancien de la faiblesse de l'homme et de l'aveuglement de l'entendement humain. Le religieux, comme le philosophe, est fou de croire qu'il peut prétendre à la vérité. La valorisation de l'ignorance, chez Voltaire, est l'un des aspects d'un dispositif philosophique plus large qui intègre la tolérance. L'enthousiasme de la conviction, de la foi, doit céder la place à la modération des opinions: «Quelle plus grande leçon de nous tolérer dans nos disputes, et de nous humilier dans ce que nous n'entendons pas»[17]. D'où le développement, au gré des textes, d'une rhétorique de la douceur, pour contrer la rhétorique de la violence qui caractérise le discours des théologiens. Ce peut être un effet de la civilisation: pour Voltaire, en effet, «les mœurs se sont adoucies»[18]. C'est aussi le travail de la philosophie, à travers le refus du savoir triomphant. Car la promotion de la tolérance concerne aussi les philosophes ou la philosophie. Voltaire fustige l'esprit de système de la même façon qu'il dénonce les sectes religieuses. La raison dont parle l'auteur de *Candide* n'est donc pas une raison arrogante et sublime: «cette raison est douce, elle est humaine, elle inspire l'indulgence, elle étouffe la discorde, elle affermit la vertu, elle rend aimable l'obéissance aux lois»[19].

Voltaire n'est pas un philosophe «relativiste» au sens où on l'entendrait aujourd'hui. Pour lui, la vérité ne peut être qu'une, mais elle est

---

[15] Abbé Morellet, *Mémoires*, cités par Dominique Julia, in: l'*Histoire de la France religieuse*, sous la direction de Jacques Le Goff et René Rémond, t. 3, Paris, Editions du Seuil, 1991, p. 152.

[16] Barbara de Négroni, *Intolérences. Catholiques et protestants en France, 1560-1787*, p. 75.

[17] *Traité*, *OCV*, t. 56C, chap. XI, p. 190.

[18] *Traité*, *OCV*, t. 56C, chap. IV, p. 146. On notera, dans ce chapitre, l'importance du paradigme de la «douceur».

[19] *Traité*, *OCV*, t. 56C, chap. V, p. 155.

inaccessible aux hommes; elle est du côté de Dieu, qui transcende les différences des opinions et des comportements dans l'universalité d'une nature humaine et d'une exigence morale commune à l'humanité.

A l'opposé de toute violence et de toute contrainte, il faut revenir au message évangélique, et faire du Dieu cruel des prêtres un Dieu d'amour. Ainsi, la religion de Zoroastre telle qu'elle est définie par Arzame dans *Les Guèbres* (1768) ne dit-elle pas autre chose: «que l'on garde justice et qu'on soit indulgent / Que le cœur et la main s'ouvrent à l'indigent / De la haine à ce cœur il défendit l'entrée / Il veut que parmi nous l'amitié soit sacrée./ Ce sont là les devoirs qui nous sont imposés.../ Prêtres, voilà mon Dieu, frappez, si vous l'osez»[20]. Dès *La Henriade*, Voltaire invente cette figure du fanatique assoiffé de sang, et dénonce la contradiction d'une religion qui prêche l'humanité en même temps qu'elle l'assassine:

> Et périsse à jamais l'affreuse politique
> [...]
> Qui veut, le fer en main convertir les mortels,
> Qui du sang hérétique arrose les autels;
> Et prenant un faux zèle et l'intérêt pour guide
> Ne sert un Dieu de paix que par des homicides[21].

Le philosophe exhorte au contraire les hommes à prêcher la douceur, l'indulgence. C'est l'argument du *Poème sur la loi naturelle*:

> Porte un arrêt plus doux, prends un ton plus modeste,
> Ami; ne préviens point le jugement céleste;
> Respecte ces mortels, pardonne à leur vertu:
> Ils ne t'ont point damné, pourquoi les damnes-tu?
> A la religion discrètement fidèle,
> Sois doux, compatissant, sage, indulgent, comme elle;
> Et sans noyer autrui songe à gagner le port:
> La clémence a raison, et la colère a tort[22].

Mais l'indulgence est une posture morale, qui ne relève que de la disposition individuelle et n'implique pas la reconnaissance positive d'un droit. Seule la tolérance, en tant que notion philosophique *et* projet politique, peut assurer la conservation de la société civile. En pratique, elle suppose la mise en place de dispositifs juridiques ou institutionnels qui rendent l'intolérance impossible.

---

[20] *Les Guèbres*, acte I, scène IV (vers 243-248), éd. John Renwick, *OCV*, t. 66, Oxford, p. 535.

[21] *La Henriade*, éd. O.R. Taylor, *OCV*, t. 2, Chant II, vers 17-22, p. 392.

[22] *Poème sur la loi naturelle*, *OCV*, t. 32B, Troisième partie, v. 91-98, p. 75.

Tolérer l'intolérant

La seconde ligne argumentative est politique. Elle part d'une réflexion sur les fondements de l'État et de la loi. Dans le *Léviathan* de Hobbes, la création du corps politique se confond avec l'institution du souverain dont la fonction est prioritairement pacificatrice. Le philosophe anglais développe en même temps un argument dirigé contre les formes dominantes de la religion chrétienne. Hobbes cherche à dégager, sous les diverses doctrines qui prétendent soumettre l'autorité civile à la «vérité», une revendication de souveraineté. C'est le sens de sa célèbre formule «c'est l'autorité, non la vérité, qui fait la loi»[23].

Il existe en effet un lien fort entre la promotion de l'idée de tolérance et la mise en place d'un État de droit. Pour les Lumières, l'enjeu de cette articulation est aussi stratégique: par la création de nouveaux espaces de liberté (liberté d'expression, de réunion, de culte, de publication), la tolérance concerne également les philosophes. C'est d'ailleurs le reproche formulé par les théologiens, hostiles au «tolérantisme» sur le plan théologique comme sur le plan politique: la tolérance renforce la position des philosophes dans le débat qui les oppose aux autorités. Une des conséquences capitales de l'instauration de l'État de droit est l'égalité de tous devant la loi. Voltaire, dans le *Discours historique et critique* qui introduit les *Guèbres*, déclare: «L'empereur dans la tragédie des *Guèbres* n'entend point et ne peut entendre par le mot de *tolérance* la licence des opinions contraires aux mœurs, les assemblées de débauche, les confréries fanatiques; il entend cette indulgence *qu'on doit à tous les citoyens* qui suivent en paix ce que leur conscience leur dicte, et qui adorent la Divinité sans troubler la société»[24].

Il est évident que ce projet est éminemment politique. Il implique d'assujettir fortement le clergé au pouvoir civil, exigence qui sera affirmée plus d'une fois par Voltaire. Nous retiendrons parmi d'autres le *Dîner du Comte de Boulainvilliers*:

> LE COMTE. Il n'en est pas d'un État comme d'une religion. Venise a réformé ses lois, et a été florissante. Mais quand on a voulu réformer le catholicisme, l'Europe a nagé dans le sang. Et en dernier lieu, quand le célèbre Locke, voulant ménager à la fois les impostures de cette

---

[23] *Auctoritas, non veritas, facit legem.* Voir Hobbes, *Léviathan*, trad. Gérard Mairet, chap. XXVI, «Des lois civiles», Paris, Gallimard, Folio Essais, 2000: «Dans une cité constituée, l'interprétation des lois de nature ne dépend pas des docteurs, des écrivains qui ont traité de philosophie morale, mais de l'autorité de la cité. En effet, les doctrines peuvent être vraies: mais c'est l'autorité, non la vérité, qui fait la loi.»

[24] *Discours historique et critique*, *OCV*, t. 66, p. 518; c'est nous qui soulignons.

religion et les droits de l'humanité, a écrit son livre du *Christianisme raisonnable*, il n'a pas eu quatre disciples; preuve assez forte que le christianisme et la raison ne peuvent subsister ensemble. Il ne reste qu'un seul remède dans l'état où sont les choses; encore n'est-il qu'un palliatif; c'est de rendre la religion absolument dépendante du souverain et des magistrats[25].

Dans ce nouveau cadre juridique qui se dessine chez les penseurs du XVIIIe siècle, la question est désormais de savoir *comment peut subsister la tolérance à l'égard des intolérants*. Dans le *Traité théologico-politique*, Spinoza montre que si les opinions ne sont jamais dangereuses dans un État, les actions doivent être limitées par les lois, et les manifestations d'un culte minoritaire ne peuvent être autorisées lorsqu'elles troublent la société. Voltaire reprend cette prescription à son compte et la donne pour titre de la Quatrième Partie de son *Poème sur la Loi Naturelle* (1756): «C'est au gouvernement à calmer les malheureuses disputes de l'école qui troublent la société»[26]. Dès lors, il apparaît que la tolérance s'arrête là où la paix civile est compromise. C'est le sens qu'il faut donner au geste de l'empereur de Chine, dans le chapitre IV du *Traité*. S'il renvoie chez eux les jésuites, «ce n'était pas parce qu'il était intolérant, c'était, au contraire, parce que les jésuites l'étaient»[27]. Comme le remarque Voltaire lui-même, non sans perfidie, «leur bannissement même fut un exemple de tolérance et d'humanité»[28].

La question de l'intolérance légitime est clairement posée dans le *Traité sur la tolérance*, où elle fait même l'objet d'un chapitre à part entière (le chapitre XVIII). Selon Voltaire, les actions des hommes troublent la société lorsqu'elles inspirent le fanatisme: «il faut […] que les hommes commencent par n'être pas fanatiques pour mériter la tolérance»[29]. L'idée qui prévaut ici est que l'intolérant travaille à sa propre négation. Jusqu'où peut-on le tolérer? Voltaire développe une réflexion qui va devenir la pierre de touche de toutes les positions à venir sur le sujet. De Spinoza à Montesquieu, toute théorie de la justice est amenée à se poser la question: à quelle condition l'intolérance est-elle permise? La réponse de Voltaire ne diffère pas de celle du philosophe contemporain

---

[25] *Dîner du Comte de Boulainvilliers*, Deuxième entretien, *OCV*, t. 63A, p. 386.
[26] *Poème sur la Loi Naturelle*, Quatrième Partie, *OCV*, t. 32B, p. 78. Et dans le chapitre XVIII du *Traité sur la tolérance*, *OCV*, t. 56C, p. 236, Voltaire revient sur la même idée, déclarant que les erreurs des hommes deviennent des crimes «quand elles troublent la société».
[27] *Traité*, *OCV*, t. 56C, p. 150.
[28] *Traité*, *OCV*, t. 56C, p. 151.
[29] *Traité*, *OCV*, t. 56C, p. 236.

John Rawls qui affirme, dans un ouvrage désormais classique: «Admettons que les sectes tolérantes aient le droit de ne pas tolérer les sectes intolérantes dans au moins une circonstance, à savoir quand elles croient sincèrement et avec de bonnes raisons que l'intolérance est nécessaire à leur propre sécurité»[30]. Il apparaît donc que la tolérance est possible, tout le temps que l'intolérance ne menace pas directement la sécurité des individus. Mais comment préserver la sécurité, sans menacer aussi la liberté? On est frappé de voir l'existence chez Voltaire, d'un lien fort de l'idée de tolérance avec l'idée de liberté et l'idée de justice[31]. C'est l'un des enjeux du *Commentaire sur le livre Des délits et des peines* (1766) de Beccaria. Voltaire est persuadé que seuls les principes de la justice peuvent arbitrer des convictions religieuses ou morales opposées. Il en donne une illustration littéraire dans la sentence de l'empereur romain à la fin de la tragédie des *Guèbres*, qui «ne veut pas qu'on punisse ceux qui se trompent comme on punirait des parricides»[32].

Mais de temps à autre, Voltaire se laisse aller à justifier une nouvelle loi du talion où l'intolérance répondrait à l'intolérance: «C'est une chose assez plaisante et qui à l'air de la contradiction de soutenir l'indulgence et la tolérance les armes à la main; mais aussi l'intolérance est si odieuse qu'elle mérite qu'on lui donne sur les oreilles. Si la superstition a fait si longtemps la guerre pourquoi ne la ferait-on pas à la superstition?»[33].

LES RÉPONSES DE LA FICTION

La tentation du dialogue

Il y a un balancement tragique de la violence, à la fois répétition et *symétrie*, faux équilibre dont il faut sortir. C'est la dynamique que Voltaire a décrite dans le *Pot-Pourri* (1764): «Ô mes frères les jésuites! vous n'avez pas été tolérants, et on ne l'est pas pour vous. Consolez-vous;

---

[30] John Rawls, *Théorie de la justice*, Paris, Seuil, 1997, p. 254. Pour une position plus complète sur le sujet, on lira également le texte de Paul Ricœur intitulé «Tolérance, intolérance, intolérable» déjà cité.

[31] On peut relire à ce propos le début du chapitre VII de *La Princesse de Babylone* (*OCV*, t. 66, éd. Jacqueline Hellegouarch): «Amazan arriva chez les Bataves; son cœur éprouva une douce satisfaction dans son chagrin d'y retrouver quelque faible image du pays des heureux Gangarides; la liberté, l'égalité, la propreté, l'abondance, la tolérance» (p. 149).

[32] Voltaire, *Discours historique et critique*, *OCV*, t. 66, p. 518.

[33] Lettre de Voltaire à Frédéric II, du 3 mars 1767, à propos de l'intervention armée de Catherine II en Pologne (D14012).

d'autres à leur tour deviendront persécuteurs, et à leur tour ils seront abhorrés»[34]. Dans les disputes idéologiques, comme dans tout affrontement véritable, ce sont les mêmes reproches qu'on échange, les mêmes accusations entre les adversaires qui sont autant de «frères ennemis». Dans la perspective de la tolérance, l'ordre et la paix s'accommodent des différences. Mieux, elles les présupposent[35]. Pour ce faire, Voltaire cherche parfois à créer, à travers le dialogue, les conditions propices à une réconciliation. Dans le cadre des querelles théologiques, le bon déroulement du dialogue est souvent lié à la présence d'un tiers dont la fonction est de mettre tout le monde d'accord. C'est le cas dans *Zadig*, au chapitre [XII] intitulé «Le Souper». Après que Zadig eut écouté l'Egyptien, l'Indien, le Celte, etc…, ils leur dit: «vous êtes tous du même avis»[36]. Voltaire montre que la pluralité des confessions, la diversité des exégèses sont la preuve tangible d'une pluralité qui fait rentrer toute affirmation dogmatique dans le champ du relatif. L'Egyptien ou le Celte portent une même vérité derrière leurs différences. Dans ce système *asymétrique*, l'intervention d'une figure médiatrice apporte douceur et modération. Elle peut aussi, accessoirement, apporter du vin ou du café. C'est le cas de certains dialogues qui mettent en scène un repas. Le boire et le manger dans *Zadig* (1747), dans *L'Homme aux quarante écus* (1767), permettent sans doute d'apaiser les disputes. Dans ce dernier conte, on retiendra le chapitre intitulé «Grande querelle»:

> Monsieur André, qui est un excellent citoyen, pria les chefs des deux partis à souper. C'est un des bons convives que nous ayons; son humeur est douce et vive, sa gaieté n'est point bruyante; il est facile et ouvert; il n'a point cette sorte d'esprit qui semble vouloir étouffer celui des autres; l'autorité qu'il se concilie n'est due qu'à ses grâces, à sa modération, et à une physionomie ronde qui est tout à fait persuasive. Il aurait fait souper gaiement ensemble un Corse et un Génois, un représentant de Genève et un négatif, le muphti et un archevêque. Il fit tomber habilement les premiers coups que les disputants se portaient, en détournant la conversation, et en faisant un conte très agréable, qui réjouit également les damnants et les damnés. Enfin, quand ils furent un peu en pointe de vin, il leur fit signer que l'âme de l'empereur Marc Antonin resterait *in statu quo*, c'est-à-dirc, je ne sais où, en attendant un jugement définitif.

---

[34] *Pot-Pourri*, in *Mélanges*, Moland, t. 25, p. 265.

[35] C'est la thèse de René Girard: «Ce ne sont pas les différences mais leur perte qui entraînent la rivalité démente, la lutte à outrance entre les hommes d'une même famille ou d'une même société», in: *La Violence et le sacré*, Paris, Grasset, «Pluriel», 1972, p. 78.

[36] *Zadig ou la destinée humaine*, éd. Haydn T. Mason, *OCV*, t. 30B, p. 174.

Les âmes des docteurs s'en retournèrent dans leurs limbes paisiblement
après le souper: tout fut tranquille. Cet accommodement fit un très
grand honneur à l'homme aux quarante écus; et toutes les fois qu'il
s'élevait une dispute bien acariâtre, bien virulente, entre les gens lettrés
ou non lettrés, on disait aux deux partis, Messieurs, allez souper chez
monsieur André[37].

Dans *Le Dîner du Comte de Boulainvilliers,* la maîtresse de maison,
voyant que l'entretien prend un tour trop dogmatique, interrompt mali-
cieusement l'homme d'Eglise à la fin du premier entretien:

LA COMTESSE. Le dîner se refroidit; voilà M. Fréret qui arrive,
mettons-nous à table, vous tirerez après de l'enfer qui vous vou-
drez[38].

Apparemment séduit par la méthode, l'abbé se permet un bon mot dans
le cours du second entretien. S'adressant à Fréret, il lui dit:

L'ABBÉ. J'avoue qu'il y a quelque chose de vrai. Mais comme disait
l'évêque de Noyon, ce ne sont pas là des matières de table; ce sont des
tables des matières. Les dîners seraient trop tristes si la conversation
roulait longtemps sur les horreurs du genre humain. L'histoire de
l'Eglise trouble la digestion[39].

Voltaire trouve dans la parodie du banquet antique le moyen d'une
réconciliation festive. On pourra objecter qu'il s'agit d'une feinte. Car si,
en apparence tout le monde sort gagnant, c'est la voix du théisme ou de
l'irréligion qui s'impose finalement. Dit sur le mode ironique, cela donne
le poème suivant:

Je vois venir de loin ces temps, ces jours sereins,
Où la philosophie, éclairant les humains,
Doit les conduire en paix aux pieds du commun maître;
[…]
Les enfants de Sara, que nous traitons de chiens,
Mangeront du jambon fumé par des chrétiens.
Le Turc, sans s'informer si l'iman lui pardonne,
Chez l'abbé Tamponet ira boire en Sorbonne.
Mes neveux souperont sans rancune et gaîment
Avec les héritiers des frères Pompignan…[40]

Ainsi, malgré son aversion pour les disputes dogmatiques, il arrive que
Voltaire leur donne une issue positive. Pour ce faire, il lui faut accepter

---

[37] *L'Homme aux quarante écus*, éd. Brenda M. Bloesch, OCV, t. 66, p. 390.

[38] *Le Dîner du Comte de Boulainvilliers*, OCV, t. 63A, Premier entretien, p. 355.

[39] *Le Dîner du Comte de Boulainvilliers*, OCV, t. 63A, Second entretien, p. 383.

[40] *Epître à l'auteur du livre des Trois imposteurs*, v. 70-71 et 81-86, Moland, t. 10,
p. 404-405.

de parier sur la rationalité des partenaires. Dans quelques rares cas, le dialogue opère la conversion de nos esprits fanatiques en êtres de raison. Il faut peut-être lire, dans l'insistance de Voltaire à faire des interlocuteurs des êtres rationnels, une manière de revenir sur la réconciliation historique de la raison et de la foi. Mais cette réconciliation avorte la plupart du temps. Lorsque l'intolérance et le fanatisme survivent à la logique du dialogue raisonnable, il devient impossible de mettre fin à la querelle.

La littérature ou la scène sacrificielle

Pour Voltaire, les sociétés qui se réclament du texte évangélique n'ont pas mis fin à la violence sacrificielle[41]. Certes, le mécanisme victimaire est la marque du religieux archaïque, mais la tentation est grande chez le fanatique de retrouver ce modèle. Comme l'affirme Voltaire dans le *Discours préliminaire* de la tragédie *Alzire* (1734), «la religion d'un barbare consiste à offrir à ses dieux le sang de ses ennemis. Un chrétien mal instruit n'est souvent guère plus juste»[42].

Voltaire n'ignore pas qu'il existe une violence rituelle, comme l'anthropophagie ou les sacrifices humains, et il sait fort bien l'analyser[43]. Mais il ne peut admettre la violence issue de l'intolérance. Pour la contrer, le patriarche de Ferney conçoit plusieurs stratégies fictionnelles.

1. La proscription, ou ses variantes, tel que le bannissement. Préserver la paix implique parfois de proscrire l'intolérance. C'est le sens de l'article «Tolérance» de l'*Encyclopédie*: «Le devoir le plus essentiel d'un souverain n'est-ce pas d'affirmer la paix et la tranquillité dans ses États et d'en proscrire avec soin ces hommes dangereux qui, couvrant d'abord leur faiblesse d'une hypocrite douceur, ne cherchent, dès qu'ils ont le pouvoir, qu'à répandre des dogmes barbares et séditieux». Voltaire appliquera ce principe à la lettre dans quelques unes de ses fictions. Dans *La Princesse de Babylone*, on apprend que l'empereur de Chine vient de «chasser de ses États une troupe de bonzes étrangers qui étaient venus du fond de l'Occident, dans l'espoir insensé de forcer toute la Chine à penser comme eux». S'adressant à ces jésuites, il déclare: «vous êtes

---

[41] C'est encore la thèse de René Girard, in œuvre citée.

[42] *Alzire ou les Américains*, OCV, t. 14, p. 117.

[43] Voir notamment l'article «Anthropophages» du *Dictionnaire Philosophique*, éd sous le direction de Christiane Mervaud, OCV, t. 35, p. 344-350, et le chapitre CXLVI de *l'Essai sur les mœurs* à propos des anciens Mexicains, éd. René Pomeau, Paris, Garnier, 1963, t. 2, p. 343-345.

venus prêcher des dogmes d'intolérance chez la nation la plus tolérante de la terre. Je vous renvoie pour n'être jamais forcé de vous punir»[44]. Dans la *Relation du bannissement des jésuites de la Chine* conçue la même année que le conte, on voit à nouveau l'empereur de Chine apostropher les jésuites: «nous ne savons que trop les maux horribles que vous avez causés au Japon. Douze religions y florissaient avec le commerce, sous les auspices d'un gouvernement sage et modéré une concorde fraternelle régnait entre ces douze sectes: vous parûtes, et la discorde bouleversa le Japon; le sang coula de tous côtés; vous en fîtes autant à Siam et aux Manilles; je dois préserver mon empire d'un fléau si dangereux. Je suis tolérant, et je vous chasse tous, parce que vous êtes intolérants»[45].

2. La mise à mort, ou le sacrifice du prêtre. Au niveau institutionnel, la tolérance concerne des autorités ou des institutions à l'égard des membres d'une Eglise ou d'une communauté de pensée. Ces autorités ont la possibilité d'interdire, et s'abstiennent d'interdire. Au niveau individuel, la tolérance concerne le comportement des individus qui admettent la différence dans les opinions ou la conduite des autres. Mais lorsque cette tolérance elle-même est menacée, qu'il s'agisse des institutions ou des individus, on retrouve la même légitimation: assurer sa sécurité, ou celle de la société. Face au fanatique, les seules options possibles sont la fuite éperdue ou le combat. C'est le retour du système symétrique, de la violence réciproque. Œil pour œil, dent pour dent. Ainsi, au chapitre neuvième de *Candide*, le malheureux héros tue le grand inquisiteur de peur d'être brûlé; au chapitre seizième, les Oreillons reconnaissent en Cacambo et Candide des jésuites, et veulent les manger après les avoir fait bouillir à petit feu.

On sait que la lecture de l'*Abrégé du Manuel des inquisiteurs* de Morellet avait produit une forte impression sur Voltaire. Dans une lettre adressée à Damilaville, il écrit: «Je vous remercie au nom de l'humanité du manuel de l'inquisition. C'est bien dommage que les philosophes ne soient encore ni assez nombreux, ni assez zélés, ni assez riches pour aller détruire par le fer et par la flamme ces ennemis du genre humain, et la secte abominable qui a produit tant d'horreurs»[46]. Ce souhait, c'est la fiction qui le réalisera, dans *Candide* notamment. Mais Candide, comme

---

[44] *La Princesse de Babylone*, *OCV*, t. 66, p. 130-131. Rappelons que les jésuites sont chassés de France en 1767, l'année même où Voltaire rédige son conte.

[45] *Relation du bannissement des jésuites de la Chine*, éd. Basil Guy, *OCV*, t. 67, p. 120-121.

[46] Voltaire à Damilaville, 26 janvier 1762, D10284.

le déplore Voltaire lui-même, n'a pas poussé assez loin la vengeance: «je lis toujours avec édification le Manuel de l'inquisition, et je suis très fâché que Candide n'ait tué qu'un inquisiteur»[47]. Déguisé en légitime défense, le meurtre du fanatique n'apparaît plus comme un acte d'intolérance. Mais pour le vieux philosophe, le geste de Candide ressemble bien à une vengeance par procuration. Il finira d'ailleurs par faire cet aveu extraordinaire: «Si j'étais Candide, un inquisiteur ne mourrait que de ma main»[48].

Sur la scène littéraire, la mise à mort du prêtre apparaît donc comme une sorte de revanche virtuelle – à condition de considérer que celle-ci ne quitte pas le terrain du jeu et du divertissement. C'est peut-être aussi le rôle de la littérature que de donner libre cours aux passions. La violence, parce qu'elle est fictive, permet à son tour de libérer le rire: c'est la variation sur le thème de l'arroseur arrosé (ici, le persécuteur persécuté) dont l'effet comique est largement éprouvé. A travers un scénario plus ou moins récurrent dont le fonctionnement est proche de l'archétype, se dessine la restauration d'un faux ordre: c'est le retour du principe sacrificiel, sous la forme d'un *autodafé* fictionnel et hautement symbolique (la mise à mort du prêtre intolérant).

Mais il faut remarquer que Voltaire prend le soin de dénier ce droit en théorie. C'est le sens des paroles prononcées par Cacambo sur un mode ironique: «Messieurs, vous comptez donc manger aujourd'hui un jésuite: c'est très bien fait; rien n'est plus juste que de traiter ainsi ses ennemis. En effet, le droit naturel nous enseigne à tuer notre prochain». A travers cette formulation antagoniste («tuer notre prochain»), Voltaire dénonce l'inversion scandaleuse de la morale évangélique. Un homme, fût-il notre ennemi, reste toujours un homme. Combien de chrétiens se montrent néanmoins oublieux de ce noble précepte, «aimer son prochain», plutôt que de le détruire.

De la même manière, Voltaire récuse nettement tout discours téléologique en matière de justice. Pour lui, la Providence n'est pas un ordre à géométrie variable. Voltaire refuse ainsi d'attribuer la mort du méchant à un simple effet de la justice divine. Le sujet est notamment évoqué à travers le dialogue de Freind et de Birton dans l'*Histoire de Jenni*, à propos de l'origine du mal: «si quelques scélérats sont morts immédiatement après leurs crimes, ils sont morts par les lois générales qui président au monde...». Mais Dieu n'a rien à voir là-dedans: «tout le

---

[47] Voltaire à Damilaville, 4 février 1762, D10305.
[48] Voltaire à d'Alembert, 25 février 1762, D10342.

physique d'une mauvaise action est l'effet des lois générales imprimées par la main de Dieu à la matière; tout le mal moral de l'action criminelle est l'effet de la liberté dont l'homme abuse»[49]. Il n'y a donc pas de légitimation transcendante à la mise à mort du méchant. Les seules justifications possibles, on l'a vu, sont la menace de l'ordre social (au niveau de la collectivité) ou de l'intégrité physique (au niveau de l'individu).

Les différentes réponses fictionnelles (le dialogue/la proscription/la mise à mort) apportées par Voltaire à l'intolérance ont, sur le plan littéraire, le même effet comique. Il n'en est pas de même sur le plan idéologique: le raisonnement et la fête montrent combien il est nécessaire de dédramatiser les conflits; la mise à mort montre au contraire que l'intolérant travaille à sa propre perte, mais le lecteur se réjouit encore de la défaite (dé-fête?) du méchant. Dans le premier cas, le philosophe mise sur un accord possible; dans le second cas, l'accord est impossible. Quand le langage de la raison n'a plus cours, il faut agir, c'est-à-dire, réprimer, condamner, châtier. Au niveau des appareils d'État, cela requiert la sanction par des lois, fussent-elles répressives. Au niveau des individus, c'est le fait d'une justice sauvage, d'un réflexe de survie. C'est sans doute une façon de rétablir ou de conserver un ordre, mais un ordre violent qui menace la paix civile.

Dans *La Princesse de Babylone*, Amazan réédite le geste fatal de Candide, et l'amplifie conformément au désir secret de Voltaire: «Amazan saisit de sa main le grand rechercheur sur son tribunal, et le jette sur le bûcher qui était préparé à quarante pas; *il y jeta aussi les autres petits rechercheurs l'un après l'autre*»[50]. Au dernier acte de la tragédie des *Guèbres*, on nous fait encore assister au sacrifice d'un prêtre. Mais c'est au conditionnel, cette fois, que se formule le souhait de voir une juste vengeance s'étendre et se perpétuer:

> LE JEUNE ARZÉMON
> Oui, nos mains ont puni ses fureurs:
> Puissent ainsi périr tous les persécuteurs!
> Le ciel, nous disaient-ils, leur remit son tonnerre:
> Que le ciel les en frappe et délivre la terre,
> Que leur sang satisfasse au sang de l'innocent[51].

---

[49] *Histoire de Jenni*, chapitre 9, in: *Romans et contes*, éd. René Pomeau, Paris, G.-F. Flammarion, 1966, p. 658.
[50] *La Princesse de Babylone*, OCV, t. 66, p. 194; c'est nous qui soulignons.
[51] *Les Guèbres*, acte V, scène V, vers 171-175, OCV, t. 66, p. 624.

On ne peut qu'être sensible à la valeur authentiquement *sacrificielle* du geste d'Arzémon. Mais il importe de souligner, ici, la réconciliation du plan théorique et du plan fictionnel, et l'adéquation de la théorie avec la pratique. C'est la voix de l'homme d'État qui va s'imposer, faisant entendre un discours soustrait aux passions funestes. L'empereur romain réintroduit en effet le principe d'équité et de justice, en soulignant *le rôle de la loi*:

> L'EMPEREUR
> Vous avez outragé l'empereur et la loi.
> Le meurtre d'un pontife est toujours punissable.
> Je sais qu'il fut cruel, injuste, inexorable;
> Sa soif du sang humain ne se put assouvir.
> On devait l'accuser, j'aurais su le punir.
> Sachez qu'à la loi seule appartient la vengeance.
> Je vous eusse écoutés, la voix de l'innocence
> Parle à mon tribunal avec sécurité
> Et l'appui de mon trône est la seule équité[52].

Il s'agit une nouvelle fois pour Voltaire de montrer que la violence engendre la violence. Dans le système de l'intolérance réciproque, tout le monde sort perdant. La seule issue possible à ce cercle vicieux est le recours à l'instance juridique, et la sanction d'un pouvoir juste.

Mais la belle impartialité du patriarche de Ferney vole parfois en éclats. Dans la défense de la tolérance, il y a une éthique; il y a bien aussi, comme le soupçonnent ses adversaires, une tactique.

La tolérance démasquée?

A la limite, la loi peut se contenter d'une tolérance de pure forme, l'équivalent de la *politesse* dans la vie mondaine. C'est ce que suggère Voltaire à la fin de la *Relation d'une dispute de controverse à la Chine*: «combien de temps votre Excellence veut-elle qu'ils soient aux arrêts? – Jusqu'à ce qu'ils soient d'accord, dit le juge. – Ah, dit le sous-mandarin, ils seront donc en prison toute leur vie. – Hé bien! dit le juge, jusqu'à ce qu'ils se pardonnent. – Ils ne se pardonneront jamais, dit l'autre; je les connais. – Hé bien donc! dit le mandarin, jusqu'à ce qu'ils fassent semblant de se pardonner»[53]. La tolérance, ici, n'est pas intériorisée comme une valeur positive, mais elle est respectée dans les faits.

---

[52] *Les Guèbres*, acte V, scène dernière, vers 216-224, *OCV*, t. 66, p. 627.
[53] *Traité*, *OCV*, t. 56C, p. 241.

Il existe cependant une forme de tolérance hypocrite, savamment exploitée par l'intolérance et que Voltaire dénonce non sans ambiguïté.

Dans les *Dialogues Chrétiens* (1760), un prêtre catholique et un ministre protestant examinent ensemble les moyens d'une union sacrée contre les philosophes. Les deux confessions cherchent à oublier leurs querelles afin de faire face à l'ennemi commun. Dans le second dialogue, le prêtre reproche vertement au ministre ce «défaut de la tolérance» qui caractérise le discours des réformés. Au système de la tolérance, il oppose une méthode plus musclée: «exterminons les philosophes, puisque tout est permis contre eux». Auparavant, le ministre s'était fait le chantre d'une méthode plus douce et plus subtile, mais aussi plus retorse:

LE MINISTRE
Monsieur, je loue infiniment le dessein où vous êtes de perdre ceux qui veulent nous décréditer, mais je blâme la manière: il faut s'y prendre plus doucement, et par là plus sûrement: presque toujours on se nuit à soi-même en poursuivant son ennemi avec trop de passion, et d'acharnement. Je sais aussi qu'il ne faut pas trop raisonner, et que ces gens-là sont assez subtils pour en imposer à ceux qui examinent; mais il faut décrier les auteurs, et alors l'ouvrage perd certainement son crédit. Il faut adroitement empoisonner leur conduite; il faut les traduire devant le public comme des gens vicieux, en feignant de pleurer sur leurs vices: il faut présenter leurs actions sous un jour odieux, en feignant de les disculper: si les faits nous manquent, il faut en supposer; en feignant de taire une partie de leurs fautes. C'est par ces moyens-là que nous contribuerons à l'avancement de la religion, et de la piété, et que nous préviendrons les maux et les scandales que les philosophes causeraient dans le monde s'ils y trouvaient quelque créance.

LE PRETRE
Voilà qu'on vous surprend toujours dans ce malheureux défaut de la tolérance, qui vous a séparé de nous, et qui s'oppose aux progrès de votre religion. Ah! si comme nous, vous brûliez, vous envoyiez à la potence, aux galères, il y aurait un peu plus de foi parmi vous autres, et l'on ne vous reprocherait pas de tomber dans le relâchement[54].

Apparemment, la critique est limpide: il s'agit de renvoyer dos à dos les théologiens des deux bords et de montrer que par delà les différences concernant la manière, les finalités demeurent les mêmes: entre les deux confessions, seuls changent les moyens mis en œuvre: la fausse tolérance (ou tolérance hypocrite) d'un côté, l'attaque frontale de l'autre. L'intérêt de ce texte est sans doute de mettre à nu une certaine stratégie

---

[54] *Dialogues Chrétiens, ou préservatif contre l'Encyclopédie*, second dialogue, in: *Mélanges*, Paris, Gallimard, Bibliothèque de la Pléiade, 1961, p. 362.

«protestante». Voltaire montre qu'il n'est pas dupe, et qu'il perçoit derrière les appels à la tolérance ecclésiastique, une intolérance plus fondamentale. Le discours sur la tolérance se voit ici profondément dévalué par les ambitions véritables de ses sectateurs. Ce que défend le ministre protestant, c'est non seulement une tolérance partielle dont le champ d'application serait nécessairement limité aux seuls partis religieux, en excluant par principe les philosophes; c'est encore une tolérance de pure forme, entendue seulement comme un détour stratégique pour mieux «acheter la paix»[55]. Le système qui est décrit ici par le Ministre a un nom: il s'appelle *l'hypocrisie*, et on entend dans cette profession de foi («il faut s'y prendre plus doucement ...», «il faut adroitement empoisonner leur conduite...», «il faut les traduire devant le public comme des gens vicieux en feignant de pleurer sur leurs vices...») des échos lointains du *Tartuffe*.

Ce discours pourrait bien en cacher un autre, informulable en l'état, mais qui travaillerait sourdement la pensée voltairienne. Cette méchante caricature n'est certainement pas la tolérance que souhaite Voltaire sur le plan des principes. Mais on peut lire dans la *déconstruction* de la tolérance «protestante» l'expression d'une stratégie «philosophique» pour diviser et affaiblir la religion et ses représentants. S'exprimerait ici, par le truchement du Réformateur, le projet inavouable d'un auteur prêt à tous les moyens pour confondre les théologiens, à travers un discours à double détente. D'un côté, il *dénonce*, par les moyens propres à l'ironie voltairienne, une intolérance qui prend l'allure de la tolérance. De l'autre, il *énonce* un artifice littéraire auquel Voltaire ne dédaigne pas ici et là de recourir.

Cette lecture présente un risque: celui de ravaler le combat de Voltaire en faveur de la tolérance à une simple manœuvre partisane[56]. Plutôt que de discréditer le travail exemplaire d'un philosophe qui ne craint pas de s'engager sur le terrain en réhabilitant les Calas contre les autorités judiciaires, et qui élargit ce combat à la promotion d'un nouvel idéal philosophique, il s'agit simplement de reconnaître que Voltaire fait un usage

---

[55] *Dialogues Chrétiens*, Second dialogue, in *Mélanges*, p. 364.
[56] C'est le reproche que Bossuet adressait déjà aux partisans de la tolérance ecclésiastique. Dans son *Exposition de la Doctrine de l'Eglise catholique sur les matières de controverse* (1686), il considère la tolérance comme une stratégie des hérétiques qui «introduisent la confusion de Babel et l'indifférence des religions sous le nom de tolérance». Et dans l'*Avertissement aux protestants*, tiré de son *Histoire des variations des Eglises protestantes* (1688), Bossuet décèle «l'indifférence des religions sous l'apparence miséricordieuse de la tolérance civile» (cité par Barbara de Négroni, in: *Intolérances. Catholiques et protestants en France, 1560-1787*, p. 83-84).

complexe du «tolérantisme». Dans le corpus voltairien, la tolérance apparaît à la fois comme moyen et comme fin. Artifice rhétorique ou véritable idéal, la défense de la tolérance obéit à des logiques distinctes selon les textes. On ne peut pas lire de la même manière les *Dialogues chrétiens* et le *Traité*[57]. Ici elle apparaîtra comme l'expression d'une tolérance authentique; là, comme une intolérance qui avance masquée.

CONCLUSION

On assiste, avec les Lumières, au passage d'une tolérance négative (ou passive) à une tolérance positive (ou active)[58]. Mais les conflits demeurent. Pourrait-il en être autrement? Au niveau des textes littéraires, nous avons cru repérer une opposition structurante, non pas entre la théorie et la pratique, mais entre une pétition de principe et quelques résolutions singulières dans la fiction. La philosophie des Lumières, et Voltaire en particulier, fausse le mécanisme de la victime expiatoire en faisant du religieux lui-même le bouc émissaire. L'auteur de *Candide* semble vouloir le sacrifice du prêtre pour restaurer l'essence du religieux. La religion, selon une étymologie discutable mais dont Voltaire s'accommode assez bien, consiste à lier les hommes entre eux, à les rassembler plutôt qu'à les séparer. L'ordre culturel et social apparaît alors comme un ensemble organisé de différences, dont dépendent l'harmonie et l'équilibre de la communauté. La différence induit de la discorde, mais la tolérance rétablit le lien social. C'est le point de vue de la princesse de Babylone:

> La première de ses lois a été la tolérance de toutes les religions, et la compassion pour toutes les erreurs. Son puissant génie a connu que si les cultes sont différents, la morale est partout la même; par ce principe elle a lié sa nation à toutes les nations du monde, et les Cimmériens vont regarder le Scandinavien et le Chinois comme leurs frères. Elle a fait plus; elle a voulu que cette précieuse tolérance, le premier lien des hommes, s'établît chez ses voisins ...[59].

Lorsqu'elle porte préjudice à la paix publique, il devient nécessaire de combattre l'intolérance par la contrainte des lois civiles, mais aussi par

---

[57] Encore que…Pour une saisie plus globale des différentes stratégies discursives dans le *Traité sur la tolérance*, voir l'article d'Olivier Ferret: «L'«impertinence» voltairienne dans le *Traité sur la tolérance*», in: *Revue Voltaire*, n°3 (2003), p. 251-265.

[58] Considérant l'époque contemporaine, le philosophe Paul Ricœur parle de «consensus conflictuel» pour caractériser la tolérance envisagée non en tant que limitation mais en tant que valeur. Voir article cité, p. 304.

[59] *La Princesse de Babylone*, OCV, t. 66, p. 142-143.

l'éducation et la philosophie. Dans *Le Dîner du Comte de Boulainvilliers*, Voltaire prend le soin d'expliquer dans quel ordre il faut procéder:

> L'ABBÉ. Et si toutes les religions étant autorisées, elles se battent toutes les unes contre les autres? si le catholique, le protestant, le Grec, le Turc, le Juif se prennent par les oreilles en sortant de la messe, du prêche, de la mosquée et de la synagogue?
>
> M. FRÉRET. Alors il faut qu'un régiment de dragons les dissipe.
>
> LE COMTE. J'aimerais mieux encore leur donner des leçons de modération que de leur envoyer des régiments; je voudrais commencer par instruire les hommes avant de les punir[60].

Tout sectaire qu'il est à l'égard des sectaires, Voltaire définit clairement ses priorités. La violence, fût-elle au nom de la raison d'État, ne peut jamais suffire. La critique de l'intolérance prend place dans un dispositif intellectuel plus large qui interroge également le travail de la philosophie. La possibilité même de la réflexion philosophique est liée à l'existence de quelque chose qui échappe au heurt des subjectivités. Or la religion, telle que l'observent les penseurs du XVIIIe siècle, n'offre que de nouvelles armes à ces subjectivités. Pour prévenir le retour de l'*intolérance réciproque*, Voltaire a défini, y compris par défaut, les conditions d'une *tolérance réflexive*.

---

[60] *Le Dîner du Comte de Boulainvilliers*, Second entretien, *OCV*, t. 63A, p. 387.

LA BEAUMELLE ET LA TOLÉRANCE EN 1763:
POUR UNE RÉINTÉGRATION DES PROTESTANTS
EN FRANCE

Hubert BOST
(*EPHE et Paris IV – La Sorbonne*)

Ce n'est pas faire injure à Voltaire que de le remarquer: son *Traité sur la tolérance* n'a de traité que le titre. On peut d'ailleurs sans risque avancer l'hypothèse que c'est précisément parce qu'il ne s'agissait pas d'un traité – autrement dit un travail visant à aborder systématiquement tous les aspects de la question de la tolérance – que cet écrit a eu le retentissement que l'on sait. On pourrait aussi se demander si c'est bien de tolérance qu'il est question. Mais cela nous mènerait bien loin.

À l'opposé de ce coup de maître, il existe un coup d'essai tenté à la même époque par La Beaumelle[1], l'un de ses plus redoutables adversaires. En 1763, désireux de mettre sa plume au service de ses coreligionnaires, il rédige, avec l'accord du pasteur Paul Rabaut, plusieurs versions d'une *Requête en faveur des protestants* qu'il voudrait voir adopter par le synode national des Églises réformées de France, alors interdites et réunies clandestinement. Ce document serait destiné à être présenté au roi Louis XV et viserait à rétablir les protestants dans leurs droits civils en tant qu'individus et que corps ecclésiastique. La tentative de La Beaumelle, soit qu'elle ait été trop ambitieuse, soit qu'elle ait paru trop audacieuse, va échouer puisque le synode se contentera d'en applaudir le contenu sans le prendre à son compte[2].

---

[1] Sur la vie et l'œuvre de La Beaumelle (1726-1773), voir Claude Lauriol, *La Beaumelle, Un protestant cévenol entre Montesquieu et Voltaire*, Genève, Droz, 1978, et, du même auteur, la présentation du premier écrit de La Beaumelle sur ce sujet: «Le traité sur la tolérance de La Beaumelle, *L'Asiatique tolérant*», in: *Dix-Huitième siècle*, 1985, p. 75-82. L'édition de la *Correspondance générale de La Beaumelle* (H. Bost, C. Lauriol et H. Angliviel de La Beaumelle) est en cours d'édition: quatre volumes parus à la Voltaire Foundation, 2005, 2006, 2007 et 2008.

[2] Voir Hubert Bost, «Une correspondance huguenote: la préparation du synode de 1763 par La Beaumelle et Paul Rabaut», in: Pierre-Yves Beaurepaire (éd.), *La Plume et la toile. Pouvoirs et réseaux de correspondance dans l'Europe des Lumières*, Arras, Artois Presses Université, 2002, p. 83-106.

Le manuscrit, resté dans le portefeuille de son auteur, n'a jamais été publié[3].

Or, s'il existe un texte qui mérite de s'appeler «traité sur la tolérance» en 1763, c'est bien cet essai. La Beaumelle s'attache en effet à rechercher des exemples de tolérance théorique ou pratique en tous temps et à tous lieux afin de démontrer que c'est l'intolérance qui est «anormale». Il s'efforce même d'inscrire la question de la tolérance dans un cadre qui dépasse la sphère religieuse puisqu'il inclut dans son enquête des exemples de réception d'œuvres littéraires. On y reviendra.

Il n'est pas possible de donner ici une idée précise de ce texte touffu. Dans l'attente d'une édition critique de ce document, on se contentera d'indiquer quelques pistes intéressantes pour l'histoire des idées dans la seconde moitié du XVIIIe siècle en particulier et susceptibles de mieux comprendre la conception de la tolérance que les protestants français cherchent à défendre. Je m'efforcerai de montrer que leur situation particulière, qui conduit La Beaumelle à revendiquer en leur nom un statut officiel – nous voulons la tolérance comme hommes, commes chefs de famille, comme citoyens, leur fait-il dire –, l'amène à dépasser cette spécificité pour poser, en philosophe, le problème théologico-politique dans sa dimension universelle.

Les paragraphes tels qu'ils sont numérotés ne correspondent pas exactement au plan suivi par La Beaumelle et ne respectent pas toujours l'ordre dans lequel on s'attendrait à les rencontrer. C'est pourquoi un sommaire des 85 articles permet de se faire une idée du déroulement et de l'ampleur des sujets abordés:

1 – *Existence de fait, inexistence de droit des protestants français*
2 – *Faire reconnaître les droits de la conscience en un siècle éclairé*
3 – *Tableau des calamités subies par les protestants*
     – comme hommes
     – comme chefs de famille
     – comme chrétiens
     – comme sujets
4 – *Loyalisme monarchique et limites des droits du prince*
5 – *Libres, les consciences ne relèvent que de Dieu (§I-X)*

---

[3] Il en existe plusieurs versions, conservées dans les Archives La Beaumelle. Je remercie la famille Angliviel de La Beaumelle de m'y avoir donné accès. Sur les différents états du texte, voir Hubert Bost, «Un «traité sur la tolérance» clandestin: la *Requête des protestants* rédigée par La Beaumelle en 1763», in: *La Lettre clandestine* 13 (2004), p. 119-138.

La première thèse que soutient La Beaumelle est celle de l'universalité de la liberté de conscience: «Parmi cette multitude d'opinions qui partagent les hommes, il en est une qui les raproche, l'opinion de la liberté de conscience. La stupide ignorance, l'oppression, le faux zèle, la perte même de cette liberté, n'ont encor pu détruire cette maxime, *les consciences sont libres et ne relèvent que de Dieu.* Gravée dans toutes les ames par l'être qui les créa, elle est échapée au naufrage qu'ont fait tant d'autres vérités. Après six mille ans d'attentats de la part de la superstition, du despotisme, de l'intolérance, du fanatisme, elle est aussi vive, aussi pure qu'au premier jour de la naissance du monde, puisque tous les hommes sont unanimement convaincus qu'ils ont le droit de vouloir et d'agir d'après le sentiment et l'impulsion de ce guide intérieur qui les avertit, les réprime, les exhorte, les conseille, les détermine, leur aplaudit s'il est obéi, & se venge par des remords s'il ne l'est pas»[4]. La conscience est définie dans le cadre d'une morale naturelle, comme «une voix intérieure qui nous crie que telle action est bonne ou mauvaise»[5]. Pour La Beaumelle, ce cri suppose qu'il existe dans la nature des choses, des principes qui permettent de connaître le bien ou le mal, l'honnêteté et la turpitude. La conscience approuve ce qu'elle juge plaire à Dieu, et désapprouve ce qu'elle croit lui déplaire. La Beaumelle en déduit immédiatement les droits de la conscience errante tels qu'ils avaient été défendus par Pierre Bayle dans les *Nouvelles Lettres critiques* et le *Commentaire philosophique*: «Il est une loi générale qui veut que l'homme se soumette à ce qu'il croira juste & vrai. L'idée particulière de chacun est donc la justice & la vérité de chacun. Chacun doit donc agir d'après cette vérité rélative; car il n'agiroit jamais si pour agir il attendoit la certitude qu'il a la vérité relative; & il seroit absurde qu'un être réduit par la nature des choses aux probabilités ne se déterminât que par l'évidence, qu'il se défiât sans cesse de ses plus vraisemblables combinaisons, ou que s'en défiant il ne se défiât pas encore plus de celles d'autrui. La conscience erronée entre donc en possession des droits exprimés dans la loi générale. [...] Dire que la conscience aprouve ou desaprouve une action, c'est dire que la conscience juge qu'elle plait ou déplait à Dieu. Mais si l'on admettoit que la conscience errante n'a pas droit d'agir, il s'ensuivroit qu'il est des cas où il est permis de désobéir sciemment à Dieu: ce qui détruiroit toute morale»[6].

Notons que le début de la *Requête* développe des arguments qui tournent autour de la tolérance revendiquée par une partie du corps social qui s'estime déchu de certains droits. La Beaumelle se situe là dans une logique de supplique, de doléance. En revanche, dès que l'argumentation est lancée, sa frappe très baylienne donne au propos un tour beaucoup plus universel et philosophique.

La tolérance civile est la conséquence du principe de liberté de conscience: «De ce principe que toutes les consciences sont libres,

---

[4] *Requête*, p. 25.
[5] *Requête*, p. 26.
[6] *Requête*, p. 26. La filiation entre Bayle et La Beaumelle a bien été repérée, à partir de *L'Asiatique tolérant*, par Jonathan I. Israel, *Enlightenment contested. Philosophy, Modernity and the Emancipation of Man (1670-1752)*, Oxford, University Press, 2006, p. 149.

principe qui est la clé de la doctrine de la tolérance civile, il s'ensuit que l'homme ne peut entreprendre sur la conscience de l'homme sans attenter au droit naturel, au pouvoir du créateur, aux lois primitives de l'ordre, sans renverser toutes les bornes du juste & de l'injuste, sans inviter tous les êtres consciencieux à s'armer contre lui, & que se servir du prétexte d'erreur pour opprimer la conscience d'autrui, c'est n'en avoir soi-même aucune, c'est annoncer au genre humain qu'on prétend régner sur la moralité des actions, c'est se priver de toute ressource & de tout appui dans ces momens de revers où l'on est obligé de plier sous la force ardente à se venger»[7]. Seul le fanatisme religieux peut faire perdre de vue l'importance de ce principe. Dès qu'il évoque le «zèle fanatique», La Beaumelle pense à l'Inquisition. Mais il ne cherche pas pour autant à écraser l'infâme, préférant soutenir que même les représentants les plus radicaux de la répression ne sauraient faire taire en eux les voies de la conscience: «L'homme est naturellement pénétré des droits de la conscience, un zèle fanatique peut les lui faire oublier. Mais pour peu qu'il rentre en lui-même, la nature lui parle encor plus haut que le zèle. Celui qui refuseroit de changer sa conscience contre tous les biens que la séduction lui pourroit offrir révère nécessairement ce même sentiment dans la conscience la plus erronée. Quiconque meurt pour ce qu'il croit la vérité mourroit pour la vérité même s'il la connoissoit. Et cet amour, cette générosité, ce courage, seront éternellement sûrs du suffrage de tous les cœurs. Parmi ces hommes ou pour mieux dire ces monstres qui siègent sur ce tribunal de sang que la moitié de l'Europe redoute encore, en est-il un seul qui ne se récriât si l'on gênoit sa conscience? Placés dans les circonstances où leurs fureurs mettent ces victimes qu'ils immolent en ces horribles fêtes du christianisme appellées *actes de foi*, seroient-ils les maitres de cet impérieux murmure de leur ame contre ces sacrés assassinats? Oh! égorger des hommes, des concitoyens, des frères, qui ne peuvent s'avouer coupables, qui le deviendroient en s'avouant tels, & les égorger par piété, c'est une rage qui feroit détester la nature humaine, si de ces contrées impies on ne portoit les yeux vers ces climats fortunés où la religion consiste en partie à maudire la cruauté»[8]. Au-delà de cet exemple caricatural, La Beaumelle se dit convaincu que, aussi paradoxal que cela puisse paraître, l'intolérance est violente parce qu'elle doit combattre un principe qu'elle sait universel. Il cherche à retourner les armes de l'intolérance contre elle-même: «Et si cette persuasion n'étoit pas

---

[7] *Requête*, p. 28.
[8] *Requête*, p. 31.

empreinte dans tous les cœurs par les mains de la nature, les intolérans feroient-ils tant d'efforts pour l'en effacer? N'est-ce pas pour se dérober à l'indignation publique qu'ils l'ont détournée dans tous les tems sur les accusés en joignant au grief de non-conformité d'autres imputations plus graves? C'est ainsi que les prêtres payens accusèrent le christianisme des crimes les plus incroyables & de tous les malheurs de l'empire. C'est ainsi que les enfans de Dominique accusèrent les vaudois & les albigeois du fanatisme le plus impur. Les hommes devinrent plus éclairés; le zèle ne devint pas plus charitable. Ce zèle souleva le peuple contre les protestans en les accusant de s'abandonner aux plus honteuses débauches dans leurs assemblées nocturnes»[9]. Et il continue avec la répression qui s'abattit au XVIIe siècle sur les protestants français ou sur Port-Royal. Désireux d'asseoir définitivement l'universalité du principe de tolérance, La Beaumelle convoque des témoignages en provenance du monde entier. Le consentement du genre humain se vérifie avec le brachmane Calanus parlant à Alexandre, Josué s'adressant aux Amorrhéens, Platon et Socrate à Athènes, Lycortas le préteur achéen face au conquérant romain, Jésus-Christ – désigné comme le «législateur des chrétiens», Tibère, Sénèque, Flavius Josèphe, Marc Aurèle, l'empereur Julien, Thémistius, Mahomet – le «législateur des musulmans» –, le conseil du roi du Maroc face à Averroès, Montezuma face aux Espagnols, le chah Abbas en Perse…

Quant à Hobbes et Spinoza, qui ont cherché à mettre en système l'in-tolérance politique[10], ils ont démenti leur système par leur conduite: «Hobbes vouloit que toutes les consciences fussent esclaves & conservoit pourtant la sienne libre. A Paris il refusoit opiniâtrement d'être de la religion des François; à Londres il refusoit avec la même obstination de se plier à l'opinion dominante. Spinosa se sépara du judaïsme dès-qu'il en connut la fausseté»[11].

Reste alors la question cruciale, que précisément posait le système de Hobbes: la société n'est-elle pas fondée sur un pacte aux termes duquel le peuple remet la souveraineté entre les mains du prince? et dès lors, ce peuple peut-il encore revendiquer sa liberté de conscience? La Beaumelle s'arrête sur ce point en faisant mine de s'interroger: «Mais peut-être ce qui est défendu à l'homme est permis au prince? Peut-être la qualité de souverain magistrat vous donne-t'elle un droit que la nature vous refuse? Peut-être le contrat social a-t'il diminué les privilèges des consciences &

---

[9] *Requête*, p. 32.
[10] Ce point fait l'objet d'un développement ultérieur (§XLII, p. 55-57).
[11] *Requête*, p. 34.

augmenté les vôtres? Rien ne seroit plus déraisonnable que cette prétention. L'établissement des sociétés, loin de porter atteinte aux prérogatives
de l'ame humaine, eut pour objet principal d'en assurer la paisible jouis-
sance à tous ceux qui y entrèrent. En effét le consentement de plusieurs
tendans à la même fin par la même volonté d'un seul, qu'ils ayent déposé
le pouvoir social entre les mains de plusieurs, ou qu'ils ayent fait dépendre de tous l'exercice des forces de tous, dans tous ces systèmes, les
consciences demeurèrent libres. Les actions furent assujetties aux lois,
les opinions ne purent l'être. La société devint maitresse de l'extérieur,
l'intérieur apartint à Dieu»[12]. Cette assertion n'a du reste rien de très
original, et elle correspond exactement à la thèse du loyalisme monarchique telle qu'elle avait été défendue par les protestants durant la période
d'application de l'édit de Nantes. L'articulation avec les principes généraux posés au départ est clairement exprimée:

> Avoir donné au prince le pouvoir de faire des lois contre la conscience
> de ses sujets, ç'eût été lui conférer le pouvoir de commander à ses
> sujets de haïr Dieu ou de feindre de le haïr. Car qu'est-ce que la
> conscience par rapport à chaque homme? C'est la voix & la loi de
> Dieu acceptée & connue pour telle par celui qui a cette conscience. De
> sorte que violer cette conscience, c'est essentiellement croire que l'on
> viole la loi de Dieu. Or faire un acte qu'on croit être une infraction de
> la loi de Dieu, c'est, comme nous l'avons dit, faire un acte de haine ou
> de mépris de Dieu. Donc commander d'agir contre la conscience &
> commander de haïr ou de mépriser Dieu, c'est absolument une seule
> & même chose. Mais qui pourroit penser que les peuples eussent attri-
> bué un pareil pouvoir aux magistrats & que Dieu l'eût ratifié?
>
> Si les hommes avoient livré leurs consciences à d'autres hommes, ils
> auroient exercé sur elles plus d'empire que Dieu lui-même n'en prend.
> Ce maitre absolu de tout se dépouille entièrement de son pouvoir sur
> notre ame pour la laisser libre. Nous sentons tous la franchise de notre
> arbitre. Il n'est gêné ni dans les sentimens ni dans ses opérations. Il se
> rend à lui-même ce témoignage perpétuel. Comment donc auroit-il pu
> se résoudre à s'asservir? Que seroit devenu cet amour-propre qui per-
> suade à chacun des hommes que la raison vaut toute autre raison? Les
> sociétés commencèrent-elles par un acte d'humilité? Ces inféodations
> de l'entendement à la volonté d'autrui sont des raffinemens monasti-
> ques qui, loin de perfectionner les sociétés, les auroient abâtardies[13].

En cas de conflit d'autorité, l'autorité de Dieu doit dès lors être préfé-
rée à celle du roi. On retrouve ici la tension théologico-politique, classique en protestantisme, entre Romains 13 («Tout pouvoir vient de Dieu»)

---

[12] *Requête*, p. 36-37.
[13] *Requête*, p. 38-39.

et Actes 5, 29 («Il vaut mieux obéir à Dieu qu'aux hommes»)[14]. Significativement, La Beaumelle cherche à l'universaliser le plus possible, en y associant plusieurs religions d'une part, et en faisant endosser le second verset biblique par un empereur:

> Les peuples ont toujours été si éloignés d'engager leur conscience à l'autorité publique que dans tous les tems on a vu les consciences opprimées repousser l'oppression par cette maxime: *Quand l'ordre du prince est contraire à celui de Dieu, tous ceux qui croyent qu'il y a un Dieu conviennent qu'il faut obéir à Dieu & desobéir au prince.* L'iman, le bonze, le dervis, le prêtre, se réunissent à soutenir que la soumission aux volontés souveraines est un crime dès que ces volontés contredisent les devoirs religieux ou moraux. Le soldat est là-dessus du même avis que l'apôtre. Le payen & le chrétien se glorifient également de violer les lois publiques pour observer les divines. Le prince lui-même allègue sa conscience pour justifier ses actions: *Il vaut mieux obéir à Dieu qu'aux hommes,* disoit l'empereur Othon à un comte qui vouloit l'engager dans une injustice. Rien n'est plus coërcitif que la conscience, parce qu'elle parle toujours au nom du plus puissant & du plus vénérable des êtres. La foudre de religion menace pour l'éternité la tête même des rois. Il implique donc contradiction que la conscience ait resté conscience & qu'elle ait armé le prince d'une coërcition moins forte, puisque la foudre des lois ne menace que la tête des sujets & ne la menace que pour le tems entre la crainte du souverain & celle de Dieu qui chasse toutes les autres[15].

La Beaumelle se lance alors dans un vaste panorama de l'histoire de la tolérance mondiale. Il est amené à souligner la tolérance des Grecs et des Romains, et donc à minimiser le caractère religieux de la persécution dont les premiers chrétiens ont été l'objet: «Opposera-t'on à la tolérance de la république romaine les édits sanguinaires du gouvernement impérial? Il est vrai que les chrétiens rougirent la terre de leur sang durant trois siècles. Mais en général ils furent plutot persécutés comme intolérans que comme non-conformistes. Leur religion ne s'allioit avec aucune autre. Elle les menaçoit toutes: elle les eut toutes pour ennemies. Comme elle attaquoit le principe fondamental du paganisme, il n'est pas étonnant qu'elle ait excité contre elle l'indignation des empereurs. Mais si les Nérons, les Domitiens furent sourds à toute pitié, les Trajans, les Antonins, les Sévères furent plus doux dés-qu'ils furent mieux instruits. Du reste l'invincible fermeté que le christianisme inspiroit, l'éternité de

---

[14] Voir Hubert Bost, «Théories et pratiques politiques des protestants français de la Réforme à la Révolution», in: *Anglophonia* 17: *Protestantisme(s) et autorité*, Toulouse, Presses universitaires du Mirail, 2005, p. 13-24.

[15] *Requête*, p. 40.

l'empire qui paroissoit dépendre de la religion à laquelle il devoit ses accroissemens, le fier mépris des chrétiens pour tout ce qui contredisoit leur système, le procés qu'ils intentoient aux mœurs publiques par des mœurs plus pures & par leur éloignement de la société, enfin la haine qu'on a pour ceux qu'on a une fois offensés, tous ces motifs armoient à l'envi les bras des puissances contre des hommes qui se piquoient de lasser la cruauté»[16]. La Beaumelle adopte donc la même stratégie rhétorique que Voltaire au chapitre IX du *Traité sur la tolérance*. Sans justifier la persécution, il tempère la condamnation de l'Empire romain par des considérations sur le caractère subversif du christianisme et par son ingérence dans les affaires politiques:

> A Dieu ne plaise que nous prétendions diminuer la juste indignation qu'on doit à tout persécuteur! Mais nous ne saurions dissimuler qu'outre l'insociabilité du christianisme, plusieurs raisons politiques s'élevoient contre lui. Les chrétiens refusoient de prêter les sermens accoutumés & de jurer par le genie des empereurs. Tertullien lui-même disoit qu'on ne pouvoit être empereur & chrétien. Ils prétendoient que le juste ne pouvoit ni porter les armes, ni poursuivre la vengeance des crimes, ni prononcer des sentences de mort sans contrevenir au commandement *Tu ne tueras point*. Les évêques, étendant trop loin la défense que fait saint Paul de plaider devant les tribunaux des infidèles, se rendoient les arbitres de tous les différends, excommunioient comme pécheurs impénitens ceux qui ne se soumettoient pas à leurs jugemens, & formoient ainsi dans l'Etat un Etat indépendant que nulle autorité ne devoit souffrir[17].

Pour La Beaumelle, la liberté de conscience implique nécessairement la liberté de culte: «Permettre de croire ce qu'on veut sans permettre de le témoigner par des actions, c'est vouloir que le feu brule sans consumer. D'ailleurs, la religion qui, par sa nature, tend à se conserver parce qu'elle se regarde comme la meilleure des institutions, ne peut se conserver que par le culte. Quiconque accorde les fins doit donc accorder les moyens. Priver de culte les consciences unies par la même foi, c'est permettre à un homme de vivre pourvu qu'il ne prenne aucune nourriture»[18]. Il lui faut alors discuter l'objection qu'on pourrait lui faire en distinguant le culte national des cultes particuliers. Le premier, prétend-on, serait constitutif de la société, et indissoluble par le prince, tandis que les seconds ne seraient pas représentatifs de la société. Or cette opposition se heurte à la distinction entre société civile et société

---

[16] *Requête*, p. 52-53.
[17] *Requête*, p. 53.
[18] *Requête*, p. 65.

religieuse – on dirait aujourd'hui: l'État et l'Église – qui a été préalablement posée[19]. La Beaumelle peut alors aborder ce qui constitue le
point crucial de son argumentation: la nature de ce «culte national».
Cette expression désigne le principe de régulation politico-religieuse
cujus regio ejus religio tel qu'il s'est imposé dans l'Empire depuis la
Paix d'Augsbourg, principe pluraliste qui, dans le royaume de France,
s'est durci dans la formule «une foi, une loi, un roi»: autrement dit
l'obligation religieuse catholique qui s'impose à tout sujet du roi depuis
Louis XIV. C'est évidemment cette doxa qui pose problème, puisqu'elle
justifie qu'on prétende interdire la dissidence religieuse au nom de critères politiques. Mais qu'en est-il vraiment? Pour qu'elle soit légitime,
il faudrait que la société civile ait chargé la société religieuse de la
représenter, ce qui est extravagant et chimérique. Si on l'admet pourtant,
un second problème se pose immédiatement: comment, par quel privilège peut-on garantir l'indépendance de l'Église nationale vis-à-vis du
prince? La contradiction éclate alors: «Mais si les prérogatives de la
conscience dérobent le culte national à la volonté du prince, pourquoi
ne lui soustrairont-elles pas les cultes particuliers? On dira peut-être que
c'est l'aveu de la société qui lui donne cette indépendance. Mais ou bien
cet aveu fut unanime, & dés-lors le souverain n'aquit point le droit de
rejetter une réclamation non prévuë, ou bien il ne le fut pas, & dans ce
cas la société commença par l'iniquité & par l'oppression. Il fut accompagné d'un serment de le maintenir malgré le changement des idées
consciencieuses, & dans ce cas la société n'avoit pas de conscience; ou
bien il manqua de cette formalité, & dés-lors les consciences restèrent
libres pour le présent & pour l'avenir»[20]. En admettant même que le
culte national soit à la fois représentatif de la société civile et indépendant du pouvoir, comment justifier sa prétention à l'exclusivité? «Mais
quand cet aveu de la société donneroit au culte national ce caractère de
représentation & d'indépendance, s'ensuivroit-il que les cultes particuliers manquans de cette autorisation fussent dignes de prescription & de
flétrissure? Combien d'actions bonnes permises quoiqu'elles n'ayent
pas l'approbation expresse de la société? Qu'on souffre du moins que
ces cultes sans aveu se rangent dans la classe des choses indifférentes.
Les Romains avoient un culte national mais chaque province ajoutée à
l'Empire conservoit le sien, & chaque famille pouvoit en avoir en particulier. Le culte national n'est point exclusif de sa nature: il est au

---

[19] *Requête*, p. 60-66.
[20] *Requête*, p. 67.

contraire fondé sur des principes qui le disposent à souffrir la rivalité. Nous voyons vingt provinces qui, les tolérant tous, n'imaginent pas en quoi les tolérés peuvent nuire au national, ni comment le national pourroit en demander la suppression»[21].

Ces raisonnements amènent La Beaumelle à tirer deux conclusions: d'une part il exhorte à renoncer aux arguments qui, en légitimant l'exclusivité du culte à partir de prémisses fausses, mettent en péril les droits de la conscience: «Qu'on rentre dans les saines maximes, on ne fondera pas des droits tyranniques sur des distinctions illusoires. On n'usera pas plus de coërcition que de coaction, on abandonnera les consciences à leurs propres lois, & l'on ne se vantera pas de les avoir respectées lorsqu'on n'aura pas épuisé contre elles les cruautés»[22]. D'autre part, il souligne qu'une théorie théologico-politique n'est véritablement universelle et solide que lorsqu'elle vaut quelle que soit la situation dans laquelle on se trouve: «La doctrine que nous venons d'exposer & de défendre n'est point une doctrine particulière que nous inspire le besoin d'être tolérés. Elle est fondée (& Votre Majesté ne sauroit plus en douter) sur les plus pures lumières de la raison & sur les principes constitutifs de l'établissement social. Elle est si évidemment vraye que les intolérans, qui la méconnoissent quand ils sont les plus forts, l'allèguent sans cesse au non-conformiste quand ils deviennent les plus foibles»[23].

Après cette démonstration, La Beaumelle dresse une impressionnante anthologie de citations visant à montrer sinon que la tolérance est universelle, du moins qu'elle a été défendue par des penseurs de toutes civilisations et de tous temps. Sa collecte est à la fois beaucoup plus riche et beaucoup plus indigeste que celle de Voltaire à la même époque. Sans avoir procédé à la comparaison des textes et à la recherche systématique des références citées, notons que certaines citations sont communes aux deux auteurs, comme par exemple celles du président de Thou et d'Amelot de La Houssaie: «L'expérience nous apprend, dit-il [de Thou] dans sa préface, que l'exil & les proscriptions sont plus capables d'irriter que de guérir un mal qui, ayant sa source dans l'esprit, ne se peut soulager par des remèdes qui n'agissent que sur le corps. Il n'en est point de plus utile pour cela qu'une saine doctrine & une instruction assidue, qui s'impriment aisément dans l'ame quand elles y sont versées par la douceur. Tout se soumet à l'autorité souveraine des magistrats & du prince; la

---

[21] *Requête*, p. 67.
[22] *Requête*, p. 67.
[23] *Requête*, p. 67.

religion seule ne se commande point, elle n'entre dans les esprits que lorsqu'ils y sont bien préparés par l'amour de la vérité soutenu de la grace de Dieu… On ne se doit servir contre les errans que du glaive de la parole. Il faut par des conversations modérées & par des conférences pacifiques tâcher d'attirer doucement ceux qu'on ne sauroit contraindre»[24]. Quant à Amelot de La Houssaie, il «se déclare partout pour la tolérance. "Il en est, dit-il, de la religion comme de l'amour. Le commandement n'y peut rien, la contrainte encor moins. Rien de plus indépendant que d'aimer & de croire"».[25] Il y aurait du reste un intéressant travail de généalogie de ces citations, dans lequel il faudrait tenir compte bien sûr du *Patriote français et impartial* d'Antoine Court[26], et, en amont de *L'Asiatique tolérant* de La Beaumelle. C'est là bien sûr une tâche qui dépasse largement le cadre du présent travail.

Considérons enfin comment La Beaumelle envisage son propre siècle. Après la mort de Louis XIV sont apparus de nouveaux avocats de la tolérance: le comte de Boulainvilliers, l'abbé de Saint-Pierre, Montesquieu dans les *Lettres persanes* et dans *L'Esprit des lois*, Voltaire dans *La Henriade*, dans les *Lettres philosophiques* et dans l'*Histoire universelle*, Burlamaqui, Louis de Bonnaire, Jacob-Nicolas Moreau, ou encore d'Alembert. Tantôt La Beaumelle les cite longuement, tantôt il se contente de les mentionner. Dans le cadre du présent colloque, il m'a semblé judicieux de souligner la place particulière accordée à Voltaire. Bien que le philosophe de Ferney soit à maints égards un ennemi pour lui, il est ici un allié objectif (du reste, dans le cadre de l'affaire Calas La Beaumelle s'est effacé devant Voltaire lorsqu'il a pris conscience du rôle déterminant que l'action de ce dernier pouvait avoir en faveur de la réhabilitation de Jean Calas)[27].

De fait, c'est à un véritable éloge de Voltaire que se livre La Beaumelle. Il vaut la peine de le citer assez longuement: «Le plus bel esprit que la France ait produit a toujours été un des plus ardens défenseurs

---

[24] *Requête*, p. 87.

[25] *Requête*, p. 92. Cf. Voltaire, *Traité sur la tolérance*, éd. John Renwick, *OCV*, t. 56C, chap. XV, p. 227.

[26] Antoine Court, *Le Patriote français et impartial*. Édition critique par Otto H. Selles, Paris, Champion, 2002.

[27] Voir C. Lauriol, «La Beaumelle, l'affaire Calas et le *Traité sur la tolérance*», in: M. Delon et C. Seth (éd.), *Voltaire en Europe. Hommage à Christiane Mervaud*, Oxford, Voltaire Foundation, 2000, p. 173-180; Hubert Bost – Claude Lauriol, «L'affaire Calas d'après les lettres de La Condamine à La Beaumelle», in: Nicholas Cronk (éd.), *Études sur le* Traité sur la tolérance *de Voltaire*, Oxford, Voltaire Foundation, 2000, p. 68-84.

de la liberté de conscience». Dans tous ses écrits il inspire à l'homme l'amour de ses semblables sans égard à leurs erreurs[28], il se déchaîne contre:

> [...] Ce sanglant tribunal,
> Ce monument affreux du pouvoir monacal,
> Que l'Espagne a reçu, mais qu'elle même abhorre,
> Qui venge les autels & qui les déshonore,
> Qui tout couvert de sang, de flammes entouré,
> Égorge les mortels avec un fer sacré.[29]

Dans sa *Henriade,* la fanatique intolérance est l'âme de la Ligue. Dans ses *Lettres philosophiques*, l'esprit de concorde & de paix est le seul lien des sociétés humaines. Dans son *Histoire universelle*, les princes tolérans sont peints des plus brillantes couleurs, & les persécuteurs déférés à la détestation du genre humain. Dans ces productions mêmes qui paroissent frivoles & où sa vive imagination se joue sur mille objets différens, l'intolérance est accablée de ridicule. Ce sont ces sentimens & ces maximes de bienfaisance universelle qui ont le plus contribué à le rendre l'idole de l'Europe. Nous ne citerons pas ici cent passages, tous remarquables, puisque ses immortels écrits sont entre les mains de tout le monde. Mais nous ne pouvons nous dispenser de raporter les traits suivans[30]: «Comment des historiens peuvent-ils avoir la lâcheté d'aprouver les suplices ordonnés par Francois I? & de les attribuer au *zèle pieux* d'un prince voluptueux qui n'avoit pas la moindre ombre de cette piété qu'on lui attribue? Si c'est là un acte religieux, il est cruellement démenti par le nombre prodigieux de captifs catholiques que son traité avec Solyman livra depuis aux fers de Barberousse sur les côtes d'Italie. Si c'est une action de politique, il faut donc aprouver les persécutions des payens qui immolèrent tant de chrétiens... Henri II par ses rigueurs contre les sectaires fit beaucoup plus de calvinistes qu'il n'y en avoit en Suisse & à Genève. La politique, l'interêt, le zèle concoururent à les exterminer. On pouvoit les tolérer, comme Elizabeth en Angleterre toléra les catholiques; on pouvoit conserver de bons sujets en leur laissant la liberté de conscience. Il eût importé peu à l'État qu'ils chantassent à leur manière, pourvu qu'ils eussent été soumis aux lois de l'État: on les persécuta: on en fit des rebelles. Ces mêmes huguenots sous François I & sous Henri II n'avoient su que prier & souffrir ce qu'ils appelloient le martyre ...

---

[28] *Henriade*, chant VI. [Note de La Beaumelle.]
[29] *La Henriade*, éd. O.R. Taylor, *OCV*, t. 2, p. 492-493.
[30] *Hist. univers.* [Note de La Beaumelle.]

Élizabeth évita la persécution autant que son père & sa sœur l'avoient excitée[31]. Personne ne fut persécuté ni même recherché pour sa croyance. Mais on poursuivit sévèrement selon la loi ceux qui violoient la loi & qui troubloient l'État. Ce grand principe, si long-tems méconnu, s'établit alors en Angleterre dans les esprits, que c'est à Dieu seul à juger les cœurs qui peuvent lui déplaire»[32].

La Beaumelle est conscient que la question de la tolérance ne se limite pas au domaine religieux et qu'elle touche à l'expression des idées dans un siècle éclairé. Il mentionne les attaques dont les historiens (de Thou), poètes ou dramaturges ont été la cible (Corneille). Là encore, ses remarques relatives à Voltaire, pour n'être pas dénuées d'arrière-pensées, n'en sont pas moins significatives:

> De nos jours, par combien de jansénistes, par combien de jésuites Voltaire n'a-t-il pas été accusé[33] de déisme, de luthéranisme, d'origénisme sur quelques vers de ses tragédies & de sa *Henriade*? De ce qu'il voudroit que toutes les religions se tolérassent mutuellement, on a conclu qu'il n'en avoit aucune. Cent théologiens l'ont damné tout vivant, soit dans leurs écrits polémiques, soit dans leurs sermons. Mais les gens sensés pardonnent au poëte des saillies inconsidérées, au philosophe des raisonnemens peu réfléchis, & laissent à Dieu le jugement du cœur de l'homme[34]. En note, La Beaumelle précise: «On lui a attribué les sentimens qu'il met dans la bouche de ses personnages». On l'a fait déiste, parce qu'Œdipe dit: «Les prêtres ne sont point ce qu'un vain peuple pense: / Nôtre crédulité fait toute leur science»; parce que Henri IV représenté flottant dans sa religion, dit: «Je ne décide point entre Genève et Rome». On l'a fait luthérien sur ces vers de la *Henriade*: «Le Christ de nos péchés victime renaissante, / De ses élus chéris nourriture vivante, / Descend sur les autels à Ses yeux éperdus, / Et lui découvre un Dieu *sous un pain* qui n'est plus». Il est vrai que ces vers n'expriment qu'inexactement le dogme catholique, mais toutes les sociétés chrétiennes pourroient les signer. On l'a fait origéniste, pour avoir dit: «Dieu ne sait point punir des moments de foiblesse, / Des plaisirs passagers, pleins de trouble et d'ennui, / Par des tourmens affreux, éternels comme Lui», quoiqu'il avertît qu'il parloit des péchés véniels & du purgatoire. Mais ce qui est singulier, c'est que les mêmes dévots qui blament dans la *Henriade* ce qui n'est pas blamable, récitent avec complaisance ces deux vers que le poëte met dans la bouche de S. Louis parlant à Dieu: «Ah! Si du grand Henri ton culte est ignoré, / Par qui le roi des rois veut-il être adoré?», vers

---

[31] *Hist. univers.* [Note de La Beaumelle.]

[32] *Requête*, p. 95.

[33] V. *L'Oracle des philosophes.* V. *Les erreurs historiques de M. de Voltaire.* [Note de La Beaumelle.]

[34] *Requête*, p. 150.

que toutes les religions condamnent également & qui ressemblent assez à cette apostrophe du prédicateur Maimbourg, *Mon Dieu! ce seroit grand dommage que tant de si belles dames fussent damnées*[35].

Ce n'est pas sur ce mélange d'éloge et de réserve à l'égard de Voltaire qu'il convient de conclure. Ce qui mérite d'être retenu, c'est l'ambition du projet caressé par La Beaumelle lorsqu'il se glissa dans la peau d'un avocat de la cause protestante française. Je me suis surtout attaché à faire apparaître les principaux arguments dont il se sert pour plaider, à partir du postulat de la liberté de conscience, en faveur de la reconnaissance de ses coreligionnaires. On a dit plus haut que sa démarche avait échoué lorsqu'elle fut soumise à l'approbation du synode national des Églises réformées de France; il n'en reste pas moins que la réflexion qu'il a menée constitue, à cette époque, une tentative d'un intérêt évident car La Beaumelle ne s'est pas contenté d'écrire, sur le ton de la supplique, une requête visant à redonner aux huguenots un statut comparable à celui dont ils jouissaient avant la Révocation de l'édit de Nantes. Même si c'est sur ce mode que s'ouvre et que s'achève son manuscrit, il a procédé à une enquête historique fouillée et cherché à poser la question du théologico-politique en véritable philosophe. Ni l'échec institutionnel rencontré par son manuscrit, ni l'accumulation d'anecdotes et de citations qui le caractérisent ne doivent occulter son importance comme repère dans l'histoire de la pensée au cours de la seconde moitié du XVIIIe siècle.

---

[35] Dans une lettre datée de Copenhague le 22 juin 1751 (D4492), La Beaumelle faisait déjà la leçon à Voltaire (ils n'étaient pas encore brouillés): «On dit que ces deux vers ne vont pas bien dans la bouche de saint Loüis; du moins est-il sûr qu'ils ne s'accordent point avec les idées que les déïstes & les chretiens ont de Dieu & des hommes.» À la fin de sa vie, il devait répondre à la question impertinente mise dans la bouche de saint Louis en reprenant la même citation de Maimbourg et en évoquant sa démarche passée: «*Ah! Si du grand Henri ton culte est ignoré, par qui le Roi des rois veut-il être adoré?* par tout cœur droit & vertueux. Cette question de saint Louis est une insulte à la Divinité. Ces deux vers me rappellent cette apostrophe du P. Maimbourg dans un sermon: *Mon Dieu! quel dommage que tant de jeunes & belles dames fussent damnées!* En 1751, on pria vainement M. de Voltaire de corriger cette inadvertance.» (*Commentaire sur La Henriade*, Paris, 1774, p. 467-468).

DE PASCAL À LOCKE:
SOURCES ET ENJEUX PHILOSOPHIQUES DU CONCEPT
DE TOLÉRANCE CHEZ VOLTAIRE

Sébastien CHARLES
(*Université de Sherbrooke*)

La structuration conceptuelle de la notion de tolérance aux XVIe et XVIIe siècles est une conséquence de l'émergence d'une série de problématiques nouvelles qui font suite aux guerres de religion ayant opposé catholiques et protestants. Ces problématiques sont connues et portent sur une série de questions à teneur à la fois religieuse et politique, qui mettent en cause notamment le statut de l'orthodoxie religieuse et la nature des relations entre églises et État. Il faut alors, pour les théoriciens de l'époque, revoir le rapport entre orthodoxie et liberté de penser (la vérité doit-elle être imposée ou bien peut-on tolérer l'exercice d'une recherche libre en matière religieuse?), réévaluer la relation entre religion nationale et sujets politiques (faut-il contraindre et persécuter les individus qui n'adhèrent pas au culte officiel ou doit-on tolérer leur présence?), mais également repenser le statut de la conscience (peut-on modifier le contenu de la croyance par la contrainte sans mener pour autant à des comportements hypocrites?). Pour faire vite, disons que les réflexions sur la tolérance ont porté à la fois sur les domaines de la foi et du droit, de la religion et du politique.

Je souhaite pour ma part évoquer ici les enjeux essentiels des discussions classiques sur le concept philosophique de tolérance religieuse et politique afin de montrer comment Voltaire, qui n'aborde pas réellement la question sous un angle théorique et qui préfère user généralement d'arguments d'ordre pragmatique, n'en propose pas moins une théorie générale de la tolérance, certes inspirée de ses prédécesseurs, mais qui possède néanmoins une structuration et une cohérence propres.

Puisque la question peut être envisagée aux niveaux religieux et politique, quoique ces deux niveaux soient fortement imbriqués, il me paraît intéressant de voir comment Voltaire a souhaité s'inscrire dans ce double débat. En ce qui a trait au domaine proprement religieux d'abord, disons que la question principale qui se pose est celle du rapport entre conscience individuelle et vérité religieuse. Face au paradigme défendu par les partisans de l'intolérance qui posent en devoir absolu la défense de la vérité et qui ne s'embarrassent guère de l'usage de la contrainte qui leur apparaît comme totalement légitime, les penseurs de la tolérance invoquent en chœur le droit de la conscience individuelle à chercher sincèrement la vérité et à ne pas se contenter des dogmes officiels, et légitiment par là même la thèse de la conscience errante. Déjà évoquée au Moyen Âge par Abélard dans le *Scito te ipsum*, cette thèse de la conscience errante a été défendue de trois manières différentes par les penseurs de la tolérance à l'âge classique.

La première est peut-être la plus difficile à soutenir, c'est la position de ceux qui pensent que, même si la conscience peut errer, il n'en existe pas moins une vérité religieuse qui est reconnaissable bien que sans être pour autant prouvée ou démontrée – ou du moins qui serait reconnaissable si les croyants étaient tous de bonne foi. Dans cette perspective, au lieu d'opposer sincérité subjective et vérité objective, il faut admettre des degrés entre l'hérésie religieuse et la vérité dogmatique et reconnaître un statut particulier au vrai. Plutôt que d'envisager la vérité comme l'opposé exact de l'erreur, il est possible de la penser comme une synthèse de tout ce qu'il y a de partial et de partiel dans les positions considérées comme hérétiques. Dès lors, l'erreur n'est plus conçue comme un défaut qu'il faut éliminer mais comme un travers qu'il faut redresser, et qui possède une valeur propre qui peut être utilisée et reconnue. C'est au fond la position que défendent, à leur manière, Pascal et Leibniz, le premier dans le domaine religieux, le second dans le domaine métaphysique.

Pour faire vite, je m'intéresserai simplement au cas de Pascal[1]. Comme tous les penseurs de la tolérance, ce dernier se prononce contre l'usage de la contrainte en matière de foi: «La conduite de Dieu, qui dispose toutes choses avec douceur, est de mettre la religion dans l'esprit par les raisons, et dans le cœur par la grâce. Mais de la vouloir mettre dans l'esprit et dans le cœur par la force et par les menaces, ce n'est pas y mettre la religion, mais la terreur, *terrorem potis quam religionem*»[2]. Ce refus de la contrainte ne conduit pas pour autant Pascal à rejeter l'idée qu'il puisse y avoir un critère objectif de la vérité religieuse. Bien au contraire, il existe, selon lui, une vérité religieuse, qui correspond à une religion

---

[1] Sur tout ceci voir l'exposé remarquable d'Hélène Bouchilloux, «Tolérance et vérité: le critère philosophique de la compréhension chez Pascal», in: *Les Fondements philosophiques de la tolérance*, éd. Yves-Charles Zarka, Franck Lessay et John Rogers, Paris, PUF, 2002, t. 1, p. 75-90.

[2] Pascal, *Œuvres complètes*, éd. Louis Lafuma, Paris, Seuil, 1963, p. 523.

particulière, la religion chrétienne, et plus particulièrement à la religion catholique vue sous l'angle de l'augustinisme strict, qui insiste sur la dualité de la nature en l'homme, et cette religion vraie peut être vérifiée tant par la raison que par le cœur. Et c'est par rapport à cette vérité religieuse spécifique que Pascal va présenter les hérésies comme des vérités partielles et partiales qui peuvent être distribuées de part et d'autre de l'orthodoxie catholique. Puisque la vérité est double (la nature humaine étant double), il est normal qu'il existe des visions partiales de celle-ci, des positions hérétiques qui correspondent à des visions tronquées, qui ne prennent en compte qu'un aspect de la chose, et qui doivent être redressées pour être intégrées au point de vue supérieur. On peut donc tolérer l'erreur, et ce d'autant plus qu'elle n'est jamais totalement fausse, tout en cherchant malgré tout à la corriger par la prise en compte du point de vue idéal, ce qui correspond au souci apologétique de Pascal.

La seconde manière de traiter la question est adoptée par ceux qui pensent également que la vérité religieuse existe, mais qui considèrent néanmoins qu'elle ne peut être connue, qu'elle est essentiellement cachée, et qu'elle ne se découvre que de manière partielle et morcelée, ce qui fait qu'on ne peut l'atteindre. Cette position regroupe à la fois ceux qui pensent que toutes les religions sont partiellement vraies pourvu qu'elles reconnaissent leur caractère partiel et qu'elles se rapportent toutes à la transcendance d'une vérité pure qui reste cachée, et ceux qui cherchent à établir un credo minimal, un minimum commun à l'ensemble des positions religieuses parce qu'elles conviennent toutes en quelque chose de commun.

Parmi les tenants de la première position, qui pensent que la tolérance doit être défendue au nom de la reconnaissance de la particularité des religions, se trouve le Bodin du *Colloquium heptaplomeres*, manuscrit qui se conclut par l'idée que toutes les religions sont bonnes, qu'elles manifestent toutes la gloire de Dieu, et qu'il faut donc toutes les tolérer[3]. Cette position sera reprise par Lessing dans la fameuse scène du conte des trois anneaux de *Nathan le Sage* où l'on retrouvera un message identique: tout individu peut vivre librement sa religion, pourvu que toutes les religions particulières reconnaissent le caractère partiel de la vérité qu'elles illustrent, et que chacun accepte de ne posséder qu'une partie de la vérité[4].

---

[3] Cf. Bodin, *Colloque entre sept scavans qui sont de différens sentimens des secrets cachez des choses relevées*, éd. Jean-François Berriot, Genève, Droz, 1984.

[4] Lessing, *Nathan le Sage*, texte présenté, traduit et annoté par Dominique Lurcel, Paris, Gallimard (Collection Folio. Théâtre), 2006, acte III, scène 7.

Les tenants de la seconde position pensent que la constitution d'un credo minimal permettrait de surmonter les divisions et les affrontements des particularismes religieux. Ils en appellent à la religion naturelle qui postule qu'il existe des articles fondamentaux communs à toute religion. Pensons par exemple au *De veritate* mais surtout au *De religione laïci* d'Herbert de Cherbury où sont proposés cinq articles fondamentaux de la religion naturelle: (1) il y a un Dieu; (2) Dieu doit être servi; (3) le vrai culte est le culte de la piété; (4) il faut se repentir de ses péchés; (5) il y a une rétribution à nos actions[5]. Certains envisagent la constitution d'un christianisme minimal réduit au symbole des apôtres ou encore à un article de foi unique (la reconnaissance de la divinité du Christ) qui serait le commun dénominateur des différentes églises chrétiennes. Érasme, en prêchant le retour à un christianisme épuré, allait déjà dans ce sens, tout comme l'auteur protestant des *Ruses de Satan*[6], qui recommandait le retour au symbole des apôtres, position dont s'inspirera Locke dans son *Christianisme raisonnable*[7].

Enfin, la troisième manière de répondre à la question regroupe les penseurs de la tolérance qui revendiquent le primat de l'orthopraxie sur l'orthodoxie. Pour eux, la vie religieuse et la manière de se conduire importent davantage que la vérité religieuse. Cette position suppose que la religion consiste moins à croire telle ou telle vérité qu'à obéir à celui qu'on reconnaît comme Dieu, et elle est commune aux trois grands représentants de la tolérance du XVIIe siècle: Bayle, Locke et Spinoza. Dans son *Commentaire philosophique*, Bayle montre que le problème est moins de croire le vrai (il est d'ailleurs impossible d'être sûr de posséder la vérité dans le domaine religieux), que de croire sincèrement. Au fondement de la foi se trouve une bonne foi, une sincérité, qui est la volonté sincère d'obéir à Dieu et dont Dieu seul est juge. D'où l'insistance de Bayle envers l'inviolabilité de la conscience, et le retour au concept de conscience errante: on ne doit pas être puni si l'on se trompe de bonne foi.

On trouve une idée approchante chez Locke, pour qui chacun a le droit de déterminer ce qu'il croit être nécessaire à son salut – où l'on retrouve le critère de la sincérité. Pour Locke, le critère de la sincérité repose sur la distinction nette entre la nature et la finalité de la société religieuse, société dans laquelle les hommes entrent pour assurer leur salut, et celles

---

[5] Cf.Edward Herbert de Cherbury, *Le Salut du laïc*, traduit et éd. par Jacqueline Lagrée, Paris, Vrin, 1989.

[6] Acontius, *Les Ruses de Satan recueillies en huit livres*, Bâle, Peter Perne, 1565.

[7] Locke, *Que la religion chrétienne est très raisonnable*, éd. Hélène Bouchilloux, Oxford, Voltaire Foundation, («Libre pensée et littérature clandestine»), 1999.

de la société civile, société dans laquelle les hommes entrent pour bien vivre ensemble et qui est de nature contractuelle. Dès lors, la société religieuse est nécessairement plurielle car il existe de nombreuses voies conduisant au salut, et chacun doit pouvoir déterminer librement ce qui lui paraît nécessaire à ce but et se joindre à d'autres pour y parvenir en commun.

La position de Spinoza n'est pas très éloignée de celles de Bayle et de Locke. Dans le *Traité théologico-politique*, Spinoza montre que l'important dans le domaine religieux ce sont les vertus de justice et de charité, qui sont pour lui les deux objets essentiels de l'Écriture. On retrouve là encore le primat de la sincérité et de la déférence envers un Dieu conçu comme législateur au détriment de la dimension de vérité de la religion. De ce point de vue, le domaine de la vérité est hétérogène au domaine de l'obéissance, ce qui permet à Spinoza d'opposer le salut par la raison décrit dans l'*Éthique* au salut par l'obéissance que présente le *Traité théologico-politique*. Contrairement à Pascal ou Leibniz, qui souhaitent penser conjointement raison et foi, philosophie et théologie, les partisans de l'orthopraxie séparent le domaine de la connaissance, la philosophie, susceptible de parvenir au vrai grâce à l'exercice de la lumière naturelle, du domaine de l'obéissance, la théologie, où il s'agit avant tout d'être sincère et de se soumettre.

La position générale de Voltaire à l'intérieur de ce débat sur la tolérance religieuse va en gros dans le même sens. Contre Pascal, Voltaire pense que l'on ne peut pas déterminer objectivement la valeur d'une religion révélée par rapport à une autre, et encore moins affirmer qu'il n'y en ait qu'une de vraie (sa critique des miracles ou du témoignage humain sur lesquels Pascal fondait son apologétique est sur ce point radicale). Avec Locke, Spinoza ou Bayle, il reconnaît la supériorité de l'orthopraxie sur l'orthodoxie et pense également qu'il faut distinguer radicalement philosophie et théologie. Mais il s'éloigne de Locke en ce qu'il préfère promouvoir une religion raisonnable plus qu'un christianisme raisonnable :

> Après notre sainte religion, qui sans doute est la seule bonne, quelle serait la moins mauvaise? Ne serait-ce pas la plus simple? Ne serait-ce pas celle qui enseignerait beaucoup de morale et très peu de dogmes? Celle qui tendrait à rendre les hommes justes sans les rendre absurdes? Celle qui n'ordonnerait point de croire des choses impossibles, contradictoires, injurieuses à la Divinité et pernicieuses au genre humain, et qui n'oserait point menacer des peines éternelles quiconque aurait le sens commun? Ne serait-ce point celle qui ne soutiendrait pas sa créance par des bourreaux, et qui n'inonderait pas la terre de sang pour

des sophismes inintelligibles? [...] Celle qui n'enseignerait que l'adoration d'un Dieu, la justice, la tolérance et l'humanité?[8]

Par là, il se rapproche de Spinoza et cherche à penser un double rapport au salut, moral, pour les âmes bien nées qui n'ont pas besoin de la
crainte et de l'espérance pour savoir comment agir, et religieux, pour les
âmes tendres qui ont besoin de menaces et de châtiments pour bien se
conduire[9]. En ce sens, la morale est la religion des forts, et la religion la
morale des faibles. La morale est d'inspiration divine et universellement
partagée, les religions sont particulières et de facture humaine:

> La morale n'est point dans la superstition, elle n'est point dans les céré-
> monies, elle n'a rien de commun avec les dogmes. On ne peut que trop
> répéter que tous les dogmes sont différents, et que la morale est la même
> chez tous les hommes qui font usage de leur raison. La morale vient donc
> de Dieu comme la lumière. Nos superstitions ne sont que ténèbres[10].

Des religions particulières, il faut avant tout retenir le contenu éthique
qui est conforme aux règles morales instituées par Dieu et que nous pouvons découvrir grâce à l'instrument spécifique qu'il nous a donné à cet
effet, la raison[11]. Même si elles donnent souvent naissance à des positions
sectaires d'où découlent superstition et fanatisme, il n'en reste pas moins
que les religions sont en règle générale utiles, en grande partie pour des
raisons pragmatiques, et que l'idéal serait de parvenir à en dégager une
version épurée, proche de la religion naturelle des penseurs de la Renaissance, où seraient bannis les excès des religions positives (superstition,
culte des reliques, croyance aux miracles, fanatisme).

Et c'est sur ce point que Voltaire se sépare de tous ces prédécesseurs
au nom d'un théisme hyperationaliste[12] qui exclut du domaine religieux
non seulement l'impossible mais aussi l'absurde et l'incroyable, propres
à toutes les religions révélées[13], et qui s'en tient à l'essentiel: «Presque

---

[8] Voltaire, *Dictionnaire philosophique*, éd. sous le direction de Christiane Mervaud,
article «Religion», *OCV*, t. 36, p. 483-484.

[9] Voltaire, *Dictionnaire philosophique*, article «Guerre», *OCV*, t. 36, p. 190: «La religion
naturelle a mille fois empêché des citoyens de commettre des crimes. Une âme bien née n'en
a pas la volonté; une âme tendre s'en effraye; elle se représente un Dieu juste et vengeur».

[10] Voltaire, *Dictionnaire philosophique*, article «Morale», *OCV*, t. 36, p. 398.

[11] Voltaire, *Dictionnaire philosophique*, article «Âme», *OCV*, t. 35, p. 317: «Ô homme!
Ce Dieu t'a donné l'entendement pour te bien conduire, et non pour pénétrer dans l'essence des choses qu'il a créées».

[12] Voir, à cet égard, l'article «Théiste» du *Dictionnaire philosophique*, *OCV*, t. 36,
p. 545-548.

[13] Voltaire, *Dictionnaire philosophique*, article «Fraude», *OCV*, t. 36, p. 139: «J'avoue
que tous les hommes ne doivent pas avoir la même science; mais il y a des choses nécessaires à tous. Il est nécessaire que chacun soit juste, et la plus sûre manière d'inspirer la
justice à tous les hommes, c'est de leur inspirer la religion sans superstition».

tout ce qui va au-delà de l'adoration d'un Être suprême et de la soumission du cœur à ses ordres éternels est superstition»[14]. Il ne peut y avoir de foi que raisonnable, et, partant, le domaine de la foi religieuse se trouve entièrement disqualifié[15]. «Quelle serait la religion véritable, si le christianisme n'existait pas?», demande Voltaire dans le *Dictionnaire philosophique*. Et de répondre: «celle dans laquelle il n'y a point de sectes; celle dans laquelle tous les esprits s'accordent nécessairement. Or dans quel dogme tous les esprits se sont-ils accordés? Dans l'adoration d'un Dieu et dans la probité»[16]. Voilà le seul contenu d'une religion qui se veut tout à la fois évidente et universelle, et qui ne l'est au fond que parce qu'elle est rationnelle. Et c'est parce que tous ne sont pas raisonnables qu'il faut défendre l'idée d'une tolérance générale qui vaut tant pour les êtres de raison que pour les êtres déraisonnables, les fameux enthousiastes de l'âge classique.

Rien n'interdit d'ailleurs de chercher à ramener à la raison ces derniers et de tenter de leur démontrer le bien-fondé de la tolérance, ce que Voltaire fait à longueur de pages en dénonçant l'absurdité des dogmes qui conduisent à l'intolérance:

> Quelle honte pour l'esprit humain que de petites nations pensent que la vérité n'est que pour elles, et que le vaste empire de la Chine est livré à l'erreur! L'Être éternel ne serait-il que le Dieu de l'île Formose ou de l'île Bornéo? Abandonnerait-il le reste de l'Univers? Mon cher Cu-su, il est le père de tous les hommes; il permet à tous de manger du brochet; le plus digne hommage qu'on puisse lui rendre est d'être vertueux; un cœur pur est le plus beau de tous ses temples, comme disait le grand empereur Hiao[17].

Cette dénonciation lui permet de souligner plus particulièrement la contradiction performative des chrétiens qui persécutent au nom d'un Dieu lui-même persécuté[18] ou qui se servent de passages précis de l'Écriture pour justifier leur intolérance, et notamment du fameux exemple du

---

[14] Voltaire, *Dictionnaire philosophique*, article «Superstition», *OCV*, t. 36, p. 536.
[15] Voltaire, *Dictionnaire philosophique*, article «Inondation», *OCV*, t. 36, p. 232: «la foi consiste à croire ce que la raison ne croit pas, ce qui est encore un autre miracle».
[16] Voltaire, *Dictionnaire philosophique*, article «Sectes», *OCV*, t. 36, p. 520.
[17] Voltaire, *Dictionnaire philosophique*, article «Catéchisme chinois», *OCV*, t. 35, p. 464.
[18] Voltaire, *Traité sur la tolérance*, éd. John Renwick, chap. XI, *OCV*, t. 56C, p. 186: «Plus la religion chrétienne est divine, moins il appartient à l'homme de la commander; si Dieu l'a faite, Dieu la soutiendra sans vous. Vous savez que l'intolérance ne produit que des hypocrites ou des rebelles: quelle funeste alternative! Enfin voudriez-vous soutenir par des bourreaux la religion d'un Dieu que des bourreaux ont fait périr, et qui n'a prêché que la douceur et la patience?».

festin de l'évangile de Luc dont on a détourné le sens pour favoriser la répression, ce que Bayle avait déjà noté:

> On n'a que trop abusé de ces paroles: *Contrains-les d'entrer*; mais il est visible qu'un seul valet ne peut contraindre par la force tous les gens qu'il rencontre à venir souper chez son maître; et d'ailleurs, des convives ainsi forcés ne rendraient pas le repas fort agréable. *Contrains-les d'entrer* ne veut dire autre chose, selon les commentateurs les plus accrédités, sinon: Priez, conjurez, pressez, obtenez. Quel rapport, je vous prie, de cette prière et de ce souper à la persécution![19]

Mais Voltaire va plus loin et évoque le caractère contre-productif de la contrainte en matière de foi et des persécutions au niveau économique et social, l'impossibilité réelle de parvenir à un accord dans des domaines qui outrepassent les bornes de la raison[20], l'inhumanité des supplices, l'inversion des valeurs qui conduit à punir plus sévèrement une conduite irréligieuse qu'une conduite immorale[21], le ridicule des controverses théologiques[22], tout cela afin de conduire les enthousiastes non seulement à tolérer les autres sectes chrétiennes mais également toutes les opinions contraires aux leurs au nom d'une fraternité universelle:

> Il ne faut pas un grand art, une éloquence bien recherchée, pour prouver que des chrétiens doivent se tolérer les uns les autres. Je vais plus loin: je vous dis qu'il faut regarder tous les hommes comme nos frères. Quoi! mon frère le Turc? mon frère le Chinois? le Juif? le Siamois? Oui, sans doute; ne sommes-nous pas tous enfants du même père, et créatures du même Dieu?[23]

Ce qui vaut aussi en toute logique pour les opinions des enthousiastes eux-mêmes, qui doivent être tolérées dans la mesure où il ne s'agit que

---

[19] Voltaire, *Traité sur la tolérance*, *OCV*, t. 56C, chap. XIV, p. 220.

[20] Voltaire, *Traité sur la tolérance*, *OCV*, t. 56C, chap. XXI, p. 245: «Ce serait le comble de la folie de prétendre amener tous les hommes à penser d'une manière uniforme sur la métaphysique. On pourrait beaucoup plus aisément subjuguer l'univers entier par les armes que subjuguer tous les esprits d'une seule ville».

[21] Voltaire, *Dictionnaire philosophique*, article «Conciles», *OCV*, t. 35, p. 628-629: «[Lors du grand concile de Constance de 1414], on brûla Jean Huss et Jérôme de Prague, pour avoir été opiniâtres, attendu que l'opiniâtreté est un bien plus grand crime que le meurtre, le rapt, la simonie et la sodomie».

[22] Voltaire, *Dictionnaire philosophique*, article «Credo», *OCV*, t. 35, p. 655: «Je crois que le persécuteur est abominable, et qu'il marche immédiatement après l'empoisonneur et le parricide. Je crois que les disputes théologiques sont à la fois la farce la plus ridicule et le fléau le plus affreux de la terre, immédiatement après la guerre, la peste, la famine et la vérole».

[23] Voltaire, *Traité sur la tolérance*, *OCV*, t. 56C, chap. XXII, p. 247.

d'opinions[24]. Dès lors que ces opinions se transforment en actions, que l'enthousiaste se mue en fanatique[25], la tolérance doit céder la place à la répression. Le problème de la tolérance religieuse devient alors politique.

J'en viens donc à la deuxième partie de mon étude, qui porte sur la tolérance civile. Disons que cette tolérance civile s'est pensée sous la forme d'une alternative: faut-il favoriser l'idée d'une religion d'État ou bien penser l'État comme le fondement de la coexistence de plusieurs religions? Dans le premier cas, la question qui se pose est celle de la compatibilité de l'obéissance à Dieu et de la soumission au souverain, et cette question conduit au problème de savoir s'il n'y a pas une hypocrisie à pratiquer extérieurement un culte officiel qui ne correspondrait pas à la foi intérieure des individus. Hobbes et Spinoza ont proposé une réponse identique à ce problème, qui consiste à disjoindre la foi intérieure et le culte officiel extérieur imposé par le souverain, et à soumettre le religieux au politique. Chez Hobbes, une église est définie sous la forme d'une communauté de croyants qui n'est autorisée que par le souverain, ce dernier pouvant légitimement imposer un culte officiel à tous ses sujets en tant que chef de l'Église[26]. Ce qui pose problème dans ce cas précis, c'est la situation d'un chrétien vivant dans une contrée non soumise à un souverain chrétien. Pour Hobbes, compte tenu de ce qui est nécessaire au salut du point de vue religieux, c'est-à-dire la foi, le chrétien soumis à un souverain non chrétien doit reconnaître la souveraineté sous laquelle il vit et se soumettre aux lois promulguées ou, en cas extrême, souffrir le martyre mais en acceptant le châtiment prévu par la violation des lois[27]. Cela vaut également pour les conflits entre des cultes ou des articles de foi qui seraient contraires à la loi naturelle (cas de l'acceptation du sacrifice humain) ou à la loi civile (cas de la promotion du meurtre, du

---

[24] Voltaire, *Dictionnaire philosophique*, article «Genèse», *OCV*, t. 36, p. 173: «On doit certainement en conclure que ceux qui entendent parfaitement ce livre [la Bible] doivent tolérer ceux qui ne l'entendent pas; car si ceux-ci n'y entendent rien, ce n'est pas de leur faute; mais ceux qui n'y comprennent rien doivent tolérer aussi ceux qui comprennent tout».

[25] Voltaire, *Dictionnaire philosophique*, article «Fanatisme», *OCV*, t. 36, p. 105: «Le fanatisme est à la superstition ce que le transport est à la fièvre, ce que la rage est à la colère. Celui qui a des extases, des visions, qui prend des songes pour des réalités, et ses imaginations pour des prophéties, est un enthousiaste; celui qui soutient sa folie par le meurtre, est un fanatique».

[26] Hobbes, *Léviathan*, éd. François Tricaut, Paris, Sirey, 1971, chap. XXXIX, p. 493: «Je définirai une église, une société d'hommes professant la religion chrétienne, unis dans la personne d'un souverain unique, sur l'ordre duquel ils doivent s'assembler, et qui ne doivent pas s'assembler sans être couverts par son autorité».

[27] Cf. Hobbes, *Léviathan*, chap. XLIII.

suicide ou du mensonge), exemples évoqués par Locke. Là encore, il est préférable de désobéir à la loi civile, le critère de la sincérité religieuse l'emportant avant toute autre considération, mais en s'exposant en conscience à la peine attachée à cette désobéissance.

C'est également la thèse que soutient Spinoza au chapitre XVI du *Traité théologico-politique* où il montre que le sujet politique doit à la fois être soumis à Dieu mais aussi au souverain légitime, qui a parfaitement le droit de statuer en matière de religion. Que se passe-t-il dans le cas d'un chrétien soumis à un souverain non chrétien? Spinoza répond comme Hobbes: ou bien il refuse d'obéir mais il accepte le châtiment légitime lié à toute insubordination, ou bien il se soumet et respecte les lois civiles. Cette position est renforcée par le chapitre XIX du *Traité théologico-politique* dans lequel Spinoza insiste sur la subordination de la religion à l'État et au souverain à partir de trois thèses essentielles: (1) la religion n'acquiert force de loi que par le souverain; (2) il n'y a pas de division du règne de Dieu et du royaume politique; (3) c'est au souverain à statuer sur le culte, le culte ne faisant rien à la ferveur intérieure des individus[28]. Il n'en reste pas moins que Spinoza se sépare de Hobbes sur un point essentiel quand il fait remarquer, dans le chapitre XX du *Traité théologico-politique*, que la conduite la plus avantageuse pour la république est de favoriser la liberté de pensée et la liberté d'expression. Ce qui veut dire que la force de la république est compatible avec la pluralité des cultes et la tolérance des particularités religieuses, comme en témoigne le fameux exemple de la ville d'Amsterdam, et que les souverains n'ont pas à intervenir dans les controverses théologiques ni à légiférer en matière théologique.

Venons-en à la seconde branche de l'alternative, celle pour laquelle une pluralité de cultes est possible dans l'État sans qu'il y ait d'opposition entre un culte officiel et les autres cultes. Les partisans de cette liberté de culte considèrent que la liberté de croyance est fondamentale pour la sincérité religieuse, l'imposition d'un culte officiel ne faisant qu'encourager les comportements hypocrites. C'est là ce qui fait l'originalité de la position de Locke. Parti d'une position plutôt hobbesienne en 1660 où prédomine encore la nécessité de l'imposition par le souverain d'un culte officiel, Locke va montrer par la suite, à partir de l'*Essai sur la tolérance* mais surtout de la *Lettre sur la tolérance*, que le politique ne peut rien imposer à la conscience et que, partant, tous les cultes doivent être autorisés. Cette évolution s'explique par la nécessité, pour Locke, de revoir la distinction

---

[28] Spinoza, *Traité théologico-politique*, éd. Charles Appuhn, Paris, Garnier-Flammarion, 1965, p. 313.

habituelle entre choses nécessaires au salut et choses indifférentes au salut. Pour Locke, est nécessaire au salut ce que la conscience croit essentiel pour être sauvée, et ce même si elle se trompe. Ce qui veut dire qu'il n'y a désormais plus de choses indifférentes au salut. Par là même, il existe un droit essentiel à la conscience errante, du moins tant que la croyance est de bonne foi et non hypocrite, et ce, que les croyances revendiquées par la conscience soient vraies ou fausses. Cela étant, la reconnaissance de ce droit religieux ne doit pas empêcher la reconnaissance des droits politiques. En aucun cas la reconnaissance de droits religieux ne doit mettre en péril l'obéissance civile et l'ordre civil, ce qui implique que sont exclus de la tolérance civile ceux qui ne se soumettent pas en conscience à la loi civile, à savoir les athées et les catholiques, qui ne peuvent être sincères – les athées ne se soumettent à l'ordre civil que d'une manière extérieure puisqu'ils refusent de se soumettre au souverain législateur qu'est Dieu; les catholiques sont tout autant coupables d'hypocrisie car, si eux se soumettent bien à Dieu, ils se soumettent également au pape et non au souverain légitime de l'État dans lequel ils vivent. Bayle pense de même qu'il faut restreindre la tolérance à l'égard des catholiques à cause du danger politique qu'ils représentent et non pour des raisons religieuses. Mais, en ce qui a trait aux athées, Bayle reconnaît dans les *Pensées diverses sur la comète* la possibilité de l'athéisme vertueux et *a fortiori* celle d'une société d'athées viable. Quoi qu'il en soit de cette opposition entre Locke et Bayle, disons que pour ces deux partisans de la pluralité des cultes, il existe néanmoins des limites politiques à la tolérance religieuse.

Dans le cadre de ce second débat, Voltaire semble là encore suivre ces prédécesseurs. Avec Hobbes, il distingue d'abord ce qui relève de la conscience individuelle (le droit de chacun de croire ce qu'il veut) et ce qui relève de l'action publique (le droit de sanctionner toute sédition exécutée au nom de croyances religieuses): «la loi naturelle permet à chacun de croire ce qu'il veut, comme de se nourrir de ce qu'il veut. Un médecin n'a pas le droit de tuer ses malades parce qu'ils n'auront pas observé la diète qu'il leur a prescrite. Un prince n'a pas le droit de faire pendre ceux de ses sujets qui n'auront pas pensé comme lui; mais il a le droit d'empêcher les troubles»[29]. La tolérance religieuse exige une liberté de conscience qui ne trouve de limites que politiques, quand l'ordre public est remis en question[30]. Rien n'est plus essentiel que d'éviter

---

[29] Voltaire, *Dictionnaire philosophique*, article «Catéchisme chinois», *OCV*, t. 35, p. 461.

[30] Voltaire, *Traité sur la tolérance*, *OCV*, t. 56C, chap. XI, p. 186: «Mais quoi! sera-t-il permis à chaque citoyen de ne croire que sa raison, et de penser ce que cette raison éclairée ou trompée lui dictera? Il le faut bien, pourvu qu'il ne trouble point l'ordre: car

l'anarchie, et le politique doit prendre les moyens qui s'imposent à lui pour empêcher un tel délitement de l'ordre social. Dans cette perspective, l'expulsion des Jésuites de Chine lui apparaît parfaitement légitime.

Avec Hobbes toujours, il insiste sur l'indispensable séparation des domaines de la religion et de la politique, mieux sur la nécessaire soumission de la religion au politique. Aucune activité religieuse ne peut être exercée sans l'accord du politique, aucun membre du clergé ne peut être affranchi du regard du magistrat dans l'exercice de sa fonction[31], aucun dogme ne peut être promulgué sans avoir reçu de sanction gouvernementale: «Que jamais aucune loi ecclésiastique n'ait de force que lorsqu'elle aura la sanction expresse du gouvernement. C'est par ce moyen qu'Athènes et Rome n'eurent jamais de querelles religieuses. Ces querelles sont le partage des nations barbares, ou devenues barbares»[32].

Voltaire est donc partisan d'une religion soumise au pouvoir temporel, d'où la distinction qu'il propose entre la religion d'État, qui n'est rien d'autre qu'une religion civile où les ministres du culte occupent seulement des fonctions administratives et éducatives, et la religion théologique qui alimente superstition et fanatisme[33]. Peu importe que cette religion civile emprunte son rituel à telle ou telle religion révélée, l'essentiel étant que ceux qui la prêchent le fassent selon des consignes claires édictées par le magistrat et qu'ils bornent leur action à des tâches précises, la plus importante étant de rappeler à leurs concitoyens le respect qu'ils ont à avoir à l'égard de Dieu et du prochain. À partir de là, on comprend que Voltaire ne valorise pas, comme le faisait Locke, la coexistence de plusieurs religions au sein d'un État qui placerait les différents cultes sur un pied d'égalité et qu'il accepte plutôt, avec Hobbes, l'inégalité de traitement qui existe entre partisans du culte officiel et sectateurs de religions différentes, notamment au niveau de l'attribution des charges publiques,

---

il ne dépend pas de l'homme de croire ou de ne pas croire, mais il dépend de lui de respecter les usages de sa patrie; et si vous disiez que c'est un crime de ne pas croire à la religion dominante, vous accuseriez donc vous-mêmes les premiers chrétiens vos pères, et vous justifierez ceux que vous accusez de les avoir livrés aux supplices».

[31] Voltaire, *Dictionnaire philosophique*, article «Prêtres», *OCV*, t. 36, p. 462-463: «Le magistrat doit soutenir et contenir le prêtre, comme le père de famille doit donner de la considération au précepteur de ses enfants et empêcher qu'il n'en abuse. *L'accord du sacerdoce et de l'Empire* est le système le plus monstrueux; car dès qu'on recherche cet accord, on suppose nécessairement la division; il faut dire: *la protection donnée par l'Empire au sacerdoce*».

[32] Voltaire, *Dictionnaire philosophique*, article «Lois civiles et ecclésiastiques», *OCV*, t. 36, p. 320-321.

[33] Sur cette distinction, voir l'article «Religion» du *Dictionnaire philosophique*, *OCV*, t. 36 et en particulier p. 487-488.

comme cela se produit pour les catholiques en Angleterre[34]. Choisir de
ne pas faire partie de l'église nationale équivaut ainsi à refuser de bénéficier des prébendes publiques, comme le souligne Voltaire à l'aide d'une
analogie frappante: «Il n'y a que ceux qui mangent à la royale qui soient
susceptibles des dignités de l'État: tous les autres peuvent dîner à leur
fantaisie, mais ils sont exclus des charges»[35].

De même, toujours avec Hobbes et au nom de la paix civile, Voltaire
distingue le droit de la conscience en matière religieuse du devoir d'obéissance en matière politique. Tout citoyen est dans l'obligation de se soumettre au souverain, que ce dernier partage ou non ses croyances intimes,
et toute rébellion contre un souverain légitime se doit d'être réprimée[36].
La tolérance ne peut être réduite à l'indifférence et l'essentiel est toujours
la préservation de l'ordre social et donc la liquidation de l'esprit de fanatisme, œuvre qui est déjà en marche:

> Chaque jour la raison pénètre en France, dans les boutiques des mar-
> chands comme dans les hôtels des seigneurs. Il faut donc cultiver les
> fruits de cette raison, d'autant plus qu'il est impossible de les empêcher
> d'éclore. On ne peut gouverner la France, après qu'elle a été éclairée
> par les Pascal, les Nicole, les Arnauld, les Bossuet, les Descartes, les
> Gassendi, les Bayle, les Fontenelle, etc., comme on la gouvernait du
> temps des Garasse et des Menot[37].

Cette diffusion de la raison ne peut que s'amplifier encore grâce au traitement raisonné des maladies sociales[38], au recul de la superstition[39], à la
diffusion des Lumières, aux réformes juridiques, à l'esprit du temps, à la

---

[34] Voltaire, *Traité sur la tolérance*, *OCV*, t. 56C, chap. IV, p. 149: «Je ne dis pas que
tous ceux qui ne sont point de la religion du prince doivent partager les places et les honneurs de ceux qui sont de la religion dominante. En Angleterre, les catholiques, regardés
comme attachés au parti du prétendant, ne peuvent parvenir aux emplois: ils payent même
double taxe; mais ils jouissent d'ailleurs de tous les droits des citoyens».

[35] Voltaire, *Dictionnaire philosophique*, article «Catéchisme du japonais», *OCV*, t. 35,
p. 496-497.

[36] Voltaire, *Traité sur la tolérance*, *OCV*, t. 56C, chap. XI, p. 188: [Dans l'hypothèse
où un roi catholique deviendrait arien] «je n'en obéirai pas moins à mon roi, je ne me
croirai pas moins lié par le serment que je lui ai fait; et si vous osiez vous soulever contre
lui, et que je fusse un de vos juges, je vous déclarerais criminel de lèse-majesté».

[37] Voltaire, *Traité sur la tolérance*, *OCV*, t. 56C, chap. XX, p. 244.

[38] Voltaire, *Traité sur la tolérance*, *OCV*, t. 56C, chap. V, p. 155: «Le grand moyen de
diminuer le nombre des maniaques, s'il en reste, est d'abandonner cette maladie de l'esprit
au régime de la raison, qui éclaire lentement, mais infailliblement, les hommes. Cette raison
est douce, elle est humaine, elle inspire l'indulgence, elle étouffe la discorde, elle affermit la
vertu, elle rend aimable l'obéissance aux lois, plus encore que la force ne les maintient».

[39] Voltaire, *Traité sur la tolérance*, *OCV*, t. 56C, chap. XX, p. 243: «Ceux qu'on
appelait *jansénistes* ne contribuèrent pas peu à déraciner insensiblement dans l'esprit de
la nation la plupart des fausses idées qui déshonoraient la religion chrétienne».

multiplication des sectes dans le respect des lois[40], éléments qui laissent à penser que la tolérance va se généraliser et que les excès du fanatisme ne peuvent que reculer.

Reste à savoir si des limites doivent être données à cette tolérance générale, notamment en ce qui a trait à l'épineux problème des athées évoqué par Bayle. Sur ce point, Voltaire élabore une solution audacieuse qui s'écarte à la fois de la thèse de Locke, pour qui une société d'athées est impossible, et de celle de Bayle, pour qui un regroupement d'athées est non seulement possible mais également non préjudiciable au fonctionnement de l'État. Qu'une société d'athées soit possible c'est, pour Voltaire, l'évidence même, et l'histoire, plus que la géographie, l'a montré. En effet, au lieu de citer en exemple sur cette question des peuplades éloignées, Bayle aurait dû penser aux sociétés philosophiques de l'Antiquité, et en particulier aux épicuriens et, mieux encore, se référer au sénat romain du temps de César et Cicéron[41].

L'intérêt de cet exemple historique, c'est qu'il permet de juger sur pièces la viabilité de l'athéisme politique. S'il ne fait pas de doute que l'athéisme vaut mieux que le fanatisme, il n'en reste pas moins qu'il peut tout autant conduire à la dissolution du politique, comme la chute de la république romaine l'a prouvé. Au fond, l'athéisme vertueux, sauf exception rarissime, est une contradiction dans les termes car, sans la reconnaissance d'un Être suprême rémunérateur et vengeur, aucun frein n'est mis aux passions des hommes, qui sont à elles seules la cause de la destruction de l'ordre civil:

> Telle est la faiblesse du genre humain, et telle est sa perversité, qu'il vaut mieux sans doute pour lui d'être subjugué par toutes les superstitions possibles, pourvu qu'elles ne soient point meurtrières, que de vivre sans religion. L'homme a toujours eu besoin d'un frein, et quoiqu'il fût ridicule de sacrifier aux faunes, aux sylvains, aux naïades, il était bien plus raisonnable et plus utile d'adorer ces images fantastiques de la divinité que de se livrer à l'athéisme. Un athée qui serait raisonneur, violent et puissant, serait un fléau aussi funeste qu'un superstitieux sanguinaire [...]. Partout où il y a une société établie, une religion est nécessaire; les lois veillent sur les crimes connus, et la religion sur les crimes secrets[42].

---

[40] Voltaire, *Traité sur la tolérance*, OCV, t. 56C, chap. V, p. 154: «Plus il y a de sectes, moins chacune est dangereuse; la multiplicité les affaiblit; toutes sont réprimées par de justes lois qui défendent les assemblées tumultueuses, les injures, les séditions, et qui sont toujours en vigueur par la force coactive».

[41] Sur toute cette question, voir l'article «Athée, athéisme» du *Dictionnaire philosophique*, OCV, t. 35, p. 375-392.

[42] Voltaire, *Traité sur la tolérance*, OCV, t. 56C, chap. XX, p. 242.

Si Voltaire rejoint Locke au final, et pense que, «dans une ville poli-cée, il est infiniment plus utile d'avoir une religion, même mauvaise, que de n'en avoir point du tout»[43], et «que la sainteté des serments est néces-saire»[44], ce n'est point comme ce dernier au nom d'exigences théoriques mais à partir de l'examen d'un cas concret, qui lui paraît pouvoir servir de loi générale. Mieux vaut donc vivre dans un État où prédomine une religion, même mauvaise et capable à tout moment de se laisser submer-ger par les excès du fanatisme, que vivre dans une société d'athées où il est par définition impossible de se fier à qui que ce soit. La solution la meilleure serait sans doute de vivre dans un État où tout est mis en œuvre pour que la religion civile ne se transforme pas en religion théologique.

La question qui se pose alors est de savoir comment y arriver, c'est-à-dire comment parvenir à vaincre la superstition, qui conduit au fanatisme, sans que ce combat ne se retourne contre le gouvernement qui l'a entre-pris. Question difficile, comme le reconnaît Voltaire: «c'est demander jusqu'à quel point on doit faire la ponction à un hydropique, qui peut mourir dans l'opération. Cela dépend de la prudence du médecin»[45]. Médecin du corps social, c'est au politique à savoir mener de front tolé-rance et répression afin de remplir sa fonction, qui est de permettre le vivre ensemble et de favoriser le bien commun.

En guise de conclusion, j'aimerais souligner à nouveau tout à la fois l'originalité et la cohérence de la position voltairienne face aux problè-mes religieux et politiques que pose la tolérance à l'âge classique. Si Voltaire n'a pas proposé à ses lecteurs de réflexion théorique systémati-que à cet égard, comme l'avaient fait Locke ou Bayle, il n'en reste pas moins que son approche est tout aussi structurée, sans pour autant se cantonner à n'être qu'une reprise des solutions apportées par les philoso-phes du siècle précédent. En effet, Voltaire ne s'est pas contenté de reprendre les problématiques de ses prédécesseurs, il les a profondément remaniées à partir de sa philosophie propre, et ce afin de les intégrer dans un canevas plus large où elles ont acquis une dimension neuve. Cette dimension est celle d'un théisme métaphysique indissociable d'une conception nouvelle de la politique, dégagée de toute sujétion théologique

---

[43] Voltaire, *Dictionnaire philosophique*, article «Athée, athéisme», *OCV*, t. 35, p. 388.

[44] Voltaire, *Dictionnaire philosophique*, article «Athée, athéisme», *OCV*, t. 35, p. 388.

[45] Voltaire, *Dictionnaire philosophique*, article «Superstition», *OCV*, t. 36, p. 543-544.

et soucieuse tant de la liberté de pensée et d'expression de chacun que des limites à apporter aux actions inspirées par cette liberté certes indispensable, mais non totale. À cet égard, de tous les penseurs des Lumières, il me semble être celui qui anticipe le plus les réflexions de John Stuart Mill sur cette même question et, partant, celles qui sont les nôtres aujourd'hui.

NOM D'AUTEUR ET ÉNONCIATEUR DANS DIVERS ÉCRITS DE VOLTAIRE SUR LES AFFAIRES CALAS, SIRVEN ET LA BARRE

Françoise TILKIN
(*Université de Liège*)

Dans un contexte idéologique délicat, la signature des livres, surtout s'il ne s'agit pas de fictions, a une importance capitale. Le nom de l'auteur peut servir le livre ou au contraire risquer de lui nuire. Voltaire, qui n'en doutait pas, a varié la manière dont il a «signé» ses écrits destinés à défendre la justice et la tolérance, de même que ses interventions dans diverses affaires judiciaires. Le choix du nom d'auteur, ou de la modalité d'attribution à l'auteur telle qu'elle se présente dans le livre[1] et, en l'occurrence ici dans l'édition originale, est sans conteste une affaire sérieuse, qui engage à la fois le projet textuel et la réception du livre.

Dans le corpus étudié, jamais les premières éditions ne portent le nom de Voltaire. Trois textes ont été publiés anonymement: l'*Histoire d'Elisabeth Canning, et de Jean Calas*[2] [1762], le *Traité sur la tolérance*[3] (1763) et l'*Avis au public sur les parricides imputés aux Calas et aux Sirven*[4] [1766]. Plus nombreux sont les textes qui ont été publiés sous pseudonymes, mais la situation est complexe et appelle des nuances. Une forme d'attribution intermédiaire entre l'anonymat et le pseudonymat, que l'on pourrait nommer pseudonymat allusif, intervient pour le *Commentaire sur le livre Des délits et des peines, par un Avocat de Province*[5] (1766) et la *Relation de la mort du Chevalier de la Barre, par Mr. Cass***,

---

[1] Pour la question du «nom d'auteur», voir Gérard Genette, *Seuils*, Paris, Éditions du Seuil (Poétique), 1987.

[2] Voir la description des éditions in *OCV*, t. 56B, p. 340-341, éd. Robert Granderoute. Une édition de 1762 – Rés. Z Beuchot 906 (4) – porte un titre différent: *Innocence et supplice de Jean Calas, négociant à Toulouse*.

[3] Voir la description des éditions in *OCV*, t. 56C, p. 102-106, éd. John Renwick.

[4] Exemplaires consultés: BnF: Ln27.3382 et BnF: Z Beuchot 111bis. Voir Georges Bengesco, *Voltaire, Bibliographie de ses Œuvres*, Paris, Librairie Académique Perrin, 1882-1890, t. 2 (Paris, 1885), p. 171.

[5] Exemplaires consultés: BnF: F-24274, BnF: Z Beuchot 165 et BnF: Z Bengesco 294(2). Voir Georges Bengesco, *Voltaire, Bibliographie*, t. 2, p. 173-174.

Avocat au Conseil du Roi, à Mr. le Marquis de Beccaria[6] [1766?[7]], puisque dans ces deux cas les indications de la page de titre présentent un
auteur sans le nommer[8]. Par contre, les autres textes publiés sous pseudonymes sont attribués à un auteur nommé: Donat Calas (*Lettre de Donat
Calas, fils, à la veuve dame Calas sa mère*[9]; *À Monseigneur le Chancelier, Requête au roi en son conseil* [10]; *Mémoire de Donat Calas pour son
père, sa mère et son frère*[11]), la dame veuve Calas (*Extrait d'une lettre
de la dame veuve Calas, du 15 juin 1762*), Pierre Calas (*Déclaration de
Pierre Calas*), d'Étallonde de Morival (*Le Cri du sang innocent*[12]). Cette
fois, le pseudonyme est *explicite*, même si les moyens d'attribution utilisés, parfois conjointement, varient: l'indication du nom dans un titre[13],
une signature en bas de texte[14], une indication dans le texte lui-même[15].

---

[6] Exemplaire consulté: BnF: MFILM Z Beuchot-70(1). Voir Georges Bengesco, *Voltaire, Bibliographe*, t. 2, p. 167.

[7] L'édition originale porte à la page de titre une date: le 15 juillet 1766. Mais cette
date est fictive, et celle de la diffusion n'est pas connue (René Pomeau, *«Écraser l'infâme» 1759-1770*, dans R. Pomeau, *Vst, nouvelle édition intégrale, revue et corrigée*, t. 2,
Paris, Fayard – Oxford, Voltaire Foundation, 1995, p. 696 n. 70.

[8] Le texte de l'*Histoire des Calas*, qui constitue la seconde partie de l'*Histoire d'Elisabeth Canning, et de Jean Calas*, est suivi d'une mention qui attribue le texte à «un
témoin oculaire qui n'a aucune correspondance avec les Calas, mais qui est ennemi du
fanatisme et ami de l'équité» (*OCV*, t. 56B, p. 369). La seconde partie du texte montre
donc une attribution allusive discrète – si discrète que l'*Histoire d'Elisabeth Canning, et
de Jean Calas* a été considérée comme anonyme.

[9] Dans les *Pièces originales concernant la mort des sieurs Calas, et le jugement rendu
à Toulouse*, où elle est précédée de l'*Extrait d'une lettre de la dame veuve Calas, du
15 juin 1762*. Voir la description des éditions des *Pièces originales* in *OCV*, t. 56B, p. 138-
140. Notons que ce sont les pièces elles-mêmes qui attribuent le texte à l'auteur et non le
titre général: l'attribution dans ce cas est plus discrète.

[10] *À Monseigneur le Chancelier, Requête au roi en son conseil*, *OCV*, t. 56B, p. 273-274.

[11] Voir les descriptions des éditions du *Mémoire de Donat Calas pour son père, sa mère
et son frère*, *OCV*, t. 56B, p. 284-286. Notons que le *Mémoire de Donat Calas*, proprement
dit, est suivi d'un texte intitulé *Déclaration de Pierre Calas*. Dans cet article, sauf indication
contraire, le *Mémoire de Donat Calas* désignera uniquement le texte attribué à Donat.

[12] Exemplaire consulté: IMV: D Cri/1775/1. Voir Georges Bengesco, *Voltaire, Bibliographie*, t. 2, p. 310. *Le cri du sang innocent* comprend deux textes qui se suivent: *Au roi
très chrétien, en son conseil* et le *Précis de la procédure d'Abbeville*.

[13] *Extrait d'une lettre de la dame veuve Calas, du 15 juin 1762*; *Lettre de Donat Calas,
fils, à la veuve dame Calas sa mère*; *Mémoire de Donat Calas pour son père, sa mère et
son frère*; *Déclaration de Pierre Calas*.

[14] *Lettre de Donat Calas, fils, à la veuve dame Calas sa mère*; *À Monseigneur le
Chancelier*; *Mémoire de Donat Calas pour son père, sa mère et son frère*; *Déclaration
de Pierre Calas*; *Précis de la procédure d'Abbeville*.

[15] *Requête au roi en son conseil* («Donat Calas, fils de Jean Calas, négociant de Toulouse,
et d'Anne-Rose Cabibel, représente humblement: [...]», *OCV*, t. 56B, p. 277); *Au roi très
chrétien, en son conseil*: «Né gentilhomme dans votre brave et fidèle province de Picardie,
mon nom est d'Étallonde de Morival» (*Le Cri du sang innocent*, Moland, t. 29, p. 375-376).

Comment procéder pour étudier le nom d'auteur et les effets des choix arrêtés? J'ai d'un côté considéré les textes et leur péritexte[16] et, de l'autre, la *Correspondance* de Voltaire. Dans le texte et le péritexte, l'image du signataire est dégagée à partir de l'énonciateur et de sa caractérisation. Trois questions, ou séries de questions, ont été posées:

1. *Quelles sont les fonctions remplies par l'énonciateur?* Donne-t-il des explications ou des justifications, émet-il des jugements? Raconte-t-il des événements? Comment caractérise-t-il les personnages qu'il fait intervenir dans son récit? Quel type de rapport (moral, affectif, intellectuel...) entretient-il avec l'objet de son discours? Comment organise-t-il son discours? Quel contact établit-il avec son destinataire?
2. *Quelle est la relation entre l'énonciateur et le contenu du texte?* Autrement dit, l'énonciateur raconte-t-il une histoire dont il est un personnage?
3. *Quel est le genre du texte?* Quelles indications fournit-il sur le projet de l'énonciateur?

L'image de l'énonciateur-signataire peut être mise en relation avec les caractéristiques du texte et des données extra-textuelles sur le signataire. C'est en reliant ces trois éléments – l'image de l'énonciateur-signataire, des caractéristiques textuelles et des données extra-textuelles sur le signataire – qu'ont été évaluées la modalité du nom d'auteur choisie et, plus précisément, la signature adoptée.

Enfin, à côté de l'examen des textes, la *Correspondance* a permis d'établir des rapprochements avec ce qu'on peut connaître des buts poursuivis par Voltaire lorsqu'il a publié les textes étudiés.

La préférence marquée de Voltaire pour le pseudonymat amène à scruter d'abord et surtout les effets de sens de cette modalité du nom d'auteur. Toutefois, puisque c'est par comparaison que l'on évalue le mieux la spécificité des effets créés par le choix d'une forme de signature, les textes anonymes seront, eux aussi, rapidement envisagés.

Premier constat: Voltaire préfère le pseudonymat dans sa formule explicite plutôt qu'allusive. On notera aussi que les signatures explicites sont celles de ses protégés, Donat et Pierre Calas, Madame Calas, d'Étallonde de Morival, qui sont à la fois des protagonistes et des victimes des

---

[16] Le péritexte, selon Gérard Genette, est un élément du paratexte (ou ensemble des productions, verbales ou non verbales, qui entourent le texte pour assurer sa réception et sa consommation) situé dans l'espace du même volume que le texte (voir *Seuils*, p. 7 pour la définition du paratexte, et p. 11 pour celle du péritexte).

affaires, alors que les signatures allusives sont celles d'experts juridiques, l'avocat de province et M. Cass***, avocat au Conseil du Roi. Toujours, la signature convoque des personnes réelles (dans le cas des signatures explicites) ou qui semblent telles (dans le cas des signatures allusives).

Les textes des protégés de Voltaire, que nous envisagerons d'abord, sont tous des témoignages autobiographiques. Voltaire réserve donc les signatures explicites aux textes dont le signataire-énonciateur raconte une histoire dont il est un personnage. La mise en évidence du nom dans la signature est dès lors directement liée aux effets qui peuvent être tirés du rapport autobiographique que l'énonciateur entretient avec ce qu'il raconte. Le fait doit évidemment être rapproché du caractère judiciaire des textes que manifestent à la fois leur forme (tous ces textes expriment ou envisagent une requête) et leur titre: «*Mémoire*», «*Pièces originales*», «*Requête*», «*Déclaration*». L'identité du signataire justifie l'acte de requête et, plus généralement, la connexion des écrits avec une action juridique. Elle permet aussi de présenter l'exposé des faits comme un témoignage. C'est en effet la fonction narrative que l'énonciateur remplit ici le plus volontiers. Le récit des affaires occupe près des trois-quarts du texte dans le *Mémoire de Donat Calas*[17] et environ la moitié du texte dans les autres écrits sous pseudonymes explicites.

Prenons un exemple: les textes de la campagne de l'été 1762 qui ramènent au début de l'intervention de Voltaire en faveur des Calas. Voltaire poursuit un objectif précis, difficile à atteindre sans une «grande protection» (D10571, D10675): obtenir que le parlement de Toulouse communique la procédure. Les textes de l'été 1762 sont produits pour alerter le public (D10550, D10551, D10554, D10555, D10566, D10567, D10571, D10585, D10587) qui doit faire pression sur ceux qui peuvent obtenir cette communication.[18]

C'est sur l'effet attendu par Voltaire des *Pièces originales* que la *Correspondance* nous renseigne le mieux. Le texte doit agir sur le lecteur sur deux plans: sur un plan affectif et sur un plan intellectuel[19]. Sur le plan

---

[17] Dans l'ensemble que constituent le *Mémoire de Donat Calas* proprement dit et la *Déclaration de Pierre Calas*.

[18] Sur les intentions de Voltaire, voir Robert Granderoute, «Voltaire et l'affaire Calas», *OCV*, t. 56B, p. 26-27 et Robert Granderoute, «De la source au texte: les mémoires voltairiens de l'affaire Calas», in: *Voltaire et ses combats: Actes du Congrès international, Oxford-Paris 1994*, sous la direction de Ulla Kölving et Christiane Mervaud, Oxford, Voltaire Foundation, 1997, t. 1, p. 568-569.

[19] Le texte même de la *Lettre de Donat Calas* manifeste l'importance de cette double action: «Que pourrait-on opposer aux cris et aux larmes d'une mère et d'une veuve, et aux démonstrations de la raison?» (*OCV*, t. 56B, p. 167).

affectif, il doit inspirer la pitié ou une terreur indignée. Les lettres de Voltaire nous disent qu'il doit «toucher» (D10551, D10619), «émouvoir» (D10571, cf. D10595), «attendrir» (D10571, D10675), faire «pleurer» (D10550, cf. D10609) le lecteur, et par ailleurs l'«effrayer» (D10675), le faire «frémir» (D10550, D10621). Sur un plan intellectuel, l'action du texte sera de «convaincre» (D10567) et de «persuader» (D10551) par l'exposé des faits: «Comment peut on», dit Voltaire, «tenir contre les faits avérez que ces pièces contiennent?» (D10559)

Le choix du signataire, qui est en outre énonciateur et personnage, crée des effets pathétiques. En eux-mêmes les événements qui composent l'histoire des Calas sont assez tragiques pour provoquer la terreur et la pitié. Madame Calas, par exemple, raconte dans sa lettre des faits terribles: la découverte de son fils mort, sa douleur et celle de son mari, la séparation d'avec ses filles. Par ailleurs, les jugements de l'énonciateur sur les faits, sa caractérisation des personnages et les manifestations de son émotion insistent aussi sur l'aspect tragique. Toutefois, tous ces moyens textuels générateurs d'effets pathétiques qu'utilisent les énonciateurs des témoignages ne leur sont pas réservés. L'atout que les témoins possèdent en propre tient à leur identité qui confère aux procédés utilisés, qui ne sont pas particuliers, une efficacité particulière. Le poids du vécu alourdit le sens des mots. Il n'est évidemment pas indifférent, pour s'en tenir à ce seul exemple, que ce soit une mère qui ait perdu un fils et un époux, et que l'on a séparée de ses filles, qui parle de «cruelle persécution»: «On continue d'opprimer l'innocence, d'exercer sur nous et notre déplorable famille une cruelle persécution».[20]

Par ailleurs, ces témoins meurtris d'avoir perdu des proches mettent en évidence le malheur d'êtres chers et l'amour qu'ils leur portent. Les rapports familiaux des personnages accompagnent le caractère autobiographique du texte pour amplifier les effets pathétiques et construire l'image vertueuse d'un bel esprit de famille – les titres, d'ailleurs, manifestent parfois ces relations familiales: *Extrait d'une lettre de la dame veuve Calas*, *Lettre de Donat Calas, fils, à la veuve dame Calas sa mère*, *Mémoire de Donat Calas pour son père, sa mère et son frère*.

Enfin, la relation que l'énonciateur entretient avec son destinataire détermine l'intensité dramatique du récit. Dans les *Pièces originales*, qui se composent de deux lettres, Madame Calas écrit à un ami de la famille, et Donat répond en quelque sorte à la lettre de sa mère. Une gradation des effets pathétiques est fonction du degré d'intimité qui lie l'énonciateur

---

[20] *Extrait d'une lettre de la dame veuve Calas*, *OCV*, t. 56B, p. 149.

à son destinataire. C'est surtout la lettre du fils qui peut émouvoir le
lecteur. Donat, qui était absent lors du drame, raconte à sa mère comment
il a réagi aux terribles nouvelles. Les termes utilisés pour décrire ses
réactions sont violents. À la nouvelle du «désastre inconcevable de sa
famille entière» (*OCV*, t. 56B, p. 158), de la mort de son frère Marc-
Antoine, de l'emprisonnement de ses parents, de son frère Pierre et de
son ami Lavaysse accusés du meurtre, il est «tomb[é] malade dans l'excès de [s]a douleur»: il «aurai[t] voulu être mort» (p. 159). Il «trembl[e]»
quand il apprend que son frère a eu les honneurs d'un enterrement catholique, car il comprend les implications du fait: dès lors, il «rest[e] dans
une horreur stupide un mois entier» (p. 161). Et «à chaque poste, c'étaient
de nouvelles alarmes» (p. 162). Donat vit dans la «douleur», dans une
«incertitude effrayante» (p. 162), se rassurant par ses raisonnements sur
l'affaire. Un point culminant est atteint avec la nouvelle du supplice
(p. 166), car le trouble du narrateur prend le relais de celui du personnage: l'énonciateur n'a même plus «la force d'exprimer» l'horreur qu'il
a apprise, et du coup c'est «en tremblant» qu'il écrit à sa mère (p. 166).
La lettre du fils à sa mère finit par dessiner l'image d'un couple soudé
par la douleur: «Soutenez-moi, ma mère, dans ce moment où je vous
écris en tremblant, et donnez-moi votre courage; il est égal à votre horrible situation» (p. 166). Une consonance pathétique d'une telle intensité
n'apparaît pas dans les autres écrits de témoins où le destinataire n'est
pas un proche ou n'est pas l'objet d'une adresse.

Mais Voltaire attend aussi beaucoup des «démonstrations de la raison», c'est-à-dire des faits et des arguments que véhiculent les témoignages. Le rapport autobiographique que l'énonciateur-signataire entretient avec l'histoire qu'il raconte est une fois encore capital: il rend
vraisemblable le projet de raconter l'histoire et donc le récit lui-même.
N'est-il pas naturel que l'exposé des faits soit confié aux témoins? La
véracité de leurs dires est assurée par divers moyens. Dans les *Pièces
originales*, qui appuieront la *Requête au roi en son conseil* et sa lettre
d'accompagnement[21], elle est garantie par l'identité du destinataire (on
ne ment pas à un ami, on ne ment pas à sa mère) et par un serment
solennel: «Voilà l'affaire tout comme elle s'est passée mot à mot; et
je prie Dieu, qui connaît notre innocence, de me punir éternellement, si
j'ai augmenté ni diminué d'un *iota*, et si je n'ai dit la pure vérité en

---

[21] On lit en effet dans la lettre *À Monseigneur le Chancelier*: «J'ose, monseigneur,
parler en son nom et au mien; on m'assure que les pièces ci-jointes [les *Pièces originales*]
feront impression sur votre esprit et sur votre cœur, si vous daignez les lire» (*OCV*, t. 56B,
p. 275).

toutes ces circonstances; je suis prête à sceller de mon sang cette vérité, etc.»[22]

Autres procédés: l'insertion d'un témoignage, dans le *Mémoire de Donat Calas* (*OCV*, t. 56B, p. 297), ou la certification par un témoin de première main, dans la *Déclaration de Pierre Calas*. En effet, Pierre garantit non seulement la véracité des faits que sa mère a racontés dans sa lettre, mais offre sa garantie au mémoire de Donat. Le témoin de première main vient au secours de celui qui ne l'est pas: «Je suis prêt d'attester la vérité de tout ce qu'il [Donat] vient d'écrire» (*OCV*, t. 56B, p. 319).

C'est ici qu'il faut remarquer que Voltaire a donné des textes qui fonctionnent par paires, le *Mémoire de Donat Calas* et la *Déclaration de Pierre Calas*, la lettre de la mère et la lettre du fils dans les *Pièces originales*, et enfin, la *Requête au roi en son conseil* et sa lettre d'accompagnement. Des répétitions s'observent, de texte en texte, et au sein même de ces paires de récit. Évidemment, elles sont limitées: les énonciateurs peuvent ne pas envisager les mêmes séquences du drame, comme dans les *Pièces originales*, ou, s'il y a concordance, chaque énonciateur garde des domaines réservés ou une perspective propre[23]. Toutefois ce qu'il faut voir surtout, c'est que la répétition a une force persuasive: elle permet des recoupements et imprime les faits dans la mémoire. C'est sans doute l'effet de ce «concert de voix»[24] qu'orchestre Voltaire en variant les signatures.

Ce qui vaut pour les événements vaut plus encore pour les arguments. Il est possible à partir du *Mémoire de Donat Calas* et de la *Déclaration de Pierre Calas*, de la *Lettre de Donat Calas*, de la lettre au chancelier et de la *Requête au roi* de dresser un argumentaire et d'observer la distribution des arguments dans les textes. Là aussi la répétition est de mise. Par exemple, l'argument de l'incapacité physique de l'accusé à commettre le meurtre se retrouve, parfois à plusieurs reprises, dans la *Lettre de Donat Calas* (*OCV*, t. 56B, p. 169, 170), dans la lettre au chancelier (*OCV*, t. 56B, p. 275), dans la *Requête au roi* (*OCV*, t. 56B, p. 277-278, l23-124), dans le mémoire de Donat (*OCV*, t. 56B, p. 313, 316-317) et

---

[22] *Extrait d'une lettre de la dame veuve Calas*, *OCV*, t. 56B, p. 157.

[23] Robert Granderoute, *OCV*, t. 56B, p. 23.

[24] Voltaire déclarait, à propos du «courroux» d'Élie de Beaumont à se trouver concurrencé par Loyseau de Mauléon dans la défense des Calas: «[...] dans une affaire telle que celle des Calas, il est bon que *plusieurs voix s'élèvent*; c'est un *concert* d'âmes vertueuses» (Voltaire à Étienne Noël Damilaville, 6 décembre 1762, D10827, c'est moi qui souligne).

dans la déclaration de Pierre (*OCV*, t. 56B, p. 331). La répétition facilite l'assimilation des raisonnements et convainc par l'impression d'un consensus.

D'ailleurs, ces textes de la campagne de l'été 1762 ont ému et convaincu. On peut certes relever que Donat, dans les *Pièces originales*, raconte à sa mère des événements qu'elle ne peut manquer de connaître et que le texte tente, sans y réussir vraiment, de justifier le fait par des raisons psychologiques: «Pardonnez-moi si je vous rappelle toutes ces images horribles; il le faut bien. Nos malheurs nouveaux vous retracent continuellement les anciens, et vous ne me pardonneriez pas de ne point rouvrir vos blessures» (*OCV*, t. 56B, p. 164). Et que penser de ce passage où les précisions sur Louis et sur la tolérance qui règne dans les familles de province et dans la communauté protestante, incongrues sous la plume d'un fils qui s'adresse à sa mère, sont en fait destinées au public réel?:

> J'avais beau me dire à moi-même: Je connais mon malheureux frère, je sais qu'il n'avait point le dessein d'abjurer, je sais que s'il avait voulu changer de religion, mon père et ma mère n'auraient jamais gêné sa conscience; ils ont trouvé bon que *mon autre frère* Louis se fît catholique; ils lui font une pension; *rien n'est plus commun, dans les familles de ces provinces, que de voir des frères de religion différente; l'amitié fraternelle n'en est point refroidie; la tolérance heureuse, cette sainte et divine maxime dont nous faisons profession*, ne nous laisse condamner personne; nous ne savons point prévenir les jugements de Dieu; nous suivons les mouvements de notre conscience, sans inquiéter celle des autres (*OCV*, t. 56B, p. 161-62).

Ce sont là des détails. Pour l'essentiel, Voltaire a réussi à faire dire aux énonciateurs-signataires «ce qu'ils doivent dire en effet»[25] pour qu'ils deviennent des personnages qui s'accordent en toute vraisemblance avec l'image extra-textuelle des Calas. L'astuce a été d'utiliser les Calas surtout pour toucher les cœurs et exposer les faits, et tout l'art a été d'y parvenir sans forcer leurs talents – utiliser leur vécu, leurs sentiments, la vertu qui transparaît dans leur attachement familial. C'est un art de la simplicité et, si l'on songe au brio et à l'érudition de Voltaire, un art du renoncement. Le meilleur exemple des sacrifices faits à la vraisemblance

---

[25] Pour Voltaire, «L'art du dialogue consiste à faire dire à ceux qu'on fait parler ce qu'ils doivent dire en effet. […] Il suppose un homme qui a assez d'imagination pour se transformer en ceux qu'il fait parler, assez de jugement pour ne mettre dans leur bouche que ce qui convient, et assez d'art pour intéresser» («Dialogues en vers», dans *Connaissance des beautés et des défauts de la poésie et de l'éloquence dans la langue française*, Moland, t. 23, p. 361). La création du personnage du narrateur dans les récits de témoins rejoint l'art de ventriloque que pratique Voltaire dramaturge (le dialogue en vers désigne le dialogue de théâtre).

est le récit de Madame Calas dans les *Pièces originales*. Contrairement à ses fils, elle n'avance pas d'arguments. Elle s'en tient aux faits dans un récit prosaïque et sans relief. Les récits de Pierre ou de Donat[26] sont bien mieux maîtrisés. La mère énonce sur un tempo lent et régulier des circonstances précises émaillées de discours cités et de petits faits vrais, comme l'achat par Marc-Antoine de fromage de Roquefort (*OCV*, t. 56B, p. 151-152). L'effet de réel est saisissant – oubliées la terrible et séduisante rapidité voltairienne et même l'utilisation parlante du détail révélateur[27].

Passons aux textes mis sous la signature d'experts. La *Correspondance* de Voltaire ne fournit que quelques indications sur la matière du *Commentaire sur le livre Des délits et des peines* et sur l'effet que Voltaire espère en tirer. Ce sont les faits rapportés (des «détails de la jurisprudence française») et leur nature tragique qui sont mis en avant (Voltaire à Étienne Noël Damilaville, 16 septembre 1766, D13562). Voltaire semble attendre d'eux qu'ils provoquent chez le lecteur un effet de répulsion. En décembre 1765, il avait en effet écrit à l'avocat Christin pour qu'il puise à ses «archives d'horreur et de démence», «tout ce qu'[il] trouver[ait] de plus curieux, et de plus propre à rendre la superstition éxécrable» (2 décembre, D13020).

La première allusion à la *Relation de la mort du chevalier de La Barre* dans la *Correspondance* se trouve en date du mois de janvier 1768. Voltaire veut «crier la vérité à plein gozier»: «[Il] veu[t] faire retentir le nom du chevalier de la Barre à Paris et à Moscou; [il] veu[t] ramener les hommes à l'amour de l'humanité par l'horreur de la barbarie» (D14678). La publicité donnée à l'affaire doit donc dépasser l'affaire elle-même pour déclencher un véritable changement de mentalité à partir d'un mouvement affectif qui est ici aussi de répulsion.

Les pseudonymes allusifs qui sont réservés aux textes d'experts ne donnent pas de nom, mais des indices, sinon sur l'identité du signataire, du moins sur sa personnalité. Le titre de la *Relation de la mort du Chevalier de la Barre, par Mr. Cass**, Avocat au Conseil du Roi, à Mr. le Marquis de Beccaria*, outre la profession du signataire et l'identité de son

---

[26] Dans la *Déclaration de Pierre Calas*, la *Lettre de Donat Calas* et le *Mémoire de Donat Calas*.

[27] Sur la «technique du projecteur», chère à Voltaire, qui «consiste à mettre en lumière un petit fragment d'un vaste ensemble et à laisser dans l'ombre tout ce qui serait susceptible de l'expliquer, de l'intégrer dans un tout et de fournir un contrepoids à ce qui est isolé de la sorte», voir Erich Auerbach, «Le souper interrompu», dans *Mimésis. La représentation de la réalité dans la littérature occidentale*, Paris, Gallimard, 1977, p. 403-404 (voir aussi p. 401-409).

destinataire, donne les premières lettres d'un nom qui ont conduit très vite à Cassen, soit Pierre Cassen[28], qui était intervenu avec audace dans l'affaire Sirven[29]. Le titre du *Commentaire sur le livre Des délits et des peines, par un Avocat de Province* s'en tient à la profession de l'auteur et, d'une manière vague, à son origine provinciale.

Ce que la signature met en avant dans les deux cas est donc une profession qui confère à l'énonciateur-signataire un titre d'expert dans le domaine juridique. Mais des indications sont aussi données sur son engagement philosophique: le nom de «Cassen» auquel conduit l'abréviation «Cass», l'origine provinciale du signataire de la *Relation*[30] («parmi les magistrats, les premières marques d'assentiment» à la lutte menée contre la tradition juridique «vinrent non pas du Parlement de Paris, mais de province»)[31] et enfin le rapport avec Beccaria qui inscrit le texte dans le combat mené en France pour «remédier à la barbarie froide et juridique» des tribunaux[32].

C'est par rapport aux effets de sens de la signature de témoins qu'on peut, par comparaison, dégager les effets de sens propres aux pseudonymes

---

[28] *CLT*, 15 mars 1768, t. 8, p. 47: «Il nous est venu aussi de Ferney une *Relation de la mort du chevalier de La Barre, par M. Cass., avocat au conseil du roi, à M. le marquis de Beccaria.* […] On suppose qu'elle a été trouvée dans les papier de M. Cassen, avocat au conseil, mort depuis quelque mois». Le pseudonyme est aussi déchiffré: «mais vous vous apercevrez aisément qu'elle a été écrite et publiée par l'avocat général du genre humain, résidant à Ferney».

[29] Rémy Bijaoui, *Voltaire avocat, Calas, Sirven et autres affaires*, Paris, Tallandier, 1994, p. 99-100.

[30] L'«avocat de province» désigne sans doute par allusion Charles Frédéric Gabriel Christin (1741-1799), originaire de Saint-Claude et, au moment de la composition du *Commentaire*, avocat débutant au barreau de Besançon. En effet, dans sa correspondance Voltaire attribue le *Commentaire* à «un jeune avocat de Besançon» (Voltaire à Étienne Noël Damilaville, 16 septembre 1766, D13562; voir aussi Voltaire à Charles Augustin Feriol, comte d'Argental, et Jeanne Grâce Du Bouchet, comtesse d'Argental, 19 septembre 1766, D13569; Voltaire à Claude Adrien d'Helvétius, 27 octobre 1766 D13626; Voltaire à Étienne Noël Damilaville, 17 novembre 1766 D13675; Voltaire à Étienne Noël Damilaville 1er décembre D13706), et dans la lettre à Christin du 2 mars 1767 il parle de «*nôtre* commentaire» (D14006). Sur Christin, collaborateur de Voltaire pour le *Commentaire*, voir Ira O. Wade, «The Search for a new Voltaire. Studies in Voltaire based upon material deposited at the American society», *Transactions of the American Philosophical Society*, nouvelle série, 48, 4e partie, Philadelphie, 1958, p. 86-88; Roger Bergeret et Jean Maurel, *L'Avocat Christin, collaborateur de Voltaire (1741-1799)*, Lons-le-Saunier/Saint-Claude, Société d'émulation du Jura/Amis du vieux Saint-Claude, 2002. Voir aussi, dans le présent volume, la communication de Nicholas Cronk: «Voltaire et Christin: "amis intimes de l'humanité"». La mention de l'«avocat de Besançon» dans le titre de l'ouvrage est sans doute un hommage secret de Voltaire à son collaborateur.

[31] Beccaria, *Des délits et des peines*, introduction et notes par Franco Venturi, Genève, Droz, 1965, p. XXXI-XXXII.

[32] *CLT*, août 1765, t. 6, p. 334. Voir Beccaria, *Des délits et des peines*, p. XXVII.

allusifs. Si le voilement du nom déclenche et canalise le jeu des attributions, en même temps qu'il renvoie à la modestie de l'auteur (qui est d'usage) ou à sa prudence (qui est de nature à renforcer l'aspect engagé du livre), il modifie en outre la relation entre l'énonciateur-signataire et l'objet de son texte. Dans les textes d'experts, l'énonciateur-signataire ne raconte plus une histoire vécue dont il serait un personnage. Or, c'était cette relation autobiographique, garantie par la signature, qui donnait d'office sa vraisemblance au projet d'écriture des témoins. Un texte mis sous la signature d'un expert appelle davantage une motivation du projet d'écriture. La *Relation de la mort du chevalier de La Barre* est justifiée par une promesse que l'énonciateur a faite à son destinataire, Beccaria: «je viens, monsieur, à la funeste histoire que je vous ai promise» (Moland, t. 25, p. 504). Le *Commentaire* l'est d'entrée de jeu par deux faits concomitants: la lecture par l'énonciateur du livre de Beccaria et l'intervention de l'actualité judiciaire par l'évocation d'un cas (Moland, t. 25, p. 539-541).

L'autre conséquence de l'absence de lien autobiographique entre l'énonciateur et l'histoire qu'il raconte est la perte du surcroît d'efficacité qu'il apportait aux procédés utilisés pour émouvoir le lecteur. Cela ne signifie pas que nos experts soient dépourvus de sensibilité. Au contraire: celle-ci est mise en évidence de diverses façons. Dans la *Relation de la mort du chevalier de La Barre*, le contact quasi permanent que l'énonciateur maintient avec le destinataire du texte, devenu le garant ou le juge de ce qui est dit et raconté, met en scène une connivence à la fois idéologique et affective qui souligne les jugements sévères et les violentes réactions émotives du narrateur. L'émotion finit d'ailleurs par être si forte qu'elle amène la fin du texte: «L'attendrissement et l'horreur qui me saisissent ne me permettent pas d'en dire davantage»[33]. L'énonciateur du *Commentaire sur le livre Des délits et des peines* est, lui aussi, particulièrement enclin à montrer ses frémissements horrifiés par les termes qu'il utilise pour critiquer la loi et décrire les supplices, par ses questions oratoires et ses exclamations qui soulignent la portée critique du propos.

Enfin, vraisemblance oblige, la caractérisation conférée à l'énonciateur par le choix d'un expert pour signataire circonscrit un champ d'investigation et une manière de le parcourir – autrement dit, elle impose au texte des contenus et des formes d'expression. L'avocat de province consacre près de la moitié de son texte au récit d'une affaire judiciaire. Tout en évitant le style des avocats, il manipule une culture juridique et

---

[33] *Relation de la mort du chevalier de La Barre*, Moland, t. 25, p. 516.

historico-judiciaire. Son identité lui permet en outre d'assumer les atours de l'éloquence dont les témoins étaient en grande partie privés. Des «citations», littérales ou non, françaises, anglaises, latines sont de mise. Le texte montre un plan structuré, alors que, dans les récits de témoins, les arguments, quand ils apparaissent, sont appelés par le récit des événements. Et il y a plus. Dans la *Relation de la mort du chevalier de La Barre*, par rapport aux récits de témoins relatifs à l'affaire Calas, les qualifications des événements et des personnages par l'énonciateur sont très tranchées. Elles permettent le repérage de deux camps opposés – celui du bien et du mal, celui des victimes et des agresseurs et de leurs partisans respectifs. Le récit, très orienté, prend dès lors un tour très accusateur vis-à-vis de personnes, mais aussi de groupes et d'institutions liés au pouvoir judiciaire. C'est évidemment la qualité d'expert de l'énonciateur qui peut donner du poids à de telles critiques. C'est elle encore qui permet dans le récit la mise en place d'un système de défense basé sur la requalification des actes des accusés[34] et qui, dans les parties plus argumentatives, accrédite les distinctions posées et les critiques émises.

Constitué d'une série de brefs articles numérotés, intitulés à la manière de récits didactiques[35] et dotés de notes érudites ou techniques, le *Commentaire sur le livre Des délits et des peines* a une forme savante qui s'accorde bien avec la signature par un expert. L'énonciateur fait montre d'une érudition juridique tantôt novatrice, puisque tirée de Beccaria, tantôt relative à la coutume – son savoir est alors aussi celui d'un historien qui aurait consulté «des archives d'horreur et de démence». Le récit historique, ou plus rarement le récit de cas judiciaires, offre au commentaire son lot d'horreurs qui sont autant d'exemples propres à nourrir et étayer le raisonnement ainsi qu'à conduire aux généralisations, aux maximes et aux conseils qui, *in fine*, manifestent l'autorité caractéristique de l'expert.

Pour juger par comparaison des effets spécifiques produits par le choix de la modalité du nom d'auteur, un bref détour par les textes publiés

---

[34] En portant sur les actions commises, la caractérisation narratoriale peut les requalifier. Dans un premier temps, Belleval a cherché «à faire regarder *cet oubli momentané des bienséances* comme une insulte préméditée faite à la religion» (Moland t. 25, p. 506, c'est moi qui souligne). Le procès n'a concerné «que des indécences, et pas une action noire»; on n'y trouve «pas un seul de ces délits qui sont des crimes chez toutes les nations, point de meurtre, point de brigandage, point de violence, point de lâcheté: rien de ce qu'on reproche à ces enfants ne serait même un délit dans les autres communions chrétiennes» (Moland, t. 25, p. 510, voir aussi p. 508, §3, 510, §§2-4, 515, §§2-3).

[35] Sauf peut-être le VII, plus narratif, «Histoire de Simon Morin».

anonymement n'est pas inutile. Qu'apporte en propre l'anonymat? En l'absence de la présentation de l'auteur par la signature, c'est au texte et au péritexte seuls que revient la responsabilité de donner une image de l'auteur. Or, comme dans les récits publiés sous pseudonymes allusifs, l'énonciateur des textes anonymes ne raconte pas une histoire dont il serait le personnage: sa caractérisation est dès lors strictement limitée à ce qu'on en peut savoir par les fonctions qu'il assume et par les informations qu'il donne sur lui-même.

L'énonciateur des textes anonymes est dès lors plutôt une voix dotée d'une personnalité qu'un véritable personnage: sa caractérisation ne comporte pas assez de traits propres à le doter d'une identité biographique. Il y gagne une grande possibilité de distance face à l'objet textuel, distance qui permet à l'humour d'intervenir sur un fond d'horreur. De plus, alors que sa signature d'expert fournissait à l'énonciateur des récits sous pseudonymes allusifs un domaine de compétence dans lequel l'objet textuel devait être plus ou moins circonscrit, l'énonciateur des textes anonymes a le choix de son ou de ses sujets: il gagne une grande polyvalence.

Voyons cela de plus près. L'énonciateur anonyme de *l'Histoire d'Elisabeth Canning, et de Jean Calas* raconte successivement deux affaires inscrites dans des systèmes juridiques différents, ce qui rend possible une comparaison et la mise en évidence de ce qui explique leur issue différente, heureuse en Angleterre, tragique en France. Cette capacité de surplomb de l'énonciateur va de pair avec l'alliance, inconnue dans les récits sous pseudonymes, de l'humour et du tragique. Le premier récit consacré à l'affaire Canning est enlevé et savoureux: on a risqué le pire, la pendaison de neuf personnes, mais tout est bien qui finit bien: ce n'est qu'une «aventure ridicule», certes liée à un procès «absurde» et «horrible», mais qui n'a pas tourné au «tragique» (*OCV*, t. 56B, p. 356), comme l'affaire Calas, qui, elle, est racontée (et davantage analysée) sur un ton sérieux. Cette dualité de ton est commentée par Voltaire dans sa *Correspondance*: «La première partie pourra vous amuser, la seconde pourra vous attendrir et vous indigner» (Voltaire au cardinal François Joachim de Pierre de Bernis, 3 septembre 1762, D10685).

L'énonciateur du *Traité sur la tolérance* manifeste aussi cette polyvalence et cette distance qui permet de varier les tons. Voltaire a dit du livre qu'«il y a des endroits qui font frémir, et d'autres qui font pouffer de rire; car, dieu merci, l'intolérance est aussi absurde qu'horrible» (Voltaire à Étienne Noël Damilaville, 24 janvier 1763, D10943). Il faut comprendre, semble-t-il, que mettre en avant l'absurdité de l'intolérance déplace sur un plan intellectuel le frémissement qui était une répulsion de type affectif. Dès lors une distance s'installe qui permet au rire de surgir dans un face à face avec la souffrance de l'autre. La question à se poser est désormais la suivante: de quels caractères aurait-il fallu doter le personnage de l'énonciateur pour qu'il puisse assumer ce rire incongru? C'est parce qu'il n'est pas réellement un personnage que l'énonciateur du *Traité* peut faire rire à partir d'une matière aussi tragique.

De la même manière, on liera l'anonymat du *Traité sur la tolérance* à l'hétérogénéité de l'image de soi que projette l'énonciateur: c'est à la fois un homme modeste et sensible – mais combien éloquent –, un mondain, un historien impartial, un théologien retors[36]. Du coup, il est polyvalent: il peut assumer un discours complexe. On sait, par la *Correspondance*, que Voltaire voulait tenter l'impossible – «rendre l'intolérance absurde, ridicule et horrible», mais aussi «respecter les préjugez» (Voltaire à Jacob Vernes, 20 janvier 1763, D10930) et manier «les couteaux à deux tranchants» (D11718): défendre apparemment la tolérance, et y conduire effectivement, en favorisant, sans qu'il y paraisse, l'indifférence. Ne pas charger l'énonciateur d'une identité de personnage[37] ou de l'image de

---

[36] Michèle Bokobza-Kahan, «Impartial mais sensible»: l'ethos dans le *Traité sur la tolérance*», in: *Qu'est-ce que la tolérance? Perspectives sur Voltaire*, sous la direction de Jürgen Siess, Centre international d'étude du XVIIIᵉ siècle, Ferney-Voltaire, 2002, p. 103-116.

[37] La supposition qu'un seul personnage incarnerait difficilement toutes les facettes de la personnalité que l'énonciateur du *Traité sur la tolérance* reçoit en partage est sans doute corroborée par le fait que, dans sa *Correspondance*, Voltaire attribue le *Traité sur la tolérance* à diverses personnalités. C'est tantôt un «bon prêtre» (Voltaire à Étienne Noël Damilaville, 24 janvier 1763, D10943; Voltaire à Étienne Noël Damilaville, 1ᵉʳ février 1764, D11679; Voltaire à Jean Le Rond d'Alembert, 1ᵉʳ mars 1764, D11738), un «saint prêtre» (Voltaire à Jean Le Rond d'Alembert, 15 décembre 1763, D11559; Voltaire à Gabriel Cramer, 15 décembre 1763, D11561) ou un «saint homme» (Voltaire à Étienne Noël Damilaville, 16 décembre 1763, D11568), tantôt «un brave théologien» (Voltaire à Charles Augustin Feriol, comte d'Argental, et Jeanne Grâce Du Bouchet, comtesse d'Argental, 19 novembre 1763. D11508), tantôt «un ouvrier qui fait des couteaux à deux tranchants» (Voltaire à Anne Robert Jacques Turgot, 22 février 1764, D11718), tantôt un certain «Mʳ Herman», qui n'est «pas français» (Voltaire à Étienne Noël Damilaville, 4 mars 1764, D11747), et tantôt un «huguenot» (Voltaire à Antoine Jean Gabriel Le Bault 28 décembre 1763, D11584), alors que l'énonciateur du *Traité* se présente comme un «bon catholique» (*OCV*, t. 56C, p. 254). Certaines de ces attributions peuvent certes être rapprochées – le «bon théologien» est aussi «un digne prêtre» (Voltaire à Charles Augustin Feriol, comte d'Argental, et Jeanne Grâce Du Bouchet, comtesse d'Argental, 1ᵉʳ février 1764, D11678], l'«ouvrier qui fait des couteaux à deux tranchants» est aussi «le bon prêtre» (D11718), et l'ouvrage de «Mʳ Herman», «farci de grec et d'hébreu, et de citations de Rabins» ressemble à un ouvrage de théologien (D11747) –, mais chaque attribution semble incarner une perspective confiée à l'énonciateur du *Traité*.

l'auteur[38] est évidemment la condition *sine qua non* de cette malléabilité qui est une manière d'adapter le texte à son public supposé.

Enfin, *L'Avis au public sur les parricides imputés aux Calas et aux Sirven* montre aussi, mais dans une moindre mesure, des marques de distance et de polyvalence. Le texte s'ouvre par un bilan et une comparaison des affaires Calas et Sirven. Ici et là, une matière tragique est traitée de manière comique: le ton sait se faire mordant, caustique, et le récit, tour à tour moqueur ou bouffon. Rien de tel n'apparaissait dans le *Commentaire sur le livre Des délits et des peines*, qui est pourtant à bien des égards très proche de *L'Avis au public sur les parricides imputés aux Calas et aux Sirven*.

Conclusion

L'anonymat apporte en propre la polyvalence, voire l'ambivalence des propos, et installe la distance qui permet au rire de surgir au sein du tragique, parce que, réduisant à l'extrême la caractérisation de l'énonciateur, il la dégage de l'obligation d'être constante.

Par rapport à l'anonymat, le pseudonymat impose par la signature les contraintes, en termes de vraisemblance et de constance, d'une caractérisation de l'énonciateur. Cette caractérisation est plus développée, donc plus contraignante, selon le caractère explicite ou allusif du pseudonyme et selon le caractère autobiographique ou non du texte. Le pseudonymat allusif permet à Voltaire d'occuper la position d'énonciation de l'avocat et de jouer, avec le sérieux qui convient, le rôle d'un expert qui met sa compétence au service de ses critiques du système judiciaire ou de la défense d'un accusé. Avec le pseudonymat explicite, il se glisse de la manière la plus manifeste qui soit dans la position des justiciables dont la particularité est évidemment leur implication dans l'affaire – d'où la valeur de témoignage que prend l'exposé des faits, le sens juridique dont se charge l'écrit et le poids de vécu dont s'alourdissent les mots.

---

[38] Voltaire «passe auprès du public éclairé pour un des philosophes que la question religieuse intéresse le plus», mais son image d'auteur, en matière religieuse, n'est guère associée à l'orthodoxie (Sylvain Menant, «Le titre et le genre du «"Traité sur la tolérance"», in: *Études sur le* Traité sur la tolérance *de Voltaire*, sous la direction de Nicholas Cronk, Oxford, Voltaire Foundation, 2000, p. 144-145). Elle risque donc de nuire au *Traité*. Mais sa réputation d'auteur est aussi à craindre: que dira-t-on d'un faiseur de contes qui se mêle de religion? C'est pourquoi Voltaire préfère que *Ce qui plaît aux dames* ne «paraisse [pas] dans le même temps» que la Tolérance (Voltaire à Étienne Noël Damilaville, 19 décembre 1763, D11574).

VOLTAIRE À L'ÉCOLE DE LA DÉMOCRATIE: «L'AFFAIRE DES NATIFS»

Graham GARGETT
(*University of Ulster*)

Avant son séjour à Genève Voltaire n'était pas connu pour son amour du peuple, loin de là. Élevé au collège de Louis-le-Grand, ce ci-devant bourgeois qui s'est arrogé la particule a toujours aimé côtoyer la noblesse, parmi laquelle – en dépit du peut-être trop fameux incident de la baston-nade – il a de nombreux et de très bons amis. Mais ses contacts avec les différents partis en lutte dans la petite cité vont provoquer un changement de taille: en dépit d'accusations qu'il se mêle de la politique genevoise par pure malice ou par l'unique désir de faire parler de lui, sa correspon-dance comme ses actions montrent que l'attitude de Voltaire va se modi-fier de façon définitive, évolution provoquée par une conscience de plus en plus aiguë de l'injustice dont souffre un groupe genevois, les natifs. En somme cette affaire aura permis à (voire obligé) Voltaire de passer ses idées sur la tolérance et la justice au crible d'un contact avec les réalités d'une situation très précise et extrêmement tendue.

LA TOILE DE FOND POLITIQUE À GENÈVE

Genève, caractérisée souvent par dérision comme «la parvulissime» dans la correspondance de Voltaire[1], est une petite république d'approxi-mativement 20.000 âmes[2]. République, certes, mais peu démocratique. Au moment de la Réforme, Genève s'affranchit du contrôle de son

---

[1] Voir, par exemple, D12899, D13063.

[2] Nous nous sommes principalement inspiré de l'étude fondamentale de Jane Ceitac, *Voltaire et l'affaire des natifs: un aspect de la carrière humanitaire du patriarche de Ferney*, Genève, Droz, 1956, et des *Mémoires de Isaac Cornuaud, sur Genève et la Révo-lution de 1770 à 1795*, Genève, Jullien, 1912. Voir aussi Voltaire, *La Guerre civile de Genève*, éd. John Renwick, *OCV* 63A, p. 4-30; René Pomeau, *Vst*, 1995, t. 2, p. 252-66 (ch.17, «Tempête dans la "parvulissime"», par Marie-Hélène Cotoni), et Peter Gay, *Vol-taire's Politics: the poet as realist*, Princeton NJ, Princeton University Press, 1959, p. 185-238.

évêque, désormais exilé à Annecy[3]. Le Conseil Général, réunion de tous les citoyens et bourgeois mâles et adultes de la ville, a voté pour la réforme et pour l'indépendance. Peu après, Jean Calvin s'installe dans la ville et joue un rôle de premier plan dans l'organisation politique de la nouvelle république. Et pourtant le Réformateur se montre plutôt méfiant à l'égard de la démocratie[4]: progressivement, le pouvoir politique se concentre dans certaines familles influentes qui, pour l'essentiel, constituent une «aristocratie» genevoise.[5] Les habitants de la ville en effet sont répartis en plusieurs classes, hiérarchiquement, politiquement, et économiquement distinctes. Au sommet se trouvent les citoyens, seuls aptes à remplir les fonctions politiques principales (devenir membre du Petit Conseil; se faire élire un des quatre syndics). Pour être citoyen, il faut être né à Genève de parents qui appartiennent déjà à cette classe. Ensuite viennent les bourgeois, Genevois qui ont «obtenu des "lettres de bourgeoisie", moyennant finance»: ces lettres de bourgeoisie donnent «droit de vote au Conseil [Général], mais non pas droit d'être élu aux principales magistratures»[6]. En plus, trois classes sont complètement dénuées de droits politiques: les natifs, nés dans la ville, mais à des parents qui ne sont ni citoyens ni bourgeois; les habitants, étrangers qui ont acheté le droit de vivre à Genève; et finalement les sujets, ceux qui – pour une raison ou pour une autre – se sont établis dans la ville de Calvin mais qui n'ont pas assez d'argent pour acheter le droit d'y vivre et qui paient «des impôts plus lourds que les Citoyens et Bourgeois»[7].

A mesure que le temps passe, les citoyens et bourgeois de Genève, éléments constitutifs du Conseil Général et source théorique du pouvoir et de la légitimité politiques, se voyaient réduits à un rôle de moins en moins significatif. Autrement dit, si ces deux «classes» étaient privilégiées par rapport aux natifs, habitants et sujets, elles étaient subordonnées à leur tour à la minorité de familles «aristocratiques» déjà évoquées. De plus, vu l'apparente difficulté de convoquer trop souvent le Conseil Général, deux autres conseils le remplaçaient dans la plupart de ses fonctions, le Conseil des Soixante et le Conseil des Deux Cents, tous deux

---

[3] Jane Ceitac, *Voltaire et l'affaire des natifs*, p. 14-15.

[4] Marc-Édouard Chenevrière, *La Pensée politique de Calvin*, Paris, «Je sers», – Genève, éd. Labor, 1937, p. 195.

[5] Marc-Édouard Chenevrière, *La Pensée politique de Calvin,* p. 220-221.

[6] Michel Launay, «Jean-Jacques Rousseau, écrivain politique», in: *Au Siècle des Lumières*, Paris-Moscou, SEVPEN, 1970, p. 99.

[7] Michel Launay, «Jean-Jacques Rousseau, écrivain politique», in: *Au Siècle des Lumières*.

créés au XVIᵉ siècle. Cette disposition si raisonnable en apparence tendait
à saper encore plus l'influence du Conseil Général. La souveraineté théorique des citoyens et bourgeois de Genève était donc strictement limitée,
presque symbolique: s'ils avaient le droit d'élire leurs chefs, ils ne pouvaient choisir que certains candidats appartenant à un groupe très res-
treint et dont les noms avaient déjà été choisis par autrui avant de leur
être soumis. Le Petit Conseil (ou gouvernement) dominait complètement
le Conseil Général. Cette situation peu démocratique provoqua des mouvements de protestation tout au long du dix-huitième siècle.

En 1707-1708 la bourgeoisie s'élève contre l'imposition d'impôts
ordonnée sans l'accord préalable du Conseil Général[8]. En 1734-1738 de
nouvelles difficultés surgissent, situation qui ne se résout que grâce à
l'intervention des puissances garantes du *statu quo*, à savoir deux cantons
suisses, Berne et Zurich, et la puissante voisine de Genève, la France.
En effet, depuis de nombreuses années, la présence d'un «Résident»
français extrêmement influent permet à celle-ci d'exercer une sorte de
protectorat sur la petite république calviniste. Les patriciens genevois et
les nantis de la ville comptent sur cet appui pour se maintenir au pouvoir,
appréciant beaucoup d'ailleurs la culture française et se sentant proches
de la France: les banquiers genevois ont même fourni une aide considérable à Louis XIV, au grand scandale des «patriotes» calvinistes, comme
en témoigne la fête bruyante du peuple de Genève lors de la bataille de
la Boyne en 1690, célébrée comme une défaite française et catholique[9].
Attitudes politiques et culturelles se combinent donc et se complètent, les
«représentants» – bourgeois qui veulent acquérir le droit d'exprimer
leurs opinions politiques et étendre leur participation – affichant en général une attitude calviniste et s'opposant à l'influence de la France, les
«négatifs» – ceux qui refusent d'envisager une telle évolution – étant
identifiés avec la culture française, en particulier le théâtre.

VOLTAIRE À GENÈVE: PREMIÈRES RÉACTIONS DE PART ET D'AUTRE

Pendant les premières années de son séjour à Genève, Voltaire est
associé étroitement aux familles patriciennes qui gouvernent la ville,

---

[8] Voir Jacob Vernet, *Relation des affaires de Genève*, Genève, 1734, p. 15-16; Graham
Gargett, «Les Idées politiques de Jacob Vernet: l'envers du *Contrat social?*», in: *Protes-*
tantisme et politique: Actes du IXᵉ Colloque Jean Boisset, éd. Michel Peronnet et Emma-
nuelle Rebardy-Julia, Montpellier, 1997, p. 169-170.

[9] Cf. Launay, «Jean-Jacques Rousseau», p. 125-126.

notamment les Tronchin, les Lullin, et les Chapeaurouge. Une telle
alliance est plus que compréhensible. Tout d'abord, ce nouveau-venu
extrêmement riche fraternise facilement avec ceux qui ont le même style
de vie, les mêmes goûts, en gros les mêmes références culturelles que lui.
Par-dessus tout, son amour du théâtre et sa méfiance à l'égard du clergé
tendent à l'éloigner des bourgeois et des pasteurs, même de ceux comme
Jacob Vernet qui, avant sa venue, avaient entretenu d'excellents rapports
avec lui et l'avaient même encouragé à s'établir à Genève[10]. Il faut évidemment nuancer quelque peu cette appréciation. Voltaire a certes des
rapports privilégiés avec quelques pasteurs «évolués», tels un Vernes ou
un Moultou[11], mais ceci ne l'empêche pas de symboliser – pour la bourgeoisie et pour l'ensemble du pastorat – cette influence française qui, aux
yeux de tout vrai «patriote» genevois, menace de détruire la culture
genevoise authentique et ses traditions. Or, de patriote genevois, il n'y a
pas plus enthousiaste que Jean-Jacques Rousseau, qui jalouse la présence
de Voltaire à Genève depuis le début. L'article «Genève» que d'Alembert rédige pour l'*Encyclopédie* et la réponse de Rousseau (la *Lettre à
d'Alembert*) radicalisent encore plus la situation, témoin les réactions de
quelques jeunes pasteurs très proches de Rousseau pour qui hostilité au
théâtre, patriotisme, et valeurs bourgeoises sont synonymes. Citons Paul
Moultou, à l'époque jeune pasteur, qui déclare, dans une lettre à Jean-
Jacques Rousseau:

> Votre Livre est icy le signal de ralliement de touts les bons Citoyens,
> l'opprobre et l'effroy des méchans […] le Patriotisme ne parla jamais
> un plus touchant langage, l'ombre seule d'un républicain peut conser-
> ver tant de vie […] Il y a […] encore des mœurs parmi nous, mais ce
> n'est pas chez le plus grand nombre. Les Riches, depuis longtems
> corrompus, ont commencé a corrompre les pauvres en les avilissant.
> *Les vertus ne sont que dans la classe des homes* [sic] *mediocres*, parce
> que ce n'est que là que peuvent être les vertus des Républicains[12].

On dirait presque un manifeste pour la bonne bourgeoisie qui se trouve,
grâce à cette rhétorique enthousiaste, transformée en porte-parole de la
vertu républicaine.

---

[10] Pour les rapports entre Voltaire et Vernet voir Graham Gargett, *Jacob Vernet,
Geneva and the philosophes*, SVEC 321 (1994).
[11] Voir René Pomeau, *La Religion de Voltaire*, Paris, Nizet, 1974, p. 297-300 (Vernes),
p. 339-340 (Moultou), et Graham Gargett, *Voltaire and Protestantism*, SVEC 188 (1980),
p. 177-183 (Vernes), 198-205 (Moultou).
[12] Leigh 733, composée autour du 10 novembre 1758 (c'est nous qui soulignons). Voir
aussi la lettre d'un autre jeune pasteur, Daniel de Rochemont, à Rousseau (Leigh 732,
10 novembre 1758).

Dans un premier temps, Voltaire ne semble pas encore comprendre très clairement l'enjeu politique de ces différends, les interprétant uniquement dans un contexte religieux. Lorsque le Petit Conseil se croit obligé de prendre des mesures contre la participation genevoise dans les représentations théâtrales organisées par Voltaire à Ferney, il est naturel pour le philosophe d'y voir uniquement un exemple du pouvoir néfaste du clergé. Mais le compte rendu d'une réunion du Petit Conseil fait ressortir clairement l'élément politique qui sous-tendait cette décision – ceux qui y participaient appartenaient à la caste gouvernementale et se discréditaient aux yeux de leurs ennemis politiques par cette action[13]. Les mesures contre le théâtre de Voltaire furent donc prises pour des raisons politiques plutôt que religieuses, comme Jean-Robert Tronchin essaie de lui expliquer:

> […] tout se réduit à éprouver un des inconvéniens qui se rencontrent dans une Rép[publiqu]e, où les mœurs sont différentes de celles d'une Monarchie, et où l'opinion de la multitude est prépondérante […] (D9512, du 1er janvier 1761)

ROUSSEAU ET SON INFLUENCE

Si Voltaire incarnait l'attitude pro-française des «négatifs» et semblait leur allié naturel, Jean-Jacques Rousseau pour sa part symbolisait pendant quelques années les aspirations, voire l'identité même des représentants. Après la condamnation à Genève de l'*Emile* et du *Contrat social* en 1762, Charles Pictet, membre du Conseil des Deux Cents, accuse Voltaire d'avoir sollicité cette action[14], et de nouveaux bruits du même type circulent après l'expulsion de Rousseau du territoire bernois le 9 juillet[15]. En dépit de son intervention en faveur des Calas, l'impopularité de Voltaire semble pour l'instant assez générale à Genève, une lettre du Résident français, le baron de Montpéroux, au duc de Choiseul, faisant entendre que le Petit Conseil apprécie peu les rumeurs que Voltaire lui a rendu plusieurs services[16]. Paradoxalement, c'est le sort de Rousseau qui va contribuer à renforcer ce clivage naissant entre Voltaire et les négatifs.

Dépité par le manque de soutien qu'il croit recevoir de la part de ses concitoyens, le 12 mai 1763 Rousseau renonce à sa citoyenneté genevoise

---

[13] Voir D.app.199, du 27 novembre 1760.
[14] D10523, à Emmanuel Duvillard (22 juin 1762).
[15] Voir, par exemple, D10565 commentaire, et Leigh 1961.
[16] D10583, du 12 juillet 1762.

dans une lettre au premier syndic. Cette rupture provoque une série de manifestations de la part des représentants, manifestations où participent jusqu'à 450 citoyens et bourgeois (D11376, commentaire). Malgré son inimitié pour Rousseau, Voltaire décrit ce mouvement avec grande satisfaction (cf. sa lettre du 30 juin 1763 à la duchesse de Saxe-Gotha; D11286). Bien qu'il continue d'insister sur l'aspect religieux de la dispute (le scandale créé par la *Profession de foi du vicaire savoyard*), ce qui explique, du moins en partie, l'intérêt qu'il portera à Covelle et à «l'affaire de la génuflexion» (voir plus bas), le caractère politique de ces événements ne lui échappe plus. Déjà, le 18 janvier 1763, il assure d'Alembert que la condamnation de l'*Emile* «a été une affaire de parti dans la petitissime république» (D10922), message exprimé encore plus clairement au même correspondant le 28 septembre: «Jean Jaques il est vray a été condamné mais c'est parce que dans un petit livret intitulé contract social, il avait trop pris le parti du peuple contre le magistrat» (D11433).

1764 voit une détérioration rapide des rapports entre Voltaire et Rousseau. Vers la fin de l'année précédente le procureur général Jean-Robert Tronchin avait publié des *Lettres écrites de la campagne*, défense intelligente du droit «négatif» et du *statu quo*. Dans sa réponse, les *Lettres écrites de la montagne*, non seulement Rousseau pourfend Tronchin et ses semblables mais il accuse aussi Voltaire «d'être l'auteur du Sermon des Cinquante» (D12276). L'ire de Voltaire se comprend facilement, car le *Sermon* a été condamné aussi bien à Genève qu'en France où son auteur est théoriquement passible de la peine de mort. Peu surprenant donc qu'une lettre du 26 décembre à Gabriel Cramer (D12265) montre qu'il essaie d'utiliser l'influence qui lui reste auprès du Petit Conseil pour faire condamner Rousseau de façon encore plus éclatante. En même temps il riposte directement à Rousseau en publiant une brochure remplie de fiel, le *Sentiment des citoyens*, qui révèle que Rousseau a abandonné ses enfants, accusation qui va tourmenter celui-ci pendant le reste de sa vie. Bientôt (début 1765), Voltaire quitte Les Délices pour s'installer définitivement à Ferney, preuve évidente qu'il ne se sent plus très à l'aise à Genève. Ses anciens amis patriciens sont complètement revenus de leur enthousiasme initial, comme le démontre une lettre de Jean Du Pan, datée du 31 décembre 1764: «Voltaire mérite bien qu'on brûle ses ouvrages. Cet homme nous a bien fait du mal. On ne va plus chez lui. Ses connaissances lui font une visite ou deux par an, afin de ne pas rompre absolument» (D12276, commentaire). Pour sa part, Voltaire s'est ravisé sur la situation politique à Genève, commençant à s'intéresser de plus en plus aux représentants. Le 14 octobre 1765 il commente aux d'Argental: «il importe fort peu pour la France que Genève soit aristocratique ou Démocratique. Je vous avoue que je penche àprésent assez pour la Démocratie, malgré mes anciens principes, parce qu'il me semble que les magnates ont eu tort dans plusieurs points» (D12933). Le 26 octobre il va encore plus loin, prétendant ne jamais avoir entretenu des rapports sociaux avec les membres du Petit Conseil. Et d'ajouter: «[…] excepté les Tronchin et deux ou trois autres, ce tripot est composé de pédants du seizième siécle. Il y a beaucoup plus d'esprit et de raison dans les autres citoyens» (D12952).

Une des principales raisons de ce renversement assez spectaculaire est «l'affaire Covelle»[17]. Apparemment insignifiant et franchement cocasse à certains égards, l'incident a servi d'inspiration au poème héroï-comique *La Guerre civile de Genève*. Le début de l'affaire est simple, voire banal. Robert Covelle fait un enfant à une jeune «native», Catherine Ferboz. Cette atteinte aux mœurs est censurée par le Consistoire, qui le 1er mars 1764 condamne les malfaiteurs à demander pardon à genoux. Mais Covelle refuse d'obéir et demande huit jours de réflexion. Le 15 mars il persiste dans son refus et présente aux membres du Consistoire un mémoire justificatif. Il devient vite évident que c'est en réalité Voltaire et quelques amis genevois qui l'ont composé, ce qui explique l'ire croissante du Petit Conseil à l'égard de Voltaire et le début de revirement de la part des «représentants», jusque-là extrêmement méfiants à l'égard de l'hôte de Ferney.

Le Petit Conseil s'irrite pour une raison bien compréhensible. S'il y avait une division, une dissension, un point de vue différent – comme nous l'avons vu – entre certains aristocrates épris du théâtre et tentés par les attraits de la culture française et la plupart des pasteurs, toujours partisans d'une certaine sévérité calviniste à un niveau culturel (sinon théologique), dans les grandes occasions patriciens et pasteurs avaient presque toujours fini par resserrer les rangs et afficher l'unité[18]. Le refus de Covelle signifie donc un défi religieux à l'autorité du Consistoire, et un défi politique à l'autorité du Petit Conseil. Il s'agit bien d'un double défi, car le Consistoire symbolise le *statu quo* calviniste en vigueur à Genève: il ne comprend pas uniquement des pasteurs mais aussi des laïques. Donc,

---

[17] Voir surtout *La Guerre civile de Genève*, *OCV*, t. 63A, p. 6-10, et Jean-Pierre Ferrier, «Covelle, Voltaire et l'affaire de la génuflexion», in: *Bulletin de la Société d'Histoire et d'Archéologie de Genève*, 8 (1946), p. 217-25.

[18] Voir, par exemple, Graham Gargett, *Jacob Vernet, Geneva and the philosophes*, p. 45, n. 15.

même si Voltaire insiste sur la déconfiture de pasteurs comme Jacob Vernet en épousant si ouvertement la cause de «Monsieur le fornicateur», il n'en crée pas moins des difficultés pour les autorités politiques de la ville, ses anciens alliés. Et, bien qu'il persiste à décocher ses traits à Vernet et ses semblables, Voltaire en 1764 devait être conscient de la portée politique de son action et du fait que cette résistance ne représentait pas une brimade dirigée contre le seul clergé. En fait, il pouvait difficilement l'ignorer, car les porte-parole des bourgeois allaient commencer à modifier leur attitude hostile envers le grand auteur français.

VOLTAIRE NÉGOCIATEUR: LES REPRÉSENTANTS

Paradoxalement, la correspondance de Voltaire pour 1765 contient relativement peu de références aux «affaires de Genève» pendant les neuf premiers mois. Le 26 août, pourtant (D12851), il informe les d'Argental que «Montperoux, résident à Geneve, n'a pas longtemps à vivre» et propose «monsieur Astier, commissaire de marine en Hollande» pour le remplacer. Le même sujet est abordé dans plusieurs autres lettres (D12969, 12873, 12887), surtout celle du 21 septembre (D12895), où il annonce, avec un plaisir évident, que «tout le monde» croit qu'il a «bien du crédit». «Tout le monde demande la place de Montperoux», renchérit-il, et «tout le monde s'adresse à moy». En l'occurrence, c'est Hennin qui est nommé par Versailles, mais il n'arrivera à Genève que le 11 décembre (voir D13045), et l'intérim est assuré par Fabry, syndic du pays de Gex. Cette déclaration de Voltaire affirmant l'influence qu'on lui attribue est comme le prélude à plusieurs mois où il va déployer une activité fébrile, tout d'abord pour essayer de négocier un accord entre patriciens négatifs et bourgeois représentants, ensuite comme conseiller des natifs, jusque-là complètement exclus du drame politique.

Le 16 octobre Voltaire déclare que les «magnats» de Genève oppriment le peuple et prédisent que des troubles vont à nouveau sévir dans la petite république. Son propre point de vue ne semble pas douteux:

> [...] les citoiens ont raison contre les magistrats; car il est certain que le peuple ne veut que la liberté, et que la magistrature ambitionne une puissance absolue. Y a t-il rien de plus tiranique par éxample, que d'ôter la liberté de presse? et comment un peuple peut-il se dire libre quand il ne lui est pas permis de penser par écrit. (D12938, à Damilaville)

A en juger par les événements ultérieurs, il est plus que probable que Voltaire avait déjà établi des contacts avec des porte-parole des représentants à cette date. Quoi qu'il en soit, peu après il échange plusieurs lettres avec Jean de Luc, un des partisans les plus dévoués et les plus fidèles de Rousseau, échange où – des deux côtés – les extravagances du passé sont expliquées et regrettées. D'ailleurs, de Luc rend visite à Voltaire (voir D12948), sous le prétexte de rechercher les «anciens tîtres» de Ferney, qui aurait appartenu à ses ancêtres[19]. Le 27 octobre Voltaire écrit à Pierre Lullin, secrétaire du Petit Conseil, l'assurant de son «zèle» pour «le conseil de Genêve» et l'invitant à «venir dîner à Ferney» (D12955). A peine quinze jours plus tard (le 13 novembre), il apprend à Jacob Tronchin – dans une lettre ostensible – qu'il a «eu l'honneur de recevoir [chez lui] quelques magistrats et quelques principaux citoyens du parti qu'on dit oposé». Et de proposer que, «dans les circonstances présentes, il [ne] fût pas mal à propos que deux de vos magistrats des plus conciliants, me fissent l'honneur de venir diner à Ferney, et qu'ils trouvassent bon que deux des plus sages citoiens s'y rencontrassent» (D12976). En dépit de ses dénégations («Il ne m'appartient pas d'être conciliateur, je me borne seulement à prendre la liberté d'offrir un repas où l'on pourrait s'entendre»), c'est bel et bien au rôle de négociateur que Voltaire se destine. Le 18, ayant dûment discuté l'offre de Voltaire, le Conseil demande à Tronchin d'aller «dire de bouche au Sr De Voltaire que le Conseil est sensible aux expressions de sa Lettre mais que n'ayant pas le droit de transiger sur la Constitution du Gouvernement L'entrevuë ne peut aboutir à rien, & qu'il tâche de l'en persuader le plus civilement qu'il lui sera possible» (D12976 commentaire). C'est donc un «non», poli mais ferme. Mais ce «non» n'a que peu d'effet sur Voltaire.

Deux jours avant la décision du Conseil, jour où commence à Genève un refus pendant des semaines, de la part des bourgeois et citoyens, d'élire des magistrats, Voltaire écrit au marquis de Florian qu' «il y a de part et d'autre des gens de mérite, mais ce sont des mérites incompatibles» (D12988). Implication inévitable? Non seulement – quoi qu'en dise Voltaire – il faut un négociateur, mais un négociateur de génie qui saura sortir de ce cercle vicieux, et ce négociateur – bien entendu – ne peut être que Voltaire lui-même. La preuve c'est que lc 21 novembre, à peine après avoir reçu la réponse du Conseil à ses précédentes suggestions, Voltaire adresse une deuxième lettre à Pierre Lullin. Cette fois il informe Lullin (et par extension les membres du Petit Conseil) que «Ce matin quatre citoyens m'ont fait dire qu'ils voulaient me parler; je leur ai envoié un carosse, je leur ai donné à diner, et nous avons discuté leurs

---

[19] Voir aussi D12999.

affaires» (D12994). A en juger par ce début de lettre, on croirait un
Voltaire surpris par une approche apparemment spontanée, mais ce conciliateur si enthousiaste et si déterminé se trahit un peu plus tard dans la
même courte missive: «J'avais imaginé un tempérament», ajoute-t-il,
«qui semblait assurer l'autorité du Conseil, et favoriser la liberté des
citoiens». Il *l'avait* imaginé! Donc, c'est plutôt Voltaire qui a convoqué
les quatre citoyens pour leur exposer ses idées de pacification que des
bourgeois qui se soient adressés à lui de leur propre initiative! D'autres
lettres confirment encore plus cette impression (par exemple, D12996).
D'ailleurs, la lettre de Pierre Lullin à Jean-Pierre Crommelin du
22 novembre révèle que, pendant une visite qu'il avait faite à Voltaire le
14 du même mois, pour l'informer de la réaction du Conseil à leur précédente conversation, Voltaire lui avait fait des réflexions extrêmement
intéressantes:

> [...] j'imagine qu'on pourroit contenter les Représentans en trouvant
> un expédient qui donnât de l'efficace aux Représentations mais qui les
> rendit extrêmement rares. Pour cela je pense qu'il faudroit fixer le
> nombre des Représentans, leur âge & leur qualité afin que le Conseil
> y ait égard. Si on poussoit ce nombre jusqu'à 6 ou 700, je doute qu'il
> fût aisé de persuader un si grand nombre de Citoyens à moins que le
> Grief ne fût évident [...][20].

Ces idées très pratiques, Voltaire les développera dans ses *Propositions à examiner pour apaiser les divisions de Genève* et ses *Réflections
sur les moyens proposés pour appaiser les troubles de la ville de Genève*[21].
L'activité de Voltaire a donc été constante, en dépit du premier refus de
Conseil. Un deuxième «non» ne le découragera pas beaucoup plus. Le
25 novembre, en effet, les magnifiques seigneurs ordonnent à nouveau à
Lullin d'aller à Ferney informer Voltaire le lendemain qu'ils rejettent son
intervention. Ceci pourtant n'arrête nullement celui-ci qui – le même
jour – envoie à de Luc de nouvelles réflexions sur les articles cruciaux
de la dernière médiation et réitère ses idées le 27 novembre aux d'Argental. L'opposition du Conseil l'a même confirmé dans ses notions!

> Ce qui pourrait me faire croire que j'ai rencontré assez juste, c'est
> qu'ayant proposé en général le nombre de sept cents citoyens, pour
> exiger une assemblée du corps entier de la république, ce nombre a
> paru trop fort aux citoyens, et trop petit aux magistrats. Par conséquent
> il ne s'écarte pas beaucoup du juste milieu que j'ai proposé, puisque
> l'assemblée générale n'est presque jamais composée que de treize

---

[20] D12999.
[21] Voir D12996, commentaire, n. 1, et Fernand Caussy, «Voltaire pacificateur de
Genève», in: *Revue Bleue*, 9 (1908), p. 9-15, pour les *Propositions*.

cents tout au plus, et qu'il n'y a qu'un seul exemple où elle ait été de quatorze cents. (D13006)

Et pourtant, deux jours après, Voltaire informe ses «anges» qu'il ne peut pas faire tout ce qui est nécessaire pour mener à bien ces négociations. Il feint de s'effacer derrière Fabry, en attendant l'arrivée de Hennin, mais le texte même qu'il leur envoie montre assez clairement qu'il n'a renoncé à rien, car il insiste que son «rôle est de jeter de l'eau sur les charbons ardents allumés par Jean Jacques» (D13011).

Or, aussi peu probable que puisse paraître cette déclaration, elle n'était pas complètement dénuée de vérité. Non seulement Voltaire entretenait déjà de bien meilleures relations avec Jean de Luc, il amadouait aussi François-Henri d'Ivernois, un des partisans les plus fervents de Rousseau (cf. D13008). Et, bien que restant sur ses gardes, d'Ivernois ne manque pas d'être affecté jusqu'à un certain point non seulement par les paroles de Voltaire mais encore plus par ses actions. Il s'ouvre longuement à Rousseau le 23 décembre 1765 (Leigh 4921) et, étonnamment peut-être, la réponse de Rousseau n'est pas pour décourager cette nouvelle politique: «Je suis très fâché que vous n'ayez pas été voir M. de Voltaire […] Quel que soit l'homme qui vous rendra la paix et la liberté, il me sera toujours cher et respectable»[22]. Vu ces réactions dans le camp représentant et «rousseauiste», il faut avouer que Voltaire se trouvait effectivement parmi les mieux placés à Genève pour négocier entre les deux groupes. Du moins, c'est ce dont il était convaincu lui-même.

Avouons aussi qu'en dépit de son empressement un peu naïf à jouer le rôle de conciliateur Voltaire ne manquait pas de clairvoyance. Aux d'Argental, le 14 décembre, il déclare que «[la comédie] de Genève ne finira pas sitôt; je crois entre nous», ajoute-t-il, «que le conseil s'est trop flatté que m. le duc de Praslin lui donnerait raison en tout. Cette espérance l'a rendu plus difficile, et les citoyens en sont plus obstinés» (D13036). Loin de s'effacer, il propose à Hennin immédiatement après l'arrivée de celui-ci à Genève de lui remettre «un mémoire de deux avocats de Paris, sur les tracasseries de Genève»; «vous verrez», affirme-t-il, «que l'ordre des avocats en sait moins que vous». Drôle de compliment à celui qui allait représenter la France et que Voltaire lui-même avait déjà caractérisé comme l'homme de la situation. Hennin a dû comprendre dès le début à quel point son propre rôle serait difficile et délicat.

Dans les jours qui suivent, il commence de plus en plus à être question d'une nouvelle médiation. Convaincu qu'il vaut mieux l'éviter, Voltaire

---

[22] Leigh 4945, du 30 décembre 1765.

avertit de Luc qu'on «ne peut prévoir le jugement» d'une telle intervention et «qu'un rapprochement avec les magistrats n'est peut-être pas
impossible», se proposant à nouveau comme intermédiaire[23]. Dans la
perspective d'une éventuelle médiation, il essaie d'ailleurs de s'assurer
de la présence d'un médiateur français convenable, c'est-à-dire bien instruit du bien-fondé de la cause des représentants. Son candidat préféré est
Hennin, mais celui-ci s'y refuse, donnant d'ailleurs d'excellentes raisons.
Par-dessus tout, Voltaire s'ingénie à éviter l'éventualité d'une intervention étrangère. Refusant d'être dépité par deux refus ou de se croire mar-
ginalisé quelque peu par la présence d'un nouveau Résident français,
il s'adresse une troisième fois à Jacob Tronchin, canal de communication
avec le Petit Conseil de Genève:

> Si la médiation vient pour la seconde fois en attendant une troisième,
> vous m'avouerez qu'il n'est pas plaisant de montrer à l'Europe qu'on
> a besoin de précepteurs.
> La grande question qu'on agitera sera celle de l'effet des représenta-
> tions. Il peut arriver que les médiateurs soient frappés de la raison
> qu'apportent les citoyens. Faudra-t-il disent ils que nos remontrances
> soient toujours sans effet, que nous servirait un droit qu'on pourrait
> toujours rendre inutile? &c.
> Si donc le Conseil voulait spécifier quelques cas où ce droit aurait
> toute sa plénitude, ne serait ce pas un moyen de ramener le peuple?
> Je suppose qu'on accorde que quand la majorité des citoyens viendra
> se plaindre de l'infraction d'une loi reconnue, le Conseil portera la
> requête aux Deux Cents & si la majorité des Deux Cents trouve la
> plainte fondée, elle sera portée au Conseil général. Il me semble
> qu'alors le Conseil ne perd rien de sa dignité ni de son autorité, le
> peuple est très content, & la confiance doit renaître. (D13065)

Certains de ces arguments sont plus que clairvoyants, mais – encore
une fois, cette fois la troisième – les conseillers ne voulurent absolument
pas écouter des propositions de ce type. A cette occasion la réaction est
bien plus rapide et bien plus sèche qu'aux deux premières[24]. La fin de
l'année 1765, paradoxalement le moment où Rousseau donne pour ainsi
dire sa permission à ses partisans de travailler avec Voltaire, semble bien
marquer la fin de la carrière de celui-ci comme négociateur/conciliateur
extraordinaire dans les affaires de Genève.

La raison en est bien évidente. Le Petit Conseil demande officiellement une médiation. Dans une situation où il va y avoir non seulement
un médiateur, mais trois, représentant le vrai pouvoir, c'est-à-dire les

---

[23] D13064, du 27 décembre 1765.
[24] Voir D13065 commentaire.

trois puissances garantes de la constitution de Genève, la France, Berne et Zurich, il restera peu de place pour un conciliateur officieux comme Voltaire. Celui-ci est pourtant lent à s'en rendre compte, paraît-il. Tout d'abord, il fait tout son possible pour que son ami de toujours, d'Argental, devienne le plénipotentiaire français. Lorsque la nomination du chevalier de Beauteville, ambassadeur français aux cantons suisses, est annoncée, loin de s'en offusquer, il exprime sa satisfaction (D13139), et quand le plénipotentiaire arrivera à Genève, Voltaire s'y montrera extrêmement aimable et s'ingéniera à gagner de l'influence chez ce nouveau représentant de la France. Mais brusquement le rythme s'accélère à nouveau, car les natifs, jusque-là silencieux, décident que la Médiation est bien le moment pour eux d'intervenir et d'essayer d'améliorer leur sort.

VOLTAIRE CONSEILLER DES NATIFS

Les débats que nous avons décrits sur la dispute entre négatifs et représentants devraient provoquer certaines réflexions; ils l'ont certainement fait chez Voltaire lui-même. Car, par rapport aux 20.000 âmes qui constituaient la population de la Genève de cette époque, les quelque 1.300 à 1.500 membres du Conseil soi-disant Général étaient très loin de représenter la majorité des Genevois. Evidemment, il faut faire abstraction des enfants, et bien entendu – à l'époque dont il s'agit – des femmes. Mais, même en leur absence, toute une catégorie restait absente de la vie politique genevoise: il s'agissait, bien entendu, des quelque 2.000 natifs, devenus beaucoup plus nombreux au siècle précédent, vu l'afflux de réfugiés protestants à Genève, surtout au moment de la Révocation de l'édit de Nantes et juste après[25]. Les plus riches parmi les nouveaux arrivés avaient pu acheter la bourgeoisie, créant une hostilité considérable parmi les natifs «autochtones», dont bon nombre était des maîtres-horlogers. Non seulement ils étaient complètement dénués de droits politiques, leur vie professionnelle aussi était strictement réglée. Si leurs droits professionnels avaient été plus clairement énoncés que dans le passé dans la Médiation de 1738, une marge d'action très large était laissée au Petit Conseil, qui pouvait apparemment en modifier les dispositions, et la

---

[25] D'après Pierre Bertrand, *Genève et la Révocation de l'Edit de Nantes*, Genève, J. Soullier, 1935, p. 52, environ 1.000 réfugiés étaient arrivés à Genève dans les vingt ans avant la Révocation, mais une proportion considérable rentrèrent chez eux ou s'établirent ailleurs en Suisse.

bourgeoisie – autrement dit ces «représentants» théoriquement si enthousiastes de la démocratie – avaient cherché à restreindre le peu de droits
des natifs encore plus, d'où une hostilité viscérale entre ces deux groupes.
Traditionnellement, d'ailleurs, et bien que se rangeant quelquefois du
côté des représentants, les natifs avaient considéré le Petit Conseil comme
leur défenseur. En 1766, au début, c'est surtout leurs droits économiques
et professionnels que les natifs cherchent à établir et défendre, initialement se montrant assez timides à l'égard de la dimension politique.

Tous ces éléments se voient dans la lettre adressée autour du 5 avril
1766 à Voltaire, par Georges Auzière, «monteur en boîtes d'horloge-
rie»[26], d'un commun accord chef des natifs. Tout d'abord, elle exprime
leur haine des prétentions bourgeoises, et de l'influence de Rousseau,
guide et inspiration des représentants: «Rousau leur donne si souvent le
nom de souverain qu'ils ont cru devoir s'en servir à nous faire des injustices», déclare Auzière. Et de renchérir: «Ils ont cru être la noblesse de
Pologne et qui nous devait traiter comme des serfs!» Vient ensuite le
grief économique: «Nous serions déjà exclus du commerce et de toute
profession honoraire sans la justice des conseils». Cette préoccupation
des natifs à l'égard de leurs droits économiques et l'explication de leur
traditionnelle loyauté envers le Petit Conseil est exposée encore plus clairement dans une deuxième lettre d'Auzière à Voltaire, envoyée autour du
10 avril (D13247):

> Il ne nous resta plus d'espérance que dans la justice des conseils. Aussi
> notre attente ne fut point trompée […] et les pères de la patrie ne vou-
> lurent pas déjeter des enfants qui avaient toujours montré de l'amour
> et du respect pour leurs magistrats.

L'affaire des natifs a vite créé des problèmes de taille pour Voltaire.
Ayant conseillé à ces démunis de manifester leur présence au Médiateur
français, il les aide à rédiger un compliment de circonstance. De plus,
grâce à son influence auprès du secrétaire du chevalier de Beauteville,
Taulès, il réussit aussi à leur ménager un rendez-vous avec le médiateur
français, le 20 avril, à l'Hôtel de France[27]. Malheureusement, cette entrevue se passe mal. Beauteville répond sèchement au discours improvisé
par Auzière, qui demande que la position des natifs soit prise en compte
par les médiateurs. La lettre d'Auzière à Voltaire du 20 avril (D13260)
illustre la déception des natifs, mais Voltaire les encourage à poursuivre

---

[26] *Vst*, t. 2. p. 261.
[27] Cf. D13260, du 20 avril (Auzière à Voltaire); Jane Ceitac, *Voltaire et l'affaire de
natifs*, p. 39; Cornuaud, *Mémoires*, p. 17.

leur campagne et rédige une requête à partir de mémoires historiques qu'ils lui transmettent (voir D13247, D13248, D13262 et D13263).

Au fond, et surtout dans un premier temps, les médiateurs semblent quelque peu perplexes devant cette intervention inattendue. Le gouvernement genevois, en dépit des apparences, ne prend pas trop au sérieux les agissements des natifs, dont les représentants étaient déjà venus voir les syndics Jallabert et Buisson[28]: si Auzière est arrêté et mis en prison, il n'y reste que trois jours. Le rôle de Voltaire est vite découvert, tout d'abord par Beauteville, ensuite par les autorités de la ville: cette fois, pour le Petit Conseil, son célèbre mais énervant voisin a dépassé la mesure (voir D13274, commentaire). Du côté français aussi Voltaire se fait tancer par tout le monde, à commencer par Taulès qui déclare: «je ne dois pas vous cacher que son excellence [Beauteville] est très affligée d'entendre souvent parler de vous à cette occasion; votre repos lui est aussi précieux que votre gloire»[29]. Réprimandes aussi de la part du Résident Hennin (D13286), et de Choiseul[30]. Voltaire peut difficilement faire autre chose que s'incliner, ce qu'il fait longuement dans une lettre à Choiseul qui doit dater d'à peu près le 18 mai:

> Les natifs de Geneve vinrent me trouver il y a quelques jours et me prier de leur faire un compliment qu'ils devaient présenter à Messieurs les médiateurs [...] Ils revinrent après me communiquer une requête qu'ils voulaient donner à mrs les plénipotentiaires; je leur recomanday de ne choquer ny leurs supérieurs ny leurs égaux. Je n'ay eu aucune autre part aux divisions qui agitent la petite fourmillière. Je demeure à deux lieues de Geneve, j'achève mes jours dans la plus profonde retraite. Il ne m'apartient pas de dire mon avis quand des plénipotentiaires doivent décider.
> Soyez donc très persuadé mon protecteur qu'à mon âge je ne cherche à entrer dans aucune affaire et surtout dans les tracasseries génevoises. (D13305)

Peut-on s'incliner plus profondément? Mais dans quelle mesure Voltaire dit-il la vérité?

La première chose à observer à propos de toute cette affaire c'est que Voltaire n'a certainement pas été à l'origine des réclamations des natifs. Or, on ne peut évidemment pas faire confiance à ses propres dénégations, qu'il s'agisse de sa lettre à Choiseul ou de sa missive à Taulès («Je ne connais point les rubriques de la ville de Calvin et je ne veux point les

---

[28] Cornuaud, *Mémoires*, p. 25-28.
[29] D13279, du 1er mai 1766.
[30] D13298, du 12 mai 1766.

connaitre. Une vingtaine de natifs est venue me trouver [...]»)[31] car il tient naturellement à se justifier devant les autorités françaises. Pourtant ses dires sont confirmés par d'autres sources. D'après Cornuaud, les contacts de Voltaire avec les natifs semblent dater de l'année précédente, l'initiative venant de la part de ces derniers[32]. Depuis des années en effet, certains natifs réagissaient contre leur statut d'infériorité, déploraient leur situation, cherchaient des moyens de l'améliorer[33]. Il est peu surprenant que l'approche de la Médiation leur semble une occasion d'exprimer ces griefs et d'obtenir quelque soulagement. Ils rédigent donc un mémoire revendicatif mais craignent – à juste titre – qu'il ne soit mal écrit. L'idée de faire appel à Voltaire, aussi bien au niveau humanitaire que littéraire, leur semble des plus naturelles. Non seulement il vient de faire parler beaucoup de lui après ses menées en faveur des représentants mais aussi, après une tiédeur initiale à Genève, il jouissait d'un énorme prestige grâce à son action pour aider la famille Calas. D'après Jane Ceitac, «Les Natifs différaient d'avis: fallait-il s'adresser à la Médiation ou au Conseil? Il fut [...] décidé d'écrire à Voltaire pour lui demander de trancher»[34]. Une deuxième confirmation que Voltaire fut sollicité plutôt que solliciteur est d'ailleurs fournie par une source peu suspecte d'indulgence envers lui, à savoir le plénipotentiaire français. Or, Beauteville déclare à Choiseul:

> Depuis quelques tems on appercevoit du mouvement parmi les natifs de cette Ville. Comme leur nombre surpasse de beaucoup celui des citoyens, leurs fréquentes assemblées commençoient à inquiéter le gouvernement. Les magistrats les soupçonnoient d'intelligence avec les Représentants, et ceux ci répandoient que les magistrats cherchoient à s'en faire un rempart contre la Bourgeoisie (D13282).

Mais si les natifs sont critiqués dans cette lettre du 2 mai, c'est Voltaire qui en est la cible principale. Comment est-il arrivé à se brouiller si complètement avec un médiateur français dont il saluait l'arrivée quelques semaines plus tôt?

La raison saute aux yeux, nous semble-t-il: Voltaire eut tort parce qu'il lui vint l'idée littéralement incompréhensible de soutenir les prétentions et les prétendus droits de la classe la plus basse à Genève ou, pour

---

[31] D13275, du 30 avril 1766.
[32] Voir Cornuaud, *Mémoires*, p. 10: «Après plusieurs conférences [...], ils [Auzière et un autre natif] conclurent d'exposer leurs réflexions à M. de Voltaire et de lui demander des conseils».
[33] *Vst*, t. 2. p. 261; Jane Ceitac, *Voltaire et l'affaire des natifs*, p. 34.
[34] Jane Ceitac, *Voltaire et l'affaire des natifs*, p. 36.

s'exprimer dans une terminologie pseudo-marxiste, des ouvriers ou du prolétaire. Une telle démarche est inacceptable aux citoyens et bourgeois, aux négatifs, aux médiateurs suisses et – à plus forte raison encore – à cette aristocratie française que représente le duc de Choiseul et cet Ancien Régime qu'il incarne si bien. Ce grand seigneur d'ailleurs s'intéresse si peu aux natifs qu'il n'arrive même pas à se souvenir de leur nom! Face aux plaintes qu'il reçoit de Beauteville, Choiseul tance Voltaire dans une lettre de réprimande qui en dit long sur cette comédie de la Médiation, processus dont le résultat aurait dû être prévu dès le début. «Ma chère marmotte [des Alpes]» commence-t-il, «votre guerre de Genève m'ennuie à mort, et surtout les démagogues, ce qui en français veut dire bourgeois». Bien entendu, un grand seigneur «qui sait précisément à quelle heure le roi se lève, à quelle heure il se couche»[35], trouvera plus qu'ennuyeuse une aussi petite ville que Genève, qui d'ailleurs a fait preuve du mauvais goût historique de devenir protestante. Naturellement, des bourgeois qui réclament des droits sont des démagogues; qui pourrait en douter? Mais il y a mieux: «je trouve que l'ambassadeur du roi joue dans cette ville un personnage peu séant», ajoute Choiseul. Sa raison? «[…] j'aurais cru qu'à son premier mot le calme devait être rétabli; il ne l'est pas; il faut qu'il se taise et s'en aille, ou bien qu'il fasse entrer des troupes pour mettre tout le monde à la raison.» Et c'est ce qui va finir par se produire, ou presque, car au lieu d'une occupation il va y avoir un blocus. Quant à Voltaire, pour Choiseul il a «mal fait de mettre en français le compliment des neutres; on [Beauteville] s'en est plaint à moi». Si on pouvait croire que Choiseul avait eu la moindre vraie lueur d'esprit, «neutre» n'aurait pas été un mauvais surnom pour les natifs puisque – comme nous l'avons vu déjà – ils étaient en réalité, en un certain sens, neutres dans cette dispute entre patriciens et bourgeois. Mais il est évident que Choiseul ne l'entendait pas ainsi. La chose la plus extraordinaire dans tout ceci, nous semble-t-il, c'est que Voltaire, généralement si grisé – tentation assez naturelle – par la proximité du pouvoir, n'ait suivi les consignes de Choiseul qu'à contre-cœur. Cet homme qui a si souvent exprimé son dégoût à l'égard de la «canaille», a su vraiment sympathiser avec des hommes comme Auzière et Sylvestre, des autodidactes, des ouvriers qui avaient toujours gagné leur vie, à la différence de seigneurs comme Choiseul qui tout au plus s'étaient donné la peine de naître. Quoi qu'il en soit, Voltaire dans cette circonstance s'est vraiment révélé

---

[35] *Lettres philosophiques*, éd. Gustave Lanson, nouveau tirage revu et complété par André M. Rousseau, Paris, Didier, 1964, t. 1, p. 122 (fin de la lettre 10).

capable d'évoluer dans ses idées et ses attitudes. Comme l'a écrit très justement Jane Ceitac :

> Si l'incident n'eut pas de suites pour Voltaire, remarquons, malgré tout, qu'il avait exposé sa tranquillité, et que les conséquences auraient pu être graves pour lui. Le geste d'humanité qu'il avait fait en faveur d'une classe de déshérités fut taxé de malveillance. Pourtant, Voltaire aurait pu apprendre à ses dépens que l'on n'est pas «humain» impunément[36].

Le résultat de la Médiation fut en effet plus que décevant aussi bien pour les natifs que pour les représentants. Le *Projet de Reglement de l'Illustre Mediation, pour la Pacification des dissentions de la République*[37] fut approuvé par le Conseil des Deux Cents le 23 novembre 1766. Globalement, ce projet soutenait très puissamment le *statut quo*, affirmant le droit négatif des patriciens genevois et repoussant les demandes faites par les deux groupes défavorisés: en particulier, il restreignait le droit de faire des représentations (article v) et de voter les impôts («le nombre de ceux qui porteront la Représentation aux Sindics […] ne pourra excéder celui de douze personnes, prises ensemble ou séparément») (p. 16-17). De plus, le Conseil Général ne pourrait plus refuser d'élire les candidats que le Petit Conseil lui proposait. A l'égard des natifs, l'article xv du Projet confirmait les articles xxxvi et xxxvii du Règlement de 1738. S'il y est dit que les natifs «pourront trafiquer des ouvrages de leurs professions respectives fabriqués dans la Ville, en se conformant aux Réglemens sur leurs dites professions, & aux Ordonnances sur le Commerce», et qu'ils «seront aussi admissibles à une des places de Jurés dans toutes les Maitrises où il y aura plus de deux Maitres Jurés», par contre «Toute prétention ultérieure, de quelque espèce qu'elle soit, est déclarée nulle», et les assemblées ou «attroupements» «leur sont expressément interdites sous de griéves [*sic*] peines» (p. 35-6). Une précision ultérieure, demandée par les natifs, fit voir qu'au fond ils n'avaient obtenu rien de nouveau, et que les autorités tenaient beaucoup plus à désamorcer le mécontentement des représentants qu'à améliorer le sort des natifs. Les *Notes additionnelles au Projet* affirment que si l'intention «n'a pas été que les Maîtres Natifs ne puissent pas trafiquer des ouvrages relatifs à leurs Professions respectives, fabriqués dans la Ville, et exécuter les commissions qui leur viennent du dehors», en même temps, «en admettant les Natifs à une des places de Jurés dans toutes les Maîtrises

---

[36] Jane Ceitac, *Voltaire et l'affaire des natifs*, p. 61.
[37] S.l.n.d., 56 pages (Genève, BPU, Gf1423).

où il y aura plus de deux Maîtres Jurés, [on a voulu] accorder à plus fortes raisons le même droit aux Bourgeois»[38]. Le résultat de ces décisions était prévisible. «Face à de si maigres avantages», commente Jane Ceitac, «les Natifs décidèrent de faire une assemblée aux Bastions le 7 décembre pour demander aux syndics une réponse aux mémoires de la communauté», mais le Conseil refusa immédiatement de tenir compte d'une démarche interdite par la loi[39].

LES SUITES DE L'«AFFAIRE DES NATIFS» ET LES MOTIFS DE VOLTAIRE

A la longue, Voltaire finira par avoir sa revanche. Les natifs continuent de réclamer leurs droits, les troubles politiques de Genève ne s'arrêtent pas; en 1770 des émeutes ont lieu après lesquelles le gouvernement fait exiler les chefs des natifs. Beaucoup d'autres prennent le chemin de l'exil volontairement, et bon nombre de ces exilés s'installent chez Voltaire, à Ferney, d'où sa petite colonie d'horlogers dont il sera si fier. Si le projet d'établir un port à Versoix, grandiosement appelée Choiseul-Ville et où Voltaire veut installer un régime de tolérance religieuse pour attirer des Genevois las des conditions restrictives et des troubles politiques de leur petite ville, échoue, le patriarche se réjouit du succès de sa propre colonie. Il informe le marquis de Jaucourt que:

> Les âmes tolérantes et sensibles seront encor fort aises d'apprendre que soixante huguenots vivent avec mes paroissiens de façon qu'il ne serait pas possible de deviner qu'il y a deux relligions chez moy. Voilà qui est consolant pour la philosophie et qui démontre combien l'intolérance est absurde et abominable[40].

Cette prétendue idylle est décrite maintes fois dans la correspondance de Voltaire[41].

Dans les études consacrées jusqu'ici à «l'affaire des natifs», beaucoup d'encre a coulé sur les motifs de Voltaire. Or, il nous semble que ce sont moins les *intentions* de Voltaire qui comptent que les *idées* qu'il expose et développe dans la lutte pour promouvoir les valeurs de tolérance et de

---

[38] Cité dans Cornuaud, *Mémoires*, p. 58-9, et dans Jane Ceitac, *Voltaire et l'affaire des natifs*, p. 99.
[39] Jane Ceitac, p. 99.
[40] D16325 (avril ou mai 1770).
[41] Cf. D16366, D16525, D16612, D16615, D16806. D17342, D17420, D17692, et D1843. Voir aussi Moland, t. 1, p. 106.

justice dans un contexte plus général et non seulement dans la parvulis-sime cité de Calvin. Disons pourtant quelque chose sur Voltaire diplo-mate, conciliateur, négociateur. Il est facile, trop facile, de se moquer de ses prétentions et de ses actions. Certes, il a échoué, en un sens, il a froissé beaucoup de personnes, même parmi ses amis; on lui en a voulu de son intervention à Genève, et à son tour Voltaire en a souffert – la preuve la plus évidente c'est le ton aigre et la satire souvent virulente qui caractérisent *La Guerre civile de Genève*. Mais la Médiation elle aussi a échoué. Quant à lui, le Magnifique Conseil de Genève a certainement échoué en ce sens que les troubles ont continué et qu'il y a même eu une espèce de révolution en 1782. Peut-on donc dire que Voltaire a échoué plus que les autres intervenants dans ce petit drame? Il s'est sans doute montré trop naïf à certains égards, mais les autres ont fait preuve de défauts plus graves; l'intransigeance complète des membres du Petit Conseil ne se basait par exemple sur aucun principe à part le désir de maintenir des privilèges hérités du passé – on pourrait citer cette attitude comme parfaitement exemplaire de l'esprit d'Ancien Régime. Encore une évidence: un négociateur de bonne foi court toujours le risque de déplaire à tout le monde, comme on le voit dans quelque conflit que ce soit, même – ou surtout – de nos jours. D'ailleurs, on sait bien depuis Bayle qu'il est impossible de se montrer complètement neutre.

A un niveau pratique, pourtant, Voltaire ne connaissait pas si mal les pratiques qui doivent être employées par un négociateur compétent. Il a essayé de rester en bonnes relations avec les différents groupes. D'ailleurs il était certainement bien plus ouvert, averti et souple dans ses attitudes que les aristocrates français ou les bourgeois suisses de Berne et de Zurich. Ce gentilhomme de la chambre du roi très chrétien semble avoir été vraiment «converti» par les natifs, et montre beaucoup de patience avec eux. Autant qu'il peut, il leur donne de bons avis. Certes, il a ses propres motifs, mais on peut difficilement dire que son comportement révèle uniquement un fond de cynisme. Le fait qu'il soit resté en contact avec les natifs, même après les avertissements de Choiseul, montre qu'il ne consultait pas uniquement ses propres intérêts[42]. De plus, dans tout cet imbroglio entre les différents groupes à Genève Voltaire a fait des pro-positions sensées. Il a bien étudié les questions et il a certainement maîtrisé son dossier. Il a fait appel à des experts (les avocats de Paris).

---

[42] Voir, par exemple, Cornuaud, *Mémoires*, p. 53-4. Un deuxième mémoire ayant été composé en faveur des natifs, non seulement Voltaire en est-il informé, mais son auteur, Bérenger, lui est présenté aussi en septembre 1766.

Il a compris surtout que tout le monde doit céder quelque chose et obtenir quelque chose, et qu'il faut toujours permettre aux gens de «sauver la face». Aux natifs, il recommande très intelligemment de se ménager des appuis chez les patriciens et les représentants: «Vous êtes entre deux partis également puissants, vous serez victimes des intérêts de l'un ou de l'autre et peut-être de tous les deux ensemble [...] Tâchez de vous donner de l'importance auprès des deux partis»[43]. Si le Petit Conseil avait accepté les propositions de Voltaire sur la convocation du Conseil Général, il aurait gardé l'essentiel de son pouvoir et évité une intervention étrangère, intervention qui (comme Voltaire l'avait prédit) prouvait l'instabilité fondamentale de ce petit état et son incapacité de se gouverner.

Dans l'article «Des lois» du *Dictionnaire philosophique* (section ajoutée en 1767), Voltaire commente:

> Il m'a paru que la plupart des hommes ont reçu de la nature assez de sens commun pour faire des lois; mais que tout le monde n'a pas assez de justice pour faire de bonnes lois[44].

Ce problème concerne l'égoïsme humain, qui peut nous affecter tous:

> Le bien et le mal sont souvent voisins; nos passions les confondent: qui nous éclairera? nous-mêmes quand nous sommes tranquilles[45].

Pour Voltaire, le problème au fond c'est l'égoïsme de ceux qui gouvernent ce monde ici-bas ou de ceux qui ont du pouvoir et qui veulent absolument le garder: les conquérants, les prêtres, mais aussi – pourrait-on ajouter – les membres du magnifique Conseil de Genève. Nous avons tous assez de «sens commun» pour saisir les règles qui feraient marcher nos sociétés humaines paisiblement:

> Assemblez d'un bout de la terre à l'autre les simples et tranquilles agriculteurs: ils conviendront tous aisément, qu'il doit être permis de vendre à ses voisins l'excédent de son blé, et que la loi contraire est inhumaine et absurde; que les monnaies représentatives des denrées ne doivent pas plus être altérées que les fruits de la terre; qu'un père de famille doit être le maître chez soi; que la religion doit rassembler les hommes pour les unir, et non pour en faire des fanatiques et des persécuteurs; que ceux qui travaillent, ne doivent pas se priver du fruit de leurs travaux pour en doter la superstition et l'oisiveté; ils

---

[43] Voltaire à un groupe de natifs, le 5 avril 1766; cite dans Cornuaud, *Mémoires*, p. 26-27.

[44] *Dictionnaire philosophique*, éd. sous la direction de Christiane Mervaud, *OCV*, t. 36, p. 317-318.

[45] *Dictionnaire philosophique*, article «Du juste et de l'injuste», *OCV*, t. 36, p. 282.

feront en une heure trente lois de cette espèce, toutes utiles au genre humain[46].

Il nous semble que plusieurs conclusions découlent de ce texte. Tout d'abord, les lois qui existent peuvent être (et souvent sont) très injustes, et cela pour plusieurs raisons. Elles peuvent être injustes en reflétant et perpétuant des injustices et des inégalités sociales héritées du passé (le système judiciaire en France; le manque de représentation politique de certains groupes à Genève). Deuxièmement, elles peuvent être injustes en reflétant tout simplement la volonté d'un tyran ou d'un petit groupe (Voltaire cite l'exemple de Tamerlan cité dans son article; on pense aussi aux négatifs à Genève). Mais une chose est claire. Si certaines lois sont injustes ou périmées, laisse entendre le philosophe, nous pouvons les adapter et les améliorer. Pour Voltaire les natifs sont mal traités en ce sens qu'ils n'ont aucun droit politique, bien qu'ils soient suffisamment instruits et jouent un rôle assez utile dans la société pour prétendre légitimement en avoir. La justice est donc un processus dynamique. Et elle a un côté politique très important, qui se fait voir dans la situation à Genève pendant les années 1760 et dans les réactions de Voltaire. N'exagérons pas l'importance de l'affaire des natifs dans le contexte général de la pensée politique de Voltaire, qui a toujours estimé qu'un système monarchique était nécessaire pour les grands états et qui admirait par-dessus tout la constitution anglaise, même s'il ne la croyait pas applicable telle quelle à la situation française. Mais tout ceci ne l'empêchait pas d'accepter une certaine évolution de la populace:[47] et sa sympathie évidente pour les natifs de Genève indique sans doute que ce haut bourgeois si proche à certains égards de la noblesse française était, du moins jusqu'à un certain point, le champion aussi de la démocratie naissante.

---

[46] *Dictionnaire philosophique*, article «Des lois», *OCV*, t. 36, p. 318.
[47] Pour une excellente mise au point récente, voir «Politique» (par Christiane Mervaud) dans *Dictionnaire général de Voltaire*, éd. par Raymond Trousson et Jeroom Vercruysse, Paris, Champion, 2003, p. 963-968.

UNE «HONNÊTÉ VOLTAIRIENNE» (1767): LES LAVAYSSE, LA BEAUMELLE ET LE DÉFENSEUR DES CALAS

Claude LAURIOL
(*Université Paul Valéry, Montpellier III*)

Le 12 juin 1767 arrive par la poste à la Nogarède, le domicile de La Beaumelle à Mazères, dans le pays de Foix, une lettre imprimée, signée Voltaire, datée du 24 avril. Nous en donnons ci-dessous le texte complet, parce que cette lettre ouverte, ignorée de Beuchot et publiée par Moland[1], n'est reprise ni dans l'édition Besterman de la *Correspondance* de Voltaire ni dans celle de Fr. Deloffre, et que sa connaissance est indispensable à la compréhension de ce qui suit.

LETTRE DE MONSIEUR DE VOLTAIRE

Parmi un grand nombre de lettres anonymes, j'en ai reçu une de Lyon dattée du 17 avril, commençant par ces mots: *J'ose risquer une 95ᵉ lettre anonyme*. Je l'ai envoyée au ministère, qui sait reprimer ces délits, & qui est persuadé que tout écrivain de lettres anonymes est un lâche & un coquin, un lâche parce qu'il se cache, & un coquin parce qu'il trouble la société.

Cet homme entr'autres sottises me reproche d'avoir dit qu'*un nommé La Baumelle est huguenot*. Je ne me souviens point de l'avoir dit, & je ne sais si on s'est servi de mon nom pour le dire. Il m'importe fort peu que l'on soit huguenot. Il est assez public que je n'ai jamais regardé ce titre comme une injure, & il n'est pas moins public que j'ai rendu des services assez importants à des personnes de cette communion. Mais ceux qui ont dit ou écrit que La Baumelle etait protestant & prédicant, ne se sont certainement pas trompés, & l'auteur de la lettre anonyme a menti quand il a écrit le contraire.

On trouve dans les régistres de la Compagnie des Ministres de Genève, que Laurent Anglevieux dit La Baumelle, natif du Languedoc, fut reçu proposant en Théologie le 12 octobre 1745 sous le rectorat de Monsieur Ami de La Rive. Il prêcha à l'hopital & dans plusieurs églises pendant deux ans. Il fut precepteur du fils de Mr Budé de Boissi. Il alla ensuite solliciter à Copenhague une place de professeur, & fut ensuite chassé de Copenhague.

Si cet homme s'était contenté de faire de mauvais sermons, je me dispenserais de répondre à la lettre anonyme, quoiqu'elle soit la

---

[1] Moland, t. 26, p. 191-193.

quatre-vingt-quinzième que j'aye reçue: mais la Baumelle est le même homme qui ayant falsifié l'*Histoire de Louis XIV* la fit imprimer avec des notes à Francfort chez Eslinger en 1752. Il dit dans ces notes en parlant de Louis XIV, & de Louis XV *qu'un roi qui veut le bien est un être de raison*. Il ose soupçonner Louis XIV d'avoir empoisonné le marquis de Louvois; il insulte la mémoire du maréchal de Villars, de Monsieur le marquis de La Vrillière, de Monsieur le marquis de Torci, de Monsieur de Chamillart. Il pousse la démence jusqu'à faire entendre que le duc d'Orléans Régent empoisonna la famille royale. Son infame ouvrage écrit du style d'un laquais insolent, se debita grace à l'excès même de cette insolence. C'est le sort passager de tous les libelles écrits contre les gouvernements & contre les citoyens; ils inondent & ils inonderont toujours l'Europe, tant qu'il y aura des fous sans éducation, sans fortune, & sans honneur, qui sachant barbouiller quelques phrases, feront pour avoir du pain ce métier aussi facile qu'infame.

Le prédicant la Baumelle qui osa retourner en France ne fut puni que par quelques mois de Bissêtre; mais son châtiment étant peu connu & son crime étant public, mon devoir est de prévenir dans toutes les occasions les suites de ce crime, & de faire connaître aux Français & aux étrangers quel est l'homme qui a falsifié ainsi l'*Histoire du siècle de Louis XIV* & qui a tourné en un indigne libelle un monument si justement élevé à l'honneur de ma patrie.

Comme il a fait contre moi plusieurs autres libelles calomnieux, je dois demander quelle foi on doit ajouter à un homme qui dans un autre libelle intitulé *Mes Pensées* a insulté les plus illustres magistrats du conseil de Berne en les nommant par leur nom, & Monseigneur le duc de Saxe-Gotha à qui je suis très attaché depuis longtems. J'atteste ce prince et madame la duchesse de Saxe-Gotha, qu'il s'enfuit de leur ville capitale avec une servante après un vol fait à la maîtresse de cette servante. Je ne relevérais pas cette turpitude criminelle, si je n'y étais forcé par la lettre insolente qu'on m'écrit. Je déclare publiquement que je garantis la vérité de tout ce que j'énonce. Voilà ma réponse à tous ces libelles écrits par les plus vils des hommes, méprisés à la fin de la canaille même pour laquelle seule ils ont été faits. Je suis indulgent, je suis tolérant, on le sait, & j'ai fait du bien à des coupables qui se sont repentis; mais je ne pardonne jamais aux calomniateurs.

Fait au chateau de Ferney 24 avril 1767

                                                              VOLTAIRE

Son contenu explique que cette lettre semble l'objet d'une occultation. L'auteur du *Traité sur la tolérance* y dénonce publiquement comme prédicant La Beaumelle, dont le «huguenotisme» est notoire, cinq ans après l'exécution à Toulouse du pasteur Rochette qui précéda de quelques jours celle de Jean Calas: il n'attaque pas seulement l'écrivain, mais l'honneur d'un homme dans son existence sociale, il s'en prend à sa liberté si les autorités avaient prêté foi à ses dires, et même à quelque chose de plus.

Cette année 1767, qui a souvent retenu l'attention de la critique voltai-rienne, appartient à la seconde moitié de la vie de La Beaumelle, encore insuffisamment étudiée. Notre propos n'est pas de réfuter le contenu de cette lettre, qui, comme le *Mémoire pour être mis à la tête de la nouvelle édition qu'on prépare du Siècle de Louis XIV* qui la prolonge, reprend des accusations vieilles de quinze années que La Beaumelle a repoussées en 1754 dans sa *Réponse au Supplément au Siècle de Louis XIV*. Nous voulons retracer les grandes lignes de cet épisode mal connu des hostili-tés entre Voltaire et La Beaumelle, et examiner comment David Lavaysse le père et Gaubert Lavaysse son fils, qui se savent débiteurs du défenseur des Calas, mais contraints par souci de justice de prendre leurs distances envers Voltaire, soutiennent la cause de La Beaumelle, leur gendre et leur beau-frère. Chemin faisant nous pourrons éclairer et compléter les lettres publiées par Th. Besterman en utilisant la correspondance inédite de La Beaumelle et de sa femme avec David Lavaysse d'une part, et celle de La Condamine avec La Beaumelle d'autre part.

Exilé en Languedoc au sortir de la Bastille en septembre 1757, La Beaumelle, après avoir mesuré sa notoriété à Montpellier et à Nîmes, s'installe à Toulouse en 1759. Il prend une part active à la défense des Calas dès le déroulement de la procédure devant les Capitouls, puis en appel devant le parlement. Il compose des ouvrages destinés à donner une image favorable du protestantisme: le *Préservatif contre le déisme*, publié en 1763, un *Catéchisme universel* resté manuscrit, de même qu'une volu-mineuse *Requête des protestants au roi*.[2] Il épouse le 23 mars 1764 la fille aînée de David Lavaysse, alors veuve. Il réside dans la propriété de sa femme, à la Nogarède, à proximité de Mazères, il ne s'en éloigne guère que pour des séjours à Toulouse, et des cures thermales qu'exige sa santé délabrée. Il est devenu seigneur de la châtellenie et de la ville du Carla, la patrie de Bayle, et a été élu député de la noblesse du pays de Foix. Il s'occupe de la mise en valeur de la Nogarède, le rang qu'il tient avec sa femme et ses talents d'avocat l'amènent à prendre parti dans les violents conflits qui agitent Mazères, où l'antagonisme entre protestants et catholiques renforce les clivages sociaux. Quant aux belles-lettres, il a remis sur le métier ses traductions d'auteurs latins, Horace et Tacite, commencées dès sa première incarcération à la Bastille. Le 27 mai 1767, il met le point final à une relation dialoguée de la conférence qui avait opposé Bossuet et le pasteur Claude en 1678, abondant manuscrit

---

[2] Voir dans le présent volume la contribution d'Hubert Bost: «La Beaumelle et la tolérance en 1763».

autographe de près de 600 pages. L'ouvrage qui immanquablement l'aurait ramené à Voltaire, cette *Vie de Maupertuis* entreprise dès le décès de son ami en 1759, a été mis de coté sur les conseils de sa femme et de La Condamine. A l'humeur belliqueuse dont La Beaumelle faisait preuve à sa libération a succédé depuis l'affaire Calas une sorte de silence, favorisé par sa mauvaise santé, sur lequel veillent La Condamine, sa femme et son frère Jean Angliviel à chaque nouvelle attaque de Voltaire.

Chez les Lavaysse, à Toulouse comme à Mazères, on suit de près les dernières péripéties de l'affaire Calas qui les touche profondément. Pour s'en tenir à l'année 1767, en février c'est la joie à l'annonce d'un nouveau succès, le brevet qui permettra à Nanette Calas d'épouser le pasteur Duvoisin (Archives La Beaumelle, pièce numéro 441)[3], chapelain de l'ambassade de Hollande. En mars on s'indigne de la prétendue déclaration de Jeanne Viguière, la servante des Calas, qui avant de mourir aurait avoué la culpabilité de ses maîtres. On apprécie les vers adressés par Voltaire au roi de Danemark (D13917 et ALB 448), sa lettre à l'avocat général Servan (ALB 521), son *Petit commentaire* sur la mort du dauphin (ALB 520), ses efforts pour défendre les Sirven (il sollicite l'aide de David Lavaysse), bref son action en faveur de la tolérance. Peut-être David Lavaysse a-t-il fait part à sa fille du contenu de la lettre du 16 mai (D14183), où Voltaire, reprenant le thème de celle du 30 janvier (D13901), déplore que son estimable correspondant ait un gendre aussi méprisable. Voltaire n'avait appris qu'en février 1765, non par David Lavaysse, mais par Damilaville, que La Beaumelle avait épousé la sœur de Gaubert Lavaysse, alors établi à Paris où il fréquentait aussi La Condamine et d'Argental, et il ressentit ce mariage comme le secret gardé par David Lavaysse comme une marque d'ingratitude et un affront personnel (D14254). La tonalité de cette lettre, dont sa femme l'avait informé et que Lavaysse de Pujolet avait confirmée, provoqua chez La Beaumelle une grande colère (ALB 454). D'autre part s'ébruitait à Toulouse ce qu'on ignorait à la Nogarède, le rôle de La Beaumelle dans la rédaction de *l'Examen de la Vie de Henri IV par M. de Bury*, lu à l'Académie de Toulouse par son ami le marquis de Bélestat (ALB 449 et 5829).

Les conditions étaient réunies pour que l'arrivée à la Nogarède le 12 juin de la lettre imprimée de Voltaire, produise l'effet d'une bombe. Elle libère chez La Beaumelle des rancœurs mal assoupies et des ardeurs belliqueuses. Elle provoque le trouble chez Mme de La Beaumelle, placée

---

[3] Nous utiliserons désormais (dans le corps même du texte) le sigle: ALB, suivi du numéro de la pièce.

dans l'inconfortable position de médiatrice entre son mari, son frère et son père. Elle craint la violence de La Beaumelle, et elle appréhende les réactions de David Lavaysse: elle connaît sa circonspection, ses liens avec Voltaire, elle se souvient des diverses réserves qu'il avait manifestées, comme sa mère, lors de son mariage avec La Beaumelle qui, s'il l'aidait à défendre son fils et les Calas, alimentait aussi la chronique judiciaire à Toulouse par trois procès retentissants. Ce même 12 juin elle fait part à Voltaire de l'émotion indignée de l'épouse, feignant d'écrire à l'insu de son mari malade (D14225), comme elle le confie à son beau-frère Jean Angliviel le surlendemain. Ce subterfuge qui laisse La Beau-melle à l'écart faciliterait la rétractation publique et imprimée qu'elle exige de Voltaire, et donne le temps de sonder les sentiments de David Lavaysse. La Beaumelle lance le jour même par une lettre à son ancien professeur Jacob Vernet ses démarches, pour obtenir les attestations nécessaires à sa défense auprès des pasteurs genevois, de Budé de Boisy, de la duchesse de Saxe-Gotha et du lieutenant de police de Paris.

Le 15 juin Mme de La Beaumelle résume pour son père le contenu de sa lettre à Voltaire: elle y disculpe son mari de toute responsabilité dans ces prétendues 95 lettres anonymes, et elle lui demande une rétractation publique. Elle fait craindre à David Lavaysse la reprise éclatante des hostilités lorsque son mari, toujours censé ignorer cette lettre, apprendra qu'il y est traité de prédicant, de voleur, d'ancien prisonnier de Bicêtre (ALB 454). Le 18 juin, rassurée par sa réponse, elle prie son père de faire retirer de chez un libraire de Toulouse des exemplaires de cette lettre qu'elle qualifie sévèrement; elle l'informe qu'elle a demandé à Gaubert d'écrire à Ferney suivant le canevas qu'elle lui fournit, mais après avoir eu la prudence de prendre conseil à Paris d'un ami de Voltaire, et lui glisse qu'une lettre de sa main aurait plus encore d'efficacité (ALB 456). Lavaysse avait écrit à Voltaire la veille (D14244), et avait envoyé la minute à sa fille qui la reçut le 21 (ALB 455). Sur un ton déférent il justifie sa fille et son gendre, et conclut de ce qu'il tient Voltaire incapable de pareilles invectives contre son gendre, que les mêmes méprisables faiseurs de libelles qui ont fabriqué les 95 lettres anonymes ont imprimé l'affligeante lettre signée de son nom. Sans doute en accord avec son père et peut-être avec Damilaville, d'Argental ou La Condamine, Gaubert développe la même argumentation dans sa lettre envoyée de Paris le 25 juin: au nom de l'amitié qui le lie à sa famille, il supplie Voltaire d'excuser la vivacité et la légèreté de sa sœur qui l'ont portée à le soup-çonner (D14242). La famille Lavaysse adopte un front commun: en vou-lant croire que la lettre du 24 avril ne peut avoir été écrite que par un ennemi de Voltaire, elle peut utiliser les termes les plus durs pour la condamner.

Le 21 juin deux exemplaires de la *Lettre* arrive par la poste à Mazères, où des mains malintentionnées s'emploient à lui donner la plus grande publicité (ALB 456). Elle offre aux esprits haineux une revanche sur La Beaumelle, et à travers lui sur sa femme. Elle fournit opportunément aux notables de la ville et du pays de Foix, avec lesquels il a un contentieux, un rappel tendancieux de sa jeunesse et de ses difficultés avec le roi. La Beaumelle ne peut plus rester en retrait: le 22 juin il prend le relais de sa femme et écrit une lettre brutale à Voltaire. Il le somme de lui envoyer un exemplaire de la fameuse lettre signé de sa main ou de la désavouer, et le menace de représailles (D14234). Alors que sa femme et son beau-père se laissent aller à espérer une rétractation publique, il est persuadé dès le début que la guerre que lui déclare Voltaire est un signe qu'il ne croit pas que le papisme soit à l'agonie, et qu'à travers lui il s'en prend au protestantisme. Trouvant leurs lettres trop modérées, dans un état d'exaltation qui lui fait présumer de ses forces, il s'est mis en ordre de bataille: il anéantira Voltaire en publiant sa *Vie de Maupertuis* et une édition annotée de ses *Œuvres* pour laquelle il a pris contact avec des libraires (ALB 459).

Reste à attendre les réponses, particulièrement celles qui viendraient de Ferney. Début juillet David Lavaysse reçoit une lettre de Voltaire, accompagnant la copie de sa réponse à sa fille (qu'elle ne recevra que le 9), toutes deux datées du 25 juin (D14241 et 14241a). Voltaire persiste et signe, il brandit des menaces. Il ne répond que le 29 juin à la lettre de David Lavaysse du 17 juin où il prenait la défense de sa fille. Il justifie sa lettre, réitère ses griefs et ses accusations contre La Beaumelle (D14248). Le 5 juillet arrive à Mazères la réponse de Vernet, datée du 25 juin, à la lettre de La Beaumelle (D14243). Elle contient des extraits des *Honnêtetés littéraires*, dont on n'avait encore connaissance ni à Toulouse ni à Mazères. Mme de La Beaumelle s'en sert pour convaincre son père de convenir enfin d'une réalité qu'il ne veut pas reconnaître, la mauvaise foi et la méchanceté de Voltaire. (ALB 460). Vers le 11 juillet arrivent à Toulouse une lettre de Voltaire à David Lavaysse du 4 juillet (ALB 2607) dont il communique à sa fille le contenu, et à Mazères le billet de son laquais à La Beaumelle (D14239).

Désormais les enfants de David Lavaysse considèrent que la religion de leur père est faite. Le 12 juillet sa fille s'enhardit à lui envoyer copie de sa lettre à Voltaire du 12 juin, connue de lui jusque alors par extraits, car elle craignait que sa vivacité ait pu lui déplaire. Pour dissiper ses inquiétudes, elle réfute les arguments que Voltaire dans sa lettre du 4 juillet tire des *Lettres de M. de La Beaumelle*, malencontreusement publiées par un libraire. Elle regrette que Voltaire qu'elle méprise ne se soit pas contenté du ton presque comique de la réponse de son laquais, qu'elle copie à son père (ALB 464). La longue lettre, tout entière consacrée à Voltaire, que La Beaumelle écrit à son beau-père le lendemain 13 juillet, fait l'historique des attaques qu'il a subies, en insistant sur les *Honnêtetés littéraires*, pour rejeter la responsabilité de la reprise des hostilités sur l'hôte de Ferney. Ne connaissant que les beaux cotés de Voltaire, David Lavaysse avait pu croire que leurs ennemis communs s'étaient emparés de son nom pour soutenir ses vieilles accusations, et qu'il les désavouerait. Lui qui a appris à juger le vrai Voltaire, il s'estime dégagé de toute obéissance, et il reprend sa liberté de se venger. Pour que sa défense qui restera modérée passe à la postérité, il lance une édition annotée des *Œuvres* de Voltaire, dont *La Henriade* est fort avancée, avec une préface dont il lui donne la teneur. Il lui suggère le contenu de sa réponse à Voltaire, s'il juge bon d'en faire une, et l'adjure de cesser ensuite toute correspondance avec lui (ALB 465). Dorénavant les espoirs caressés par David Lavaysse d'éviter un éclat avec Voltaire sont envolés. Mme de La Beaumelle pousse son mari à la guerre, et celui-ci expose ses batteries à son beau-père. Un familier des Lavaysse et du marquis de Bélestat à Toulouse, comme des La Beaumelle à la Nogarède, Beaux de Maguielle, joue les intermédiaires. Il accompagne les matériaux qu'il copie pour La Beaumelle de vives exhortations à en découdre. Si la violence des termes utilisés peut être imputée à l'impétuosité de ce jeune homme, elle n'en illustre pas moins la dégradation des rapports entre la famille Lavaysse et son illustre défenseur.

Le 20 juillet s'ouvre une période agitée pour les La Beaumelle qui ne se terminera qu'en mai de l'année suivante: le 19 est arrivée à Mazères par la poste une nouvelle brochure, le *Mémoire pour être mis à la tête de la nouvelle édition qu'on prépare du Siècle de Louis XIV et pour être distribué à ceux qui ont les anciennes*. Voltaire y reprend avec sa violence ordinaire ses accusations en y ajoutant une dénonciation des *Mémoires de Maintenon*. Mme de La Beaumelle la copie en grande partie dans sa lettre à son père du 20 juillet (ALB 472), puis la complète dans sa lettre suivante. Le 27 juillet la ville de Mazères est mise en émoi par l'irruption de deux cavaliers de la maréchaussée en charge des «affaires du roi». Ils notifient à La Beaumelle un ordre du comte de Saint-Florentin (D14292), accompagné d'un billet blessant du marquis de Gudanes, lui enjoignant de cesser d'importuner Voltaire sous peine de

sanction (ALB 477). La Beaumelle réplique immédiatement sur un ton
déférent au marquis de Gudanes (D14309). Au comte de Saint-Florentin
il fait valoir l'invraisemblance psychologique de le faire auteur de lettres
anonymes, lui qui a toujours affronté Voltaire à visage découvert avec
l'éclat que l'on sait. Il souligne la faiblesse des accusations portées contre
lui par le ministre, qui reprend mot par mot les termes de la dénonciation
de Voltaire, et lui demande une copie de cette prétendue 95ᵉ lettre
(D14321). Comme preuve de la conduite qui a toujours été la sienne, il
rédige une lettre à Voltaire, qu'il date du 31 juillet et qu'il se propose de
publier sous son nom, où il recense par le menu les erreurs et les insuffisances de Voltaire historien. Il y renonce vite pour réaliser à l'étranger
son édition annotée des *Œuvres de Voltaire* (ALB 524). Il lui faut obtenir l'autorisation de quitter le Languedoc où il est cantonné par sa lettre
d'exil. Il fait sonder les intentions du comte de Saint-Florentin, qui répond
courtoisement le 26 août que l'affaire est du ressort du duc de Choiseul
(ALB 486), et celui-ci lui expédie le 5 octobre un passeport pour se rendre en Hollande ou en Suisse (ALB 489). Le 31 décembre Saint-Florentin
ordonne au marquis de Bonnac, commandant du pays de Foix, d'interdire
à La Beaumelle de sortir du royaume. La Beaumelle, qui séjourne chez
son frère à Valleraugue depuis septembre, fait sa soumission en février
1768. Il quitte Valleraugue en mai et regagne Mazères en juin.

Voltaire avait adressé un exemplaire de son mémoire au ministre
Saint-Florentin le 8 juillet: il indiquait la page où étaient dénoncées les
atteintes de La Beaumelle à l'honneur de la famille royale, et il précisait
le lieu de sa résidence (D14262). Dans une intense campagne de dénonciation, il adresse son mémoire ou ses récriminations aux détenteurs de
l'autorité, en Languedoc notamment, et aux descendants des familles
qu'il invite à se plaindre de la façon dont La Beaumelle a évoqué leurs
parents dans les notes au *Siècle de Louis XIV*, *Mes Pensées* ou les *Mémoires de Maintenon*. Il fait porter à La Beaumelle comme aux fanatiques
huguenots de Guyenne la responsabilité de la lenteur des progrès de la
tolérance et l'échec probable de la réhabilitation de Sirven, à laquelle il
travaille avec la collaboration de David Lavaysse. Il alerte le duc de
Richelieu (D14263), Damilaville (D14268), d'Argental (voir D14277), le
comte de Noailles (voir D14286), le chancelier d'Aguessau (voir 14277,
14287 et 14289), le duc d'Estrées (voir 14291), l'académicien Bordes,
(D14261 et 14266), la duchesse de Saxe-Gotha (D14290), le prince de
Condé (D14294), le marquis de Florian (D14304), Marmontel (D14314),
Gaillard (D14335), le chevalier de Taulès (D14353), le comte de La Tou-
raille (D14379), Chennevières (D14380), et la liste n'est probablement

pas close. Début août, Voltaire demande au libraire Lacombe qui imprime une nouvelle édition du *Mémoire*, de publier dans son *Avant-Coureur* la lettre qu'il lui adresse (D14334, D14341, D14348 et 14371). Cette nouvelle édition lui donne le moyen de relancer sa campagne (D14366, D14369). Il l'envoie au *Journal encyclopédique*, qui le publie, légèrement édulcoré, dans ses deux livraisons du mois d'août. Il demande à son correspondant attitré dans la région Ribote-Charron les noms des personnes à qui envoyer son mémoire à Mazère et au Carla, dont La Beaumelle est seigneur, et où il en arrive un exemplaire le 12 août (ALB 482). Parmi les réponses reçues, une seule est favorable, et Voltaire en fait état à chaque occasion, celle du Bernois Erlach de Riggisberg, qui espère une addition élogieuse pour sa famille dans la nouvelle édition du *Siècle*. Malgré les affirmations contraires et réitérées de Voltaire, toutes les autres, celle du maréchal de Richelieu (D14327), du comte de Noailles (D14286), du prince de Condé (D14328) respirent la gêne, l'agacement ou le scepticisme. Le duc d'Estrées esquisse même une défense de La Beaumelle à propos de la mort de Louvois (D14291). D'Alembert, avec sa sévérité ordinaire à l'égard de La Beaumelle, cherche à dissuader Voltaire de poursuivre cette entreprise (D14333 et 14376), que Wagnière condamne sans ambiguïté dans une lettre à Damilaville (D14337). Dans la *Correspondance littéraire*, Grimm se dit consterné par la lecture du *Mémoire*[4]. La duchesse de Saxe-Gotha dissimule sous des protestations d'estime et d'amitié son agacement d'être sans cesse relancée par Voltaire, et lui marque, comme elle fait à La Beaumelle, qu'elle ne veut pas être mêlée à cette affaire. Quoi qu'il en dise, Voltaire ne peut justifier son action que la lettre de Saint-Florentin du 10 juillet (D14267) qui reprend mot pour mot ses termes accusatoires, et l'informe des ordres transmis à Gudanes. Aussi s'empresse-t-il d'en répandre la nouvelle, parfois arrangée, à d'Argental (D14298), à Richelieu (D14300), à Damilaville (14299), au marquis de Florian (D14304), à Marmontel (D14314), à Tabareau (D14316), à la duchesse de Saxe-Gotha (D14332), au marquis de Villevielle (D14382), à Moultou (D14390), à Vernes (D14399), à Chennevières (14411). Cette dernière lettre clot cette campagne qui s'interrompt aussi brutalement qu'elle a commencé.

---

[4] *CLT*, t. 7, p. 385: «M. Bazin devrait sortir de son tombeau comme l'ombre de Ninus, pour ordonner à son petit-neveu de soixante-treize ans de ne jamais se départir de ce ton de gaieté dans ses querelles. Comment M. de Voltaire peut-il être si dissemblable à lui-même? Il vient d'imprimer un mémoire contre La Beaumelle qu'il dit avoir présenté au ministre. [...] Est-il possible qu'un homme qui a écrit *La Défense de mon oncle* écrive presque au même instant ces pauvretés. Ce mémoire est aussi triste que violent.»

Nous nous attarderons sur la correspondance avec Damilaville et d'Argental, parce que ces hommes de confiance de Voltaire sont en relation à Paris avec Gaubert Lavaysse et La Condamine, le fidèle ami de La Beaumelle. On sent à travers les lettres de Voltaire (les lettres de Damilaville ne sont pas connues) qu'il fait face à des objections et à des critiques sur son mémoire et qu'il s'emploie à les réfuter. Une lettre du 1er août résume son argumentation: Gaubert doit sentir que son devoir est de mettre un terme aux agissements de son beau-frère (D14234). Le surlendemain Voltaire fait passer par Damilaville sa réponse cavalière à la lettre de Gaubert du 25 juin: il reprend par le détail ses griefs contre La Beaumelle, justifie son mémoire et l'usage qu'il en a fait (D14331 et D14331a), et fait passer à David Lavaysse la copie de sa lettre à son fils (ALB. 9129). Deux jours plus tard il informe Damilaville de cette nouvelle édition du *Mémoire* qui se fait à Paris, et propose à Gaubert d'aller chez le libraire en arrêter l'impression pour peu qu'il obtienne de La Beaumelle l'aveu de ses fautes (D14334). Sa lettre du 10 août (14348) laisse entendre qu'il repousse de nouvelles observations que son ami lui a transmises. Le 14 août Gaubert est encore sommé de rompre avec son beau-frère (D14360). Voltaire reprend la même antienne dans ses lettres à Damilaville du 22 et du 26 août (D14388 et D14394). Il en est de même avec d'Argental: le devoir de Gaubert, lui écrit-il le 7 août, est de maîtriser son beau-frère, et le sien de relever ses calomnies (D14339). La Condamine, à la demande d'un La Beaumelle toujours combattif (D14373 et ALB 1291), le prie d'agir auprès de Voltaire pour arrêter la diffusion du *Mémoire*, et d'Argental fait l'aveu de son impuissance (ALB 1292 et D14400).

Depuis le départ des La Beaumelle pour Toulouse et Valleraugue, les échanges épistolaires entre les Lavaysse se sont taris ou bien ne nous sont pas parvenus. La Beaumelle obtient enfin début septembre 1768 les pièces justificatives sous la forme juridique qu'il désirait. Deux événements familiaux marquent encore cette période: le 6 septembre la naissance de Moïse son premier enfant, et le 9 novembre le décès de son beau-père David Lavaysse. La lettre de condoléances de Voltaire à Gaubert datée du 5 janvier (D15414) servira de conclusion à cet épisode. Après l'accalmie constatée depuis septembre 1767, suivie d'une nouvelle offensive dans l'été 1768 à l'occasion de *l'Examen de l'Histoire de Henri IV par M. de Bury*, Voltaire rappelle discrètement ses griefs contre son adversaire, réaffirme son estime pour la famille Lavaysse, et se félicite des progrès de la tolérance à Toulouse en faveur des protestants. On ne connaît plus qu'une seule lettre appartenant à la correspondance des Lavaysse avec Voltaire, celle de Gaubert qui se joint à Mme Calas remerciant le 27 décembre 1770 l'hôte de Ferney de son hospitalité: il y exprime son «sentiment d'estime, d'admiration et de respect» (D16868).

L'abondance des documents disponibles aurait permis de retracer la procédure suivie par La Beaumelle, conseillé par David Lavaysse, par son frère avocat au parlement de Toulouse, ou par Vernet, pour obtenir les pièces justificatives qu'il voulait déposer à la bibliothèque du roi: ses échanges avec Rousseau, le secrétaire de la duchesse de Saxe-Gotha, l'entremise de Manoel de Végobre auprès de Budé de Boisy, les conseils de Vernet dans ses rapports avec l'Académie de Genève, le souci de ces deux Genevois que l'aide qu'ils apportent à La Beaumelle reste ignorée de l'hôte de Ferney. On aurait pu suivre les mesures prises par Voltaire pour s'assurer de l'efficacité de son attaque, les démarches de La Beaumelle auprès de libraires de Hollande, d'Avignon, de Lausanne et de Genève, sensibles à ses succès passés, pour imprimer son édition annotées des *Œuvres de Voltaire*, dont *La Henriade* seule verra le jour. On aurait pu tenter d'éclairer l'attitude du marquis de Gudanes, empreinte d'une rancune personnelle, il y a peu ami de La Beaumelle, toujours client de son beau-père, et les hésitations des ministres, dont les revirements ne s'expliquent pas seulement comme le croit La Beaumelle par un complaisance à l'égard de Voltaire, mais aussi par une mauvaise information et une coordination insuffisante entre les ministères, et par la sensibilité de Saint-Florentin aux troubles que connaît Genève. Notre ambition était seulement de montrer l'intérêt de présenter cette affaire du point de vue de La Beaumelle et des siens, et non de celui de Voltaire comme il est de coutume.

Le premier à s'engager dans cette voie est A. Taphanel, reprenant une première tentative du neveu de l'écrivain Maurice Angliviel. A. Feugères y revient dans un article au titre significatif: «Un compte fantastique de Voltaire: 95 lettres anonymes attribuées à La Beaumelle». Nous ne reprendrons pas leur argumentation, estimant aussi instructif l'examen des moyens par lesquels les partisans de Voltaire cherchent à accréditer ses accusations contre La Beaumelle. Ch. Nisard juge «honteuses» les plaintes que Voltaire adresse à David Lavaysse sur la personnalité de son gendre, il parle de la «scélératesse» d'un Voltaire «au paroxysme de la fureur» qui en use avec La Beaumelle comme le loup avec l'agneau de la fable. Il constate que rien ne prouve que La Beaumelle soit l'auteur de ces lettres, avant de conclure curieusement: «je le croirais assez, comme aussi qu'il les faisait probablement transcrire par un tiers, afin que sa propre écriture ne le trahît pas». Pour G. Desnoiresterres Voltaire, dans «un état d'exaspération à peine croyable», fait preuve dans son mémoire de «plus de passion que de générosité». Sur l'auteur de ces lettres «venues de Lyon, dont le contenu ne laissait que trop soupçonner la provenance», il ne prend pas la responsabilité de conclure: «disons que M. de Saint-Florentin ne douta point de la culpabilité de La Beaumelle.» Scipion Lenel, toujours sévère à l'égard de La Beaumelle, regrette le «surcroit de méchanceté du moins inutile» que constitue cette dénonciation choquante de Voltaire qui n'a que des soupçons mais pas de preuves, et l'explique ainsi: «Peu à peu, la haine le poussant, il en est arrivé à penser que La Beaumelle, parmi ses ennemis, était seul capable de lui adresser ou de faire adresser quatre-vingt-quinze lettres, qui étaient toutes de même écriture. Voilà ce qui est, ce me semble, plus que probable». Et il conclut que «si La Beaumelle était cette fois innocent, sa mauvaise réputation témoigna contre lui»: «Voltaire, encore infatigable à soixante-dix ans, recommença la guerre par la faute de son adversaire.»

Plus près de nous un changement d'attitude se fait jour parmi les spécialistes de Voltaire. Dans le commentaire rattaché on ne sait trop pourquoi à D14123, Besterman avance que les variations du nombre de lettres anonymes entre *Les Honnêtetés littéraires* et cette lettre imprimée sont «clairement la continuation d'une même plaisanterie». René Pomeau, qui ne fait pas état de la Lettre du 24 avril mais qui connaît l'article d'A. Feugères, évoque succinctement l'affaire des lettres anonymes et garde ses distances. Dans le commentaire de sa première édition de la *Défense de mon oncle*, José-Michel Moureaux épouse la cause de Voltaire, mais il le soupçonne de mauvaise foi dans la seconde: «Toute cette affaire éminemment suspecte [...] pourrait bien avoir été montée par l'auteur du *Siècle*». Dans son édition de la *Correspondance* de Voltaire, Fr. Deloffre dénonce l'attitude de Voltaire. Il commente ainsi le billet du laquais à La Beaumelle (D14239): «Cette lettre est caractéristique de l'attitude de Voltaire vis-à-vis de ses ennemis. Successivement, dans une *Lettre de M. de Voltaire* [...], puis dans deux sections des *Honnêtetés littéraires* [...] et dans la *Lettre [...] sur les Mémoires de Mme de Maintenon*, *publiés par La Beaumelle*, il porte contre La Beaumelle des accusations atroces, et quand ses victimes lui demandent des comptes, il répond par des insolences (dans la présente lettre) ou en aggravant ses accusations les plus dangereuses (D14241) [...]». Il met en garde les lecteurs de la lettre à Tabareau du 27 juillet: «Il est aussi peu «avéré» que cette lettre anonyme fût de La Beaumelle qu'il l'est qu'il eût été jamais question de «cul-de-basse-fosse» pour lui; [...]. Il est tout à fait de la manière de

Voltaire de répandre une fausse rumeur aux quatre coins de la France pour en faire une vérité universellement reconnue». Il avertit pareillement ceux de la lettre à Damilaville du 10 août: «Il n'existe aucune trace de ces prétendus témoignages d'indignation».

Quelle raison aujourd'hui autre que l'habitude, ou le plaisir qu'on peut éprouver à se mouvoir dans le monde imaginaire de Voltaire, permet de croire que ces quatre-vingt-quatorze lettres anonymes aient jamais existé? Faut-il voir dans ce chiffre une précision de facture rabelaisienne? Ou le rapprocher de la date de naissance de Voltaire? Ou bien tout simplement les ranger parmi les *Facéties* de Voltaire? Quant à la quatre-vingt-quinzième, nos efforts, comme ceux de nos prédécesseurs, pour la retrouver se sont révélés vains. Si facétie il y a, assurément elle n'est pas gaie, comme les contemporains déjà en jugeaient. Les éditeurs éprouvent de la gêne devant cette composante obsessionnelle du caractère de Voltaire, et elle se marque par la discrétion de leurs annotations. En renvoyant sans cesse d'un écrit de Voltaire à un autre, ils finissent par prendre ses allégations inlassablement réitérées pour des preuves, et par épouser ses certitudes: les critiques adressées à son *Siècle* sont autant de crimes de lèse-majesté contre Louis XIV et contre Voltaire lui-même. Voltaire demeure ainsi le maître de sa biographie.

LE CALCUL DES INJUSTICES:
LA QUESTION DE LA RÉPARATION À TRAVERS
LA FIGURE DE LA FILLE PERDUE CHEZ VOLTAIRE

Florence MAGNOT
(*Université de Montpellier III*)

Dans les années 1760, un dialogue s'engage à travers l'Europe des Lumières autour de la question des moyens d'évaluation et de punition des crimes par la justice. Le *Traité sur la tolérance* de Voltaire paraît en 1763, en 1764 Beccaria publie le *Traité des délits et des peines* en italien, l'ouvrage est traduit en français en août 1765, au moment même où débute l'affaire du chevalier de La Barre qui mobilise à nouveau les forces de Voltaire. Il lit *Des délits et des peines* dès le mois d'octobre 1765, envoie en 1766 à Beccaria sa *Relation de la mort du Chevalier de La Barre*, fait paraître en septembre 1766 un *Commentaire sur le livre Des délits et des peines* et commence à rédiger *L'Ingénu* en octobre 1766.

Beccaria et ses contemporains s'interrogent sur la question du calcul des peines et du prix que la société, à travers son système pénal, est en droit d'exiger des coupables pour se dédommager d'une injustice ou d'un crime subi par l'un de ses membres. Voltaire transpose dans *L'Ingénu* cette problématique collective sur un plan individuel en évoquant, à la fin du conte et d'une manière qui semble assez énigmatique, le droit des victimes à obtenir réparation pour les injustices et préjudices qu'elles ont subis.

Le point de départ de la présente analyse n'est qu'une impression de lecture: l'étrangeté de la distribution sur laquelle s'achève le conte réputé inconclusif de *L'Ingénu*. Je ferai l'hypothèse que sur un mode oblique, le conte s'emploie à relier la répartition générale des gratifications qui clôt le conte, interprétée souvent comme l'ultime pirouette d'un facétieux conteur, à une lecture «utilitariste» des dysfonctionnements de la justice ainsi qu'à à la question, centrale chez Voltaire, de la perte et de la réparation.

DOUBLE MORALE FINALE ET INJUSTICE DANS *L'INGÉNU*: DE NOMBREUSES ERREURS DE CALCUL

«L'abbé de Saint-Yves et le prieur eurent chacun un bon bénéfice; la bonne Kerkabon aima mieux voir son neveu dans les honneurs militaires que dans le sous-diaconat. La dévote de Versailles garda les boucles de diamants, et reçut encore un beau présent. Le père Tout-à-tous eut des boîtes de chocolat, de café, de sucre candi, de citrons confits, avec les *Méditations du révérend père Croiset*, et *La Fleur des saints*, reliées en maroquin. Le bon Gordon vécut avec l'Ingénu jusqu'à sa mort dans la plus intime amitié; il eut un bénéfice aussi, et oublia pour jamais la grâce efficace et le concours concomitant. Il prit pour sa devise: *malheur est bon à quelque chose*. Combien d'honnêtes gens dans le monde ont pu dire: *malheur n'est bon à rien!*» (Voltaire, *L'Ingénu*, dernières lignes).

Masculin/féminin, satirique/sentimental, Bretagne/Paris, les couples notionnels structurent *L'Ingénu* en profondeur, du niveau de la phrase elle-même à la composition globale du conte, comme l'a exposé Jean Starobinski dans un célèbre article «à deux coups» consacré à *Candide* et à *L'Ingénu*[1]. Le critique démontre que le principe du double s'accompagne toujours d'une asymétrie, d'une oscillation boiteuse gouvernant à la fois l'écriture et la morale du conte, les dernières lignes venant illustrer de façon piquante cette asymétrie. A travers une analyse du conte et sa mise en rapport avec d'autres textes de Voltaire, je voudrais montrer que la duplicité bancale et l'effet de liste aléatoire qui referment le conte sont étroitement liés à la question de la justice et de ses calculs.

Dans la double morale finale et la distribution de friandises, de livres édifiants et de bénéfices, les lectures critiques les plus convaincantes ont vu le signe d'une dénonciation de l'absurdité du monde, Voltaire mettant fin à son conte de façon abrupte et ironique. Il ne s'agit certes pas ici de nier l'évidente dimension ironique et satirique de la fin de *L'Ingénu* mais plutôt de la rapprocher de ce que Voltaire écrit, dans le conte et ailleurs, de la justice et de ses nécessaires calculs. La fin de *L'Ingénu* dénude un système qui pervertit, voire inverse les devoirs de la justice: les innocents sont punis, les victimes ne sont pas dédommagées. De surcroît, le système des faveurs et des récompenses, loin de rééquilibrer les comptes, accentue encore l'injustice en dispensant aléatoirement les bienfaits.

Cette étude interrogera deux aspects de l'asymétrie présentée par la fin du conte: l'absence de proportion et de calcul dans la distribution des dédommagements d'une part et, de l'autre, l'asymétrie fondamentale entre tous les personnages et Mademoiselle de Saint-Yves, le destin de cette dernière renvoyant dans le conte, non pas à proprement parler à une

---

[1] Jean Starobinski, «Le fusil à deux coups de Voltaire, 2: l'Ingénu sur la plage», in: *Le Remède dans le mal, critique et légitimation de l'artifice à l'âge des Lumières*, Paris, Gallimard, 1989.

dimension tragique, mais à une forme d'irréparable et à un défi au calcul des réparations.

La liste finale et sa rétribution absurde vont en effet dans le sens de la dénonciation d'un mauvais calcul dans l'application de la justice. Le propos de Beccaria consistait à dire que la justice était matière de calcul, calcul qui, faute de pouvoir être absolument précis, se devait du moins d'être le plus exactement proportionné[2]. Voltaire déplace quelque peu l'accent du propos puisque le sujet de *L'Ingénu* est, plus que les erreurs de calcul des peines (la peine de l'Ingénu n'est pas mal calculée, elle n'a pas lieu d'être), les erreurs de calcul des dédommagements ou des réparations[3] que sont en droit d'attendre les victimes.

Or ce qui caractérise la fin de *L'Ingénu* est la dimension irréparable de certaines pertes et le caractère dérisoire des réparations proposées. L'injustice initiale faite à l'Ingénu aboutit indirectement à la mort de Mademoiselle de Saint-Yves puisque c'est elle qui motive le départ de la jeune femme pour Versailles et sa volonté de réclamer justice pour son amant. La protagoniste est détournée d'un système de justice, marginal et inefficace, et réorientée, par les divers contacts avec le monde de Versailles, vers un système de faveurs, indéniablement efficace mais responsable de son infamie et de sa mort (elle meurt de honte): la justice devrait calculer les punitions proportionnellement à ce que l'on a fait, tandis que les faveurs permettent d'obtenir rapidement n'importe quoi, sans qu'il soit besoin d'établir un rapport ni une proportion entre la faveur et ce qu'elle vient récompenser. C'est non seulement l'absence de justice quantitative, telle qu'elle est prônée par Beccaria dans son projet de réforme du système des peines, mais son remplacement par un système à prédominance qualitative, celui des faveurs, qui ne calcule pas mais juge des différents sujets et objets à l'aune du désir de celui qui détient un pouvoir, instrument de mesure pour le moins subjectif et partial.

La liste des rétributions au dénouement du conte oriente la lecture du mauvais calcul vers un comique de l'absurde puisque le présent que

---

[2] Si la torture est rejetée, c'est ainsi parce qu'il est impossible de *calculer* la dose de souffrance juste qui correspondrait exactement à chaque individu. §XVI. «Le résultat de la torture est donc une affaire de tempérament et de calcul, qui varie pour chacun en proportion de sa vigueur et de sa sensibilité, de sorte qu'on pourrait poser le problème suivant, qu'un mathématicien résoudrait sans doute mieux qu'un juge: connaissant la force musculaire et la sensibilité des fibres d'un innocent, trouver le degré de douleur qui l'amènera à s'avouer coupable d'un crime donné», Beccaria, *Des délits et des peines*, éd. Franco Venturi, Genève, Droz, 1965, p. 32. Le problème est bien de ne pouvoir quantifier, mesurer la souffrance humaine. La convocation de la figure du mathématicien est révélatrice.

[3] «Dédommagements» ou «réparations»: Furetière ne marque pas différence entre ces deux termes, présentés comme de parfaits synonymes, l'un renvoyant à l'autre.

reçoit chacun est sans rapport avec le rôle joué dans le drame: l'abbé de Saint-Yves (ennemi déclaré de l'Ingénu et auteur d'une lettre de délation qui contribue à l'emprisonnement du Huron) et l'abbé de Kerkabon (aussi bienveillant qu'inefficace dans l'histoire), reçoivent exactement la même chose alors qu'ils ont manifesté une intention et exercé une action parfaitement opposées; la dévote complice et le Père Tout-à-tous, qui ont apporté une aide directement efficace mais indirectement fatale pour Mademoiselle de Saint-Yves (en favorisant sa participation au jeu du marchandage des faveurs), sont récompensés, elle par les boucles de diamants et par un autre présent, étrangement non précisé, lui par une série hétéroclite qui concentre l'absurdité de la distribution finale: boîtes de chocolat, de café, de sucre candi, de citrons confits et succès de librairie jésuites. La demoiselle de Kerkabon, bonne et sotte avec constance, ne reçoit rien, le janséniste Gordon obtient un bénéfice. L'Ingénu est inconsolable mais reçoit le privilège de servir comme officier dans l'armée du roi.

Les méchants ne sont pas punis, les acteurs bizarrement récompensés mais il est à noter que tout le monde obtient, au fond, quelque chose de la mort de la Saint-Yves. Voltaire joue, semble-t-il, sur la notion de «justice poétique» et déjoue l'attente du lecteur d'une fin qui permettrait de refermer le conte sur une résolution des tensions. Dans la tardive et énigmatique *Histoire de Jenni* (1775), conte où la belle ingénue est pour ainsi dire opportunément ressuscitée à la fin, Voltaire donne un autre exemple d'un dénouement qui escamote hâtivement les tensions nouées par le conte pour rétablir *in extremis* une résolution guère convaincante[4]. Contrairement à Primerose, la presque morte de l'*Histoire de Jenni*, et fidèle en cela à son destin romanesque, Saint-Yves meurt, comme Cécile dans *Cleveland*. La tragédie individuelle vient couronner, si l'on peut dire, une série de dysfonctionnements dans le calcul de ce qui revient à chacun.

Le fil de la récompense et du dédommagement justes est constamment tenu par Voltaire qui fait souligner par plusieurs personnages et par le conteur, dès les premiers exploits guerriers de l'Ingénu, que celui-ci est en droit d'obtenir un paiement pour les services rendus à la société.

---

[4] L'analyse magistrale qu'a fait René Démoris de l'*Histoire de Jenni* éclaire la complexité de la position de Voltaire, notamment dans le traitement et la fonction du personnage de la monstrueuse Clive Hart: dévorée par les sauvages anthropophages, sa sortie accidentelle et providentielle du conte et la résurrection imprévue de sa rivale l'ingénue Primrose ont, *mutatis mutandis*, un effet d'absurde et de réparation factice qui rappellent la fin bancale de *L'Ingénu*. Lire «Genèse et Symbolique de *l'Histoire de Jenni*, ou le sage et l'athée de Voltaire», in: *SVEC* 199 (1981), p. 87-123.

La fin du chapitre VIII offre ainsi une première approche de la notion, sous la forme d'un détail apparemment sans importance: l'Ingénu ramasse une bourse perdue par l'amiral anglais dont il vient de défaire les troupes. Grâce à cette bourse il compte naïvement «acheter la Bretagne» et épouser la Saint-Yves. A cause de cette bourse, on le pousse à faire le voyage de Versailles pour recueillir le fruit de ses services, en complétant ce pécule initial de certificats et d'un présent considérable de ses oncle et tante. Le point de départ de l'histoire a donc à voir avec la question du prix des services et avec la nécessité de récompenser un individu proportionnellement aux services qu'il a rendus. Tout le problème est que, suite à une mauvaise interprétation de son comportement, l'Ingénu est puni au lieu d'être récompensé et que cette monumentale erreur de calcul initiale scelle le destin des personnages. On pourrait voir dans la structure générale de l'intrigue une mise en cause du système de calcul du pouvoir d'Ancien Régime, à une époque où ses dysfonctionnements sont dénoncés à l'occasion de tragiques erreurs d'appréciation et de calcul de la justice, qui deviennent de retentissantes «affaires».

L'histoire de l'Ingénu offre ensuite un panorama d'un certain nombre de ces erreurs de calcul du pouvoir, la persécution des protestants par le pouvoir catholique en fournissant un très bon exemple. Dès le chapitre VIII, lors d'une conversation (un entretien didactique) avec un Huguenot à Saumur[5], l'Ingénu s'étonne de ce que le roi, en chassant les Protestants de son royaume, se prive délibérément de cœurs et de bras qui l'auraient servi, argument utilitariste qui se retrouve constamment sous la plume de Voltaire à propos de la réforme de la justice et qui se présente sous une forme chiffrée, dans le discours du Huguenot:

> Non seulement il perd déjà cinq à six cent mille sujets très utiles, mais il s'en fait des ennemis; et le roi Guillaume qui est actuellement maître de l'Angleterre, a composé plusieurs régiments de ces mêmes Français qui auraient combattu pour leur monarque. […] Il paraît donc évident qu'on a trompé ce grand roi sur ses intérêts[6].

L'entrevue de l'Ingénu avec le commis d'un commis du ministre du roi met là encore l'accent sur le dérèglement de l'échange qui frappe Versailles. La réaction de l'Ingénu fait entendre une logique utilitariste à

---

[5] *Cleveland* de Prévost est un intertexte constant et évident de *L'Ingénu*. Françoise Gevrey a souligné les très nombreuses convergences thématiques qui rapprochent ces deux fictions. La question de la réparation et de la «fille perdue» est un point de rencontre qui confirme avec force que Voltaire a écrit son conte en pensant à *Cleveland*.

[6] *L'Ingénu*, éd. Richard Francis, *OCV*, t. 63C, p. 242-243.

travers une réaction offusquée du valeureux guerrier formé par les Indiens:

> Moi! que je donne de l'argent pour avoir repoussé les Anglais? Que je paye le droit de me faire tuer pour vous, pendant que vous donnez ici vos audiences tranquillement? Je crois que vous voulez rire. Je veux une compagnie de cavalerie pour rien. Je veux que le roi fasse sortir Mlle de Saint-Yves du couvent, et qu'il me la donne par mariage. Je veux parler au roi en faveur de cinquante mille familles que je prétends lui rendre. En un mot, je veux être utile; qu'on m'emploie et qu'on m'avance.[7]

Le discours ingénu aux accents enfantins dénonce ici le manque effectif de justesse du calcul des intérêts, faute pour le pouvoir dispensateur de récompenses d'avoir pris la peine de concilier les divers intérêts. De même, lorsque Mademoiselle de Saint-Yves plaide la cause de son amant auprès du sous-ministre Saint-Pouange, elle évoque l'argument de l'utilité: «je demande [la liberté] d'un homme que je veux épouser, d'un homme à qui le roi doit la conservation d'une province, qui peut le servir utilement, et qui est fils d'un officier tué à son service»[8]. A chaque fois qu'une injustice est commise, elle est donc présentée soit comme un mauvais calcul (parce qu'il serait plus utile pour soi-même d'être juste) soit comme un manque de rigueur commerciale (parce que le roi est redevable envers l'Ingénu qui lui a rendu un service).

Le dérèglement des services et des rétributions, c'est-à-dire les manifestations d'injustice, semble connaître une accélération à mesure que le conte progresse. Le dernier chapitre, le chapitre XX, devrait être celui mettant en place une forme de réparation des injustices et des torts, dans la logique du conte. Or, c'est celui où les indices de mauvais calcul du pouvoir se multiplient et les diverses compensations font l'objet d'un traitement largement ironique. La première réparation intervient sous la forme du courrier du frère Vadbled, mis à distance par des guillemets et par une énonciation plusieurs fois décrochée, la compensation promise pour l'embastillement injustifié y brille par sa légèreté:

> Il ajoutait que l'histoire de l'Ingénu et son combat contre les Anglais avaient été contés au roi, que sûrement le roi daignerait le remarquer quand il passerait dans la galerie, et peut-être même lui ferait un signe de tête. La lettre finissait par l'espérance dont on le flattait que toutes les dames de la cour s'empresseraient de faire venir son neveu à leurs toilettes, que plusieurs d'entre elles lui diraient *Bonjour, monsieur l'Ingénu*; et qu'assurément il serait question de lui au souper du roi[9].

---

[7] *L'Ingénu*, *OCV*, t. 63C, p. 246-247.

[8] *L'Ingénu*, *OCV*, t. 63C, p. 287.

[9] *L'Ingénu*, *OCV*, t. 63C, p. 319.

En revenant au combat contre les Anglais, le pouvoir néglige en outre l'étape de la réparation pour revenir à la récompense qui aurait dû intervenir bien plus tôt, négligeant de calculer le prix de la souffrance et du préjudice subi, et niant ce supplément de souffrance provoqué par l'injustice. La disproportion entre l'injustice et sa réparation en est d'autant plus grande.

Après la mort de Mademoiselle de Saint-Yves, qui vient considérablement augmenter le préjudice et le coût de l'injustice, une réplique de Saint-Pouange comporte une promesse de réparation. Située dans le registre sérieux et interprétée parfois comme la conversion sensible du libertin, la promesse de Saint-Pouange résonne de façon tout aussi dérisoire que l'espoir d'être salué, peut-être, par quelques dames de la cour, espoir qui devait payer l'Ingénu pour ses services guerriers: «J'ai fait votre malheur, lui dit le sous-ministre, j'emploierai ma vie à le réparer»[10]. Or, grâce à l'épilogue que donne le conteur, le lecteur peut confronter cette parole solennelle et les faits et l'écrivain accentue l'effet de décalage entre la promesse de dédommagement et la réparation réelle: «Mons de Louvois vint enfin à bout de faire un excellent officier de l'Ingénu, qui a paru sous un autre nom à Paris et dans les armées»[11]. Ce qui était présenté, dans le discours de deux ingénus, comme un échange de services et d'intérêts entre le roi et l'Ingénu est transformé par le pouvoir en une faveur dispensée d'en haut. La consolation de pouvoir parler de l'amante disparue et de raconter sa triste destinée n'est pas une compensation, elle n'entraîne aucun coût pour l'institution et ses représentants. Le dédommagement qui devait être calculé par l'institution est dégradé en faveur ou en promesse personnelle de service, alors que tout le conte a montré que ce système conduisait à de nombreuses erreurs de calcul. Dans un tel contexte, le drame qui clôt le conte apparaît comme la conséquence ultime d'un dérèglement généralisé du circuit des échanges de services et d'objets, dérèglement qui s'intensifie et s'affole dans les dernières lignes. La liste de bonbons et de livres pieux qui récompense le père Tout-à-Tous ne fait en effet que porter à son comble l'absurdité des calculs des peines propres à l'Ancien Régime mais aussi le dérisoire des compensations auxquelles pourraient prétendre les victimes d'injustice dans un système prisonnier d'une évaluation subjective des faveurs et accusé de générer un gaspillage social et humain.

---

[10] *L'Ingénu*, *OCV*, t. 63C, p. 326.
[11] *L'Ingénu*, *OCV*, t. 63C, p. 327.

JEUNES MORTES ET INFANTICIDES COMME FIGURES DU GASPILLAGE

Le double traitement asymétrique présentant, dans *L'Ingénu,* d'un côté un semblant de réparation, dérisoire et comique (l'Ingénu a le droit d'être salué par les dames et de mourir pour le roi[12]), et de l'autre une perte irréparable permet de reposer d'une manière nouvelle la question des choix de registre du conte: de façon significative, la question de la réparation (ou justement de ses difficultés) cristallise, dans les dernières lignes du conte, celle de l'oscillation entre un mode sensible et un mode comique (la lettre du jésuite est comique, la réplique de Saint-Pouange sensible, tout comme la description du chagrin éternel de l'Ingénu, la liste de friandises est comique, la morale finale est double et contradictoire). Comme l'a bien montré Christiane Mervaud, la condition féminine, incarnée par Mademoiselle de Saint-Yves, introduit une touche dissonante dans la veine grivoise qui fait de la prostitution féminine une matière à rire[13].

Il est remarquable que, dans ce conte, la totalité des personnages masculins progresse: l'Ingénu, de sauvage Huron devient un officier distingué et un honnête homme (avec de surcroît le charme que lui confère sa mélancolie), le janséniste devient un homme sensé, le libertin accède au sentiment en éprouvant un repentir sincère. Rien de tel du côté des figures féminines et surtout de l'héroïne du conte qui, loin de gagner quoi que ce soit, perd sa virginité, son honneur et enfin sa vie.

Il ne s'agit pas de revenir sur la problématique distinction comique/ sérieux, mais plutôt de montrer comment la figure de la jeune morte

---

[12] Suivant en cela l'exemple d'Etallonde de Morival, sauvé de justesse des griffes d'une justice injuste et entré au service et sous la protection de Frédéric II. (Voir *Prix de la justice et de l'humanité*, article X, «Du sacrilège», éd. Robert Granderoute, *OCV*, t. 80B, p. 117).

[13] Sur cette oscillation de tons, voir l'article de Christiane Mervaud, «Sur l'activité ludique de Voltaire conteur: le problème de *L'Ingénu*», in: *L'Information littéraire*, n° 1 (1983), p. 13-17, qui analyse la fonction de l'esprit de jeu qui prévaut dans les contes et tout particulièrement dans *L'Ingénu*. «Ce thème [La prostitution par vertu] propice aux plaisanteries comporte pourtant quelque amertume, celle de la condition féminine. Quoi qu'elle fasse, la femme, prise dans une souricière morale, ne saurait éviter d'être coupable. Voltaire avait choisi une première fois d'en ignorer le tragique, mais *L'Ingénu* vire au roman sensible. L'esprit de jeu devrait s'exclure d'un genre qui lui est contraire et dont Voltaire adopte le canevas narratif conduisant l'héroïne au désespoir et à la mort. Pourtant le lecteur se retrouve dans la situation du Huron qui, lisant des romans «sentait que son cœur allait toujours au-delà de ce qu'il lisait». Ce qui était dû à l'indigence d' «auteurs qui n'ont que de l'esprit et de l'art», relève ici d'une vision de la réalité étrangère à l'effusion de l'abandon et où l'effet pathétique est soudain interrompu par quelque diversion» (p. 16).

mobilise chez Voltaire un mode de raisonnement et un type de discours qui permettent de dire l'intolérable sans emprunter la voie de la distanciation satirique ni celle de l'adhésion pathétique: raisonnement et discours que fournit la pensée économique en plein essor.

La figure de la jeune morte, correspondant chez Voltaire, comme chez nombre de ses contemporains, à une donnée autobiographique, en raison, notamment, de la mortalité des femmes en couche à l'époque[14], occupe une place fondamentale dans la pensée de la justice de Voltaire. On la retrouve dans ce conte et dans l'*Histoire de Jenni*[15], mais elle apparaît également dans plusieurs écrits polémiques de 1766 à 1777, date de la publication du *Prix de la justice et de l'humanité*, texte dans lequel le vieil écrivain revient une dernière fois sur la question de la justice, en élaborant un certain nombre de propositions visant à améliorer le système pénal afin de le rapprocher d'une justice «positive».

Pour expliquer cette association entre la mort féminine et une forme de militantisme politique, on peut évoquer au moins deux raisons: outre le fait qu'il s'agit d'une injustice pathétique et spectaculaire, elle peut être efficacement condamnée dans le cadre d'une lecture utilitariste des lois: il est possible en effet de la considérer comme une perte non compensée, un dysfonctionnement majeur du circuit vitaliste qui devrait alimenter et enrichir la société dans son ensemble. En effet dans le conte et, plus largement, dans les écrits des années 1760, la réflexion de Voltaire se resserre autour de la question de l'utilité des peines mais aussi de la façon dont la société pourrait optimiser ses forces en évitant des pertes de vies potentiellement utiles. La mort des mères, ou des mères en devenir, la mort des nouveaux-nés, directement ou indirectement orchestrées par l'institution, semblent devoir être mises en rapport avec un dérèglement dans la façon dont une société doit rechercher, à travers le bonheur du plus grand nombre, son propre intérêt.

La représentation de la souffrance, de la mort féminines et du viol comportent, chez Voltaire, une composante agressive, très apparente par exemple dans *Candide* (1758) ou encore dans les *Lettres d'Amabed, etc.*, (1769). Cette dimension est mitigée dans les textes plus directement

---

[14] On songe ici à la mort en couches d'Emilie du Châtelet. Le rapprochement entre Emilie et la Saint-Yves a été fait depuis longtemps par Francis Pruner, *Recherches sur la création romanesque dans l'Ingénu de Voltaire*, Paris, Archives des lettres modernes, 1960.

[15] Avec, comme l'a montré René Démoris, un formidable effet de leurre, la jeune morte n'étant pas celle qu'on croit, la fausse mort de Primerose servant en quelque sorte d'écran à la mort, véritable celle-ci, de Clive-Hart…, voir l'article cité.

politiques, comme c'est notamment le cas avec les figures de femmes martyrisées (saintes, sorcières ou simples condamnées) dans les textes portant sur la justice et les châtiments qu'elle administre: la femme infanticide, celle qui donne la vie, puis la mort et que l'on tue, y est ainsi une figure récurrente. Ainsi, dans la construction argumentative du *Commentaire sur le livre Des délits et des peines de Beccaria* (septembre 1766) et dans le *Prix de la justice et de l'humanité* (1777)[16], la figure de la jeune fille et les mentions de l'infanticide occupent une place essentielle. En effet, alors que les textes satiriques laissent complaisamment libre cours à la dimension fantasmatique de la représentation de la femme souffrante, les textes polémiques abordent également la question de la jeune morte dans une perspective économique, en l'intégrant à la question de la justice des peines et elle se trouve alors dépouillée de toute intention satirique.

Le *Commentaire sur le livre Des délits et les peines* date de septembre 1766, la rédaction de *L'Ingénu* d'octobre 1766. Or il n'est pas anodin que l'occasion et l'ouverture du «commentaire» soit un fait divers mettant en scène une jeune fille condamnée à mort pour avoir exposé et laissé périr un enfant illégitime qu'elle venait de mettre au monde. On retrouve les mêmes éléments dans le conte et dans le *Commentaire*, modulés et recombinés: «une jeune fille belle et bien faite», «la honte, qui est dans le sexe une passion violente, lui donna assez de force pour revenir à la maison de son père, et pour y cacher son état.» La conclusion de l'article 1 prend passionnément parti pour la fille perdue:

> Il valait bien mieux prévenir ces malheurs, qui sont assez ordinaires, que se borner à les punir. La véritable jurisprudence est d'empêcher les délits, et non de donner la mort à un sexe faible, quand il est évident que sa faute n'a pas été accompagnée de malice, et qu'elle a coûté à son cœur[17].

Mademoiselle de Saint-Yves représenterait donc une variante atténuée, pour les besoins de l'esthétique romanesque qui marque ce conte, de la figure de la fille perdue, seules les circonstances de la flétrissure étant

---

[16] Texte publié le 15 février 1777 dans la *Gazette de Berne*.

[17] *Commentaire sur le livre des Délits et des peines*, édition de Kehl (1784), t. 29, p. 213. Voir aussi «La première faute de cette fille, ou doit être renfermée dans le secret de sa famille, ou ne mérite que la protection des lois, parce que c'est au séducteur à réparer le mal qu'il a fait, parce que la faiblesse a droit à l'indulgence, parce que tout parle en faveur d'une fille dont la grossesse cachée la met souvent en danger de mort, que cette grossesse connue flétrit sa réputation, et que la difficulté d'élever son enfant est encore un grand malheur de plus», *Ibid,* p. 212.

modifiées. Nous voici loin de la veine grivoise qui considère la perte de
la virginité comme un objet de rire et de distanciation philosophique,
puisqu'il s'agit de dénoncer la mort de celle qui devait ou devrait donner
la vie. La voie de la sensibilité et du pathétique n'est pas la seule alternative à la voie satirique et Voltaire emprunte, très explicitement dans
ses textes polémiques, plus secrètement dans le conte, une perspective
économique sur le traitement par la société de ce fait social qu'est la fille
littéralement *perdue*, et dans une version plus radicale, le traitement par
la justice de la fille infanticide.

Rebut et récupération: prévention du crime et rendement du fruit du vice

L'examen beccarien des délits et des peines aspire à rendre plus exacts
les calculs de la justice. En s'appuyant sur le cas frappant de la jeune fille
infanticide condamnée à mort, Voltaire s'emploie à présenter l'injustice
comme un défaut de calcul. Le thème du nouveau-né assassiné, qui
revient sous sa plume, est directement lié à l'idée d'une injustice conçue
comme un monstrueux gâchis humain et social.

Le point VI du *Prix de la justice et de l'humanité* porte lui aussi sur
la question des mères infanticides[18]. La fin de l'article suggère une solution de prévention du crime plutôt que sa répression, en accord avec les
principes énoncés par Beccaria:

> La contradiction qui règne entre ces lois ne fait-elle pas soupçonner
> qu'elles ne sont pas bonnes, et qu'il eût bien mieux valu doter les

---

[18] L'article donne lieu à un dialogue tout à fait intéressant entre l'auteur du «Prix» et
l'auteur des notes de l'édition de Kehl et notamment à une longue note (article VI: «Des
mères infanticides») sur la cruauté d'une loi qui punit la mère d'un enfant mort: «Cependant ce ne sont point les malheureuses qui commettent ce crime que l'on en doit accuser,
c'est le préjugé barbare qui les condamne à la honte et à la misère si leur faute devient
publique: c'est la morale ridicule qui perpétue ce préjugé dans le peuple», p. 283, note 6.
L'auteur de la note approuve et développe la recommandation de Voltaire de créer des
hôpitaux qui garantiraient à ces femmes le secret et qui prendraient soin des enfants:
«On pourrait, en retenant les enfants dans ces maisons jusqu'à un âge fixé, et en leur
apprenant des métiers, et surtout des métiers nécessaires à la consommation de la maison,
en y attachant des jardins, des terres qu'ils cultiveraient, rendre leur éducation très peu
coûteuse, épargner même de quoi donner des dots aux garçons et aux filles, si, en sortant
de la maison, ils se mariaient à une fille ou à un garçon qui y aurait été élevé comme eux.
Ces mariages auraient l'avantage d'épargner à ces infortunés les dégoûts auxquels leur état
les expose parmi le peuple. Au lieu d'empêcher les legs faits aux bâtards, il faudrait que
la loi accordât à tout bâtard reconnu une portion dans les biens du père et de la mère»
(p. 284, note 6).

hôpitaux, où l'on eût secouru toute personne du sexe qui se fût présentée pour accoucher secrètement? Par là on aurait à la fois sauvé l'honneur des mères et la vie des enfants.

Trop souvent un Prince ne manque point d'argent pour faire une guerre
injuste, qui dévaste et qui ensanglante une moitié de l'Europe; mais il
en manque pour les établissements les plus nécessaires, qui console-
raient le genre humain[19].

«Doter», «secourir», «sauver», «consoler» d'une part, «manquer»,
«dévaster», «ensanglanter» de l'autre: l'injustice des lois procède d'une
mauvaise distribution des fonds disponibles et des ressources humaines
d'une nation. La solution proposée par Voltaire pour limiter les infanticides présente ainsi une profonde analogie avec sa proposition à l'égard
des criminels ayant un talent ou une compétence dans un certain domaine:
au lieu de les supprimer ou de les emprisonner à grands frais pour la
société, il serait plus utile de diriger leurs compétences vers une tâche
socialement et collectivement utile.

L'argument de la récupération est prolongé sous une autre forme par
le point VII intitulé «D'une multitude d'autres crimes» qui passe en
revue des crimes plus rares: incendiaires, faux-monnayeurs, contrebandiers, faussaires, polygames, plagiaires, chacun donnant lieu à une amorce
de scénario romanesque: Mandrin serait envoyé combattre les sauvages
en Canada; l'incendiaire de grange partirait surveiller les granges, et
l'auteur du *Prix de la justice et de l'humanité* de conclure: «Vous nous
apprendrez peut-être comment une infinité de scélérats pourraient faire
autant de bien à leurs pays qu'ils leur auraient fait de mal»[20]. L'argument
rappelle le principe, énoncé notamment par Mandeville dans *La Fable
des abeilles ou les vices privés font les vertus publiques*, de transformation des vices privés en vertus sociales[21]. Mais alors que chez Mandeville, les vices ont de fait des conséquences sociales positives, pour peu
que l'on accepte de porter sur eux un point de vue objectif et débarrassé
de considérations morales – il décrit un état de fait ou invite à reconsi-
dérer un état de fait –, chez Voltaire, il s'agit, plus activement, de redi-
riger les qualités qui ont permis à ces criminels d'être d'excellents faussaires, voleurs ou contrebandiers vers des réalisations socialement utiles:
leur énergie et leurs talents doivent être canalisés et réorientés. Dans le

---

[19] *Prix de la justice et de l'humanité*, p. 283.
[20] *Prix de la justice et de l'humanité*, article VII. «D'une multitude d'autres crimes»,
p. 284.
[21] Bernard Mandeville, *La Fable des abeilles* (première et deuxième parties), édition
de Lucien et Paulette Carrive, Paris, Vrin, 1990 et 1991 (éd. originale: 1714; deuxième
partie: 1728).

premier cas, c'est le point de vue seul qui transforme les vices en vertus, dans le second, le législateur et le pouvoir exécutif doivent exercer une action concrète pour convertir les énergies mal employées et les transformer à l'avantage de la société[22].

CONCLUSION

La mise en rapport de la figure de Mademoiselle de Saint-Yves avec celle des autres jeunes mortes qui hantent les textes polémiques et politiques des années 1760-1770 complète la lecture d'un conte souvent résumé par son oscillation entre la satire et le sentiment. Or, il semble que le conte amorce une autre piste, en écartant à la fois le pathétique sentimental et le satirique grivois, pour suggérer une troisième voie, fortement inspirée par les thèses utilitaristes et économistes qui incitent à considérer la mort de jeunes femmes comme une perte pour la société toute entière, dans le prolongement d'ailleurs des réflexions sur la démographie qui marquent aussi la période[23]. Le scandale métaphysique de la mort d'un être jeune et en âge de procréer est donc traduit dans des termes économiques, qui jouent ici le rôle – c'est du moins mon hypothèse– d'un filtre, d'un discours-écran dont la rassurante apparence de scientificité permet de reformuler la question de la perte en échappant à l'alternative pathétique/satirique. Ce faisant, Voltaire réaménage l'héritage de Beccaria: le juriste italien n'entreprenait-il pas de fonder la réforme du système pénal sur une perspective arithmétique, dans le cadre des convictions épistémologiques des lumières, et selon l'idée, très propre à séduire Voltaire, que pour ébranler les lois et reformer la justice des

---

[22] L'auteur des notes dans l'édition de Kehl développe cet aspect et va dans le sens d'un réemploi des criminels, qui ne comporte, précisons-le, pas la moindre intention humaniste et réformatrice: «Il ne serait ni dispendieux ni difficile d'employer les criminels d'une manière utile, pourvu qu'on ne les rassemblât point en grand nombre dans un même lieu. On pourrait les charger dans les grandes villes à des travaux dégoûtants et dangereux, lorsqu'ils n'exigent ni adresse ni bonne volonté. On peut aussi les employer, dans les maisons où ils sont renfermés, à des opérations des arts qui sont très pénibles ou malsaines. Des privations pour la paresse, des châtiments pour la mutinerie et le refus du travail, des adoucissements pour ceux qui se conduiraient bien, suffiraient pour maintenir l'ordre; et tous ceux qui sont valides gagneraient au delà ce qu'ils peuvent coûter, si leur travail était bien dirigé» (p. 285-286, note 7). Nous sommes ici face à une pensée de la récupération économique, pas à celle de la conversion et de la rédemption chrétiennes.

[23] Cette première étude devra être prolongée par une mise en rapport avec les réflexions démographiques qui investissent le champ du savoir de l'époque.

hommes, il fallait tout autant parler à leurs calculs qu'à leur compassion[24]?

Cependant, l'usage de l'argument économique, dans la fin de *L'Ingénu* contrairement à son utilisation plus univoque dans les textes évoquant l'infanticide, suggère également que l'application des principes arithmétiques de la justice pour évaluer la souffrance et la mort se heurte à une résistance fondamentale. Que la mort rende le calcul dérisoire et la réparation impossible, voilà peut-être le premier scandale dénoncé par *L'Ingénu* qui incite à distinguer le dédommagement, possible et nécessaire mais d'ailleurs détourné et dégradé en dérisoire récompense par l'arbitraire du pouvoir d'Ancien Régime, de ce qui serait de l'ordre d'une réparation véritable. Si le dédommagement peut faire l'objet d'une réforme politique et juridique, la réparation est désignée comme un horizon impossible, source de la mélancolie et aliment du romanesque.

Le conte déplace la question de la punition des délits, qui occupe Beccaria, vers celle du dédommagement aux victimes[25]. La question posée, même si c'est sur un mode parodique, par la fin du conte est de savoir quel est le prix d'une vie perdue. Dans *L'Ingénu* se trouve ainsi exprimée l'idée du gâchis que représente une justice qui calcule mal et le rêve d'une transformation du mal en bien, rêve de récupération que l'on retrouve chez de nombreux auteurs et sous diverses formes[26]. L'idée d'un capital humain converti et réinvesti dans le circuit macro-économique vient en tout cas plaider pour une réforme du système pénal, même si cette réforme est envisagée beaucoup plus comme une récupération que comme une réinsertion des coupables, criminels ou filles dites

---

[24] Voir Michel Porret, *Beccaria, le droit de punir*, Paris, Éditions Michalon, 2003. Michel Porret souligne la filiation entre Beccaria et Bentham qui publie son *Introduction to the principles of morals and legislation*, rédigé en 1780, où il salue les principes beccariens qui ont fondé l'utilitarisme pénal. Sur les fondements épistémologiques de l'entreprise de Beccaria: «Empli des certitudes épistémologiques des Lumières, Beccaria aspire à une «'science'» des délits et des peines. «'Recherche sincère de la vérité'», «'indépendance à l'égard des idées reçues'», critique de l'autorité et des préjugés: sa démarche s'inscrit dans l'émergence d'une majorité morale pré-kantienne» (p. 41).

[25] Cette remarque rejoint l'analyse de Christiane Mervaud à propos des annotations de Voltaire en marge d'un ouvrage de jurisprudence de Muyart de Vouglans, où c'est la question des «dommages et intérêts» qui retient précisément l'attention du vieil homme à propos d'une fille séduite et abandonnée, puisque c'est le commentaire qu'il porte en marge de son exemplaire. Voir la contribution de Christiane Mervaud dans le présent volume («Sur le testament judiciaire de Voltaire»).

[26] Voir Florence Magnot-Ogilvy, «Le magasin des tempêtes. Récupération du topos de la tempête dans les discours romanesque et économique au XVIIIᵉ siècle», in: *L'Événement climatique et ses représentations*, éd. J. Berchtold, Paris, Desjonquères, 2007, p. 448-460.

«perdues», le terme étant allégé d'une partie de son sens moral pour se charger d'une dimension économique.

L'idée d'une conversion et d'une compensation possible des pertes, au niveau d'un système social, économique, rationnel, entre en contradiction avec celle de la perte, irréparable, d'un individu. La contradiction finale souvent interprétée comme une hésitation de vieillard entre l'optimisme et le pessimisme, et parfois comme un arbitrage entre la vogue romanesque et la conviction rationnelle, signale aussi la présence à l'époque d'une tension profonde entre l'espoir de fonder une justice du dédommagement bien calculé et le sentiment sourd d'une forme d'irréparable, entre la pensée positive et triomphante du cycle qui permet de récupérer celle de la rédemption et la mélancolie romanesque de la perte. Le double point de vue porté sur le dédommagement pourrait ainsi rendre compte non seulement de la fin bancale du conte, mais aussi de la complexité du traitement par Voltaire du personnage de la fille perdue.

LA POLÉMIQUE DE VOLTAIRE AVEC L'ABBÉ GUÉNÉE, AUTOUR DES *LETTRES DE QUELQUES JUIFS PORTUGAIS, ALLEMANDS ET POLONAIS À M. DE VOLTAIRE*

Paul BENHAMOU
(*Purdue University*)

Puisqu'il est question dans ce colloque de Voltaire, de la justice et de la tolérance entre 1762 et 1778, nous avons décidé de prendre en considération la réaction que provoqua la publication de certains ouvrages du Philosophe du côté des apologistes de la religion chrétienne, et en particulier, celle de l'abbé Guénée. Trop souvent, les critiques des Philosophes, les «antiphilosophes» comme on les appelle, ne sont étudiés qu'à travers les textes de leurs adversaires. Certains d'entre eux méritent pourtant un meilleur sort, surtout si l'on prend la peine de lire ce qu'ils ont écrit. Il faut reconnaître cependant que depuis le dernier tiers du vingtième siècle, les antiphilosophes commencent à être étudiés pour eux-mêmes, comme par exemple Fréron (par Jean Balcou), La Beaumelle (par Claude Lauriol) ou Berthier (par John Pappas), pour ne citer que les plus connus.

Précisons au départ que notre propos n'a pas pour objet l'attitude de Voltaire vis-à-vis des Juifs, question qui a été traitée en long et en large par une foule de critiques. D'autre part, notre propos n'a pas non plus pour objet une réhabilitation éventuelle de l'abbé Guénée. Cet objectif a été accompli à divers degrés par les travaux de David Lévy, de Sylviane Albertan-Coppola, et de Didier Masseau[1]. Ce que nous aimerions examiner, c'est le combat que livra le célèbre auteur du *Traité sur la tolérance* à l'auteur pratiquement inconnu des *Lettres de quelques juifs portugais, allemands et polonais*[2], un certain abbé Antoine Guénée (1717-1803), et

---

[1] David Lévy, *Voltaire et son exégèse du Pentateuque: critique et polémique*, SVEC 130 (1975); Sylviane Albertan-Coppola, «L'abbé Guénée, «secrétaire juif», contre Voltaire à l'occasion du *Traité sur la tolérance*», in: *Lectures de Voltaire*, éd. Isabelle Brouard-Arends, Rennes, Presses Universitaires de Rennes, 1999, p. 85-102; Didier Masseau, *Les Ennemis des philosophes. L'antiphilosophie au temps des Lumières*, Paris, Albin Michel, 2000.

[2] [Antoine Guénée, abbé], *Lettres de quelques juifs portugais, allemands à M. de Voltaire avec des réflexions critiques, etc., et un petit commentaire extrait d'un plus grand,*

montrer à quel point cette polémique préoccupa le patriarche de Ferney dans sa retraite.

Cette polémique débuta en 1769 avec la publication des *Lettres de quelques Juifs portugais, et allemands à M. de Voltaire*, et elle se poursuivit dans la sphère publique par plusieurs ré-éditions de l'ouvrage de Guénée (quatre du vivant de Voltaire) jusqu'en 1777, date de la riposte définitive de Voltaire, *Un Chrétien contre six Juifs*. Mais bien que les *Lettres* de Guénée eussent une quinzaine d'éditions de 1769 à 1831, et qu'elles fussent traduites en anglais, en espagnol, en allemand, et même en russe, aujourd'hui, il faut le dire, on lit Voltaire et on ne lit plus Guénée.

L'histoire de ces *Lettres* commença en 1762, quand le Juif portugais Isaac de Pinto (1717-1787) publia une *Apologie pour la nation juive, ou réflexions critiques sur le premier chapitre du tome viième des œuvres de M. de Voltaire*[3], pour réfuter très respectueusement quelques-unes des accusations de Voltaire contre les Juifs, en particulier celle où il les présentait comme «*un peuple ignorant et barbare, qui joint depuis longtemps la plus indigne avarice à la plus détestable superstition et à la plus horrible haine pour tous les peuples qui les tolèrent et les enrichissent. Il ne faut pourtant pas les brûler*»[4].

Pinto avait envoyé à Voltaire le manuscrit de son *Apologie*, précédé d'une lettre très flatteuse où il écrivait: «comme je respecte encore plus l'auteur que je n'admire ses ouvrages, je le crois assez grand homme pour me pardonner cette critique en faveur de la vérité qui lui est si chère, et qui ne lui est peut-être échappée que dans cette seule occasion. J'espère au moins qu'il me trouvera d'autant plus excusable, que j'agis en faveur d'une nation entière, à qui j'appartiens, et à qui je dois cette apologie»[5]. Ce que Pinto reprochait à Voltaire, c'est d'avoir attribué à toute une nation les vices de certains Juifs, de donner cours aux calomnies dont on

Lisbonne [Paris], 1769. Les *Lettres* furent souvent ré-éditées jusqu'au milieu du dix-neuvième siècle. La troisième édition augmentée parut en 1772 en deux volumes. La quatrième édition augmentée parut en 1776 en trois volumes avec un nouveau titre, *Lettres de quelques juifs portugais, allemands et polonais à M. de Voltaire*. Nous utiliserons dans notre étude l'édition en trois volumes qui parut à Paris en 1817; toutes les citations seront données dans leur forme originale.

[3] Isaac de Pinto, *Apologie pour la nation juive, ou Réflexions critiques sur le 1er chapitre du tome VIIème des œuvres de M. de Voltaire* (1762). Dans ses *Lettres de quelques juifs portugais* (t. 1, p. 1-46), Guénée utilise le texte de Pinto plus ou moins *in extenso*, en ajoutant des lettres d'autres Juifs portugais, ainsi que la réponse de Voltaire à Pinto, datée du 21 juillet 1762, qui parut dans le *Mercure* la même année (mai 1769, p. 87-89).

[4] A. Guénée, *Lettres*, t. 1, p. 11-12.

[5] A. Guénée, *Lettres*, t. 1, p. 34.

accusait alors tous les Juifs, et d'accréditer en quelque sorte les horribles préjugés contre les Juifs au lieu d'employer ses talents à les détruire, car, disait-il, «ce n'est pas tout de ne pas brûler les gens: on brûle avec la plume, et ce feu est d'autant plus cruel, que son effet passe aux générations futures»[6]. Cette brève altercation entre Pinto et Voltaire resta discrète, mais ce qui surprend le plus, ce fut la réponse que Voltaire envoya à Pinto le 21 juillet 1762, et qu'il ne fit paraître dans le *Mercure* qu'en mai 1769, dans laquelle il reconnaissait, d'une part, qu'il avait commis certains excès, et, d'autre part, qu'il avait eu tort d'avoir «attribué à toute une nation les vices de plusieurs particuliers»; il promettait même de «faire un carton dans la nouvelle édition»[7].

Quelques années plus tard, Guénée – ancien professeur de rhétorique au Collège Du Plessis à Paris, qui connaissait non seulement le latin et le grec, mais aussi l'hébreu et l'anglais, et qui avait lu les principales œuvres de Voltaire – décida d'entreprendre la défense du Pentateuque contre les attaques répétées de Voltaire, en affirmant que «la défense devient nécessaire quand les attaques sont si vives et si multipliées»[8]. Comme l'avaient déjà fait avec un certain succès quelques apologistes, en particulier Bergier dans le *Déisme réfuté par lui-même*, et Gauchat dans ses *Lettres critiques*, l'abbé Guénée utilise la forme épistolaire pour réfuter Voltaire, et il emploie aussi le pseudonyme, autre technique favorite de son adversaire. Ainsi, en 1765, il publia une brochure de 24 pages, in-8, intitulée *Lettre du rabbin Aaron Mathathaï à Guillaume Vadé, traduite du hollandais par le lévite Joseph Ben Jonathan, et accompagnée de notes plus utiles*. C'était une réponse à une note de Voltaire, relative au veau d'or du chapitre XII du *Traité sur la tolérance*. Cette première réfutation de Voltaire passa pratiquement inaperçue dans la presse périodique de l'époque, sauf une très brève notice dans la *Correspondance littéraire* de Grimm, en date de juillet 1765, qui disait: «Le rabbin est un bon janséniste bien plat, bien obscur, à qui Guillaume Vadé ne fera pas seulement la grâce de répondre»[9]. Quant à Voltaire, il ne semble pas en avoir pris connaissance.

Nous pensons, cependant, que cette brochure est significative à deux points de vue: elle représente non seulement la première joute dans la

---

[6] A. Guénée, *Lettres*, t. 1, p. 19.
[7] A. Guénée, *Lettres*, t. 1, p. 35.
[8] A. Guénée, *Lettres*, t. 1, p. 49.
[9] Friedrich Melchior, Baron von Grimm, *et al.*, *Correspondance littéraire, philosophique et critique* (1747-1793); réimpression en seize volumes, Paris, Garnier, 1877-1882, t. 6, p. 329.

longue polémique entre Voltaire et ce défenseur de l'Ancien Testament, mais aussi la première ébauche des *Lettres de quelques Juifs* dans laquelle Guénée prenait le masque de deux juifs pour réfuter Voltaire. Nous savons que Voltaire s'était plus d'une fois déguisé en pasteur, en évêque, voire en rabbin, afin de confondre ses adversaires et d'amuser ses lecteurs, et nous pensons que Guénée fit preuve d'une certaine audace d'utiliser le même procédé que son célèbre adversaire. Comme le remarqua René Pomeau: «Guénée sut attraper la manière voltairienne»[10], et cela dut, sans aucun doute, contribuer au succès de son ouvrage.

La Lettre du rabbin Aaron Mathathaï, fut refondue dans les *Lettres de quelques Juifs portugais et allemands à M. de Voltaire*, qui parut en 1769, et l'abbé Guénée y joignit une «Épître dédicatoire des éditeurs à M. de Voltaire», signée par trois juifs fictifs des environs d'Utrecht – Joseph Lopez, Isaac Montenero et Benjamin Groot – dans laquelle il expliquait que le but de ses lettres, réflexions et commentaire était de permettre au «plus beau génie du siècle» d'apporter quelques corrections dans la nouvelle édition de ses œuvres, précisant que: «si l'on y relève, dans ce que vous avez écrit sur l'histoire des Juifs, et sur leurs livres sacrés, des inadvertances et des méprises, des contradictions et des inconséquences, des assertions fausses, des imputations calomnieuses, etc., les éloges l'emportent toujours sur la critique»[11].

S'il prenait des gants pour réfuter ce que Voltaire avait écrit sur les Juifs, Guénée n'hésitait pas à dénoncer l'antijudaïsme obsessif du Philosophe:

> Ces Juifs ne sont pas des agresseurs téméraires qui bravent vos ressentiments et vous provoquent de gaité de cœur. Membres d'une nation que vous avez tant de fois outragée, et que vous ne cessez de poursuivre avec un acharnement dont nous ignorons la cause, ils se bornent à une défense que vous avez rendue nécessaire, et ne repoussent vos traits qu'en respectant la main qui les lancent[12].

A une époque où les apologistes de la religion chrétienne semblaient incapables de faire face, à peu d'exceptions près, aux attaques du grand polémiste du Siècle des Lumières, l'abbé Guénée sortit brusquement de l'obscurité pour devenir, comme le signala le rédacteur des *Mémoires*

---

[10] René Pomeau, *La Religion de Voltaire*, nouv. éd., Paris, Nizet, 1969, p. 343.

[11] A. Guénée, *Lettres*, t. 1, p. xliv-xlv.

[12] A. Guénée, *Lettres*, t. 1, p. xlv.

[13] [Louis Petit de Bachaumont et Mathieu-François Pidansat de Mairobert], *Mémoires secrets pour servir à l'histoire de la République des Lettres en France, depuis MDCCLXII jusqu'à nos jours*, Paris, 1777-1789, t. 26, p. 351.

secrets, «l'infatigable défenseur du peuple juif, et de tout ce qui lui appartient»[13].

Quand les *Lettres de quelques Juifs portugais et allemands* parut pour la première fois en 1769, il fut accueilli très favorablement dans la presse périodique de l'époque. Ainsi, dans le *Mercure*, on nota: «Plusieurs Juifs portugais et allemands qui ont beaucoup d'esprit et de littérature, mécontents de la manière dont M. de Voltaire a quelquefois parlé de leur nation, ont entrepris de répondre à différentes parties de ses ouvrages où il est question d'eux»[14]. Le *Journal des Savants* commenta:

> Si tous les ouvrages de polémique étaient écrits dans le goût de celui-ci, ils feraient plus d'honneur à leurs auteurs, et seraient mieux accueillis du public […]. On doit exhorter les auteurs à conserver toujours le ton de politesse et d'honnêteté qui règne dans cet ouvrage, écrit d'ailleurs d'une manière ingénieuse et intéressant […]. On sait assez combien les erreurs, les fautes, les méprises des hommes célèbres sont contagieuses[15].

Et, en Angleterre, le rédacteur de la *Monthly Review* en fit un compte-rendu très élogieux:

> The Letters now before us are written with more decency, politeness, and temper than are generally to be met with controversial writings; they likewise show the authors to be men of learning, candour, and good sense. They treat Voltaire with great respect, but point out mistakes, inconsistencies, contradictions, and misrepresentations in what he had advanced concerning the Jews, and the writings of the Old Testament. In a word, the Hebrew gentlemen defend themselves with great ability, and discuss several points related to sacred history with much erudition and judgement[16].

Naturellement, dans le camp des Philosophes, on ne partagea pas du tout cet avis. Ainsi, Grimm écrivit dans la *Correspondance littéraire*: «Il y en a qui se sont mis à judaïser pour défendre l'ancien testament contre le canon de la citadelle de Ferney […] si vous voulez lire un recueil d'atrocités et de platitudes, lisez ces lettres […]. On reste confondu en lisant de pareilles horreurs imprimées avec approbation, et écrites par des hommes qui prétendent avoir un cœur de chair et de sang»[17]. Quant au principal destinataire de ces *Lettres de quelques Juifs*, voilà ce qu'il répondit au chevalier Jacques de Rochefort d'Ally qui lui demandait s'il avait lu l'ouvrage: «Je ne connais point les Lettres Hébraïques, mais

---

[14] *Mercure de France*, mai 1769, p. 85.
[15] *Journal des Savants*, juillet 1769, p. 478.
[16] *Monthly Review* 41 (1769), p. 562-563.
[17] Grimm, *CLT*, t. 6, p. 371.

selon ce que vous me mandez, il n'y a qu'à faire lire la Bible à l'auteur pour y répondre. L'impotent convulsionnaire a mal pris son temps pour faire opérer un miracle, la mode en est passée, le pauvre homme est venu trop tard»[18].

Voltaire était loin d'imaginer, à ce stade, qu'une reprise de l'*Apologie des Juifs* d'Isaac de Pinto par un obscur abbé pourrait troubler le calme de sa retraite à Ferney, et surtout qu'elle aurait tant de succès. En fait, l'ouvrage de Guénée dont il prendra connaissance l'année suivante semble avoir obsédé le patriarche de Ferney jusqu'à la fin de ses jours, à en juger par les nombreuses références à cet ouvrage et à son auteur dans sa correspondance, ainsi que dans plusieurs de ses ouvrages comme les *Questions sur l'Encyclopédie*, le *Dictionnaire philosophique*, *Un Chrétien contre six Juifs*. Nous pensons aussi que Voltaire se rendit compte rapidement qu'il avait en face de lui un adversaire pas comme les autres, dont il ne pourrait pas se défaire avec une simple facétie. Nous savons, grâce au *Corpus des notes marginales de Voltaire*, qu'il possédait dans sa bibliothèque (BV1566) un exemplaire de la seconde édition des *Lettres de quelques Juifs* (1769), ainsi qu'un exemplaire (BV1567) de la quatrième édition (1776) en trois volumes[19].

C'est ainsi que débuta la polémique qui opposa l'apôtre de la tolérance au défenseur inattendu des Juifs. La réfutation initiale de Guénée avait pour objectif l'essai intitulé «Des Juifs», paru dans le tome V de la *Collection complète des œuvres de M. de Voltaire* (1756), auquel Isaac de Pinto avait répondu par son *Apologie* en 1762[20]. Mais, sa cible principale était, à en juger par la quantité de commentaires qu'il écrivit, les chapitres XII et XIII du *Traité sur la tolérance* – «l'ouvrage d'un philosophe conciliateur et ami du genre humain», selon Guénée[21] – ainsi que plusieurs articles du *Dictionnaire philosophique* («Abraham», «Anthropophages», «Genèse», «Moïse», etc.).

Comme Pinto l'avait fait avant lui, Guénée commence toujours sa réfutation en louant son adversaire avec profusion:

> Les Français, monsieur, ne sont pas les seuls qui vous admirent. Il est parmi les Juifs allemands et polonais une société d'amis qui font depuis long-temps de l'étude de vos ouvrages leur plus agréable occupation. […]

---

[18] Voltaire à Jacques de Rochefort d'Ally, le 3 juillet 1769 (D15729).
[19] *Corpus des notes marginales de Voltaire*,, 5 vols., Berlin, Akademie Verlag, 1979-1994, t. 4 (éd. t. Voronova), p. 250-252, 252-254, 686-687.
[20] Il s'agit de l'édition des œuvres complètes de Voltaire faite à Genève en 1756.
[21] A. Guénée, *Lettres*, t. 1, p. 49.

> L'immense étendue de vos connaissances, les ressources inépuisables
> d'une imagination pleine de saillies et de gaîté, ce coloris brillant et ce
> style enchanteur qui vous élèvent sans contredit au-dessus de tous les
> écrivains de votre siècle, ne sont pas tout ce qui nous y charme[22].

Ces Juifs allemands et polonais se déclarent cependant très surpris de
constater que dans son *Traité sur la tolérance*, qui annonçait «le dessein
de resserrer de plus en plus les liens de bienveillance qui devraient unir
tous les hommes,» Voltaire traitait les Juifs et leurs livres sacrés «d'une
manière si opposée au caractère d'équité et de modération» qu'il affichait
dans le reste de l'ouvrage[23]. Ces Juifs reprochent donc au Philosophe
cette contradiction fondamentale au sein de son ouvrage, et ils déclarent:
«Aurions-nous cru devoir trouver tant de prévention et tant de haine
contre un peuple malheureux dans l'ouvrage d'un philosophe conciliateur
et ami du genre humain?»[24]. Comme l'avait fait Pinto, Guénée justifie
sa dénonciation des erreurs de Voltaire, en disant, «l'erreur la plus invrai-
semblable, accréditée par un nom célèbre, est prompte à se répandre!»[25]

Voltaire sera très sensible à cette approche nuancée de l'abbé Guénée,
qui consistait à «embrasser pour mieux mordre». Ainsi, dès août 1770,
avant que l'article «Fonte» ne paraisse dans le tome 6 des *Questions sur
l'Encyclopédie*, il décida de riposter à Guénée en faisant publier cet article sous le titre «Fonte, art de faire en fonte des figures considérables
d'or ou de bronze: réponse à un homme qui est d'un autre métier». Cette
première réplique sur un passage des *Lettres* de Guénée concernant le
veau d'or était jointe à «Dieu, réponse au *Système de la nature*». Voltaire
nous paraît alors bien renseigné sur l'identité de l'auteur des *Lettres de
quelques Juifs*, puisqu'il écrivait, «M. Guénée, ancien professeur du collège du Plessis, qui en sait sans doute plus que M. Pigalle sur l'art de
jeter des figures en fonte, a écrit contre ces vérités dans un livre intitulé
Lettres de quelques Juifs portugais et allemands […]. Ces lettres ont été
écrites sous le nom de messieurs les juifs Joseph Ben Jonathan, Aaron
Mathathaï et David Wincker». C'est dans cet article que Voltaire commença à surnommer l'abbé Guénée «M. le professeur secrétaire des
Juifs», et «M. le secrétaire de la synagogue»[26].

---

[22] A. Guénée, *Lettres*, t. 1, p. 47-48.
[23] A. Guénée, *Lettres*, t. 1, p. 48.
[24] A. Guénée, *Lettres*, t. 1, p. 48-49.
[25] A. Guénée, *Lettres*, t. 1, p. 86.
[26] Moland, t. 19, p. 166-67.

Peut-être le Philosophe avait-il cru pouvoir décourager cet abbé judéo-
phile de continuer à réfuter ce qu'il avait écrit sur le Pentateuque et les
Juifs? Cela est possible, mais en tout cas il n'y arriva pas, car la polémique entreprise par Guénée était au long cours, et le «Secrétaire des Juifs»
lui renvoya la balle sans attendre. En effet, dans la troisième édition des
Lettres de quelques Juifs, parue en 1772, la polémique repartit de plus
belle. Encouragé sans doute par le succès de son ouvrage, «deux éditions
de trois mille exemplaires ont été enlevées chez Laurent Prault, et voici
une troisième qui se débite avec la même rapidité chez Moutard», rap-
portait Fréron dans son *Année littéraire*[27], l'abbé Guénée contre-attaqua.
Il consacra la première partie du «Petit commentaire» de ses *Lettres de
quelques Juifs*, à la réfutation de l'article «Fonte» que Voltaire avait
publié à part, comme nous l'avons signalé. Dans cette réplique, le défenseur des Juifs adoptait la même technique que précédemment: il comblait
son adversaire de louanges, avant de le réfuter systématiquement:

> Vous êtes né, monsieur, comme tous les grands hommes, pour donner
> le ton à votre siècle, et pour en réformer tous les préjugés […].
> Nous croyons travailler plus utilement à votre gloire en vous mettant
> sous les yeux les petites inadvertances qui vous sont échappées sur des
> matières qui nous intéressent, et dont vous parlez parfois sans les avoir
> approfondies.
> Nous espérons, monsieur, que vous ne désapprouverez point notre
> zèle; vous aimez trop la vérité pour vous irriter contre ceux qui vous
> la montrent avec le respect et les égards qui vous sont dus[28].

L'abbé Guénée dissèque alors systématiquement l'article «Fonte» de
Voltaire, en y joignant des commentaires à la fois scientifiques et polémiques visant à refuter ce que le Philosophe avait écrit sur la fonte du
veau d'or, et, en utilisant une variété de tons, passant aisément du grave,
à l'enjoué, au caustique, et à l'ironique, se distinguant nettement des
autres apologistes de l'époque.

Ce «Petit commentaire, extrait d'un plus grand», est en fait écrit sous
le signe de l'ironie: «Vous nous avez donc fait l'honneur de nous lire,
monsieur? […] vous daignez nous répondre […] de pauvres et *malheureux Juifs* allemands, des étrangers, qui savent à peine votre langue, vous
ont paru des adversaires moins redoutables. Telle est la générosité philosophique!»[29] Mais Guénée passe vite à l'attaque. Ainsi, à Voltaire qui
avait sous-titré son article «Réponse à un homme qui est d'un autre

[27] *Année littéraire* 2 (1772), p. 291.
[28] A. Guénée, *Lettres*, t. 1, p. 309-10.
[29] A. Guénée, *Lettres*, t. 1, p. 310-11.

métier […]», Guénée réplique, «Ce titre est tout plein d'esprit, monsieur, nous en convenons: mais n'eut-il pas été plus ingénieux encore, et en même temps plus vrai, que vous eussiez dit: «[…] Réponse à un homme qui est d'un autre métier […] par un homme *qui est du métier*», […] car vous en êtes assurément, monsieur, on s'en aperçoit d'abord»[30].

Mais il s'adresse à son critique sur un ton beaucoup plus sérieux, voire provocateur, pour réfuter ses erreurs: «Oui, monsieur (vous nous obligez de prendre un ton qui nous déplait), oui, il est faux, très-faux, absolument faux, que l'Exode, ni aucun de nos livres saints ait dit […] qu'Aaron ne mit qu'*un seul jour* ou qu'*une seule nuit* à jeter en fonte le veau d'or»[31]. Et il n'y va pas par quatre chemins pour démolir les assertions cavalières de Voltaire: «Vous nous faites dire tout le contraire de ce que nous avons dit», ou encore, «Non, il n'y a qu'un fondeur tel que vous, et d'une imagination vive, féconde, poétique comme la vôtre, qui soit capable de concevoir et d'exécuter *une statue qui puisse être vue de toute l'armée de Xerxès en marche*»[32].

La mise au point du défenseur des Juifs est impitoyable devant les contradictions flagrantes et les erreurs du Philosophe: «On vous défie de produire aucun passage où nos livres saints aient dit, et où nous avons prétendu que Moïse réduisit en poudre le veau d'or *en un seul jour*. Quoi, toujours du faux!»[33] Il se fait même plus agressif en accusant son adversaire de le citer à faux: «Surtout, nous vous en supplions, ayez l'honnêteté de ne pas nous faire dire ce que nous n'avons point dit, et même le contraire de ce que nous avons dit»[34]. Il ridiculise ouvertement l'ignorance de Voltaire en matière de chimie, qu'il surnomme «l'habile chimiste», et il rapporte une citation amusante du chimiste Guillaume François Rouelle, de l'Académie des Sciences: «M. de Voltaire est un beau parleur: mais, avec tout son beau *parlage*, il ne parle pas fort correctement quand il se mêle de parler de chimie»[35]. Et, il a, bien entendu, beau jeu de conclure son commentaire sur la fonte du veau d'or avec une dernière pointe ironique contre son adversaire: «Avions-nous tort de dire avec M. Rouelle que *la chimie n'est pas votre fort*? Non, monsieur, elle ne l'est pas, convenez-en. Vous étiez allé chercher des armes dans les laboratoires des chimistes, et vous vous êtes perdu dans les creusets et les matras»[36].

---

[30] A. Guénée, *Lettres*, t. 1, p. 312.
[31] A. Guénée, *Lettres*, t. 1, p. 313.
[32] A. Guénée, *Lettres*, t. 1, p. 317.
[33] A. Guénée, *Lettres*, t. 1, p. 328-329.
[34] A. Guénee, *Lettres*, t. 1, p. 335.
[35] A. Guénée, *Lettres*, t. 1, p. 327, 337.
[36] A. Guénée, *Lettres*, t. 1, p. 338-339.

Voilà un défenseur des Juifs qui n'avait pas froid aux yeux devant le vénérable Voltaire, et qui défendait la tradition du judaïsme avec beaucoup d'adresse, de talent, et beaucoup d'esprit même. Il montrait non seulement qu'il connaissait bien les failles de la polémique voltairienne contre le Pentateuque, mais aussi qu'il était capable d'employer les mêmes procédés que son adversaire, et de nous faire rire aux dépens du grand maître de l'ironie. Si Voltaire avait cru pouvoir éliminer Guénée en le traitant de simple «secrétaire des Juifs» et en jugeant ses *Lettres* «*hardies, malhonnêtes, bonnes seulement pour des critiques sans goût*», il se trompait de nouveau, car Guénée proclamait avec fierté: «Mais, monsieur, quel mal ou quel déshonneur y aurait-il qu'un chrétien, dans une cause commune aux Juifs et aux chrétiens, eût bien voulu nous aider, et être pour quelque temps le secrétaire de la synagogue? Vous vous en êtes bien fait le *prédicateu*r»[37].

Il est donc facile d'imaginer que Voltaire, qui prenait la mouche à la moindre critique, devait être passablement contrarié de trouver en face de lui, non pas un simple «petit hébraïsant», comme l'a appelé Bertram Schwarzbach, qu'il pouvait abattre d'un trait de plume, mais au contraire, «un homme d'esprit» comme disait René Pomeau, un polémiste de qualité, voire même «un adversaire à sa mesure, capable de le suivre sur son propre terrain, celui de la dérision, et d'y tenir la distance», comme l'a très justement noté Sylviane Albertan-Coppola[38]. En effet, après la quatrième édition des *Lettres de quelques Juifs*, Voltaire écrivit à d'Alembert: «Le secrétaire juif nommé Guénée n'est pas sans esprit et sans connaissances, mais il est malin comme un singe, il mord jusqu'au sang en faisant semblant de baiser la main. Il sera mordu de même»[39].

Notons que le rédacteur de l'*Année littéraire* n'avait pas manqué d'écrire un long compte-rendu élogieux de cette édition, où il confirmait le grand succès de l'ouvrage: «trois éditions, rapidement enlevées, et une quatrième que je vous annonce, sont la preuve d'un succès constant et durable»[40]. Or, il s'était trouvé lui aussi impliqué, et de manière assez inattendue, dans l'article «Fonte» de Voltaire, dans lequel ce dernier avait écrit: «Vous oubliez dans quel siècle vous écrivez. Votre petite satire est fort bonne pour l'*âne littéraire* [i.e. l'auteur de l'*Année*

---

[37] A. Guénée, *Lettres*, t. 1, p. 343.
[38] Bertram Schwarzbach, «Voltaire et les Juifs: bilan et plaidoyer», in: *SVEC* 358 (1998), p. 88; R. Pomeau, *Vst*, t. 5, p. 44; S. Albertan-Coppola, «L'abbé Guénée», p. 100.
[39] Voltaire à d'Alembert, 8 décembre 1776 (D20458).
[40] *Année littéraire* 2 (1776), p. 290.

littéraire], mais elle ne vaut rien du tout pour les honnêtes gens un peu instruits»[41].

En conséquence, dans son «Petit commentaire», Guénée, le défenseur des Juifs, prit aussi la défense de Fréron, avec le même courage et la même adresse, et il répliqua:

> [L]e délicat et agréable jeu de mots que vous décochez contre un écrivain périodique, qui a daigné rendre un compte favorable de nos Lettres: comme s'il était le seul qui en eût dit du bien! Vous ignorez donc que, de tous vos écrivains périodiques, il n'y en a pas un qui n'en ait parlé avantageusement. En vérité, monsieur, on dirait que vous ne lisez que l'*Année littéraire*; il ne vous en échappe aucun trait! Cette année littéraire est pour vous ce que sont les Juifs; vous en annoncez partout le dernier mépris, et vous y revenez sans cesse! On ne parle pas tant de ce qu'on méprise.
> Nous n'avons pas l'honneur de connaître l'auteur de l'*Année littéraire*: mais nous lisons, comme vous, monsieur, ses écrits; et nous dirons hautement que lutter, comme il fait depuis tant d'années, contre le double torrent de l'irréligion et du mauvais goût, c'est servir utilement sa patrie[42].

Ainsi, Guénée s'associait publiquement, et de manière provocatrice, au plus célèbre adversaire de Voltaire, et il renchérissait en ajoutant la note suivante: «L'insulte faite, à notre occasion, à l'auteur de l'*Année littéraire* augmente notre reconnaissance pour lui, et pour tous les écrivains périodiques qui ont rendu un compte avantageux de nos *Lettres*. Nous voyons à quoi l'on s'expose en osant juger librement des écrits où il est question de M. de Voltaire et de ses ouvrages»[43].

Nous pensons que notre «secrétaire des Juifs» avait réussi à s'attirer la haine du Philosophe en mettant à nu deux de ses grandes obsessions: la première qui est universellement attribuée à Voltaire, à savoir sa judéomanie, et la seconde, que nous pourrions appeler sa «fréronomanie». Et c'est peut-être ce à quoi le Prince de Ligne faisait allusion quand il écrivait dans ses *Mémoires*: «M. de Voltaire ne s'est déchaîné autant contre Jésus-Christ que parce qu'il était né parmi une nation qu'il abhorrait. Il en était le Fréron, et c'est le seul tort de M. de Voltaire»[44]. L'abbé Guénée qui avait défendu les Juifs – et Fréron – contre le plus grand écrivain du Siècle des Lumières, ne pouvait pas manquer de devenir lui

---

[41] Moland, t. 19, p. 468, n. 1

[42] A. Guénée, *Lettres*, t. 1, p. 347-348.

[43] A. Guénée, *Lettres*, t. 1, p. 347-348, n. 2.

[44] *Œuvres choisies du Prince de Ligne*, éd. Basil Guy, Stanford, Stanford French and Italian Studies,1978, vol. 13, p. 51

aussi la dernière obsession du Philosophe. En effet, dans une lettre du 29 novembre 1777, soit six mois avant sa mort, Voltaire devait se plaindre encore des «six juifs qui m'ont traité comme un Amalécite»[45], ce qui montre bien à quel point cette longue polémique avec l'abbé Guénée avait dû l'affecter.

Lorsque la quatrième édition des *Lettres de quelques Juifs* parut en 1776, elle eut autant de succès que les précédentes, mais Voltaire réagit de manière plutôt surprenante, selon nous, car il écrivit deux lettres à d'Alembert pour lui demander de lui faire connaître l'identité de l'auteur de cet ouvrage. Dans la première, il disait: «je vous prie de me dire le nom d'un ancien recteur du Collège Du Plessis, auteur des trois volumes de Lettres sous le nom de quelques Juifs. Cet homme est un des plus mauvais chrétiens, et des plus insolents qui soient dans l'église de Dieu»[46]. Dans la seconde, il demandait de nouveau le nom de l'auteur des *Lettres de quelques Juifs*: «Raton vous prie encore une fois de lui faire savoir le nom de ce docte janséniste qui a fait imprimer chez Moutard trois scientifiques volumes contre lui, sous le nom de six Juifs. Il me traite comme Antiochus, il me donne six Macchabées à combattre»[47]. Cependant, avant de recevoir la réponse de d'Alembert, Voltaire semble s'être resouvenu du nom qu'il avait oublié, et il écrivit de nouveau à d'Alembert: «Raton joue actuellement avec la souris Guénée, mais ses pattes sont bien faibles. Je ne sais si ce combat du chat et du rat d'église pourra amuser les spectateurs. Le parti du rat est bien fort, il est toujours prêt à étrangler Raton»[48]. Le chat/Voltaire avait déjà entrepris de contre-attaquer la souris/Guénée dans un ouvrage qui fut publié en décembre 1776, *Le Vieillard du Mont Caucase aux Juifs portugais, allemands et polonais*, et qui sera ré-imprimé l'année suivante avec un nouveau titre, *Un Chrétien contre six Juifs, ou réfutation d'un livre intitulé Lettres de quelques Juifs portugais, allemands et polonais*. Ainsi, nous pouvons constater que la polémique entre Voltaire et Guénée atteignait son paroxysme, et il semblait bien que Voltaire désirait avoir le dernier mot. Dans sa longue altercation avec Voltaire, l'abbé Guénée s'était déguisé en Juifs portugais, allemands et polonais. A présent, Voltaire ripostait à Guénée en se déguisant en Chrétien «obligé de se battre contre six Juifs»[49]. Notons que la réception

---

[45] Voltaire à Gottlob Louis, le 29 novembre 1777 (D20877).
[46] Voltaire à d'Alembert, le 22 octobre 1776 (D19220)
[47] Voltaire à d'Alembert, le 8 novembre 1776 (D19246).
[48] D'Alembert à Voltaire, le 22 novembre 1776 (D12270); Voltaire à d'Alembert, le 18 novembre 1776 (D19260).
[49] Moland, t. 19, p. 501

de cette dernière riposte de Voltaire ne fut guère très enthousiaste. Ainsi, le compte-rendu du rédacteur des *Mémoires secrets* sera très dur:

> On est faché qu'il se montre infiniment au-dessous de son rival, non seulement pour l'érudition, pour la force des preuves et de la dialectique, mais pour le ton de modération, d'honnêteté et de politesse, dont celui-ci ne s'écarte jamais. Le Philosophe de Ferney effleure tout à sa manière, et substitue souvent le sarcasme, le quolibet, l'ordure au raisonnement; et malgré ce secours, on peut assurer que sa diatribe n'en est pas plus amusante, qu'elle est même ennuyeuse, et le cède encore à cet égard à l'Apologie de l'abbé Guénée, solide, lumineuse, instructive, et, malgré son étendue, se faisant lire avec un plaisir continu[50].

Il faut reconnaître, cependant, que dans cette brochure écrite au crépuscule de sa vie, Voltaire n'avait perdu ni sa verve, ni son humour d'antan, même s'il ne faisait que reprendre ses critiques antérieures adressées aux Juifs et à leurs traditions: «trop de déjà dit», comme le remarquera René Pomeau[51]. Voltaire semble être sur la défensive. Il se présente mélodramatiquement comme «un vieillard plus qu'octogénaire, couché déjà dans le lit de la mort», «horriblement accusé et bafoué, et qui n'a pas la force de se défendre», en face du «professeur juif» qui, «en lui prodiguant des louanges ironiques, en l'appelant grand homme, [...] lui porte respectueusement le poignard dans le cœur». Même s'il reconnaît avoir pris «quelques petites libertés sur le peuple de Dieu, à l'exemple de Saint Jérôme», et être «allé trop loin (ce qu'il ne faut jamais faire)», Voltaire se plaint beaucoup de la manière dont l'a traité Guénée: «Pourquoi faites-vous contre lui trois volumes? Pourquoi dans ces trois volumes toutes ces ironies perpétuelles, toutes ces injures, toutes ces calomnies ramassées dans la fange de la littérature [...]. Il est vrai que vous paraissez avoir beau jeu dans la guerre offensive que vous faites; vous combattez avec des armes qu'on révère; vous prenez sur l'autel le couteau dont vous frappez votre victime»[52]. Il tente, une dernière fois, de déprécier l'ouvrage de Guénée en disant, «Au fond, votre livre est une facétie; c'est un savant professeur qui représente une comédie où il fait paraître six acteurs juifs. Il joue tout seul tous les rôles. [...]. Vous avez voulu exciter la colère de nos supérieurs, mais ils ont des occupations plus importantes que celle de lire votre comédie juive». Et, il conclut, «Si vous voulez que je sois de votre avis, messieurs, vous n'avez qu'à vous faire baptiser, je m'offre à être votre parrain. A l'égard de votre

---

[50] *Mémoires secrets*, t. 10, p. 142, en date du 31 mai 1777.
[51] R. Pomeau, *Vst*, t. 5, p. 182.
[52] Moland, t. 19, p. 501-502, 503, 548.

secrétaire, vous pouvez le faire circoncire, je ne m'y opposerai point». Voltaire semblait pourtant être las de cette longue polémique, et il devait vouloir y mettre un terme, quand il déclarait aux six Juifs, «Je suis prêt à vous embrasser, vous et monsieur le secrétaire, dont j'estime la science, le style et la circonspection»[53].

Mais l'adversaire de Voltaire, en pleine forme, semble-t-il, n'était pas encore prêt de baisser les armes pour autant, et il entreprit la réfutation de *Un Chrétien contre six Juifs* dans la cinquième édition de ses *Lettres* qui parut en 1781, après la mort de Voltaire. Il le fit avec la même modération, la même détermination, et le même humour que précédemment: «Nous l'avons enfin lue, monsieur, cette brochure redoutable qui devait, disait-on, *réfuter nos trois volumes en peu de pages*. Nous l'avons lue, et la peur qu'on nous en faisait s'est bientôt dissipée. Ce *vieillard*, qui a encore le mot pour rire, plaisante plus qu'il ne raisonne; et vos nouvelles assertions ne sont guère que de nouvelles méprises»[54]. Il ne perd jamais de vue que son commentaire s'adresse au plus grand écrivain du siècle, et il n'hésite pas dans sa conclusion de lui rendre un nouvel hommage: «de tous les écrivains de ce siècle, nul n'a paru avec autant d'éclat dans sa carrière. Jouissez de votre gloire: régnez dans l'empire des lettres par les talents, dans vos campagnes par les bienfaits. Que vos terres soient un asile ouvert aux malheureux [...]». Mais, il n'en affirme pas moins son droit de défendre les Juifs: «principalement quand il s'agit des Juifs, il faut examiner avant de vous croire, que, tout grand homme, tout philosophe que vous êtes, vous avez vos distractions, vos préjugés et vos erreurs [...]»[55].

Au terme de cette longue polémique, qui mit aux prises, d'une part, le célèbre défenseur des Calas, Sirven et La Barre, «l'apôtre de la tolérance et de l'humanité», comme Guénée l'avait appelé[56], et, de l'autre, un défenseur des Juifs, surnommé par Voltaire «le secrétaire des Juifs», nos deux adversaires laissent malgrè tout entrevoir un désir de trouver un terrain d'entente, chacun à sa manière. Comme l'écrivait Voltaire dans *Un Chrétien contre six Juifs*, «Le monde entier n'est qu'une famille, les hommes sont frères; les frères se querellent parfois; mais les bons cœurs reviennent aisément. Je suis prêt à vous embrasser, vous, et monsieur le secrétaire, dont j'estime la science, le style et la circonspection dans plus

---

[53] Moland, t. 19, p. 569, 582, 584.
[54] A. Guénée, *Lettres*, t. 3, p. 234.
[55] A. Guénée, *Lettres*, t. 3, p. 293, 294.
[56] A. Guénée, *Lettres*, t. 1, p. 185.

d'un endroit scabreux»[57]. De l'autre côté, Guénée terminait ce qu'il avait appelé sa «controverse honnête» avec le Philosophe[58], en lui tendant la main: «Nous ne devons point le dissimuler: nous le publions avec reconnaissance; le peuple juif vous a quelques obligations. Vous nous avez justifiés, autant qu'il était en vous, du crime qui nous rend odieux aux nations chrétiennes. Si les auto-da-fé de Madrid et de Lisbonne sont moins sanglans, si la rigueur du tribunal redoutable qui nous juge est enfin adoucie, c'est peut-être à vos écrits plus qu'à toute autre cause que nous en sommes redevables. Vous avez du moins plus d'une fois exhorté les chrétiens à nous regarder comme leurs frères»[59].

Et, le «Secrétaire des Juifs» concluait son ouvrage avec ce conseil au Philosophe: «Enseignez aux citoyens l'obéissance aux lois, aux législateurs l'humanité, aux souverains une tolérance sage. Mais, en la prêchant, n'en excluez point des hommes adorateurs, comme vous, d'un seul Dieu, vos frères par nature, vos pères dans la foi; un peuple digne de pitié par ses malheurs, et, si nous l'osons dire, de respect par son antiquité, sa religion et ses lois»[60].

---

[57]　Moland, t. 19, p. 582.

[58]　A. Guénée, *Lettres*, t. 1, p. 354.

[59]　A. Guénée, *Lettres*, t. 1, pp. 425-426. Guénée rappelle en note (p. 426) que Voltaire avait en effet déclaré dans son *Traité sur la tolérance*: «Quoi, dit-il, mon frère le *Turc*? Mon frère le *Chinois*? le *Juif*? Oui, sans doute; ne sommes-nous pas tous enfants du même père, et créatures du même Dieu?»

[60]　A. Guénée, *Lettres*, t. 3, p. 296.

VOLTAIRE, LA JUSTICE ET L'OPINION PUBLIQUE: AUTOUR DE L'ÉTRANGE AFFAIRE MARTIN[1]

Hervé Piant

(*Centre Georges Chevrier, Université de Bourgogne*)

Au détour du *Précis de la procédure d'Abbeville*, publié en 1775[2], Voltaire évoque succinctement une autre affaire judiciaire: «Un juge auprès de Bar fit rouer un honnête cultivateur, nommé Martin, chargé de sept enfants. Celui qui avait fait le crime l'avoua huit jours après»[3]. L'affaire Martin se retrouve, plus ou moins développée, dans plusieurs des ouvrages de combat du philosophe, dans les années 1770 et 1775, ainsi que dans sa correspondance.

Autour de cette relation d'un cas tragique, s'est développée une double tendance. La première, centrée sur les textes voltairiens, fait de ce drame l'archétype même des erreurs que le système judiciaire d'Ancien Régime était censé produire couramment, avec ses magistrats iniques condamnant de malheureuses victimes innocentes. La seconde tendance peut être qualifiée de critique, voire d'hypercritique: se fondant sur le refus du philosophe de s'engager nettement dans cette affaire, sur des incertitudes factuelles, relevées dès l'origine par d'Alembert, elle vise à mettre en doute l'exactitude du récit, voire à supposer l'inexistence de l'affaire, au moins telle que relatée par Voltaire.

Historien de la justice, non spécialiste de Voltaire, nous avons voulu confronter les textes du philosophe à l'enseignement des archives, pour déterminer si possible la réalité de l'affaire Martin, mais aussi pour comparer son récit et son argumentation à la réalité judiciaire du temps. Pour ce faire, une véritable traque a été menée, de la frontière suisse à Paris, en passant par les Vosges, «interrogeant» les témoins habituels des combats judiciaires de Voltaire: d'Alembert, d'Hornoy ou Christin et ouvrant des dizaines de liasses d'archives endormies depuis plus deux cents ans.

---

[1] Une autre version de ce texte, intitulée «Voltaire et l'étrange affaire Martin. Erreur du juge ou erreur du philosophe?», est parue dans *L'Erreur judiciaire. De Jeanne d'Arc à Roland Agret*, sous la direction de Benoît Garnot, Paris, Imago, 2004, p. 139-152.

[2] Le *Précis de la procédure d'Abbeville* fait partie intégrante du *Cri du sang innocent*, Moland, t. 29, p. 375-389.

[3] Moland, t. 29, p. 389.

Au terme de cette enquête, où l'on verra que le récit voltairien est à la fois juste sur le fond et faux dans ses détails, nous nous interrogerons sur les rapports complexes de Voltaire avec l'opinion publique.

LE RÉCIT D'UNE ERREUR JUDICIAIRE

Le cas Martin apparaît pour la première fois sous la plume de Voltaire dans une lettre à d'Alembert du 15 août 1769 (D15824). On en trouve ensuite trace dans six autres lettres, la plupart datées de l'automne et de l'hiver 1769-1770. Le récit, sinon le plus circonstancié, du moins le plus incisif, qu'il ait donné se trouve dans l'*Essai sur les probabilités en fait de justice* (1772), curieux texte qui, sous ses dehors philosophiques est, au vrai, un *factum* de défense du comte de Morangiés. Comme il serait vain d'espérer faire mieux dans l'exposé des faits que l'illustre sieur Arouet, laissons-lui, un peu longuement, la parole:

> Les juges d'un bailliage de Bar, qui firent périr, en 1768 [sic], un père de famille, un vieillard [sic], nommé Martin, sur la roue, le condamnèrent sur les plus fausses conjectures. Un meurtre et un vol s'étaient commis sur le grand chemin à quelques pas de la maison de l'accusé; on trouva sur le sable la trace de deux souliers, et on conclut que c'étaient les siens. Un témoin du meurtre fut confronté avec lui, et dit: «Ce n'est pas là l'assassin – Dieu soit loué! s'écria le vieillard innocent, en voici un qui ne m'a pas reconnu.» Le juge interprète ces paroles comme un aveu du crime. Il crut qu'elles signifiaient: «Je suis coupable, et on ne m'a pas reconnu.» Elles signifiaient tout le contraire; mais la sentence fut portée, le condamné transféré à Paris, et le jugement confirmé à la Tournelle[4], dans un temps où de malheureuses affaires publiques ne permettaient pas un examen réfléchi des malheurs particuliers. L'innocent, reconduit au bailliage de Bar, fut exécuté, son bien confisqué, sa nombreuse famille dispersée. Quelques jours après [sic], un scélérat condamné et exécuté dans le même lieu avoua à la potence qu'il était coupable du meurtre pour lequel un père de famille très vertueux avait été rompu vif[5].

Ce récit bénéficie donc d'une structure logique très simple: à la suite d'un assassinat, l'enquête bâclée d'un magistrat ignorant conduit à l'exécution d'un innocent; immédiatement après le supplice, le «vrai» coupable, auteur d'un deuxième meurtre, avoue son crime. L'erreur judiciaire

---

[4] La Tournelle est la chambre criminelle des parlements. Les magistrats y figurent à tour de rôle, d'où son nom.

[5] *Essai sur les probabilités en fait de justice*, éd. John Renwick, *OCV*, t. 74A, p. 307-308.

trouve son origine dans l'incompétence du juge, aggravée par la rigueur de la procédure (notamment l'absence d'avocat de la défense, soulignée par Voltaire dans *Les Peuples au parlement*[6]), et des circonstances malheureuses (des preuves équivoques, les juges d'appel débordés). L'organisation rhétorique du récit est plus complexe: le philosophe dévide d'abord le fil de l'histoire de façon strictement chronologique, du premier meurtre jusqu'aux aveux du «vrai coupable». Ces derniers, présentés toujours de façon brève et brutale, constituent un dénouement qui a la particularité de ramener au début du récit (puisque le dernier mort de l'affaire est l'auteur du premier crime), éclairant rétrospectivement la procédure sous un jour particulièrement sombre. La répétition inéluctable de l'enchaînement des meurtres et des exécutions renforce la tension dramatique et fait de la justice une machine à broyer les hommes, que rien n'arrête dans sa course aveugle. Dans une lettre à d'Alembert du 31 janvier 1770 (D16123), Voltaire tire la conclusion logique de son récit: «Qu'on me dise à présent quel est l'homme qui est assuré de n'être pas roué'!»

Du point de vue des arguments développés, le philosophe ne s'intéresse pas à la deuxième affaire: il s'attache à montrer les mécanismes qui conduisent à faire rouer un innocent. Selon lui, l'erreur provient de trois éléments: (1) les «fausses conjectures» commises par (2) des juges de première instance incapables et malheureusement confirmées par (3) des parlementaires trop pressés. Le philosophe donne deux exemples de ces mauvais raisonnements: des traces de pas («admirable preuve», ironise-t-il, D15824) qui vont du lieu du crime à la maison de Martin; les propos de ce dernier face à un témoin visuel, qui déclare pourtant *ne pas* le reconnaître[7]. Voltaire insiste sur cette dernière «preuve». Elle montre que l'erreur judiciaire ne trouve pas son origine dans des méprises, tragiques et involontaires, caprices du destin, mais dans l'ignorance des magistrats. Le juge de l'affaire Martin (Voltaire n'utilise quasiment que le singulier) ne sort en effet pas grandi du récit. Qualifié de «praticien»[8], de «juge de village»[9], c'est un «fort mauvais

---

[6] Éd. Durand Echeverria, *OCV*, t. 73, p. 268.

[7] Dans l'article «Certain, Certitude», des *Questions sur l'Encyclopédie*, *OCV*, t. 39, p. 569-575, troisième partie (1770), il évoque également le vol de l'habit de Martin par le criminel, qui l'aurait endossé pour commettre le meurtre, argument peu crédible qu'on ne retrouve dans aucune autre version.

[8] Dans une lettre à d'Alembert du 4 septembre 1769 (D15868).

[9] Dans une lettre à Élie de Beaumont du 17 août 1769 (D15831).

logicien»[10], qui «se croit grand criminaliste»[11], mais qui rend une «sentence précipitée»[12] et «se fait un mérite de sa rigueur»[13]. Ce ne serait pourtant qu'un ignorant doublé d'un cuistre s'il n'avait pas entre ses mains un pouvoir terrifiant. En ce sens, la mise à la question, plusieurs fois dénoncée (à tort, on le verra) et l'exécution de Martin sont plus qu'une erreur judiciaire, ce sont des crimes, des «assassinats juridiques». Certes, le système judiciaire d'Ancien Régime, que Voltaire critique tant, envisageait ce type de risques et l'appel obligatoire au parlement était là pour éviter ce genre de situations en confiant l'examen des condamnations «à peine afflictive» à des magistrats supposés plus compétents. Seulement, ils ne se sont pas, dans le cas présent, montrés à la hauteur de leur tâche. Curieusement, on peut, sur ce point, relever une ambiguïté de Voltaire, qui s'explique peut-être par le contexte de ses écrits: autant il s'en prend, sans beaucoup de nuance au(x) juge(s) de première instance, autant il est embarrassé pour s'en prendre aux parlementaires parisiens. Dans trois des relations, le rôle du parlement est quasiment passé sous silence ou évoqué brièvement[14]. Dans les autres textes, si le parlement «confirme»[15] [sic] la sentence, c'est parce qu'il est «trop occupé»[16] par «de malheureuses affaires publiques»[17]. Même *Les Peuples au parlement*, sorte de philippique (modérée) adressée aux juges de la cour souveraine, disculpe les magistrats de toute responsabilité individuelle dans la mort de Martin: «La Tournelle, surchargée de procès, et trop occupée, parce que son ressort était beaucoup trop vaste, confirme l'inique sentence avec une

---

[10] Voir la lettre à d'Alembert du 4 septembre 1769 (D15868) où Voltaire utilise la formule telle quelle. Ailleurs D15831 parle des «présomptions les plus équivoques»; *Les Peuples aux parlements*, *OCV*, t. 73, p. 268, évoque un «étrange raisonnement» alors que l'*Essai sur les probabilités en fait de justice, OCV*, t. 74A, p. 308 soutient qu'«Il est évident que le juge n'avait porté ce jugement affreux que parce qu'il avait très mal raisonné.» Dans *La Méprise d'Arras*, éd. John Renwick, *OCV*, t. 73, p. 372, Voltaire évoque aussi une «étrange logique» et «des présomptions encore plus fausses.»

[11] *Les Peuples aux parlements, OCV*, t. 73, p. 268.

[12] *La Méprise d'Arras, OCV*, t. 73, p. 372.

[13] Dans l'article «Certain, Certitude» des *Questions sur l'Encyclopédie*, *OCV*, t. 39, p. 571.

[14] Dans la lettre (D15824) du 15 août (où le mot parlement ne figure pas), dans une autre du 4 septembre (D15868, au même d'Alembert) et dans *La Méprise d'Arras*, *OCV*, t. 73, p. 372-373.

[15] Voir D15868, du 4 septembre 1769; l'article «Certain, Certitude», *Questions* sur l'Encyclopédie, *OCV*, t. 39, p. 571; *Les Peuples aux parlements*, *OCV*, t. 73, p. 268; *Essai sur les probabilités en fait de justice*, *OCV*, t. 74A, p. 307.

[16] *La Méprise d'Arras, OCV*, t. 74A, p. 373.

[17] *Essai sur les probabilités en fait de justice, OCV*, t. 74A, p. 307.

précipitation trop ordinaire»[18]. En clair, et l'on voit bien la différence avec les quasi-injures adressées aux juges locaux, Martin a été victime, au parlement, d'une «fatalité malheureuse»[19], pas de l'incurie des premiers magistrats du royaume.

L'historien qui enquête sur l'affaire Martin n'a pas à prendre tous les dires de Voltaire pour argent comptant. On doit même, avant toute enquête dans les archives, relever un certain nombre d'incertitudes dans son récit. On notera d'abord que l'histoire est très mal située, dans le temps sinon dans l'espace, et que ses protagonistes sont très mal identifiés. En effet, seul le lieu – le village de Bleurville, dans l'actuel département des Vosges – est clairement précisé, même si Voltaire, peu familier de la géographie administrative locale, persiste à le situer près de Bar-le-Duc[20]. En revanche, Martin, pourtant personnage principal, n'a ni âge ni prénom; sa femme et sa «nombreuse famille» [sic] sont, quant à elles, complètement anonymes, à l'instar des deux victimes assassinées. Le second supplicié, quant à lui, n'est jamais nommé ni caractérisé autrement que par son statut de «vrai» coupable. De la même manière, aucun juge, aucun témoin, n'est identifié, sinon précisément, du moins par un détail crédible.

Ces imprécisions sont aggravées par les errements sur la date. Dans la première lettre relatant le cas, du 15 août 1769 (D15824), on ne trouve aucun renseignement chronologique, le ton général de la missive laissant supposer seulement que l'événement est récent. Au fil des versions, Voltaire ne cesse d'hésiter entre les dates, mélangeant celles des crimes, des condamnations en première instance ou en appel, et des exécutions. Un exemple seulement: alors que dans une lettre du 4 septembre 1769 (D15868), Voltaire semble précis («On assassina, il y a deux ans et huit mois [donc en janvier 1767] un homme sur le grand chemin auprès du village de Bleurville»), cette apparente exactitude est ruinée dans une missive du 28 octobre (D15976, au même d'Alembert), qui situe la condamnation par le parlement (donc au terme de la procédure) «il y a environ trois ans», c'est-à-dire vers octobre-novembre 1766… Ne

---

[18] *Les Peuples au parlement*, OCV, t. 73, p. 268.

[19] L'expression est dans l'article «Certain, certitude», *Questions sur l'Encyclopédie*, OCV, t. 39, (p. 569-575), p. 571.

[20] Bleurville est à une centaine de kilomètres au sud de Bar-le-Duc et relevait, pour la justice, du bailliage royal de Lamarche (appelé aussi bailliage de Bassigny), ressort du parlement de Paris. L'erreur de Voltaire s'explique aisément, car le village appartenait, pour l'administration générale, à la chambre des comptes du Barrois, dont le siège était effectivement à Bar.

multiplions pas les exemples de contradictions, qui s'expliquent autant par l'inattention que par des sources d'information défaillantes. Au long des multiples versions, Voltaire ne donne qu'une date précise, celle de l'exécution du «vrai» coupable[21]: le 26 juillet 1769. Nous verrons qu'elle est exacte.

L'enseignement des archives

Il est nécessaire de confronter maintenant ce récit, plein d'incertitudes, aux données des archives. Cette recherche, nous la menons d'abord sur les pas de Voltaire lui-même. En effet, dans sa réponse à la lettre du 15 août, d'Alembert faisait part (D15848, du 29 août) à la fois de son indignation («*Pourquoi y a-t-il des monstres aussi absurdes et aussi atroces?*»), de sa volonté d'agir («il importe que cette horreur soit connue; et je ne m'y épargnerais pas»), mais également de sa perplexité («Mais êtes-vous bien sûr de ce fait?»), l'un de ses amis, le conseiller au parlement Du Séjour, l'ayant «assuré que ce jugement n'était pas rendu par la Tournelle actuelle»[22]. Entre temps, ces doutes avaient poussé Voltaire à s'informer davantage, d'abord auprès de son correspondant (anonyme), ce qui lui permet de donner des détails supplémentaires dans la lettre du 4 septembre 1769 (D15868)), mais aussi en faisant faire des recherches dans les archives du parlement par son petit-neveu, le conseiller d'Hornoy.

Ce dernier eut bien du mal à s'acquitter de la tâche, ce qui ne peut surprendre, attendu les incertitudes sur la date de l'affaire. Dans une lettre au comte d'Argental du 30 août 1769 (D15855), Voltaire lui en fait le reproche: «[L'affaire Martin] n'est que trop vraie, quoi qu'en dise mon gros petit-neveu qui a compulsé les registres de la Tournelle de cette année au lieu de 1767» [*sic*]. D'Hornoy s'est-il finalement acquitté de sa tâche? Dans *La Méprise d'Arras* (1771), le philosophe prétend que ce «jeune homme vertueux et sensible» a trouvé «après bien des recherches la minute de l'arrêt de la Tournelle, égarée dans la poudre d'un greffe»[23]. On peut légitimement en douter puisque aucune des versions publiées ne comporte de corrections qui puissent indiquer un accès à des renseignements de première main[24].

---

[21] Dans la lettre du 4 septembre 1769 (D15868).

[22] Le 15 octobre, d'Alembert réitère ses doutes (D15955), des magistrats de la chambre des vacations lui ayant affirmé ne rien savoir de l'affaire.

[23] *La Méprise d'Arras*, OCV, t. 73, p. 373.

[24] L'*Essai sur les probabilités en fait de justice*, OCV, t. 74A, p. 307, situe encore l'affaire en 1768, ce qui est faux.

Pourtant l'affaire Martin existe bel et bien, et ne date ni de 1768 ni de 1767, mais de 1766, comme le prouve cet arrêt, que nous avons retrouvé, rendu par le parlement, le 29 juillet 1766:

> Vu par la Cour le procès criminel fait par le lieutenant criminel de Bassigny seant a La Marche [...] contre françois Martin tonnelier [...] appelant de la sentence rendue sur ledit procès le 9 may 1766, par laquelle ledit françois Martin auroit été déclaré duement atteint et convaincu d'avoir le 20 janvier dernier [...] assailly et exédé à force de coups le nommé Mathieu Moignot [...] desquels coups et blessures ledit Moignot est décédé le 17 février dernier ensemble d'avoir volé audit Moignot la somme de 2 l. au cours de France qu'il avoit sur lui, pour réparation de quoi ledit françois Martin auroit été condamné a être pendu et étranglé jusqu'à ce que mort s'en suive a une potence qui pour cet effet seroit dressée sur la place publique de Bleurville [...] A la prononciation de laquelle sentence le substitut du procureur général du Roy audit bailliage auroit declaré en être appellant a minima [...]. Tout considéré, la Cour faisant droit sur l'appel a minima, ensemble sur celui interjetté par ledit françois Martin de ladite sentence, met ladite appellation et sentence [...] au néant, amandant pour les cas resultants du procès, condamne ledit françois Martin a avoir les bras, jambes, cuisses et reins rompus vifs par l'exécuteur de la haute justice, sur un échafaud qui pour cet effet sera dressé en la place publique du lieu de Bleurville, ce fait son corps mis sur une roue la face tournée vers le ciel pour y demeurer tant et si longuement qu'il plaira à Dieu luy conserver la vie[25].

Cette découverte permet d'abord de lever l'hypothèse hypercritique, suggérée par d'Alembert et reprise par plusieurs historiens modernes, qui pesait sur le récit voltairien: celle de l'inexistence de l'affaire, et donc d'une méprise du philosophe. En revanche, elle ne permet guère d'en avoir une vision globale puisque manque encore la mise en relation avec la deuxième partie de l'histoire (le second meurtre et les aveux du «vrai» coupable). Pour aller plus loin, une recherche dans les archives locales est indispensable.

Le fonds du bailliage de Lamarche[26], dont dépendait le village de Bleurville, se trouve aux archives départementales des Vosges, à Epinal. Pour qui s'y intéresse, il faut passer les obstacles que représentent le

---

[25] Archives nationales (AN) X 2 A 833, arrêt n° 309 du 29 juillet 1766. Le texte se termine par une clause de *retentum*: «ledit François Martin sera secrettement etranglé avant d'être mis sur la roue». Je remercie Mmes P. Verdier et F. Hildesheimer pour leur aide dans la découverte et la consultation de ces documents.

[26] On peut supposer que le bailliage s'est emparé de l'affaire parce que le crime a été commis «sur un grand chemin», ce qui en faisait un «cas royal», dévolu aux justices royales (et non aux justices locales seigneuriales).

mauvais classement de la série B et la conservation très lacunaire des documents[27]. Par hasard, un de ces hasards heureux que connaissent tous ceux qui sont familiers des archives d'Ancien Régime, des liasses de procédures criminelles ont été conservées pour les années 1766 à 1777.

D'emblée, disons-le clairement: l'affaire Martin n'y figure pas. En revanche, on y trouve une procédure ouverte par le lieutenant criminel du bailliage suite au meurtre, encore à Bleurville, du nommé Joseph Mougin, marchand de bœufs, le 19 mai 1768. Rapidement, l'instruction s'oriente contre François Busenet (ou Busenot), un garçon du village âgé de vingt-trois ans, qui «jouit d'une mauvaise réputation dans le lieu»[28]. Poussé par sa famille, le jeune homme s'enfuit, mais est rattrapé par la maréchaussée de Roanne, qui le prend pour un déserteur, et ramené à Lamarche. Le procès suit son cours de façon aussi lente qu'inéluctable, l'absence de preuves indiscutables étant compensée par de fortes présomptions et par la ferme volonté de l'opinion locale d'obtenir la condamnation d'un «libertin» auteur de plusieurs vols et agressions les années précédentes. Le 28 avril 1769, Busenet est condamné à être roué. Il fait appel au parlement qui, par un arrêt du 8 juillet 1769, confirme la sentence du bailliage[29]. Le malheureux, ramené à Lamarche, est exécuté à Bleurville même le 26 juillet 1769. La coïncidence des dates, des lieux et des événements ne laisse planer aucun doute: on a bien là le procès mené contre le deuxième accusé, le «vrai» coupable annoncé par Voltaire.

Une difficulté subsiste cependant. Deux assassinats et deux exécutions au même lieu à trois ans d'intervalle peuvent troubler les esprits, mais ne font pas nécessairement une erreur judiciaire. Pour affirmer l'existence de celle-ci, il faut soit prouver la fausseté des accusations contre Martin, soit (et) que le «vrai» coupable ait avoué. Or, rien, dans les procédures du bailliage ou dans les arrêts du parlement ne permet d'établir de lien entre les deux affaires.

Voltaire, une nouvelle fois, nous a aidé. Dans sa lettre du 31 janvier 1770 (D16123), il annonce à d'Alembert que «le procureur général travaille actuellement à réhabiliter [l]a mémoire [de Martin]». Fort de cette information, nous avons cherché, et trouvé, dans l'abondant fonds «Joly

---

[27] Archives départementales (AD) des Vosges, fonds du bailliage de Lamarche, liasses B 3054 à B 3276, auxquelles il faut ajouter des liasses non classées sous les cotes B provisoire 987-1004. L'ensemble du fonds a été dépouillé.

[28] AD Vosges, B 3252, information du 8 juin 1768.

[29] AN X 2 A 845, arrêt n° 41 du 8 juillet 1769; la cour décide que Busenet recevra «tous les coups vifs», puis sera étranglé sur la roue.

de Fleury» (du nom de la famille qui monopolisa le parquet général du parlement de Paris au XVIIIe siècle) de la Bibliothèque nationale un dossier relatif à l'affaire[30]. Parmi les pièces figure une lettre, datée du 25 novembre 1769, dans laquelle le chancelier Maupeou, averti par un *factum* censément signé de la veuve de Martin (mais rédigé par qui?), demande au procureur général de s'informer des faits: «Vous voudrés bien examiner cette affaire qui a esté jugée au parlement, et si vous reconnoissés l'innocence de Martin il sera juste de laver sa memoire, non par des lettres de réhabilitation qui supposent un crime, mais par la revision de son procès dans les formes ordinaires». L'enquête diligentée alors aboutit à la confection d'un mémoire résumant la procédure, dans lequel se trouve la transcription indirecte du «testament de mort» de Busenet, c'est-à-dire les propos qu'il aurait tenus avant son exécution: «Par ce testament de mort ledit françois Buzenet a déclaré pour l'acquit de sa conscience qu'il étoit l'auteur de l'assassinat du nommé Moniot de Choiseul pour lequel crime françois Martin a eté exécuté à mort que c'est bien lui Buzenet qui a commis cet assassinat et voudroit en réparer le tort qu'il a fait audit Martin, en demande pardon a dieu, etc.».

S'il ne lève pas toutes les incertitudes[31], ce document confirme les lignes générales du récit de Voltaire et il semble qu'il ne reste plus, en s'appuyant sur lui et sur les archives, qu'à reconstituer le mécanisme qui a abouti à une tragique erreur judiciaire.

UNE AFFAIRE EXEMPLAIRE?

A en croire Voltaire, on l'a dit, l'erreur judiciaire provient fondamentalement d'une accumulation tragique de faux raisonnements aux conséquences rendues irrémédiables par le déséquilibre d'une procédure qui prive les accusés de tous moyens de défense et met leur vie entre les mains de magistrats aussi omnipotents qu'incompétents. Dans l'échelle des responsabilités, le philosophe ne tranche pas entre la médiocrité du juge et la perversion d'un système judiciaire qui est, pour reprendre les mots de d'Alembert, «le chef d'œuvre de l'atrocité et de la bêtise»[32].

---

[30] Bibliothèque Nationale, fonds Joly de Fleury, n° 448, f° 326-339.

[31] Pourquoi la procédure de révision n'a-t-elle pas abouti? La réponse se trouve peut-être dans l'absence de document officiel attestant des aveux de Busenet, qui ne sont connus que par la version qu'en donne la veuve Martin.

[32] D'Alembert, lettre du 22 février 1770 (D16176).

Avec sa verve de polémiste, il raille le «mauvais logicien» qui ne retient ni ne recherche aucun élément à décharge en faveur du «pauvre laboureur» et qui conclut à la mort d'un homme sur des semblants de preuve (des traces de pas, des propos équivoques…).

On peine pourtant à retrouver les éléments de cette démonstration implacable dans le contenu des archives. Dans sa réponse au chancelier, le procureur général Joly de Fleury donne son sentiment sur l'affaire: «s'il est intervenu alors contre cet accusé une condamnation si rigoureuse, on y a été induit par plusieurs circonstances dont la réunion sembloit établir avec une sorte d'évidence qu'il étoit véritablement l'auteur de l'assassinat». En clair, s'il ne nie pas l'erreur judiciaire et est favorable à une révision du procès dans les formes de l'Ordonnance de 1670 (titre XVI, art. 8-10), le procureur général dédouane le tribunal de première instance – et les parlementaires – de toute négligence ou faute graves. Il faut peut-être voir dans cette position, face à la possible intervention de d'Alembert ou Voltaire, dont il a été certainement averti, mais qu'il ne mentionne nulle part, une volonté de protéger l'institution judiciaire d'un nouveau scandale; mais surtout, il apparaît, à lire le dossier, que les juges se sont fondés sur des éléments bien plus solides, quoique ambigus, que ceux que leur prête le philosophe. Quelles sont ses preuves?

Dès la découverte du corps de la victime, les soupçons se tournent vers Martin parce que plusieurs personnes déclarent l'avoir vu dans la zone et à l'heure du crime. Aussi est-il, immédiatement, gardé à vue par la maréchaussée. Ce premier fait est d'importance puisque toutes les investigations menées d'abord par les officiers du lieu, puis par le lieutenant général du bailliage, vont explorer cette seule piste, au détriment de celle qui, peut-être, aurait pu conduire à François Busenet. Contrairement à ce que dit Voltaire, les magistrats lorrains ont procédé dans les règles et avec prudence, rejetant des preuves fondées sur des témoignages isolés ou des impressions subjectives[33]. Mais c'est le témoignage de la victime, qui survit vingt-neuf jours à ses blessures, qui va être décisif. Martin lui est d'abord présenté une première fois et il déclare *ne pas le reconnaître*. A la seconde présentation, et alors que son état de santé s'aggrave, il l'identifie formellement. Perplexes, les magistrats réitèrent à deux reprises la confrontation: à chaque fois, la victime désigne Martin comme étant son agresseur. Dans une culture juridique qui privilégie la preuve

---

[33] Un témoin unique déclare que Martin a changé de vêtements juste après le crime, un autre qu'il l'a trouvé inquiet, etc.

testimoniale, il est certain que ces reconnaissances successives ont été capitales. D'autant que d'autres témoignages ou expertises confortaient les juges, en attestant de la présence de Martin dans la zone et à l'heure du crime, et en croyant reconnaître des traces de sang sur sa hache.

Ainsi, et en se replaçant dans les conditions de l'époque, il faut affirmer, comme le procureur général Joly de Fleury, que Martin a été condamné sur des preuves équivoques mais qui pouvaient paraître solides, et au terme d'une procédure menée dans les formes et qui n'a en rien été bâclée. Plus que le juge lui-même, on peut alors penser que c'est le système judiciaire lui-même qui est responsable de l'erreur. Et il est vrai que la procédure de 1670, alors en vigueur, est une implacable machine à créer des coupables, n'accordant aux accusés que peu de moyens de défense. Il est aujourd'hui facile, puisque l'on sait que Martin est (probablement) innocent, de pointer les dysfonctionnements de l'enquête: on n'a pas cherché l'argent volé, on ne s'est guère interrogé sur la validité des expertises (de la hache, des traces de pas) ou sur le témoignage d'un homme qui, grièvement blessé, tenait parfois des propos délirants. Néanmoins, dans les vues de l'époque, la force probatoire des reconnaissances faites par la victime suffisait à balayer d'éventuelles objections. C'est même sur des preuves moins étayées que Busenet a été lui aussi condamné (et sans cela, on ne saurait pas que Martin était innocent). Pour tout dire, il nous semble que, plus que d'un juge ignorant, Martin a d'abord été victime de ses concitoyens qui ont orienté la machine judiciaire contre lui.

SIGNIFICATION DE L'AFFAIRE MARTIN POUR VOLTAIRE

Revenons à Voltaire. On s'aperçoit facilement que les données tirées des archives correspondent mal au récit du philosophe. On doit même affirmer que sa démonstration est non seulement polémique et orientée – c'est la loi du genre – mais surtout fautive. Si la trame générale est juste, presque *tous* les détails factuels sont faux, par manque de précision ou par déformation volontaire. Comme il serait long et fastidieux de relever toutes les erreurs commises, on se contentera de quelques exemples.

Prenons les personnages, pour commencer. Passons sur l'anonymat complet de la plupart des protagonistes (les victimes, le vrai coupable, les témoins, les juges ne sont pas nommés) pour envisager le cas de Martin lui-même. Selon Voltaire, Martin (qui n'a pas de prénom) est un

«gros cultivateur» (D15824)[34], un «vieillard»[35], un «bon père de
famille»[36], «chargé d'une nombreuse famille»[37] de «sept enfants»[38] qu'il
«élevait dans la vertu»[39]. On croirait voir le laboureur de La Fontaine...
Car, il s'agit aussi d'une fable: en fait de vieux laboureur, François
Martin est un tonnelier de 26 ans, certes marié, mais depuis seulement
deux ans, ce qui ne lui a guère laissé l'occasion d'avoir sept enfants[40].
De la même manière, les magistrats du bailliage de Lamarche correspondent mal au portrait tracé par Voltaire du praticien de village ignare.
Il s'agit là d'une exagération manifeste et volontaire: l'ancien clerc de
procureur Arouet est trop versé en droit pour confondre un juge seigneu-
rial et un lieutenant criminel de bailliage[41], officier royal licencié en droit,
et qui rend sa sentence collégialement. Mais il avait besoin, pour sa
démonstration, de jeter le doute sur les capacités «du» juge d'une juridiction modeste perdue au fond des Vosges.

Plus grave que ces détails – on verra qu'on peut néanmoins leur donner
un sens – est la manipulation des faits relatifs à la procédure. Ainsi des
preuves principales: Voltaire ne souffle mot de certaines (la présence de
Martin à l'heure et sur la zone du crime, les supposées traces de sang sur
sa hache) et en déforme d'autres: la constatation, après un examen semble-t-il minutieux, par trois hommes, de la correspondance entre les
chaussures ferrées de Martin et des empreintes laissées *dans la neige* sur
les lieux du crime devient une histoire de traces de souliers «sur le sable»
menant à la maison de Martin, sur laquelle le philosophe insiste et ironise
fortement. Surtout, la confrontation entre la victime et son supposé agresseur est considérablement transformée: Voltaire passe sous silence les

---

[34] Ailleurs ce n'est qu'«un bon agriculteur» (article «Certain, Certitude» des *Ques-
tions sur l'Encyclopédie*, *OCV*, t. 39, p. 571) ou «un bon cultivateur» (*La Méprise d'Arras*,
OCV, t. 73, p. 372), qui est de plus «le plus honnête homme de son village» (D15808).
Dans *Les Peuples aux parlements*, *OCV*, t. 73, p. 268, ce n'est qu'un laboureur.

[35] C'est un «vieillard» dans tous les quatre textes imprimés (*OCV*, t. 39, p. 571; t. 73,
p. 268, p. 372; t. 74A, p. 307.

[36] *La Méprise d'Arras*, *OCV*, t. 73, p. 372.

[37] D15868, et l'article «Certain, Certitude» des *Questions sur l'Encyclopédie*, *OCV*,
t. 39, p. 571.

[38] *Les Peuples aux parlements*, *OCV*, t. 73, p. 268, et *La Méprise d'Arras*, *OCV*, t. 73,
p. 372.

[39] Article «Certain, Certitude» des *Questions sur l'Encyclopédie*, *OCV*, t. 39, p. 571

[40] François Martin est né le 4 juillet 1740 à Nonville, village voisin de Bleurville, et
s'est marié à Bleurville le 10 janvier 1764. *Cf.* registres paroissiaux sur microfilms de ces
deux communes: AD Vosges 5 Mi 62 (Bleurville) et 5 Mi 335 (Nonville).

[41] Dans *La Méprise d'Arras*, *OCV*, t. 73, p. 372, Voltaire feint de croire que c'est le
bailli en personne qui mène l'instruction, entretenant une confusion volontaire avec certains juges seigneuriaux qui portent le titre de «bailli».

trois identifications formelles et consécutives pour n'évoquer que la *non-reconnaissance* faite d'ailleurs selon lui, non par la victime, mais par *un témoin*. Ces erreurs, pour ne pas dire ces manipulations, particulièrement gênantes, ne sont pas les seules. Par exemple, Voltaire affirme à tort que Martin a été torturé[42] ou que les parlementaires, trop occupés, se sont contentés de confirmer hâtivement la sentence: en fait, le parlement casse la sentence de pendaison rendue par le bailliage et prononce la peine de la roue. Mieux: c'est dans l'affaire Busenet que la cour souveraine rend un arrêt de confirmation!

On pourrait citer encore d'autres erreurs ou approximations mais terminons par un point qui permet d'éclairer le sens de l'affaire Martin pour Voltaire. On a souligné plus haut les incertitudes du philosophe sur la date des événements; mais on peut relever également un problème de chronologie interne dans son récit. Dans toutes les versions publiées, il fait se succéder rapidement le supplice de Martin et la découverte du «vrai» meurtrier: selon les textes, l'aveu du coupable est censé se produire «le lendemain»[43] de l'exécution, «trois jours après»[44], «huit jours après»[45] ou «quelque temps après»[47]. Or, cette erreur (il y en fait trois ans d'intervalle entre les deux) ne découle pas d'une mauvaise information ou d'un manque d'inattention, puisque Voltaire *sait* que Busenet a été exécuté le 26 juillet 1769 et que Martin est mort quelques années auparavant (même s'il ne connaît pas la date exacte)…Cette succession immédiate des deux événements, judiciairement incohérente, est un artifice rhétorique, probablement inconscient, de Voltaire qui voulait ainsi souligner, par un dénouement théâtral spectaculaire, la destinée dramatique de son héros malheureux.

On peut tirer deux enseignements de cette analyse approfondie du récit voltairien. Il faut d'abord souligner que le philosophe n'était pas suffisamment informé: il n'a, c'est une évidence et quoi qu'il en prétende, jamais consulté les arrêts du parlement. Surtout, son informateur sur

---

[42] Si Martin avait été torturé, on en retrouverait obligatoirement trace dans les sentences. Or, Voltaire affirme cette «vérité» à quatre reprises dans: sa lettre à Dompierre d'Hornoy du 9 août 1769 (D15808); l'article «Certain, Certitude» des *Questions sur l'Encyclopédie*, t. 39, p. 571; *Les Peuples aux parlements*, *OCV*, t. 73, p. 268, et *La Méprise d'Arras*, *OCV*, t. 73, p. 372.

[43] D15824, du 15 août 1769, à d'Alembert.

[44] D15808, du 9 août 1769, à Dompierre d'Hornoy; D15831, du 17 août 1769, à Élie de Beaumont.

[45] *La Méprise d'Arras*, *OCV*, t. 73, p. 378.

[46] *Essai sur les probabilités en fait de justice*, *OCV*, t. 74A, p. 308.

[47] *Les Peuples aux parlements*, *OCV*, t. 73, p. 269.

place[48] apparaît bien peu fiable, incapable de lui fournir des données importantes, soit qu'il se contente de répéter les informations et les bruits qui circulaient dans une opinion locale choquée par l'affaire, soit que soutenant les intérêts de la famille Martin, il ait volontairement, et maladroitement, manipulé les faits. Ensuite, toutes les erreurs commises par Voltaire vont dans le même sens, celui de la désincarnation de l'affaire Martin pour en faire le modèle de l'erreur judiciaire: imprécisions spatiales et temporelles, personnages archétypaux (le laboureur vertueux au nom quasiment générique, le juge ignare, le vrai assassin, la veuve éplorée…), dénouement théâtral, propension à se mettre en scène, patente dans *Les Peuples au parlement* («On mande cette aventure horrible à un solitaire; on lui envoie des pièces probantes» [*sic*][49]).

Ce dernier point est d'autant plus intéressant que Voltaire s'est finalement refusé à intervenir directement en faveur de Martin. Il recommande même, non sans gêne, à d'Alembert, qui interroge sur le cas ses connaissances du parlement, de ne pas le citer[50]. Son rôle d'informateur – outre d'Alembert, il a averti Elie de Beaumont – lui suffit et il se montre satisfait d'apprendre qu'un projet de révision est entrepris par le procureur général au début de 1770. Il ne s'intéresse alors plus à l'affaire concrète. En revanche, dans les écrits de combat qu'il publie dans les années 1770-1772, pour Montbailli et Sirven (et Morangiés), le cas Martin revient naturellement sous sa plume et prend place dans un argumentaire en faveur *d'autres* victimes du système judiciaire[51]. L'affaire est restée inconnue du public, Voltaire est lui-même mal informé, préoccupé par les autres cas qu'il a à traiter (surtout par Sirven: D15855, 15868): peu à peu, insensiblement et (peut-être) inconsciemment, le récit est enrichi de détails, mineurs, et devient un exemple typique, emblématique, d'erreur judiciaire atroce et absurde provoquée par l'incapacité d'un juge subalterne, une sorte de condensé des cas qu'il a eu à connaître[52].

---

[48] Le philosophe a été averti par son ami l'avocat Christin, lui-même alerté par un correspondant, resté anonyme pour nous, à Neufchâteau. C'est ce qui ressort des lettres du 4 septembre 1769 (D15868) et 1er octobre 1775 (D19683).

[49] *OCV*, t. 73, p. 269.

[50] Lettre à d'Alembert du 28 octobre 1769 (D15976).

[51] Dans l'*Essai sur les probabilités en fait de justice*, *OCV*, t. 74A, 307-308, il assimile implicitement la tragédie de Bleurville aux déboires judiciaires du comte de Morangiès, impliqué dans une affaire peu glorieuse d'escroquerie. Sur le rôle de Voltaire dans cette histoire, voir John Renwick, *Voltaire et Morangiés 1772-1773, ou les Lumières l'ont échappé belle*, SVEC 202 (1982), 166 pages, et Sarah Maza, *Vies privées, affaires publiques. Les causes célèbres de la France prérévolutionnaire*, Paris, 1997, notamment p. 33-46.

[52] L'affaire était d'autant plus intéressante pour la rhétorique voltairienne que les aveux du «vrai coupable» rendaient l'exemplarité inattaquable.

Un archétype, désolidarisé du cas concret qui lui a donné naissance, voilà finalement ce qu'a été l'affaire Martin pour un Voltaire qui écrivait, avec un mélange de cynisme et d'amertume, au comte d'Argental: «J'ai bien assez des Sirven sans me mêler des Martin. Je ne peux pas être le don Quichotte de tous les roués et de tous les pendus»[53].

Dans un volume consacré aux relations entre Voltaire et la justice, quelle peut être la place de l'affaire Martin?

Revient d'abord au mérite du philosophe d'avoir, une nouvelle fois, dénoncé une erreur judiciaire tragique et avérée: il y a bien une affaire Martin au cours de laquelle un innocent a péri (sans compter les deux victimes de Busenet). Et Voltaire a agi, autant qu'il le pouvait étant donné les circonstances, pour faire éclater ce qu'il pensait être la vérité.

Pourtant, une comparaison approfondie des textes voltairiens et des données des archives amène à faire trois remarques. La première est la mauvaise information du philosophe, dont le récit est parsemé d'erreurs et d'approximations, ce qui conduit évidemment à s'intéresser à ces sources de renseignements. La seconde est que sa verve polémiste l'amène, parfois, à s'éloigner de la vérité, voire à la manipuler, pour obtenir l'effet de persuasion voulu. Certaines des erreurs relevées ne nous semblent pas pouvoir passer pour de la distraction, dans la mesure où elles vont toutes dans le même sens. Enfin, la troisième remarque, vise à attirer l'attention sur la conception qu'a Voltaire de la justice de son temps. Le philosophe n'a pas de vision d'ensemble du système. Il a abordé les problèmes judiciaires par le biais de cas précis, indigné par des procès iniques. Il a ensuite voulu, par son action, contribuer à la réforme d'une justice porteuse, selon lui et ses compagnons de combat, de toutes les tares. Pourtant, son erreur (et celle de bien de ses commentateurs modernes) est de croire que ces affaires – Calas, La Barre, Martin, etc. – étaient représentatives du système dans son ensemble. Au vrai, la justice, et les juges, d'Ancien Régime étaient loin de correspondre aux descriptions polémiques qu'en faisaient Voltaire et la plupart des autres philosophes. On a essayé de le montrer avec l'affaire Martin. Seulement, aux yeux de l'opinion du temps, et à ceux de la postérité, ce sont bien les Lumières qui ont gagné et la justice du temps qui a perdu. Il faut dire que faute, parfois, de rigueur démonstrative, ils avaient avec eux le génie littéraire.

---

[53] Lettre au comte d'Argental du 30 août 1769 (D15855). L'affaire Sirven prend à cette époque un tour dramatique, puisque, condamné par contumace, Sirven est venu se rendre (*Cf.* Voltaire, *L'Affaire Calas et autres affaires*, textes édités par J. Van den Heuvel, Paris, Gallimard, Collection Folio, 1975, p. 365).

ANNEXE

Chronologie de l'affaire

20 janvier 1766: agression de Mathieu Moignot, à Bleurville. Il décède le 17 (ou 18) février. Une procédure est ouverte, qui voit la mise en accusation de François Martin.

9 mai 1766: sentence du bailliage de Lamarche contre François Martin, le condamnant à la pendaison – appels de Martin et du parquet *a minima*.

29 juillet 1766: arrêt du parlement condamnant Martin à être roué vif.

11 août 1766: exécution probable de Martin à Bleurville.

19 mai 1768: meurtre de Joseph Mougin, à Bleurville. Ouverture d'une procédure judiciaire, qui s'oriente rapidement contre François Busenet qui s'enfuit, puis est rattrapé.

28 avril 1769: sentence du bailliage condamnant Busenet à la roue. Appel de l'accusé.

8 juillet 1769: arrêt de la cour confirmant la sentence du bailliage.

26 juillet 1769: exécution de Busenet, précédée de son «testament de mort» dans lequel il innocente Martin.

15 août 1769: première lettre de Voltaire sur cette affaire, à d'Alembert. Suivent cinq autres lettres au cours des mois suivants.

25 novembre 1769: lettre du chancelier Maupeou demandant au procureur général Joly de Fleury de s'informer de l'affaire. La révision du procès n'aura jamais lieu.

1770-1772: Voltaire évoque l'affaire dans plusieurs écrits.

1er octobre 1775: lettre de Voltaire à Christin lui demandant de nouveau des renseignements sur l'affaire Martin, suite à un nouveau projet de réhabilitation.

VOLTAIRE ET LA RÉVOLUTION MAUPEOU: LES TACTIQUES D'UN PHILOSOPHE DEVANT UNE RÉFORME JUDICIAIRE

James HANRAHAN
(*University of Edinburgh*)

La réforme judiciaire effectuée par le chancelier Maupeou en 1771 après le refus des magistrats parisiens d'accepter la promulgation d'un édit de discipline est souvent présentée dans l'historiographie de l'Ancien Régime comme une riposte absolutiste et éclairée aux prétentions politiques des parlementaires, qu'énonçaient ceux-ci avec une opiniâtreté grandissante à travers leurs remontrances depuis 1750[1]. Par conséquent, le soutien apporté par Voltaire au chancelier, sous forme de huit pamphlets écrits entre mars et mai 1771, fait la preuve, selon certains commentateurs, de sa préférence pour l'absolutisme comme système politique. Par exemple, dans son œuvre sur la politique de Voltaire, écrite dans les années 1950 mais toujours le point de départ pour l'interrogation de la politique pragmatique de ce philosophe, Peter Gay considère que le vœu de Maupeou et de Voltaire, après le coup d'Etat du chancelier, était que, «a bureaucratic absolutism, rational and modern, might be imposed on the country»[2]. Quoique le but principal de Maupeou fût l'étouffement de l'opposition acharnée des cours souveraines (et c'est surtout dans cette optique-là que la question est analysée), les réformes introduites furent toutefois d'ordre judiciaire. C'est donc par le biais d'une analyse de cette réforme – à la fois politique et judiciaire – et de la façon dont Voltaire réagit, que nous allons traiter de la question de la justice dans la pensée voltairienne. Ce qui relève d'une telle approche met en question l'interprétation citée ci-dessus du soutien que Voltaire apportait au chancelier

---

[1] Michel Antoine, *Louis XV*, Paris, Fayard, 1989, p. 910, 920-922; Alfred Cobban, «The parlements of France in the eighteenth century», in: *History* 35 (1950), p. 64-80; Peter Gay, *Voltaire's Politics: The Poet as Realist,* Princeton, NJ, Princeton University Press, 1959. Selon Peter Gay (p. 328), la révolution de Maupeou représentait «a defensive measure, a revolution designed to stave off a revolution»; Lucien Laugier, *Un ministère réformateur sous Louis XV: le triumvirat, 1770-1774*, Paris, La Pensée Universelle, 1975, p. 69-72; André Zysberg, *La Monarchie des Lumières,* Paris, Points, 2002, p. 306.

[2] Peter Gay, *Voltaire's Politics*, p. 326.

et nous montre également que sa pensée sur la justice, après la période très active des années 1760, ne se limitait pas à des problèmes ponctuels, tels que le sort des serfs de Saint-Claude ou la réhabilitation de Thomas Arthur Lally et Gaillard d'Etallonde, mais qu'elle s'étendait à mesure qu'elle s'entremêlait aux autres champs de l'action voltairienne. Mais, avant d'aborder ces questions principales, il faudra expliquer les causes et la portée des réformes de Maupeou, et en faire le bilan d'après les historiens qui ont examiné la question en profondeur.

Aborder la question par ce biais nous paraît nécessaire parce que les interprétations du coup d'Etat Maupeou se caractérisent par des optiques historiques qui sont souvent très marquées idéologiquement. En effet, le vocabulaire qu'emploie un historien pour traiter de cette question nous indique le côté duquel il se range devant les réformes. Par exemple, parmi ceux qui croient en la vision réformatrice du chancelier et qui considèrent sa démarche comme une défense nécessaire de la monarchie administrative contre les empiètements de l'aristocratie parlementaire sur ses prérogatives, on emploie le terme «réformes». Par contre, les «réformes» se muent en «coup d'Etat» dans le discours de ceux qui contestent l'image de Maupeou comme «réformateur», ou qui voient en ses réformes l'apogée du despotisme ministériel sous Louis XV[3]. Nous allons employer indifféremment les deux termes, mais nous tenons à l'idée que l'œuvre de Maupeou représente une vraie révolution, tant dans les réformes qu'elle introduisit que dans ses séquelles, qui firent vibrer la culture politique en France vers la fin de l'Ancien Régime[4].

Force est de constater que les réformes de Maupeou étaient dramatiques, sans pour autant que leur portée ne fût ambitieuse pour l'administration de la justice, surtout la justice criminelle. Pendant la nuit du 19 janvier 1771, les mousquetaires du roi se rendirent aux résidences des parlementaires parisiens. On leur posa une question très simple: étaient-ils prêts à reprendre leurs fonctions, qu'ils avaient cessées depuis le

---

[3] Voir David Bell, «Lawyers into demagogues: Chancellor Maupeou and the transformation of legal practice in France, 1771-1789», in: *Past and Present* 130 (1991), p. 107-141 (p. 108).

[4] Selon David Bell, le moment Maupeou inspira les avocats – qui devaient jouer un rôle si important dans les assemblées révolutionnaires – de puiser dans les idées et le vocabulaire des philosophes: voir *Lawyers and Citizens, The making of a Political Elite in Old Regime France*, New York et Oxford, Oxford University Press, 1994, p. 202; Keith Michael Baker constate que le coup Maupeou «was a moment of consciousness in which the mystery of monarchy was dissolved and the ultimate nature of French public existence placed openly into question», *The Maupeou Revolution: The Transformation of French Politics at the end of the Old Regime*, numéro spécial de *Historical Reflections/Réflexions historiques* 18 (1992), p. 1-16 (p. 2-3).

10 décembre 1770? Ceux qui répondirent «Non» furent exilés; les autres s'assemblèrent le lendemain au Palais de Justice et manquèrent rapidement à leurs promesses de loyauté qu'on leur avait arrachées la veille. La confiscation des offices parlementaires s'ensuivit. Le parlement de Paris fut remplacé le 24 janvier par le conseil privé, qui enregistra un mois plus tard un édit créant six conseils supérieurs dans l'ancien ressort du parlement de Paris, qui s'était étendu auparavant sur un tiers du royaume. Le ressort du nouveau parlement de Paris – qui garda son statut de Cour des Pairs – se bornait désormais à l'Ile de France, l'Orléanais, la Picardie, et les régions autour de Reims et Soissons. Afin de peupler les nouvelles cours de justices, il fallait supprimer la Cour des aides et le Grand Conseil[5]. Certaines Cours des aides provinciales partagèrent le destin de celle de la capitale, pourtant, comme le remarque Jean Egret, «la réforme reste limitée à un certain nombre de Compagnies et un observateur attentif constate que celles qui ont été frappées l'ont été non pour le bien public, que l'on invoque, mais pour satisfaire une vengeance ou pour fournir du personnel à un tribunal de nouvelle création»[6].

La réforme majeure introduite par Maupeou, et celle qui tenait le plus à cœur à Voltaire, fut l'abolition de la vénalité des charges dans les tribunaux de nouvelles créations, remède sûr à l'intransigeance des magistrats. L'abolition des épices – ces frais de justice, jadis des dons facultatifs qui étaient devenus au fur et à mesure des frais lourds et souvent corrupteurs – représentait également une aubaine pour les plaideurs qui se trouvaient auprès d'une nouvelle cour de justice. Pourtant, ces réformes qui mirent fin à la vénalité dans les parlements et introduisirent la justice gratuite, réformes dignes de louanges, ne s'étendirent pas aux nombreux tribunaux inférieurs, tels que les présidiaux et les baillages. Par conséquent, la justice demeurait payante pour la plupart des plaideurs, et surtout les moins riches dont les procès n'étaient entendus que rarement auprès des juridictions supérieures. La procédure en droit civil vit d'importants changements introduits par édit en février 1771, la première réforme de la procédure civile à être effectuée depuis

---

[5] Le Grand Conseil, une cour de justice dont les fonctions étaient très variées et mal définies, jugeait sans appel des procès pour lesquels l'impartialité nécessaire manquait aux parlements, ce qui attirait la jalousie des parlementaires, d'autant plus que la justice de cette cour s'étendait sur le royaume entier, à la différence des parlements dont les ressorts respectifs étaient géographiquement limités. Les Cours des aides servaient de cours d'appel aux tribunaux inférieurs qui jugeaient tout ce qui avait trait à l'administration des finances.

[6] Jean Egret, *Louis XV et l'opposition parlementaire*, Paris, Armand Colin, 1970, p. 200.

l'Ordonnance de 1667. La procédure criminelle demeurait toutefois inchangée.

On ne peut donc manquer de noter l'envergure restreinte des réformes de Maupeou. L'abolition de la vénalité des charges dans les parlements et la division du ressort du parlement de Paris ne servaient-elles qu'à briser l'opposition acharnée des cours souveraines? En effet, les origines de la révolution de 1771 nous indiquent son intérêt politique prédominant. L'édit de décembre, que les parlementaires parisiens refusèrent d'enregistrer, dressa un catalogue des entreprises parlementaires auxquelles les magistrats s'étaient livrés depuis vingt ans, à savoir leurs cessations de service, la théorie de l'union de tous les parlements du royaume, et leur refus de promulguer la législation royale. Cet édit découla directement de l'affaire de Bretagne, là où en 1766 l'avocat général du parlement de Rennes, Louis René de Caradeuc de La Chalotais, se vit emprisonner pour son opposition à l'autorité royale, représentée dans la région par Emmanuel Armand de Vignerot Du Plessis-Richelieu, le duc d'Aiguillon. En 1770, le parlement de Rennes tenta d'ouvrir une instruction sur le duc d'Aiguillon, qui comparut finalement devant ses juges naturels, la Cour des Pairs, siégeant dans le parlement de Paris (4 avril). Louis XV voyait bien que sous prétexte du procès d'un officier royal, ce serait, en vérité, contre l'autorité du gouvernement qu'on instruirait. Le roi mit fin au procès (lit de justice du 27 juin) et disculpa le duc, au mépris de la procédure judiciaire. Les magistrats, si attachés aux formes de la justice, menèrent une opposition farouche à cette démarche royale. Remontrances parlementaires et réprimandes royales furent échangées dans un dialogue de sourds, jusqu'à l'intervention de Maupeou. Ce n'est pas à nous de dire si la révolution du chancelier représente une belle action, absolutiste et éclairée, rendue nécessaire par la désobéissance des magistrats et leur opposition, continue et grandissante, à l'autorité royale[7]. Ce qui est sûr, pourtant, c'est que Voltaire – qui avait beau déclamer contre les magistrats pendant les années 1760, jusqu'à publier une *Histoire du parlement de Paris* (1769), histoire polémique qui tenta de réduire à néant les prétentions des magistrats – ne voyait pas en 1770 la nécessité d'une «réaction absolutiste»[8].

---

[7] C'est ainsi que les historiens qui valorisent la politique de la monarchie face aux parlements interprètent la révolution de Maupeou. Voir, par exemple, André Zysberg, *La Monarchie des lumières*, p. 296-321 et Cobban, *A History of Modern France*, London, Penguin Books, 1957, p. 96.

[8] C'est ainsi que André Zysberg appelle la démarche du gouvernement, in: *La Monarchie des lumières*, p. 281.

On ne doit pas s'étonner de lire, dans une lettre adressée au maréchal de Richelieu, que Voltaire trouvait le procès du duc d'Aiguillon «ridicule»[9]. C'est souvent dans des lettres à son «héros» que l'on remarque son royalisme[10], et à plus forte raison cette fois-ci: le maréchal n'était autre que l'oncle de d'Aiguillon, et dans la même lettre Voltaire pria Richelieu de faire en sorte que sa pièce, *Les Guèbres*, soit représentée en Guyenne, où il était gouverneur. En juillet, dans une lettre au directeur général des postes à Lyon, Jean François René Tabareau, Voltaire ne s'empressa pas de défendre le duc d'Aiguillon; il préférait attendre le dénouement. De plus, rien ne suggère dans ses lettres que le procès d'un pair ou la disculpation du duc par voie d'autorité ou encore l'acharnement des magistrats, présentait une situation qui pourrait mettre en jeu la constitution de l'État. Au contraire, dans la même lettre à Tabereau, il exprime son opinion, «que rien ne pourra empêcher le factum de la Chalotais de paraître.» A son avis, «Le public s'amusera, disputera, s'échauffera; dans un mois tout finira; dans cinq semaines tout s'oubliera»[11].

Après avoir reçu des nouvelles de l'édit de discipline, imposé au lit de justice du 10 décembre, Voltaire était, tout comme les parlementaires, peu content de la teneur du préambule, qui accusait les magistrats d'avoir puisé dans l'*esprit de système* des philosophes afin de développer leurs prétentions, qui outrageaient tellement la majesté royale. Face à ces accusations, ridicules selon Voltaire, il fait de la surenchère satirique: «on dit qu'ils [les philosophes] font actuellement enchérir le pain, et qu'ils sont l'unique cause de la guerre entre l'Angleterre et l'Espagne. N'est-ce pas aussi la philosophie qui nous a pris nos rescriptions?»[12] Sans le dire explicitement, Voltaire visait, sans doute, le ministère, qui, tout récemment, pour l'assainissement des finances, avait déclaré une banqueroute partielle qui avait privé le philosophe de 200.000 livres[13]. Deux jours plus tard, toujours à d'Alembert, il avoue que, «c'est une petite douceur de voir les assassins du chevalier de la Barre humiliés. Mais n'importe par qui nous soyons écrasés, nous le serons toujours» (D16854). Les parlementaires n'étaient pas les seuls ennemis de Voltaire et il n'en était pas dupe. Regarder les parlements comme l'ennemi de Voltaire, car conservateurs, obscurantistes et sans compassion dans leurs jugements,

---

[9] Voltaire à Richelieu, 20 avril 1770 (D16304).

[10] Paul d'Estrée, *La Vieillesse de Richelieu (1758-1788)*, Paris, Émile-Paul Frères, 1921, p. 136.

[11] Voltaire à Jean François René Tabareau, 9 juillet 1770 (D16506).

[12] Voltaire à d'Alembert, 19 décembre 1770 (D16841).

[13] Voltaire à Richelieu, 20 avril 1770 (D16304); Voltaire à d'Argental, 24 novembre [1770] (D16781).

à la différence d'une monarchie absolue et éclairée (presque) qui tentait,
du moins, d'introduire des réformes, est une façon trop simpliste et manichéenne d'analyser cette période de la vie de Voltaire; c'est toutefois
l'image qui prime[14]. Cette image fait tort à la complexité de la pensée
voltairienne devant les institutions de l'Ancien Régime pendant les
années 1760 et 1770.

Si on peut dire que les contes de Voltaire résument, dans une certaine
mesure, ses sentiments pendant la période de leur rédaction, *L'Ingénu*, qui
parut en mai 1767, s'affiche comme un catalogue de critiques de la
monarchie absolue, et ceci dans la décennie de Calas, de Sirven, de Lally
et de La Barre. Les iniquités de l'administration de la justice servent de
cible principale à la critique voltairienne. A maintes reprises, les personnages subissent des arrestations arbitraires ou des emprisonnements sans
jugement. Les lettres de cachet, ces missives arbitraires de l'Ancien
Régime, sont également visées comme attentatoires à la liberté. Dans le
chapitre 14, l'Ingénu s'exclame: «Il n'y a donc point de lois dans ce pays!
On condamne les hommes sans les entendre! Il n'en est pas ainsi en
Angleterre.» En outre, ce conte ne néglige de critiquer ni le rôle corrup-
teur de la cour royale (chapitre 20), ni la vénalité des charges dans l'armée
(chapitre 9). Cet abus sera dénoncé deux ans plus tard dans son *Histoire
du parlement de Paris*, mais lors de la rédaction de cet ouvrage, sa correspondance trahit des intérêts qui s'étendaient au delà des impératifs
polémiques d'une histoire fortement anti-parlementaire. Il explique à
l'avocat Servan, le 13 janvier 1768, qu'en France «presque toutes les
prérogatives sont ou usurpées ou contestées. On n'y jouit pas même des
droits qu'on a reçus de la nature. Personne n'est parmi nous à l'abri d'une
Lettre de cachet ou d'un jugement par commissaires» (D14668). Dans
l'*Histoire du parlement* même, Voltaire sort parfois de son sujet principal,
lequel était la réfutation des prétentions parlementaires qui soutenaient
que les cours souveraines avaient un rôle politique et qu'elles représentaient la nation auprès du roi, et critique subtilement la politique, souvent
maladroite, de son roi. Par exemple, Voltaire s'en prend à son habitude
d'exiler; après l'attentat de Damiens, il mentionne la «disgrâce» de Mme
de Pompadour, qui n'était pas la première à être renvoyée de Versailles:

> Le tour des ministres pour être exilés ne tarda pas d'arriver. Louis XV
> avait exilé plusieurs de ceux qui le servaient et qui l'approchaient.

---

[14] Peter Gay, *Voltaire's Politics*, p. 326; Durand Echeverria, *The Maupeou Revolution:
A study in the history of libertarianism, France 1770-1774*, Baton Rouge, 1985, p. 157-60;
François Quastana, *Voltaire et l'Absolutisme éclairé (1736-1778)*, Aix-en-Provence, Presse
Universitaire Aix-Marseille, 2003, p. 194-201.

C'était ainsi qu'il avait traité le duc de La Rochefoucauld, grand-maître de la garde-robe, le plus honnête homme de la cour; le duc de Châtillon, gouverneur de son fils; le comte de Maurepas, le plus ancien de ses ministres; le garde des sceaux Chauvelin, qui a toujours conservé de la réputation dans l'Europe; tout le parlement de Paris, et un très grand nombre d'autres magistrats, des évêques, des abbés, et des hommes de tout état[15].

L'auteur du *Précis du siècle de Louis XV* avait même l'imprudence de s'exprimer ainsi au sujet de son roi dans la première édition de l'*Histoire du parlement*: «Louis XV, qui ne savait qu'exiler…» Cette véritable mise en cause des capacités du roi n'apparut plus dans les éditions suivantes[16].

Or, à la veille de la révolution Maupeou, non seulement Voltaire n'était-il convaincu ni de la volonté du gouvernement de réformer la justice, ni du besoin de changer dramatiquement les relations entre les institutions de l'Ancien Régime (ce que la révolution de Maupeou effectua), mais les réformes que Maupeou devait introduire ne ressembleraient guère à celles que Voltaire avait prônées dans ses ouvrages consacrés à la question de la justice, tels que, *André Destouches à Siam* (1766) et le *Commentaire sur le livre Des délits et des peines* (1766). A titre d'exemple, regardons le chapitre de ce dernier, intitulé «Idée de quelque réforme». Dans le sillage des affaires Calas et Sirven, Voltaire préconise surtout un système judiciaire moins barbare et moins arbitraire. Pour qu'un tel système voie le jour, il exige que les magistrats gagnent leurs charges par leurs mérites, autrement dit, que la vénalité soit abolie. Il ridiculise la contrariété entre les lois de provinces voisines; le remède contre cet arbitraire exige, selon Voltaire, des lois uniformes et applicables dans le royaume entier. Il propose également la délimitation des ressorts respectifs des autorités ecclésiastiques et judiciaires (faute de quoi, le refus des sacrements aux jansénistes était devenu une affaire d'État). A ces critiques générales, il ajoute quelques réflexions sur la procédure criminelle: «Pourquoi, demande-t-il, dans certains pays, les arrêts ne sont-ils jamais motivés? Y a-t-il quelque honte à rendre raison de son jugement?[17] Pourquoi ceux qui jugent au nom du souverain ne présentent-ils

---

[15] *Histoire du parlement de Paris*, éd. John Renwick, *OCV*, t. 68, p. 540.

[16] Dans les éditions postérieures, on lit le commentaire plus anodin de Voltaire: «Louis XV accoutumé à l'exiler [l'archévêque de Paris, Christophe de Beaumont] l'envoya en Périgord.» Voir l'*Histoire du parlement de Paris*, p. 546.

[17] Il se réfère, sans doute, à l'affaire de Thomas Arthur, comte de Lally, Irlandais de souche, commandant de l'armée française, enlevé à Pondichéry par les Anglais et condamné à mort par le parlement de Paris après son retour en France (6 mai 1766). Voltaire, sans défendre le caractère violent et inconstant de cet officier, ne croyait pas qu'il

pas au souverain leurs arrêts de mort avant qu'on les exécute?»[18] Avant ces dernières propositions récapitulatives, Voltaire critiqua la pratique continue et barbare de la torture (chapitre 12), les peines disproportionnées par rapport aux délits (chapitres 2 et 18), et également la procédure criminelle qui privait certains justiciables de la représentation en justice (chapitre 22). Constatation faite de l'écart important entre les réformes de Maupeou et les idées de réforme chez Voltaire, on voit que celles-ci ne trouvent guère leur aboutissement dans le coup d'Etat de 1771. Donc, une question s'impose: si, comme nous l'avons montré plus haut, Voltaire ne voyait pas le besoin d'une réaction absolutiste, pourquoi donna-t-il son aval avec autant d'enthousiasme aux réformes de Maupeou, lesquelles n'étaient pas à la hauteur de ses espérances?

Certes, Durand Echeverria, l'historien qui a examiné avec le plus d'attention la réaction de Voltaire devant les réformes de Maupeou, avait raison d'écrire que dans une certaine mesure l'*Histoire du parlement de Paris* avait engagé son auteur à l'avance à poursuivre la politique de Maupeou[19]. Mais, à l'instar de Peter Gay, il a affirmé que Voltaire n'aurait pas apporté son appui aussi publiquement, si cela n'engageait pas sa philosophie politique:

> Yet Voltaire's antipathy to the Parlements, which was after all no greater than Diderot's, by itself might perhaps not have led him to go farther than the more or less neutralist position adopted by the rest of the philosophes had not his fundamental political philosophy been involved[20].

Selon Peter Gay, les réformes de Maupeou représentaient pour le philosophe, «the best, perhaps the only, hope for saving the country from revolution»[21], et que le soutien de Voltaire s'inscrivait dans «his lifelong fight for the *thèse royale*» et «his last great battle for absolutism»[22]. Bien évidemment, Gay et Echeverria ont considéré les réformes comme un exemple, par excellence, de la mise en pratique de l'absolutisme

---

eût trahi les intérêts du roi (voir D13345, D13347 et *Précis du siècle de Louis XV*, in *Œuvres historiques*, éd. René Pomeau, Paris, Gallimard, Bibliothèque de la Pléiade, 1978), chapitre 34, p. 1504-1506. D'ailleurs, Voltaire était choqué par le fait que les magistrats l'eussent condamné sans motiver leur jugement (voir D13326, D13327, D13345, D13347, D13369).

[18] Ce qui arriva dans l'affaire du chevalier de La Barre.

[19] *Voltaire's political pamphlets of 1771*, éd. Durand Echeverria, *OCV*, t. 73, p. 197. Voir également Echeverria, *The Maupeou Revolution*, p. 147-168.

[20] Durand Echeverria, *Voltaire's political pamphlets of 1771*, *OCV*, t. 73, p. 197.

[21] Peter Gay, *Voltaire's politics*, p. 323.

[22] Peter Gay, *Voltaire's politics*, p. 309.

éclairé; le soutien de Voltaire a été ainsi interprété comme l'approbation d'une philosophie politique. Il va de soi que Voltaire n'aurait jamais critiqué ouvertement un ministre de Louis XV[23]. Le soutien apporté au chancelier par Voltaire présente, donc, une certaine continuité dans la position de Voltaire vis-à-vis des représentants de l'autorité royale, mais, afin de réaliser cette politique consistante, il fallait une rupture qui s'accentuait à mesure que des opportunités inouïes se présentaient.

Sur l'échiquier politique à Versailles, Maupeou se rangeait, pour des raisons tactiques bien entendu, du côté du parti dévot. Pourtant, il avait commencé son ministère en adoptant une politique envers les parlements qui s'inspirait de celle de Choiseul, politique caractérisée par le ménagement des magistrats, et qui attira la haine du parti dévot, surtout à partir du moment où les parlements de France s'unirent contre les jésuites. Après la mort de Mme de Pompadour – protectrice de Choiseul et maîtresse du roi – les dévots s'empressèrent de remplir cette position d'une importance capitale avec une de leurs créatures. Jeanne Bécu, qui allait devenir Mme Du Barry, était d'autant plus utile aux dévots, qu'elle ne s'intéressait pas à jouer un rôle politique elle-même. Elle se contentait de jouir des richesses que promettait son nouveau rôle, et de servir d'intermédiaire pour le maréchal de Richelieu et son neveu, le duc d'Aiguillon, dévots tous les deux par leur haine pour Choiseul. Maupeou ne tarda pas à imposer son choix de contrôleur général, son ancien collègue au parlement de Paris, l'abbé Terray, au dépens du protégé de Choiseul, Maynon d'Invault (décembre 1769). La politique rigoureuse de Terray dans l'assainissement du Trésor et la réduction de la dette publique promettait d'éventuels conflits avec Choiseul, qui, en tant que ministre de la Guerre et des Affaires Etrangères, poussait l'Espagne à reprendre les îles Malouines, dont les Anglais s'étaient en partie emparés, et ceci pour que la France puisse se venger de la Guerre de Sept Ans. Louis XV ne voulait pas de guerre et sous la pression des dévots, renvoya Choiseul et son cousin, le duc de Praslin, le 24 décembre 1770. Il est évident que Louis XV remplaça ses ministres au coup par coup, sans véritable plan d'ensemble[24]. Mme Du Deffand remarqua juste dans

---

[23] Il se plaint de la perte de ses rescriptions qui valait 200.000 livres (D16781), mais il fait part de son soutien pour la politique du contrôleur général au duc de Richelieu, à qui il assure qu'il est heureux de perdre son argent si cela peut aider l'état (D16304).

[24] Choiseul fut remplacé au ministère de la Guerre par le marquis de Monteynard. Louis XV attendait jusqu'au mois d'avril pour nommer Bourgeois de Boynes secrétaire d'Etat à la Marine. Ce n'était qu'en juin 1771 que le roi jugea bon de léguer la responsabilité du ministère des Affaires Etrangères au duc d'Aiguillon.

une lettre à Horace Walpole le 9 janvier 1771: «Je trouve que ceci ressemble à l'assassinat de César; on n'avait rien prévu de ce qu'on ferait après»[25]. Mais, Mme Du Deffand ne savait pas qu'après la chute de César-Choiseul, un nouveau triumvirat apparaîtrait sur la scène politique sous forme de Maupeou, Terray et le duc d'Aiguillon. Voltaire, qui échappa au destin malheureux de Socrate face aux anti-philosophes à la fin des années 1750, ferait tout pour éviter le sort de Cicéron sous les triumvirs[26].

La chute de Choiseul, un protecteur très utile pour Voltaire, devait présenter d'éventuels problèmes pour le philosophe. Choiseul avait joué un rôle-clé dans le lancement du projet d'établir un port à Versoix, qui aurait rivalisé avec celui de Genève. De plus, la manufacture de montres à Ferney avait profité des bontés de ce ministre[27]. Ses engagements humanitaires seront également bouleversés par les changements à Versailles, comme il l'affirme à l'avocat des serfs de Saint-Claude, Charles Frédéric Gabriel Christin: «Un mot d'un seul homme suffit pour déranger les idées de cent mille citoyens»[28]. Cette première réaction affichée par Voltaire cède pourtant rapidement à sa capacité de savoir tirer quelque chose d'un moment opportun. Le jour même de sa lettre à Christin il en adresse une autre au représentant du gouvernement français à Genève, Pierre Michel Hennin, dans laquelle il critique sans ambages les «correspondants welches» qui, faute de Choiseul, s'apitoient sur leur sort, sans même savoir qui le remplacera, renseignement capital qu'il demande à Hennin «afin qu'on sache à qui s'adresser» (D16879). La vie que Voltaire avait construite à Ferney, ses projets financiers, littéraires et humanitaires, exigeaient les bienfaits de la faveur ministérielle. Par ailleurs, l'occasion se présenta de montrer au gouvernement, et surtout

---

[25] Cité dans Martin Mansergh, *The Revolution of 1771 or the Exile of the Parlement of Paris*, thèse de doctorat (University of Oxford, 1973), p. 442.

[26] Le Second Triumvirat qui réunit Lépide, Octave et Marc Antoine commença en 43 av. J.-C. après la mort de César. Cicéron fut victime de leur règne de terreur.

[27] Voir, en général, Jean-Pierre Ferrier, *Le Duc de Choiseul, Voltaire et la création de Versoix-la-ville*, Genève, F. Boissonnas, 1922. Voir aussi Voltaire à Hennin, 16 juin 1770 (D16417): Choiseul avait organisé l'achat des montres fabriquées dans les ateliers de Ferney pour la maison royale. Dans son commentaire sur cette lettre, Besterman cite une lettre de Hennin à Choiseul du même jour: «la faveur dont vous honorez la manufacture de Ferney et les secours que M. de Voltaire lui donne engagent les meilleurs ouvriers de Genève à s'y porter.»

[28] Voltaire à Christin, 31 décembre 1770 (D16878). Mme Du Deffand lui communiqua les mauvaises nouvelles le 28 décembre (D16875). Voltaire décrit la situation précaire des ministres sous Louis XV dans une lettre à Elie Bertrand, 7 janvier 1771 (D16946): «On ne peut compter sur rien de ce qui dépend de la cour. Le premier homme de l'état n'est jamais sûr de coucher chez lui.»

au roi, que les philosophes (ou, du moins, Voltaire) ne représentaient pas un ennemi dangereux pour l'autorité royale, et, ceci fait, la voie qui menait jusqu'à Paris pourrait même s'ouvrir pour le philosophe de Ferney[29]. Ainsi, une réponse stratégique caractérisait la réaction de Voltaire.

Avant même d'entendre des nouvelles concrètes sur les réformes de Maupeou, Voltaire donna son aval à l'œuvre du chancelier: «Si on prépare un nouveau code dont nous avons tant besoin il faudra en même temps préparer une couronne civique pour m^r le chancelier»[30]. Cette lettre fut accompagnée par une version manuscrite du pamphlet *Avis important d'un gentilhomme à toute la noblesse*. Sur les treize paragraphes de ce pamphlet court, sept critiquaient les démarches du parlement de Paris dans l'affaire du duc d'Aiguillon, afin de rallier à la cause de Maupeou la noblesse d'épée. Notons bien que Voltaire, qui s'y était peu intéressé pendant que l'affaire se déroulait en avril 1770, déclama contre les parlementaires et leur «rage d'entacher» d'Aiguillon au début de 1771 (D17047). Bien évidemment, il multiplia les adresses au maréchal de Richelieu: Voltaire affirme à son «héros» que les ducs et pairs représentent «le véritable parlement aussi ancien que la monarchie»[31]; il affirme que les tentatives opiniâtres d'intenter un procès contre son neveu, le duc d'Aiguillon, au mépris de sa disculpation accordée par le roi, lui semblait «vouloir entacher le Roi lui même» (D17162). Dans cette dernière lettre, Voltaire laisse entendre la situation fâcheuse de sa colonie: «Il y avait des manufactures sous la protection de M. Le Duc de Choiseul; tout cela est presque détruit en un jour», renseignement auquel il ajoute sa connaissance des causes de ses malheurs dont Richelieu était responsable en partie: «Les petits pâtissent du malheur

---

[29] En effet, Voltaire avait déjà commencé à faire des ouvertures, et au gouvernement et aux dévots, afin de les convaincre de son orthodoxie: il envoya une copie de *Dieu: Réponse au Système de la nature* (1770) à Richelieu (D16692) pour lui montrer que la *philosophie* n'était nullement dangereuse: «Vous me reprochez toujours les philosophes et la philosophie. Si vous avez le temps et la patience de lire ce que je vous envoie, et de le faire lire à Madame votre fille, vous verrez bien que je mérite vos reproches bien moins que vous ne croyez.» Il avait fait pareil en août, en envoyant sa réponse à l'œuvre athée de d'Holbach au chancelier Maupeou (D16605).

[30] Voltaire à Marin, 27 janvier [1771] (D16989). Selon le commentaire de Besterman (voir la lettre de Choiseul à Mme Du Deffand, 11 mars 1771 (D17072), une copie de cette lettre arriva, par l'intermédiaire de Mme Du Deffand, à Chanteloup, lieu de l'exil des Choiseul, eux qui ne pardonneraient pas à Voltaire son inconstance et infidélité.

[31] Voltaire à Richelieu, 11 mars 1771 (D17071). Certains parlementaires soutenaient, surtout depuis la parution des *Lettres historiques* (1753-54) de Louis-Adrien Le Paige, que la création du parlement de Paris était contemporaine de l'établissement de la monarchie française.

des grands, *et quelquefois même de leur bonheur* (nous soulignons)»[32]. Après lui avoir écrit quatorze lettres en sept mois, Voltaire fut prêt à oser demander de l'aide: «Je désire seulement qu'on daigne recommander [la colonie] à Paris à M^r D'Ogny, Intendant général des postes, et en Espagne à M^r Le Marquis D'Ossun, qui nous ont rendu déjà tous les bons offices possibles» (D17378). En même temps, Voltaire écrivit au duc d'Aiguillon pour lui demander de rendre le même service. La réponse prompte du duc semblait consommer les relations entre le philosophe et le ministère: «Une colonie fondée par votre générosité, instruite par vos leçons, dirigée par vos conseils, encouragée par vos exemples ne peut que se rendre utile à l'état, et je me ferai gloire de contribuer à sa prospérité dans tout ce qui pourra dépendre de moi» (D17395).

Sans doute, Voltaire réussit-il à tirer quelques avantages de la nouvelle situation politique. Par exemple, entre 1771-74, sa colonie à Ferney connaissait une croissance énorme; avant la fin de 1774, il vendait quatre mille montres par an[33]. On lui rendit également des services personnels, tels que la suppression d'un libelle par Clément, intitulée, *Quatrième lettre à monsieur de Voltaire*. Au printemps 1771, le nouveau régime de Maupeou, qui en tant que chancelier était également responsable de la librairie, donnait de grandes espérances. Cramer, qui imprimait alors le quatrième volume des *Questions sur l'Encyclopédie*, reçut l'affirmation de Voltaire qu'il y avait «de très fortes raisons d'espérer que quand les tracasseries du parlement ser[aient] finies Monsieur Cramer aur[ait] la permission de faire entrer à Paris quelques ballots de son livre»[34]. Ses espérances furent toutefois déçues. Peut-être Voltaire aurait-il dû savoir que la révolution de Maupeou ne serait pas aussi radicale qu'il le souhaitait. De toute façon, la dure réalité ne tarda pas à s'annoncer. En août, on enregistra un nouvel impôt sur le papier, mesure contre les hommes de lettres et loi dont Voltaire voyait la cible: «La lecture est l'aliment de l'âme; mais je vois que le ministère craint les indigestions»[35]. Pis encore fut la suppression, par le Conseil du Roi, d'un discours prononcé par La Harpe à l'Académie française. Désormais, de tels discours seraient censurés par deux ecclésiastiques de la Sorbonne. La réponse de Voltaire devant ces nouvelles mesures répressives contre la liberté de penser montre sa colère et sa frustration: il écrit à d'Alembert qu'il «ser[ait] partout

---

[32] Voltaire était bien conscient de la rivalité entre Richelieu et Choiseul. Voir Voltaire à d'Argental, 1 janvier 1771 (D16931).

[33] Durand Echeverria, *The Maupeou Revolution*, p. 151.

[34] Voltaire à Cramer, [vers le 30 avril 1771] (D17166).

[35] Voltaire à Cramer, 26 septembre 1771 (D17383).

ailleurs qu'à Paris l'ami des rois, ou de ceux qui instruisent les rois». Pourtant, à Paris, il est «en butte aux bêtises d'un cuistre de Sorbonne, ou à l'insolence d'un commis» (D17410). Quant aux réformes de Maupeou, le code de justice, pour lequel le défenseur de Calas s'enthousiasmait au printemps, n'apparut point. D'ailleurs, la correspondance de Voltaire ne soufflait pas mot du code de procédure civile, introduit en février, qui était, selon Lucien Laugier, le chef d'œuvre du ministère de Maupeou[36]. En juin, la révolution avait déjà commencé à perdre tout son attrait; Voltaire concède à d'Argental qu'«il y a des torts de tous les côtés, cela ne peut être autrement dans un pays sans principes et sans règles» (D17279). Vers la fin de l'année, le philosophe avoue qu'en France «on ne se souciera jamais d'éclairer les hommes, mais de les asservir. Il y a longtemps que dans les pays despotiques, *sauve qui peut*, est la devise des sujets» (D17401).

Il va de soi que la nouvelle situation politique, et la décision prise par Voltaire d'en tirer quelques avantages, devait influer sur la façon dont il abordait la question, toujours épineuse, de la publication de ses œuvres. En effet, dès les premiers jours de la réforme Maupeou, Voltaire montra plus de vigilance dans son approche. Le jour où il demande à d'Alembert de confirmer la division du grand ressort du parlement de Paris (13 février), il exprime ses craintes que «l'épître au roi de Danemark sur la liberté de la presse ne paraisse dans un temps bien peu favorable [...] je tremble toujours de la laisser courir le monde» (D17014). Les lignes qui le faisaient trembler furent, peut-être, les suivantes:

> Dans Paris quelquefois un commis à la phrase
> Me dit, «à mon bureau venez vous adresser.
> Sans l'agrément du roi vous ne pouvez penser.
> Pour avoir de l'esprit allez à la police»[37].

Résultat de cette vigilance renforcée? Voltaire censure les nouveaux volumes de ses *Questions sur l'Encyclopédie* (dont trois étaient apparus avant Noël 1770), démarche essentielle, comme il l'explique à Cramer en avril 1771: «On ne doit pas s'exposer à faire dire qu'on a cassé le parlement de Paris pour établir la licence d'écrire. Ce moment-ci exige la plus grande circonspection. Mon neveu l'abbé Mignot est Doyen du nouveau parlement, et M. le chancelier m'honore des plus grandes bontés. C'est par cette raison-là même que nous ne devons point parler des questions sur l'encyclopédie dans les circonstances où nous sommes»

---

[36] Lucien Laugier, *Un ministère réformateur*, p. 133.
[37] *Épître au roi de Danemark*, éd. Simon Davies, *OCV*, t. 73, (p. 413-433), p. 424.

(D17153). L'inclusion de l'article «Parlement de France» dans le volume 8 des *Questions sur l'Encyclopédie*, où on flétrit l'ancien parlement et chante les louanges du chancelier, n'était-il pas une tentative de faire adoucir les conditions imposées, de plus en plus strictement sous Maupeou, par la censure? Certes, Voltaire s'était exprimé de la même façon contre les parlementaires dans son *Histoire du parlement*, mais il était tout à fait conscient de l'effet que cet exemple de la redite voltairienne pourrait avoir: dans une lettre au neveu de Mme Du Barry, le chevalier de Rochefort d'Ally, il suggère à son correspondant, «Quand vous serez à Versailles, je pourrai vous envoyer le 8 [le volume 8 des *Questions sur l'Encyclopédie*] où vous verrez un abrégé de l'histoire du parlement très véridique. Vous pourrez en parler à m^r le chancelier qui pourra permettre que je vous fasse tenir le paquet à son adresse» (D17525).

De même, un autre exemple de cette approche modifiée, quelque petite qu'elle soit, est visible dans un ouvrage assez court qui porte sur une autre erreur judiciaire commise par l'une des anciennes cours de justice. *La Méprise d'Arras* raconte l'histoire de François Joseph Monbailli, qu'on avait accusé du meurtre de sa mère. Comme le montre bien John Renwick dans son édition critique de l'ouvrage, celui-ci est singulier par le fait qu'il est seul parmi les ouvrages du même ordre (ceux qui traitent des procès des victimes de la justice criminelle en France) qui porte le nom de Voltaire[38]. Il est d'autant plus singulier que son objet n'est pas clair; sa parution vers la fin de 1771 succéda à la décision de Maupeou d'intenter un réexamen de la décision de l'ancien conseil souverain d'Arras qui avait été remplacé par un conseil supérieur dans le sillage des réformes du chancelier. Maupeou, donna-t-il son aval à la publication de cet ouvrage afin de jeter le discrédit sur les anciennes cours de justice? Impossible de le prouver, mais on peut s'en douter.

De la même façon, on pourrait dire que la pièce, *Les Lois de Minos*, s'inscrit dans le cadre d'une volonté voltairienne de tirer tout avantage possible de sa prise de position pour le chancelier Maupeou. Ce qui relève de sa correspondance est que *Minos* était conçu, et pour disséminer un message humanitaire, et pour ouvrir la voie, si fâcheusement barrée depuis trente ans, entre Ferney et Paris[39]. Richelieu devait veiller, en tant

---

[38] *La Méprise d'Arras*, éd. John Renwick, *OCV*, t. 73, (p. 353-385), p. 362.

[39] Voltaire aux d'Argental, 19 janvier 1772 (D17563). Selon Voltaire, il avait écrit la pièce entre le 18 décembre et le 12 janvier. Il espérait qu'elle pourrait «forcer la délicatesse de la cour à quelque indulgence». Voir également Voltaire à d'Argental, 20 janvier 1773 (D18162): il regrette que sa pièce ne fût pas jouée à Versailles, car ceci aurait pu lui apporter le réconfort de voir d'Argental à Paris.

que premier gentilhomme de la Chambre du Roi, à ce que *Minos* soit joué pour le mariage du Dauphin, service qu'il ne rendit pas, à la grande déception du philosophe: «J'ai imaginé encore que si les lois de Minos et la Sophonisbe réussissaient, ce succès pourrait être un prétexte pour faire adoucir certaines lois dont vous savez que je ne parle jamais»[40]. Dans la pièce, il s'agit du roi de Crète, Teucer, qui, au mépris des lois anciennes et barbares du royaume, celles du titre, refuse de sacrifier une jeune prisonnière, Astérie. Selon Voltaire, la pièce s'inspirait de la politique européenne, plus précisément, des affirmations récentes du pouvoir monarchique contre les pouvoirs aristocratiques en Pologne (voir, par exemple, D17753, D17774, D17811, D18069, D18275) et en Suède (voir D17937, D18010, D18069). Il est à noter pourtant que le coup d'état de Gustave III en Suède (août 1772) arriva *après* l'écriture de *Minos* (entre décembre 1771 et janvier 1772), ce qui met en question les affirmations de Voltaire selon lesquelles il s'inspirait de cet événement[41]. D'ailleurs, après la parution de la version officielle de *Minos*, qui comprenait de copieuses notes à titre didactique, Voltaire s'empressa d'informer ses correspondants que ces notes, qui traitaient des sacrifices humains à travers l'histoire, jusqu'à la mort du chevalier de La Barre, représentaient le vrai intérêt de son œuvre. Dans les notes mêmes, il affirme ses intentions didactiques: «Le but de cette tragédie est de prouver qu'il faut abolir une loi, quand elle est injuste»[42]. Mais, constatation faite de ces motifs de rédaction, lesquels sont tout à fait raisonnables, on se demande pourquoi Voltaire croyait que l'objet humanitaire de sa pièce ou ses allusions à la politique européenne, mettraient fin à son exil?

La parution d'une édition pirate des *Lois de Minos* vers la fin de janvier 1773 lui causait de grands ennuis (voir, par exemple, D18164, D18175, D18184, D18199, D18222), car l'important pour le philosophe fut que cette pièce, dédiée au maréchal de Richelieu, soit approuvée par les autorités[43]. Pourtant, il laissait entendre dans certaines lettres que ni

[40] Voltaire à Richelieu, 19 juillet 1773 (D18482).

[41] Gustave III effectua un coup d'état en août 1772. Avec le soutien de l'armée et du peuple, il rassembla les Etats (le Riksdag) dont les membres avaient détenu le pouvoir depuis la Constitution de 1719. En promulguant une nouvelle Constitution, il augmenta son pouvoir personnel et introduisit des réformes éclairées dans les domaines de la justice et du commerce.

[42] *Les Lois de Minos*, éd. Simon Davies, *OCV*, t. 73, p. 168, note (g).

[43] Voltaire à Lekain, 10 août 1772 (D17855): «M. le Chancelier et MM. Les secrétaires d'Etat me sauraient très mauvais gré d'avoir fait représenter Les Lois de Minos, en province, avant d'y être autorisé par eux [...]. Je suis donc forcé de vous supplier de me priver d'une satisfaction qui me comblerait d'honneur et de joie [celle de voir sa pièce jouée à Lyon]».

son ouvrage ni sa personne ne seraient protégés. Il assure, dans une lettre à Cramer, que ses notes ne s'intéresseraient qu'aux «honnêtes gens» tels que «le Roi de Suède, celui de Pologne, L'Impératrice Catherine et Federic 3», mais non pas à son propre roi: «Pour Louis 15 je ne crois pas qu'il s'amuse à lire ces rogatons»[44]. Or, ne nous laissons pas égarer par les affirmations de Voltaire, qu'il faut toujours lire d'un œil critique. Nous estimons qu'il s'agit d'un rideau de fumée parce que Voltaire, lui, était très conscient des allusions, évidentes dans son ouvrage, à la révolution de Maupeou (voir D17787, D18036, D18046, D18275) bien qu'il les niât dans sa correspondance[45]. Se pourrait-il qu'on devrait entendre un aveu dans l'insistance de sa dénégation? L'effet paradoxal d'un désaveu voltairien n'est-il pas de souligner le caractère spécieux de celui-ci? D'ailleurs, le fait que Voltaire s'empresse, si ardemment, d'expliquer l'origine de sa pièce à ses correspondants, et de se contredire dans ses explications, nous suggère qu'il s'agit d'un subterfuge. Nous ne sommes pas seuls à suggérer que la présentation d'un roi, qui rejette la tradition judiciaire à la faveur d'une politique inspirée par la raison, face à l'opposition de ceux qui se portent garants de la protection de cette tradition, fait allusion au coup d'Etat Maupeou[46]. La pièce, *Les Lois de Minos*, représente-t-elle donc une tentative voltairienne de disséminer un message humanitaire toutefois adapté aux besoins du gouvernement, à l'instar de *La Méprise d'Arras*?

En guise de conclusion, nous affirmons que oui parce que ce que l'on voit effectivement dans des ouvrages tels que ses pamphlets politiques de 1771, *La Méprise d'Arras*, *Les Lois de Minos*, et l'article «Parlement de France» des *Questions sur l'Encyclopédie*, est la mesure dans laquelle le message humanitaire, qui prône sans cesse une justice plus humaine, et les tactiques pour assurer sa diffusion au plus grand nombre, sont

---

[44] Voltaire à Cramer, [vers le 20 novembre 1772] (D18032). Voir également Voltaire à d'Argental (D17619): «Ce sont aujourd'hui les rois de Suède, de Danemark, de Prusse, de Pologne et l'impératrice de Russie qui me protègent. Nul n'est prophète en son pays».

[45] Voltaire à Richelieu, 25 mai 1772 (D17753); Voltaire aux d'Argental, 19 juin 1772 (D17787): Il leur assure que «Tout ce qui pourrait fournir aux méchants des allusions impies sur les prêtres, ou quelques allégories audacieuses contre les parlements, est ou adouci, ou retranché, avec toute la prudence dont un avocat est capable.»

[46] *Les Lois de Minos*: Simon Davies mentionne brièvement que *Minos* «could also be interpreted as approval for Louis XV», *OCV*, t. 73, p. 43; Voir également R.E. Mathews, «Political allusions in Voltaire's *Les Lois de Minos*», in: *Nottingham French Studies* 12 (1973), p. 14. Pourtant, dans la lettre D18412, il sollicite l'appui de Richelieu pour la représentation de Minos à la cour royale, pour «le Roi de France sous le nom de Teucer».

inextricablement liés. De plus, Voltaire ne se contente pas de louer les réformes, mais en préconise d'autres. Par exemple, on lit dans le pamphlet, *Les Peuples aux parlements* (1771): «Nous pourrions crier que notre jurisprudence, dont Louis XIV a commencé la réforme, doit être encore réformée par Louis XV. *On nous fait espérer qu'elle le sera. Attendons ce nouveau bienfait*»; de la même façon, *La Meprise d'Arras* (1771) exprime les attentes de Voltaire: «La France se flatte que le chef de la magistrature qui a réformé tant de tribunaux, *réformera dans la jurisprudence elle-même ce qu'elle peut avoir de défectueux et de funeste*»; et également dans l'article «Parlement de France» on trouve que: «L'opprobre de la vénalité dont François Ier et le chancelier Duprat avaient malheureusement souillé la France, fut lavé par Louis XV et par les soins du chancelier de Maupeou, second du nom. On finit par la réforme de tous les parlements; et *on espéra de voir réformer la jurisprudence*» (nous soulignons).

Ce qui relève de cette analyse de la révolution Maupeou est d'abord que l'interprétation des réactions de Voltaire devant le coup Maupeou, qui met au premier plan sa philosophie politique – «constitutional absolutism» ou «absolutisme éclairé» – afin d'expliquer son adhésion à l'œuvre du chancelier, est loin d'être suffisante. Celle-ci impose une philosophie politique figée à la pensée d'un philosophe pragmatique, et suggère, effectivement, que ses autres intérêts et préoccupations n'étaient que passagers et ponctuels. Au contraire, ce que nous avons montré est que sa préoccupation pour la justice représentait un soubassement de sa pensée à cette époque-là, et que sa politique de soutien était, en fait, ponctuelle et limitée à ce qu'il pouvait en tirer. Enfin, de cette conclusion particulière découle une seconde, générale: en ce qui concerne la justice dans la pensée de Voltaire pendant cette période, on ne peut pas séparer le souci de justice, toujours présent, de la manière dont cette justice sera réalisée. Voltaire résuma cette position lui-même en réponse à ceux qui critiquaient le soutien qu'il apporta au chancelier: «Quand le diable lui-même ferait une bonne loi ou une bonne action, je ne pourrais qu'approuver la chose, sans aimer sa personne, et aucune considération ne pourrait m'en empêcher»[47].

---

[47] Cité dans Jean Louis Wagnière, *Mémoires sur Voltaire et sur ces ouvrages*, 2 vols, Paris, Aimé André, 1826, t. 1, p. 90.

VOLTAIRE ET LE PARADIGME DE «L'INTOLÉRANCE» PARLEMENTAIRE: ENTRE IRONIE FANATIQUE ET PROPAGANDE ABUSIVE AU SERVICE DE LA JUSTICE

Frédéric Bidouze
(*Université de Pau*)

Parce que Voltaire fut le plus grand soutien «philosophique» de la réforme du chancelier Maupeou (1771-1774), il incarna donc seul la voix de la raison d'État contre celles très discordantes de l'opposition au despotisme ministériel; contre non seulement la Robe, mais également les grands seigneurs, les jansénistes, le «parti philosophique» et avec lui l'opinion publique dans son ensemble, le patriarche de Ferney saisit dans cet événement l'occasion d'abattre enfin l'hydre parlementaire.

Succédant de quelques années à ses campagnes les plus âpres et les plus réussies contre l'intolérance et la cruauté judiciaires, la double réforme concernant les parlements mettait un point final à l'injustice et à l'obstruction législative; l'ambition des despotes éclairés était enfin parvenue jusqu'à Versailles et la plume du grand philosophe pouvait enfin s'exercer à son service.

C'est en puisant dans des sources diverses contemporaines comme les pamphlets, mémoires ou correspondances, mais également postérieures comme par exemple les discours de rentrée des cours de justice du XIXe siècle, que nous nous proposons d'aborder ce débat entre justice et législation; ce débat, représentatif d'une certaine confusion de genres, prompte à soulever l'opinion publique, ce «processus de singerie généralisée» comme le souligne Pierre Lepape[1], Voltaire en assume pour la postérité une très grande part, même si la littérature n'en n'est pas ressortie grandie.

Voltaire s'est particulièrement acharné contre ces Cours judiciaires autant que politiques envers et contre tout (et tous), plus en polémiste qu'en penseur, plus en agitateur sans scrupule parfois qu'en combattant lucide, usant de «l'erreur judiciaire» comme d'un réflexe *pavlovien*, pour finalement contribuer à la confusion critique de la fin de l'Ancien Régime.

---

[1] Pierre Lepape, *Le Pays de la littérature*, Paris, Seuil, 2003, p. 326.

LES PARLEMENTS ENTRE JUSTICE ET LÉGISLATION

Intimement liées, les questions d'autorité et de justice en France n'ont jamais pu être dissociées jusqu'à la fameuse motion d'Alexandre de Lameth du 6 novembre 1789 à l'Assemblée nationale:

> Il n'est personne parmi vous, Messieurs, qui n'ait senti la nécessité d'établir un nouvel ordre judiciaire, et qui n'ait approuvé, parmi les dispositions qui vous étaient présentées par votre comité de constitution, celle qui substituait à ces grands corps politiques des tribunaux plus près du peuple, et bornés à la seule administration de la justice.

Cet acte de décès en bonne et due forme s'accompagna d'un hommage formel à leur fonction politique reconnue d'utilité publique contre le despotisme:

> Je n'ai point oublié, Messieurs, les importants services que nous ont rendus les parlements; je sais que si, dans l'origine, la puissance royale leur a dû son agrandissement, on les a vus depuis dans plus d'une occasion lui prescrire des limites, et souvent combattre avec énergie, et presque toujours avec succès, les efforts du despotisme ministériel; je sais qu'on les a vus, lorsque l'autorité l'emportait, soutenir avec fermeté des persécutions obtenues par leur courage; je sais que, dans ces derniers temps surtout, ils ont repoussé avec force les coupables projets qui devaient anéantir entièrement notre liberté[2].

Mais la nouvelle liberté fraîchement conquise ne pouvait tolérer plus longtemps leur existence; défenseurs des libertés sous le despotisme, ils faisaient peser une menace réelle sur le nouvel ordre politique. C'était un aveu à peine voilé, d'une réalité moins avantageuse, faite de complicités et de compromissions entre le roi et les parlements:

> Messieurs, tant que les parlements conserveront leur ancienne existence, les amis de la liberté ne seront pas sans crainte, et ses ennemis sans espérance. La constitution ne pourra être solidement établie tant qu'il existera auprès des Assemblées nationales, ces corps rivaux de sa puissance, accoutumés depuis si longtemps à se considérer comme les représentants de la nation, si redoutables par l'influence du pouvoir judiciaire; des corps dont la savante tactique a su tourner tous les événements à l'accroissement de leur puissance, qui sans cesse seraient occupés à épier nos démarches, à aggraver nos fautes, à profiter de nos négligences, et à attendre le moment favorable pour se jeter sur nos débris.

Enfin, de seule menace politique, les parlements se transformaient en l'incarnation de la Contre-révolution naissante; en eux se profilaient déjà

---

[2] Motion faite par M. Alexandre de Lameth, le 6 novembre 1789, *Sur la vacance des parlements*, Paris, Bibliothèque Nationale, 8-LE29-307, p. 2.

le retour des ordres et des privilèges, la destruction de l'égalité et de la liberté naissantes:

> Non, Messieurs, il n'est pas à craindre que la même Assemblée qui a fixé des droits sur le trône, qui a prononcé la destruction des ordres; qui ne laissera aux nobles d'autres privilèges que la mémoire des services de leurs ancêtres, et aux ecclésiastiques, que la considération attachée à leurs honorables fonctions; que l'Assemblée qui a fondé la liberté sur l'égalité civile, et sur la destruction des aristocrates de toutes espèces, puisse jamais consentir à laisser subsister des corps jadis utiles, mais aujourd'hui incompatibles avec la constitution[3].

Après la Révolution et pendant tout le XIXe siècle, les cours judiciaires des régimes successifs n'auront de cesse de commémorer cette œuvre dans le même sens: regrettant les abus et les absences d'initiatives des parlements quant à la réforme de la justice tandis que célébrant leur courage et leur abnégation dans le danger d'abus du pouvoir du prince. De très nombreux discours de rentrée des cours de justice du XIXe siècle abordent le sujet dans ce sens, telle la Cour impériale d'Aix le 3 novembre 1854:

> Nous jouissons de ces bienfaits, sans nous en rendre un compte bien exact de ce qu'ils ont coûté à nos devanciers. Avant de nous les procurer, nos races royales ont mis successivement à profit, pendant tout le cours de notre histoire, le courage de l'aristocratie, le dévouement et les lumières de l'Eglise, la science des légistes, l'influence de la magistrature, le génie merveilleux des hommes d'Etat, le concours des communes et l'appui de la bourgeoisie. Chacune de ces forces a été utilisée à son heure. Il a fallu, pour ainsi parler, faire le siège de chaque obstacle, de chaque résistance, remuer le sol profondément, conquérir les provinces, les réconcilier, les façonner à la vie commune, leur inspirer peu à peu l'amour de la grande famille française, pour parvenir, enfin, à notre enviable unité, à notre centralisation administrative.
> Les parlements ont eu leur part dans cet important résultat.
> On doit toutefois, leur reprocher de n'avoir ni réclamé les premiers contre la torture, supplice barbare, moyen d'investigation dangereux; ni proposé, comme une des plus urgentes améliorations, la liberté et la publicité de la défense, qui, sans rien ôter aux garanties de la répression, assurent au contraire, le triomphe de la vérité et sont la sauvegarde de l'innocence[4].

Au XIXe siècle donc, on exagère ou tempère la force de leurs usurpations mais on se plaît à regretter que les parlements n'aient pas borné

---

[3] Alexandre de Lameth, *Sur la vacance des parlements*, p. 3-4.

[4] *Discours sur le rôle des parlements comparé à la situation de la magistrature actuelle*, prononcé à la rentrée de la Cour impériale d'Aix par M. Saint-Luc-Courborieu, Aix, Impr. De Vitalis, 1854, 31 p, Paris, Bibliothèque Nationale, 8-LF112-21.

leurs actions afin de mieux laisser l'État conduire une mission providentielle et salutaire à la justice et aux hommes (voir une liste de ces sources
en annexe).

LE PARLEMENT SELON VOLTAIRE: LE PARANGON DU MAL ET LE PARADIGME
DES REMÈDES

Quoi qu'on dise sur les vertus de la création des conseils supérieurs,
sur la gratuité de la justice et la suppression de la vénalité par le chancelier Maupeou (1771), la réalité de l'enjeu était ailleurs. Si nombre d'historiens ont prétendu pendant longtemps que la réforme Maupeou aurait
pu éviter le pire au Royaume, c'est-à-dire une Révolution, les bienfaits
des engagements monarchiques en faveur d'une amélioration de l'administration judiciaire se sont enferrés dans un débat d'autorité aussi vieux
que les lois fondamentales et donc, si on nous permet cette expression,
ont mis la charrue avant les bœufs. Mais pouvait-il en être autrement?
Assurément non. Le dernier ouvrage en date qui aborde très brièvement
la question du Roi, de Voltaire et ses talents de pamphlétaire, n'échappe
pas à ce qui nous semble une impasse téléologique et donc suspecte.
F. Bluche, dans son *Louis XV*, parle du *ralliement* tardif de Voltaire et le
regrette. Citant les extraits de ses pamphlets légalistes et royalistes, il
n'est pas loin de faire du philosophe, le sauveur d'une nation en butte à
une horde de privilégiés sans vergogne: les parlementaires. Louis XV
«eut tort, écrit F. Bluche, contrairement à Catherine et à Frédéric, de ne
pas user d'un si étonnant porte-voix»[5]. Le grand historien de l'État et des
rois de France enfonce le clou d'une historiographie qui répète au lecteur
qu'il fallait en passer par là et tenter la chance de l'autorité contre l'orgueil, les ordres et les privilèges. Mais la réforme de la justice n'est
toujours pas en cause, l'historien préfère approuver Voltaire pamphlétaire: «Il n'y a sur le globe entier aucune cour de judicature qui ait jamais
tenté de partager la puissance souveraine»[6]. La solution d'éradication qui
ne va pas tarder à être popularisée, ne pouvait que séduire Voltaire et il
ne se priva pas, dans son style outrancier et souvent sans nuance, d'entrer
dans l'arène. A côté de cet aveuglement historique et de cette absence de
hauteur de vue, on ne peut qu'être frappé par la pertinence des hommes

---

[5] François Bluche, «Le ralliement de Voltaire», in: *Louis XV*, Paris, Perrin, 2000,
p. 177-180.
[6] *L'Equivoque*, cité dans F. Bluche, *Louis XV*, p. 179.

de loi dans leur appréciation du rôle et des motivations de Voltaire. C'est la Cour d'appel de Chambéry, dans son audience de rentrée du 16 septembre 1958 intitulée *Voltaire et les parlements*, qui pose le mieux la question, loin des polémiques franco-françaises, partiales et partisanes. Rendant hommage au combat de Voltaire pour la tolérance et une meilleure justice, Simon Quincarlet ne se méprend pas sur les véritables motifs d'une haine quasi fanatique et incontrôlée à l'encontre des parlements:

> Tout en remuant l'opinion en faveur de la famille Calas, il travaille à son traité de la Tolérance, mais lui-même reconnaît qu'il manque de modération; il écrit au pasteur Moultou: «Venez, mon cher Monsieur, m'éclairer et m'échauffer au [ou] plutôt me modérer car je vous avoue que l'horreur de l'arrêt de Toulouse m'a un peu allumé le sang et il faut être doux en prêchant la tolérance». Au même il écrit quelques jours plus tard: «Je vous assure que si on réforme comme je le crois l'abominable arrêt des assassins Wisigoths, en robe noire, ce sera pour nous une consolation bien touchante».
>
> Le 3 mai 1763, dans une lettre à Damilaville[7], il raille le Parlement de Toulouse et critique âprement le système en vigueur des preuves légales: «[…] Ces Wisigoths ont pour maxime que quatre quarts de preuve et huit huitièmes font deux preuves complètes et ils donnent à des ouï dire les noms de quart de preuve et de huitième. Les têtes des Hurons et des Topinambous sont mieux faites.»
>
> En réalité, cette affaire était plus la condamnation d'un système de procédure criminelle que celle des magistrats auxquels on ne peut reprocher que d'avoir partagé les préjugés de leur temps, accordé trop de crédit aux rumeurs d'une foule versatile et vu trop facilement dans un mensonge, explicable, une preuve de culpabilité[8].

Outre son intérêt très attentif porté aux parlements et aux parlementaires, que ce soit dans ses œuvres historiques (*Histoire du parlement de Paris*), poétiques (*La Henriade*) ou philosophiques (*Lettres philosophiques*), Voltaire s'est donc révélé d'une hostilité maladive et compulsive à leur égard. Les manifestations de cette haine féroce ont eu pour enjeu de très nombreux intérêts que cache mal le seul combat pour la tolérance. L'ironie de Voltaire s'est associée à la dérision et au rejet systématique en ce qui concerne le parlement; un parlement instrumentalisé à partir du coup d'État de Maupeou et ce jusqu'aux débuts de la Révolution française, instrumentalisé en tant qu'*alpha* et *oméga* des contestations et des

---

[7] Signalons que Simon Quincarlet se trompe: la lettre dont il s'agit (D11121) est du 23 mars [1763] et figure à cette date-là dès l'époque de l'édition de Kehl.

[8] Cour d'appel de Chambéry. Audience solennelle de rentrée du 16 septembre 1958. *Voltaire et les parlements*, discours prononcé par M. Simon Quincarlet, Chambéry, (24 p.), p. 11, et p. 12-13; Paris, Bibliothèque Nationale, 8-LF112-1871.

défenses de la monarchie, entre les *Anciens* et les *Modernes* et dont les champs d'actions et les frontières furent, on le sait, très lâches et disparates. Dans le débat politique des années précédant la Révolution, ce parlement devient pour toujours le symbole à la fois des abus et de l'orgueil de l'Ancien Régime; de ces années décisives à nos jours, les historiens à la suite des contemporains se sont tour à tour succédé dans la condamnation et le rejet tout autant que dans la défense et le regret[9].

L'une des raisons de cette cristallisation est à chercher dans le débat sur la tolérance et la justice qui, en dehors de toute maîtrise parfois, a su, en grande partie grâce à Voltaire, simplifier à l'extrême les argumentations. Ce discours pamphlétaire et épistolier a contribué selon nous, grâce à la célébrité, au talent et à l'action militante louable de Voltaire, dont nous sommes redevables aujourd'hui, à jeter le trouble sur la signification profonde de la crise que vivait le royaume au tournant des années 1770 et finalement à réduire un débat de fond, toujours d'actualité, à savoir les origines profondément enracinées des crises de l'État dans son fonctionnement même, de sa justice et de sa société.

DÉLIMITATION DU CORPUS

Dans la perspective de travaux plus larges courant des années 1771 à 1791 et particulièrement tournés vers la problématique que nous avons décrite, les pamphlets voltairiens concernant la période des parlements Maupeou sont réunis, entre autres[10], dans un recueil célèbre: le *Code des Français*[11]. Si l'activité quasi boulimique de Voltaire est bien

---

[9] Voir à ce sujet Frédéric Bidouze, «La représentation parlementaire dans les pamphlets (1771-1791): de la menace *révolutionnaire* à l'incarnation du despotisme contre-révolutionnaire», 57e Congrès du CIHAE, Paris, 6-9 septembre 2006. A paraître.

[10] Certains recueils sont même classés à la mention de son auteur, Voltaire, notamment les cotes de la Bibliothèque Nationale: P93/1802; LB38-1269: elles renferment les textes suivants attribués à Voltaire: *Les Peuples aux parlements*; *Lettre d'un jeune abbé*; *Avis important d'un gentilhomme à toute la noblesse du royaume*; *L'Equivoque*; *Sentiment des six conseils établis par le roi et de tous les bons citoyens*. Il se trouve que tous les textes cités sont en réalité sortis de la plume de Voltaire. Voir: Moland, t. 28, respectivement les p. 413-420, p. 381-383, p. 393-395, p. 421-424, p. 397-400, ou bien les toutes récentes éditions critiques procurées par Durand Echeverria, *OCV*, t. 73, p. 257-274, 251-255, 209-212, 275-282, 233-240.

[11] *Le Code des Français, ou Recueil de toutes les pièces intéressantes publiées en France, relativement aux troubles des parlements; avec des observations critiques et historiques, des pièces nouvelles et une table raisonnée*, Bruxelles, Flon, 1771, 2 vol. in-12, par (d'après Barbier) l'abbé Joseph-Honoré Rémy, Paris, Bibliothèque Nationale, LB38-1573.

connue (à la hauteur de son acharnement contre les «assassins du chevalier de La Barre») et qu'il se défende régulièrement dans sa correspondance d'être l'auteur de tel ou tel texte, nul doute que l'on reconnaisse ici ou là, par des indices que nous allons détailler, sa marque, son style et surtout sa stratégie. René Pomeau, dans son recueil de textes intitulé *Politique de Voltaire*, publie un très court pamphlet intitulé *L'Equivoque*; il souligne en effet que Voltaire «publia quelques opuscules en faveur de Maupeou et de sa réforme». «Certains, poursuit-il, furent, après correction, réédités par le chancelier lui-même. Il se peut que de toute la littérature polémique suscitée par cette affaire quelques pièces de l'auteur non identifiées soient aussi de Voltaire»[12]. En ce qui concerne la publication de *L'Equivoque*, il précise: «On s'accorde en tout cas à lui attribuer *L'Equivoque*, dont l'authenticité paraît établie par un certain nombre d'indices». Il n'est pas inintéressant de remarquer que ce texte est publié dans le chapitre concernant la justice; mais au fond, lorsqu'on croise régulièrement les textes concernant la réforme Maupeou, on est loin de se focaliser sur cette question[13]; c'est le plus souvent au débat d'autorité (qu'il sait si bien simplifier à l'extrême!), bien loin donc des combats de Voltaire pour la tolérance et une justice de proximité, plus juste et plus humaine. L'objet de notre enquête est de montrer à la fois comment Voltaire se démarque des autres et comment il s'y confond; la question de l'attribution apparaissant nous allons le voir, secondaire.

Nous conservons ce terme générique de pamphlet, en accord avec le tempérament dont il fait preuve; comme le souligne Pierre Dominique: «Un polémiste produit des pamphlets comme un prunier des prunes»[14], et cette définition colle bien à la pratique voltairienne en matière de parlements: alerte, répétitive et parfois grossière dans le style. Mais dans le cadre de la réforme Maupeou, Voltaire est pamphlétaire parce qu'il va à contre-courant (de la plupart de ses collègues s'entend), toujours sûr de la perception privilégiée qu'il a de sa vérité. C'est un combat d'idées qui est mené et Voltaire ne fait pas œuvre durable: la construction est

---

[12] René Pomeau, *Politique de Voltaire*, Paris, A. Colin, Coll. U, 2e édition 1970 (1963), p. 158-161.

[13] *Les Lettres américaines sur les parlements* soulignent: «Nous sommes, mon ami, dans un temps bien lucratif pour les imprimeurs, libraires et colporteurs. C'est un déluge de remontrances, d'arrêts, d'arrêtés, de vers, d'écrits de toutes les couleurs: il en pleut de toutes parts», Lettre VII, 1770 (3 décembre) et 1771 (5 avril), Paris, Bibliothèque Nationale, 8-LB38-1166.

[14] Pierre Dominique, *Les Polémistes français depuis 1789*, Paris, La Colombe, 1964, p. 9.

aléatoire bien souvent; comme le remarque Marc Angenot: «le polémiste dépense ses dons au lieu de les investir dans une œuvre durable»[15].

Le Discours préliminaire du *Code des Français* nous a permis de regrouper les textes attribués à l'époque à Voltaire mais également de cerner les intentions pédagogiques destinées au lecteur. Le recueil annonce qu'il «était essentiel à la justification du roi, de ses ministres, de son Conseil d'Etat, et de tous ceux qui ont coopéré dans une révolution trop mémorable, il peut encore servir à l'histoire de notre âge; ceux qui voudront s'occuper de la législation française, trouveront parmi ces matériaux des vues nouvelles, des difficultés à résoudre, et même des questions traitées avec profondeur»[16]. Après avoir justifié le tri des textes publiés pour diverses raisons (répétitions, style trop grossier, atteintes aux bonnes mœurs, etc.), le discours se félicite d'avoir «conservé de même, mais par des motifs bien différents, *La lettre d'un jeune abbé, l'extrait d'une lettre en date de Londres, les Raisons pour désirer une réforme dans l'administration de la justice, la Folie de bien des gens dans les affaires présentes, et l'Avis important d'un gentilhomme à la noblesse du royaume*, pièces attribuées à M. de Voltaire. Tout ce qui sort de la plume de ce grand homme doit toujours intéresser le public et l'étonner souvent»[17]. Remarquons que *L'Equivoque*, pourtant incluse dans le Recueil, n'est pas mentionnée comme étant de Voltaire; cela rend bien illusoire la question de l'authenticité mais pas moins passionnante la recherche des indices. Le texte, très souvent cité intitulé *Les Peuples aux parlements* que l'abbé Rémy n'attribue pas à Voltaire parachève cet ensemble. Nous avons inclu, à titre de comparaison mais également de pistes contextuelles, quelques autres textes et en particulier un conte «voltairien» intitulé le *Songe d'un jeune parisien*, savoureux et qui avec brio, verve et comique s'apparente mieux au talent prodigue du patriarche de Ferney.

LE CHAMP NOTIONNEL DES PAMPHLETS ANTI-PARLEMENTAIRES (1771)

Si Voltaire n'est que la figure de proue du discours royal des années 1760-1770, il en est le porte-parole littéraire et philosophique; l'immense

---

[15] Marc Angenot, *La Parole pamphlétaire, Contribution à la typologie des discours modernes*, Paris, Payot, 1982, p. 24.

[16] *Le Code des Français*, t. 1, p. vi.

[17] *Le Code des Français*, t. 1, p. xvi. Faisons remarquer ici que, dans cette liste, seuls *Les Peuples aux parlements* et *L'Avis important d'un gentilhomme à la noblesse du royaume* sont de Voltaire.

corpus des pamphlets de cette époque, dont de nombreux exemplaires seront remaniés ou republiés *in extenso* à la fin des années 1780, reste à étudier sur le plan rhétorique et discursif. D'une manière générale, c'est le débat d'autorité qui est en cause. Parmi les plus cités, nous avons retenu quatre pamphlets qui nous semblent représentatifs du discours commun: *La Tête leur tourne*, *Lettres américaines sur les parlements*, *Réflexions nationales* et *Remontrances d'un citoyen*.

Les traits essentiels de ces textes sont globalement de rejeter toute velléité de contestation du pouvoir royal, et parfois même bien au-delà des seuls parlementaires. Le pamphlet intitulé *La tête leur tourne* frappe dès le début par sa détestation de tout se qui peut saper «les fondements de l'autorité»:

> Nul homme n'est parfaitement sage ici-bas, ni le janséniste qui écrit des feuilles prétendues ecclésiastiques, ni le philosophe qui frappe les fondements de l'autorité, ni le Commissaire qui rédige des remontrances. Souvent, la tête leur tourne à tous les trois par fanatisme, par système et par intérêt. Le janséniste veut que tout soit efficace, jusqu'à sa gazette; le philosophe, que tout soit libre; et le rédacteur de remontrances, que douze ne fassent qu'un (en note: Système de l'UNITE des parlements imaginé pour l'intérêt personnel des magistrats, et fondé sur des équivoques frivoles. Voyez les lettres du parlement de Rouen, du 18 février). Que répondre à ces discoureurs de cette espèce? Je ne me lasserai point de vous le répéter, mon ami, la tête leur tourne: cependant, prenez-y garde; c'est une maladie contagieuse en France[18].

Le procédé est connu, il consiste à généraliser les conséquences fâcheuses «des contestations entre la cour et les parlements» pour évoquer ce vent funeste de la liberté de parole. Tous les modèles s'y référant de près ou de loin sont bons à citer pour rejeter le moindre risque de division afin que la souveraineté soit une, y compris l'Angleterre et son régime si couramment vanté:

> Jetez les yeux sur l'Angleterre, partisans des gouvernements mixtes, et approfondissez la situation présente. Vous y verrez un *Wilkes* se jouer insolemment de tous les ordres de l'État, violer toutes les lois en invoquant la liberté, s'opposer aux levées ordonnées pour la défense de la nation, absoudre et élargir, de son autorité privée, des séditieux, des calomniateurs publics, et balancer lui seul tous les pouvoirs réunis. Demandez à la Pologne, devenue le théâtre éternel des dissensions et de fureurs, quels fruits elle a tirés de ses *pacta conventa*[19].

---

[18] *Le Code des Français*, t. 2, *La Tête leur tourne*, p. 116.
[19] *La Tête leur tourne*, p. 129-130.

Le rejet du modèle anglais et de l'un des plus célèbres défenseurs de la liberté de la presse anglaise (John Wilkes, 1727-1797), rejoint d'ailleurs dans le discours celui des remontrances, ennuyeuses, répétitives sur lesquelles Voltaire a toujours insisté, nous le verrons. Mais ici, l'opposition parlementaire et la liberté de ton sont un germe de révolution digne de celle d'Angleterre. *Les Lettres américaines sur les parlements* déclarent que:

> Tous les bons citoyens désirent que le gouvernement soutienne un coup d'éclat absolument nécessaire. Depuis vingt ans les parlements nous inondent d'arrêts, d'arrêtés et de remontrances, pour nous persuader que Londres est à Paris; que nous ne sommes plus français; que nous devons détester la monarchie; qu'ils sont faits pour être nos législateurs et nos maîtres. Il est temps que cet absurde système rentre dans les ténèbres d'où quelques esprits ennemis de la nation, l'ont tiré, et qu'ils ont caché sous le manteau du bien public[20].

Cette association pour le moins inattendue entre le bavardage des parlements français et la liberté d'expression qui s'épanouit en Angleterre, a pu avoir des effets pervers. Elle montre en tout cas que la défense des réformes du roi pouvait rejeter les parlements dans le camp hostile à l'ordre monarchique; ce discours pouvait du même coup renforcer dans l'opinion, l'idée que les parlements étaient les représentants de la nation et balayer *a contrario* l'accusation classique sous forme de moquerie imparable, que le parlement français n'était point le Parlement anglais. Cette rhétorique dangereuse rejoint d'ailleurs certains textes antérieurs opposés à l'anglomanisme; *L'Anti-anglais*, de M. de Montbron écrivait dès 1762 que la liberté anglaise était nuisible à l'ordre et donc un modèle à bannir:

> Personne ne révoque en doute que la liberté ne soit de tous les biens humains le plus précieux dont on puisse jouir: mais elle doit avoir ses bornes, sans quoi elle dégénère bientôt en licence, et les désordres affreux qui l'accompagnent nécessairement sont mille fois plus funestes au bonheur commun, que ne sauraient être les suites du plus odieux esclavage. Avouons-le, s'il est en Angleterre une liberté, elle n'existe que pour la canaille. Il semble que les lois du royaume aient toutes été faites en sa faveur. On pourrait dire même que le bas peuple à Londres est au-dessus de la loi par l'abus continuel qu'il en fait. Ne soyons donc pas surpris que les façons grossières et sauvages règnent si généralement dans un pays où l'excrément des humains a tant de prérogatives et où les honnêtes gens en ont si peu. Dès que les petits donneront le ton et seront les plus forts, leurs mœurs seront les mœurs dominantes, et la rusticité percera jusqu'au plus haut rang. En France et partout

---

[20] *Lettres américaines*, Lettre V, 25 janvier 1771; Paris, Bibliothèque Nationale, 8-LB38-1166, p. 19.

ailleurs, il est rare qu'un homme de qualité ne paraisse pas ce qu'il est: son extérieur le décèle presque toujours. En Angleterre rien n'est plus difficile que de s'y méprendre. Souvent le lord et le rustre ne diffèrent que par la naissance[21].

Non seulement les parlements sont assimilés au modèle anglais dans tout ce qu'il défie l'ordre monarchique et dans tout ce qu'il favorise l'anarchie, mais ils peuvent en l'occurrence être le cheval de Troie des philosophes. Les *Réflexions nationales* parlent de la «fièvre philosophique qui se mêle sourdement au fanatisme parlementaire»[22]. Germe de guerre civile, la résistance parlementaire peut prendre pour exemple «Le Socrate du nord» que les philosophes révèrent. Reculerait-il devant les barrières que l'orgueil oserait élever contre son pouvoir?[23] Cet amalgame en forme de dévoilement des contradictions du parti philosophique est le point d'orgue du discours royal auquel ne s'associe jamais Voltaire. Le pamphlet se poursuit comme un démenti apparent de la profession de foi voltairienne:

> Lorsqu'on se sent appelé au grand ministère de la vérité, il faut la dire au monde entier; il faut la répandre avec tout l'éclat de son tonnerre; et si on se permet de flatter un prince despote, on perd le droit de raisonner contre un prince absolu[24].

Toutefois, ces pamphlets rejoignent les définitions de «tyrannie» que l'on retrouve dans le *Dictionnaire philosophique* dans une même logique d'identifier le mal dans l'autorité de plusieurs:

> Sous quelle tyrannie aimeriez-vous mieux vivre? Sous aucune; mais s'il fallait choisir, je détesterais moins la tyrannie d'un seul que celle de plusieurs[25].

Ou encore dans *La Folie de bien des gens ordinaires*: «Français, éclairez-vous. Il vaut mieux un maître que deux mille»[26].

Les *Réflexions Nationales* terminent par un vœu pieux que le pouvoir royal et Voltaire souhaiteraient voir en vain adopté par l'opinion:

> Sire, nous ne protesterons point avec les princes de sang, contre vos volontés souveraines; nous ne contesterons point avec les ministres de

---

[21] M. de Montbron, *L'Anti-Anglais*, Glasgow, 1762, 58 p.; Paris, Bibliothèque Nationale, 8-LB38-882. p. 45-46.

[22] *Code des Français*, t. 2, *Réflexions nationales*, p. 104

[23] *Code des Français*, t. 2, *Réflexions nationales*, p. 104

[24] *Code des Français*, t. 2, *Réflexions nationales*, p. 105.

[25] *Dictionnaire philosophique*, éd. sous la direction de Christiane Mervaud, article «Tyrannie», *OCV*, t. 36, p. 579.

[26] *Code des Français*, *La Folie de bien des gens ordinaires*, p. 40.

votre justice, la plénitude de votre puissance; nos biens, nos possessions, notre vie, tout est à vous; nos cœurs vous en renouvelle l'hommage; mais, SIRE, vous êtes le père aussi bien que le roi de ce peuple généreux, son bonheur est nécessaire au vôtre; ses inquiétudes, ses craintes et ses larmes ont déchiré votre cœur sensible et compatissant; vous pouvez seul en tarir la source, et nous arracher à la langueur et au découragement. Que le règne de la bonté soit aussi le règne de l'économie, et qu'une sage administration continue à réparer les désordres qu'ont produit les malheurs de la guerre, et les vaines prodigalités d'un ministre qui a trompé votre bienfaisance par l'excès même de vos bienfaits. Nous serons alors le peuple le plus soumis, parce que nous serons le plus heureux; et notre reconnaissance vengera cette autorité dont le maintien assure notre repos, et dont l'exercice fera notre bonheur et notre gloire[27].

La référence à Choiseul est symptomatique d'amalgames opportunistes; Choiseul, l'ennemi de Maupeou et l'ami de Voltaire; Maupeou, le saint ministre sur terre selon Voltaire et le rival de Choiseul.

Un des pamphlets les mieux construits et le plus intéressants s'intitule *Très humbles remontrances d'un citoyen aux parlements de France*; nourri des mêmes arguments, il bâtit son discours sur ce qu'il appelle la dénonciation d'un projet «de rendre la nation jalouse et inquiète» qui conduit les parlements à faire des Français un peuple de rois, de s'assimiler à une puissance étrangère en transportant aux pieds du trône toutes les productions du germe anglican:

L'indépendance élève mille voix, et la soumission n'en a pas une. Toute la France se tait, le mal est donc bien profond. Voilà ce qu'ont produit quinze ans d'audace et de témérité, d'une part, et de l'autre, quinze ans d'irrésolution et de tolérance[28].

Rendons-nous à l'évidence, sans que la paternité de Voltaire soit systématique (il a d'ailleurs lui-même grandement contribué à ce flou éditorial: toute croisade de ce genre laisse des sacrifiés sur le bord du chemin, en l'occurrence ici la liberté de parole et le modèle anglais). C'est donc sans conteste le débat d'autorité qui est en cause; un débat d'autorité qui agite le spectre d'une nation au-dessus du roi, *via* les parlements (on cite fréquemment les remontrances de la Cour des Aides[29]), dont le peuple est la

---

[27] *Code des Français*, t. 2, *Réflexions nationales*, p. 114-115.

[28] *Code des Français*, t. 2, *Remontrances d'un citoyen aux parlements de France*, p. 28

[29] «Je vous avoue, Nos Seigneurs, que sous ce point de vue nouveau, votre origine m'embarrasse; c'est votre secret, et je le respecte. Vous vous sentez probablement indépendants. Quoi qu'il en soit, *le débat d'autorité*, n'est que trop certain: vous reconnaissez de bonne foi que *le peuple en est la victime*, et vous vous vantez cependant d'être ses protecteurs nécessaires (remontrances de la cour des aides)», *Code des Français*, t. 2, *Remontrances d'un citoyen aux parlements de France*, p. 35.

victime. Mais comme toujours lorsqu'il s'agit de forcer le trait, la rhétorique de ces pamphlets entraîne des effets pervers qui, tel le fantôme de
l'union des classes[30], transforment bien malgré eux les parlements en chan-
tres de l'alternative anglaise. Ainsi par exemple, de nombreux libelles
comme *l'Observateur anglais*, loin d'être partisans aveugles des parlements, estiment qu'ils n'en font pas assez et qu'ils cèdent facilement face
au pouvoir royal: «Au lieu d'envoyer leurs démissions à la fois ou de
rester les Chambres assemblées, d'intercepter tout le cours de la justice,
d'un bout du royaume à l'autre et, par cette calamité générale, de frapper
les peuples d'une terreur salutaire, d'exciter leurs réclamations respectueu-
ses, d'inviter les Grands à les seconder et d'inspirer au Roi le désir de les
entendre et d'instruire sa religion surprise, ils se réduisirent à de nouvelles
remontrances que le roi ne lut pas plus que les précédentes, qui ne parurent
dans le public, que comme des écrits ténébreux et criminels»[31].

La justice, la vénalité, l'enrichissement et la corruption de la magistrature
sont rarement en cause, ou du moins peu développés. Parmi l'échantillon
que nous venons de présenter, seules les *Lettres américaines* approchent
vraiment la question de l'administration de la justice en stigmatisant les
juges qui «ne veulent être jugés» que par eux-mêmes, en l'occurrence par
les autres parlements; «on veut nous persuader qu'un coupable ne pouvait
être jugé que par son complice» […]… Dans quelque délit qu'ils puissent
tomber, ils ne veulent être jugés que par eux-mêmes. Je vous demande si
un tel principe ne tend pas visiblement à autoriser les complots les plus
funestes à l'autorité royale, aux droits de la nation, au salut de l'Etat[32].

La justice, c'est bien avant tout l'affaire du maître de Ferney.

LE DISCOURS TÉLÉOLOGIQUE ET ENTHYMÉMATIQUE DE VOLTAIRE

Marc Angenot appelle enthymème «tout énoncé qui, portant sur un sujet
quelconque (ici l'édit de décembre 1770 et plus largement le débat
d'autorité qui dure depuis le milieu des années 1750), pose un jugement,

---

[30] L'union des classes, malgré l'influence de Le Paige et les innombrables reprises de
ses thèses dans les remontrances des parlements, n'a pas eu de réalité concrète à la hauteur
du spectre que brandissait le pouvoir royal. Jean Egret a eu raison de cette fiction et nous
avons contribué à cette affirmation en analysant la stratégie du parlement de Navarre. Voir,
Frédéric Bidouze, «L'union des classes: doctrine et réalités», in: *Les Parlements de province, Toulouse*, 3-5 novembre 1994, Framespa, 1996, p. 755-776.

[31] *L'Observateur anglais ou correspondance secrète entre Milord All'eye et Milord
All'ear*, Londres, 1777-1778, t. 1, p. 143.

[32] *Lettres américaines*, Paris, le 20 mars 1771, Lettre X, p. 36-37.

c'est-à-dire opère une mise en relation d'un phénomène avec un ensemble conceptuel qui l'intègre ou le détermine»[33]. Voltaire énonce de manière lacunaire et parfois contradictoire avec les discours que nous venons de présenter, le débat d'autorité pour le mettre en rapport avec le phénomène particulier d'une justice inique. Derrière la promotion du Conseil d'Etat et l'abaissement des parlements, le pamphlet *Les Peuples aux parlements* scande comme un refrain: «Juges suprêmes, jugez les justices!». Le début de *L'Equivoque* n'y manque pas non plus: «Vous êtes chargés de rendre la justice aux peuples, commencez par la rendre à vous-même»[34].

Ce même pamphlet célèbre débute par la stigmatisation inlassablement reprise par les détracteurs des parlements de France:

> Organes respectables des lois, créés pour les suivre et non pour les faire, écoutez le roi, et daignez aussi écouter les peuples.
> Si la nation anglaise dispute aujourd'hui ses droits aux Etats généraux d'Angleterre appelés Parlement, permettez-nous de représenter les nôtres, à vous tribunaux nommés parlements, qui n'êtes point les Etats[35].

Le modèle anglais est plus ou moins malmené, et ce sont les parlements de France qui rendent impossible une éventuelle conversion du royaume. En même temps, Voltaire, dans un pamphlet qui lui est attribué, évoque le parlement de Paris qui tend «à introduire l'anglicisme en France, c'est-à-dire qu'il tendait à devenir plus maître que le roi»[36]. L'*Extrait d'une lettre en date de Londres*[37], n'en dit pas moins, constatant que les Français sont «devenus un peuple de tristes raisonneurs»; c'est – il nous semble – la limite d'un discours voltairien sur les parlements; d'autres et/ou lui-même se chargent de stigmatiser la liberté de parole tout en dénonçant les parlements en risquant d'en faire les martyrs d'une juste cause (ce qui fut le cas).

L'égoïsme parlementaire en matière d'impôt se veut, quant à lui, plus efficace en matière de propagande et est demeuré jusqu'à aujourd'hui le point d'orgue des observations critiques:

> La multiplicité des remontrances de vos différentes cours de parlement ou autres, en opposition à ça que votre roi ou son Conseil demandaient.
> Il est vrai que nous nous sommes aperçus que ces remontrances glis-

---

[33] Marc Angenot, *La Parole pamphlétaire, Contribution à la typologie des discours modernes*, Paris, Payot, 1982, p. 31.

[34] *Le Code des Français*, t. 2, *L'Equivoque*, p. 85.

[35] *Les Peuples aux parlements*, Bibliothèque Nationale de France, LB38-1269, p. 1.

[36] *La Folie des gens dans les affaires du temps*, p. 31. Signalons, pour éviter toute équivoque, que le texte n'est pas de Voltaire.

[37] Bien qu'empreint d'accents bien voltairiens, ce texte non plus n'est pas de Voltaire.

saient sur toutes les représentations d'impôts nouveaux, ou même, n'en parlaient pas du tout, parce que vos magistrats y trouvaient leur bénéfice personnel et qu'ils étaient les premiers à partager le gâteau, comme on dit; leurs remontrances ne parlent pas davantage des besoins des peuples, de la cherté du pain ou d'autres denrées dont il était nécessaire de fixer le prix[38].

Après un bref examen historique des droits et surtout des devoirs des parlements, l'auteur en vient très vite à la justice, la mauvaise justice rendue non pas par la voie d'une analyse détaillée de la jurisprudence, mais par le truchement de l'unité de vue contre «l'esprit de parti qui divisera toujours les hommes» et qui s'est glissé jusque dans les tribunaux les plus éclairés et les plus équitables. Et d'énumérer les divisions internes des parlements de Rennes, d'Aix à propos de l'affaire Girard/Cadière, de Toulouse à propos de Calas, de Martin[39], de Lally, du chevalier de la Barre.

Il justifie ainsi pêle-mêle:

non seulement la création des Six conseils supérieurs par le trop vaste ressort du parlement de Paris (dont Voltaire fut lui-même victime dans sa seigneurie de Ferney)[40]:

Jouissons avec reconnaissance du droit qu'on nous donne de faire rendre la justice dans nos terres aux dépens du roi. Rendons grâce aux six conseils établis qui préviennent la ruine de six cents familles qu'on traînait auparavant de cent lieues, et même de cent cinquante, aux pieds d'un tribunal ignorant de leurs coutumes.

mais aussi le Conseil d'Etat:

Faut-il rappeler ici l'horrible événement des Calas? Les yeux des juges, si clairvoyants d'ailleurs, furent fascinés par les emportements d'une populace aveugle, par l'appareil d'un catafalque qu'éleva le zèle le plus imprudent, par cette fureur religieuse qui allait jusqu'à invoquer

---

[38] *Code des Français*, t. 2, *Extrait d'une lettre en date de Londres*, p. 50-51.

[39] Voir, dans le présent volume, la contribution d'Hervé Piant, «Voltaire, la justice et l'opinion publique: autour de l'étrange affaire Martin.»

[40] Le thème de la «proximité» entre la justice et les justiciables est récurrent dans la correspondance. Voltaire, soutenant le chancelier, se félicite par exemple: «Est-il bien vrai qu'on va restreindre le ressort du parlement de Paris à l'Ile de France? Ce pourrait être un grand bien; il est bien cruel de se ruiner pour aller plaider en dernier ressort à plus de cent lieues de chez soi» (D17014, du 13 février [1771] à d'Alembert); «N'était-il pas horrible, écrit-il le 25 février 1771, d'être obligé de s'aller ruiner en dernier ressort à cent lieues de chez soi, devant un tribunal qui n'entend rien au commerce, et qui ne sait pas comment on file la soie?» (D17041 à de Veymerange).

comme un martyr un malheureux mélancolique mort de sa propre main. Tout le parlement de Toulouse n'est pas détrompé encore. Plaignons la faiblesse humaine qui tombe si aisément dans l'erreur, et qui en sort si difficilement. La veuve de l'innocent Calas se traîne à Paris avec ses filles éplorées; tout le Conseil d'Etat s'assemble pour juger la justice. Il me semble que je vois encore la plus jeune des filles s'évanouir à la porte du Conseil; on la secourt, on lui dit revenez à vous, voilà Monsieur le duc de Choiseul qui arrive.

Sans compter l'omniprésence d'une rhétorique au service d'une glorieuse histoire, celle du triomphe des grands rois et des grands ministres. On remarque aisément les traits communs à *La Henriade* ou à ses divers ouvrages ayant trait à l'histoire de France, lorsqu'il célèbre Henri IV ou Michel de l'Hospital. Dans l'*Avis important d'un gentilhomme à toute la noblesse du royaume*: «Le parlement de Paris a dit au roi, dans un de ses arrêtés, que *le roi lui devait sa couronne*. Nous avions pensé jusqu'ici que nous l'avions soutenue de nos mains et arrosé de notre sang, sous les yeux du grand Henri IV, avec qui nous combattîmes, et à qui le parlement de Paris refusa l'argent pour reprendre Amiens. *Je vais me faire donner un coup de pistolet dans la tête*, leur dit ce grand homme, *et vous verrez ce que c'est d'avoir perdu votre roi*»[41]. Dans les *Raisons pour désirer une réforme dans l'administration de la justice*: «Dans l'Assemblée des Grands du royaume et des principaux magistrats convoqués à Moulins en 1566, le chancelier de l'Hospital disait au nom du roi: «Sa Majesté ne peut souffrir que ceux qui n'ont que le droit de publier les lois, s'arrogent celui de les interpréter». Que dirait-il aujourd'hui? Il proposa dans la même assemblée, de donner des gages honorables aux juges, et de leur défendre de prendre ni épices, ni vacations, ni présents. Il aurait désiré que les juges ne fussent que trois ans dans chaque parlement; et qu'avant d'en sortir, ils rendissent compte de leur conduite devant les censeurs». Ce grand homme craignait que la puissance de décider de la fortune, de la vie, de l'honneur des citoyens, ne rendit un citoyen formidable aux autres, s'il en était revêtu toute sa vie, sur les mêmes personnes, et avec une entière indépendance»[42].

Voltaire est donc dans un rôle qu'il affectionne, celui de thuriféraire de la réforme Maupeou, que l'on retrouve de manière plus désordonnée, répétitive, dans sa correspondance. Cette célébration rejoint son combat d'autant plus facilement que la réhabilitation spectaculaire de Calas puis

---

[41] *Code des Français*, t. 2, p. 44.
[42] *Code des Français*, t. 2, p. 15-16.

de Lally, voire la triste affaire Martin lui permettent de faire du *pathos* à bon compte et «de prendre en main la cause des innocents» tandis qu'une jurisprudence affreuse laissait le malheureux sans défenseur!

LE SANG INNOCENT DOIT ÊTRE VENGÉ

Parmi les affaires susceptibles de sensibiliser les lecteurs, en voici une méconnue, celle d'un laboureur nommé Martin qui fut accusé d'avoir assassiné un homme pour lui dérober son argent. Voltaire s'y était intéressé dès le 15 août 1769 (Best.D.15824). Elle est construite de manière à énumérer les griefs désormais classiques à l'encontre des parlements; tout y est: incurie des juges de provinces, éloignement des justiciables dans des ressorts trop vastes, tableau misérabiliste et apitoiement sur une famille pauvre et sans moyen de se défendre. Nous la reproduisons ci-dessous:

> Dans la partie du Barois ressortissante au parlement de Paris, un homme qui avait quelque argent sur lui est assassiné sur le grand che-min; un passant voit le coup et s'écarte. Le juge se transporte sur le lieu. C'était un endroit sablonneux. On trouve des traces de souliers qui conduisent à la maison d'un laboureur nommé Martin. On l'arrête, on le confronte avec le passant qui a été témoin du meurtre. Ce témoin le regarde, ce n'est pas lui, dit-il, je ne le reconnais pas. Dieu soit loué s'écrie le bon vieillard en voilà un qui ne m'a pas reconnu.
> Le juge qui se croit grand criminaliste et qui veut se faire valoir, conclue que ces paroles signifient, j'ai fait le crime, mais me voilà sauvé: on ne me reconnaît pas.
> Sur cet étrange raisonnement digne d'un commentateur, et sur les tra-ces d'un soulier, le juge convaincu qu'il a tout découvert, n'examine rien. Il ne recherche point si l'argent volé se trouve dans la maison de l'accusé: il n'interroge ni la femme, ni aucun de ses sept enfants, ni une foule de voisins qui auraient tous rendu témoignage de l'innocence de ses mœurs. Il condamne ce vieillard à mourir sur la roue, après avoir été préalablement appliqué à la torture. Son bien est confisqué au profit du roi, comme si le roi avait besoin de la substance de cette famille. On envoie ce malheureux chargé de fers à la conciergerie de Paris.
> La Tournelle, surchargée de procès et trop occupée parce que son res-sort était beaucoup trop vaste, confirme l'inique sentence avec une précipitation trop ordinaire. Le malheureux était sans défenseur, point d'avocat chargé de consoler les prisonniers, et de prendre en main la cause des innocents (jurisprudence affreuse!) et vous remarquerez que le voyage de Bar à Paris et de Paris à Bar, l'instruction, l'exécution, coûtent plus que les appointements d'un conseiller aux nouveaux

conseils souverains. Le condamné est brisé dans les tortures, rompu vif, et meurt sur la roue en demandant au ciel une vengeance qu'on n'obtient pas. Sa femme meurt désespérée, les enfants dispersés demandent l'aumône dans d'autres provinces.

Quelques temps après l'exécution, le voleur meurtrier est condamné prévôtalement pour d'autres crimes, il avoue qu'il est coupable de celui pour lequel l'innocent a péri.

On mande cette aventure horrible à un solitaire, on lui envoie les pièces probantes. Il écrit à un conseiller au parlement de Paris né avec une belle âme, et qui était dans cette (sic) heureux âge de la jeunesse où le cœur s'ouvre à la sensibilité et à la compassion. Ce magistrat court au greffe criminel. Il trouve après de longues recherches un extrait de l'arrêt sur un papier de minute. On promet de réhabiliter la mémoire du mort; inutile cérémonie qui ne rend pas du pain à une famille vagabonde, transplantée avec sa honte en Hongrie parmi tant d'autres famille lorraines! Cependant cette vaine formalité même est oubliée. Le torrent des affaires entraînait bientôt ailleurs tous les esprits, et la folie d'entacher les vivants fit négliger ce qu'on devait aux morts[43].

Voltaire aurait tort de s'en priver: seul le motive l'exemplarité de ses affaires pour s'attaquer aux magistrats et s'en remettre à la bonté d'un roi juste et éclairé tout en prenant à témoin l'Europe entière, notamment quand il cite l'affaire du chevalier de La Barre:

[...] L'Europe en frémit depuis Moscou jusqu'à Rome. Il serait devenu un des meilleurs officiers de nos armées. Son âme héroïque n'avait eu qu'un égarement passager. Qui le croirait! Il est mort comme Socrate, il aurait vécu comme lui.

Est-ce ainsi qu'on doit prodiguer le sang de la noblesse et de la jeunesse! L'autre échappe par la fuite, et sert avec autant de distinction et de sagesse sous un roi philosophe et victorieux qui connaît son mérite. Juges suprêmes jugez les justices.

Nous pourrions étaler aux yeux des peuples effrayés, trente exemples de jugements atroces, et de sang ainsi répandu qui crient vengeance. Nous pourrions faire voir combien il est nécessaire qu'aucun citoyen ne soit mis à mort sans que les motifs de sa condamnation soient envoyés au chef de la justice, ainsi qu'il se pratique chez les nations les plus policées de l'Orient et de l'Occident. Nous pourrions tristement démontrer combien nous sommes encore barbares dans le sein de la politesse et des plaisirs. Nous pourrions crier que notre réforme doit être encore réformée par Louis XV. On nous fait espérer qu'elle le sera. Attendons ce nouveau bienfait[44].

---

[43] *Code des Français*, t. 2, [le texte reproduit est celui des] *Peuples aux parlements*, p. 7-8.

[44] *Code des Français*, t. 2, [le tete reproduit est celui des] *Peuples aux parlements*, p. 9.

Mêlés ainsi à d'autres pamphlets, ceux attribués à Voltaire se joignent gaiement à la fête et se distinguent par l'acharnement visible contre les parlements, incarnation du despotisme et de l'injustice.

Il reste à évoquer les pamphlets comiques, ironiques et très piquants sur un plan purement narratif, mais qui portent un coup facile à un corps souvent raillé, souvent moqué mais combien puissant, tout en servant la cause du roi-maître.

Il y a dans ce recueil un conte, très «voltairien», qui remplit à sa mesure le projet de cette propagande manichéenne: il s'agit d'un texte intitulé *Songe d'un jeune parisien*[45]. Il peint la magistrature des anciens parlements de manière caricaturale tout en faisant la promotion des nouveaux conseillers, probes, vigilants et honnêtes et pourtant à cette époque moqués et ridiculisés par les pamphlets adverses et la majorité de l'opinion. Dans ce *Songe*, sont énumérés les principes d'une profession de foi en faveur de la destruction des parlements, mais il se dégage plus généralement une synthèse de tous les griefs, de toutes les haines et de toutes les condamnations, qui va bien au-delà de la stratégie purement voltairienne. Elle rend compte des croyances courante de l'opinion tout en menant un travail de sape.

Nous en livrons ici quelques extraits dans lesquels on apprend tour à tour que faute de talent et fort d'un héritage, un jeune homme entre dans la carrière parlementaire; encouragé par un vieux conseiller qui passe ses journées dans un «bureau d'esprit», il espère s'enrichir en trompant le peuple et en supplantant l'autorité royale. Le modèle anglais est pris pour cible comme l'exemple suivi à la lettre par les anciens magistrats pour dominer et corrompre au nom du Roi et au détriment du peuple (plutôt la tyrannie d'un seul contre celle de plusieurs?). Seul, un mauvais rêve (prémonitoire?) le fait revenir dans le droit chemin et intégrer la vraie magistrature au service du Roi et du peuple: le parlement Maupeou:

> Un jeune parisien qui perd son père et reçoit en héritage deux cent mille écus et se dit: il faut faire quelque chose. Apparemment il choisit le métier de parlementaire [...] Je me persuadais que, pour figurer avec éclat, il fallait du savoir, et je n'étais pas dans la disposition d'étudier. Je cherchai à fixer à cet égard mes incertitudes, et le hasard m'en procura les moyens.
> J'allais habituellement chez une femme qui tenait ce qu'on appelle Bureau d'esprit, dans une des ces maisons où l'on voit des gens de tout âge et de toute condition, et par conséquent des ridicules de toute

---

[45] *Code des Français*, t. 2, *Songe d'un jeune parisien*, p. 330-361.

espèce; où les vieillards oubliant qu'ils sont trop heureux d'exister encore, affectent des airs étourdis, et où les jeunes gens vont de bonne heure dépouiller cette timidité modeste qui leur sied si bien, pour y substituer un maintien libre et un ton tranchant, sans lequel on ne réussit plus dans le monde. J'y voyais quelquefois un vieux conseiller de Grand'Chambre, dont l'avarice avait endurci l'âme, qui depuis quarante ans entendait, sans être ému, les profonds gémissements des opprimés, et dont l'œil regardait avec sècheresse, couler les larmes de l'innocence. Je lui fis part, un jour que je l'y rencontrai, du dessein que j'avais formé, et le priai de me donner des conseils. Son front se dérida tout à coup, comme celui d'un chef de secte qui vient de faire un prosélyte: une joie douce se répandit sur toute sa physionomie, et il me pria de le venir voir le lendemain matin.

[…] Les parlements ont été établis successivement par plusieurs de nos rois pour administrer la justice. C'est une vérité que nous voudrions bien nous dissimuler; mais semblables à ces enfants illégitimes qui tâchent à force d'opulence et d'audace, de cacher le vice de leur naissance, nous avons profité des circonstances qui nous ont été favorables, et par nos déclamations constantes, en exagérant sans cesse l'antiquité de notre origine, et par les apparences simulées du zèle que nous nous sommes empressés de faire valoir, nous avons réussi à aveugler la multitude, et à forcer en quelque façon la confiance. Figurez-vous toute la haute considération qui doit rejaillir sur des compagnies qui, en faisant toujours retentir aux oreilles des peuples le mot de liberté, sont sans cesse pour ainsi dire, en guerre ouverte avec le monarque, et dont les membres se reproduisant perpétuellement, puisent dans les registres d'existence éternelle, des principes qu'ils mettent tout en usage pour accréditer.

[…] Ah bon lui dis-je sur le champ. Vous me faites plaisir de me citer l'Angleterre: ce pays où il y a de si fiers chevaux, doit être un modèle d'administration; et puisque nous en avons déjà pris les habits et les voitures, peut-être que bientôt nous en adopterons aussi les combats de coqs et la constitution… Nous l'espérons, me répondit-il, et nous faisons tout ce que nous pouvons pour cela. En Angleterre, la chambre basse est la route des honneurs, des distinctions, de la fortune. Un député qui a de l'effronterie et de la facilité à parler, intrigue, cabale, crie contre l'autorité: le gouvernement le recherche; il trafique alors de sa personne, il se fait payer bien cher, et on l'élève aux premières places, sinon la faveur du peuple n'est pas longtemps à le venger des négligences de la Cour. Si, heureusement pour lui, il devient l'objet de l'attention de l'autorité, et qu'il essuie quelque disgrâce, c'est un Dieu *ipso facto*. Voilà ce que nous tâchons d'établir dans toutes les classes du parlement de France.

[…] J'écoutais dans un silence respectueux, et je le regardais avec un étonnement mêlé d'admiration. Serai-je bientôt, lui dis-je, une de ces lumières dont vous me parlez? Vous avez excité mon enthousiasme, et je brûle de m'asseoir dans ce sanctuaire auguste, au rang de ces sublimes intelligences, dont je partagerai les hommages…

[…] Chemin faisant, je réfléchissais à tout ce que j'avais entendu. Comment me disais-je, moi qui jusqu'ici avais cru bonnement que les fonctions du magistrat se bornaient à rendre la justice avec activité, et que, satisfait du noble emploi de protéger la veuve et l'orphelin, il ne devait faire au roi que des représentations décentes, dictées par le zèle et le respect, quand la conscience le lui ordonnait pour le soulagement des peuples. Je vois que ce sont eux dont on s'inquiète le moins, et que tout ceci est un système d'amour propre et d'ambition. A la bonne heure, je tiendrai ma place comme une autre; et s'il plaît à Dieu, je ne cèderai pas un pouce de terrain. Je présenterai de tous côtés un front hérissé d'arrêtés, qui me rendra invulnérable; je serai le tuteur des rois, le protecteur des droits de la nation, je marcherai d'un pas égal à côté de celui que je ne devrais envisager qu'avec les sentiments de la plus parfaite vénération, et je n'obéirai à personne; et tout cela pour 40 mille francs: assurément cela est bien magnifique, et surtout cela n'est pas cher.

Et mon cœur battait d'aise, et je me frottais les mains, et je m'étonnais déjà que dans les rues, ceux que je rencontrais ne s'humiliaient point devant moi, et je me persuadais que je devais déjà avoir peinte sur le front toute la majesté de la magistrature; et dans cette disposition d'esprit, j'arrivais chez moi.

Je me promenai longtemps dans mon cabinet, agité par mille pensées, me remémorant avec délices tous les discours de mon vieux mentor, et formant mille projets brillants. Une heure s'écoula dans cet exercice sans que je m'en aperçusse. Fatigué cependant, je me jetai dans un fauteuil; là, pour fortifier mon âme dans ses admirables desseins, je me mis à parcourir des remontrances du parlement de Bretagne; à peine j'en eus lu quelques pages, que je m'endormis profondément.

Alors toutes les chimères de mon imagination se réalisèrent dans mon sommeil, et je me crus déjà admis au nombre des sénateurs. J'entrai dans un palais immense, au milieu d'une multitude innombrable, j'aperçus, en passant dans une vaste enceinte, une foule de gens qui s'agitaient, marchaient, parlaient, gesticulaient: c'était comme un champ de foire, où l'on trafiquait ouvertement de la justice, qui s'administrait au plus offrant; et je parvins dans une salle magnifique: ici ma force m'abandonna, et le spectacle qui s'offrit à ma vue me rendit immobile.

Cent trônes d'or étaient rangés autour de cette salle, et sur chacun d'eux un homme, vêtu d'une longue robe, était assis; et moi-même je me plaçai parmi eux. Les murs étaient chargés autour de nous d'antiques hiéroglyphes, d'emblèmes inintelligibles, et des marques de la royauté. Un grand livre était ouvert, sur lequel on inscrivait les lois que ces magistrats dictaient aux peuples: ils punissaient, ils absolvaient à leur gré, et l'usage terrible de leur autorité faisait trembler les pâles assistants. Mais au milieu de l'exercice du pouvoir souverain, ils s'inclinaient souvent, et faisaient de grandes protestations d'obéissances, sans que j'imaginasse quel était l'objet; et je ne voyais rien qu'un nuage épais qui couvrait la moitié de la salle. En considérant cependant avec plus d'attention, je distinguai, quoique avec assez de peine, une tête qui portait une couronne…

Le jeune homme prend peur car il croit que sa toute puissance est empêchée par cette tête couronnée, mais il est vite rassuré…

[…] et ce fantôme couronné, auquel ils sont convenus de rendre un culte extérieur, n'est qu'un idole qu'ils présentent à la curiosité impatiente et stupide du vulgaire. C'est le Witzon des Indiens qui conserve l'air de la Divinité, et sous le nom duquel les Bramines en exercent l'empire et les droits. Et cela me semblait admirable: le gouvernement tout entier entre nos mains, me paraissait le chef-d'œuvre de la politique.

[…] Soudain, nos trônes se renversent, et nous fûmes tous abîmés dans la poussière…. Quand une voix se fit entendre, et m'adressa distinctement ces paroles:

Jeune homme, tu t'es abusé: l'esprit d'indépendance vient de germer dans ton sein, et c'est à la raison de te détromper.

[…] Cesse donc, ô jeune homme, d'ouvrir ton âme à des impressions étrangères. Foule à tes pieds ces écrits séditieux qui soufflent la révolte, et oublie les assertions condamnables dont ils sont remplis.

La voix lui demande de devenir juge dans les nouveaux tribunaux …

[…] L'impression encore récente de ce que j'ai entendu, a décidé de mon choix, je vais solliciter une place dans le tribunal nouveau, et j'en remplirai les fonctions avec noblesse et désintéressement…

[…] Pour moi, si dans l'exercice de mon ministère, je puis empêcher ou punir une injustice; si je puis arracher un infortuné à l'oppression; si je puis, en obéissant au maître que Dieu m'a donné, employer ma vie à lui prouver mon amour, et contribuer au bien être de mes concitoyens, je m'écrierai avec joie comme le Prophète, *Nunc Dimittis, Domine, servum tuum* [46]; et content de l'emploi que j'aurai fait de mes heures, je croirai avoir rempli la tâche la plus honorable.

CONCLUSION

Le pamphlet intitulé *Mea Culpa des parlementaires* (1790), accusant les magistrats de faire le lit de la Contre-Révolution naissante rappelle solennellement ceci: «Vous aimez le peuple, dites-vous, jusqu'à perdre momentanément les bonnes grâces du roi pour le défendre; mais dans toutes les occasions vous avez tenu le même langage. Quand on aime le peuple, on l'éclaire, on le soulage en le faisant travailler dans des temps calamiteux. On le voit sans peine affranchi de la tyrannie féodale, n'être plus victime de la dureté des grands et des riches.

---

[46] «Maintenant, Seigneur, tu laisses ton serviteur s'en aller» (Luc, 2, v.29).

Quand on aime le peuple, on admire le nouveau pouvoir judiciaire qui rapprochera la justice des justiciables, en simplifiera les formes, et en sera rendue gratuitement»[47].

A la veille de la Révolution, les libelles produisent des messages forts, souvent simple reproduction de ceux de Voltaire, mais également affranchi de toute retenue; désormais, le manichéisme qui sied à l'année 1789 ne laisse plus de place à la nuance. Si dans les années 1770, l'opinion qui comptait et avant tout celle des philosophes, ne s'y trompa pas, c'est le seul Voltaire qui s'engagea dans ce combat. Diderot et les encyclopédistes dans leur ensemble avaient une vue plus large de ce que Voltaire appelait l'*infâme*, le fanatisme ou le despotisme. Pour eux, l'*infâme* était un mélange indissociable du fanatisme et de l'arbitraire, l'amalgame de la superstition et du pouvoir, de tout le pouvoir. Un Diderot s'opposait donc doublement à Voltaire: à la fois en deçà de lui par sa prudence, et au-delà par son radicalisme intransigeant, n'hésitant pas – on le sait – à inclure le souverain dans la fameuse *vile pantomime*[48]. Tout à l'opposé, Voltaire croit fortement en la nécessité d'un maître unique, qui lui paraît le seul recours contre les tyrannies subalternes, en particulier ces parlements, symboles des privilèges, des abus, des routines, en qui il s'est toujours refusé à voir quant à lui l'expression d'une opinion publique montante. A la veille de la Révolution, le ton des pamphlets, à l'image de l'arme de guerre que fut le *Qu'est-ce que le Tiers-état* de l'abbé Siéyès, est délibérément violent quoique inséré dans le même champ notionnel que construisit Voltaire; les brochures de ces temps douloureux ont pour titres évocateurs *l'Exterminateur des parlements* ou *La messe rouge des parlements* et les qualificatifs amusés de *tigres*, de *Welches* ou répétitifs d'«assassins du chevalier de La Barre», ont pris une tournure tout autre: *loups affamés, bêtes féroces, monstres, tigres, brigands, canaille la plus crapuleuse, bourreaux*[49], *tyrans farouches et sanguinaires*[50], *ignorants, fainéants, libertins*[51]

---

[47] *Le Mea Culpa des parlementaires*, ou *Réflexions sur la lettre et l'arrêt du parlement de Toulouse, séant en vacations, en date du 5 février 1790* par un volontaire du Régiment de Saint-Remi, Compagnie N °23, Paris, Bibliothèque Nationale, édition électronique, p. 13.

[48] Les échanges entre LUI et MOI sur «les différentes pantomimes de l'espèce humaine» constituent la dernière méditation *philosophique* du *Neveu de Rameau* (voir Diderot, *Œuvres*, Paris, Gallimard, Bibliothèque de la Pléiade, 1962, p. 470-474); pour le souverain, voir p. 471.

[49] *L'Exterminateur des parlements*, Paris, Bibliothèque Nationale, LB39- 2390 (A), 23 p.

[50] *Agonie, mort et descente aux enfers des treize parlements du royaume*, Paris, Bibliothèque Nationale, LB39- 4070, p. 3.

[51] *Mea Culpa des parlementaires*, p. 15.

Est-ce la faute à Voltaire? Oserions-nous conclure. Certainement. Le sens du discours voltairien sur la justice et la tolérance s'agissant des parlements a eu un impact qu'il est difficile d'évaluer aujourd'hui mais bien réel. Si la campagne d'hostilité à l'encontre des «billevesées de la robe» a sans doute correspondu à un des combats les plus «médiatiques» du patriarche de Ferney, nul doute qu'il a également contribué à radicaliser les opinions, à renforcer une paternité de tous les combats positifs contemporains dans un dangereux et risqué mélange des genres.

ANNEXES

Liste des discours d'entrée judiciaires du XIXe siècle consultés:

– Cour d'appel de Douai. Audience solennelle de rentrée du 3 novembre 1883. Discours prononcés par M. le Premier Président Mazeaud et M. le Procureur-Général Maulion. *Nos anciens Parlements. I. Leurs audiences de rentrée. II. Leur zèle à défendre le pouvoir civil.* Discours de rentrée prononcé par M. Paul Berton, Douai, L. Crépin, 1883, 82 pages; Bibliothèque Nationale, LF112-1256.
– Cour impériale de Pau. Discours prononcé à l'audience solennelle de rentrée, le 3 novembre 1859, par M. Lespinasse, avocat général. *Les parlements de France*, Pau, Impr. de E. Vignancour, 1859, 54 pages; Bibliothèque Nationale, LF112-378.
– Cour d'appel d'Amiens. Audience solennelle de rentrée du 3 Novembre 1875. *Le Chancelier de Maupeou et les Parlements* [Texte imprimé]. Discours prononcé par M. Georges Du Moiron, Amiens, Impr. de A. Douillet, 1875, 54 pages; Bibliothèque Nationale, 8-LF112-985.
– Cour impériale de Metz. Audience solennelle de rentrée du 3 novembre 1863. Discours prononcé par M. C. Godelle, *Etude historique sur le droit de remontrances des parlements*, Metz, Impr. de Nouvion, 1863; Bibliothèque Nationale, 8-LF112-597.
– Cour d'appel de Paris. Audience solennelle de rentrée du 17 octobre 1887. *Maupeou, ses tribunaux et ses réformes*, Paris, Impr. de G. Rougier, 1887, 50 pages; Bibliothèque Nationale, 8-LF112-1438.
– Cour impériale de Poitiers. Audience solennelle de rentrée du 3 novembre 1864. Installation de M. le premier président Fortoul. Allocutions prononcées par MM. Damay, M. Lavaur, et M. Fortoul, *L'Opinion publique et les parlements*, discours de rentrée prononcé par M. Camoin de Vence, Poitiers, Impr. de A. Dupré, 1864, 52 pages; Bibliothèque Nationale, LF112-667.
– Cour d'appel de Caen. *Les Parlements et la Révolution*, discours prononcé à l'audience solennelle de rentrée du 16 octobre 1890, Caen, Impr. de H. Delesque, 1890, 54 pages; Bibliothèque Nationale, 8-LF112-1422.
– Conférence des attachés. Les discours de rentrée de la magistrature en 1864, Paris, Impr. de A. Lainé et J. Havard, 1865, 20 pages; Bibliothèque Nationale, 8-LN27-635.
– Cour de Cassation. Audience de rentrée du 3 novembre 1877. Allocution de M. de Raynal sur la réinstallation de la Cour au Palais de justice. Discours prononcé par M. Desjardins, *Henri IV et les parlements*, Paris, Marchal, Billard et Cie, 1877, 98 pages; Bibliothèque Nationale, 8-LF11-72.

ÉCRITS SUR LA TOLÉRANCE DANS L'ALLEMAGNE DES ANNÉES 1770-1780 (LESSING, WEISSE, JOSEPH II ET L'*ALLGEMEINE DEUTSCHE BIBLIOTHEK* DE NICOLAI)

Gérard Laudin
(*Paris IV – La Sorbonne*)

En 1781-82, l'empereur Joseph II, frère de Marie-Antoinette, promulgue des édits de tolérance accordant aux juifs et aux protestants des droits presque égaux à ceux des catholiques[1]. Dans les années qui précèdent cette décision politique, les publications, drames et essais théoriques, en relation avec les idées de tolérance civile des confessions et de liberté de conscience, se sont considérablement multipliés. Parmi les drames, le plus célèbre est le *Nathan le Sage* de Lessing (1779), dont certains thèmes ne sont pas sans rappeler *Zaïre*. En 1780 paraît une pièce historique en cinq actes, *Der Fanatismus, oder Jean Calas* (un titre qui paraît s'inspirer de celui du *Mahomet* de Voltaire), illustrée d'une gravure célèbre de Daniel Chodowiecki représentant les adieux de Calas à sa famille. L'auteur en est Christian Felix Weiße, aujourd'hui bien oublié, mais célèbre en son temps[2]. Cette pièce est un exemple précoce de «théâtre documentaire» car constituée d'un montage de documents authentiques (les écrits rédigés à l'instigation de Voltaire par les deux avocats du procès, Loiseau de Mauleon et Elie de Beaumont) et fondée sur le premier chapitre du *Traité sur la tolérance*, l'«Histoire abrégée de la mort de Jean Calas», dont Weiße joint une traduction en préface de sa pièce. D'autres pièces parues la même année abordent des sujets connexes: *Die Inquisition* (1780), une tragédie de Christian Hieronymus Justus Schlegel, et *Der Derwisch* (1780), une comédie de Friedrich Maximilian Klinger (Lessing avait envisagé d'écrire aussi un *Derwisch* qui aurait sans doute

---

[1] Les textes de ces édits sont reproduits in: Harm Klueting (Hg.), *Der Josephinismus. Ausgewählte Quellen zur Geschichte der theresianisch-josephinischen Reformen*, Darmstadt, Wissenschaftliche Buchgesellschaft, 1995.

[2] Écrite en 1775, représentée à Berlin en 1780, la pièce fut imprimée trois fois en 1780. Cf. Albert R. Schmitt, «Christian Felix Weißes *Jean Calas* – Dokumentarisches Theater im 18. Jahrhundert», in: John A. McCarthy und Albert A. Kipa, *Aufnahme – Weitergabe. Literarische Impulse um Lessing und Goethe*. Festschrift für Heinz Moenkemeyer zum 68. Geburtstag, Hamburg, Helmut Buske Verlag, 1982, p. 2-30. Ici p. 9.

été une sorte de prolongement de *Nathan der Weise*). Auparavant, Paul Weidmann avait déjà proposé un *Mosthadhem, oder der Fanatismus* (1772). Il faut ajouter à cette liste quatre traductions anonymes et deux traductions signées du *Mahomet* de Voltaire[3].

Ces drames, tout comme les décrets de Joseph II, marquent le point d'aboutissement d'un débat à l'arrière-plan duquel deux textes jouèrent un rôle important: le *Traité sur la tolérance* de Voltaire, dont une première traduction parut dès 1764 à Leipzig sous le titre *Abhandlung über die Religionsduldung* [4], et *Dei delitti et delle pene* de Cesare Beccaria (1764), traduit en allemand dès 1766 (la même année qu'en français), et réédité ou retraduit trois autres fois, en 1767, 1778 et 1786[5]. Les nombreux et copieux comptes rendus d'ouvrages relatifs à ces sujets parus dans l'*Allgemeine Deutsche Bibliothek*, important organe de l'*Aufklärung* berlinoise, dirigé par Friedrich Nicolai, un ami de Lessing, permettent de mesurer l'ampleur du débat, qui s'amplifia dans les années 1770 et se prolongea dans les années 1780, alors que de nombreux Etats du Saint-Empire, parmi lesquels les États habsbourgeois, la Bavière et la Prusse, étaient engagés dans la rédaction de nouveaux codes de droit civil et de droit pénal qui commençaient à voir le jour.

Il faut attendre 1769 pour que l'*Allgemeine Deutsche Bibliothek* publie un bref compte rendu, rédigé par Friedrich Germanus Lüdke[6], de la traduction de 1764 du *Traité*, dont l'anonymat avait été percé. L'accueil est assez froid, bien que Lüdke souscrive sans réserve aux perspectives de Voltaire[7]. Mais celui-ci, en proférant ses moqueries et ses contre-vérités coutumières contre la religion, même s'il affirme être un «bon catholique», risque d'indisposer son lecteur qui sera moins enclin à accepter ses arguments, quelque

---

[3] 1748, 1749, 1766, 1768, 1778; ce qui est moins qu'*Alzire* (11), *Mérope* (6) et *Tankred* (5), mais un peu plus que *Zaïre* (3) et *Œdipe* (3), cf. Reinhart Meyer, *Das deutsche Trauerspiel des 18. Jahrhunderts. Eine Bibliographie*, München, Fink, 1977.

[4] Avec l'indication: «aus dem Französischen des Herrn von Voltaire übersetzt, und mit einigen Anmerkungen begleitet». Hermann August Korff, *Voltaire im literarischen Deutschland des XVIII: Jahrhunderts. Ein Beitrag zur Geschichte des deutschen Geistes von Gottsched bis Goethe*, Heidelberg, C. Winter, t. 1 (1917), p. 327, croit à tort que le *Traité* fut traduit pour la première fois en 1789.

[5] Traductions allemandes par Albrecht Wittenberg (Hambourg 1766), puis par Jakob Schultes (Ulm 1767); autres traductions: Breslau 1778, Vienne 1786.

[6] *Allgemeine Deutsche Bibliothek* (ci-après: *ADB*), t. 9 (1769), p. 34-36. Egalement en 1769, paraît le compte rendu, par le physicien et philosophe Lichtenberg, de la première traduction allemande du traité de Beccaria, in *ADB*, t. 10/2 (1769), p. 172-177.

[7] «Hätte wirklich auf des Verf. Versicherung mitleidige Menschenliebe allein dazu vermocht, so würde seine Absicht die lobenswürdigste von der Welt seyn, denn blutdürstiger Religionshaß und feindselige Intoleranz sind wahre Ungeheuer», *ibid.* p. 34.

fondés qu'ils soient (p. 35). En d'autres termes, Voltaire desservirait la cause qu'il veut servir en raison même de son (re)nom. Et le compte rendu s'achève sur l'argument, souvent avancé alors[8], d'un Voltaire sectaire, dont témoignerait la manière dont il a répondu récemment aux *Lettres sur l'état présent du Christianisme, et la conduite des incrédules* d'Antoine-Jacques Roustan et que Lüdke attribue à Rousseau.

Vers le milieu des années 1770, la réception du *Traité* s'intensifie – en 1775 paraît une réédition de la traduction de 1764[9], suivie d'une autre traduction, signalée comme nouvelle, à Berlin en 1789[10] – et le ton change radicalement. Les hommages tardifs, souvent posthumes, sont nombreux, et l'observation souvent faite que la foule parisienne ovationne en 1778 l'homme de l'affaire Calas[11] vaut également pour l'Allemagne.

En 1778, les *Göttingische Anzeigen von gelehrten Sachen*, qui s'étaient montrées souvent très critiques envers Voltaire, rappellent une nouvelle fois leurs réserves mais le qualifient aussi d'«homme éminent» («glänzender Mann») et voient dans le *Traité* une de ses œuvres qui l'honorent le plus[12]. En 1795, Herder, qui ne dédaignait pas vingt ans plus tôt de se moquer de «l'écrivain de cent ans» qui lui paraissait alors incarner la consommation intellectuelle de la France, rend hommage à Grotius, Locke, Shaftesbury, Bayle, Leibniz, Spinoza et Voltaire, qui tous ont élevé la voix contre les persécutions religieuses[13]. Et en 1803, Herder mentionne encore ce combat de Voltaire, dans un dialogue à la manière de Bouhours: à l'interlocuteur qui regrette que Voltaire ait engagé ce combat dans un esprit d'hostilité au christianisme, Herder répond que «celui qui perce un abcès, qu'il soit ami ou ennemi, soulage le malade»[14].

---

[8] Cf. H.A. Korff, *Voltaire im literarischen Deutschland des XVII: Jahrhunderts*, p. 328-329.

[9] Le *Gesamtverzeichnis des deutschsprachigen Schrifttums. 1700-1910*, München, 1985, t. 152, p. 315, mentionne un ouvrage de même titre que la traduction de 1764 (réédition?), mais que nous n'avons pas pu localiser.

[10] *Über die Toleranz, veranlaßt durch die Hinrichtung des Johann Calas im Jahre 1762, den Bedürfnissen unserer Zeit gemäß neu übersetzt.* Le *Gesamtverzeichnis* (t. 152, p. 326) mentionne la date de 1790, ce qui pourrait être une réédition.

[11] Valérie Van Crugten-André, *Le «Traité sur la tolérance» de Voltaire. Un champion des Lumières contre le fanatisme*, Paris, Champion, 1999, p. 85.

[12] «Die gepredigte Duldung macht, deucht uns, immer den schönsten Schmuck seiner Stirne». Il s'agit du compte rendu de l'*Eloge de Mr. De Voltaire par le Marquis de Luchet*, 1778, t. 2, p. 1007-1008.

[13] 56e des *Humanitätsbriefe*, in *Sämmtliche Werke*, éd. Bernhard Suphan, t. 17 (Berlin, Weidman, 1886), p. 274.

[14] «Wer die Blase aufsticht, unter der es eitert, er sei Freund oder Feind, hilft dem Kranken, *Adrastea* (t. 6, 11e cahier), in *Sämmtliche Werke*, éd. B. Suphan, t. 24 (Berlin, 1889), p. 365.

Dès 1774, l'*Allgemeine Deutsche Bibliothek*, qui est réceptive à la fois aux idées des huguenots, de Potsdam et de Voltaire, cite avec un plaisir évident un passage de la *Kirchenhistorie* de Christian Wilhelm Walch, professeur à Göttingen, qui évoque dans sa réédition de 1773 la «barbare exécution» de Calas et loue Voltaire d'avoir sauvé une famille qu'«un fanatisme insensé aurait fait mourir de la manière la plus cruelle»[15]. Certes, Walch fait partie de ces théologiens luthériens prompts à se moquer de l'arriération catholique. Mais il donne à son propos une portée plus générale :

> C'est la plus belle action de toute la vie de M. de Voltaire! Tout comme cet écrit [...] est sans conteste le plus digne que son grand esprit ait engendré. L'absurdité pestilentielle de la tigresse intolérance y est présentée d'une manière si immédiatement convaincante que même l'esprit le plus simple et le plus insensible ne peut que la haïr[16].

On notera l'insistance avec laquelle Walch souligne ici les qualités suggestives de la prose de Voltaire.

Certes, d'aucuns continuent de dénoncer l'«esprit de parti» des «philosophes» français et de Voltaire en particulier[17], mais l'hommage l'emporte, aussi appuyé que différé. Ce retard est dû en partie aux réserves que suscitait Voltaire dans les années 1760, pour des positions perçues souvent comme anti-chrétiennes, mais également au fait que ses idées sur la tolérance, issues de la réflexion sur le droit naturel, font depuis longtemps déjà l'objet d'un consensus dans l'intelligentsia allemande, où un Thomasius, relayé bientôt par Wolff et Gottsched (lui-même auteur d'une pièce sur la Saint-Barthélémy, *Die parisische Bluthochzeit*, 1745), a formulé dès la fin du XVIIᵉ siècle des idées largement conformes à celles de Locke, en particulier que l'autorité civile ne doit pas contrôler les consciences mais seulement veiller à l'ordre public[18]. Tous trois définissent ainsi un espace d'«exercice privé» de la religion, une idée que

---

[15] «ein rasender Eifer für die sogenannte Religion aufs grausamste würde hingerichtet haben» (*ADB*, t. 21/1, p. 385).

[16] «Die schönste Tat in dem Leben des Herrn v. Voltaire! So wie diese Schrift (seine Gedichte ungerechnet) unstreitig das Würdigste ist, was je sein großer Geist hervorgebracht. Das Unsinnige, Tygermäßige und Pestilenzialische der Intoleranz wird hier so einleuchtend beschrieben, daß der Einfältigste und Fühlloseste sie verabscheuen muß» (*ADB*, t. 21/1, p. 385).

[17] Références chez Korff, *Voltaire im literarischen Deutschland des XVIII: Jahrhunderts*, p. 328-329, qui a fait un gros travail de repérage des allusions et références à Voltaire.

[18] On trouvera de très nombreuses références dans l'article «Toleranz» de Gerhard Besier, in: O. Brunner, W. Conze, R. Koselleck, *Geschichtliche Grundbegriffe*, t. 6 (1990), p. 497 *sq.* Le grand-père de Lessing, Gottlieb (ou Theophilus) Lessing, a écrit en 1669 une *Disputatio politica de religionum tolerantia*.

reprendra encore Joseph II dans ses édits de 1781 et qui constitue l'arrière-plan de la célèbre phrase de Frédéric II: «toutes les religions doivent être tolérées», car «chacun doit gagner le ciel comme il lui convient», l'Etat devant seulement veiller à ce qu'elles «ne se nuisent pas mutuellement»[19].

Voltaire, qui s'appuie largement aussi sur le droit naturel, invoqué au chapitre 6 du *Traité*, n'apporte ainsi guère de perspectives théoriques nouvelles aux Allemands des années 1760. Ce n'est que quand ils prirent vraiment conscience de l'importance du phénomène de l'opinion publique naissante qu'ils reconnurent que le mérite de Voltaire dans sa campagne en faveur de Calas tenait largement à son efficacité de polémiste et de publiciste. C'est précisément ce que souligne Walch en vantant la plasticité, propre à toucher l'homme le plus insensible, avec laquelle Voltaire peint l'intolérance, et il n'est pas étonnant que les éloges proviennent en particulier d'hommes soucieux d'assurer la diffusion des idées à travers la presse d'opinion non spécifiquement érudite, à l'essor de laquelle ils ont largement contribué: Herder, Wieland (qui fonda en 1773 *Der teutsche Merkur*) et le milieu berlinois autour de Nicolai qui fonda l'*Allgemeine Deutsche Bibliothek* en 1765. Il est remarquable que les *Göttingische Anzeigen*, dans la nécrologie déjà citée, écrivent:

> Le plus grand mérite de ce grand homme est indiscutablement d'avoir rapproché la littérature du trône, d'en avoir répandu le goût chez les grands de ce monde et d'avoir, parmi les grands et dans sa nation, affaibli des préjugés, qui étaient certes bannis depuis longtemps de la fraction la plus éclairée des protestants[20].

Le *Traité*, qui s'inscrit dans un mouvement d'intensification de l'activité publicistique, contribue à lancer dans le Saint-Empire des années 1760-70 une véritable campagne en faveur de la tolérance civile, campagne dans laquelle l'*Allgemeine Deutsche Bibliothek* joue un rôle éminent, et c'est dans les années 1780 et suivantes que, rétrospectivement, l'importance de cette efficacité communicationnelle du *Traité* apparaît pleinement.

---

[19] Die Religionen Müsen alle Tolleriret werden, und Mus der Fiscal nuhr das Auge darauf haben, das keine der andern abrug Tuhe, den hier mus ein jeder nach seiner Faßon Selich werden» (rescrit du 22 juillet 1740).

[20] «Das wichtigste Verdienst des grossen Mannes ist wohl unstreitig, daß er die Litteratur selbst dem Throne genähert, einen Geschmack an derselben mehr unter den Grossen der Welt verbreitet, und einige Vorurteile, die lang zwar unter dem aufgeklärtern Theile der Protestanten verbannt waren, unter eben diesen Grossen und unter seiner Nation überhaupt geschwächt hat» (1778, t. 2, p. 1008).

Tolérance et répression dans le Saint-Empire

La paix d'Augsbourg de 1555, qui légalisa dans le Saint-Empire un biconfessionnalisme luthérien et catholique, confirmé et étendu aux calvinistes en 1648 par les Traités de Westphalie, introduit un *jus reformandi*, considéré comme partie intégrante du *jus territoriale* et connu sous la formule postérieure *cujus regio, ejus religio*. A partir de 1624, les souverains se virent interdire d'obliger leurs sujets à changer de religion.

Ce *jus reformandi* s'accompagne d'un *jus emigrandi* (ou *beneficium emigrationis*), auquel Thomasius en particulier a consacré un écrit[21] et qui autorise l'émigration moyennant versement d'une taxe libératoire d'un montant de 30 % des biens aliénés. Ces dispositions créent certes un cadre nettement plus favorable que celui mis en place en France par l'édit de Fontainebleau qui interdit l'émigration, mais il en résulte aussi une situation réglementaire complexe, voire confuse et contradictoire, d'autant plus qu'aux trois confessions chrétiennes s'ajoutent diverses minorités et la communauté juive. Outre les différences locales parfois fortes (il est par exemple interdit aux juifs de séjourner dans certaines villes, tandis qu'ailleurs on cherche à les assimiler), la politique d'un même souverain est souvent marquée soit d'apparentes incohérences, soit d'un va-et-vient entre une relative souplesse et la rigueur. En Prusse, où les juifs bénéficient depuis le XVIIe siècle d'une des législations les plus favorable de tout le Saint-Empire, confirmée en 1750 par Frédéric II, il faut une intervention du marquis d'Argens pour que le roi accorde en 1763 le «privilège personnel» à Moses Mendelssohn, dont il refusa en 1771 de confirmer l'élection à l'Académie. Il n'est pas rare non plus que les institutions locales se montrent réfractaires, souvent par protectionnisme corporatiste à des mesures d'assouplissement ou de tolérance voulues par les autorités civiles suprêmes. En Prusse par exemple, c'est le ministre von Zedlitz lui-même qui intervient en 1778 contre une décision de l'Université de Francfort-sur-l'Oder qui refuse d'accorder la *venia docendi* aux juifs promus docteurs en médecine[22].

Dans les territoires des Habsbourg, l'attitude des autorités de l'État envers les protestants suit une évolution proche de celle qu'on a en France: avec un durcissement dans les premières décennies du XVIIIe siècle (à l'édit de 1714 de Charles VI à Vienne correspond celui du 14 mai 1724 en France), qui se prolonge jusque vers le milieu du siècle. En 1778

---

[21] *De jure emigrandi et tolerantia dissidentium*, Halle, 1693.
[22] Cf. Conrad Bornhak, *Geschichte der preußischen Universitätsverwaltung bis 1810*, Berlin, Georg Reimer, 1900, p. 90-91.

encore, Marie-Thérèse entend obliger des Moraves qui viennent de se faire protestants à se reconvertir, alors qu'on commence aussi, à partir de 1771 à Vienne, à tolérer certains mariages, par exemple de marchands, entre catholiques et non-catholiques. Au moment où Joseph II prend ses édits de tolérance, on introduit en France également des assouplissements, avec l'édit de tolérance du 22 mars 1782 en faveur des protestants d'Alsace, et celui du 28 novembre 1787 qui rend à tous les protestants de France certains droits civils, en particulier celui de conclure mariage. En France comme dans l'État des Habsbourg, il s'agit de mesures prises dans un climat général hostile à l'intolérance, sinon favorable à la tolérance, dans lequel des considérations économiques et «réalpoliticiennes» jouèrent un rôle. Mais ces mesures marquent également la volonté de l'absolutisme monarchique de s'affranchir de la tutelle religieuse.

Fondés sur ces trois mêmes motivations, les édits de 1781-82 de Joseph II ont pour spécificité de légaliser et de généraliser des pratiques demeurées jusqu'alors dérogatoires. Ce n'est pas par sympathie envers les non-catholiques que Joseph II les prend, mais parce qu'il est convaincu de l'inefficacité des mesures de coercition (expressément dénoncées dans l'édit du 13 octobre 1781). L'insistance qu'il met à ne tolérer que «l'exercice privé de la religion», chez soi ou dans des lieux qualifiés significativement de «maisons de prière» («Bethäuser») et non d'«églises» et que rien ne doit signaler à la vue des passants, montre que ces mesures sont considérées comme une position transitoire, l'objectif visé étant l'assimilation, et si possible la conversion[23]. Ses édits s'inscrivent dans la perspective sur laquelle reposent depuis le XVIe siècle tous les textes officiels prônant la tolérance, y compris l'édit de Nantes[24]: la simple tolérance civile et non la reconnaissance. Mirabeau la dénoncera vigoureusement le 22 août 1789: «l'existence de l'autorité qui a le pouvoir de tolérer attente à la liberté de penser, par là même qu'elle tolère, et qu'ainsi elle pourrait ne pas tolérer»[25]. Dans la constitution du 3 septembre 1791 le terme de tolérance sera remplacé par «la liberté à tout homme [...] d'exercer le culte religieux, auquel il est attaché»[26].

---

[23] Ceci ressort clairement d'une lettre de Joseph II à sa mère en date du 20 juillet 1777, in: *Maria Theresia und Joseph II. Ihre Correspondenz sammt Briefen Josephs an seinen Bruder Leopold*, hg. von Alfred von Arneth, t. 2 (Wien, 1867), p. 151-152.

[24] Cf. sur ce point Jean Bérenger, *Tolérance ou paix de religion en Europe centrale (1415-1792)*, Paris, Champion, 2000, p. 6 et *passim*.

[25] *Œuvres* de Mirabeau (t. 7), éd. par M. Mérilhou (*Discours et opinion*, t. 1), Paris, Lecointe et Pougin, 1834, p. 212.

[26] Titre Premier: «Dispositions fondamentales garanties par la Constitution», reproduit in: Maurice Duverger, *Constitutions et documents politiques*, Paris, Presses Universitaires de France, 1968, p. 5.

En Prusse, on s'oriente, avec le code de 1794, qui donne aux Eglises minoritaires un statut qui s'apparente à celui des associations modernes[27], vers
une solution plus politique que dans les territoires habsbourgeois.

LESSING ET WEISSE

Nathan le Sage prolonge indirectement une polémique qui a opposé
Lessing au pasteur orthodoxe Gœze de Hambourg sur le rôle de la religion dans la cité. Racontée par Nathan à Saladin[28], la parabole des trois
anneaux (un original et deux copies qui représentent chacun une des trois
religions monothéistes) exprime avec force la relativité des vérités religieuses d'une manière qui est à l'opposé exact des perspectives d'un
Joseph II. En effet, Lessing fait subir une modification très lourde de sens
au récit de Boccace dont il s'inspire[29]. Alors que le père, chez Boccace,
peut encore reconnaître lequel des trois anneaux est le vrai, donc demeure
en possession d'une vérité unique, il n'est plus chez Lessing lui-même
en mesure de reconnaître l'anneau authentique (v. 1951-1952): la vraie
piété, en l'absence de tout moyen théorique permettant de déterminer la
validité supérieure d'une foi sur une autre, consiste à perdre cette vérité
unique. Le père ne veut pas «tolérer plus longtemps dans sa maison la
tyrannie d'un seul anneau» (v. 2035): le dogmatisme et l'orthodoxie sont
ainsi clairement désignés comme tyrannies. La vérité n'est pas un bien
que l'on possède, mais un objectif vers lequel tendre dans un effort intellectuel constant, car le sentiment de posséder la vérité rend «paresseux
et orgueilleux»[30]. Lessing n'écarte pas l'absolu, mais instaure des absolus
pluriels d'une façon impliquant la valorisation corrélative d'une inquié-
tude intellectuelle, radicalement opposée à la certitude dogmatique.

L'action principale de *Nathan* fait écho à cette idée selon laquelle la
découverte de la vérité est un processus d'apprentissage. Les épreuves
rencontrées durant sa vie ont fait passer le juif Nathan de la haine du
chrétien à l'adoption d'une chrétienne dans un processus qualifié de
retour progressif à la raison (v. 3052), et le templier s'éprend peu à peu
d'une jeune juive, la fille de Nathan (v. 2130-2131). Tout comme Voltaire

---

[27] *Allgemeines Landrecht für die Preußischen Staaten*, 2ᵉ partie, titre 11, §13-57.
[28] Il existe plusieurs traductions françaises aisément accessibles de cette pièce. Ici, vers
1911-2054.
[29] *Il Decamerone*, première journée, troisième conte.
[30] Gotthold Ephraim Lessing, *Eine Duplik*, 1ᵉ partie (1778), in *Sämtliche Schriften*,
éd. Lachmann et Muncker, Stuttgart, G.J. Goschen, t. 13 (1897), p. 24.

s'est émerveillé d'observer à la bourse de Londres chrétiens, juifs et musulmans conclure des affaires ensemble[31], les personnages de Lessing apprennent à régler leur conduite sur l'expérience et non sur des principes dogmatiques. Le pragmatisme est incarné par le personnage de Nathan, un marchand, donc un représentant de la *vita activa*, comme l'indique la qualificatif que lui donne Lessing, «der Weise», c'est-à-dire le «philosophe pratique», celui qui ne s'abstrait pas du monde.

La tolérance n'est pas une attitude naturelle et son apprentissage ne va pas de soi; elle ne s'effectue pas dans la réflexion théorique, mais dans la praxis, avec d'ailleurs des rechutes et des moments de doute. Loin des dogmatiques (Daja, une chrétienne qui incarne le peuple ignorant, et le patriarche, défenseur racorni de l'orthodoxie), la scène finale met en scène une représentation d'une humanité sans barrières, avec des parentés de sang qui métaphorisent la parenté de tous les hommes, puisque le fils du chrétien (le templier) et la jeune chrétienne, fille adoptive du juif, sont en fait les enfants naturels d'un musulman. Lessing élargit ainsi à une communauté figurant métonymiquement la communauté de tous les hommes l'amitié qui a surgi entre Nathan et le templier. Il s'écarte ainsi d'une de ses pièces antérieures, *Die Juden (Les Juifs*, 1749) où un personnage accomplissait un parcours d'éducation qui le conduisait de l'antisémitisme le plus outrancier à la sympathie purement individuelle pour un juif (scène 22) et où rien donc ne transcendait les personnage eux-mêmes. Dans *Nathan*, Lessing s'écarte aussi de Voltaire en donnant un sens philosophique au motif romanesque des identités cachées qu'on trouve en 1732 dans *Zaïre* (où l'héroïne éponyme, esclave du sultan, et le chevalier français Nérestan sont en fait les enfants de Lusignan, «prince du sang des rois de Jérusalem»).

Si Lessing a construit l'objet philosophique de la tolérance, Weiße met en scène les mécanismes de l'intolérance fanatique. On peut dire qu'en se fondant sur des écrits suscités ou rédigés par Voltaire, Weiße a écrit la pièce qu'aurait pu écrire Voltaire qui pensait que «[s]es tragédies ne sont pas si tragiques» que l'affaire Calas (D10390).

Weiße suit le *Traité* de Voltaire jusque dans le détail[32]. Il évacue comme lui toute ambiguïté dans la présentation des circonstances de la

---

[31] *Lettres philosophiques*, «Sur les presbytériens» (lettre 6), Moland, t. 22, p. 99 et l'article «Tolérance» du *Dictionnaire philosophique*, éd. sous la direction de Christiane Mervaud, *OCV*, t. 36, p. 552.

[32] Nous citons d'après *Der Fanatismus, oder Jean Calas. Ein historisches Schauspiel in fünf Aufzügen. Samt einer kurzen Geschichte von seinem Tode*, Frankfurt und Leipzig, 1780, 176 p.

mort de Marc-Antoine qui est sans conteste un suicide. Il présente les juges comme divisés, ce qui lui permet de mettre en scène des débats d'idées. Les uns, minoritaires, ignorent les préjugés religieux qui conduisent les autres, majoritaires, à postuler la culpabilité de Calas[33]. Weiße reprend en lui donnant un tour ironiquement positif un argument de Voltaire quand un juge fanatique affirme avec fierté que l'intolérance fait partie de l'identité culturelle de Toulouse, qui se signale ainsi avantageusement par rapport à Paris où les libres penseurs pullulent[34].

Mais surtout, Weiße présente le procès et la condamnation de Calas comme l'effet de la conjonction de la «tyrannie du bruit public»[35] et de la haine de certains juges contre les tenants de la religion réformée. Si Weiße emboîte le pas à Voltaire qui a bien perçu le rôle joué par la «collectivité dictant au tribunal un verdict de passion ou de haine»[36], il insiste moins sur le «fanatisme de la populace»[37] au profit d'une mise en évidence de la manière dont les juges instrumentalisent cette *vox populi*, de sorte que le complexe insinuation-manipulation-intimidation devient à la fois la thèse centrale et le ressort dramatique principal de sa pièce. Cette inflexion nouvelle peut être rapprochée de la conscience de l'émergence d'une opinion publique corrélative de la crainte du péril ochlocratique, récurrente en Allemagne. Mais elle est aussi largement liée à la focalisation retenue: Weiße présente le déroulement du procès, ce qui n'est pas l'objet de Voltaire dans le *Traité*. Le choix de la forme dramatique se prête à représenter comment les capitouls fanatiques, acharnés à prouver la culpabilité de Calas et non à découvrir la vérité, manipulent les témoins pour leur suggérer la culpabilité de l'accusé, une culpabilité mise en scène, et ainsi authentifiée, dès le soir du drame. Weiße laisse planer le doute sur les motivations des capitouls, mais qu'ils soient d'aveugles fanatiques ou des imposteurs conscients, ils sont ou paraissent mus par une certitude purement rhétorique, purement construite, «métaphysique», non empirique.

Certes, le premier capitoul semble fonder sur l'impératif politique, sur la raison d'État, les raisons de son acharnement. En effet, ce qui lui

---

[33] Voltaire, *Traité sur la tolérance*, éd. par John Renwick, OCV, t. 56c, chap. 1, p. 133.

[34] «Und [in Toulouse], wo wir keine solche Freydenker sind, wie viele unter den Parisern» (Weiße, p. 63). Voltaire, *Traité*, OCV, t. 56C, p. 137.

[35] Selon l'expression de José Cubero (c'est le titre de son chapitre 4), *L'Affaire Calas. Voltaire contre Toulouse*, Paris, Perrin, 1993, p. 109-138.

[36] Cf. René Pomeau, cité par Jacques Van den Heuvel, *L'Affaire Calas et autres affaires*, Paris, Gallimard, (Collection Folio), 1975, p. 13.

[37] *Traité*, OCV, t. 56C, p. 131 et p. 138.

importe n'est pas la justice individuelle, mais uniquement le maintien de l'ordre. Cette exigence s'amalgame à son inexorable préjugé contre les protestants et à sa volonté d'«exterminer l'hérésie» (p. 75). Weiße met ainsi en regard deux fanatismes différents, celui d'idéologues dogmatiques, et celui de la foule impulsive, irréfléchie, qui accuse sans preuve, innocente de même et accorde une foi aveugle aux bruits qui naissent en son sein. La haine idéologique des juges apparaît comme aussi mal fondée, finalement aussi émotionnelle, et ne se distingue de l'intolérance versatile de la foule que par leur inébranlable obstination. Les présentations du fanatisme par Lessing et Weiße soulignent un automatisme de pensée et de discours qui est l'indice de la négation de toute pensée. Tout à fait dans l'esprit de nombreuses pages du *Traité*, Weiße dénonce le grotesque de l'intolérance; le fanatisme, en inhibant la pensée, devient violence pure et nue et transforme les capitouls en pantins. Comme dans *Nathan* (avec le patriarche fanatique), l'exercice du pouvoir ne semble pas faire bon ménage avec les nuances de la pensée.

LA CAMPAGNE MENÉE PAR L'*ALLGEMEINE DEUTSCHE BIBLIOTHEK*

Les nombreux comptes rendus (anonymes) que l'*Allgemeine Deutsche Bibliothek* de Nicolai consacre au cours des années 1770 à des ouvrages concernant la tolérance et la liberté de pensée sont, à une exception près, rédigés par des pasteurs et des théologiens berlinois de l'entourage de Johann Joachim Spalding[38], qui s'affirment à la fois contre les orthodoxes et contre les matérialistes (Spalding lutta contre La Mettrie). Mais ni Spalding, ni Friedrich Samuel Sack (1738-1817), pasteur réformé arrivé à Berlin en 1777, n'interviennent directement. Nicolai, une seule fois. Quelques indices, nous le verrons, suggèrent le caractère concerté de ce qui apparaît comme une véritable campagne des collaborateurs de l'organe de Nicolai.

a) La défense explicite de Voltaire

En 1779, l'*Allgemeine Deutsche Bibliothek*, qui rend compte régulièrement aussi d'ouvrages critiques envers la pensée des Lumières, consacre une analyse à un gros livre sur «l'état de la religion en Prusse sous

---

[38] Spalding (1714-1804), «Oberkonsistorialrat» luthérien à Berlin depuis 1764, est un des plus influents pasteurs berlinois. Marqué par la philosophie de Wolff, il est un des principaux représentants de la «néologie», une théologie qui recherche à concilier Raison et révélation.

Frédéric II»[39] dont l'auteur, Johann Heinrich Friedrich Ulrich (1751-
1798), pasteur réformé berlinois, s'inquiète de l'immoralité qu'il croit
voir se répandre à Berlin en raison de la politique des Hohenzollern et de
l'esprit de tolérance des pasteurs. Dans son compte rendu, le publiciste
et pédagogue Friedrich Gabriel Resewitz (1729-1806), un ami de Lessing
et de Nicolai, lui oppose qu'il faut au contraire se réjouir de l'éminence
de nombreux prédicateurs berlinois, supérieure à celle qu'on trouve dans
les autres lieux protestants d'Europe[40], et s'enorgueillir aussi de voir la
liberté de pensée si bien respectée en Prusse, mieux qu'à Londres même[41],
de sorte que la Prusse peut servir de modèle à de nombreux pays, et pas
seulement allemands. Au moment où l'État des Hohenzollern est en train
de devenir une grande puissance, c'est un magistère moral de la Prusse,
explicitement pour Allemagne, implicitement pour l'Europe entière, qui
est affirmé ainsi[42]. Et c'est dans ce contexte précis que Resewitz loue
Voltaire et Frédéric II d'avoir favorisé la liberté d'opinion[43].

C'est Nicolai lui-même qui monte au créneau pour rendre compte, en
une trentaine de pages, d'un bref pamphlet intitulé *Voltaire der Reforma-
tor* (Berne 1772) que son auteur, Johann Friedrich Gillet (1728-1784),
pasteur réformé de Berlin-Friedrichstadt[44], présente comme une réponse
à l'outrecuidance de Voltaire qui a écrit en 1769: «J'ai fait plus en mon
temps que Luther et Calvin»[45]. Korff n'a pas de mots trop durs pour
évoquer ce texte, «un des produits les plus bornés issus de la plume d'un
théologien allemand», intéressant uniquement par ce qu'il laisse entrevoir de la haine que Voltaire inspire à certains[46]. Avec hargne et un goût
prononcé de l'insulte vulgaire, Gillet reproche à Voltaire, outre les

---

[39] *Über die Religionszustände in den Preußischen Staaten seit der Regierung Frie-
drichs des Großen. In einer Reihe von Briefen.* Tome 1, 558 p.; t. 2, 590 p. in-8°; Leipzig,
Weygand, 1778.

[40] *ADB*, t. 37/1 (1779), p. 317-335; ici p. 325.

[41] *ADB*, t. 37/1 (1779), p. 317.

[42] Cette perspective correspond parfaitement aux sémantismes, récemment étudiés par
Claudia Schröder (*«Siècle de Frédéric II» und «Zeitalter der Aufklärung». Epochenbe-
griffe im geschichtlichen Selbstverständnis der Aufklärung.* – Berlin, Duncker & Humblot,
2002), d'expressions telles que «siècle de Frédéric» et «siècle de Louis XIV».

[43] «Voltaire, und vornehmlich die Denkungsart und die allgemeine Duldung des
Königs selbst, die Denkungsfreyheit zuerst rege gemacht habe», *ADB*, t. 37/1 p. 321.

[44] Selon le *Gesamtverzeichnis des deutschsprachigen Schriftums. 1700-1910*, t. 47,
p. 170, Gillet serait aussi l'auteur d'un *Te Deum* qui aurait célébré la victoire de Frédéric
II à Rosbach.

[45] Voltaire, *Épître à l'auteur du livre des Trois Imposteurs*, Moland, t. 10, p. 404.

[46] Korff, *Voltaire im literarischen Deutschland des XVIII: Jahrhunderts*, p. 334-335.
Haller, qui n'aime pas Voltaire et a réagi quand il s'est comparé à Luther et à Calvin, ne
peut souscrire au pamphlet de Gillet, cf. Korff, p. 337.

poncifs habituels (historien ignorant et menteur qui tourne tout en dérision et nuit aux bonnes mœurs), de bêler au newtonianisme et au lockisme[47]. Nicolai, qui déplore que le nom de Voltaire soit cité en Allemagne par certains avec «une admiration excessive», par d'autres «avec un dégoût tout aussi excessif» (p. 367), entreprend une double défense de Voltaire: les quelques passages où il aurait peut-être franchi certaines limites dans sa lutte contre l'intolérance et la superstition contiennent des critiques pertinentes «pour sa nation, c'est-à-dire pour des catholiques», mais sans objet pour des protestants (p. 390). Par ailleurs, Nicolai souligne la portée universelle du *Traité*, tout comme de son projet d'histoire universelle (p. 374). C'est dans ce contexte que Nicolai a l'habileté de citer abondamment les propos du théologien Walch contre «l'absurdité pestilentielle» qui a nom intolérance (p. 384-385). Après avoir souligné l'innocuité de Voltaire pour des protestants, moins arriérés que des catholiques, Nicolai cherche à isoler Gillet qui serait le seul à parler «avec tant de mépris» de ce *Traité* si consensuel (p. 378).

Après avoir rappelé à Gillet qu'on peut légitimer l'intolérance en se fondant sur des passages de la Bible, et que l'histoire ne s'en est pas privé (p. 381-382), Nicolai enchaîne sur un éloge du traité *Dieu*, dans lequel Voltaire déclare que toute la nature nous crie que Dieu existe: Nicolai, en 1774, est donc bien tout à fait sur la ligne de Voltaire en lutte contre «ce maudit *Système de la nature*» qu'il a publiquement réfuté (p. 392). Nicolai fait ici expressément de Voltaire un rempart contre les athées comme d'Holbach et Boulanger, de même de Resewitz relève que c'est d'eux que proviennent «de nos jours les attaques les plus venimeuses et les plus insidieuses contre le christianisme»[48]. Tout comme Voltaire craint que le *Système de la nature* ne nuise à la cause des philosophes[49], Nicolai déplore que certains modérés, comme le théologien luthérien Jerusalem, se sentent incités à dénigrer en Allemagne «le respectacle nom de philosophe» quand ils parlent d'un «misérable peuple de sophistes athées»[50]. Nicolai affiche un double souci: faire le départ entre tolérance, libre-pensée et athéisme et lutter contre l'orthodoxie et l'athéisme.

---

[47] «Nachbeter des Newton und des Locke», *ADB*, t. 21/1 (1774), p. 367-396; ici: p. 371.

[48] «die giftigsten und verfänglichsten Angriffe auf das Christenthum», *ADB*, t. 37/1 (1779), p. 334.

[49] Cf. Roland Mortier, «Ce maudit *Système de la nature*», in: Ulla Kölving et Christiane Mervaud, *Voltaire et ses combats*, Oxford, Voltaire Foundation, 1997, t. 1, p. 697-704.

[50] «den ehrwürdigen Namen eines Philosophen»; «elendes Volk von atheistischen Sophisten», *ADB*, 21/1 (1774), p. 392.

Pour finir, Nicolai se moque de Gillet qui veut que les ecclésiastiques soient considérés comme «le vrai corps des clercs»[51]: si l'on pouvait considérer sans doute, «dans les temps de la barbarie», c'est-à-dire durant le premier millénaire, les ecclésiastiques comme les vecteurs de la civilisation, cet esprit de corps donna par la suite les inquisiteurs. Partant de cet argument assez conventionnel, Nicolai pose une question qui constitue le cœur même de deux autres comptes rendus dans lesquels Voltaire paraît constituer une référence implicite ou enfouie que nous allons examiner maintenant: qui doit décider de l'opportunité de tolérer? les ecclésiastiques ou l'autorité civile? ou peut-être «l'opinion'?

b) Tolérance et société civile ou la place du théologien dans la cité

Deux ouvrages dont il est rendu compte portent rigoureusement le même titre: *Über Toleranz und Gewissensfreyheit*. L'auteur du premier (390 pages, Berlin 1774) est Friedrich Germanus Lüdke (1730-1792), collègue de Spalding à Berlin et auteur du compte rendu de la première traduction allemande du *Traité*. L'autre (Bützow und Wismar, 1776, 522 p.) est une réponse à Lüdke rédigée par Christian Albrecht Döderlein (1714-1789), qui fut diacre à Halle, puis professeur de théologie à Rostock et Bützow. Les deux comptes rendus sont de la plume de Hermann Andreas Pistorius (1730-1795), beau-frère de Spalding et pasteur à Rügen.

La particularité du compte rendu du livre de Döderlein est… ne pas rendre compte de ce livre, présenté de façon expéditive comme reflétant les positions des orthodoxes[52]. Après avoir longuement répété ou précisé, sur 30 pages, certains points déjà abordés dans le compte rendu du livre de Lüdke, Pistorius confie à ce dernier le soin de répondre aux attaques contre son livre. Cette démarche laisse entrevoir une claire stratégie coordonnée des théologiens éclairés berlinois, destinée à éviter de donner un surcroît de publicité aux idées de Döderlein en les exposant.

Le compte rendu de l'ouvrage de Lüdke est en revanche fort élogieux[53]. Lüdke a déjà écrit un livre sur le «mauvais prosélytisme», c'est-à-dire le prosélytisme intolérant (*Vom falschen Religionseifer*, 1767), dirigé en particulier contre Gœze (le futur adversaire hambourgeois de Lessing), qui se targue de juste colère contre ceux qui s'égarent et ceux qui les y encouragent («ein zürnender Unwille gegen Irrende»).

---

[51] «als das wahre Corps der Gelehrten», *ADB*, 21/1 (1774), p. 394-395.
[52] *ADB*, t. 30/2 (1777), p. 401-431, ici p. 402.
[53] *ADB*, t. 29/1 (1776), p. 5-24.

Lüdke et Pistorius opposent à Gœze, qui veut punir ceux qui ne partagent pas ses vues et qu'il considère comme «stupides»[54], le «vrai» et bon prosélytisme qui doit être «amour et respect de la vérité»[55]. Comme plus tard Joseph II, Lüdke refuse la coercition. Il formule aussi un plaidoyer très luthérien en faveur de l'accès direct à la Bible, contre la «tradition» et les interprétations des théologiens[56], lesquels ne doivent conserver qu'un rôle de médiateurs philologiques chargés d'assurer la compréhension des textes. Point faible de cet argument: Lüdke ne thématise nullement la relation entre la philologie et l'herméneutique.

La méfiance de Pistorius envers les interprétations des théologiens tient à ce qu'il soupçonne une affinité entre leur état socio-professionnel et l'intolérance[57]. Pistorius semble adopter ici les perspectives de Nicolai dénonçant leur esprit de corps. En soulignant que le recul du fanatisme ne leur est pas imputable, mais tient au fait que le pouvoir politique a peu à peu cessé de jouer le rôle de bras armé séculier de la religion[58], il désigne clairement ainsi, même si cette expression n'est pas employée, l'État comme un contre-pouvoir du pouvoir religieux: seul le pouvoir peut arrêter le pouvoir et la tolérance ne s'impose pas d'elle-même.

L'autorité civile a pour mission de veiller à l'ordre public et au bien des sujets[59], ce qui implique de définir «quelles religions, anciennes ou nouvelles, sont bonnes et profitables ou au contraire nuisibles pour la cité»[60]. Usant implicitement de l'idée que la liberté de chacun s'arrête là où commence celle d'autrui, Pistorius souligne que l'autorité civile ne peut tolérer que quiconque, orthodoxes ou novateurs, impose de doctrine à ses sujets[61]: c'est à la communauté de se prononcer sur ce qu'elle veut ou non en matière de prêche, d'accepter ou non des innovations. Tout novateur a besoin de la caution de sa communauté qui doit estimer sa doctrine «utile et profitable»[62]. Inversement, s'il ne l'obtient pas et qu'il soit exclu, il ne peut se plaindre d'être victime d'intolérance[63]. On ne

---

[54] «Dummköpfe», *ibid.*, p. 7.

[55] «Liebe und Hochachtung gegen die Wahrheit», *ibid.*, p. 6.

[56] *Ibid.*, p. 8.

[57] «[…] Versuchungen zu intoleranten Gesinnnugen und zum Verfolgungsgeist selbst in dem Stande und Beruf der Geistlichen zu liegen scheinen», *ibid.*, p. 11.

[58] «[…] daß die weltliche Obrigkeit demselben jetzt nicht mehr so bereitwillig ihren Arm und ihr Rachschwerdt leihet», *ibid.*, p. 11.

[59] *Ibid.*, p. 13.

[60] «welche Religien, alte oder neue, sie für bürgerlich gut und zuträglich oder schädlich erkennen», *ibid.*, p. 13.

[61] *Ibid.*, p. 13.

[62] «nützlich und brauchbar», *ibid.*, p. 17.

[63] *ADB*, t. 30/2, p. 426.

saurait de toutes façons parler d'intolérance aussi longtemps que le «dissident» n'éprouve pas de perte dans «son honneur, sa réputation, sa considération sociale et ses biens»[64].

Outre le souci de l'ordre public se pose la question, récurrente, de l'instance dotée du droit d'exclure. Pour Pistorius, l'exclusion légitime ne peut venir ni des ecclésiastiques, ni du souverain, mais seulement des membres de la communauté[65]. Ce qui peut apparaître comme un souci démocratique dont aucune phrase ne permet au demeurant de comprendre comment ce pouvoir peut s'exercer, est surtout destiné à contrer le pouvoir des ecclésiastiques dans le cadre d'une définition stricte du champ d'intervention de l'État. Le souverain luthérien ou réformé, s'il est bien à la tête de l'Église, n'en est pas le chef mais le protecteur, comme il est «le protecteur naturel des droits de chacun de ses sujets et de toute société intérieure à l'État»[66]; cette dernière expression, pour désigner l'Église, préfigure le statut de «communautés ecclésiales» («Kirchengesellschaften») que le code prussien de 1794 reconnaît aux différentes Églises[67].

Corrélativement, les membres de l'Église, comme tous les citoyens, relèvent pour leurs querelles de l'autorité civile[68], seule habilitée à déterminer quelle religion sera reconnue, et dont le primat sur l'autorité ecclésiastique se trouve ainsi affirmé[69]. L'autorisation est accordée sur le critère de l'utilité sociale.

Nul n'a le droit de s'opposer à une décision de l'autorité civile et d'exercer publiquement une religion qu'elle juge nocive[70]. A l'inverse, un souverain n'a nulle raison, autre que peut-être politique, de refuser d'avoir plusieurs communautés de dogmes différents sous son autorité, dès lors que leurs chefs ou guides sont acceptés par leurs communautés. La question du droit de désobéissance à l'autorité civile, posée à plusieurs reprises[71], est reformulée selon des enjeux pragmatiques. Une

---

[64] «an Ehre, gutem Ruf, bürgerlichem Ansehen, an Vermögen und Gütern, wozu man vor der Ausstoßung berechtigt war», *ibid.*, p. 418.

[65] *Ibid.*, p. 425.

[66] «der natürliche Beschützer aller Rechte eines jeden einzelnen Bürgers und jeder Gesellschaft im Staat», *ibid.*, p. 423.

[67] *Allgemeines Landrecht für die preußischen Staaten*, 2e partie, titre 11, §13-57, en particulier §17.

[68] *ADB*, t. 30/2, p. 423.

[69] *ADB*, t. 29/1, p. 13.

[70] *Ibid.*

[71] *ADB*, t. 29/1, p. 15-17 et t. 30/2, p. 413. Pour des pasteurs luthériens, l'enjeu de cette discussion est en partie de légitimer la révolte de Luther contre Rome, avec le soutien de l'Electeur de Saxe, ainsi que les «spoliations» dont fut victime l'Eglise catholique dont les biens furent accaparés par les protestants (t. 30/2, p. 421).

autorité civile «sage et chrétienne» se montrera tolérante (elle sera «sage» en ce sens qu'elle sait qu'il est dangereux d'introduire un ferment de désordre dans l'État): comme Voltaire[72], Pistorius pense que la tolérance est toujours de l'intérêt même de l'autorité civile[73].

Pour assurer la paix publique, l'autorité civile tentera des arbitrages et devra mesurer les conséquences politiques des sanctions qu'elle pourrait être amenée à prendre contre un pasteur. Elle devra agir avec mesure: en cas de différend irréductible entre un pasteur et sa hiérarchie mais portant exclusivement sur des enjeux théologiques, l'autorité civile pourra prononcer par exemple une suspension avec traitement[74].

Qui peut-on accuser de troubler l'ordre public? Les «novateurs» peuvent certes introduire la division dans la communauté, mais outre qu'il leur arrive ce faisant d'apporter un progrès, ce sont souvent les orthodoxes qui, en poussant des cris d'orfraie, «transforment des controverses savantes en véritables affaires d'État»[75]. Pistorius cautionne les innovations par l'approbation de la «communauté» («Gemeinde»), qui apparaît comme une sorte d'équivalent de la volonté générale de Rousseau, mais refuse que le peuple soit en quelque sorte instrumentalisé dans les controverses par des théologiens qui le prennent à témoin[76]. La crainte du péril ochlocratique, qui détournera bien des Allemands de la Révolution française, apparaît ici déjà en mode mineur.

Dans le compte rendu du livre de Döderlein, Pistorius dénonce l'esprit de caste des ecclésiastiques et reproche aux orthodoxes de faire de l'Église une «société close sur elle-même» («geschlossene Gesellschaft»), une sorte d'État dans l'État régi par ses propres lois et dont ils excluent tous ceux qui ne veulent pas se soumettre à leurs lois[77], car ils sont tentés de prendre les institutions mises en place au cours de l'histoire pour des institutions voulues par le Christ[78], donc de confondre l'Église visible (institutionnelle) et l'Église invisible (la Révélation). C'est sur la base de cette distinction, entre la Révélation et les interprétations des théologiens, paroles humaines asservies comme telles à la faillibilité de la raison, que Pistorius, comme Voltaire au chapitre 13 du

---

[72] *Traité*, *OCV*, t. 56C, chapitre 5, p. 154, et *Commentaire sur le livre Des délits et des peines* de Beccaria (1766), Moland, t. 25, p. 545.
[73] *ADB*, t. 29/1, p. 20.
[74] *ADB*, t. 30/2, p. 419.
[75] *ADB*, t. 29/1, p. 20.
[76] *Ibid.*, p. 21.
[77] *ADB*, t. 30/2, p. 403.
[78] *Ibid.*, p. 405.

Traité, soumet la religion à la même loi du progrès de l'esprit humain que la philosophie, et pour cette raison condamne l'esprit d'orthodoxie[79]. La spécificité de la théologie, dont les serviteurs sont tout aussi susceptibles de se tromper que des philosophes interprétant la nature[80], se trouve ainsi réduite à la Révélation. Les dogmes, qui engendrent l'intolérance, sont énoncés en raison de la nécessité pour l'Église de s'établir institutionnellement et d'assurer son organisation interne; quant à la pratique consistant à établir la vérité à la majorité des voix, comme cela se fait dans les instances de direction de l'Église, elle n'a rien à voir avec une quête de la vérité, dont Pistorius pense comme Lessing qu'elle ne peut être découverte que peu à peu[81], mais s'apparente dangereusement à une sorte de droit du plus fort.

La question de la tolérance se pose par rapport au souci récurrent de l'ordre public. Dans ce contexte, Pistorius rappelle que le primat de l'État est fondé par Luther lui-même: les biens de l'Église sont devenus «biens publics» («öffentliche Güter»), et nul, personne privée ou personne morale, pas même l'Église, ne peut se les approprier, car un tel acte serait un trouble de l'ordre public[82].

L'État doit intervenir dès qu'il apparaît des dissensions entre ses membres, y compris pour des raisons religieuses, car il s'agit alors d'un problème d'ordre public[83]. Toutefois, il doit veiller à ne pas prendre pour des raisons politiques, c'est-à-dire touchant au bien public, le sentiment que certains ecclésiastiques, singulièrement ceux de l'Église en place, peuvent avoir de se sentir lésés. Comme Voltaire[84], Pistorius critique la tendance des ecclésiastiques à prendre leur intérêt de caste, y compris financier, pour l'intérêt public. Et c'est cela même qui le conduit à leur dénier le droit de décider de ce qui est théologiquement acceptable: c'est aux fidèles et non aux théologiens d'en décider. Seule une répartition du pouvoir entre la communauté et la puissance publique permet d'éviter l'abus de pouvoir: la communauté a le droit de désapprouver et de vouloir une exclusion, mais elle ne peut la formaliser juridiquement. A l'inverse, le souverain ne peut exclure que celui qui, de fait, l'est déjà par la communauté et sanctionner celui qui trouble l'ordre public.

[79] *ADB*, t. 29/1, p. 19.
[80] *ADB*, t. 30/2, p. 410-411.
[81] *Ibid.*, p. 410.
[82] *Ibid.*, p. 423 et 427.
[83] *Ibid.*, p. 416-417.
[84] *Traité*, *OCV*, t. 56C, chapitre 3, p. 142-143.

ESPRIT DE CORPS ET OPINION PUBLIQUE

Les textes analysés ici ne constituent pas la totalité du corpus des écrits relatifs à la tolérance parus au cours de ces années, ni même la totalité de ceux, fort nombreux, dont il est rendu compte dans l'*Allgemeine Deutsche Bibliothek*. En 1781, Karl Anton Ernst Becher (1741-1802), pasteur en Thuringe et adepte des idées de Lessing et Nicolai, publie à Berlin un livre intitulé également *Ueber Toleranz und Gewissensfreyheit, und die Mittel, beyde in ihre gehörigen Grenzen zu weisen, den Bedürfnissen unserer Zeiten gemäß* (696 p.) qui s'interroge lui aussi sur la comptabilité de la tolérance avec les lois de l'État. En 1781, l'organe de Nicolai rend compte d'autres ouvrages[85], plus tard du livre de Christian von Dohm sur «l'amendement civique des juifs»[86] et d'un ouvrage sur la réforme de la justice en Prusse[87], tout comme il avait rendu compte des réflexions de Sonnenfels, juif converti et important conseiller de Marie-Thérèse, sur la torture[88].

Il ressort des comptes rendus de Pistorius que la question de la tolérance civile envers les particuliers est considérée comme réglée par les théologiens berlinois. Sans doute affirment-ils ainsi (à peine) implicitement ce qui leur apparaît comme une avance de la Prusse sur d'autres Etats allemands. Seule l'attitude des ecclésiastiques désireux d'abuser d'une position de tenants de la religion officielle poserait encore problème. On notera que Pistorius, bien qu'il prenne acte que Döderlein concède la liberté de conscience et la tolérance privée[89], le considère néanmoins comme un orthodoxe et donc un adversaire. A l'évidence, du point de vue des théologiens de l'entourage de Nicolai, les enjeux portent désormais presque exclusivement sur la place du théologien dans la cité. La question de la tolérance n'est en tout cas envisagée dans ces comptes rendus que sous l'angle juridique de la régulation de la vie sociale, à aucun moment sous l'angle théologique.

Loin de concevoir le combat pour la tolérance comme une lutte contre les Églises, ces comptes rendus contiennent l'affirmation que les pasteurs

---

[85] J. H. L. von Winckelmann, *Versuch über die Frage: ob die Juden zu einer Reichsschlußmäßigen Toleranz gelangen könnten* (1780), in: *ADB*, t. 45/2 (1781), p. 609-611, ainsi que J. P. Brinckmann, *Philosophische Betrachtungen eines Christen über Toleranz in der Religion* (1780), in *ADB*, t. 47/1 (1781), p. 144-147.

[86] *Über die bürgerliche Verbesserung der Juden* (1783), in *ADB*, t. 59/1 (1784), p. 19.

[87] *Briefwechsel über die gegenwärtige Justizreform in Preußischen Staaten*, in *ADB*, t. 52/2 (1783), p. 315.

[88] *Über die Abschaffung der Tortur*, in *ADB*, t. 27/2 (1776), p. 351-361.

[89] «Privattoleranz und Gewissensfreyheit», *ADB*, t. 30/2, p. 404.

ont un rôle majeur à jouer dans la diffusion des idées de tolérance : celle-
ci est une nouvelle manière d'organiser l'Église, non une manière de
réduire son rôle[90] ou de minorer l'importance de la religion dans la vie
quotidienne, mais elle montre au contraire à quel point la religion est
prise au sérieux, comme instrument même de diffusion de l'idée de tolérance. Dans le même temps, en ne cessant de répéter que la religion doit
être utile (« nützlich und brauchbar »), ces pasteurs berlinois affirment la
nécessaire prépondérance de l'État et la mise de l'Église au service de
l'État, une double perspective qui est au cœur aussi des réformes de
Joseph II, y compris de ses édits de tolérance.

On relève, outre une origine commune dans la théorie du droit naturel
rappelée au chapitre 6 du *Traité*, plusieurs points de convergence, ce qui
ne signifie pas nécessairement des emprunts, entre les idées exprimées
dans le *Traité sur la tolérance* et dans l'*Allgemeine Deutsche Bibliothek*.
L'insistance avec laquelle est dénoncé l'esprit de corps de théologiens
qui s'affirment dans le mépris de la communauté n'est pas sans rappeler
la critique des parlements que Voltaire accuse d'être des instruments de
tyrannie subalterne qui contrefont la monarchie parlementaire à l'anglaise
sans être en rien les porte-parole de l'opinion[91]. Voltaire, qui se range au
moment de la réforme de Maupeou du côté du pouvoir royal contre des
parlements, et les pasteurs de l'entourage de Nicolai partagent la même
confiance dans le pouvoir monarchique[92], dont ils refusent de voir l'action entravée par des instances avant tout soucieuses de leurs intérêts
privés. Ils partagent également la même conception (initialement luthérienne) de l'autorité civile, conception dont le principe est rappelé au
chapitre 11 du *Traité* : on doit obéir au roi parce qu'il est le roi et non
pour la religion qu'il a embrassée[93].

Les comptes rendus de l'*Allgemeine Deutsche Bibliothek* tentent, avec
des accents parfois quasi démocratiques (en particulier à propos du rôle
de la communauté), de constituer un espace public dans lequel les hié-
rarchies ecclésiastiques se voient dépossédées du contrôle social des
idées religieuses. Mais s'ils soulignent plus que Voltaire, qui est passé
totalement à côté de l'idée de représentation nationale[94], le rôle que doit
jouer l'opinion publique, ils ne parviennent pas pour autant à en décrire

---

[90] *ADB*, t. 37/1, p. 330-334.

[91] Cf. le pamphlet *L'Équivoque*, publié anonymement en 1771, éd. par Durand Echeverria, *OCV*, t. 73, p. 277-282.

[92] *Traité*, *OCV*, t. 56C, chapitre 2, p. 140.

[93] *OCV*, t. 56C, p. 188.

[94] Cf. René Pomeau, *La Politique de Voltaire*, Paris, Colin, 1963, p. 158.

les modalités d'expression politique. S'ils n'affirment bien entendu pas comme Voltaire que l'intolérance est constitutive du christianisme puisqu'elle se manifeste déjà chez les premiers chrétiens, ils soulignent comme lui qu'elle est inhérente à un pouvoir ecclésiastique non contre-balancé par l'État, mais ils vont au-delà des thèses du *Traité sur la tolérance* en plaçant le pluriconfessionnalisme au cœur même de l'État: ici encore, la Prusse, avec sa majorité luthérienne et sa dynastie calviniste, sert de modèle. L'action menée par les théologiens collaborateurs de l'*Allgemeine Deutsche Bibliothek* vérifie l'idée, soulignée par de nombreux travaux récents, que l'adhésion aux principes des Lumières rassemble, singulièrement en Prusse, des «penseurs indépendants» comme Nicolai, des élites de l'État et des fonctionnaires de hiérarchie moyenne en particulier de nombreux pasteurs.

VOLNEY ÉLÈVE DE VOLTAIRE:
COMPARUTION ET COMPARAISON DES RELIGIONS,
STRATÉGIE POUR LA TOLÉRANCE

Anne-Marie MERCIER-FAIVRE
(*L'IUFM de l'Université de Lyon I*)

Lorsque paraît la première édition des *Ruines*, en août 1791, Constantin-François Chassebœuf de Boisgirais, dit Volney, né en 1757, a déjà un passé d'orientaliste et de voyageur (il est allé en Orient entre 1782 et 1785 et a publié, entre autres, un *Voyage en Egypte et en Syrie* (1787). Il s'est essayé aussi dans le pamphlet avec *La Sentinelle du peuple* (nov-dec. 1788) et s'est lancé dans la politique, y jouant un rôle important (il a été représentant du tiers, membre de la Constituante, et ami – ou même associé – de Mirabeau). Avec *Les Ruines*, il abandonne provisoirement l'action politique[1] et se fait philosophe avant d'être reconnu comme idéologue. *Les Ruines* a connu un énorme succès (la bibliographie que lui consacre Nicole Hafid-Martin recense dix-huit éditions publiées entre 1791 et 1870). Cette œuvre est à la fois une œuvre de l'Ancien Régime (c'est en fait un fragment détaché de son *Voyage en Egypte et en Syrie* – l'idée lui en serait venue en 1787) et une réflexion de révolutionnaire quelque peu déçu par la tournure des événements. Œuvre inspirée par Bailly, Boulanger, Court de Gébelin, Dupuis et bien d'autres[2], elle est aussi imprégnée des idées de Montesquieu, d'Helvétius et de Voltaire. Cet ouvrage apparaît comme «le testament philosophique du XVIIIe siècle»[3]. C'est à ce titre qu'il me paraît

---

[1] *Les Ruines* ont été déposées sur le bureau de la Constituante au moment de l'achèvement de ses travaux. Edna Hindie Lemay évoque l'attitude de Volney à cette époque (marquée par l'événement de Varennes) comme une attitude de «déception mélancolique» («Volney à la Constituante», in: Jean Roussel (éd.), *Volney et les idéologues, actes du colloque d'Angers,* Angers, Presse Universitaire d'Angers, 1988, p. 36). Voir aussi Jean Gaulmier, qui voit en lui un «homme de 89», lassé des incohérences de l'assemblée et des calomnies: *L'Idéologue Volney (1757-1820). Contribution à l'histoire de l'orientalisme en France*, Beyrouth, Imprimerie catholique, 1951, p. 192, et le chapitre de Jean Ehrard consacré à Volney, «Volney ou la révolution mélancolique», in: *L'Invention littéraire au XVIIIe siècle: fictions, idées, sociétés*, Paris, Presses Universitaires de France, 1997, p. 231-244.
[2] Jean Gaulmier (*L'Idéologue Volney*, p. 206 et suiv.) ajoute à cette liste les noms de Fréret (*Mémoire sur les orphiques*), Beausobre (*Histoire des manichéens*), Pluquet (*Histoire des hérésies*), de Brosses (influence à mon avis faible), Burigny (*Histoire des apologistes*).
[3] Jean Gaulmier, *L'Idéologue Volney*, p. 203.

intéressant d'examiner comment la question de la tolérance y est représentée: dans quelle mesure on y retrouve les idées de Voltaire (essentiellement
celles du dernier chapitre de l'*Essai sur les mœurs* (1756) et du *Traité sur
la tolérance* (1763) et comment la littérature travaille les idées au moment
où elles n'appellent plus à une action aussi urgente qu'en 1762.

Si *Les Ruines* ne traite pas uniquement de religion mais essentiellement
des fluctuations de l'histoire, ce sujet est très présent[4] et domine totalement la fin de l'ouvrage: on y trouve une confrontation des différentes
religions qui aboutit à la conclusion que chacune se croit seule détentrice
de la vérité et que cela alimente la plupart des guerres. À partir de là, il
est question de trouver une loi universelle pour toute l'humanité, loi qui
mettrait fin aux querelles. L'ouvrage s'achève sur cette intention, prépa-
rant la publication d'une deuxième partie qui paraîtra en 1793, sous le titre
«La Loi naturelle ou catéchisme du citoyen français»[5]. Ce titre évoque
bien évidemment le *Catéchisme de l'honnête homme* de Voltaire[6], ce qui
peut amener un premier parallèle: chacun de ces auteurs a publié un
«catéchisme» peu après avoir écrit sur la question de la tolérance. Ces
œuvres, orientées vers la loi et une définition du droit, préparent en effet
le terrain pour une réflexion sur ce que serait la meilleure religion, celle
qui porterait les hommes à l'attitude la plus tolérante. Une comparaison
entre les deux pensées et les deux écritures peut s'avérer fructueuse.

On tracera donc à grands traits un portrait du texte de Volney, on verra
dans quelle mesure la pensée de Voltaire est présente dans l'approche et la
définition de la tolérance et de la justice. Enfin, on s'interrogera sur le sens
de certains dispositifs énonciatifs qui donnent à ces idées une coloration
particulière.

LES RUINES

Si l'œuvre de Voltaire se présente comme un traité, celle de Volney est
une «méditation» puisque le titre complet est «Les Ruines ou méditation

---

[4] On trouve d'ailleurs une édition récente d'extraits des *Ruines* intitulée «Les Religions: causes, conséquences» qui illustre le fait que les pages les plus fortes de cet ouvrage
sont consacrées à ce sujet.

[5] Éditée en 1821 dans l'édition Bossange frères des *Œuvres* sous le titre «La Loi naturelle
ou principes physiques de la Morale déduits de l'organisation de l'homme et de l'univers».
Saint-Lambert avait publié en 1798 les *Principes des mœurs chez toutes les nations ou catéchisme
universel*, dont certaines parties ont pu être rédigées plus tôt (avant 1788) d'après Laurent Versini
(«préhistoire de l'idéologie», dans Jean Roussel (éd.), *Volney et les idéologues*, p. 92). Ces
œuvres sont à rapprocher du *Catéchisme de la nature* d'Holbach (posthume, 1790).

sur les révolutions des empires». Mais celle-ci n'est en réalité que le cadre du plusieurs procès successifs. Le texte est divisé en 24 chapitres très courts pour la plupart[7], enflant de façon très déséquilibrée sur la fin (pour un total de 270 pages, dont 60 pages de notes)[8]. Les dix premiers chapitres, très courts (de deux à cinq pages), mettent en scène le cadre de la méditation et ses premiers développements. Ils sont précédés par une invocation qui donne le ton de l'ouvrage: «Je vous salue, ruines solitaires, tombeaux saints, murs silencieux! c'est vous que j'invoque; c'est à vous que j'adresse ma prière»[9]. Le premier chapitre (le voyage) met en scène un narrateur voyageant en Egypte et en Syrie (comme Volney, on a donc ici un récit à la première personne qui se rapproche d'une autofiction, même si Volney ne s'est en réalité pas rendu à Palmyre)[10]. Celui-ci se lamente sur ce qu'il a vu («partout ne voyant que brigandage et dévastation, que tyrannie et que misère, mon cœur était oppressé de tristesse et d'indignation»)[11]. Il erre au clair de lune dans les ruines de Palmyre et se plonge dans une rêverie profonde. Dans le deuxième chapitre, sa méditation se développe sur le sort de l'humanité tout entière, promise à la destruction et au malheur. Il accuse la fatalité puis un «dieu mystérieux» qui aurait «porté contre cette terre un anathème secret; en vengeance des races passées, il a frappé de malédiction les races présentes»[12]. Ce premier procès fait intervenir la deuxième voix de ce texte très polyphonique, celle du défenseur de ces accusés, le fantôme:

> [...] dans le mélange du clair-obscur de la lune, au travers des colonnes et des ruines d'un temple voisin, il me sembla voir un fantôme blanchâtre, enveloppé d'une draperie immense, tel que l'on peint les spectres sortant des tombeaux. Je frissonnai; et tandis qu'agité j'hésitais de fuir ou de m'assurer de l'objet, les graves accents d'une voix profonde me firent entendre ce discours:
> Jusques à quand l'homme importunera-t-il les cieux d'une injuste plainte? Jusques à quand, par de vaines clameurs, accusera-t-il le Sort de ses maux? Ses yeux seront-ils donc toujours fermés à la lumière, et son cœur aux insinuations de la vérité et de la raison?[13]

---

[6] *Catéchisme de l'honnête homme, ou dialogue entre un caloyer et un homme de bien*, trad. du grec vulgaire par D. J. J. R. C. D. C. D. G., 1763. Moland, t. 24, p. 523-541.

[7] C'est sans doute un hasard, mais le traité de Voltaire en comporte 25…

[8] L'édition choisie est celle proposée par Anne et Henry Deneys (éd.), in: Volney, t. 1 des *Œuvres*, Paris, Fayard (Collection *Corpus des œuvres de philosophie en langue française*), 1989; l'orthographe a été modernisée.

[9] *Les Ruines*, t. 1, p. 169.

[10] Voir Jean Ehrard, *L'Invention littéraire au XVIIIᵉ siècle*, p. 133.

[11] *Les Ruines*, p. 171-172.

[12] *Les Ruines*, p. 179.

[13] *Les Ruines*, p. 181.

Appelé par la suite «Génie», «Génie des tombeaux et des ruines», il récuse le procès fait à la divinité ou à la fatalité, et en appelle aux ruines: «venez au tribunal d'un sain entendement déposer contre une accusation injuste![…] vengez la terre et les cieux de l'homme qui les calomnie»[14].

Le narrateur tente de se disculper en répondant au génie qu'il voulait comprendre: «*par quels mobiles s'élèvent et s'abaissent les empires; de quelles causes naissent la prospérité et les malheurs des nations; sur quels principes enfin doivent s'établir la paix des sociétés et le bonheur des hommes*»[15]. Ces propos, en italique dans le texte, sont ceux qui ont été placés en exergue à l'ouvrage. Ils indiquent son projet et son plan.

Pour répondre aux questions du voyageur et faire à son tour le procès de l'humanité, le Génie entraîne le narrateur dans les sphères supérieures: «élève-toi, mortel, me dit-il et dégage tes sens de la poussière où tu rampes»[16]. Lui faisant contempler le globe comme une lune lointaine, le génie détaille les lieux des anciens empires aujourd'hui oubliés et lui fait un portrait de la «condition de l'homme dans l'univers» (chapitre V), de son état originel (chapitre VI), du principe initial des sociétés, fondées sur l'amour de soi (chapitre VII). Les chapitres suivants développent les causes des maux de l'humanité dans lesquels l'intolérance a une grande part.

CAUSES DE L'INTOLÉRANCE, DÉFINITION DE LA TOLÉRANCE

Les passions de l'homme, la cupidité, l'orgueil, la jalousie, l'ignorance, sont les principales coupables (chapitre IX). On peut reconnaître là les analyses de Voltaire dans le *Traité*, notamment celle qui porte sur la dernière de ces calamités. Dans l'*Essai sur les mœurs,* on a pu lire:

> Puisque la nature a mis dans le cœur des hommes l'intérêt, l'orgueil, et toutes les passions, il n'est pas étonnant que nous ayons vu, dans une période d'environ dix siècles, une suite presque continue de crimes et de désastres. Si nous remontons aux temps précédents, ils ne sont pas meilleurs[17].

---

[14] *Les Ruines*, p. 181.
[15] *Les Ruines*, p. 187-189
[16] *Les Ruines*, p. 189.
[17] *Essai sur les mœurs*, éd. René Pomeau, Paris, Garnier, 1963, t. 2, p. 810.

Si, d'après Volney, les premières lois ont tenté de remédier aux malheurs et aux désordres et ont ouvert un temps de prospérité et de félicité générale, la décadence les a dénaturées. Est arrivé alors le moment où les hommes, «éperdus de tant de calamités, [...] en reportèrent les causes à des puissances supérieures et cachées; et parce qu'ils avaient des tyrans sur la terre, ils en supposèrent dans les cieux; et la superstition aggrava le malheur des nation»[18].

Une nature humaine commune, mais apparemment encore plus féroce chez les monothéistes. La dénonciation des chrétiens par Voltaire dans le *Traité* («je le dis avec horreur mais avec vérité: c'est nous chrétiens, c'est nous qui avons été persécuteurs, bourreaux, assassins!»[19]) est élargie par Volney, qui fait dire au Génie en réponse au voyageur très catholique: «*races saintes et fidèles* [juifs, chrétiens et mahométans], quels sont vos ouvrages? voilà le fruit de votre *piété*? Vous avez tué les peuples, brûlé les villes, détruit les cultures, réduit la terre en solitude»[20]. Ainsi, Volney reprend le combat du *Traité sur la tolérance* en l'élargissant: il n'est plus dans un procès particulier, dans une histoire du christianisme, mais il élargit le temps et l'espace et mène cette fois un procès «philosophique» contre toutes les religions qui ont aveuglé l'homme, essentiellement les monothéismes.

La tolérance est justifiée dans les deux œuvres par un motif théologique: il y a une contradiction entre les buts moraux affichés par les religions et les manifestations de l'intolérance religieuse[21]. Selon Voltaire «on s'est servi dans toute la terre de la religion pour faire le mal, mais elle est partout instituée pour porter au bien; et si le dogme apporte le fanatisme et la guerre, la morale inspire partout la concorde»[22]. Ces propos de l'*Essai sur les mœurs* résument en partie la théorie des *Ruines*. Le Génie a des accents proches de ceux de Voltaire:

> La sainteté consiste-t-elle à détruire? [...] le *Dieu* qui anime la nature entière est-il donc un Dieu de ruines et de tombeaux? Demande-t-il la dévastation pour hommage et pour sacrifice l'incendie? Veut-il pour hymne des gémissements, des homicides pour adorateurs, pour temple un monde désert et ravagé?[23]

---

[18] *Les Ruines*, p. 222.

[19] *Traité sur la tolérance,* ed. John Renwick, *OCV*, t. 56c, p. 182.

[20] *Les Ruines*, p. 184 (souligné dans le texte).

[21] Le dialogue polémique entre les religions dans *Les Ruines* se déroule de telle façon que celles-ci se détruisent mutuellement essentiellement avec cet argument – les hommes sauvages et un Américain y font entendre la voix du bon sens et de la logique, ce qui apporte une touche d'humour, chose assez rare dans cet ouvrage. Le ridicule, enfin, tue.

[22] *Essai sur les mœurs,* t. 2, p. 810.

[23] *Les Ruines*, p. 184.

Le personnage de Mahomet ressemble à celui que trace Voltaire dans sa pièce et l'Islam est l'exemple même d'une religion qui génère la guerre:

> toutes les guerres qui ont désolé l'Asie et l'Afrique depuis Mahomet, ont eu pour cause principale le fanatisme apostolique de sa doctrine. On a calculé que César avait fait périr trois millions d'hommes: il serait mieux de faire le même calcul sur *chaque fondateur de religion*[24].

Si Voltaire présente le fanatisme et l'intolérance comme une déformation de certaines religions, Volney suppose ainsi que chaque religion a possédé à son origine ces caractéristiques.

Plus radicalement, le chapitre des *Ruines* intitulé «Identité du but des religions» contredit l'optimisme du *Traité* et se rapproche davantage du scepticisme de *La Philosophie de l'histoire*. Le but des religions n'est pas la morale, mais l'intérêt. Les peuples assemblés écoutent un discours des législateurs qui montre que partout les cultes ont été utilisés pour mieux les tromper; partout les prêtres ont été «ennemis de la société»[25]. Ce réquisitoire est suivi d'un simulacre d'exécution symbolique, une «fiction sacrificielle», pour reprendre les termes de Stéphane Pujol[26]: «les peuples, saisis de fureur, voulurent mettre en pièces les hommes qui les avaient abusés»[27]. Contrairement à ce qui se passait au temps de Voltaire, le procès des religions, aussi philosophique soit-il, risque d'engendrer de nouvelles violences – réelles cette fois. Mais accusation radicale ne signifie pas ici pour autant mise à mort des coupables: «les législateurs, arrêt[ent] ce mouvement de violence», et rejettent la faute sur le peuple lui-même, sur son ignorance et sa cupidité. On est en 1791, ce procès symbolique et son issue ont sans doute dans l'esprit de Volney une visée non seulement philosophique mais pratique: il y a urgence à fonder une tolérance non seulement religieuse mais aussi judiciaire, historique et sociale. Le procès ne vise pas à venger[28] ni à punir mais à éduquer et à fonder le droit.

La libération des peuples a eu lieu et a été représentée un peu plus haut dans l'ouvrage; le «siècle nouveau» s'ouvre par un dialogue entre le

---

[24] En note dans *Les Ruines*, p. 393; souligné par moi.

[25] A la suite de cette révélation, le peuple assemblé pense se venger (p. 370-371).

[26] Voir son texte dans ce volume («Tolérer l'intolérant»), où il évoque, dans les contes de Voltaire, les mises à mort fictionnelles de prêtres qui visent à venger le genre humain.

[27] *Les Ruines*, p. 370.

[28] Voir le texte de Bruno Bernard dans ce volume («Les théoriciens de la réforme pénale dans les Pays-Bas autrichiens») sur les justifications données à la peine de mort.

peuple et ce qu'on nomme la «classe distinguée» et enfin les gouvernements, bref dialogue de quatre pages qui se solde par la victoire du peuple, constatée par les possédants: «nous sommes perdus; la multitude est
éclairée»[29]. Ainsi, l'avènement de la tolérance chez Volney est bien précédé, comme chez Voltaire, par l'arrivée des Lumières, mais celles-ci
s'adressent au peuple et sont essentiellement politiques.

Voltaire voyait avec espoir les Lumières se répandre en Europe; selon
le Génie, l'invention de l'imprimerie, les progrès de la raison depuis trois
siècles, l'universalité de la langue française, la loi de l'exemple, le désir
d'être heureux, font qu'un jour «l'espèce entière [...] deviendra une
même *famille* gouvernée par un même esprit, par de communes lois et
jouissant de toute la félicité dont la nature humaine est capable»[30].
Le voyageur expose cependant ses doutes face à ce bonheur futur, l'obstacle principal résidant dans la diversité des cultes:

> [...] comment dissiper le préjugé qui d'abord a saisi l'esprit? Com-
> ment, surtout, écarter son bandeau quand le premier article de chaque
> croyance, le premier dogme de toute religion est la proscription abso-
> lue du doute, l'interdiction de l'examen, l'abnégation de son propre
> jugement? Que fera la vérité pour être reconnue?[31]

Voltaire écrivait que pour vaincre le fanatisme, il suffisait de le peindre[32]. Volney choisit une autre tactique, il ne s'agit pas de peindre mais
de philosopher.

Le mal doit être attaqué à sa racine. Dès le premier chapitre du *Traité*,
Voltaire attaquait conjointement «la faiblesse de notre raison et l'insuffisance de nos lois»[33]. Volney reprend le même diagnostic pour créer une
loi qui tienne compte de la faiblesse de la raison et qui fasse ainsi que
les domaines de la connaissance et de l'obéissance soient rapprochés: à
travers un dialogue imité de Socrate, les Législateurs font convenir les
peuples qu'ils ne s'accordent que sur leurs sensations. Puisque seuls les
objets qui ne tombent pas sous les sens font problème, «*il faut tracer une
ligne de démarcation entre les objets vérifiables et ceux qui ne peuvent
être vérifiés [...]; c'est-à-dire qu'il faut ôter tout effet civil aux opinions
théologiques et religieuses*»[34]. Cette phrase pourrait être le reflet de la

---

[29] *Les Ruines*, p. 258.
[30] *Les Ruines*, p. 245.
[31] *Les Ruines*, p. 249.
[32] *Remarques pour servir de supplément à l'*Essai sur les mœurs (Quinzième remarque), in: *Essai sur les mœurs*, t. 2, p. 931.
[33] *Traité sur la tolérance*, OCV, t. 56C, p. 134.
[34] Souligné par l'auteur. *Les Ruines*, p. 378.

liberté religieuse que le Constituant Volney aurait sans doute souhaité voir inscrite dans la loi au lieu d'une simple tolérance[35].

Cette phrase semble accorder la liberté d'opinion à tous au nom de la justice, mais surtout de la vérité[36]. Les législateurs annoncent la «religion de l'évidence et de la vérité»[37]. On trouvera celle-ci développée dans *La Loi naturelle, ou catéchisme du citoyen français*. Cet ouvrage vise à compléter cet aspect législatif, visant les institutions, d'un versant moral, visant le comportement des individus[38]. La loi naturelle est universelle, évidente, raisonnable juste et enfin «pacifique et tolérante, parce que dans la loi naturelle, tous les hommes étant frères et égaux en droit, elle ne leur conseille à tous que paix et tolérance, même pour leurs erreurs»[39].

Le christianisme est expulsé comme les autres religions: issu de la religion primitive, ancien culte solaire déformé (on retrouve la théorie de Dupuis), il est à ce titre aussi respectable ou aussi peu, que le fétichisme ou l'hindouisme. La nécessité de la «tolérance universelle» (titre et aboutissement du chapitre XXII du *Traité*) n'est pas tant évoquée dans ce texte à travers l'évocation d'une fraternité naturelle entre les hommes, qu'à travers l'intérêt commun et la survie de l'espèce.

Dans les deux œuvres, les différences visibles et donc superficielles entre les hommes (vêtements, coutumes, pratiques…) sont mises en évidence afin de montrer ce qui les oppose pour aller à la recherche de ce qui les unit. C'est aussi ce qui est développé dans le dernier chapitre de l'*Essai sur les mœurs*:

> L'empire de la coutume est bien plus vaste que celui de la nature; il s'étend sur les mœurs, sur tous les usages; il répand la variété sur la scène de l'univers: la nature y répand l'unité; elle établit partout un petit nombre de principes invariables: ainsi le fonds est partout le même, et la culture produit des fruits divers[40].

---

[35] Voir aussi l'analyse de Bernard Plongeron de l'article 10 de la Déclaration des Droits: «Aux sources d'une notion faussée: les langages théologiques de la tolérance», in: *Bulletin de la Société de l'Histoire du protestantisme français* (*BSHPF*), t. 134/II (avril-mai-juin) 1988, p. 230-231; il rappelle que l'émancipation des juifs ne sera établie qu'en septembre 1791.

[36] Sur la question des rapports difficiles entre tolérance et vérité, voir Paul Ricœur, «Tolérance, intolérance, intolérable», in: *Bulletin de la Société de l'Histoire de France*, t. 136/II, avril-mai-juin 1990 (Actes des journées d'études sur l'Édit de 1787 – Paris, 9-10 octobre 1987 – réunis par André Encrevé et Claude Lauriol), p. 439-41. Voir aussi l'analyse de Gerhardt Stenger dans ce volume-ci: «L'Intolérance catholique, 1750-1770».

[37] *Les Ruines*, p. 378.

[38] Voir sur cette distinction Paul Ricœur, *BSHPF*, p. 443 et suiv.

[39] *La Loi naturelle*, in *Œuvres*, p. 449.

[40] *Essai sur les mœurs*, t. 2, p. 810.

La «religion de l'évidence et de la vérité» annoncée par Volney reprend et systématise cette idée. Elle est celle qui met tous les hommes d'accord, qui élimine la coutume pour se resserrer aux «lois sur lesquelles la Nature elle-même a fondé son bonheur»[41] (ce sont les derniers mots des *Ruines*). Si la raison triomphe de l'obscurantisme, c'est au prix de la négation de la culture et de l'histoire des nations; on n'est pas loin des contradictions qui minent les théories des idéologues, d'après l'analyse de Bernard Plongeron:

> Coincés entre la notion floue de la «nature» du 18e siècle et les exigences scientifiques du progrès, marque de l'historicité de l'homme, les Idéologues rencontrent, comme à la charnière des deux concepts réputés antinomiques, la «métaphysique» qu'on croyait bien reléguée au magasin des accessoires et des préjugés théologiques d'Ancien Régime[42].

Au passage, on retrouve ici l'un des problèmes auxquels nous sommes encore confrontés aujourd'hui: l'avènement de la tolérance ne peut se faire sans le respect de l'histoire et de la culture des hommes, mais ce sont ces histoires et ces cultures qui bien souvent l'empêchent. On ne s'étonnera pas que *Les Ruines* et le *Catéchisme du citoyen* aient été suivis par les *Leçons d'histoire*, dans lesquelles la critique de l'histoire remplace celle de la métaphysique[43].

LES PROCÉDÉS D'ÉNONCIATION

La caractéristique la plus frappante des *Ruines* est sa mise en scène initiale: le cadre choisi, la clarté lunaire, et la présence d'un narrateur en

---

[41] *Les Ruines*, p. 378. Sur cet amalgame entre loi naturelle et législation qui établit une liaison (anti-rousseauiste) entre le naturel et le social, voir Bernard Plongeron, «Nature et histoire chez les idéologues», in: *Dix-Huitième siècle* 5 (1973), p. 375-412, et tout pécialement les p. 399-401; selon Brian C. J. Singer, «Nature, history and morality seem to be drawn into an equation that allows no opposition between the terms. And society too should be added to the equation; for morality, «la morale», is no mere aspect of social life, but its very essence, the principle behind the possibility of association» (*Society, theory and the French Revolution: Studies in the revolutionary imaginary*, Gordonsville, Virginia, 1986, p. 25).

[42] Bernard Plongeron, p. 377.

[43] La connaissance historique «divise les hommes au lieu de les aider à vivre» (Denise Brahimi, «Les «leçons d'histoire» de Volney», in: *L'Histoire au XVIIIe siècle*, Aix-en-Provence, Publications de l'Université de Provence, 1980, p. 405-425). Georges Gusdorf rapproche cette attitude de celle de Louis-Sébastien Mercier, l'histoire étant d'après ce dernier «la honte de l'humanité», «l'égout des forfaits du genre humain» (*L'An 2440*, cité par Denise Brahimi («Les leçons d'histoire», p. 412).

larmes, l'intervention d'un fantôme et enfin le voyage dans l'espace puis dans le temps. La vision des événements est essentiellement une vision de loin ou biaisée: le passé défile en accéléré sur une terre vue d'en haut et le futur s'exprime en dialogues allégorico-platoniciens. C'est, d'après Georges Benrekassa, «une psychomachie assez étrange où entrent en lice aussi bien des passions quasi allégorisées que des concepts animés […] la Passion, l'Ignorance, la Cupidité, où se manifestent la perfectibilité, la tolérance ou le fanatisme»[44].

On voit par là se manifester la visée différente des œuvres: le *Traité* de Voltaire est une œuvre de circonstance, qui vise à agir sur le futur proche, et qui fournit des pièces et des preuves pour un procès, elle est historique et judiciaire. Celle de Volney part de plus loin et montre davantage de recul par rapport aux événements particuliers, elle est en cela plus proche de *La Philosophie de l'histoire*. Cependant certains aspects peuvent encore la rapprocher du *Traité*.

Le traitement du temps et de l'espace dans ces deux œuvres est très particulier. On y trouve des effets saisissants de déplacement d'une époque à l'autre, d'un lieu à l'autre. La brièveté des chapitres de Voltaire et surtout la variété des lieux et des temps évoqués dans le *Traité* en est un des ressorts. Volney opère de façon plus simpliste: grâce à l'action magique du Génie, il fait défiler le passé et le futur de façon linéaire devant le narrateur alors que le lecteur du *Traité* est soumis à des sauts temporels et spatiaux d'un chapitre à l'autre, ou à l'intérieur d'un même chapitre.

Voltaire transporte donc lui aussi son lecteur vers d'autres mondes. Mais on peut admirer l'économie des moyens, dans ce passage où le narrateur n'a pas besoin d'un génie ou d'un Micromégas pour faire traverser le temps et l'espace à son lecteur. Il lui suffit de dire «transportez-vous»:

> […] je vous dirais en répandant des larmes sur le genre humain:
> «Transportez-vous avec moi au jour où tous les hommes seront jugés et où Dieu rendra à chacun selon ses œuvres.»
> «Je vois tous les morts des siècles passés et du nôtre comparaître en sa présence»[45].

La prise de distance, le pas de côté vers un point de vue plus surplombant, permanent chez Volney, est aussi présente chez Voltaire, sous la

---

[44] Georges Benrekassa, «Poétique et politique de la régénération. *Les Ruines* de Volney et le moment révolutionnaire», in: *Bulletin des Bibliothèques de France* t. xxxiv 2-3 (Paris 1989), p. 149-157, p. 156.

[45] *Traité sur la tolérance*, OCV, t. 56C, p. 249-250.

forme d'éclairs isolés (et néanmoins saisissants), de visions brèves. Mais son ancrage dans l'ici et maintenant domine.

Autre point de similitude, la «vue de Sirius», si elle n'est pas constante dans le *Traité* de Voltaire, est utilisée plusieurs fois. Ainsi, dans la «Prière à Dieu», les hommes sont de «faibles créatures perdues dans l'immensité», leur vie n'est qu'un instant. Dans le chapitre sur la tolérance universelle (chapitre XXII), ce point de vue domine encore davantage.

> Ce petit globe, qui n'est qu'un point, roule dans l'espace, ainsi que tant d'autres globes; nous sommes perdus dans cette immensité. L'homme, haut d'environ cinq pieds, est assurément peu de choses dans la création. Un de ces êtres imperceptibles dit à quelques-uns de ses voisins, dans l'Arabie, ou dans la Cafrerie: «Ecoutez-moi, car le Dieu de tous ces mondes m'a éclairé; il y a neuf cent millions de petites fourmis comme nous sur la terre, mais il n'y a que ma fourmilière qui soit chère à Dieu, toutes les autres lui sont en horreur de toute éternité»[46].

Voltaire utilise souvent la métaphore de la fourmillière, empruntée à Lucien: on la trouve dans *Micromégas*, le *Dictionnaire philosophique*, les *Questions sur l'Encyclopédie*, l'*ABC*[47]. Ici, le narrateur reste inclus dans l'humanité et les termes «imperceptibles», «fourmilière» sont des façons de désigner plus que le compte rendu d'une vision. L'axiologique domine le perceptif, au service d'une pédagogie: «the ant-hill is pivotal in inculcating the lesson of toleration»[48]. Ce qui était un procédé d'écriture isolé et fugitif chez Voltaire est chez Volney systématisé et transformé en situation d'énonciation: c'est le narrateur qui assume ce point de vue lorsqu'il contemple le globe et aperçoit de loin des flammes et des tourbillons d'insectes:

> [...] comment pourrais-je discerner de si petites créatures? seulement, on dirait que ces insectes simulent des combats car ils vont, viennent, se choquent, se poursuivent [...] quels sont ces animalcules insensés qui se détruisent? ne périront-ils pas assez tôt, eux qui ne vivent qu'un jour?[49]

Le génie le touche en disant «vois et entends». Il s'exclame: «Ces colonnes de feux, ces insectes! ô Génie! ce sont les hommes»[50].

---

[46] *Traité sur la tolérance*, *OCV*, t. 56C, p. 247.

[47] Voir Nicholas Cronk, «Voltaire, Lucian and the philosophical traveller», in: John Renwick (éd.), *L'Invitation au voyage. Studies in honour of Peter France*, Oxford, Voltaire Foundation, 2000, p. 81.

[48] Nicholas Cronk, «Voltaire, Lucian and the philosophical traveller», p. 81.

[49] *Les Ruines*, p. 225-226.

[50] *Les Ruines*, p. 226.

Ce qui chez Voltaire est un argument (la multitude et la petitesse des hommes font que leurs querelles sont absurdes) se veut chez Volney à la fois argument et spectacle (mais, comme c'est souvent le cas quand les deux sont mêlés, le spectacle l'emporte). Les effets de la guerre et de l'intolérance sont montrés de façon lointaine et globale, la vue ne s'accommode jamais au sort d'individus isolés. Cela tient à la place et au statut du narrateur. Les groupes humains sont désignés par des signes: drapeaux, vêtements, coiffures… comme dans *Candide* ou *Micromégas,* pour marquer l'extrême variété des mœurs et de l'espèce humaine et le caractère superficiel de ces variations:

> D'un côté je voyais l'Européen, à l'habit court et serré, au chapeau pointu et triangulaire, au menton rasé, aux cheveux blanchis de poudre; de l'autre, l'Asiatique à la robe traînante, à la longue barbe, à la tête rase et au turban rond. Ici, j'observais les peuples africains, à la peau d'ébène, aux cheveux laineux, au corps ceint de pagnes blancs et bleus, ornés de coquilles et de verres: là les races septentrionales, enveloppées dans leur sac de peau; le *Lapon* en bonnet pointu, aux souliers de raquettes[51].

L'intolérance se fond dans la masse des malheurs de l'histoire humaine. Alors que Voltaire combine vision de près et vision de loin, Volney ne conserve que cette dernière, qui conduit à l'apitoiement et au désir de changement sans faire passer par une réflexion historique précise. Ce dispositif est à l'image de ce qu'est devenu le combat pour la tolérance en 1791: non plus une intervention urgente qui tente de faire modifier des lois opprimant certaines catégories de citoyens, mais une réflexion philosophique qui tente de poser les fondements d'une loi universelle pour toute l'humanité. La tolérance est passée du cas judiciaire à la philosophie du droit et à l'idéologie et les procédés d'énonciation choisis sont liés à ce changement de perspective.

Pour terminer, un autre trait lié à l'énonciation est celui de la voix. Si nous continuons à comparer le *Traité sur la tolérance* et *Les Ruines* en nous demandant cette fois qui parle, nous pouvons constater que ces deux œuvres sont extrêmement polyphoniques, mais de façon différente. Voltaire propose un «je» de narrateur très identifiable et assimilable à lui-même. Ce narrateur est avant tout un homme qui rassemble des documents et établit des preuves («Celui qui écrit cette relation possède une attestation que…»)[52]. Son ouvrage, autant qu'un traité, est une requête:

> Cet écrit sur la tolérance est une requête que l'humanité présente très humblement au pouvoir et à la prudence. Je sème un grain qui pourra un jour produire une moisson. Attendons tout du temps, de la bonté du

---

[51] *Les Ruines*, p. 271
[52] *Traité sur la tolérance*, *OCV*, t. 56C, p. 132.

roi, de la sagesse de ses ministres, et de l'esprit de raison qui commence à répandre partout sa lumière[53].

Il s'adresse ici indirectement aux autorités et dans d'autres passages directement à Dieu («Prière à Dieu») et à son lecteur. Enfin, Voltaire fait parler de nombreuses personnes, réelles ou fictives, cite des textes et donne la parole à la nature dans la prosopopée finale, mais c'est lui, auteur-narrateur, qui gouverne le déroulement du texte; la «Prière à Dieu» qui clôt provisoirement le texte rend sa présence très forte, comme une signature.

Les Ruines sont une «méditation». La méditation, contrairement au traité ou à la requête, ne s'adresse à personne sinon au penseur lui-même. Elle n'est pas destinée à favoriser une action immédiate. Mais un livre est cependant une méditation partagée. Le lecteur n'est pas présent comme destinataire dans cette œuvre, mais il peut s'identifier dans plusieurs figures. La voix narrative chez Volney est clivée: le voyageur assume certes le cadre de la narration, mais il joue un rôle très faible dans la gestion du texte. Il gémit et questionne, puis se contente le plus souvent de décrire ce qu'il voit; on peut voir en lui une instance du lecteur, son désengagement devenant alors le sien[54]. Le Génie est la voix qui domine le texte dans la première moitié (jusqu'à la fin du chapitre XV): c'est lui qui parle le plus longtemps et avec le plus d'assurance. Par la suite, on lit des dialogues ou des discours, le plus long (48 pages) étant assumé par un orateur représentant les philosophes de toutes les nations, les «esprits dégagés de préjugés»[55]. Enfin, ce sont les Législateurs qui conduisent les dialogues et débats qui occupent la deuxième moitié de l'ouvrage.

Cette œuvre fait entendre plusieurs voix qui pourraient aussi être celles de Volney: celle d'un narrateur désabusé et impuissant, qui pourrait être une part de lui-même; celle du Génie qui représenterait son désir d'agir encore sur le destin des hommes; celle des Législateurs qui serait à la fois la voix du tribun qu'il n'est plus et le germe de l'ouvrage qu'il prépare.

---

[53] *Traité sur la tolérance*, OCV, t. 56C, p. 261.

[54] A propos du prologue des *Ruines*, Georges Benrekassa écrit: «tout se passe comme si l'abstraction philosophique avait besoin préalablement d'une abstraction poétique. Et on ne peut s'empêcher de penser que celle-ci, au moment où elle se dévoile, est le signe d'une forme de non-compromission qui n'est pas sans faire problème» («Poétique et politique de la régénération. *Les Ruines*[…]», p. 155).

[55] «un groupe nouveau formé à l'instant d'hommes de divers étendards, mais lui-même n'en arborant point, s'avança dans l'arène; et l'un de ses membres portant la parole dit: …» (*Les Ruines*, p. 313).

Le narrateur principal n'est pas un philosophe mais plutôt un catholique timide. Il devient sans doute un penseur après cette «révélation» (il y a de l'*Apocalypse* ou de la *Divine comédie* dans cette mise en scène), paradoxale dans une telle œuvre, comme l'a souligné Georges Benrekassa, faisant un parallèle entre cette œuvre et les «songes intitiatiques et/ou politiques»:

> Cela figure bien un rapport à la vérité qui n'est pas complètement discursif, et une manifestation de celle-ci comme pensée intérieure et révélation personnelle [...dans] une œuvre dont l'axe est un procès de la croyance, source des malheurs de l'humanité[56].

Cette «révélation» fera de lui un bienfaiteur des hommes mais le laissera en marge de l'humanité (il y a peu de «nous» dans cette œuvre).

L'invocation initiale décrit sa position (je cite ici le début et la fin de ce chapitre d'invocation):

> Je vous salue, ruines solitaires, tombeaux saints, murs silencieux! c'est vous que j'invoque; c'est à vous que j'adresse ma prière[57].
> O! ruines! je retournerai vers vous prendre vos leçons! je me replacerai dans la paix de vos solitudes; et là, éloigné du spectacle affligeant des passions, j'aimerai les hommes sur des souvenirs; je m'occuperai de leur bonheur; et le mien se composera de l'idée de l'avoir hâté[58].

On aurait ici l'équivalent de la «Prière à Dieu» du *Traité*, avec des renversements significatifs: la signature, le «je» de l'auteur, s'affirmerait au début et non à la fin, s'affirmerait comme solitaire face aux autres hommes et surtout s'adresserait non pas à Dieu mais à un paysage. Reste à définir ce que sont ces ruines qui semblent prendre la place de la divinité, à qui l'on adresse invocation et prière et qui sont l'objet de la méditation.

Dieu est absent. Il n'est évoqué que par défaut (notamment dans le premier chapitre, «dieu mystérieux» qui «a porté contre cette terre un anathème secret»)[59]. En revanche, une autre présence immatérielle semble prendre sa place. Le Génie est le «génie des ruines», donc l'émanation de ce paysage. On peut trouver ici un topos panthéiste dont le romantisme usera et abusera, mais comme dans le romantisme dans sa meilleure veine, ce paysage représente bien sûr autre chose que lui-même. Le Génie présente les ruines – donc lui-même – comme des témoins qui parlent

---

[56] Georges Benrekassa, «Poétique et politique de la régénération. *Les Ruines*[...]», p. 156.
[57] *Les Ruines*, p. 169.
[58] *Les Ruines*, p. 170.
[59] *Les Ruines*, p. 179.

pour la Nature: «Et vous, témoins de vingt siècles divers […], paraissez dans la cause de la *Nature même*»[60]. C'est donc la nature (et à travers elle aussi le temps) qui parle, à travers des filtres et des relais superposés (on part de la nature vers les ruines, elles-mêmes incarnées par le Génie). Ce qui était prosopopée chez Voltaire est ici personnification (ou même allégorisation) d'un paysage qui lui-même est le représentant (en synecdoque) d'un ensemble plus vaste. Les ruines, métaphore de l'histoire, sont la voix de la nature et de la vérité à moins que l'on ne prétende seulement leur faire jouer ce rôle artificiel[61].

Dans les deux derniers[62] chapitres du *Traité*, ceux qui suivent la «Prière à Dieu», on entendait la voix de la nature: «quand la nature fait entendre d'un côté sa voix douce et bienfaisante, le fanatisme, cet ennemi de la nature, pousse des hurlements» (chapitre XXIV)[63]. Le chapitre suivant lui redonne la parole, affirmant sa victoire contre le fanatisme qui n'aura plus son mot dans l'ouvrage:

> La nature dit à tous les hommes: Je vous ai tous fait naître faibles et ignorants pour végéter quelques minutes sur la terre, et pour l'engraisser de vos cadavres. […] C'est moi seule qui vous unis encore malgré vous par vos besoins mutuels, au milieu même de vos guerres cruelles si légèrement entreprises, théâtre éternel des fautes, des hasards et des malheurs. C'est moi seule qui dans une nation arrête les suites funestes de la division interminable entre la noblesse et la magistrature, entre ces deux corps et celui du clergé, entre le bourgeois même et le cultivateur. […]
> Seule je peux inspirer la justice, quand les lois n'inspirent que la chicane: celui qui m'écoute, juge toujours bien[64].

Ces propos qui reprennent des idées de l'*Essai sur les mœurs* pourraient être ceux des *Ruines*, tant la parenté de pensée est forte. Ainsi, on peut avancer l'idée que Volney a pu reprendre le personnage ou plutôt la voix de la Nature du *Traité*. Mais il la fait intervenir beaucoup plus tôt et davantage. Cette voix couvre celle du narrateur et c'est en elle que se tient la philosophie du texte. Tous les dialogues et débats des *Ruines* servent à illustrer la fin des propos qu'elle tient dans le *Traité*:

> «Il y a un édifice immense dont j'ai posé le fondement de mes mains; il était solide et simple, tous les hommes pouvaient y entrer en sûreté;

---

[60] Souligné par l'auteur, p. 181.
[61] Pour Georges Benrekassa, ce sont des ruines «qu'on ne fait pas aimablement «parler» mais des ruines devenues muettes, recouvertes par une éloquence qui leur impose sens et nouveau passé en même temps» (p. 156).
[62] Si on ne compte pas l'addition.
[63] *Traité sur la tolérance*, OCV, t. 56C, p. 257.
[64] *Traité sur la tolérance*, OCV, t. 56C, p. 261.

ils ont voulu y ajouter les ornements les plus bizarres, les plus grossiers et les plus inutiles; le bâtiment tombe en ruine de tous les côtés; les hommes en prennent les pierres, et se les jettent à la tête; je leur crie: Arrêtez, écartez ces décombres funestes qui sont votre ouvrage, et demeurez avec moi en paix dans l'édifice inébranlable qui est le mien»[65].

Il semble donc que Volney soit parti du point où Voltaire est arrivé. Voltaire donne le mot de la fin à la Nature mais assume lui-même l'essentiel du texte comme narrateur et énonciateur après avoir laissé hurler le fanatisme à travers ses suppôts; de ce fait, il est le garant de vérité de son texte, il lui donne sa cohérence et son unité. Le narrateur de Volney abandonne la parole très vite à un être fantomatique avant de laisser le lecteur face à des dialogues dont le caractère utopique est encore plus criant que celui des dialogues voltairiens. Les procédés d'énonciation chez Volney, non seulement mettent à distance l'objet (l'histoire des hommes), tant dans le temps que dans l'espace (comme on l'a vu), mais installent aussi dans l'œuvre une voix distante, éclatée, qui fait dialoguer des «êtres de raison», des entités fictives forgées pour les besoins, des allégories muettes[66]. La tolérance est donc devenue davantage objet de philosophie (de méditation) que de narration.

CONCLUSIONS POUR UNE HISTOIRE DE LA TOLÉRANCE

Volney se donne la liberté toute philosophique de faire dialoguer entre elles toutes les nations, de transporter son lecteur sur les rives de l'Euphrate comme dans l'avenir. La fiction la plus radicale est mise au service de la philosophie. On peut y lire une révolution esthétique, celle du romantisme commençant. On peut y lire de façon encore plus frappante les traces de la révolution politique. L'évolution des mentalités fait que si l'un devait convaincre sans heurter et se contenter de «semer une graine», l'autre en était à l'âge des moissons et de la propagation de cette nouvelle idée (du moins il pouvait le croire). Si l'un en appelait «humblement» et faisait de son œuvre une «requête», l'autre pouvait mettre en scène la réalisation de ses vœux.

---

[65] *Traité sur la tolérance*, OCV, t. 56C, p. 262.
[66] Sur la question du langage et de l'allégorie, voir mon ouvrage, *Un Supplément à l'Encyclopédie, le* Monde primitif *de Court de Gébelin*, Paris, Champion, 1999, p. 199-220.

On peut y lire aussi une modification de la place de l'homme de lettres
– ou du philosophe : en marge du pouvoir, obligé de surveiller ses propos,
mais dans l'action comme Voltaire, ou participant au pouvoir et rêvant à
ce qui aurait pu être fait si la nature humaine n'avait pas été ce qu'elle
est comme Volney. Si Voltaire fait entendre plusieurs voix, la sienne est
bien présente, son but est précis, sa demande limitée (la tolérance civile).
Les trois voix de Volney se perdent dans les sables du temps et de l'espace. C'est comme si la diffusion de l'idée, sa propagation future chez
les autres nations, lui faisait perdre de sa consistance. La tolérance est
devenue une idée à exporter et non plus un combat.

Enfin, on peut y lire une révolution philosophique. L'idée de tolérance
demande alors la fabrique d'un homme nouveau qui ne sera plus dirigé
par les mœurs et l'histoire des nations[67] mais par une nature que l'on rêve
universelle et anhistorique. La tolérance est sortie du particulier et du
judiciaire pour entrer dans l'universalité et dans l'idéologie.

---

[67] Dans les «leçons d'histoire» de Volney, la critique de l'histoire remplace celle
de la métaphysique : «la connaissance historique divise les hommes au lieu de les aider à
vivre» (Denise Brahimi, «Les «leçons d'histoire» de Volney», in : *L'Histoire au
XVIIIe siècle*, p. 405-425).

«LE NOM HAUTAIN DE TOLÉRANCE»:
VOLTAIRE ET KANT

Brigitte WELTMAN-ARON
(*University of Florida*)

Compte tenu de la nature politiquement délicate des ouvrages de Voltaire sur la tolérance, il est parfois tentant, en les lisant aujourd'hui, d'attribuer à la diplomatie de l'auteur et non à sa conviction profonde les énoncés qui semblent en contradiction avec son message général de diffusion de la tolérance comme fin en soi d'un État éclairé, ou encore, plus gravement, des compromissions à l'égard d'autorités religieuses dont on sait – par sa correspondance – que Voltaire ne les admirait pas toujours. Je m'attacherai au contraire à montrer la cohérence de la position de Voltaire sur la tolérance, position qu'il s'agira également de discuter. D'autre part, le rapprochement de Voltaire et de Kant n'est pas inédit en raison de leurs essais respectifs sur la religion. Kant a beau ne pas avoir signé un traité en faveur de la tolérance comme l'a fait Voltaire, ses écrits témoignent cependant de l'attention qu'il a accordée à cette question. Pour Kant, le thème de la tolérance, en particulier religieuse, qui est en apparence moins développé que chez Voltaire, sert cependant d'exemple ou de moyen pour conceptualiser de manière systématique ce qu'est la liberté humaine, entreprise qu'on ne décèle pas aussi nettement chez Voltaire. Comme nous le verrons donc, Kant et Voltaire ne donnent pas à la tolérance la même place dans le processus des Lumières. D'autre part, dans ce processus, tous deux reconnaissent le rôle fondamental que joue la religion chrétienne et ne manquent pas de situer l'argument en faveur de la tolérance par rapport à ce contexte.

Dans un passage de sa *Réponse à la question: Qu'est-ce que les Lumières?* (1784), Kant parle non pas de promouvoir ou répandre la tolérance mais de «récuser» ce qu'elle a de hautain[1]. Pourquoi cette remarque chez Kant, et dans quel sens est-il d'accord avec Voltaire sur le sens à donner au nom de tolérance? Dans le *Discours historique et critique* ayant pour objet sa pièce *Les Guèbres, ou la tolérance* (1769),

---

[1] Emmanuel Kant, *Qu'est-ce que les Lumières et autres textes*, traduit par Jean-François Poirier et Françoise Proust, Paris, Garnier-Flammarion, 1991, p. 49.

Voltaire précise ce qu'il entend par ce terme: «cette indulgence qu'on doit à tous les citoyens qui suivent en paix ce que leur conscience leur dicte, et qui adorent la Divinité sans troubler la société»[2]. En associant liberté de conscience et respect des lois de l'État, Voltaire reprend ainsi l'analyse qu'il a développée ailleurs, par exemple dans l'article «Tolérance» du *Dictionnaire philosophique* (1764) et dans le *Traité sur la tolérance* (1763), où il indique que l'erreur d'autrui n'est un crime à réprimer que quand elle trouble la société[3]. La voie de la tolérance religieuse est préparée par «les succès de la raison», eux-mêmes fruits du progrès de la philosophie, comme il le répète si souvent dans le *Traité sur la tolérance*[4], annonçant comme pour bien s'en convaincre cet heureux temps de modération tantôt comme présent, tantôt comme imminent. Comme dans l'essai de Kant qui analyse l'avènement des Lumières, Voltaire insiste à la fois sur «un processus en train de se dérouler», voire sur un fait qui s'est déjà produit, et «une obligation», une tâche à accomplir courageusement, pour reprendre les termes de Foucault commentant *Qu'est-ce que les Lumières?*[5] Voltaire compte aussi sur l'action politique des gens au pouvoir pour mener à bien cette entreprise. Les personnes influentes, ministres et conseillers d'État sont particulièrement sollicités dans l'action de Voltaire pour la tolérance, parce qu'il estime que l'État a l'autorité requise pour la mettre en place, mais aussi parce que, comme Locke l'avait écrit dans sa *Lettre sur la tolérance*, il juge qu'il faut définir de justes limites entre l'Église et l'État, qui, lorsqu'elles seront bien distinguées, seront salutaires à chaque partie, mais qui intéressent particulièrement l'État[6]. Voltaire mentionne à cet effet dans ses *Lettres philosophiques* que la liberté religieuse en Angleterre fut l'acte d'un roi

---

[2] *Les Guèbres, ou la tolérance*, éd. John Renwick, *OCV*, t. 66, (p. 427-639), p. 518.

[3] Article «Tolérance», in: *Dictionnaire philosophique*, éd. sous la direction de Christiane Mervaud, *OCV*, t. 36, (p. 552-566), p. 558, p. 562; *Traité sur la tolérance*, éd. John Renwick, *OCV*, t. 56C, p. 236.

[4] *Traité sur la tolérance*, *OCV*, t. 56C, p. 133, 146, 148-149, 155, 244.

[5] Michel Foucault, «Qu'est-ce que les Lumières?», in: *Dits et écrits 1954-1988: IV*, Paris, Gallimard, 1994, (p. 562-578), p. 564-565.

[6] John Renwick mentionne dans son introduction au *Traité sur la tolérance*, *OCV*, t. 56C, p. 20, qu'à la fin des années 1750, «the substantial body of arguments which had been adduced in favour of the Calvinist cause had grown to produce a corpus of some complexity. [...] All combined to present the public, and particularly the authorities [...] with the suggestion that, on moral and political, economic, demographic and commercial grounds, Calvinists should be granted spiritual freedom, civil status, and the opportunity to turn their energies towards the regeneration of an ailing state'. D'autre part, dans une lettre (D11148) adressée à Moultou (p. 61-62), Voltaire mentionne les destinataires influents à qui il désirait adresser le *Traité*, tels que la marquise de Pompadour, des ministres d'État, et à l'étranger, le Roi de Prusse et quelques princes d'Allemagne.

(Guillaume III) et de son Parlement[7]. En ce qui concerne l'entreprise de réhabilitation de Calas, on sait par sa correspondance avec quelles personnes en place Voltaire a communiqué, mais il se plaît aussi à représenter ailleurs un pouvoir paternel mettant un terme à la persécution, par exemple dans une pièce comme *Les Guèbres*, où l'Empereur, venu *in extremis* sauver les victimes du Grand Prêtre, affirme: «Qu'ils adorent leur dieu; mais sans blesser les miens: / Que chacun dans sa loi cherche en paix la lumière./ Mais la loi de l'État est toujours la première»[8]. Le *Traité sur la tolérance* résume dans une célèbre formule l'avantage tant philosophique que socio-politique qui reviendrait à un État qui pratique la tolérance: «L'humanité le demande, la raison le conseille, et la politique ne peut s'en effrayer»[9]. D'un point de vue politique, d'une part, la tolérance promeut la paix civile. Voltaire sait bien que les partisans de l'intolérance déclarent souvent le contraire, mais leurs arguments lui semblent spécieux. Pour Voltaire, en effet, on ne saurait répondre à la douceur par la violence, et il est inconcevable pour lui qu'une minorité qui cesserait d'être menacée devienne ensuite hostile à la majorité qui la tolère. D'autre part, il ne se préoccupe pas de la fin d'une unité religieuse qu'il s'efforce souvent au contraire de problématiser, soit d'un point de vue diachronique, en montrant les changements opérés dans les dogmes au fil des siècles, soit d'un point de vue synchronique, en soulignant les dissensions ou incompatibilités doctrinales repérables à telle ou telle époque. Pour Voltaire, il importe par ailleurs de présenter d'autres facteurs de cohésion sociale que religieux, même s'il ne néglige pas ces derniers. Selon lui, la tolérance induit par exemple un développement économique et démographique dont bénéficient les particuliers comme l'État, et il multiplie les exemples pour prouver les pertes, y compris militaires, que la France a subies à la suite de l'émigration des Protestants. Ce point de vue n'exclut pas la religion comme facteur social. Voltaire déclare par exemple que «partout où il y a une société établie, une religion est nécessaire»[10]. Et comme nombre de ses

---

[7] Voltaire, *Lettres philosophiques*, éd. Gustave Lanson, nouveau tirage revu et complété par André-Michel Rousseau, Paris, Didier, 1964, p. 49.

[8] *Les Guèbres*, OCV, t. 66, p. 629. C'est ce double attachement à la loi et à une autorité (philosophique ou politique) bienveillante qui fera dire à Voltaire après l'arrestation du pasteur Rochette, et peu avant l'affaire Calas, que Rochette devait être puni par la loi et gracié par le monarque: «J'estime qu'il faut que le parlement le condamne à être pendu, et que le Roy lui fasse grâce» (*Traité sur la tolérance*, OCV, t. 56C, introduction, p. 40).

[9] OCV, t. 56C, p. 157.

[10] *Traité sur la tolérance*, OCV, t. 56C, p. 242.

contemporains, il reconnaît à la religion une utilité sociale, à condition que les ministres des cultes et les fidèles soient soumis au pouvoir de l'État[11]. C'est dire tout de même que la primauté qu'il donne à la loi n'exclut pas une réflexion sur ce qui échappe à sa vigilance, que seule, à son avis, peut contrôler la religion («les lois veillent sur les crimes connus, et la religion sur les crimes secrets»[12]), où la religion est subordonnée mais aussi complémentaire à la loi.

Cette soumission veut donc dire aussi que Voltaire envisage des limites à la tolérance. Dans le cas des Protestants en France, il propose par exemple d'imiter la pratique des droits restreints donnés en Angleterre aux Catholiques[13]. Voltaire n'a pas tort de dire que la tolérance n'est jamais illimitée, position qui rappelle celle de Kant. Nous savons qu'elle ne l'est jamais en fait. Mais dans le *Traité sur la tolérance*, il va plus loin en déclarant qu'elle ne devrait pas non plus l'être en droit, surtout en ce qui concerne ce qu'il appelle le fanatisme: «Il faut donc que les hommes commencent par n'être pas fanatiques pour mériter la tolérance»[14], principe qui n'a pas perdu de son actualité. Quand il prône par ailleurs la «tolérance universelle»[15], il peut sembler en contradiction avec lui-même, mais il se place alors à un point de vue philosophique, en soulignant la fraternité qui devrait régner non seulement entre chrétiens, mais parmi tous les hommes[16], puisqu'ils sont enfants du même Dieu. Voltaire semble aussi rassuré par la pluralité religieuse, qu'il trouve moins portée à la controverse, plus à même de contenir l'intransigeance sectaire[17], et plus ouverte à la coexistence pacifique dans tous les autres aspects de l'activité humaine. Lorsqu'il envisage une liberté de conscience individuelle[18], il l'intègre le plus souvent à une dimension collective qui l'autorise et la limite à la fois. Dans les *Lettres philosophiques*, l'exemple de la Bourse de Londres sert à montrer que la pluralité des cultes (plus de deux) est excellent pour les affaires, «pour l'utilité des hommes», mais aussi que la coexistence du juif, du mahométan et du chrétien induit la

---

[11] Sur ce sentiment largement partagé par ses contemporains, cf. Jacques Proust, «Que signifiait pour les Encyclopédistes la sécularisation de l'enseignement?», in: *Genèse et enjeux de la laïcité. Christianismes et laïcité*, éd. Hubert Bost, Genève, Labor et Fides, 1990, (p. 59-87), p. 70.

[12] *Traité sur la tolérance*, *OCV*, t. 56C, p. 242.

[13] *Traité sur la tolérance*, *OCV*, t. 56C, p. 149, et p. 154.

[14] *Traité sur la tolérance*, *OCV*, t. 56C, p. 236.

[15] *Traité sur la tolérence*, *OCV*, t. 56C, p. 203. Faisons remarquer aussi que le chapitre XXII (p. 247-250) est intitulé: *De la tolérance universelle*.

[16] *Traité sur la tolérance*, *OCV*, t. 56C, p. 247, et p. 252.

[17] *Traité sur la tolérance*, *OCV*, t. 56C, p. 154.

[18] *Traité sur la tolérance*, *OCV*, t. 56C, p. 186.

suspension du dogmatisme religieux[19]. De même, dans l'article «Tolérance», Voltaire écrit d'une part que la multiplicité est nécessairement
pacifique en opposant à deux religions qui «se couperont la gorge» trente
qui «vivront en paix»[20]. D'autre part, il fait valoir que l'économie triomphe dans la mise entre parenthèses de l'appartenance religieuse: «Qu'à
la bourse d'Amsterdam, de Londres, ou de Surate, ou de Bassora, le
guèbre, le banian, le juif, le mahométan, le déicole chinois, le bramin, le
chrétien grec, le chrétien romain, le chrétien protestant, le chrétien quaker, trafiquent ensemble, ils ne lèveront pas le poignard les uns sur les
autres pour gagner des âmes à leur religion»[21].

Voltaire est également d'accord avec d'illustres prédécesseurs dans le
combat pour la tolérance, comme Pierre Bayle, qui souligne l'incompati-
bilité absolue de la contrainte et de la religion[22], pour dénoncer une
double absurdité, humaine et philosophique, dans l'intolérance mise en
pratique. «Il est clair que tout particulier qui persécute un homme, son
frère, parce qu'il n'est pas de son opinion, est un monstre»[23]. A la fin du
siècle, dans un texte auquel nous reviendrons, Kant reprendra certains de
ces arguments lors de sa discussion de la religion «dans les limites de la
simple raison», qu'il définit comme une religion à vocation universelle.
Il oppose à cette religion connaissable par tout homme de bonne volonté
toute foi révélée historiquement, qui bien qu'elle risque de ne pouvoir
entraîner l'adhésion de tous puisque la révélation a eu lieu dans un certain lieu et à une certaine époque, exige cependant comme fin la croyance
en des dogmes ou doctrines précis, qu'il faudrait au contraire comprendre
comme des moyens d'atteindre la pure foi de la raison. La mise en garde
de Kant qui se rapproche de celle de Voltaire ou de Bayle consiste à dire

---

[19] *Lettres philosophiques*, éd. citée, p. 74.

[20] *Dictionnaire philosophique*, *OCV*, t. 36, p. 558.

[21] *Dictionnaire philosophique*, *OCV*, t. 36, p. 552. Pour Claude Lauriol, la mise entre
parenthèses du facteur religieux marque aussi la subordination de ce dernier. Ainsi, il écrit
que pour Voltaire, «la conscience individuelle doit le céder à l'intérêt individuel» (cité
par Jérôme Cottin, «La Tolérance voltairienne à la lumière de la conscience chrétienne»,
in: *La Tolérance au risque de l'Histoire*, sous la direction de Michel Cornaton, [Lyon],
Aléas (Collection Le Croquant), 1995, (p. 139-155), p. 146 n. 2). Dans son commentaire
de *La Religion dans les limites de la simple raison* (1793), trad. par J. Gibelin, revue par
Monique Naar, Paris, Vrin, 2004, Monique Naar pose aussi la question de savoir si Kant
a reconnu «la spécificité du fait religieux» dans la mesure où «l'unique transcendance»
qu'il reconnaît est «celle de la raison» (p. 54). Elle conclut que «Kant semble ne pas
posséder *le sens du religieux*. Il est très rare qu'il reconnaisse la transcendance du «fait»
religieux» (p. 65).

[22] Pierre Bayle, *De la tolérance*, préface et commentaires de Jean-Michel Gros, Paris,
Presses Pocket (Agora: Les Classiques), 1992, p. 101.

[23] Article «Tolérance», *Dictionnaire philosophique*, *OCV*, t. 36, p. 557.

que quand bien même on admettrait que la révélation de la volonté de
Dieu prescrirait un acte donné, comme la condamnation à mort d'un
hérétique, encore faudrait-il que le persécuteur puisse s'assurer de la justice de son interprétation de la volonté divine, ou qu'il ne s'est pas glissé
quelque erreur dans la transmission historique de cette volonté[24]. Autrement dit, la révélation ou foi historique qui est invérifiable ne peut ou ne
devrait pas faire l'économie de la raison ou de la foi rationnelle, qui
commande avec évidence[25]. Voltaire suit une démarche similaire. Il montre bien d'abord dans l'article «Tolérance» et dans d'autres textes l'inconséquence du pouvoir lorsqu'il fait alliance avec des souverains d'une
autre religion tout en persécutant les fidèles de cette même religion en
France[26]. Mais s'il pense que l'opinion ou la conscience d'autrui doit être
respectée, c'est aussi parce que, comme Bayle sur ce point, il pense que
même fausse, une croyance religieuse repose sur une conviction qui
échappe à toute persuasion de type logique ou démonstratif, et que par
conséquent, il est peu utile d'essayer de convertir le croyant sincère d'un
autre culte: «Mais quoi! sera-t-il permis à chaque citoyen de ne croire
que sa raison, et de penser ce que cette raison éclairée ou trompée lui dictera? Il faut bien, pourvu qu'il ne trouble point l'ordre; car il ne dépend
pas de l'homme de croire ou de ne pas croire; mais il dépend de lui de
respecter les usages de sa patrie»[27]. La tolérance repose donc sur l'acceptation de l'erreur de l'autre lorsque ce dernier est de bonne foi, mais également en soi, comme il l'indique au début de l'article «Tolérance»:
«Qu'est-ce que la tolérance? C'est l'apanage de l'humanité. Nous sommes
tous pétris de faiblesses et d'erreurs; pardonnons-nous réciproquement nos
sottises, c'est la première loi de la nature»[28]. Comme Kant, Voltaire est
sensible ici à la possibilité de se tromper, y compris quant à l'erreur dénoncée chez les autres, séparant ainsi la certitude intime de la vérité.

L'argument basé sur la recherche et la diffusion d'une vérité qui ne
saurait être plurielle, (position que Voltaire n'hésite pas à soutenir dans le

---

[24] Kant, *La Religion dans les limites de la simple raison*, p. 288-89.
[25] Kant, *La Religion dans les limites de la simple raison*, p. 219.
[26] Voltaire semble aborder cette sorte d'inconséquence pour la première fois dans l'*Essai sur les mœurs*, éd. René Pomeau, Paris, Garnier, 1963, t. 2, p. 193-194, où il est
question des alliances de François 1er, soit avec Soliman II, soit avec les princes luthériens
d'Allemagne, et de son désir de faire venir à la cour l'un des fondateurs du luthéranisme,
Mélanchton. Voltaire avait trouvé sa documentation dans Claude Fleury, *Histoire ecclésiastique* (BV1350), chapitre lxxi, où il note sur un signet (voir *CN*, t. 3, p. 594): «lute-
riens executez a paris pendent que le roy se ligue avec eux en allemagne [;] il apelle
melancton».
[27] *Traité sur la tolérance*, *OCV*, t. 56C, p. 186.
[28] *Dictionnaire philosophique*, *OCV*, t. 36, p. 552.

cas de la vérité scientifique, par exemple lorsqu'il fait l'exposé de la philosophie de Newton), diffère en ce qui concerne la religion. Bayle insistait de même sur l'importance de la conviction intérieure, mais échappant au régime de la preuve scientifique démontrable, quand il affirmait que «tout ce que la conscience bien éclairée nous permet de faire pour l'avantage de la vérité, la conscience erronée nous le permet, pour ce que nous croyons la vérité»[29]. L'article «Intolérance» de Diderot pour l'*Encyclopédie* exprime des positions semblables: «Le mot *intolérance* s'entend communément de cette passion féroce qui pousse à haïr et à persécuter ceux qui sont dans l'erreur»[30]. Or, ajoute-t-il, «L'esprit ne peut acquiescer qu'à ce qui lui paraît vrai»[31]. Par conséquent, «Il est impie de vouloir imposer des lois à la conscience, règle universelle des actions. Il faut l'éclairer et non la contraindre. Les hommes qui se trompent de bonne foi sont à plaindre, jamais à punir»[32]. Le *Traité sur la tolérance* cite de nombreux témoignages (par exemple dans le Chapitre XV) visant à corroborer cette position selon laquelle la contrainte est inutile puisqu'elle ne persuade pas, causant plutôt l'hypocrisie ou le martyre. Dans tous les cas, elle n'offre aucun «avantage» et est une «absurdité»[33], mot qui revient fréquemment sous la plume de Voltaire pour décrire la persécution intolérante[34]. Autrement dit, et bien qu'il n'utilise pas ces termes, la foi n'est pas le savoir, ce qui explique qu'il est impensable de «prétendre amener tous les hommes à penser d'une manière uniforme sur la métaphysique»[35], et même de se prononcer avec certitude sur certains articles de notre foi, comme la damnation éternelle des réprouvés[36], alors que la science

---

[29] *De la tolérance*, p. 283.

[30] *Encyclopédie*, t. 7, p. 843, première colonne; voir aussi Denis Diderot, *Sur la tolérance et autres textes*, Paris, Nautilus, 2002, p. 63.

[31] *Encyclopédie*, t. 7, p. 843, deuxième colonne; *Sur la tolérance et autres textes*, p. 64.

[32] *Encyclopédie*, t. 7, p. 843, deuxième colonne; *Sur la tolérance et autres textes*, p. 65.

[33] *OCV*, t. 56C, p. 228.

[34] Les vocables varient peu. Le «fanatique absurde» fait son apparition, en 1737, dans le *Discours en vers sur l'homme*, éd. Haydn T. Mason, *OCV*, t. 17, p. 521; viendront ensuite: «le plus absurde fanatisme» de *Mahomet*, éd. Christopher Todd, *OCV*, t. 20B, p. 154; la «barbarie brutale et absurde» de l'Inquisition de l'*Essai sur les mœurs*, t. 1, p. 633, ou bien «le fanatisme» [qui] «inspirait une férocité absurde» du même *Essai*, t. 2, p. 551; ou bien encore «la rage absurde du fanatisme» qui figure dans la *Déclaration juridique de la servante de Madame Calas*, éd. Robert Granderoute, *OCV*, t. 56B, p. 267. À partir de l'époque du *Traité sur la tolérance*, *OCV*, t. 56C, p. 130, et p. 158, ces formules deviendront des scies voltairiennes maintes fois répétées.

[35] *Traité sur la tolérance*, *OCV*, t. 56C, p. 245.

[36] *Traité sur la tolérance*, *OCV*, t. 56C, p. 249.

convainc par l'évidence[37]. Voltaire est ici proche de Kant dans *La Reli-gion dans les limites de la simple raison*, qui vise à lier religion et raison pratique, et au contraire à séparer le savoir de la pure foi de la raison, le savoir étant placé du côté de la croyance d'église, de la foi dogmatique: «La raison pratique», dit par exemple Kant, «utilisant ses concepts du suprasensible, prescrit la règle, tout en se résignant à ne savoir rien sur la structure objective de ce suprasensible»[38]. Par ailleurs, si Voltaire pense que l'erreur devrait être supportable si elle ne s'accompagne pas de fana-tisme, ou encore s'il suggère parfois certaines entraves à la tolérance, c'est qu'il fait également fond sur une distinction entre le privé et le public, où la croyance individuelle, même lorsqu'elle s'énonce dans un culte, devrait être tolérée par l'État, pourvu encore une fois qu'elle ne prime jamais sur la loi applicable à tous. Il surenchérit lorsqu'il est d'avis (un avis qu'il n'appuie d'aucune preuve) qu'en privé, ou «en particulier», chacun se montre d'emblée tolérant et juste, et qu'il n'y a qu'«en public» qu'on est prêt à se dresser avec le pouvoir contre ceux qui pensent différemment[39].

Dans son essai, *Qu'est-ce que les Lumières?*, Kant évalue la pensée autonome ou capacité de raisonner comme liberté. Tout homme, pour Kant, a «vocation [...] à penser par soi-même»[40]. Lorsqu'il examine ensuite dans quelle mesure la pensée autonome doit être tolérée par l'État, Kant argue comme Voltaire d'une distinction entre privé et public, même s'il n'entend pas ces termes exactement de la même façon que ce dernier. La liberté de raisonner s'exerce publiquement. Pour Kant, il n'y a aucun désavantage pour l'État à ce que l'on fasse un usage public illimité de sa libre raison (par exemple comme savant, comme intellectuel), alors que dans un poste de responsabilité qui n'engage pas que lui, l'individu doit se limiter dans l'usage que Kant appelle «privé» de sa pensée autonome. Kant ajoute que la limite qui contraint ainsi la raison n'entrave pas pour autant le progrès des Lumières, d'autant que celui qui soumet passive-ment sa raison dans l'exercice de ses fonctions, comme le rouage d'une «machine»[41], terme relevé par Foucault[42], est «en même temps», dit Kant, celui qui peut faire l'usage public de sa raison dans ses publications de savant[43]. Le double exemple de l'usage privé et public de la raison

---

[37] *Traité sur la tolérance*, OCV, t. 56C, p. 245.
[38] *La Religion dans les limites de la simple raison*, p. 147.
[39] Article «Tolérance», *Dictionnaire philosophique*, OCV, t. 36, p. 563.
[40] *Qu'est-ce que les Lumières?*, p. 44.
[41] *Qu'est-ce que les Lumières?*, p. 45.
[42] Foucault, «Qu'est-ce que les Lumières?», dans *Dits et écrits*, p. 566.
[43] Kant, *Qu'est-ce que les Lumières?*, p. 46.

qu'il développera le plus longuement dans cet essai est celui d'un prêtre et d'une société d'ecclésiastiques, parce qu'il s'attend à l'objection venant des représentants de «croyances d'église» qui voudraient poser des limites doctrinales à la pensée. Comme le commente Foucault, pour qu'un individu s'éclaire, il s'agit pour lui de distinguer «ce qui relève de l'obéissance et ce qui relève de l'usage de la raison»[44]. Foucault ajoute que l'obéissance en question ne veut d'ailleurs pas dire une soumission aveugle, mais une adaptation à des fins particulières, que ne respecte pas nécessairement la libre raison quand elle raisonne pour raisonner[45]. Comme Voltaire donc, Kant n'envisage pas une tolérance illimitée, et comme lui, il associe transformation éthique et transformation institutionnelle ou politique[46]. Et dans les deux cas, la liberté de penser n'est pas seulement une affaire individuelle, mais engage toujours, quoique de manière différente, l'individu à un public. Pour Foucault, à la notion de liberté de conscience qui suppose une garantie de «liberté personnelle de pensée», Kant ajoute la notion d'usage public et d'usage universel: «Il y a *Aufklärung* lorsqu'il y a superposition de l'usage universel, de l'usage libre et de l'usage public de la raison»[47].

D'autre part, le critère de tolérance est, chez Voltaire comme chez Kant, inséparable d'une réflexion sur le christianisme, dont il n'est pas certain que le concept de tolérance puisse aisément se séparer. Comme le dit Kant dans *Qu'est-ce que les Lumières?*: «J'ai placé le point essentiel des Lumières, la sortie des hommes hors de l'état de tutelle dont ils sont eux-mêmes responsables, surtout dans les *choses de la religion*, parce que, au regard des arts et des sciences, nos souverains n'ont pas intérêt à exercer leur tutelle sur leurs sujets»[48]. C'est ce qui fait aussi dire à Kant en parlant de Frédéric II, qu'il serait allé (c'est mon titre) jusqu'à «récuser le nom hautain de tolérance»[49]. Voltaire ne qualifie jamais ainsi la tolérance, qu'il envisage plutôt comme une fin positive, comme un résultat qui serait déjà acquis et aurait produit les équilibrages sociaux et politiques attendus, alors que Kant l'envisage comme principe en fonction de la liberté humaine. Or si le nom est «hautain» pour Kant, c'est parce que le concept de tolérance n'évite pas la notion corollaire d'un droit octroyé du plus puissant ou majoritaire au plus faible ou minoritaire.

---

[44] Foucault, «Qu'est-ce que les Lumières?», p. 565.
[45] Foucault, «Qu'est-ce que les Lumières?», p. 566.
[46] Foucault, «Qu'est-ce que les Lumières?», p. 565.
[47] Foucault, «Qu'est-ce que les Lumières?», p. 566.
[48] Kant, *Qu'est-ce que les Lumières?*, p. 50.
[49] Kant, *Qu'est-ce que les Lumières?*, p. 49.

Le *Dictionnaire de l'Académie française* de 1694 définissait la tolérance
en général comme une «condescendance, indulgence pour ce qu'on ne
peut empêcher»[50], le deuxième membre de phrase tempérant d'ailleurs
la hauteur du premier. Mais le *Dictionnaire* ajoutait qu'en matière religieuse, cette complaisance touche «certains points qui ne sont pas regar-
dez comme essentiels à la Religion»[51]. La tolérance ne doit-elle donc
concerner que ces points inessentiels? C'est ce que le *Dictionnaire* ne dit
pas. Surtout lorsqu'il s'agit des «choses de la religion», la pensée minoritaire tend en effet à être considérée non pas tant autre que fausse. Kant,
qui insiste sur le fait que les Lumières impliquent non pas tant passage
de l'ignorance au savoir qu'assomption de la liberté de penser seul,
résiste donc à ce qui bride encore cette liberté dans le concept, même
bien intentionné, de tolérance[52]. Enfin, dans la distinction établie par
Kant entre usage privé et usage public de la raison, il faut comprendre
dans ce dernier usage une autre raison que la raison pratique. La raison
pratique concerne ce que Kant appelle la bonne conduite de la vie[53], et
la pure foi morale ou rationnelle s'authentifie dans des actes, comme il
l'indique à maintes reprises dans *La Religion dans les limites de la simple raison*. L'autre raison mentionnée dans *Qu'est-ce que les Lumières?*
concerne cette fois non plus ce que je dois faire, mais ce que je peux
savoir.

   Les choses se compliquent chez Kant si l'on considère d'autre part que
dans *La Religion dans les limites de la simple raison*, il affirme que la
religion chrétienne est la seule religion «publique» ayant jamais existé qui
soit proprement «morale»[54]. Pour Kant, l'Église chrétienne «a déjà *publiquement* posé la question de la différence de la foi rationnelle et de la foi
historique et donne à sa solution la plus grande importance morale»[55]. Il y
a donc dans la religion chrétienne une tension entre foi dogmatique ou
historique et la pure foi morale. Kant ajoute que «Cette église, dès son
début, portait en elle-même le germe […] de la foi religieuse vraie et

---

[50] Voir aussi «Définitions», in: *Études sur le* Traité sur la tolérance *de Voltaire*, sous
la direction de Nicholas Cronk, Oxford, Voltaire Foundation, 2000, p. 251.
   [51] Voir «Définitions», in: *Études sur le* Traité sur la tolérance *de Voltaire*, p. 251.
   [52] On sait qu'au début de la Révolution, à la tribune de l'Assemblée Nationale, le
pasteur Rabaut Saint-Étienne et Mirabeau feront de même le procès de la tolérance religieuse en réclamant à sa place la liberté.
   [53] Kant, *La Religion dans les limites de la simple raison*, p. 123.
   [54] *La Religion dans les limites de la simple raison*, p. 123. Je renvoie ici à l'argument
de Jacques Derrida dans *Foi et Savoir*, Paris, Seuil, 2000, p. 21-28.
   [55] *La Religion dans les limites de la simple raison*, p. 213. C'est moi qui souligne.

générale dont elle se rapproche peu à peu»[56]. La foi rationnelle est donc d'une part une composante de la religion chrétienne et en même temps son aboutissement. Cette composante est certes intrinsèque, mais pour des raisons psychologiques (la faiblesse humaine préférant la facilité que constitue la soumission à des exigences cultuelles à la pure foi de la raison) et historiques (implantation d'une nouvelle religion dans un milieu qui lui était hostile et qui doit donc assurer sa légitimité par des cérémonies extérieures), la pure foi de la raison peut sembler parfois ne venir qu'après la foi d'église dogmatique alors qu'elle la précède moralement. Et *à la fois*, comme le dit Kant, la foi rationnelle est la fin inévitable de la religion chrétienne bien comprise, vers laquelle celle-ci est en progression. C'est le cas parce que contrairement à la religion juive, par exemple, Kant estime que le christianisme fait primer l'intention morale sur l'observation des commandements et la déclare même essentielle[57]. La religion chrétienne spiritualise et intériorise la loi. Comme le commente Jacques Derrida, «Quand elle s'adresse à nous, [la loi morale] parle l'idiome du chrétien – ou elle se tait»[58]. Notons d'ailleurs que lorsque Kant parle d'institution de la tolérance, il ne considère l'acte possible que «grâce aux principes de l'unique religion de la raison»[59]. En un sens, donc, le critère de tolérance, qui semble communément sous-entendre la pluralité des cultes, n'est envisageable par Kant que lorsque la religion morale qui est pour lui le synonyme d'une «foi libre» aura triomphé[60]. Pour Kant, seule la pure intention morale «peut rendre agréable à Dieu»[61]. Il s'agit donc de «faire son devoir pour l'amour du devoir même»[62], sans se soucier de savoir ce que Dieu fait pour notre salut, qu'il s'agisse de grâce ou de récompenses[63]. Une des conséquences tirées par Derrida de ce passage concerne le rapport de l'acte moral à Dieu, qui est chez Kant mis entre parenthèses au moment d'agir[64]. Cette dissociation effectuée par Kant entre l'acte moral et Dieu assume «la responsabilité rationnelle et philosophique»[65] et ancre l'expérience de la

---

[56] *La Religion dans les limites de la simple raison*, p. 213.
[57] *La Religion dans les limites de la simple raison*, p. 214.
[58] *Foi et Savoir*, p. 21.
[59] *La Religion dans les limites de la simple raison*, p. 210
[60] *La Religion dans les limites de la simple raison*, p. 210.
[61] *La Religion dans les limites de la simple raison*, p. 253.
[62] *La Religion dans les limites de la simple raison*, p. 256.
[63] À ce titre, John Renwick indique que «Voltaire was adamant in his assessment that the essential role in man's salvation had to be played by man himself» (*Traité sur la tolérance*, OCV, t. 56C, p. 96).
[64] Derrida, *Foi et Savoir*, p. 22.
[65] Derrida, *Foi et Savoir*, p. 22.

liberté. Pour Kant, les Lumières pourraient se décrire comme «une légalité qui dérive de la liberté morale»[66].

Cette position qui donne à la morale un accent chrétien ou du moins qui invoque le christianisme n'est pas absente de l'argument de Voltaire pour la tolérance. Voltaire oscille en fait entre deux positions: d'une part (par exemple dans le *Traité sur la tolérance*), il tente de soustraire la notion de tolérance à un contexte chrétien, en opposant la conduite de chrétiens persécuteurs à des exemples tirés, entre autres, de l'Antiquité païenne ou du judaïsme. D'autre part, par exemple dans l'article «Tolérance», il modère son accusation contre l'esprit de persécution des chrétiens en prétendant que «la [religion] chrétienne est sans doute celle qui doit inspirer le plus de tolérance, quoique jusqu'ici les chrétiens aient été les plus intolérants de tous les hommes»[67]. Dans ce cas, Voltaire blâme des usages dérivés et non essentiels à la religion chrétienne, qui aurait été dénaturée. Il s'adresse en chrétien aux chrétiens («c'est nous, chrétiens»[68]). Dans la même veine, il revient fréquemment dans ce texte sur la douceur de Jésus[69] et la patience des premiers chrétiens, qui ne se divisèrent pas malgré des désaccords doctrinaux qui auraient pu donner lieu à une «querelle violente»[70]. Je n'ignore bien sûr pas la dimension stratégique de cette profession de foi chrétienne de Voltaire ni le fait qu'il se contient dans *Le Traité sur la tolérance* afin de faire triompher la cause de Calas[71]. L'argument de la prudence de Voltaire n'est pas nouveau, et il faudrait d'ailleurs noter à ce sujet, comme l'a fait par exemple Marie-Hélène Cotoni, que l'instinct de conservation n'était pas le seul fait de Voltaire[72]. Mais d'autre part, ce n'est pas seulement par souci de se protéger que Voltaire conserve certains, et non tous les éléments de la religion chrétienne dans son discours. Comme le dit justement Marie-Hélène Cotoni, s'il n'est pas question de croire «les affirmations répétées

---

[66] *La Religion dans les limites de la simple raison*, p. 210.

[67] Article «Tolérance», *OCV*, t. 36, p. 558.

[68] *Traité sur la tolérance*, *OCV*, t. 56C, p. 182. Sur les accents chrétiens de Voltaire, voir Derrida, *Foi et Savoir*, p. 35-37.

[69] *Traité sur la tolérance*, *OCV*, t. 56C, p. 222.

[70] *Traité sur la tolérance*, *OCV*, t. 56C, p. 189.

[71] «L'ouvrage sera hardi mais sage» (D11057); «Ne nous brouillons avec personne. Nous avons besoin d'amis» (D10675): textes cités par John Renwick, *Traité sur la tolérance*, *OCV*, t. 56C, p. 64.

[72] Marie-Hélène Cotoni cite le cardinal de Bernis répondant à une lettre de Voltaire: «Un *Traité de la tolérance* est un ouvrage si important mais si délicat que je crois plus prudent de vous prier de ne pas me l'adresser» («Ambivalences et ambiguïtés dans le *Traité sur la tolérance*», in: *Études sur le Traité*, (p. 174-191), p. 175). Refus politique s'il en est!

de sa parfaite orthodoxie», il faut surtout noter que Voltaire «sélectionne, dans l'héritage chrétien», en particulier «Aimez Dieu et votre prochain», plutôt qu'il ne le rejette en bloc[73]. Cette stratégie, qui est impardonnable pour le croyant, dans la mesure où la Révélation n'est pas acceptée en elle-même, ouvre d'autres possibilités pour Voltaire comme pour ses lecteurs, une fois reconnue la nécessité avec laquelle la religion naturelle et la religion chrétienne se recoupent de manière exemplaire chez lui. Lorsqu'il est considéré selon cette logique argumentative, son discours devient alors cohérent et ne peut plus simplement être tenu pour un geste de prudence.

Ce que dit par exemple Voltaire des chrétiens tels qu'ils devraient l'être est à rapprocher des rapports humains qu'il mentionne dans le cadre de la religion naturelle, parce que, dans les deux cas, la figure du frère et de l'enfant de Dieu s'impose à lui. Comparons «c'est nous chrétiens, c'est nous qui avons été persécuteurs, bourreaux, assassins! Et de qui? de nos frères»[74], ou encore «Il ne faut pas un grand art, une éloquence bien recherchée, pour prouver que des chrétiens doivent se tolérer les uns les autres. Je vais plus loin; je vous dis qu'il faut regarder tous les hommes comme nos frères. [...] ne sommes-nous pas tous enfants du même père, et créatures du même Dieu?»[75], avec ce passage de la Prière au Dieu «de tous les êtres, de tous les mondes et de tous les temps»: «Puissent tous les hommes se souvenir qu'ils sont frères!»[76] Or la figure de la fraternité n'est pas une figure parmi d'autres. Derrida s'est intéressé aux racines chrétiennes de ce modèle, et a évoqué l'ambivalence suscitée par cette figure chez certains révolutionnaires, par ailleurs conscients «de la parenté entre le message chrétien et la Révolution»[77]. Si tout chrétien est avant tout et exemplairement un «frère», comment dissocier la notion de fraternité de ce qu'elle implique dans la religion chrétienne? C'est ce que Voltaire ne songe pas à faire, peut-être parce que ce ne serait pas aisé.

Deuxièmement, Voltaire insiste sur la possibilité d'une religion morale. À ce sujet, certains soulignent aussi que Voltaire a refusé les «audaces du matérialisme»[78], là où d'autres préfèrent parler d'une exigence «nécessaire

[73] «Ambivalences et ambiguïtés dans le *Traité sur la tolérance*», p. 177, et p. 178.
[74] *Traité sur la tolérance, OCV*, t. 56C, p. 182.
[75] *Traité sur la tolérance, OCV*, t. 56C, p. 247.
[76] *Traité sur la tolérance, OCV*, t. 56C, p. 251, et p. 252.
[77] Jacques Derrida, *Politiques de l'amitié*, Paris, Galilée, 1994, p. 263.
[78] Roger Marchal, «La religion dans le *Dictionnaire philosophique* de Voltaire: variation et tradition», in: *Religions en transition dans la seconde moitié du XVIIIe siècle*, éd. Louis Châtellier, *SVEC* 2000:02, (p. 233-243), p. 233.

à la respiration de son être moral»[79]. Si l'on s'attache à montrer ce que la religion morale représente pour Voltaire, on constate qu'elle serait à la fois un retour à une origine simple d'un christianisme mal compris, et comme chez Kant, un accomplissement possible «après» la religion chrétienne, «après» pouvant signifier à la fois une subordination hiérarchique et une séquence temporelle. En se purifiant, de ses superstitions par exemple, une religion peut revenir à la doctrine simple et saine de ses origines qui a été dévoyée. Il mentionne dans ce sens que les jansénistes ont accompli un travail de déracinement de fausses notions pour la religion chrétienne[80]. Dans l'article «Religion» du *Dictionnaire philosophique*[81], Voltaire – proche là encore de Kant – montre que la religion morale, qui vient «après», s'en tient à l'essentiel de la religion chrétienne sans en retenir le cérémonial ou les croyances dogmatiques: «Après notre sainte religion, qui sans doute est la seule bonne, quelle serait la moins mauvaise? Ne serait-ce pas la plus simple? Ne serait-ce pas celle qui enseignerait beaucoup de morale et très peu de dogmes?»[82] Roger Marchal montre que dans le *Dictionnaire philosophique*, Voltaire attribue à la religion naturelle des critères communément liés à la religion chrétienne. La religion morale est alors, selon Marchal, «un «Évangile éternel» qui s'est conservé de siècle en siècle chez les sages, gardiens et conservateurs d'une religion qui revendique le double caractère de la catholicité et de l'immutabilité»[83]. C'est également la raison pour laquelle Kant peut intituler l'un des chapitres de son essai sur la religion «La Religion chrétienne, religion naturelle»[84]. L'apposition signifiée par la virgule montre bien qu'il n'y a pas de simple contradiction entre les deux. En effet, il voit dans la religion de la raison à la fois la transformation et l'accomplissement de la foi d'église, enfin dégagée «de cette gangue dont actuellement elle ne peut encore se passer»[85], mais contenant déjà le germe de la pure religion.

Que retenir du combat de Voltaire pour la tolérance, dont il a lucidement marqué la place dans la sphère publique? En admirant sa nécessité, il faut peut-être faire de ce combat, comme le propose Kant, un instrument

---

[79] René Pomeau, *La Religion de Voltaire*, Paris, Nizet, 1969, p. 426.
[80] *Traité sur la tolérance*, OCV, t. 56C, p. 243.
[81] *Dictionnaire philosophique*, OCV, t. 36, p. 469-489.
[82] *Dictionnaire philosophique*, OCV, t. 36, p. 483.
[83] «La religion dans le *Dictionnaire philosophique* de Voltaire: variation et tradition», p. 234.
[84] *La Religion dans les limites de la simple raison*, p. 251.
[85] *La Religion dans les limites de la simple raison*, p. 226.

intermédiaire dans une prise en compte plus générale de la liberté, de ce qu'elle est et de ses conditions de possibilité, et non seulement voir dans la tolérance une solution ou une fin permettant de régler les différences dans l'espace public. Sans défendre une tolérance illimitée, Kant se montre plus critique du concept de la tolérance que Voltaire, et fait dépendre l'enjeu de la pensée de la tolérance de la réflexion sur une liberté humaine fondamentale. D'autre part, nous avons vu que l'héritage chrétien de ce concept est massif, en particulier dans l'argumentation de Voltaire. Même lorsque Voltaire s'efforce de dégager la notion de tolérance d'un contexte exclusivement chrétien (en parlant de l'Antiquité, des Juifs, ou encore de la Chine), il n'abstrait pas le destinataire présumé de ses écrits de ce contexte (en chrétien à des chrétiens pour des chrétiens). Cela veut dire qu'après Voltaire, il reste à penser une autre tolérance. De nombreux lecteurs de Voltaire tentent par exemple aujourd'hui de problématiser la domination de la pensée chrétienne dans la réflexion européenne sur la tolérance pour proposer des ouvertures à d'autres cultures ou d'autres citoyens et repenser le rôle de l'État dans ces ouvertures, à l'époque de Voltaire comme de nos jours[86]. De façon aussi stimulante que l'œuvre de Voltaire en son temps, il faudrait aujourd'hui s'acheminer vers une autre exigence, celle comme le dit Derrida, de «l'altérité infinie comme singularité»[87], abordant autrement la différence d'autrui.

---

[86] Mentionnons par exemple les essais de Maxime Rodinson («Tolérance et coexistence des communautés», p. 95-107), Michel Halpérin («Voltaire: la tolérance intolérante», p. 159-178), et Hafid Ouardiri («Voltaire: la tolérance et ses dérives. Islam: droit de réponse», p. 179-186), in: *La Tolérance au risque de l'Histoire* (voir la note 21). Ou encore l'ouvrage de Gabriel Badir, *Voltaire et l'Islam*, SVEC 125 (1974).

[87] Jacques Derrida, *Foi et Savoir*, p. 37.

PARTIE III

JUSTICE ET JUSTICE CRIMINELLE:
VOLTAIRE, DISCIPLES, ADVERSAIRES ET COMPAGNONS
DE ROUTE

VOLTAIRE ET CHRISTIN:
«AMIS INTIMES DE L'HUMANITE»

Nicholas Cronk
(*Voltaire Foundation, University of Oxford*)

Au cours des années 1760, Voltaire s'intéresse de plus en plus, nous le savons, aux questions qui concernent la justice. «Et pourtant,» écrit John Renwick, «quoique sa position vis-à-vis de la justice, ou plutôt de l'injustice, se soit précisée de manière de plus en plus nette entre 1762 et 1765, elle demeurait encore relativement limitée»[1]. Dans ce contexte, deux rencontres s'avèrent décisives pour une évolution de sa pensée. La première fut la rencontre, probablement en 1764, avec un jeune avocat nommé Christin; et la seconde, rencontre purement littéraire cette fois, avec Beccaria.

Voltaire semble avoir lu Beccaria en italien, dès octobre 1765: «Je commence à lire aujourd'hui le livre italien *Des délits et des peines*. A vue de pays celà me paraît philosophique; l'auteur est un frère» (D12938). Mais à la mi-juin 1766, lorsqu'il rédige *André Destouches à Siam*, son premier texte voué exclusivement aux questions de jurisprudence, Voltaire ne semble pas penser particulièrement à Beccaria[2]. Tout change avec la visite à Ferney de l'abbé Morellet, traducteur de Beccaria, pendant la seconde quinzaine de juin, au moment où *André Destouches* était déjà en épreuves[3]. Par la suite, Morellet racontera sa visite, dans une lettre adressée à Beccaria lui-même: «Je suis allé à Lyon et de là à Genève passer quelques jours chez M. de Voltaire avec qui nous avons beaucoup parlé des *Délits et des peines* et qui a pour vous la plus grande estime»[4].

L'influence de l'écrivain italien sur Voltaire se fait sentir rapidement. La *Relation de la mort du chevalier de La Barre par M. Cass*** [Cassen] à M. le marquis de Beccaria* fut composée en juillet 1766 (et publiée plus tard), au même moment apparemment que le *Commentaire sur le livre Des délits et des peines*, qui parut fin août ou début septembre. La première allusion à ce texte dans la correspondance se trouve dans une lettre adressée

---

[1] *André Destouches à Siam*, éd. John Renwick, *OCV*, t. 62, p. 107-126 (p. 112).
[2] C'est un problème considéré par John Renwick: voir *OCV*, t. 62, p. 110-114.
[3] Voir D13371.
[4] *Lettres d'André Morellet*, éd. Dorothy Medlin, Jean-Claude David et Paul LeClerc, 3 vols., Oxford, Voltaire Foundation, 1991-1996, lettre 17, t. 1, p. 56.

à Damilaville, datée du 28 juillet 1766: «Ce mémoire devait être un beau commentaire sur le livre *Des délits et des peines*. On dit que ce commentaire paraîtra bientôt; mais l'ignorant doit rentrer dans sa coquille, et ne se montrer de plus de six mois. Je crois vous avoir déjà dit quelque chose du lièvre qui craignait qu'on ne prît ses oreilles pour des cornes» (D13456).

La page de titre du nouveau livre se présente ainsi: *Commentaire sur le livre Des délits et des peines, par un avocat de province*. Le pseudonyme n'en est un que partiellement, car cet «avocat de province» a bel et bien existé. Voltaire expédia son *Commentaire* le 13 septembre 1766 aux d'Argental, qui étaient donc parmi les tout premiers destinataires du livre (D13551):

> Il doit vous être parvenu un petit paquet sous l'envelope de M. de Courteille. Il contient un commentaire du livre italien *Des délits et des peines*. Ce *Commentaire* est fait par un avocat de Besançon, ami intime comme moi de l'humanité. J'ai fourni peu de chose à cet ouvrage, presque rien; l'auteur l'avoue hautement et s'en fait gloire, et se soucie d'ailleurs fort peu qu'il soit bien ou mal reçu à Paris, pourvu qu'il le soit parmi ses collègues de Franche-Comté, qui commencent à penser. Si l'infâme obstination du parlement visigoth de Toulouse, contre les Calas, fait encore subsister le fanatisme en Languedoc, l'humanité et la philosophie gagnent ailleurs beaucoup de terrain.

Cet «ami intime ... de l'humanité» dont il est question ici est Charles-Gabriel-Frédéric Christin, né à Saint-Claude en Franche-Comté en 1741, fils d'avocat, devenu avocat lui-même à Saint-Claude; il est mort en 1799. Lorsqu'il fit la connaissance de Voltaire, en 1764 probablement, il avait vingt-trois ans; Voltaire, à soixante-dix ans, avait trois fois son âge. Ils devinrent amis, et il semble que Christin prit l'habitude de séjourner deux fois par an à Ferney, à Pâques et à la fin de l'été. Il devint un intime de la maison: Voltaire le décrit à un tiers comme «mon cher Christin» (D17659), à Mme Denis comme «notre petit ami» (D15801); lorsque Voltaire tomba malade en mai 1778, Mme Denis fit appel tout de suite à Wagnière et à Christin (D21211). Voltaire appréciait surtout les qualités humaines du jeune avocat et très vite il semble l'avoir embauché comme conseiller et collaborateur dans ses écrits concernant la justice.

L'importance de cette collaboration reste pourtant mal connue, ou plus exactement méconnue. Marcello Maestro consacra le premier une page à cette collaboration, dans une étude publiée en 1942[5], mais sa suggestion resta sans suite. Plus tard, ce fut Ira Wade qui en 1958 attira l'attention

---

[5] Marcello T. Maestro, *Voltaire and Beccaria as reformers of criminal law*, New York, Columbia University Press, 1942, p. 84-85.

sur l'importante correspondance échangée entre Christin et Voltaire (une grande partie de leurs lettres, qui se trouvaient dans la collection Ricci, étaient alors inédites)[6]. Parmi d'autres conclusions tirées de cette correspondance, Wade suggérait que Christin avait collaboré avec Voltaire pour la rédaction de certaines œuvres, dont le *Commentaire*. Un autre érudit américain, George B. Watts, proposa la même thèse, au même moment mais indépendamment de Wade[7].

Les travaux de ces trois universitaires américains ont été injustement négligés. L'édition du *Commentaire* qui est parue dans la Pléiade, et reprise dans la collection Folio, ne fait même pas mention de cette thèse selon laquelle Voltaire aurait composé l'œuvre en collaboration avec Christin[8]. Le catalogue de la Bibliothèque nationale de France n'en fait pas mention non plus. Dans *Voltaire en son temps*, nous ne trouvons aucune réflexion sur l'importance de l'amitié entre Voltaire et Christin[9]; et aucun article non plus sur Christin, ni dans l'*Inventaire Voltaire* (1995) ni dans le *Dictionnaire général de Voltaire* (2003). L'argument d'Ira Wade dépend entièrement d'allusions dans la correspondance. Depuis ses travaux, d'autres chercheurs se sont intéressés à Christin, et le moment est donc propice pour revisiter la thèse de Wade à la lumière de recherches récentes. Premièrement, la découverte de deux lettres échangées entre Voltaire et l'Intendant de Franche-Comté, Charles André de Lacoré, nous éclairent sur les débuts des relations entre Voltaire et Christin[10]. Deuxièmement, la publication par Christophe Paillard de lettres écrites par Christin après 1778 nous révèle en détail comment ce dernier a été engagé par Mme Denis pour la conseiller dans les affaires liées à la succession de Voltaire, et qu'il a administré ses biens à Ferney en l'absence de Wagnière[11]. C'est ainsi que Mme Denis écrit à Wagnière en novembre 1778, «M. Christin m'a écrit qu'il était à Saint-Claude mais qu'il

---

[6] Voir Ira O. Wade, «Voltaire and Christin», in: *The Search for a new Voltaire*, *Transactions of the American Philosophical Society*, nouvelle série, 48, 4e partie, Philadelphie, 1958, p. 86-94.

[7] George B. Watts, «Voltaire, Christin, and Panckoucke», in: *French Review* 32 (1958), p. 138-143 (p. 139-140).

[8] Voltaire, *Mélanges*, éd. Jacques Van den Heuvel, Paris, Gallimard, Bibliothèque de la Pléiade, 1961; et *L'Affaire Calas et autres affaires*, Paris, Gallimard, (Collection Folio), 1975.

[9] Mais voir *Au roi en son conseil pour les sujets du roi qui réclament la liberté en France* (Moland, t. 28, p. 353-360), et René Pomeau, *Vst*, t. 2, p. 361.

[10] Voir Colette Brossault, *Les Intendants de Franche-Comté 1674-1790*, Paris, La Boutique de l'histoire, 1999, p. 419-420.

[11] Voir *Jean-Louis Wagnière ou les deux morts de Voltaire*, éd. Christophe Paillard, Saint-Malo, Éditions Cristel, 2005.

reviendrait à Ferney dès que sa présence y sera nécessaire, ainsi consultez-le dès que vous aurez quelque chose qui vous embarrassera»[12]. Troisièmement, Roger Bergeret et Jean Maurel ont publié une biographie de Christin qui s'appuie sur des archives locales pour nous décrire la vie de cet «avocat de province», y compris sa carrière ultérieure comme député à la Constituante[13]. Les auteurs de cette biographie reprennent la thèse de Wade, et affirment avec certitude, avec trop de certitude peut-être, que Christin fut co-auteur avec Voltaire de nombreux livres, sans pour autant apporter de nouvelles preuves, ni même d'arguments.

En fin de compte, même avec les découvertes récentes, nos connaissances concernant les relations entre les deux hommes reposent sur la correspondance, et il faut donc retourner à ce témoignage. En tout et pour tout, mais depuis l'édition Besterman seulement, nous connaissons 106 lettres de Voltaire à Christin, pour une période qui s'étend de 1765 à 1778; et une seule lettre de Christin à Voltaire, retrouvée apparemment par Panckoucke parmi les papiers de Voltaire[14]. C'est un véritable corpus, qu'il faut lire comme tel. Son statut fut d'ailleurs reconnu très tôt, et Panckoucke négocia avec Christin pour pouvoir utiliser cette correspondance. Certes, Voltaire ne semble pas avoir gardé les lettres de Christin, et Christin ne semble pas avoir gardé copie de ses propres lettres. Dans une lettre adressée par Christin à Panckoucke en septembre 1778, éditée à deux reprises, par George B. Watts en 1958, et de nouveau par Roger Bergeret en 2005[15], Christin parle d'un envoi de 112 lettres, «une partie de ma correspondance avec M. de Voltaire». Ce corpus fut passablement déformé par les éditeurs de Kehl; mais même avec l'édition de Besterman, nous n'avons pas tout. Il reste évidemment des lacunes, et des lacunes frustrantes. Selon quels critères Christin a-t-il choisi les lettres qu'il a prêtées à Panckoucke, étant donné qu'il a gardé la moitié de ce qu'il possédait? A-t-il envoyé dans un premier temps les lettres les plus intéressantes? ou bien les moins intéressantes? A-t-il choisi les lettres qui soulignent sa

---

[12] *Jean-Louis Wagnière ou les deux morts de Voltaire*, éd. Christophe Paillard, lettre 101, p. 264.

[13] Roger Bergeret et Jean Maurel, *L'Avocat Christin (1741-1799): un collaborateur de Voltaire des Lumières à la Révolution*, Lons-le-Saulnier/Saint-Claude, Société d'émulation du Jura/Amis du vieux Saint-Claude, 2002; voir aussi Roger Bergeret, «A propos d'une lettre de Christin à Panckoucke: une correspondance de Voltaire, des originaux à la publication», in: *Cahiers Voltaire*, 4 (2005), p. 139-152, article écrit en collaboration avec André Magnan.

[14] Voir George B. Watts, «Voltaire, Christin, and Panckoucke», in: *French Review*, 32 (1958), p. 138-143 (p. 140-41).

[15] Voir Roger Bergeret, «A propos d'une lettre de Christin à Panckoucke».

collaboration avec Voltaire, pour se mettre en avant? (Mais dans ce cas, pourquoi tant de lacunes?) Ou bien, est-ce qu'il a choisi les lettres qui montraient le mieux les activités humanitaires de Voltaire, en minimisant l'importance de sa propre collaboration (ce qui, étant donné la modestie essentielle de Christin, semble bien probable)?

La première chose qui ressort de ces lettres, c'est l'intimité des rapports entre les deux hommes: il s'agit d'une amitié qui est plus qu'une amitié de parade. Voltaire s'adresse à Christin comme «mon cher petit philosophe» (D13493), «mon cher avocat de la raison et de l'humanité» (D13660), «cher jurisconsulte, cher ami de l'humanité» (D13700), voire «mon très cher ami le maire de Saint-Claude qui mériterait d'être le maire de Londres» (D20959). Il est un invité très apprécié: «Vous êtes véritablement chéri dans notre maison» (D13020), lui écrit Voltaire; et déjà en janvier 1766 (dans ce qui est dans l'ordre chronologique seulement la deuxième lettre que nous connaissons entre les deux hommes), il invite Christin à venir s'installer chez lui: «Nous désirons infiniment à Ferney de pouvoir arranger les choses de façon que vous vécussiez avec nous. La vie n'est supportable qu'avec d'honnêtes gens dont les sentiments sont conformes aux nôtres» (D13100). Lorsqu'en mars 1776 Voltaire reçoit une mauvaise nouvelle – il s'agit de la proscription des *Inconvénients des droits féodaux* de Boncerf, secrétaire de Turgot – Voltaire tombe malade et ressent le besoin de revoir son jeune ami: «Je suis pétrifié d'étonnement et de douleur. Il faut absolument que nous mangions l'agneau pascal ensemble. Il faut que vous veniez le plus tôt qu'il vous sera possible, et que la dernière action de ma vie soit de m'unir à vous pour secourir des opprimés» (D19968). Christin envoie des cadeaux au château de Ferney: «M. de Mailly m'a envoyé des faisans accompagnés d'une lettre» (D15182). Et Voltaire accuse réception, toujours avec élégance: «Rarement les philosophes en savent assez pour faire venir du blé à leurs amis, mais vous êtes de ces philosophes qui savent être utiles'(D18072). La dernière lettre que Voltaire adresse à Christin, datée du 13 janvier 1778, conclut ainsi: «Je vais mourir bientôt en détestant les persécuteurs, et en vous aimant» (D20983).

L'importance de cette amitié pour le vieux Voltaire est évidente, et dans une belle envolée lyrique, on a parlé de l'intimité qui s'y dessine:

> Les lettres du Patriarche à Christin sont en effet d'une qualité presque unique, à la fois par le ton, extrêmement simple, familier voire tendre, et par l'extrême attention prêtée aux points de vue du disciple et partenaire des luttes communes. Jamais Voltaire n'impose sa vision des choses, sa stratégie. C'est une relation ouverte, claire, stable, sans

calcul ni effets, *bipolaire* si l'on peut dire. Avec d'autres mais peu, celles à Damilaville et aux d'Argental surtout, les lettres à Christin restent le chemin le plus court pour découvrir le fond intime d'un Voltaire dépouillé de toutes vanités, sa fragilité, sa peur de l'abandon, de la trahison, de la solitude[16].

Certes, cette amitié a une importance affective dans la vie de Voltaire. De là jusqu'à dire que la correspondance nous livre «le fond intime» de Voltaire, c'est peut-être avancer un peu vite en besogne, car il ne faudrait pas non plus sous-estimer la part d'une certaine afféterie dans la posture de Voltaire, même – peut-être surtout – quand il parle avec ses amis.

En tout cas, cette amitié réelle nous intéresse pour d'autres raisons, car elle explique une collaboration qui s'est avérée décisive. Leur correspondance touche aussi à des choses plus sérieuses. Pour les premières années de leur correspondance, les lettres nous manquent, mais il semblerait qu'ils ont d'abord traité ensemble le problème des mainmortables de la terre de Saint Claude. En novembre 1764, Voltaire écrit à Lacoré, l'Intendant de la Franche-Comté, et lui envoie un mémoire: «Si vous jugez, Monsieur, qu'il mérite votre attention, vous pourrez aisément vous faire présenter un mémoire plus étendu par M. Christin, avocat à Saint Claude, jeune homme très instruit et fait pour un plus grand théâtre. Il paraît digne de votre confiance et de votre protection et son mérite est bien au-dessus de son extérieur qui n'a rien que de petit et de simple»[17]. Et Lacoré de répondre: «Je suis persuadé de tout le mérite de M. l'avocat Christin et l'intérêt que vous y prenez me fait désirer sincèrement de lui être de quelque utilité. Je ferai usage de ses réflexions dans les éclaircissements demandés par la cour sur les mains mortes dans la province. Je conviens que celles qui sont exercées par les moines et par les communautés sont absolument odieuses […]»[18]. Le sujet de la position des 12,000 serfs qui s'opposaient aux vingt chanoines de Saint Claude, «cette mainmorte gothe, visigothe et vandale» (D20143), revient souvent dans la correspondance dans les années qui suivent[19]. On parle

---

[16] Roger Bergeret, «A propos d'une lettre de Christin à Panckoucke», p. 144, note 16.

[17] Lettre citée par Colette Brossault, *Les Intendants de Franche-Comté 1674-1790*, p. 419.

[18] Lettre citée par Colette Brossault, *Les Intendants de Franche-Comté 1674-1790*, p. 420.

[19] Voir Ch. L. Chassin, *L'Eglise et les derniers serfs*, Paris, Dentu, 1880; Dom. P. Benoît, *Histoire de l'abbaye de Saint-Claude*, 2 tom. Paris, 1892; et Patrick Simon et André Vuillermoz, *Voltaire-Christin et la mainmorte dans le Haut Jura*, Yens sur Morges, Éditions Cabédita, 1998.

en même temps de cas individuels, comme de celui d'une femme aveugle de Lons-le-Saunier à qui Voltaire envoie de l'argent. Et puis Voltaire parle aussi de ses propres affaires juridiques, jusqu'à ses démêlés avec les paysans...

La première lettre que nous possédons de Voltaire à Christin date du 2 décembre 1765, et elle nous plonge *in medias res* dans la prépartion du livre qui allait être publié l'année suivante sous le titre *Commentaire sur le livre Des délits et des peines* (D13020):

> Il est si juste, Monsieur, de pendre un homme pour avoir mangé du mouton le vendredi, que je vous prie instamment de me chercher des exemples de cette pieuse pratique dans votre province [...]. Je voudrais bien savoir de quelle date est la défence de traduire la bible en langue vulgaire [...]. Quand vous feuilleterez vos archives d'horreur et de démence, voulez-vous bien vous donner la peine de choisir tout ce que vous trouverez de plus curieux, et de plus propre à rendre la superstition exécrable.

Voltaire demande ainsi des précisions pour l'œuvre en cours, et nous voyons ici quelle était l'utilité du jeune avocat pour Voltaire, qui le traite en assistant de recherches. D'ailleurs, l'histoire de l'homme pendu intéresse tellement Voltaire qu'il y revient un mois après, dans une lettre datée du 10 janvier 1766: «Je tiens l'histoire de l'homme pendu pour avoir mangé du gras très véritable. Cet arrêt d'ailleurs me semble fort juste, car les hommes qui se laissent traiter ainsi, n'ont que ce qu'ils méritent» (D13100). Toujours, Voltaire comprend l'utilité de l'anecdote porteuse, et voici que dans la section 13 du *Commentaire*, «De quelques tribunaux de sang», nous lisons:

> Les archives d'un petit coin du pays appelé Saint-Claude, dans les plus affreux rochers de la comté de Bourgogne, conservent la sentence et le procès-verbal d'exécution d'un pauvre gentilhomme, nommé Claude Guillon, auquel on trancha la tête le 28 juillet 1629. Il était réduit à la misère, et, pressé d'une faim dévorante, il mangea, un jour maigre, un morceau d'un cheval qu'on avait tué dans un pré voisin. Voilà son crime. Il fut condamné comme un sacrilège. S'il eût été riche, et qu'il se fût fait servir à souper pour deux cents écus de marée, en laissant mourir de faim les pauvres, il aurait été regardé comme un homme qui remplissait ses devoirs[20].

Et pour enfoncer le clou, Voltaire finit par citer textuellement la sentence du juge, texte qui ne peut provenir que d'une seule source, son jeune ami avocat. Voltaire comprit toute l'importance d'une trouvaille pareille, et il se resservira de l'exemple à trois reprises, en 1767 dans

---

[20] Moland, t. 25, p. 559.

Le Dîner du comte de Boulainvilliers[21], en 1769 dans l'article «Carême», ajouté à la sixième édition du *Dictionnaire philosophique* (*La Raison par alphabet*)[22], et en 1770 dans la *Requête à tous les magistrats du royaume*[23].

En octobre 1766, Voltaire écrit à Christin pour lui dire que le *Commentaire* a les plus grandes difficultés pour entrer en France; et tout de suite, il parle des ajouts que lui envoie Christin: «Les suppléments que vous m'envoyez sont aussi intéressants que judicieux, et je ne doute pas que vous ne fassiez un jour un excellent ouvrage sur cette matière. Vous vous intéressez au bonheur des hommes autant qu'à la vérité» (D13613). C'est-à-dire que le jeune avocat continue à travailler sur le sujet et à envoyer des morceaux de texte à Ferney. Le mois prochain, le 29 novembre 1766, Voltaire lui annonce que, malgré tout, l'édition est vendue, et que l'imprimeur songe à la rééditer. Il demande donc à Christin s'il ne pourrait pas lui fournir rapidement des textes supplémentaires: «L'imprimeur du *Commentaire sur le livre Des délits et des peines* n'en a plus d'exemplaires, il veut en faire une nouvelle édition; voyez, mon cher jurisconsulte, si d'ici à un mois vous pouvez m'envoyer ce que vous aurez fait sur la réforme du code criminel» (D13700).

Cette deuxième édition, qui s'annonce comme «nouvelle édition, corrigée et augmentée», paraît début 1767, et le 5 février Voltaire l'envoie à Christin: «Mon cher ami, je vous envoie six exemplaires de la seconde édition du *Commentaire*. Je ne risque que cette demi douzaine crainte des écornifleurs» (D13921). Et ensuite, le 2 mars, il lui écrit de nouveau, «Mon cher philosophe, vous avez dû recevoir dix exemplaires de notre *Commentaire*» (D14006).

Comment comprendre le sens de ce «notre'? Pour Roger Bergeret et Jean Maurel, Christin est tout simplement le co-auteur du *Commentaire*[24]. On sait que l'éditeur Chirol, dans une lettre à Beccaria datée du 20 septembre 1766, attribue carrément le *Commentaire* à Christin (D13576): «Je viens de remettre à la poste par ce courrier un exemplaire du *Commentaire* de votre ouvrage sur les *Délits et les peines* par M. l'avocat Christin de St Claude, juge des terres de M. de Voltaire, et aidé par M. de Voltaire chez qui il est logé depuis environ une année». On sait aussi qu'au même moment Voltaire écrit aux d'Argental, le 13 septembre 1766

---

[21] *Le Dîner du comte de* Boulainvilliers, éd. Ulla Kölving, *OCV*, t. 63A, p. 358.
[22] Éd. sous la direction de Christiane Mervaud, *OCV*, t. 35, p. 437.
[23] Moland, t. 28, p. 342-343.
[24] Roger Bergeret et Jean Maurel, *L'Avocat Christin*, p. 27-29, 145.

(D13551, lettre citée ci-dessus). Ces deux lettres sont citées par Roger Bergeret et Jean Maurel comme «preuves» du rôle qu'a joué Christin[25]. Mais la vérité est peut-être plus complexe, et lorsque Voltaire dit à d'Argental qu'il a «fourni peu de chose à cet ouvrage, presque rien», il y a une part de fausse modestie qui dérive de sa posture d'auteur qu'il ne faut pas négliger. La correspondance entre Voltaire et Christin, toute lacunaire qu'elle est, reste, faute de mieux, notre guide le plus sûr concernant la préparation du *Commentaire*. Christin a fourni certains textes, et a assisté dans la préparation du livre. Il a été un adjoint indispensable pour Voltaire, comme l'a pressenti Wade; mais dans l'état actuel de nos connaissances, il semble exagéré de le qualifier de co-auteur, comme le font R. Bergeret et J. Maurel. Reste l'ambiguïté délicieuse du titre. Que dire de cet «avocat de province» qui figure sur la page de titre? Nous avons tellement l'habitude des pseudonymes de Voltaire que nous ajoutons facilement celui-ci à une liste qui est déjà longue. Mais dans la mesure où Voltaire était réellement aidé par Christin, le pseudonyme n'en est pas entièrement un…

La collaboration entre Voltaire et Christin continue. Une lettre envoyée de Ferney le 22 octobre 1773 montre que Christin remplit assidûment sa fonction d'assistant de recherches: Voltaire cherche deux passages dans les *Instituts* de Justinien, exemples d'intolérance bien évidemment, et il demande à Christin de l'aider à les retrouver (D18594). Et parfois, les choses s'inversent. Le 14 novembre 1772, Voltaire écrit à Christin: «Je vous envoie un fatras d'érudition assez inutile que j'ai reçu de Paris» (D18014). Ils continuent à travailler ensemble sur la question de la mainmorte, et au début des années 1770 paraissent plusieurs publications concernant l'affaire des serfs où Christin semble avoir joué un rôle important, voire décisif: l'article «Esclaves» (4ème section) dans les *Questions sur l'Encyclopédie* (5ème partie, 1771); *Coutume de Franche-Comté* (1771); et la *Supplique des serfs de Saint-Claude* (1771). Deux textes sont particulièrement difficiles à classer. La *Dissertation sur l'établissement de l'Abbaye de St Claude, ses Chroniques, ses légendes, ses chartes, ses usurpations, et sur les droits des habitants de cette terre*, et la *Collection des mémoires présentés au Conseil du Roi* ont paru tous les deux en 1772 (sans lieu d'impression sur la page de titre). La *Collection*

---

[25] Roger Bergeret et Jean Maurel, *L'Avocat Christin*, p. 28-29. Lorsqu'ils citent la lettre D13576, ils omettent les mots «et aidé par M. de Voltaire», ce qui déforme sensiblement son sens.

commence avec la *Première requête au roi en son conseil* de Voltaire, mais ni la *Dissertation* ni la *Collection* ne paraissent dans la *Bibliographie* de Bengesco. Le catalogue de la Bibliothèque nationale de France attribue la *Dissertation* à Christin et la *Collection* à Voltaire; et Bergeret et Maurel attribuent les deux à «Christin et Voltaire»[26]. Difficile de trancher avec plus de précision, mais il est évident que Voltaire et Christin se sont associés de près dans cette lutte, et que ces deux volumes constituent des recueils de documents qui avaient pour but d'alimenter la campagne. C'est à la suite de ces deux recueils collectifs que Voltaire intervient dans le débat avec *La Voix du curé* (1772), «pour composer,» explique Robert Granderoute, «en vue de frapper vivement l'opinion, un véritable pamphlet»[27]. Il est évident que Voltaire n'aurait pas pu composer ce texte sans toute l'aide que lui avait apportée auparavant Christin, décrit dans *La Voix du curé* comme le «célèbre avocat Christin défenseur des opprimés»[28].

Après le *Commentaire* sur Beccaria et l'affaire des mainmortables, il y a bien sûr un troisième grand chantier auquel Christin a collaboré, c'est celui des *Questions sur l'Encyclopédie*, parues entre 1770 et 1772. La correspondance que nous avons pour la fin 1769 témoigne clairement que Voltaire a chargé Christin de lui fournir un nombre considérable d'articles portant sur la jurisprudence: «Mais on espère qu'avant ce temps-là on aura fourni les articles dont il est chargé, et qu'ils pourront être utiles à l'auteur comme ils le seront au public» (11 novembre 1769, D15993); «L'hermite de Ferney fait les plus tendres compliments à son cher philosophe de St Claude. Pourvu que dans un mois on ait quelques morceaux de jurisprudence depuis la lettre A jusqu'à la lettre E, on sera très content» (11 décembre 1769, D16035); «Vous devriez bien, quand vous aurez du loisir, ne pas oublier a, b, d, e, f, de la jurisprudence. Voilà tout ce qu'on vous demanderait pour le présent, vous auriez tout le temps que vous voudriez pour le reste» (16 décembre 1769, D16044). Il reste difficile de dresser une liste exacte des contributions de Christin, dont la présence dans ce livre est délibérément camouflée. Un certain nombre d'articles – «Confession», «Confiscation», «Criminel» et «Hérésie» – reprennent des sections du *Commentaire*, et portent donc déjà les empreintes possibles de Christin. Deux articles lui sont carrément attribués. Dans la première édition des *Questions sur l'Encyclopédie*, l'article «Biens d'église», en quatre sections, porte la mention suivante, en italiques et entre

[26] Roger Bergeret et Jean Maurel, *L'Avocat Christin*, p. 145.
[27] *La Voix du curé*, éd. Robert Granderoute, *OCV*, t. 74B, p. 119-153 (p. 124).
[28] *OCV*, t. 74B, p. 140.

parenthèses, à la fin de la deuxième section: «Ces deux sections sont de Mr. C., avocat au parlement de Besançon»[29]. L'article «Impôt» de même est signé à la fin, de la manière suivante: «Par Mr. Chr. avocat de Besançon»[30]. Par la suite, l'attribution de l'article «Biens d'église» devient plus explicite, et à partir de 1774 nous lisons: «Ces deux sections sont de M. Christin, célèbre avocat au parlement de Besançon, qui s'est fait une réputation immortelle dans son pays, en plaidant pour abolir la servitude»[31]. La collaboration de Christin à cette grande entreprise ne se limite pas à ces deux articles, et des allusions dans la correspondance nous permettent de voir qu'il a collaboré à d'autres articles, dont «Criminel», «Franc» et «Mariage»: «Nous commencerons l'impression d'une très honnête encyclopédie, dès que nous aurons reçu les réflexions sur la jurisprudence des francs, l'article criminel, où le procès du chevalier de la Barre est tout au long» (5 janvier 1770, D16076); et «Mon cher petit philosophe à qui tout Ferney fait les plus tendres compliments, a fait un très bon article sur le mariage» (31 octobre 1770, D16732).

Etant donné les lacunes si regrettables de la correspondance, nous ne saurons probablement jamais quel a été l'apport précis de Christin aux *Questions*. Mais nous pouvons dès maintenant formuler certaines conclusions. La première, c'est que la collaboration de Christin, occultée dans le cas du *Commentaire*, est reconnue plus ouvertement dans les *Questions*. Certes la page de titre de la première édition des *Questions sur l'Encyclopédie* reste vague, en présentant l'œuvre comme étant «par des amateurs». Mais il ne faut pas oublier que dans la neuvième partie des *Questions*, parue en 1772, Voltaire est un peu plus explicite; après l'article «Zoroastre» vient un «Supplément» d'articles avec sa propre page de titre, comme suit: «Supplément aux Questions sur l'Encyclopédie, par des amateurs, qui sont, Mr. de V. G.O.D.R.; Mr. CR, Avocat en parlement; Mr. BT, conseiller du roi de P...; Mr. PDB; M. de P, capitaine de cavalerie, et plusieurs autres gens de lettres». Il est à remarquer que l'ordre des noms n'est pas alphabétique, que le nom de Voltaire vient en premier, et le nom de Christin en deuxième position: son rôle de lieutenant semble confirmé, même si Voltaire le fait avec discrétion.

---

[29] *Questions sur l'Encyclopédie*, 3ème partie (1770), p. 93.
[30] *Questions sur l'Encyclopédie*, 7ème partie (1771), p. 199. Comparer Moland, t. 19, p. 444.
[31] *Collection complète des œuvres de M. de ****, Genève, Cramer, 4°, t. 22 (1774), p. 5-6. Ce texte est repris dans toutes les éditions ultérieures; comparer Moland, t. 17, p. 589.

Deuxièmement, la présence et l'influence de Christin ont sans doute guidé Voltaire dans la genèse des *Questions*. La présence du thème de la justice dans le *Dictionnaire philosophique* est relativement réduite, même si le corpus des articles accroît par étapes dans les éditions successives entre 1764 et 1769[32]. Au moment de présenter l'article «Torture», Voltaire lui-même avoue qu'il y a «peu d'articles de jurisprudence dans ces honnêtes réflexions alphabétiques»[33]. A partir de 1770, avec les *Questions sur l'Encyclopédie*, on mesure un changement évident, et le thème de la justice acquiert une réelle importance, dans une importante série d'articles[34].

Il reste toujours difficile de mesurer précisément l'apport de Christin à la pensée voltairienne, et il demeure des zones d'ombre. Que dire, par exemple, de l'attaque contre Nonotte dans *Les Honnêtetés littéraires* (1767), lorsque Voltaire cite une «lettre d'un homme en place, écrite de Besançon le 9 janvier 1767 […]. Nous conservons l'original de cette lettre'?[35] Olivier Ferret considère que la lettre citée par Voltaire est «vraisemblablement fictive»[36], et il a sans doute raison; mais on ne peut pas entièrement exclure la possibilité que cet «homme en place» est Christin: Nonotte était de Besançon, et dès 1765 Voltaire adresse ses lettres à Christin avec la mention «M. Christin, avocat près le parlement de Besançon». Nonotte prit le parti de répondre à l'attaque de cette lettre parue dans *Les Honnêtetés littéraires*, dans une *Lettre d'un ami à un ami*; et Voltaire à son tour lui répondit, d'abord dans la *Lettre d'un avocat de Besançon au nommé Nonotte, ex-Jésuite* (1768), où le pseudonyme de Voltaire rappelle évidemment «l'avocat de province» qui avait signé le *Commentaire*; et ensuite dans la *Lettre anonyme écrite à M. de Voltaire et la réponse* (1769), où encore une fois il rappelle «un avocat de Besançon, dont j'ai la lettre»[37]. Que la lettre citée dans *Les Honnêtetés littéraires* soit réellement de Christin ou non, il semble certain que le personnage

[32] Voir à ce sujet Christiane Mervaud, «Réflexions alphabétiques sur la justice dans le *Dictionnaire philosophique portatif*», in: *The Secular City: studies in the Enlightenment presented to Haydn Mason*, éd. T. D. Hemming *et alii*, Exeter, University of Exeter Press, 1994, p. 112-119.

[33] *OCV*, t. 36, p. 567.

[34] Parmi ces articles nous trouvons «Adultère», «Affirmation par serment», «Arrêts notables», «Assassin», «Assassinat», «Bourreau», «Confiscation», «Conseiller ou juge», «Coutumes, «Crimes», «Criminaliste», «Criminel», «Divorce», «Droit», «Droit canonique», «Droit de la guerre», «Inceste», «Justice», «Liberté», «Liberté de penser», «Loi naturelle», «Lois», «Lois, esprit des», «Parlement de France», «Question», et «Vénalité».

[35] *Les Honnêtetés littéraires*, éd. Olivier Ferret, *OCV*, t. 63B, p. 141-142.

[36] *OCV*, t. 63B, p. 141, note 269.

[37] Moland, t. 27, p. 408.

du jeune avocat occupe une place de choix dans le jeu ludique de masques adoptés par Voltaire.

En même temps Christin reste un ami fidèle de la maison, et qui rend parfois des services plus terre-à-terre. Lorsque le *Commentaire historique sur les œuvres de l'auteur de La Henriade* est publié en 1776, au verso du frontispice sont imprimés deux «certificats» affirmant l'authenticité des pièces justificatives incluses dans le volume: les deux signatures sont des avocats Durey et Christin[38]. On sait que Voltaire dès les années 1760 se met à lire les juristes, comme par exemple Servan[39], et qu'ils ont grandement influencé sa pensée. L'influence de Christin fut tout autre. Il était jeune et serviable, aux ordres de Voltaire, et comme lui, il s'intéressait moins à la théorie juridique qu'à l'action humanitaire. L'affaire des serfs présentait sur le plan local les mêmes intérêts que les affaires Calas et Sirven au niveau national. Si le thème de la justice devient de plus en plus répandu chez Voltaire à partir de 1765, c'est ainsi en grande partie en raison de l'influence heureuse de l'avocat Christin, défenseur des mainmortables du Mont-Jura

---

[38] Nous ne savons qui était Durey (qui semble être un confrère de Christin) et qu'il ne faut sans doute pas confondre avec Durey de Morsan. À la demande de Wagnière, Durey et Christin signèrent des dépositions, à la date respectivement du 1er mai 1776 et du 1er juin 1776, confirmant l'authenticité du *Commentaire historique* (voir Moland, t. 1, p. 69-70). Christin signa d'autres documents juridiques pour Voltaire; voir D.app.300.

[39] Voir Christiane Mervaud, «Voltaire et le Beccaria de Grenoble: Michel-Joseph-Antoine Servan», in: *Voltaire and the 1760s: Essays for John Renwick*, ed. N. Cronk, *SVEC* 2008:10, p. 171-181.

SUR LE TESTAMENT JUDICIAIRE DE VOLTAIRE: LE *PRIX DE LA JUSTICE ET DE L'HUMANITÉ* ET LE *TRAITÉ DES CRIMES* DE PIERRE-FRANÇOIS MUYART DE VOUGLANS

Christiane MERVAUD
(*Université de Rouen*)

Le *Prix de la justice et de l'humanité* est un ouvrage de circonstance[1] qui répond à une annonce parue le 15 février 1777 dans la *Gazette de Berne*. La Société économique de cette ville ouvrait un concours, financé par «un ami de l'humanité», sans doute Élie de Beaumont[2]. Voltaire, qui était membre de cette Société, a été soupçonné, mais sans preuve décisive, d'être à l'origine du projet. Cet «ami de l'humanité», «touché par les inconvénients qui naissent de l'imperfection des lois criminelles de la plupart des États de l'Europe», offrait 50 louis pour le meilleur mémoire sur le sujet ainsi précisé:

> Composer et rédiger un plan complet et détaillé de législation sur les matières criminelles, sous ce triple point de vue: 1°) des crimes et des peines proportionnées qu'il convient de leur appliquer; 2°) de la nature et de la force des preuves et des présomptions; 3°) de la manière de les acquérir par la voie de la procédure criminelle, en sorte que la douceur de l'instruction et des peines soit conciliée avec la certitude d'un châtiment prompt et exemplaire, et que la société civile trouve la plus grande sûreté possible pour la liberté et l'humanité[3].

Voltaire ajoute cinquante louis au prix, associe à sa cause les princes philosophes: le landgrave de Hesse-Cassel, prié de «contribuer à réformer le code de Charles Quint, nommé la Caroline» (D20731, 16 juillet 1777),

---

[1] Toutes les références au *Prix de la justice et de l'humanité* renverront à l'édition de Robert Granderoute, in: *Œuvres complètes de Voltaire,* t. 80B, p. 3-205. Elles seront indiquées entre parenthèses dans le texte.

[2] Voir Niklaus Röthlin, «La Société économique de Berne et le débat sur la législation criminelle. Le concours institué en 1777 par un inconnu (Voltaire)», in: *Beccaria et la culture juridique des Lumières,* Etudes historiques éditées et présentées par Michel Porret, Genève, Droz, 1997, p. 169-175. Jean- Baptiste-Jacques Élie de Beaumont, avocat célèbre au Parlement de Paris, avait mené la lutte aux côtés de Voltaire dans les affaires Calas et Sirven. Une intervention de Voltaire est «probable», mais non prouvée.

[3] *OCV*, t. 80B, p. 49-51. Voltaire a recopié cette annonce.

Catherine II, sollicitée pour cette bonne œuvre qui prend pour modèle son activité législatrice (D20741, 25 juillet; D20745, 1er auguste), Frédéric II, qui accepte de participer aux «progrès de la raison» (D20764, 13 août). Puis Voltaire, dont les relations avec les Bernois étaient nombreuses[4], se met au travail, alors que le concours fait sensation et prend une dimension européenne: les participants pouvaient rédiger leurs textes en latin, français, allemand, italien ou anglais.

Voltaire, dont la gloire posthume doit tant à ses interventions de redresseur de torts, reste sur la brèche en ce qui concerne les scandales judiciaires. Le 26 mai 1778, quatre jours avant son décès, il apprend que la sentence du parlement de Paris condamnant Lally-Tollendal va être révisée. Il dicte, à l'intention du fils du condamné, ces lignes qui mettent un point final à sa *Correspondance*: «Le mourant ressuscite en apprenant cette grande nouvelle; il embrasse tendrement m. de Lalli; il voit que le roi est le défenseur de la justice; il mourra content» (D21213, 26 mai 1778). Si ce billet est authentique, la carrière du «Don Quichotte des malheureux» (D15903) s'achèverait donc sur cette ultime victoire. Celle du penseur de la chose juridique avait trouvé l'occasion d'une dernière mise au point dans le *Prix de la justice et de l'humanité*, ouvrage qui pâtit du discrédit attaché aux œuvres de vieillesse du patriarche de Ferney. On le cite sans doute, mais il est éclipsé par le *Commentaire sur le livre Des délits et des peines par un avocat de province*, publié en septembre 1766; alors que le traité de Beccaria et les analyses qu'il a suscitées ont fait figure d'événement littéraire, le *Prix de la justice* passe parfois pour une simple redite[5].

Voltaire en 1777 n'est certes point un novice en matière de droit criminel. Après avoir commenté Beccaria, il a fait paraître un *Essai sur les*

---

[4] Voir Louis-Edouard Roulet, *Voltaire et les Bernois,* La Chaux-de-Fonds, Imprimerie des coopératives réunies, 1950.

[5] Le *Prix de la justice* est cité dans les ouvrages généraux sur Voltaire et le droit pénal, par exemple dans Ernest Masmonteil, *La Législation criminelle dans l'œuvre de Voltaire,* Paris, A. Rousseau, 1901, dans l'étude de J. Constant, «Voltaire et la réforme des lois pénales», in: *Revue de droit pénal et de criminologie,* 39 (1959), p. 535-546. Il figure dans l'anthologie de Raymond Trousson, *Voltaire et les droits de l'homme,* Bruxelles, Editions du Centre laïque, 1994, p. 337-389, dans la section «Pour une réforme de la législation criminelle» qui s'ouvre sur une Introduction, p. 281-300. Mais peu d'articles lui sont consacrés. Citons Robert Granderoute, «L'Europe et le droit pénal à travers le *Prix de la justice et de l'humanité* (1777)», in: *Voltaire et l'Europe,* Hommage à Christiane Mervaud, Oxford, Voltaire Foundation, 2000, p. 143-150; l'article de Michel Porret se réfère à cet ouvrage: «Voltaire et le vol domestique à la lumière du droit pénal», in: *Etre riche au siècle de Voltaire,* publié par J. Berchtold et Michel Porret, Genève, Droz, 1996, p. 255-277.

probabilités en fait de justice en 1772[6]. De multiples textes, écrits à l'occasion des affaires Calas, Sirven, La Barre, de nombreux articles des *Questions sur l'Encyclopédie* dénoncent les vices de l'institution judiciaire. «L'homme aux Calas», qu'une foule en délire acclamera à tout rompre dans les rues de Paris en 1778, a acquis tout un savoir juridique. Son engagement au service de victimes de l'appareil judiciaire lui a donné l'occasion de «s'aventurer dans le dédale des lois pénales et dans les arcanes de la procédure»[7]. Il a été en relation avec des hommes de loi, Sébastien Dupont, avocat au Conseil souverain d'Alsace à Colmar, Jean-Baptiste-Jacques Elie de Beaumont, rédacteur de mémoires présentés au Conseil du roi, Antoine-Joseph-Michel Servan, avocat général au parlement de Grenoble, Charles-Frédéric-Gabriel Christin, avocat à Saint-Claude, le «jurisconsulte-philosophe» qui l'assiste dans l'affaire des mainmortables, sans doute aussi pour les *Questions sur l'Encyclopédie*[8]. Ses recherches historiques lui ont permis d'acquérir de vastes connaissances dont il fait état en comparant les codes pénaux à l'échelle européenne; il se réfère à plusieurs reprises à la Caroline; il connaît bien l'Ordonnance criminelle de 1670, toujours en vigueur en France. Dans sa Bibliothèque figurent maints ouvrages juridiques qu'il a consultés comme en témoignent les six tomes publiés du *Corpus des notes marginales*[9]. Il possède des ouvrages essentiels: le traité *Des délits et des peines* de Beccaria dans l'édition en italien (BV314) et dans la traduction française par Morellet (BV315) qu'il a annotée (*CN*, t. 1, p. 257-258), les *Observations sur un ouvrage traduit de l'italien, qui a pour titre: Traité des délits et des peines* de (?) Charles-Auguste Hautefort (BV1596), le *Commentaire sur l'édit du mois d'avril 1695, concernant la jurisdiction ecclésiastique* (Paris, 1764) de Daniel Jousse (BV1155), le *Discours sur l'administration de la justice criminelle prononcé par Mr S**, avocat général* (Genève, 1767) de Antoine-Joseph-Michel Servan, (BV3152) le Beccaria de Grenoble, dont il loue l'humanité (D13955), le *Discours sur la nécessité et les moyens de supprimer les peines capitales* de Louis Philipon de La Madelaine (BV2713), les écrits de Simon-Nicolas-Henri Linguet, un redoutable polémiste qui a plaidé des causes retentissantes

---

[6] Voir l'édition critique de John Renwick, *OCV*, t. 74A, p. 247-384.

[7] Robert Granderoute, art. cité, p. 144.

[8] Voir Roger Bergeret et Jean Maurel, *L'Avocat Christin (1741-1799): un collaborateur de Voltaire des Lumières à la Révolution,* Lons-le-Saulnier/Saint-Claude, Société d'émulation du Jura/Amis du vieux Saint-Claude, 2002, et – dans le présent volume – la contribution de Nicholas Cronk, «Voltaire et Christin: «Amis intimes de l'humanité».

[9] Nous renverrons par le sigle *CN* au *Corpus des notes marginales*, t. 1-5, Berlin, Akademie Verlag, 1979-1994 et pour le t. 6 publié en 2006 par le sigle *OCV*, t. 141.

avec fougue, ceux de Cerfvol, un militant du droit au divorce. Surtout, il lit de fort près, comme en témoignent ses notes marginales, un juriste de renom, fort bien représenté dans sa bibliothèque, Pierre-François Muyart de Vouglans, avocat au parlement, auteur d'une *Réfutation des principes hasardés dans le Traité des délits et des peines, traduit de l'italien,* Lausanne, Paris, 1767 (BV2543) qui n'avait pas échappé à l'attention du patriarche de Ferney.

Muyart de Vouglans s'y présentait en défenseur convaincu de la jurisprudence française dont il osait affirmer que, par son échelle des peines, elle «avait été portée à un degré de perfection qui lui fait tenir un rang distingué parmi les nations policées; tellement que quelques-uns l'ont même prise pour modèle de la réformation de leur code criminel», passage que Voltaire souligne de deux traits dans la marge de son exemplaire (*CN*, t. 5, p. 809). Muyart de Vouglans justifiait l'usage de la torture: «Pour un exemple que l'on pourrait citer depuis un siècle d'un innocent qui ait cédé à la violence du tourment, l'on serait en état d'en opposer un millier d'autres qui servent à justifier que, sans le recours de cette voie, la plupart des crimes atroces, tels que l'assassinat, l'incendie, le vol de grand chemin seraient restés impunis»[10]. Dans cette *Réfutation,* Muyart de Vouglans se proclamait partisan de la peine de mort et de l'inégalité sociale des peines[11]. Voltaire possède des ouvrages, qui font référence au XVIIIᵉ siècle, de ce jurisconsulte: les *Institutes au droit criminel, ou Principes généraux sur ces matières, suivant le droit civil, canonique et la jurisprudence du royaume. Avec un traité particulier des crimes,* par Mᵉ Pierre-François Muyart de Vouglans, avocat au parlement, Paris 1757 (BV2541) et l'*Instruction criminelle suivant les loix et ordonnances du royaume, divisée en 3 parties... Par M. Muyart de Vouglans, avocat au Parlement. Pour servir de suite aux Institutes au droit criminel, & au Traité des crimes du même auteur,* Paris 1762 (BV2543). Dans le *Prix de la justice et de l'humanité,* par deux fois, Voltaire se réfère aux écrits de Muyart de Vouglans qu'il cite de manière correcte. Ainsi, à propos de la peine infligée pour le vol d'un ciboire, il invite à se reporter à la page 445 des *Institutes au droit criminel de France*[12]. Dans l'article «De la torture», il cite une lettre du chancelier d'Aguesseau du 4 janvier

---

[10] Cité par Raymond Trousson, *Voltaire et les droits de l'homme,* p. 190 d'après A. Esmein, *Histoire de la procédure criminelle en France,* Paris, Larose et Forcel, 1882, qui analyse cet ouvrage (p. 371-375).

[11] Il n'était pas le seul à penser ainsi (voir Raymond Trousson, p. 190 qui cite Jousse et Linguet).

[12] *OCV,* t. 80B, p. 59. La référence est juste.

1734 et précise en note: «Cette lettre est rapportée dans l'Instruction criminelle, page 701»[13]. Voltaire a donc consulté les ouvrages de Muyart de Vouglans lorsqu'il rédige le *Prix de la justice et de l'humanité*, ne serait-ce que pour faire état de ces indications. En réalité, il les utilise beaucoup plus qu'il ne le dit, et tout particulièrement le *Traité des crimes* qui se trouve à la suite des *Institutes au droit criminel* et qui nous paraît être doté du statut d'intertexte essentiel pour tout ce qui concerne le délit et sa sanction.

Lorsque paraît le *Prix de la justice et de l'humanité*, Grimm, dans la livraison de septembre 1777 des manuscrits de Gotha et de Moscou de la *Correspondance littéraire*, rend compte de cet ouvrage. Il rappelle les circonstances qui ont présidé à l'élaboration de cette brochure anonyme, mais où l'on découvre «aisément à chaque page le style inimitable du solitaire de Ferney qui, à quatre vingt-quatre ans conserve tout le feu de son génie, toute l'activité de son âme et ne cesse de faire de bonnes œuvres et de charmans ouvrages». Après avoir donné des extraits du texte, ces manuscrits de la *Correspondance littéraire* indiquent que «M. de Voltaire parcourt ensuite les différens genres de crime et de supplices», qu'il s'élève contre l'intolérance en matière de religion, qu'il relève «les défauts grossiers de la jurisprudence française et ses funestes effets», qu'il la compare avec celle de l'Angleterre, qu'il dénonce «l'usage cruel de la torture»[14]. Le recenseur a pris la mesure de l'intérêt de cette brochure, il met l'accent sur «l'âme juste et compatissante» du philosophe.

En effet, Voltaire, en note, commente le titre de son ouvrage de manière significative: «Il ne faut pas entendre ici par humanité *humanum genus,* la nature humaine, le genre humain. *Homo sum humani nihil a me alienum puto,* car on ne donne pas un prix au genre humain, à la nature humaine, mais à l'âme la plus humaine, la plus sensible, qui aura joint le plus de justice à cette vertu. Voyez le *Dictionnaire de l'Académie française*»[15]. Voltaire s'intéresse donc à la promotion d'un esprit philosophique, tout pénétré d'humanité, et devant s'atteler à la réforme de la législation criminelle. C'est donc un changement des mentalités et des conduites qui le motive et non l'analyse de la production juridique par l'esprit humain. Le *Prix de la justice et de l'humanité* est composé parallèlement au *Commentaire sur l'Esprit des Lois*. Pour Voltaire, «il n'y a

---

[13] *OCV*, t. 80B, p. 185, La référence est juste.
[14] Emile Lizé, *Voltaire, Grimm et la Correspondance littéraire*, SVEC 180 (1979), p. 207-209.
[15] *OCV*, t. 80B, p. 49. Note de Voltaire commentant le titre de l'ouvrage.

rien de fondamental que les lois de la nature posées par Dieu même». Ce qui lui importe, c'est moins la mise en valeur de principes explicatifs que la réforme des lois en usage: ce que les hommes ont fait, «d'autres hommes peuvent le détruire»[16]. Sa démarche reste pragmatique, frappée au coin de l'urgence et de l'utilité.

Le *Prix de la justice et de l'humanité* est composé de 28 articles où Voltaire, tout comme dans les *Questions sur l'Encyclopédie*, présente ses «doutes». C'est une stratégie constante de ses œuvres de vieillesse pour mieux miner des certitudes sans fondement valable. Reprenant l'article «Certain, certitude» du *Dictionnaire philosophique* dans les *Questions sur l'Encyclopédie,* il avait ajouté cette phrase finale: «Pour nous, qui n'avons entrepris ce petit dictionnaire que pour faire des questions, nous sommes bien loin d'avoir de la certitude»[17]. La modestie apparente du propos invite à faire preuve d'esprit critique alors que ce refus proclamé de tout dogme ou de tout système doit conduire à ne plus adhérer aux principes en vigueur. De même, les «doutes» de Voltaire dans ce nouvel ouvrage sont destinés à ceux qui travailleront sur le sujet proposé par ce concours «afin qu'ils les résolvent s'ils les en jugent dignes» (p. 51). Puis Voltaire répond dans le *Prix de la justice* aux trois questions posées par la *Gazette de Berne*: en suivant fidèlement le plan qu'elle indiquait: les crimes et les peines, articles 1 à 21; les preuves, article 22, la procédure, articles 23 à 28. Il existe une disproportion patente dans le traitement de ces trois questions, la première ayant été manifestement beaucoup plus développée que les deux autres. D'Alembert, accusant réception de cet ouvrage, y a été sensible. Le 18 novembre 1777, il remarque que l'intitulé du concours ouvert par la Société économique de Berne est trop ambitieux, chacun de ses points méritant de longs développements. Il pense que le troisième, relatif à la manière d'acquérir des preuves par la voie de la procédure criminelle, ne peut être «traité à fond que par un jurisconsulte». En revanche les deux premières questions, celle concernant la recherche d'une proportion entre le délit et la peine et celle concernant la nature et la force des preuves lui paraissent pouvoir être traitées «par un homme qui ne serait que philosophe». Il précise enfin que tel est le cas plus particulièrement de la première question (D20905). Voltaire intervient en qualité de philosophe qui, sans jouer au jurisconsulte, a dû se documenter, faisant usage de connaissances acquises au fil

---

[16] *Commentaire*, Moland, t. 30, p. 442 et 457.
[17] Voir *Dictionnaire philosophique*, éd. sous la direction de Christiane Mervaud, *OCV*, t. 35, p. 510-512, et *Questions sur l'Encyclopédie*, *OCV*, éd. sous la direction de Christiane Mervaud et Nicholas Cronk, t. 39, p. 575.

des ans et les actualisant, comme l'attestent les références, ci-dessus signalées, aux ouvrages de Muyart de Vouglans dans le *Prix de la justice et de l'humanité*.

Il n'est jamais aisé de dater les lectures ou relectures de Voltaire, mais il semble bien qu'il se soit servi à maintes reprises des ouvrages de Muyart de Vouglans. En consultant le *Corpus des notes marginales*, on constate que l'un des signets des *Institutes au droit criminel* consiste en un fragment d'un billet de Wagnière à Balleidier sans doute de l'année 1763, ce qui indiquerait une consultation à cette date ou proche de cette date[18]. Dans l'article «Inceste» (1771) des *Questions sur l'Encyclopédie,* Voltaire utilise une note marginale de sa main qui a été portée sur un autre signet de cet ouvrage (*CN*, t. 5, p. 805). On en déduit, avec quelque vraisemblance, qu'il s'est reporté à ce texte lorsqu'il a rédigé cet article. Deux autres signets portent des notes de la main de Wagnière, l'un dans le *Traité des crimes* (*CN*. t. 5, p. 805), l'autre dans l'*Instruction criminelle,* (*CN*. t. 5, p. 808); ces deux notes se rapportent directement aux sujets traités dans le *Prix de la justice et de l'humanité*: la première a nourri la réflexion de l'article 6 sur les mères infanticides, la seconde signale l'intérêt d'une lettre du chancelier d'Aguesseau qui sera citée dans l'article 24 sur la torture. Voltaire paraît donc avoir acquis une réelle familiarité avec les ouvrages de ce juriste qui, au XVIIIe siècle, faisaient autorité et qui étaient mis à la disposition de ses confrères. A titre d'exemple, je signale que les exemplaires que j'ai consultés, faisaient partie de la Bibliothèque des avocats du parlement de Rouen[19].

Né à Moirans, près de Saint-Claude en 1713 d'une famille de robe, avocat en 1741, Muyart de Vouglans entre au parlement Maupeou en 1771 en qualité de conseiller. Il passe pour un homme très instruit, mais d'un caractère dur. Il meurt en 1791. En juin 1766, il a signé une décision mettant en cause la procédure dans l'affaire La Barre, car c'est un légaliste. Voltaire le rappelle dans le *Cri du sang innocent*[20]. Mais il reste à ses yeux un «terrible welche», c'est ainsi qu'il le juge dans l'article «Inceste» des *Questions sur l'Encyclopédie* où il remarque qu'il «veut absolument qu'on brûle le cousin et la cousine qui ont eu un moment de faiblesse»[21]. En fait, dans son *Traité des crimes*, Muyart de Vouglans

---

[18] *CN*, t. 5, note 942, p. 903 à propos de la première note marginale de Voltaire p. 802.

[19] Cette indication est gravée sur la reliure des ouvrages.

[20] Moland, t. 29, p. 381. Cette intervention de huit avocats s'attaque aux juges d'Abbeville, mais ne se prononce pas sur le chef d'accusation.

[21] Moland, t. 19, p. 457.

énumère les différentes sortes d'incestes afin que nul n'échappe au châtiment; ainsi sont répertoriés ceux qui se commettent contre le droit naturel, entre père et enfants, ceux contre le droit des gens, entre belle-mère et gendre, ceux contre le droit canonique, entre l'oncle et la nièce, ceux entre personnes ayant contracté une alliance spirituelle, entre parrains, marraines et leurs filleuls, celui entre un confesseur et sa pénitente, enfin celui d'un homme qui a connu charnellement la mère et la fille. Il rappelle comment le degré de parenté a été fixé par le droit canonique[22]. La peine est celle du feu, seule l'illégitimité du mariage d'où proviendrait la parenté pourrait la modérer. Ce passage a attiré l'attention de Voltaire (*CN*, t. 5, p. 806). Il témoigne bien de l'esprit qui anime ces ouvrages. Muyart de Vouglans expose, rappelle les lois, édits ou règlements, évoque à titre d'exemple des procès célèbres; sa démarche est profondément conservatrice; il ne faut pas changer un iota à la législation existante. Il ne prêche jamais en faveur d'un assouplissement de la législation ni d'une application de la loi favorable au prévenu, il décrit avec une froide minutie les supplices, par exemple celui de Damiens, renseigne sur les différentes formes de la question. Il défend une idéologie répressive dont la valeur exemplaire est seule capable d'intimider des hommes fondamentalement mauvais; le châtiment purifie en quelque sorte le pécheur qui doit expier ses crimes[23]. Voltaire tire profit de sa parfaite connaissance de la jurisprudence, tout en s'opposant vigoureusement à ses principes; on le verra en étudiant ce qui concerne les crimes, délits ou forfaits et leur sanction.

Les *Institutes au droit criminel,* le *Traité des crimes* de 1757, l'*Instruction criminelle* de 1762 ne se comprendraient pas en dehors de la théorie des deux puissances[24] à l'origine d'une confusion du droit civil

---

[22] *Traité des crimes,* p. 504-505. Nous renvoyons à l'édition qui figure dans la bibliothèque de Voltaire (BV2541), de 1757.

[23] Sur Muyart de Vouglans, voir André Laingui, «Sentiments et opinions d'un jurisconsulte à la fin du XVIIIe siècle: Pierre-François Muyart de Vouglans (1713-1791)», in: *Travaux juridiques et économiques de l'Université de Rennes,* t. XXV (1964), p. 177-277, et «P.-F. Muyart de Vouglans ou l'anti-Beccaria», in: *Revue internationale d'histoire de la profession d'avocats,* 1989; Michel Porret, «Les «lois doivent tendre à la rigueur plutôt qu'à l'indulgence», Muyart de Vouglans *versus* Montesquieu», in: *Revue Montesquieu,* n° 1 (1997), p. 65-76 suivi de l'édition de sa *Lettre sur le système de l'auteur de l'Esprit des lois, touchant la modération des peines,* p. 77-95, et «Atténuer le mal de l'infamie: le réformisme conservateur de Pierre-François Muyart de Vouglans», in: *Crime, histoire et sociétés,* vol. 4, n° 2 (2000), p. 95-120.

[24] Voltaire a dénoncé maintes fois les méfaits politiques des deux puissances. Voir, par exemple, le *Mandement du révérendissime père en Dieu Alexis* (1765), Moland, t. 25, p. 347-352.

et du droit ecclésiastique. Muyart de Vouglans est un catholique convaincu, auteur d'un petit opuscule paru en 1776, *Motifs de ma foi en Jésus Christ par un magistrat*[25], dans lequel il clame sa croyance dans les miracles et dans la résurrection du Christ. Pour lui, le crime reste d'abord un péché et il va de soi que la référence religieuse doit imprégner tout code juridique. Son *Instruction criminelle* le proclame ouvertement: c'est à la fois une philosophie et une politique. Selon ce juriste, l'homme étant composé d'une âme et d'un corps tend à deux fins, «l'une spirituelle, qui est la béatitude éternelle, l'autre temporelle, qui est la paix et la tranquillité publique»; il est donc assujetti à deux puissances, la première appartient à l'Église, elle est exercée par le pape, les évêques et autres ministres; l'autre appartient aux Rois et princes souverains. Ces deux puissances, différentes par leur nature, procèdent du même principe qui est Dieu; elles ont le même objet: «conserver la religion et faire observer en paix ses commandements»; d'où leur union intrinsèque: «c'est pour cela qu'elles doivent entretenir entre elles une mutuelle correspondance, savoir la puissance temporelle pour faire exécuter par la terreur des châtiments les loix de la puissance spirituelle et celle-ci pour réunir les affections des peuples à l'obéissance qu'ils doivent à leurs souverains; de manière qu'elles ne peuvent entreprendre l'une sans l'autre, sans violer l'ordre établi par la sagesse divine»[26]. L'alliance du trône et de l'autel est l'*alpha* et l'*omega* du code de justice de la France de l'Ancien Régime. De la distinction de ces deux puissances, il s'ensuit «naturellement celle de deux formes de juridiction». Muyart de Vouglans donne une formulation claire et précise de ce qui est le fondement de la justice d'Ancien Régime.

Face à ce corps de doctrine, Voltaire plaide sans relâche pour la séparation du civil et du religieux. Dès l'article «Lois civiles et lois ecclésiastiques» du *Dictionnaire philosophique* (1764), il entend réduire l'intervention de l'Eglise, affirmer la prépondérance de l'Etat. Il a multiplié les textes à ce sujet et le *Prix de la justice* dénonce une fois de plus, et violemment, l'emprise du droit canon. C'est un droit anachronique qui a servi de «code criminel à nos ignorants et barbares ancêtres» (p. 76), un droit né pendant des siècles d'ignorance, de superstition, de fraude, et de

---

[25] Cet ouvrage, qui valut à Muyart de Vouglans une lettre de félicitation du pape Pie VI, se présente sous forme d'une lettre à Madame de *** qui s'alarme des progrès rapides de «la nouvelle secte qu'on appelle la philosophie du temps» (p. 1). Ceux-ci sont attaqués sur leur doctrine, leur manière de disputer, leurs mœurs (p. 7-9). Voltaire ne paraît pas avoir lu cet opuscule.

[26] *Instruction criminelle*, 3ᵉ Partie, p. 2-3.

barbarie» (p. 91), donc non adapté à notre temps. C'est un droit local et
non universel, fondé sur des arguties de théologiens qui n'ont pas pris en
compte la loi naturelle. Point de demi-mesures: il faut l'extirper, «anéan-
tir à jamais un code réputé sacré, qui est en effet la honte des lois et la
subversion des Etats» (p. 141). Voltaire n'appelle pas à la réforme, mais
à une révolution qui doit passer par un bouleversement de fond en comble de l'appareil législatif en matière de justice criminelle.

En effet, la référence religieuse commande la hiérarchie des fautes et,
par voie de conséquence, celle des sanctions. Voltaire relève que le code
pénal «commence par l'hérésie: cela s'appelle crime de lèse-majesté
divine au premier chef» (p. 92). Il se réfère ici, sans le dire, à l'architec-
ture du *Traité des crimes* de Muyart de Vouglans. Le titre I traite des
crimes de lèse-majesté divine au premier chef: athéisme, apostasie, hérésie, magie, puis au second chef, comme le sacrilège. Ensuite sont étudiés
les crimes de lèse-majesté humaine, contre la personne royale (titre II),
suivis des crimes de luxure (titre III), avant l'homicide (titre IV), enfin
le vol (titre V), le faux (titre VI), l'injure (titre VII) et les délits contre la
Police (titre VIII). Or Voltaire adopte un ordre tout différent; il traite
d'abord de tout ce qui trouble l'ordre social: le vol qui met en cause le
droit de propriété et qui est «la plus commune des transgressions», l'homicide, en rappelant qu'il est des meurtres considérés comme glorieux
en temps de guerre, d'autres punis, le duel, le suicide; un dernier article
de ce premier groupe évoque les faux-monnayeurs. Puis viennent seulement à partir de l'article 8 les crimes liés à la religion. Enfin, de l'article
12 à l'article 19, Voltaire traite de tout ce qui choque les mœurs: bigamie, adultère, inceste, viol, rapt, sodomie. Les crimes contre la religion,
dans le *Prix de la justice*, ont ainsi perdu leur statut prééminent, alors que
l'*Encyclopédie* leur réserve encore la première place. Dans la section
«Droit naturel» de l'article «Crime», le chevalier de Jaucourt, classe les
crimes sous quatre rubriques: ceux de la première, choquent la religion;
ceux de la seconde, les mœurs; ceux de la troisième, la tranquillité des
citoyens; ceux de la quatrième, la sûreté des citoyens. Pour chaque classe,
le chevalier de Jaucourt, qui se réfère à l'*Esprit des lois*, indique que les
sanctions doivent être tirées «de la nature de la chose», c'est-à-dire de
la nature de l'infraction. S'il met encore en premier ce qui choque la
religion, il prévoit seulement comme peine la privation des avantages que
donne la religion, par exemple l'expulsion des temples ou de la société
des fidèles[27].

---

[27] *Encyclopédie*, t. 4, p. 466-468.

Du refus de la prééminence du religieux découle le sens du combat voltairien. Il ne se place pas à l'intérieur des normes juridiques de son temps et méprise les arguties sans fin des jurisconsultes, remarquant d'entrée de jeu que les lois sont équivoques et leurs commentaires plus obscurs que le texte (p. 52). Il s'attaque à la clef de voûte de cette législation, ne reconnaissant pas son principe fondateur et lui substituant des principes étrangers à son système de pensée. En fait, Voltaire change «les règles du débat judiciaire en y appliquant une finalité «philosophique», dont le sens social échappe aux «criminalistes» ou «jurisconsultes» officiels, attachés à défendre, à travers le régime arbitraire et le système pénal expiatoire, la monarchie de droit divin»[28]. C'est ce déplacement du point de vue et de l'assise intellectuelle, ce changement de système de valeurs que nous allons étudier du point de vue de l'appréhension du crime et de sa sanction.

Certes, les positions de Voltaire sont déjà connues en 1777. Le *Prix de la justice et de l'humanité* reprend maintes argumentations déjà développées dans son œuvre ainsi que les exemples qui les illustraient. Mais il n'est pas inutile de les mettre en perspective face à l'état de la jurisprudence au moment où il écrit et d'indiquer les inflexions de ses propos. Permanence des convictions, variations dans les reprises, cet ouvrage à la fois s'inscrit dans une continuité et témoigne de la vitalité d'une pensée qui s'approfondit sur certains points. A l'appréhension du crime comme péché, Voltaire substitue celle du crime comme délit. La faute contre la loi divine devient faute contre la loi humaine. Le processus est celui d'une laïcisation pour laquelle plaide la pensée philosophique et qui est rendue urgente par l'annonce d'une nouvelle, le rétablissement de l'Inquisition en Espagne, alors que Voltaire rédige ce dernier ouvrage sur la législation criminelle. Le *Prix de la justice et de l'humanité* y fait allusion non sans amertume (p. 133-134), car Voltaire avait chanté victoire lors de sa suppression et des réformes du comte d'Aranda[29]. En France, la puissance de l'Eglise, l'emprise du religieux restent prégnants. Dans l'Introduction du *Traité des crimes*, Muyart de Vouglans se propose de rappeler les ordonnances et d'y joindre les décisions des lois canoniques[30]. Le crime de lèse-majesté divine s'impose à la pensée du pénaliste sans qu'il éprouve le besoin de la moindre justification; il se

---

[28] Michel Porret, «Voltaire et le vol domestique», p. 261.

[29] Voir D14991, D14992, D14996, D15002, D15003, l'article «Inquisition» du *Dictionnaire philosophique*, *OCV*, t. 36, p. 239, et l'article «Aranda» des *Questions sur l'Encyclopédie*, *OCV*, t. 38, p. 551-559.

[30] *Traité des crimes*, p. 430.

donne pour but d'établir un catalogue complet de ces infractions gravis-
simes et de fournir aux officiers de justice un guide rappelant les édits,
ordonnances qui régissent chaque cas. Voltaire, après s'être référé à cette
expression: «crime de lèse-majesté divine» dans l'article consacré au
sacrilège, s'interroge sur son sens en posant la question de la propriété
des termes, ce qui le conduit à dénoncer le scandale de la sanction pré-
vue. Il prend pour exemple l'arrêt rendu contre le chevalier de La Barre
et son compagnon, Gaillard d'Etallonde, dont les irrévérences et impiétés
avaient été ainsi qualifiées: «Sait-on bien ce que c'est qu'un crime de
lèse-majesté divine? Est-ce de vouloir assassiner Dieu comme Lycaon se
proposa d'assassiner Jupiter qui était venu souper chez lui? Est-ce de lui
faire la guerre, comme autrefois les Titans, et ensuite les géants la lui
firent […]? Est-ce enfin de nier l'existence de Dieu?» (p. 116-117).
La faute de «malheureux enfants», livrés au bourreau par des «ignorants», paraît bien dérisoire. Voltaire croit aux vertus pédagogiques de la
répétition; afin de secouer l'indifférence, il fait entendre un écho du *Cri
du sang innocent*, fait allusion à sa *Relation de la mort du chevalier de
La Barre,* remet en mémoire toute sa campagne en faveur d'une victime
du fanatisme; il avait déjà fait remarquer, à la suite de Beccaria, dans le
Commentaire sur le livre Des délits et des peines «qu'il est absurde
qu'un insecte croie venger l'Etre suprême»[31]; son indignation reste
intacte sur cette «abominable boucherie».

Ayant ainsi stigmatisé l'Eglise, le *Prix de la justice et de l'humanité*
peut détruire tout un pan de la justice criminelle concernant l'hérésie et
la magie, des thèmes déjà largement traités dans son œuvre. Dans l'article «Des peines contre les hérétiques» et dans celui «De l'extirpation
des hérésies» du *Commentaire sur le livre Des délits et des peines,* Voltaire, après un historique des sanctions contre l'hérésie, appelait à distinguer «l'opinion et la faction» et pensait qu'en tolérant la première, on
faisait obstacle à la seconde[32]. Il avait repris cette argumentation dans
l'article «Hérésie» des *Questions sur l'Encyclopédie*[33]. Dans le *Prix de
la justice,* il répond, semble-t-il, au *Traité des crimes.* Muyart de Vouglans concède que l'hérésie a été jadis réservée à la juridiction ecclésiastique, mais que les princes ont compris que l'hérésie était contraire au
repos et au bien de l'Etat[34]. Puis il énumère tous les édits promulgués

---

[31] Moland, t. 25, p. 548.
[32] Moland, t. 25, p. 541-545.
[33] La seconde section de l'article «Hérésie» reprend «De l'extirpation des hérésies».
[34] *Traité des crimes,* p. 432.n

pour l'extirper jusqu'à la déclaration du 13 septembre 1699 sur les nouveaux convertis[35] qui veulent se réfugier à l'étranger et qu'il faut envoyer aux galères; ceux qui favorisent leur évasion sont condamnés à mort. Voltaire, qui a annoté ce passage (*CN*, t. 5, p. 803), évoque dans le *Prix de la justice* cet édit, remarquant que «le réputé principal criminel était bien moins puni que le complice» (p. 93). Le *Traité des crimes* est un document de premier plan pour l'histoire du droit où Muyart de Vouglans, faisant preuve d'une érudition sans faille fournit à Voltaire maintes munitions. Celui-ci attaque frontalement cet enracinement du pénal dans le religieux, cette collusion entre l'Église et l'État. Pour Voltaire, ces peines infligées aux hérétiques, coupables de soutenir quelque opinion contraire aux dogmes de la religion dominante, sont une aberration et la preuve d'un esclavage. C'est «envoyer un homme au supplice pour un argument» (p. 88); il l'avait déjà dit, il le répète avec force. Il ne laisse pas sans réponse la justification politique de cette curée dont se charge le pouvoir civil. Il accuse des «ergoteurs» d'être allés «à la chasse des hérétiques et des impies», d'avoir crié «hallali» d'un bout de l'Europe à l'autre et d'avoir entraîné à leur suite quelques princes qu'ils ont changé «en chiens de chasse qui plongèrent leurs gueules dans le sang des bêtes relancées par eux» (p. 91). Alors qu'il privilégiait le raisonnement dans son *Commentaire* de Beccaria: «La religion est de Dieu à l'homme; la loi civile est de vous [les rois] à vos peuples»[36], il martèle, dans le *Prix de la justice,* ce message virulent et simplificateur: l'Église est responsable, l'Église est coupable.

Voltaire revient sur le thème de la sorcellerie pourtant omniprésent dans son œuvre[37]. Une fois de plus, il évoque la sorcière de Wurzbourg brûlée en 1750[38], le jésuite Girard, le curé Gaufridi, le curé Grandier et les ursulines de Loudun, Michelle Chaudron. Une fois de plus, il se livre à une démystification: sorciers et juges ne doutaient pas du pouvoir de

---

[35] La déclaration de mars 1715 annonce, de nouveau, dans son préambule, qu'il n'y a plus de Protestants en France et qu'on ne doit voir en eux que de *nouveaux convertis*.

[36] Moland, t. 25, p. 545.

[37] Voir Nicole Jacques-Lefèvre, «"Le monstre subsiste encore"…: d'un usage philosophique de la sorcellerie chez Voltaire», in: *Cahiers Voltaire* 3 (2004), p. 71-97.

[38] Maria Renata Singer[in] von Mossau, sous-prieure du couvent de Unterzel près de Wurzbourg, à la suite de cas d'hystérie qui s'étaient multipliés dans son couvent, fut condamnée à mort en 1749. Cette affaire suscita beaucoup d'émotion en Europe (voir Soldan-Heppe, *Geschichte der Hexeprozesse*. Neu bearbeitet und herausgegeben von Max Bauer, Darmstadt, Wissenschaftliche Buchgesellschaft, 1976 [Nachdruck der Ausgabe München 1912], t. 2, p. 284-289. Nous remercions Gérard Laudin qui nous a fourni ces informations.

Satan; les uns, à l'imagination enfiévrée, croyaient avoir participé au sabbat, les autres, se reportaient au code du diable élaboré par les Bodin, Del Rio, Boguet, et il conclut: «Enfin on a cessé de brûler les sorciers, et ils ont disparu de la terre» (p. 109). Les jurisconsultes du XVIIIᵉ siècle ne mettaient pas en doute ces interventions du diable, même s'ils conseillaient la prudence. Tout l'article IX du *Traité des crimes* intitulé «Des sorciers» est consacré à la magie, crime de lèse-majesté divine au premier chef. La magie suppose un pacte avec le Diable, «pour opérer des prestiges qui étonnent les hommes, comme étant au-dessus des forces naturelles», le sortilège et le maléfice «ont principalement pour objet de nuire aux hommes, soit en leurs personnes, soit en leurs bestiaux». A la suite de ces définitions, Muyart de Vouglans reconnaît que la matière est délicate, qu'elle reste du ressort de la théologie chrétienne, et qu'il se contentera d'en exposer les principes. Les peines sont rapportées «sous le titre du Code *de Maleficiis et de Mathematicis*»: exposition aux bêtes, feu vif, crucifiement. Après avoir recommandé aux juges de faire preuve de circonspection, il affirme que «rien n'est plus certain que l'existence de la magie après les témoignages incontestables que nous en rendent les Livres saints» et il renvoie, afin de justifier la peine de mort, au Lévitique: «"Si un homme se détourne de moi pour aller chercher les magiciens et les devins […] il attirera sur lui l'œil de ma colère"» (xx, 6) et au Deutéronome (xviii, 10-11-12). En face de ce passage, qu'il a souligné, Voltaire écrit «bête brute» (*CN*, t. 5, p. 803). Muyart de Vouglans convient que les exemples modernes de maléfices ou d'ensorcellement ne lui paraissant pas tous indiscutables, il invite à distinguer entre de faux magiciens, «comme ces prétendus *Devins, Faiseurs de Prognostics, d'Almanachs, et Diseurs de Bonne-Fortune*» et les vrais magiciens «qui joignent à la superstition l'impiété et le sacrilège», ce qui fait réagir Voltaire, écrivant en marge: «sacrilege/ vrais/ magiciens/ supposé/ heretiq[ue]/ donc brulabl[e]» (*CN*, t. 5, p. 804). Muyart de Vouglans conclut: «De toutes ces différentes peines, la seule que nous ayons retenue dans notre usage, c'est celle du feu vif»[39]. Voltaire s'insurge contre ces «jurisconsultes démoniaques», dénonce «tous les mystères impudiques de ces procès criminels infernaux» (p. 106 et p. 107-108). Son message est parfaitement clair. Face à l'obscurantisme des mentalités et des institutions, il veut faire entendre la voix de la raison: «Si on a peint la justice avec un bandeau sur les yeux, il faut que la raison soit son guide» (p. 63).

---

[39] *Traité des crimes*, p. 439-441.

Voltaire se montre conscient de la difficulté «presque insurmontable de composer un bon code criminel, également éloigné de la rigueur et de l'indulgence» (p. 53). Comment humaniser la justice criminelle? Le degré de dangerosité doit être mesuré à l'aune du social et non plus à celle du religieux. Quelles conséquences a-t-il tirées de ce principe de base?

Les survivances archaïques du code pénal doivent être éradiquées; il s'agit de socialiser la faute. Voltaire inscrit sa pensée dans le cadre de l'utilitarisme social. C'est à ce titre qu'il refuse la peine de mort: «On peut donc à toute force se passer de tuer des hommes», même s'il l'admet seulement dans le cas «où il n'y aurait pas d'autre moyen de sauver la vie du plus grand nombre» (p. 70). Il existe un consensus ambigu des philosophes à ce sujet. Montesquieu, Diderot, Rousseau, l'acceptent pour des individus asociaux, Beccaria en temps d'anarchie[40]. C'est pourquoi, Voltaire propose des réparations, des travaux d'utilité publique: «préserver une contrée d'inondation par des digues, ou creuser des canaux qui facilitent le commerce, ou dessécher des marais empestés» (p. 71). Il n'est plus question de sauver des âmes, mais de réinsérer des coupables, car remarque-t-il, non sans provocation, «un faux-monnayeur est un excellent artiste» qui pourrait travailler dans une prison perpétuelle à la monnaie de l'État, alors que la loi de François 1er prévoyait de l'ébouillanter (p. 84).

D'où le rejet de la culture de l'échafaud. Voltaire entend faire éprouver de l'horreur pour les fêtes punitives, pour le «supplice d'un malheureux» dont on fait «un grand et superbe spectacle» (p. 95) auquel accourt la canaille, pour un squelette «branlant à un poteau» ou «plié en morceaux sur une roue de charrette» (p. 71-72). On pense au gibet vers lequel se dirige le cheval de *Jacques le Fataliste*. Voltaire invite à se détacher de la croyance primitive dans le feu purificateur qui a allumé tant de bûchers. Si on a brûlé tant «d'ennemis de Dieu», c'est «parce qu'on ne doutait pas que Dieu ne les brûlât lui-même dès qu'ils étaient morts; soit qu'il portât en enfer leurs corps restés en terre, soit qu'il y portât leur âme qu'on ne voyait point» (p. 92). Croyant à l'enfer, on a réussi à le transporter sur terre.

D'ailleurs la sévérité de la loi peut générer de nouveaux crimes. Voltaire l'avait déjà dit dans le *Commentaire sur le livre Des délits et des peines*[41], il le redit fortement dans le *Prix de la justice*: le voleur sur qui pèse l'infamie d'une condamnation, privé de travail, devient souvent «un brigand meurtrier» (p. 57): «c'est la loi qui l'a rendu tel; c'est elle

---

[40] Voir Michel Porret, «Voltaire et le vol domestique», p. 260.
[41] Moland, t. 25, p. 567.

qui est coupable de tous ses crimes» (p. 57). Faire expirer sur la roue les voleurs de grand chemin, qu'ils soient assassins ou non, c'est les avertir qu'ils ont tout intérêt à assassiner afin «d'exterminer les objets et les témoins de leurs crimes» (p. 63). La législation concernant les vols commis par les «vagabonds et gens sans aveu» est particulièrement impitoyable[42]. Le pouvoir dissuasif de la sanction a donc des limites selon Voltaire. En fait la justice devrait être préventive: faire travailler les mendiants diminuerait le nombre des larcins. Plus généralement, il invite à se méfier de lois coercitives et anachroniques.

Les ingérences de l'Eglise dans la vie de tous les citoyens sont responsables de scandales et d'aberrations. Voltaire dénonce l'impossibilité du divorce en terre catholique, le mariage, étant un sacrement, reste indissoluble (p. 139). Il a déjà fait campagne, à la suite des juristes du droit naturel comme Pufendorf, pour la théorie contractuelle du mariage dans l'article «Du divorce» paru à la suite du *Fragment des instructions pour le prince royal de**** en 1767, reprenant ce texte dans les *Mélanges*, puis dans l'article «Adultère» des *Questions sur l'Encyclopédie*[43]. Or, dans *Le Prix de la justice*, son plaidoyer est inséré dans un article intitulé «De la bigamie et de l'adultère». Il dénonce non seulement des lois ecclésiastiques, mais leur application qui révèle une politique condamnable de l'Église. Elle reste ferme dans son interdiction du mariage entre personnes de différentes confessions, hautement souhaitable selon Voltaire (p. 143). Elle maintient des lois, mais qui peuvent être détournées moyennant finances, le Pape accordant des dispenses: ainsi l'inceste spirituel quand des personnes ont contracté une alliance spirituelle, par exemple les parrains, marraines et leurs filleuls (c'était le cas pour l'Ingénu et Mlle de Saint-Yves); ainsi également l'interdiction pour un veuf d'épouser une parente de sa femme au quatrième degré, ou celle d'une alliance entre cousins germains (p. 145 et p. 147), tous cas dûment répertoriés par Muyart de Vouglans[44]. Ces règlements remontent à l'époque carolingienne[45]. Au temps de la féodalité, les dirigeants de l'Eglise luttent pour imposer leur conception de l'institution matrimoniale. Un conflit long et spectaculaire les opposa au roi de France, Philippe 1er, qui fut excommunié trois fois pour ce que les prêtres appelaient adultère, bigamie, inceste. Il s'agit pour Voltaire

---

[42] *Traité des crimes*, p. 564

[43] Voir *OCV*, t. 38 (articles: «A» à «Aristée»), p. 109-116.

[44] *Traité des crimes*, p. 806.

[45] Voir Georges Duby, *Le Chevalier, la femme et le prêtre. Le mariage dans la France féodale*, Paris, Hachette, 1981.

de s'affranchir de cette tutelle pesante du clergé présente dans toutes les décisions de la vie.

Voltaire dans le *Prix de la justice* prêche l'indulgence pour ce que les criminalistes appellent les crimes de luxure. Muyart de Vouglans s'expliquait en ces termes: «Nous n'entrons dans ce détail, que pour en inspirer, s'il est possible, plus d'horreur par la rigueur des peines que les loix humaines y ont attachées, et dont l'exécution n'est malheureusement que trop rare dans la pratique»[46]. Voltaire lui répond dans maints articles: «De la bigamie et de l'adultère», «Du viol», «Du rapt», «De la sodomie» où il dénonce la haine chrétienne du charnel qui serait placé sous l'empire du mal. Il remarque aussi que les lois ont été faites par des hommes prompts à punir lourdement les femmes. C'est sur la condamnation à mort d'une fille-mère ayant exposé son enfant que s'ouvrait le *Commentaire sur le livre Des délits et des peines*[47]. Voltaire revient sur la question des mères infanticides dans le *Prix de la justice et de l'humanité* (p. 79-82). L'état de la législation est parfaitement décrit dans le chapitre «De l'Infanticide» du *Traité des crimes* qui traite de l'avortement volontaire, du recèlement de grossesse, de l'exposition des nouveaux nés. Est passible de la peine de mort, depuis un édit de Henri II, lu en chaire par tous les curés du royaume tous les trois mois, toute femme ayant caché sa grossesse et son enfantement et dont l'enfant mort a été privé de baptême[48]. La seule exception à la peine de mort est envisagée pour la mère d'un enfant qui n'est pas né à terme, plus précisément qui n'a encore ni ongles ni cheveux. Voltaire note en marge «avortement / grossesse non déclarée» (*CN*, t. 5, p. 806). Il plaide en faveur d'hôpitaux où il serait possible d'accoucher secrètement; les éditeurs de Kehl, en note, prévoient des modalités pratiques et dénoncent vigoureusement le préjugé barbare qui condamne ces filles-mères. Le *Traité des crimes* précisait que l'exposition des enfants «dans des lieux écartés» était puni de la peine de mort, que celle qui se fait dans des hôpitaux ne doit être punie que du fouet et du bannissement pour les auteurs du crime et pour leurs complices.

Contre l'esprit inquisitorial qui anime la jurisprudence de l'époque, Voltaire appelle à ignorer ce qui doit rester secret: «Il est certains cas» (dit-il en parlant du viol et de l'impuissance) «dont les tribunaux ne doivent jamais connaître» (p. 148). Ce sera là aussi son dernier mot sur

---

[46] *Traité des crimes*, p. 478.
[47] Moland, t. 25, p. 539-541.
[48] *Traité des crimes*, p. 532.

la sodomie (p. 154-158) alors que le *Traité des crimes* justifiait la peine de mort en se référant au Lévitique. Muyart de Vouglans regrettait que ce crime ne soit pas toujours puni malgré la vigilance des juges parce que les coupables s'entourent de précautions afin d'en dérober la connaissance. Voltaire a remarqué le passage où Muyart de Vouglans rappelait que Jean Diot et Bruneau le Noir, convaincus de ce «crime», avaient été brûlés en place de Grève par Arrêt du 5 juin 1750 (*CN*, t. 5, p. 806); il estime que ce «péché contre nature» doit être enseveli «dans les ténèbres de l'oubli» et non éclairé «par les flammes des bûchers» (p. 157). Voltaire s'efforce de soustraire, autant que faire se peut, le domaine de la vie privée, aux regards de la police et des juges, ainsi de l'adultère, de l'impuissance et même du viol, ce qui lui vaut, pour ce dernier article de ton léger, les protestations des éditeurs de Kehl (p. 148-149).

«Il n'y a, Monsieur, que les philosophes qui aient un cœur», écrivait Voltaire à Turgot le 22 février 1764 (D11718). Une fois de plus, il a voulu faire entendre la voix d'un ami de l'humanité. Ses réflexions sur le droit pénal s'inscrivent dans un courant réformiste qui, depuis 1760, discrédite la justice traditionnelle, attaque les bases juridiques posées par l'Ordonnance de 1670. Celle-ci reprenait dans une large mesure celle de 1539, laquelle avait codifié des procédures de la fin du Moyen Âge. En 1777, le combat n'était pas gagné. Même dans la seconde partie du XVIIIᵉ siècle, nombre de jurisconsultes considèrent encore cette Ordonnance de 1670 comme sacrée et inviolable. C'est le cas en 1780 de Muyart de Vouglans dans ses *Lois criminelles de la France dans leur ordre naturel*. Voltaire préconise la rupture avec toute une tradition séculaire et propose un renouvellement radical de la législation criminelle.

On le présente volontiers comme un défenseur des droits de l'homme[49]. Il a combattu vaillamment contre les délits d'opinion, et dans le *Prix de la justice*, il consacre un long article aux «procès criminels pour des disputes d'école», préconisant dans ce cas une loi condamnant l'accusateur à risquer la même peine que l'accusé (p. 126). Dans ses multiples interventions en faveur d'accusés, il a, le plus souvent, été du côté de ceux qui étaient injustement persécutés et il remarque que les lois ont été faites «par les puissants pour écraser les faibles» (p. 52), par les riches pour se protéger des pauvres (p. 55), par les hommes pour assurer leur prééminence sur les femmes (p. 137). Un accent féministe se fait entendre dans le *Prix de la justice* à propos de l'adultère puni seulement s'il

---

[49] Voir l'ouvrage de Raymond Trousson, ci-dessus mentionné.

est féminin, les hommes étant regardés «comme les propriétaires de leurs épouses» (p. 137). En revanche, Voltaire n'a pas relevé une allégation de Muyart de Vouglans qui, dans son article consacré au viol, s'efforce de multiplier les obstacles rencontrés par les femmes pour faire admettre le délit dont elles se disent victimes: non seulement, elles doivent prouver qu'elles se sont vaillamment défendues, mais il est rappelé que, pour certains juristes, «une femme violée devenue grosse n'est point présumée avoir été violée, sur le fondement que le concours respectif est nécessaire pour la génération»[50]. Voltaire se montre plus sensible à la question du vol où il remarque qu'il est des délits trop lourdement punis par la société. Il insiste, à la suite de Beccaria, sur les circonstances sociales du vol, sur l'importance toute relative du dommage. Le vol domestique est alors passible de la peine de mort, la peine étant justifiée dans le *Traité des crimes* par la trahison, l'abus de confiance, la loi ne tenant aucun compte de la valeur marchande de la chose volée[51]. A cette loi impitoyable, Voltaire oppose l'histoire d'une servante, condamnée à mort, pour avoir dérobé dix-huit serviettes à une maîtresse qui ne lui payait pas ses gages, vol déjà évoqué dans une addition de 1774 à l'article «Supplices» des *Questions sur l'Encyclopédie*[52]. Voltaire considère que certains crimes sont ceux de la misère. Ainsi le coupable du vol d'un ciboire, qui doit être puni «à feu vif», comme l'indique Muyart de Vouglans auquel Voltaire renvoie, loin de vouloir outrager Dieu, doit, en temps de famine, bénéficier de circonstances atténuantes: il a peut-être dérobé cet objet pour nourrir sa famille (p. 60). En 1780, précisent les éditeurs de Kehl, une telle peine a été prononcée, mais non exécutée.

Pourtant, il est des points que Voltaire a laissés dans l'ombre et des questions qu'il a plus ou moins esquivées. S'il s'est montré sensible à certaines inégalités patentes, il ne relève pas que, par principe, les peines varient selon la condition sociale. Un postulat implicite veut que les classes privilégiées soient plus sensibles à l'infamie que le peuple plus grossier; ce dernier est, en conséquence, puni corporellement. A lire le *Traité des crimes*, on apprend que l'adultère, pour une femme de condition relevée, est sanctionné par la réclusion dans un monastère pendant deux ans, au cours desquels son mari peut la reprendre, et par la privation de sa dot, pour une femme de condition vile par une fustigation en public et parfois au cours d'un office religieux, sans doute pour l'édification des fidèles[53].

---

[50] *Traité des crimes*, p. 498.
[51] *Traité des crimes*, p. 563.
[52] Moland, t. 20, p. 463-464.

La punition la plus archaïque, celle qui prend possession du corps, est réservée au peuple. De même, Voltaire n'a pas relevé d'autres cas illustrant une justice volontairement inégalitaire que défend Muyart de Vouglans. Le séducteur, convaincu d'être l'auteur d'une grossesse, est condamné à nourrir et doter l'enfant; s'il s'agit d'une servante séduite par son maître, celui-ci se contentera de lui payer, «au lieu de dot, les frais de ses couches». Une note de la main de Wagnière, concerne les dommages et intérêts dus, mais ne souligne pas l'inégalité des réparations (*CN*, t. 5, p. 805). La loi protège les mâles lorsqu'ils sont riches. Muyart de Vouglans explique que l'on a réduit le préjudice subi par la fille engrossée à des dommages et intérêts «par crainte que des filles s'en prévalent pour se procurer un mari riche»[54]. En revanche, un valet qui abuserait de la fille de son maître est passible de la peine capitale. Voltaire, dans l'article 17 du *Prix de la justice*: «Des femmes qui se prostituent à leurs domestiques» (p. 151), invite à l'indulgence, en citant un mot d'esprit du cardinal de Fleury sur les femmes ayant des faiblesses pour leurs serviteurs, et ne dit rien de la peine encourue par le domestique, précision apportée par les éditeurs de Kehl qui s'insurgent contre cette loi foulant aux pieds «l'humanité et la justice» (p. 151 n.). On pense, entre autres, à la pièce de Strindberg, *Mademoiselle Julie,* au scandale du désir transgressant la hiérarchie sociale, scandale auquel Voltaire ne paraît pas sensible contrairement à l'esprit qui prévaut dans la législation de l'époque. Muyart de Vouglans recommande, pour tous ces crimes de luxure, d'avoir égard à l'inégalité de fortune qui est, à ses yeux, un facteur aggravant. Voltaire a su traquer les survivances archaïques de la législation de son temps, mais il n'attaque pas frontalement le principe même d'une société d'ordres où reste vive la notion de «l'estat de noblesse», l'un des deux ordres privilégiés: «On ne répétera jamais assez que l'Ancien Régime fut le monde des «lois privées» (*leges privatae,* privilèges) qui renâcla jusqu'au bout devant la «loi générale»[55]. Une société d'ordres ne fonctionne pas seulement sur des privilèges fiscaux. Voltaire réclame un adoucissement des peines, mais élude la question du préjugé favorable et du traitement moins sévère à l'égard des élites sociales.

Si l'action de Voltaire, qui se vante volontiers d'être devenu «une espèce de Don Quichotte» (D19050), a mobilisé l'attention, ses écrits

---

[53] *Traité des crimes,* p. 482.
[54] *Traité des crimes,* p. 486.
[55] Pierre Goubert, Daniel Roche, *Les Français et l'Ancien Régime,* t. 1, *La Société et l'État* par Pierre Goubert, Paris, Colin, 1984, p. 121.

juridiques, en s'inscrivant à l'intérieur du courant réformiste du XVIIIᵉ siècle, présentent un ensemble cohérent de propositions. Pour prendre la
pleine mesure des exigences qui l'animent (harmoniser l'intensité de la
peine sur la nature du délit, plaider pour une mesure judiciaire basée sur
l'évaluation de la dangerosité, s'efforcer de rendre utile la sanction), il
faut se référer à l'état de la législation criminelle de son temps. La consultation attentive des ouvrages du grand juriste que fut Muyart de Vouglans, adversaire acharné de toute réforme, a sans aucun doute stimulé sa
pensée. Son testament judiciaire, le *Prix de la justice et de l'humanité*
peut être lu, pour un certain nombre d'articles, comme une réponse au
Traité des crimes.

DANIEL JOUSSE,
JURISCONSULTE CONSERVATEUR MODERNE

Nicole DYONET

(*Université d'Orléans*)

A partir des années 1760, Voltaire a étayé la critique de la justice par l'analyse de quelques procès criminels et introduit ainsi dans le débat public la question de l'interprétation des lois par les deux organes classiques de la doctrine et de la jurisprudence. La doctrine est nourrie par le travail des jurisconsultes dont la tâche est de préciser le sens des termes de la loi, de rechercher l'esprit qui a inspiré ses auteurs et de déterminer l'exacte portée d'application de ses dispositions. Voltaire ne s'en prend pas à la fonction mais aux «sectes de jurisconsultes», responsables d'interprétations différentes des lois, certains auteurs de la doctrine ayant une forte influence sur les magistrats. Daniel Jousse est en son temps une de ces autorités. Le colloque d'Orléans[1] a montré que l'ignorance où nous sommes aujourd'hui à son sujet est proportionnelle à la célébrité qui était la sienne au XVIIIe siècle. Aucune étude systématique jusqu'à ce jour sur son œuvre, des notices biographiques très pauvres[2]. Cette brève communication ambitionne non de suppléer toutes ces lacunes mais de moins mal connaître le personnage abordé selon les trois approches historiographiques: de l'histoire sociale, de l'histoire culturelle, de l'histoire des criminalistes, la troisième concernant le plus directement la relation de Voltaire avec la justice de son temps.

---

[1] Sous la direction de Corinne Leveleux-Teixeira et Yann Delbrel, *Daniel Jousse, 1704-1781. Un juriste au temps des Lumières*, Limoges, Presses Universitaires de Limoges, 2007.

[2] La destruction des archives en 1940 rend cette ignorance en grande partie irrémédiable. L'essentiel de la documentation utilisée pour cette étude qui ne peut être qu'incomplète, provient des épaves conservées aux archives départementales du Loiret, désormais AD45, et à la médiathèque d'Orléans, désormais médiathèque O. Les recherches menées depuis quelques années sur les présidiaux autres que celui d'Orléans seront très sollicitées. En particulier: Christophe Blanquie, *Les Présidiaux de Daguesseau*, Paris, Armand Colin, 2004; Vincent Meyzie, *Les Illusions perdues de la magistrature seconde*, Limoges, Presses Universitaires de Limoges, 2006; Sylvain Soleil, *Le Siège royal de la sénéchaussée et du présidial d'Angers*, Rennes, Presses Universitaires de Rennes, 1997. Bon nombre des travaux consacrés aux «officiers moyens», publiés sous la direction de Michel Cassan (voir plus loin la note 13), portent sur les officiers des présidiaux.

I. Daniel Jousse officier moyen

Daniel Jousse n'appartient pas au corps des magistrats du parlement que Voltaire déteste tant mais à celui des présidiaux. Conseiller au présidial d'Orléans, il est un «magistrat du second ordre» comme l'on dit alors pour distinguer ces officiers de cours royales de création relativement récente[3] des magistrats des parlements, toujours très jaloux de leurs prérogatives fondées sur l'ancienneté de leur origine. Dans une ville de la France du nord comme Orléans, pas d'institutions municipales ayant conservé à l'image du Capitoulat toulousain d'importants pouvoirs de justice mais une cour royale qui, incluse dans le ressort du parlement de Paris, exerce sa compétence sur plusieurs bailliages. Ses magistrats jugent aussi bien au civil les causes qui n'excèdent pas un certain montant des amendes, qu'au criminel. Soit en première instance soit en dernier ressort pour les crimes qui mettent en cause l'ordre et la sécurité publique ou commis par des soldats, des vagabonds ou des récidivistes déjà condamnés à une peine corporelle ou de bannissement, ou à l'amende honorable. Nobles et ecclésiastiques échappent à sa juridiction. Comment devient-on conseiller d'un présidial au XVIIIe siècle dans une telle ville? Le cas de Jousse est, à cet égard, assez représentatif.

Un officier sans vocation

Daniel Jousse est né en 1704 dans une famille roturière de négociants probablement engagée depuis longtemps dans le commerce du sucre, florissant au début du siècle. Elle est alliée à la famille des Polluche, spécialisée dans le commerce du vin, mais n'a jamais compté de magistrat jusque là. Daniel Jousse n'hérite pas d'une tradition de juriste, c'est un «homme neuf», expression employée par les historiens actuels des présidiaux pour désigner les «individus qui sont les premiers de leur famille à intégrer l'institution judiciaire sans bénéficier de liens sociaux, matrimoniaux ou vénaux avec les juges présidiaux[4]. Situation qui n'est pas exceptionnelle dans la seconde moitié du XVIIIe siècle où l'on assiste à un relatif renouvellement du milieu social d'origine de ces magistrats

---

[3] Créées en deux vagues, l'une en 1552, l'autre dans les années 1630, ces cours royales étaient destinées à régler les petites affaires qui ne justifiaient pas de longues et coûteuses procédures. Elles devaient assurer une justice comparable à celle des cours souveraines mais avec bien moins de frais.

[4] V. Meyzie, *Les Illusions perdues de la magistrature seconde*, p. 268. L'auteur précise que le terme «famille» doit être compris au sens de lignage patronymique.

provinciaux[5]. Comme beaucoup de citadins de l'époque, ses parents ont d'abord fait un investissement scolaire; ils ont profité de l'existence alors bien assurée du collège des Jésuites de la ville pour faire donner une solide instruction à leur fils. Plus étonnant pour des gens de la marchandise, ils ont accepté que le jeune Daniel poursuive au-delà des classes de grammaire, s'initie à la rhétorique et aille à Paris pour achever ses études. Etudes longues et variées avec une nette orientation vers les mathématiques et l'astronomie. De droit, il n'est guère question et jusqu'à l'âge de 30 ans, les grades de juriste paraissent avoir joué un rôle accessoire, seulement destinés à satisfaire les ambitions paternelles. François Jousse, le père, semble bien être en effet celui qui a décidé de la destinée de son fils. En 1733, il achète pour lui[6] la charge de conseiller au présidial de la ville. Daniel Jousse qui a soutenu sa thèse de droit dans sa ville natale en février 1726[7], a largement dépassé l'âge requis pour la fonction. Il n'est plus un tout jeune homme quand il doit, à son grand regret, abandonner ses amis parisiens, ses fréquentations de l'Académie des sciences et revenir pour toujours à Orléans. Dans une lettre rédigée peu après son retour dans la ville provinciale, il évoque en peu de mots sa nostalgie de Paris et esquisse ce qui désormais sera sa vie: «Il me semble en effet que Paris est ma seule patrie, la mienne n'a presque plus d'attrait pour moi... triste situation pour moi et fâcheuse réflexion pour une personne condamnée par son état à ne pouvoir habiter ce séjour...Buvez à ma santé et, s'il se peut, regrettez-y un ami qui vous regrette infiniment»[8]. La suite montre qu'il avait vu juste.

Conseiller de présidial à Orléans

Commence alors, à l'âge de 30 ans, une carrière qui présente les caractéristiques de celle des officiers des présidiaux de province. Elle est marquée par trois traits. La stabilité et la durée. Jusqu'à sa mort, Daniel Jousse garde la même charge, soit 47 ans de présidial, voyage peu, déménage plusieurs fois seulement pour changer de rue, reste en relation épistolaire avec quelques Parisiens dont son imprimeur-éditeur du quai des

---

[5] V. Meyzie, *Les Illusions perdues de la magistrature seconde*, p. 270.

[6] La disparition d'une grande partie des archives notariées fait que nous ignorons le prix de cet achat. Ailleurs, la charge est payée une somme relativement modeste: de 3 à 7000 livres soit le dixième du prix de la charge d'un conseiller en parlement.

[7] AD45, Fonds Jarry, 2J 567.

[8] Lettre du 15 janvier 1734 reproduite dans Charles Cuissard, *Bulletin de la société archéologique et historique d'Orléans*, t. 2 (1895-1897), p. 445-448.

Augustins, Debure, et se rend exceptionnellement dans la capitale située à moins de deux jours de voiture d'Orléans. Le trait est banal et l'on a pu établir qu'au présidial de Limoges, par exemple, ces magistrats restent en fonction de vingt à trente ans et à 80% accomplissent toute leur carrière dans un seul office présidial[9]. Vue de Paris la place de conseiller peut paraître modeste et assez terne, vue d'Orléans elle peut être enviable. Car la vie d'un conseiller est aussi celle d'un notable. Dans une ville sans parlement, d'une dimension moyenne (40000 habitants), appartenir si durablement à un corps de la magistrature royale donne du poids et exclut l'anonymat. Au cours de leur promenade, les conseillers sont salués avec la déférence qu'il convient d'observer à l'égard de ceux à qui il est toujours bon d'être présenté pour avancer une affaire, recommander un parent ou solliciter un appui. Afin que nul n'ignore l'identité de son occupant, la maison du conseiller (entrée n° 2 du «cul-de-sac Sainte-Colombe») a été ornée du chiffre du magistrat. Sacrifiant à l'usage des notables de l'époque, Daniel Jousse, à l'exemple de son confrère Robert Pothier, fait faire son portrait par Jean-Baptiste Perronneau, le peintre itinérant, devenu le spécialiste des portraits de bourgeois provinciaux. Daté de 1764 ou 1765, le tableau, de dimension respectable[10], fait partie de ces représentations de bourgeois exposées en grand nombre dans les Salons et qui exaspéraient Bachaumont. Vingt ans auparavant, le peintre Charles-Joseph Natoire avait exposé au Salon de 1745 une immense composition destinée au château de Meung-sur-Loire, résidence de campagne de l'évêque d'Orléans, montrant la cérémonie solennelle organisée par la ville le 2 mars 1734 pour recevoir la coutume du nouveau prélat. Au premier plan à droite figurent des magistrats parmi lesquels les contemporains se plaisaient à reconnaître Robert Pothier et Daniel Jousse, les deux illustrations des juristes magistrats de la ville. Les officiers d'un présidial de ville moyenne peuvent donc prétendre à l'affirmation d'une noblesse morale liée à leur fonction. Troisième caractère: le temps libre. La charge de conseiller de présidial n'est pas très lourde et l'on a pu calculer[11] que les magistrats, dans certaines régions, n'avaient pas plus de 30 jours de présence à assurer auprès de leur cour. Cette situation résulte de ce que l'on appelle le déclin des présidiaux au XVIIIe siècle, qui se traduit entre autres signes par une diminution du nombre des

---

[9] V. Meyzie, *Les Illusions perdues de la magistrature seconde,* p. 57.

[10] Actuellement au Musée des Beaux-arts d'Orléans. Huile sur toile, 0,80 x 0,64 cm. N° inventaire 704.

[11] Michel Cassan, «L'activité du présidial de Limoges, fin XVIIe-fin XVIIIe siècle», in: *Cahiers du Centre de recherche historique,* octobre 1999, p. 29-47.

causes[12]. La réforme de la maréchaussée qui aurait dû davantage approvisionner la cour au criminel n'a que peu d'effet et ne stimule guère le présidial qui, dans ce cas, a à juger des accusés presque toujours insolvables, donc à conduire des procès sans épices ni profit[13]. Par conséquent Daniel Jousse n'a pas eu les occasions durant ses 43 années de conseiller de présidial d'acquérir une grande expérience de juge criminel. Disponible pour d'autres tâches nobles, le conseiller devient rapidement, comme beaucoup de ses confrères, polygraphe.

Magistrat polygraphe

La liste des œuvres imprimées de Daniel Jousse compte au moins une vingtaine de titres, à quoi il faut ajouter un nombre important de manuscrits restés dans les cartons. L'inventaire des 4072 volumes de sa bibliothèque[14] établi par ses soins au soir de sa vie (1779) témoigne des trois objets de curiosité intellectuelle qui l'ont occupé et pour lesquels il a produit lui-même un ou plusieurs volumes.

Grossièrement comptés, les commentaires et traités juridiques correspondent à 23% des livres de sa bibliothèque. Aussi attendue est la proportion des ouvrages d'histoire (23%) tant est classique depuis la Renaissance l'intégration de la connaissance historique à celle des lois[15]. Plus surprenant, le nombre de livres de mathématiques et de physique (15%) auxquels il faut ajouter la longue description des «Instruments de mathématiques et autres curiosités» qui occupe les trois dernières pages de l'inventaire. A chacun de ces centres d'intérêt correspondent une ou plusieurs œuvres personnelles du magistrat. Les travaux juridiques abondent. Parmi les plus notables: *Commentaire sur l'Ordonnance criminelle du*

---

[12] Christophe Blanquie, *Les Présidiaux de D'Aguesseau*.

[13] Nicole Dyonet, «Les officiers de la maréchaussée et les villes au XVIIIe siècle: des voies nouvelles», in: *Les Officiers «moyens» à l'époque moderne. France, Angleterre, Espagne*, sous la direction de Michel Cassan, Limoges, Presses Universitaires de Limoges, 1998, p. 139-152.

[14] Médiathèque d'Orléans, Catalogus librorum Danielis Jousse, E5227. La première page porte quelques lignes manuscrites: «Ce catalogue des livres de la bibliothèque de M. D.J., conseiller au présidial d'Orléans a été fait par lui-même de son vivant et imprimé sous ses yeux: il n'en a fait tirer que 100 exemplaires». Suit le paraphe de Daniel Jousse.

[15] Jean-Marie Carbasse, *Introduction historique au droit pénal*, Paris, Presses Universitaires de France, 1990, et Elie Haddad, «Les histoires provinciales du royaume de France: une approche de la culture des officiers "moyens''», in: *Offices et officiers «moyens» en France à l'époque moderne,* sous la direction de Michel Cassan, p. 289-325.

*mois d'août 1670; Nouveau commentaire sur l'Ordonnance civile de
1667; Nouveau commentaire sur les Ordonnances du mois d'août 1669
et mars 1673, ensemble sur l'édit de mars 1673 touchant aux épices;
Nouveau commentaire sur l'Ordonnance du commerce du mois de mars
1673; Nouveau commentaire sur l'édit du mois d'août 1695, concernant
la juridiction ecclésiastique, avec un recueil des principaux édits, ordonnances et déclarations relatifs à cette matière,* etc. A l'intérêt pour l'histoire répond le *Détail historique de la ville d'Orléans.* Les mathématiques ont été requises pour un *Nouveau traité de la sphère avec un
discours sur les éclipses* (1755), témoignage d'un goût pour l'astronomie
que laisse pressentir la proportion importante (20% des ouvrages de
mathématiques) des livres de la bibliothèque consacrés à cette science.

Le conseiller du présidial n'est donc pas un simple bourgeois dans sa
ville. Il ajoute au pouvoir que lui confère la fonction des titres de distinction conférés par la culture de la science des lois et de la science des
astres à une époque où l'une et l'autre sont valorisées par les élites[16].
Il appartient dans sa ville à l'aristocratie des talents et des mérites.

Je bornerai là cette détermination sociale uniquement destinée à montrer que le personnage a les caractéristiques de son corps, telles que les
études actuelles des historiens les ont révélées. Fils de ses œuvres dans la
profession, Daniel Jousse doit sa charge à un calcul familial qui s'est
révélé juste. En passant de la marchandise à l'office, la promotion, évaluée
en capital d'honneurs et de considération, est certaine; mais la place, sans
progression dans la hiérarchie des charges, est relativement modeste et
d'aspect bien provincial. Cependant, dès les années 1750, Daniel Jousse
devient une référence juridique pour tout le royaume. Il y a donc là une
individualité marquante et qu'il faut considérer dans sa singularité.

II. Le juriste orléanais

Peu disposé à devenir juriste dans sa jeunesse, Daniel Jousse a pourtant
rapidement compté parmi les meilleurs jurisconsultes. Il a sans doute
bénéficié de l'environnement exceptionnel des magistrats orléanais de
l'époque, mais a aussi affirmé des orientations qui lui sont propres et qui
vont faire sa renommée de son vivant et après sa mort.

---

[16] Daniel Roche, *Le Siècle des Lumières en province. Académies et académiciens provinciaux, 1680-1789,* Paris, Mouton, 1978, t. 1, p. 234.

Le milieu orléanais

La vitalité intellectuelle des gens de robe d'Orléans au XVIIIe siècle est étonnante. Figurent au nombre des illustrations: Prévôt de la Jannès, Robert Pothier, De La Gueule de Coinces, Guillaume Le Trosne (avocat du roi au bailliage), qui sont les exacts contemporains de Daniel Jousse. Les deux premiers le précédent à la chaire d'enseignement de droit français. Ils ont tous une œuvre écrite, reçue avec estime. A l'exception de Le Trosne qui oriente ses travaux vers la physiocratie et publie dans le *Journal de l'agriculture*, ils se signalent d'abord par une œuvre écrite de juriste, en partie publiée en partie restée à l'état de manuscrits abondants[17].

Ils entretiennent, au cœur de la ville, un véritable foyer d'études juridiques. Robert Pothier est connu pour organiser régulièrement à son domicile des sortes de conférences pour le plus grand bénéfice de jeunes magistrats ou d'amateurs éclairés. Les uns et les autres travaillent en collaboration. En 1740, Pothier, La Jannès et Jousse publient une édition annotée de la coutume d'Orléans. C'est par l'intermédiaire de Jousse que La Jannès fait venir à Orléans les œuvres de Grotius et de Pufendorf[18] et on pressent l'existence d'une circulation de livres probablement accompagnée de ces échanges informels dont on a pu récemment montrer l'importance dans les milieux intellectuels[19]. Tous sont des hommes d'étude et mettent la science juridique au centre de leurs travaux même s'il leur arrive de cultiver d'autres sujets d'intérêt. Leur activité dont la portée dépasse le cadre régional, contribue au développement de deux tendances complémentaires de l'histoire du droit en France.

La première est illustrée par la collaboration de Pothier et de Jousse qui publient l'édition annotée de la coutume d'Orléans. Ils participent ainsi au mouvement d'unification du droit demandée dès le XVIe siècle par les États généraux et soutenue par la monarchie dans la limite de ses interventions dans ce domaine. S'ils ne peuvent corriger la pluralité des systèmes juridiques liée à la territorialité des coutumes et des statuts, au

[17] Prévôt de la Jannès, par exemple, a composé une *Vie de Domat* qu'il n'a jamais pu faire imprimer et qui est restée à l'état de manuscrit, malheureusement perdu.

[18] Témoignage intéressant de la réception tardive de Pufendorf par des magistrats et juristes provinciaux. Il s'agit de la publication de 1724 de Jean Barbeyrac avec notes en 2 volumes in-4°. Le traducteur ayant lié les traductions de Grotius et de Pufendorf, La Jannès se déclare obligé d'acheter les deux, ce qui semble indiquer qu'il connaît déjà le premier, mais pas le second. Médiathèque d'Orléans, Manuscrit 1507 et AD45, collection Jarry, 2J 1420.

[19] Françoise Waquet, *Parler comme un livre. L'oralité et le savoir, XVIe-XXe siècle*, Paris, Albin Michel, 2003.

cloisonnement des ressorts des cours souveraines qui provoquaient les sarcasmes de Voltaire disant «qu'un homme qui voyage [en France] change de loi presque autant de fois qu'il change de chevaux de poste»[20], ils contribuent par leurs travaux à un réel progrès dans ce sens.

La seconde se traduit par le développement d'un enseignement de qualité du droit français, ce droit «contenu dans les ordonnances et dans les coutumes» selon les propres termes de l'édit d'avril 1679 créant la chaire de cette spécialité. Initiative royale qui établit une relation directe avec le souverain, qui nomme par l'intermédiaire du chancelier le titulaire de la chaire et qui l'appointe. Indépendant des droits universitaires versés par les étudiants, le juriste désigné ainsi est porteur du projet royal de l'unification du droit. A Orléans, le rôle est rempli en droit civil surtout par Pothier qui à partir de 1760 publie comme suite de ses cours, une série de traités méthodiques, exprimés dans la langue du royaume, sur toutes les matières du droit français en les rapprochant du droit romain, cette autre source du droit. Ce groupe de juristes orléanais est donc moins porté à se mettre à l'école du droit naturel qui s'est développé depuis le siècle précédent avec Grotius et Pufendorf, et qu'il n'ignore pas, que nettement décidé à centrer ses travaux sur les sources du droit national. La diffusion de la pensée par l'imprimé joue un rôle essentiel pour cette société de juristes et c'est ainsi qu'il faut comprendre l'abondance des ouvrages publiés de Jousse, imprimés dans de petits formats (in –8° et in –12° pour la plupart) au prix accessible et au maniement plus commode que celui de pesants in-folio. Tout en s'accordant avec l'esprit de celle de ses confrères, l'œuvre de Jousse se singularise par l'unité de son objectif et la variété de ses registres.

L'objectif et les trois registres de l'œuvre écrite de Jousse

Officier qui a pris «sa place sur les lys»[21], le conseiller au présidial sert le pouvoir souverain. Sans prétendre, comme le font les parlements au même moment, à une contribution à l'œuvre législative, il a pour fonction de clarifier la compréhension des lois existantes, de préciser la portée d'application de leurs dispositions, de connaître parfaitement les institutions judiciaires. Le magistrat juriste recherche donc l'utile, ce qui sert le bien public et le bien commun, c'est-à-dire le bien public comme avantageux pour chaque particulier. Tel est le profit des commentaires des ordonnances

---

[20] *Questions sur l'Encyclopédie*, article «Coutumes», Moland, t. 18, p. 272
[21] Lettre de La Jannès, AD45, Collection Jarry, 2J 1420.

royales, du traité sur les commissaires examinateurs, du traité sur les présidiaux pour lequel il dit avoir été «animé de l'amour du bien public et de tout ce qui peut contribuer à la perfection de notre juridiction»[22], etc. Objectif atteint comme il apparaît au moment de la crise des présidiaux dans les années 1763-1764. Le nom de Jousse, connu dès cette date dans la France entière pour la qualité de son traité sur cette cour royale, lorsqu'il est avancé par le présidial de Tours pour choisir le délégué qui serait le plus qualifié pour aller défendre ce corps de magistrats, s'impose sans réserve à près de 70 présidiaux dont on connaît les réponses[23]. Le dessein d'une action utile n'est pas limité à la connaissance juridique et se manifeste dans trois domaines: administratif, scientifique et judiciaire.

Le domaine administratif a deux faces, l'une secrète l'autre publique. Daniel Jousse connaît les deux. Il a accès aux enquêtes de l'intendant relatives aux «capacités» fiscales de la généralité. Il dispose dès 1735 de la Table alphabétique des justices, paroisses et généralités d'Orléans, dans laquelle les services de l'intendant ont évalué les rentrées possibles de la taille et il construit en 1736 à partir de ce document une Table alphabétique des justices, distances et autres particularités des paroisses et généralité d'Orléans, faite pour la maréchaussée d'Orléans[24]. Y figurent les lieux de résidence des hommes de la maréchaussée, les éléments permettant d'évaluer l'insécurité des grands chemins de la généralité, des notes indiquant les remèdes à apporter pour faciliter la circulation des hommes et des marchandises. Préoccupation légitime d'un officier de présidial, cour qui a à connaître des procès déclenchés par l'action des lieutenants ou des prévôts des maréchaussées. Ainsi le conseiller Jousse est amené à se soucier de la sûreté des communications et à collaborer avec l'intendant dans l'univers clos de ses bureaux, pour faire entreprendre les travaux nécessaires à l'amélioration des grands chemins, pour orienter les tournées des cavaliers vers tel ou tel lieu réputé dangereux, ou pour mieux contrôler la turbulence des habitants de telles paroisses. Aux Orléanais, il propose dans le même temps le *Détail historique de la ville d'Orléans* (1736) qui relate moins l'histoire de la ville qu'il ne

---

[22] AD45, Fonds Jarry, 2J1190, Lettre du 15 février 1759.

[23] Anne Zink, «Solidarités présidiales, solidarités nationales», in: *Sociétés et idéologies des Temps modernes. Hommage à Arlette Jouanna*, sous la direction de J. Fouilleron, G. Le Thiec, H. Michel, Montpellier, Presses de l'Université de Montpellier III, 1996, p. 259-277.

[24] Médiathèque O. Respectivement: manuscrits 995 et 1684. Le second seul porte la signature de Jousse.

présente une sorte de guide pratique pour toutes les activités possibles des habitants. Proche d'un annuaire, d'un almanach ou autre calendrier, le *Détail historique* ambitionne de répondre à un besoin d'information pour les activités quotidiennes. On y trouve les horaires des carrosses, des messageries, des itinéraires, la liste des officiers, les jours et horaires des audiences du tribunal, le nom des «principaux de la ville», etc. La demande est certaine comme le prouve le succès de la publication qui a ensuite connu plusieurs rééditions mises à jour.

Scientifique, le *Nouveau traité de la sphère* a pour fin non de vulgariser les mathématiques ni même l'astronomie à proprement parler mais d'enseigner l'usage de cet instrument «qui sert de guide et de compagne inséparable de l'astronomie». La connaissance de la sphère est celle «des cercles qui servent à expliquer la mécanique des principaux mouvements célestes qui se font sous nos yeux et à déterminer quelles sont les différentes régions de la terre par rapport à ces mêmes mouvements»[25]. Après une série de définitions et de descriptions de figures simples de géométrie, Daniel Jousse déclare que grâce à un bon usage de la sphère on pourra fixer la position d'une ville par rapport aux pôles, à l'équateur, et établir des mesures en degrés. Edité en 1755, le *Traité* rassemble un certain nombre de notions que le *Détail historique* publie depuis 1736 sous forme d'exemples et d'exercices amusants qui «donnent une idée légère de la manière dont se pratique» cette connaissance.

Dans le domaine judiciaire les commentaires et traités publiés ont aussi une fonction d'enseignement pratique et moral à l'usage des autres magistrats. En 1759, alors que le traité des présidiaux est paru depuis quelques années, Daniel Jousse rédige et fait imprimer à l'intention des autres présidiaux une lettre circulaire contenant des questions précises, les réponses pouvant varier d'une région à une autre[26]. L'objectif est un complément d'information mais comment ne pas croire qu'il y a là aussi, à l'adresse des autres magistrats, une incitation à examiner de très près le traité, et à s'appliquer à le suivre. Daniel Jousse peut être informé des rapports que font au même moment certains intendants qui se plaignent de l'ignorance ou de la légèreté des magistrats provinciaux, déplorations auxquelles on pourrait joindre celle du chancelier d'Aguesseau très critique sur la façon dont les juges présidiaux limougeauds interprètent la législation criminelle[27]. Sous couleur d'une demande d'information et de

---

[25] *Discours préliminaire du Traité de la sphère*, p. 1.
[26] AD45, Fonds Jarry, 2J 1190.
[27] V. Meyzie, *Les Illusions perdues de la magistrature seconde*, p. 119.

correction éventuelle, il invite ses confrères à un exercice plus scrupuleux de la justice présidiale. En 1771, le long *Traité de la justice criminelle* est visiblement un texte de juge pour d'autres juges. Avec, par exemple, des recommandations sur la sagesse dont il faut faire preuve en matière criminelle, notamment pour la pesée des indices qui décideront de l'imputation d'un crime. «Il faut beaucoup de lumières, de prudence et d'expérience dans ces occasions, pour distinguer entre les indices qui sont douteux et ceux qui sont certains». Sans oublier que «ce qui fait encore ici une autre difficulté, c'est que les divers esprits ne sont pas également affectés, ni touchés des mêmes lumières»[28]. Le même traité se termine par de longues pages consacrées à des formules de procédures criminelles auxquelles doivent s'astreindre les juges présidiaux du royaume, le respect des formes étant la garantie d'une justice impartiale. Daniel Jousse s'est donné la stature d'un jurisconsulte, rôle qu'il joue auprès de ses confrères, au criminel surtout.

III. JOUSSE CRIMINALISTE

Le succès rencontré par les ouvrages de Daniel Jousse, l'estime témoignée à leur auteur par le corps des magistrats de province, prouvent le caractère illusoire de l'idée d'un XVIIIᵉ siècle français gagné en son entier par le projet d'une réforme fondamentale de la justice criminelle, en raison des campagnes menées dans les années 1760 à l'occasion de quelques affaires. Factums, pamphlets, «discours», traités, n'ébranlent pas la détermination de bon nombre de magistrats à rester attachés à la lettre et à l'esprit des lois existantes, quitte à en adoucir l'interprétation et l'application. Telle est la position de Jousse. *Le Commentaire sur l'Ordonnance criminelle* est de 1757 et le *Traité de la justice criminelle* (4 volumes in-12) de 1771. C'est cet ouvrage mûri pendant les grands débats du temps que Daniel Jousse donne au public. Dès 1757, il écrit à son imprimeur libraire qu'il a lu le premier volume de Muyart de Vouglans sur les matières criminelles qui «contient de bonnes choses» mais que cela ne l'empêche pas de continuer son travail car il en «traite tout différemment et d'une manière qui sera très utile»[29].

---

[28] *Traité de la justice criminelle*, Paris, Debure, 1771, t. 2, partie III, livre I, titre III, n° 370, p. 808.
[29] AD45, Fonds Jarry, 2J 1190.

Le conservateur

Le jurisconsulte orléanais n'ignore pas les écrits critiques publiés contre la justice criminelle. Il les néglige. En témoigne le rapprochement de deux documents: la liste des auteurs français et étrangers ayant traité des matières criminelles, établie par lui et donnée à la fin de la Préface du *Traité* de 1771 et le *Catalogus librorum* de sa propre bibliothèque. Les auteurs tels que Servan[30], Le Trosne[31], Linguet[32], figurent dans sa collection et leurs livres sont présents dans leur première édition, mais ils ne sont pas cités dans la liste de la Préface. Comme beaucoup de ses contemporains, Daniel Jousse refuse aux esprits éclairés qui se désignaient ainsi, le nom de «philosophe». Rousseau, dont le seul ouvrage acheté et conservé est le *Discours sur le rétablissement des sciences et des arts* (*sic*) accompagné de la réfutation de Claude Nicolas Lecat (1752), est classé dans le *Catalogus* parmi les *Grammatici*; Voltaire parmi les *Poetae Gallici* comme auteur de «poésies diverses» et de *La Henriade*; Montesquieu, reconnu seulement comme juriste, est cité dans le groupe des auteurs traitant du *Jus naturale et gentium*, ou bien comme homme de lettres auteur des *Lettres persanes*. Beccaria connaît un sort particulier. Les *Délits et les peines* figurent au catalogue et son auteur fait bien l'objet d'une notice dans la Préface. Mais Daniel Jousse assure ironiquement qu'il n'aurait pas songé à mentionner cet ouvrage s'il n'avait pas été «vanté comme une production excellente et qui était digne d'un applaudissement universel» et si, d'autre part (et cette fois sans ironie), Muyart de Vouglans[33] n'avait pas pris la peine de le réfuter. Geste auquel il rend ainsi implicitement hommage mais que lui, Daniel Jousse, n'imitera pas, ne voulant pas paraître accorder le moindre crédit à «un système des plus dangereux et des idées nouvelles qui, si elles

---

[30] Favorable à une réforme de la justice, auteur d'un *Discours sur l'administration de la justice criminelle,* 1767.

[31] Orléanais, exact contemporain de Jousse, réformateur, auteur des *Vues sur la justice criminelle,* 1777.

[32] Auteur de: *Nécessité d'une réforme dans l'administration de la justice*, Amsterdam, 1767.

[33] Contemporain de Jousse et comme lui jurisconsulte estimé, il est l'auteur d'un ouvrage critique sur Montesquieu et d'un autre sur Beccaria: *Réfutation des principes hasardés dans le traité Des délits et des peines.* Voir André Laingui, «P.F. Muyart de Vouglans ou l'anti-Beccaria», in: *Revue de la Société internationale d'histoire de la profession d'avocat*, 1989, p. 69 et suivantes. C'est à lui surtout que s'en prend Voltaire. Voir dans ce même recueil la contribution de Christiane Mervaud: «Sur le testament judiciaire de Voltaire: le *Prix de la justice et de l'humanité* et le *Traité des crimes* de Pierre-François Muyart de Vouglans».

étaient adoptées, n'iraient à rien moins qu'à renverser les lois reçues jusqu'ici par les Nations policées, et donneraient atteinte à la religion, aux mœurs et aux maximes sacrées du Gouvernement»[34]. Le *Traité de la justice criminelle* aura un autre objet. Destiné en priorité à des magistrats et à un public d'honnêtes hommes, il sera aussi utile à tous car le rôle du jurisconsulte n'est pas la polémique ou le débat public sur des affaires où des non-juristes, fussent-ils appelés «philosophes», n'ont aucune compétence. Et c'est à ce titre en effet que Daniel Jousse a exercé une forte influence sur les cours du royaume, pendant les 30 dernières années de sa vie.

Le rôle du jurisconsulte est de se fonder sur la science du droit, de défendre la «spécificité juridique»[35] et de se poser en détenteur d'un pouvoir impartial. Pouvoir légitime que Daniel Jousse tient des fonctions juridictionnelles que lui confèrent l'office royal de judicature, la compétence attestée par les grades, l'expérience acquise dans ses fonctions au présidial. Connaisseur de la doctrine et de la jurisprudence, il fonde son ouvrage sur l'autorité de spécialistes comme lui des matières criminelles, dont il donne une brève analyse critique à la fin de la Préface. Système auto-référentiel, familier aux auteurs bâtisseurs de la doctrine, où l'on ne reconnaît qu'à d'autres juristes le pouvoir de décider de l'interprétation des lois. La tâche principale consiste donc à exposer, expliquer et développer les principes et les dispositions de l'Ordonnance criminelle de 1670, loi du roi législateur, texte essentiel toujours en vigueur. Il n'appartient pas au jurisconsulte de critiquer la loi mais de la faire comprendre à l'aide notamment des travaux des grands criminalistes italiens du XVIe siècle: Julius Clarus et Farinacius[36] et de quelques autres cités au fil du texte.

Le *Traité* comprend 4 parties développées en plus de 2000 pages. La troisième partie (plus de 1000 pages) contient la matière principale, les points essentiels de l'Ordonnance de 1670. Ils sont au nombre de trois.

Au criminel la procédure est secrète. Depuis l'Ordonnance de Villers-Cotterêts (1539) qui abolit les procédures criminelles publiques, elle est

---

[34] *Traité de la justice criminelle,* t. 1, préface, p. lxiv.

[35] Francesco Di Donato, «La puissance cachée de la robe. L'idéologie du jurisconsulte moderne et le problème du rapport entre pouvoir judiciaire et pouvoir politique», p. 89-116, in: *L'Office du juge: part de souveraineté ou puissance nulle?* sous la direction de Olivier Cayla, et Marie-France Renoux-Zagamé, Paris, Romillat, 2001.

[36] Sur cet essor de la doctrine pénale, voir Jean-Marie Carbasse, *Introduction historique au droit pénal,* p. 107, n°61.

inquisitoire. En renonçant au déroulement public des procès, le législateur a voulu «éviter tout ce qui pourrait se commettre contre les parties et toute tentative de la part des accusés de corrompre les témoins et de les engager à se rétracter»[37]. La procédure inclut la présomption d'innocence et protège ainsi l'accusé grâce au secret et à l'isolement.

Le premier devoir des magistrats en matière criminelle, peut-être plus encore qu'au civil, c'est le respect rigoureux des formes. Elles s'imposent comme une discipline à ceux dont le pouvoir de justice n'est que délégué ou commis, c'est à dire aux juges et aux commissaires. Prescrites par l'Ordonnance de 1670, jamais arbitraires, toujours nécessaires pour la validité de la procédure, elles sont la première garantie d'un jugement conforme «à la raison et à l'équité». Elles sont faites «pour conduire les magistrats dans la poursuite et l'instruction des procès criminels et ces règles sont telles, qu'il n'est jamais permis aux juges de s'en écarter»[38]. On ne saurait les soumettre à la critique: «aussitôt qu'on vient à s'en écarter, les actes perdent le nom de justice et prennent celui de force et de violence». Par conséquent l'examen des divers actes prescrits par l'Ordonnance donne la clé de la bonne intelligence de la justice criminelle. Les actes ou formalités qui constituent l'ordre judiciaire sont de deux sortes. Les formalités essentielles, «sont celles qui sont admises par toutes les nations», «elles sont tellement nécessaires que non seulement elles ne dépendent point de l'arbitrage du juge mais que les parties mêmes ne peuvent y renoncer. Telles sont les preuves, le décret, etc.»[39] Les «formalités indifférentes ou arbitraires sont celles dont l'observation est variable et que l'on peut changer, ou omettre, limiter ou étendre, suivant les circonstances des crimes, la qualité des personnes, ou suivant le style de la loi qui varie»[40]. Certitudes fondées sur le caractère international revêtu par la doctrine qui a élaboré, à partir du XVIe siècle, un droit pénal européen. Conviction que Daniel Jousse renforce de l'autorité du jurisconsulte angevin Ayrault, auteur de *L'Ordre et la formalité qui doit être observée aux matières criminelles*[41]. Selon les pays, il n'appartient qu'au «souverain ou à la République d'établir [ces] formalités qui doivent être observées pour l'usage de la justice»[42].

---

[37] Préface, p. xxix.

[38] Préface, p. vij.

[39] Préface, p. x.

[40] Préface, p. x.

[41] Première édition, 1598, in-4°, Paris, item 1615. «L'ouvrage en général est très utile pour les juges et surtout pour ceux qui sont chargés de faire l'instruction des procès criminels», préface, p. lij.

[42] Préface, p. xxxij.

Les juges doivent concilier rigueur dans la recherche de la preuve et souplesse dans l'arbitraire des peines autant que le permettent les lois. Toutes les peines ne sont pas arbitraires; certaines, les peines légales, sont fondées sur des lois ou même sur l'usage des tribunaux, et les juges (qui se prononcent toujours collégialement) ne peuvent pas les modifier. Toutefois, si dans le cas examiné les circonstances sont autres que celles prévues par la loi, les juges peuvent augmenter ou diminuer les peines, selon leur pouvoir d'arbitrage. Etant entendu que seuls ont cette capacité ceux des cours souveraines ou des autres cours supérieures, et encore ne peut-elle s'exercer que sur ce qui touche aux «causes extrinsèques» comme la qualité de l'accusé, la nécessité de l'exemple ou autres choses semblables[43]. Dans tous les cas il faut veiller à une juste proportion entre les crimes jugés et les peines appliquées.

L'idée particulière que Daniel Jousse se fait de la justice criminelle, qui n'apparaît guère dans ces rappels de l'Ordonnance de 1670 (commune à toutes les cours seigneuriales ou royales lorsqu'elles ont à juger au criminel) se manifeste autrement, par sa manière de jurisconsulte. A la fin de la Préface du *Traité*, et avant de présenter sa sélection des auteurs étrangers et français qui ont écrit sur les matières criminelles, le conseiller au présidial énonce que «le meilleur commentaire sur l'Ordonnance criminelle est sans contredit le procès-verbal qui fut dressé lors de la rédaction de cette Ordonnance», c'est-à-dire le texte[44] où apparaissaient, à un moment où l'on était au plus près de la source de la loi, les deux tendances rivales qui animent l'histoire de la législation criminelle depuis la Renaissance. Elles se sont affrontées dans les années 1666 et suivantes, par la voix du sévère Pussort et celle du président Lamoignon, d'une plus grande humanité. La référence élogieuse au procès-verbal définit une marge d'interprétation légitime dans laquelle peut se situer la préférence d'un jurisconsulte: le cadre étroit formé par les deux nuances de sens possibles de l'Ordonnance. C'est dans la tradition de Lamoignon que Daniel Jousse manifeste ce que l'on peut appeler sa modernité dans la mesure où sa pensée paraît sur certains points compatible avec les thèmes familiers aux réformateurs de la justice, les esprits éclairés du temps.

Le moderne

Cette modernité s'exprime avec discrétion et modération aussi bien dans le parti pris d'écriture que dans la large part faite à la question de la preuve.

---

[43] *Traité de la justice*, t. 2, partie III, chapitre III, titre XXV.
[44] Il se réfère à l'édition de 1740 et lui-même en fait une publication.

Le balancement des causes, fidèle à la méthode scolastique du *sic et non*, propre à faire valoir le caractère impartial d'un exposé et introduit par des formules du type «néanmoins malgré toutes ces raisons», permet de mettre en évidence ce qu'il y a de révocable dans certaines formalités arbitraires. Ainsi du rôle de l'avocat. «C'est aussi une chose arbitraire de donner ou non un conseil à l'accusé et quoiqu'il y eût de bonnes raisons pour lui permettre d'en avoir un, néanmoins on a trouvé qu'il y avait moins d'inconvénient à lui refuser ce conseil que de le lui accorder du moins avant son interrogatoire»[45].

Daniel Jousse utilise parfois les notes de bas de page pour faire sentir un jugement ou une préférence. A l'occasion du long développement sur l'impérieuse nécessité des formalités, il laisse entendre son hostilité aux procès politiques, ceux où l'autorité du juge est supplantée par l'arbitraire du prince aux dépens de la «justice naturelle». Il cite quatre exemples français[46] tous antérieurs à 1670, pour conclure que «cet usage de condamner les accusés sans les entendre, n'a plus lieu d'être et ce changement est fondé sur les raisons les plus solides». Donc le respect des formes prescrit par l'Ordonnance est une garantie contre les excès d'un despote, mot que l'on ne trouve pas sous sa plume mais que beaucoup de ses contemporains proposeraient en ce lieu et place. Les citations données en note et leur dosage peuvent aussi être suggestifs. Abordant la question de la torture, il donne les noms des auteurs notoirement hostiles au procédé (Montaigne, Charron, Nicolas, Ovide, Quintilien, Ulpien) et retranscrit assez longuement des phrases entières qui développent, comme par procuration, la condamnation vigoureuse de cet usage. Exemple: Grotius[47] «ne s'étonne point que des personnes graves aient cru que les chrétiens ne devaient point se servir de la torture et qu'il n'y a rien de semblable dans les lois de Moïse». Il lui joint cet «auteur moderne», La Bruyère, qui écrit «que c'est une invention merveilleuse et tout à fait sûre pour perdre un innocent qui a la complexion faible et sauver un coupable qui est né robuste».

Le recours à des autorités reconnues tant par les magistrats que par l'honnête homme est destiné à faire douter le lecteur du caractère approprié ou nécessaire pour le bien de la justice de telle ou telle disposition. Lorsque Daniel Jousse affirme que la procédure romaine était moins rigoureuse que la procédure française et qu'il établit les différences en

---

[45] Préface, p. xxx.
[46] Préface, note a, p. xxiv.
[47] Partie III, titre XXII, p. 474.

huit points, on peut penser qu'il y a là l'esquisse sinon d'un jugement du moins d'un doute sur certains aspects des dispositions de l'Ordonnance et des pratiques. D'autant qu'à cette référence il en ajoute une autre, celle de l'Angleterre dans laquelle les esprits éclairés voyaient un modèle de vertu en matière judiciaire. Et de citer Grotius: «En Angleterre on vit avec autant de sûreté qu'ailleurs, quoique la question n'y soit point en usage et que pendant que Rome conserva sa liberté, ses citoyens ne pouvaient être mis à la torture». Ou bien encore à propos de la publicité des procès, il note que chez «les Grecs et les Romains et chez la plus grande partie des Nations anciennes les accusations s'instruisaient publiquement et en présence de tout le monde ce qui se pratique encore aujourd'hui en Angleterre, afin que chacun étant spectateur et témoin de ce qui se faisait, pût juger lui-même de la conduite tenue par ceux à qui l'instruction de ces accusations était confiée et voir si cette conduite était légitime ou non»[48]. De la même façon les mentions nombreuses de l'ouvrage de Ayrault, critique à l'égard du secret de la procédure, nuancent tout ce qui a pu être dit sur l'avantage de cette disposition.

Enfin le souhait d'un amendement de certaines formalités arbitraires, donc susceptibles d'être modifiées, est parfois discrètement exprimé: «Il serait à souhaiter que cette loi (qui dispose que l'instruction soit faite par un ou plusieurs officiers dans les procès où l'on doit juger en dernier ressort) fût générale»[49].

L'importance accordée à la question de la preuve mérite d'être relevée pour trois raisons. Elle n'a pas suscité un tel intérêt chez tous les criminalistes alors qu'elle forme le cœur de la troisième partie du *Traité sur la justice criminelle*[50]. Elle distingue notablement l'ouvrage de Daniel Jousse de celui de son estimé contemporain et confrère, l'éminent jurisconsulte Robert Pothier qui ne consacre aucun développement à ce thème dans son *Traité de la procédure criminelle*[51]. Enfin, et c'est surtout ce qui nous intéresse ici, la valeur de la preuve a été le point le plus violemment critiqué par Voltaire lors de l'affaire Calas.

Daniel Jousse en traite à sa manière habituelle: tout en présentant un exposé conforme à la doctrine, il esquisse par quelques mots l'orientation

---

[48] Préface, p. viij.

[49] Préface, p. xxx.

[50] Antoine Astaing, «Le refus du dogmatisme et du pyrrhonisme: la preuve dans le *Traité de la justice criminelle de France*, 1771», in: *Daniel Jousse, 1704-1781. Un juriste au temps des Lumières*, p. 71-83.

[51] André Laingui et Arlette Lebigre, *Histoire du droit pénal*, t. 2, *La Procédure pénale*, Paris, Cujas (Synthèse), [1980], p. 111.

qui serait volontiers la sienne. Il y a, écrit-il, deux types de preuves: les preuves directes, (que nous appellerions objectives) telles la confession libre de l'accusé, la déposition de témoins (pour faire foi elle doit être faite par deux témoins au moins qui rapportent d'une façon concordante un fait connu *de visu*) ou d'experts, l'examen des écrits et des signatures; et les preuves indirectes ou «obliques» ou «preuves par arguments» ou encore «preuves conjecturales» qui consistent «à conclure par des arguments, l'existence ou la vérité d'un fait par la liaison immédiate ou prochaine qu'il a avec d'autres faits connus»[52]. Etant donné qu'un certain nombre de peines sont légales et que parmi elles bon nombre entraînent la mort du coupable, il est de la première importance d'obtenir la certitude du crime d'un prévenu et la meilleure façon d'y parvenir est de disposer de preuves directes. L'aveu constitue une preuve entière et suffit à condamner à la peine capitale avait-il écrit dans le *Commentaire de l'Ordonnance criminelle de 1670*[53] pour convenir ensuite que l'aveu spontané était rare[54]. C'est la raison pour laquelle la question préparatoire, destinée à obtenir l'aveu du prévenu en cours d'instance, a été justifiée: force probatoire de l'aveu et torture sont liées. Par expérience, il sait que la question préparatoire est rarement appliquée de son temps et toujours sous de nombreuses conditions. Il est implicitement contraint, comme d'autres criminalistes du XVIIIe siècle, à s'interroger sur ce qui peut suppléer soit à l'absence totale de preuve directe, soit à l'imperfection des preuves demi-pleines (ou incomplètes) qu'obtient le plus souvent le juge chargé de l'instruction même lorsqu'il dispose de plusieurs témoignages. Dans tous les cas, il faut convenir que, par la force des choses, l'aveu n'est plus l'*ultima ratio* de la procédure et que, le plus souvent, il faut se livrer de surcroît à une «analyse morale» de la preuve conjecturale. Toute la difficulté de l'entreprise est résumée dans une des 14 maximes proposées pour fixer les règles sûres de prudence qui doivent guider les juges:

> *La certitude des preuves établit la science du juge, et la conviction qui lui est nécessaire pour pouvoir prononcer une condamnation contre l'accusé. Cette science, ou conviction, peut être de deux sortes ou*

---

[52] Préface, p. xix.

[53] *Commentaire*, p. 362: «Mais dans le [...] cas où l'accusé a confessé volontairement et librement son crime, cet auteur [Julius Clarus] établit comme une maxime constante qu'une seule et unique confession de cette nature fait une preuve complète contre l'accusé, et que c'est le sentiment général de tous les auteurs.» Voir aussi André Laingui, Arlette Lebigre, *Histoire du droit pénal*, p. 114.

[54] Sur «*la confession de l'accusé*», voir le développement très fouillé et tout aussi scrupuleux du *Traité*, partie III, livre I, titre III, n°s 43-97, p. 670-694.

physique *ou* morale, *suivant la nature des preuves qui ont été employées pour constater cette certitude; et ces preuves sont aussi variées qu'il y a de manières différentes de connaître la vérité. La science qui produit une certitude physique est celle qui dépend immédiatement des sens, telle qu'est celle des témoins qui ont vu commettre le crime. La science qui produit une certitude morale est celle qui dépend du raisonnement; et telle est la science qui n'est fondée que sur des indices, et sur des présomptions*[55].

Il faut donc interroger les indices. Ils sont de toute nature: la vraisemblance, le comportement habituel de l'accusé, son intérêt à accomplir tel ou tel acte, etc. Beaucoup relèvent de ce que nous appellerions la psychologie et que les auteurs de l'époque rapportent à la nature humaine, aux effets de la condition, etc. Il n'est plus question de hiérarchie des preuves mais d'une recherche de ce qui a valeur d'indice et d'une volonté de donner des limites à la tentation de la «preuve libre» par le maintien des preuves objectives, l'idéal étant de combiner les unes avec les autres[56]. Si bien que le juge selon Daniel Jousse pourrait se comporter comme le bon conseiller au parlement de Toulouse dans l'affaire Calas, ce M. de Lassalle qui, avant de se récuser (malheureusement pour Calas), avait pesé toutes les raisons pour déclarer que:

> selon la disposition des ordonnances et celle du droit romain, suivi dans le Languedoc, «il n'y a ni indice ni présomption, fût-elle de droit, qui puisse faire regarder un père comme coupable de la mort de son fils, et balancer la présomption naturelle et sacrée qui met les pères à l'abri de tout soupçon du meurtre de leurs enfants»[57].

De ces recommandations se concluent deux remarques. D'une part la réflexion sur la recherche d'indices très variés conduit Daniel Jousse à donner des gages à la théorie de l'intime conviction qui, amorcée dès le début de la période moderne, progressait particulièrement vers le milieu du XVIIIᵉ siècle. D'autre part la pesée des indices ou des présomptions

[55] *Traité*, partie III, livre I, titre III, n°28, quatrième maxime, n° 28, p. 664-665.

[56] *Traité,* partie III, livre I, titre III, chapitre VI, section 4 (*Examen des principaux indices qui peuvent faire charge contre les accusés; et observations sur ces indices*), nᵒˢ 286-348, p. 773-800; section 6 (*De la manière d'estimer la preuve qui se fait par des indices*), nᵒˢ 360-377, p. 804-811; voir plus particulièrement la section 7 (*De la preuve qui résulte des indices; et comment elle s'estime*), nᵒˢ 378-384, p. 811-813: «Il est difficile de déterminer quel doit être le nombre et la qualité des indices qui peuvent servir à former une preuve, soit complète, soit considérable, soit une semi-preuve, etc. Cette estimation dépend entièrement de la prudence du juge, qui doit, dans tous les cas, examiner la force de ces indices, et leur liaison plus ou moins prochaine avec le fait principal» (n° 378, p. 811).

[57] *L'Affaire Calas et autres affaires*, éd. Jacques Van den Heuvel, Paris, Gallimard (Collection Folio), 1975, p. 79. C'est moi qui souligne.

est toujours globale. Une telle conception suffirait à discréditer une arithmétique qui consisterait à additionner des indices ne constituant que des
demi-certitudes pour «classer leur somme dans une catégorie de preuve
supérieure»[58]. Procédé dit Voltaire dans une lettre à Damilaville du
23 mars 1763 (D11121) dont on a usé dans l'affaire Calas: «J'ai appris
une des raisons du jugement de Toulouse qui va bien étonner votre
raison: ces Wisigoths ont pour maxime que quatre quarts de preuve et
huit huitièmes font deux preuves complètes et ils donnent à des ouï-dire
les noms de quart de preuve et de huitième»[59].

CONCLUSION

On oppose souvent Muyart de Vouglans dont les textes ont été vigoureusement annotés par Voltaire à Daniel Jousse qui n'a pas autant suscité
la verve du philosophe. Pourtant si le conseiller au présidial n'est pas
l'exact symétrique inverse de l'avocat en parlement, conservateur
moderne, il appartient à la tradition qui, au siècle précédent, opposait le
président Lamoignon à Pussort et qui, plus près de lui, inspirait certains
projets de réforme de d'Aguesseau. Peu porté à la polémique, il n'écrit
pas une *Réfutation des principes de Beccaria*, mais n'apprécie pas pour
autant l'auteur des *Délits et des peines*. Il n'est guère favorable à une
interprétation rigoureuse et étroite de la théorie des preuves objectives,
mais il reste très scrupuleux dans le respect de la procédure de l'Ordonnance de 1670. C'est à ce titre que quelques unes de ses propositions sur
la justice criminelle pouvaient s'accorder avec celles de Voltaire.

Daniel Jousse, dès le milieu du siècle a eu l'audience de ses confrères,
considérable. Lui-même a veillé au nom de l'utilité et du bien public à
rendre ses ouvrages accessibles aux magistrats et aussi à un public élargi.
Et c'est ainsi qu'il a été reçu: non comme un réformateur qu'il n'était
pas, mais comme un commentateur modéré et sage qui faisait mieux
entendre l'esprit des lois et ce que devait être le bon fonctionnement de
certaines juridictions. Juriste de cabinet et d'étude, il répond à sa façon
au vœu de Voltaire: «On souhaite que le jurisconsulte puisse parvenir
par son mérite à rendre la justice qu'il a défendue par ses veilles, par sa
voix et par ses écrits»[60].

---

[58] André Laingui, Arlette Lebigre, *Histoire du droit pénal*, p. 115.
[59] Cité par André Laingui, Arlette Lebigre, *Histoire du droit pénal,* p. 115.
[60] *Commentaire sur le livre Des délits et des peines*, Moland, t. 25, p. 576.

REMARQUES SUR LA PREUVE PÉNALE CHEZ JOUSSE

Antoine ASTAING
(*Université de Nancy*)

Les grands criminalistes français sont assez rares, et plus rares encore sont ceux de la fin de l'Ancien Régime dont le prestige s'est prolongé durant toute la période contemporaine. La renommée de Jousse dans les matières criminelles, acquise de son vivant, est assurée par le *Traité de la justice criminelle*, publié à Paris, chez Debure, en 1771, souvent cité par les auteurs les plus prestigieux qui lui succèderont[1]. L'ouvrage embrasse de manière méthodique toute la matière et témoigne, s'agissant de la procédure, du grand intérêt de l'auteur pour la preuve pénale. Il fait partie des rares ouvrages de la doctrine consacrant des développements particuliers à la théorie de la preuve. Tout l'intérêt de cette étude est d'essayer de voir comment le criminaliste concilie dans sa démonstration les principes traditionnels et officiels des preuves objectives et les nouveautés nées de la progression de l'intime conviction des juges depuis la fin du Moyen Âge.

Durant cette période en effet, les principes de la preuve tendent à se transformer du tout au tout. Le système des preuves objectives ou légales, hérité du droit savant, s'efface – il s'agit là d'une tendance – au profit de celui de l'intime conviction du juge, lequel se caractérise par une absence de hiérarchie des preuves et une libre appréciation de celles-ci[2]. Lors du jugement, à une approche objective de la preuve, fondée sur une démarche

---

[1] Sur le magistrat et le criminaliste, voir Nicole Dyonet, «Daniel Jousse et son temps», in: *Daniel Jousse, 1704-1781. Un juriste au temps des Lumières*, sous la direction de Corinne Leveleux-Texeira et Yann Delbral, Limoges, Presses Universitaires de Limoges, 2007, p. 17-31, et A. Astaing, «Daniel Jousse», in *Dictionnaire historique des juristes français: XIIᵉ-XXᵉ siècle*, Paris, Presses Universitaires de France (Quadrige/Dicos poche), 2007, sous la direction de Patrick Arabeyre, Jean-Louis Halpérin et Jacques Krynen, p. 432-434. Le magistrat publie, à l'âge de soixante-sept ans, le *Traité de la justice criminelle*, Paris, Debure, 1771, 4 vol. in-4°, seul sollicité pour cette étude. L'ouvrage se présente comme le résultat abouti de recherches commencées bien plus tôt.

[2] Se reporter aux développements et à la bibliographie de Jean-Marie Carbasse, *Histoire du droit pénal et de la justice criminelle*, Paris, Presses Universitaires de France («Droit fondamental»), 2006. Sur les progrès de l'intime conviction, la synthèse d'Antonio Padoa-Schioppa, «Sur la conscience du juge dans le *ius commune* européen», in: *La Conscience du juge dans la tradition juridique européenne*, Paris, Presses Universitaires de France («Droit et justice»), 1999, sous la direction de Jean-Marie Carbasse et Laurence Detambour-Tarride, p. 115-129.

analytique, se substitue une autre démarche, fondée sur une approche subjective et synthétique des éléments de preuve rassemblés lors de l'instruction. Les juges assemblés doivent alors asseoir la condamnation sur une
haute probabilité qu'ils apprécient eux-mêmes, et non en fonction de règles
préétablies. L'édit du 24 août 1780, qui abolit la question préparatoire après
un mouvement progressif de désuétude, est le point d'aboutissement de
cette évolution. Il implique, quoique de manière implicite, la reconnaissance d'un autre système des preuves, en lieu et place du système tradi-
tionnel[3]. Le *Traité de la justice criminelle* est publié moins de dix ans avant
la célèbre réforme de Louis XVI et une question simple et essentielle se
pose: Jousse accepte-t-il cette évolution irrésistible ou se fait-il le gardien
de la tradition?

Une telle interrogation soulève bien des difficultés. Car il est fort délicat de s'essayer à tracer une frontière nette entre un jugement rendu selon
les règles d'un système des preuves objectives et un jugement rendu en
intime conviction. Les points de contacts entre les deux systèmes probatoires – qui supposent que l'homme puisse atteindre la vérité en faisant
usage de sa raison – sont nombreux, et, surtout, dans la pratique, les deux
logiques probatoires coexistent et se mêlent parfois de manière inextri-
cable. De surcroît, le criminaliste mêle en permanence le neuf et le vieux,
ce qui implique, à chaque instant, de situer son propos. En dépit de la
clarté des développements, la chose est d'autant moins aisée que quelques stratégies d'écriture peuvent égarer le lecteur dans son interprétation: le choix de certains auteurs de la doctrine et l'oubli d'autres, une
utilisation particulière des notes en bas de page, dont le contenu touche
au fond du propos le remettant parfois en cause, et, de manière générale,
le balancement des raisons sur chaque point épineux.

Si les écrits de Jousse attestent d'une nette progression de l'intime
conviction du juge, celle-ci s'accompagne d'une défense des principes et
des règles des preuves objectives. Mais le propos, suffisamment confor-
miste pour que l'auteur s'autorise quelques hardiesses, n'est contradictoire qu'en apparence. Deux thèmes, distingués de manière artificielle et
successivement envisagés, le montrent assez: l'emploi de la torture judiciaire et le recours à la preuve indiciale.

*

---

[3] A. Astaing, G. Clément, «*Les muets volontaires* dans la procédure pénale française
de l'époque moderne et contemporaine», in: *Tijdschrift voor Rechtsgeschiedenis*, LXX
3-4 (2002), p. 306.

Interprétant les dispositions du droit de la torture, Jousse, qui envisage spécialement la recherche d'un aveu de culpabilité, défend moins l'usage éventuel de la question préparatoire que le système des preuves objectives soutenant un tel moyen d'instruction. A s'en tenir à cette hypothèse, et sans évoquer ici l'emploi éventuel de la question préalable[4], le propos de l'auteur, souvent ambigu, s'analyse en trois points.

D'abord, la défense des formalités de la preuve procède d'une philosophie légaliste exposée en des termes nets dès l'introduction du *Traité de la justice criminelle,* éclairant ainsi l'ensemble du propos[5]. Très proche de la démonstration d'Ayrault[6], un auteur que Jousse commente tout au long de son ouvrage, celle-ci implique non seulement le strict respect des ordonnances royales mais encore celui des formalités des preuves objectives supposées par la législation[7]. Les deux raisons rapportées par l'auteur sont la nécessité de contenir l'*arbitrium* des juges (*i.e.* des premiers juges) dans des bornes étroites d'une part, et, d'autre part, le respect de formalités fondées en justice. Ces dernières visent la protection des droits de l'innocence, et, ainsi, de manière apparemment paradoxale, «*des raisons solides d'équité*»[8] justifient l'institution de la torture

---

[4] Sur l'emploi de la torture judiciaire dans le but d'obtenir révélation des complices des condamnés à mort, la question préalable (consacrée en législation par l'Ordonnance de 1670, titre 19, art. 3), voir A. Astaing, Amélie D'Innocenzo, «Preuve pénale et pluralité d'auteurs: notes sur la rationalité de la question préalable», in: *Absolutisme et doctrines pénales du Moyen Âge à la fin de la période moderne*, Poitiers, Cahiers poitevins de l'Histoire du droit, 2007, p. 29-48.

[5] D. Jousse, *Traité de la justice criminelle*, préface, p. vi et s., surtout p. xxi-xxxvi.

[6] D. Jousse, *Traité de la justice criminelle*, préface, p. viii: on trouve ici une référence explicite à la philosophie de la procédure défendue par Ayrault. Celle-ci se situe dans le prolongement d'une philosophie médiévale de sacralisation de la procédure (Jean-Marie Carbasse, «Le juge entre la loi et la justice: approches médiévales», in: *La conscience du juge*, p. 67-91) mais subit l'influence des conceptions renouvelées du XVIᵉ siècle (A. Astaing, «Justice pénale et *Libido Dominandi*: les critiques de la raison d'État dans la doctrine régnicole de la fin de l'Ancien Régime», in: *Secret et Justice,* textes réunis et présentés par Jean-Pierre Royer et Bernard Durand, Lille, Centre d'histoire judiciaire, 2000, p. 299-312).

[7] D. Jousse, *Traité de la justice criminelle*, préface p. viii-xxix. On ne doit pas s'étonner de l'importance dans les ordonnances royales de la question des nullités et de la sévérité des sanctions visant les juges en cas de vice de forme. L'Ordonnance de 1670, «hérissée de nullités» (Esmein), suppose bien des formalités relatives à la preuve qui procèdent soit de quelques dispositions légales (qu'il y ait clause irritante ou non), mais assez rarement, soit, pour la plupart d'entre elles, de la doctrine, voir A. Astaing, *Droits et garanties de l'accusé dans le procès criminel d'Ancien Régime: audace et pusillanimité de la doctrine pénale française*, Aix-Marseille, Presses Universitaires d'Aix-Marseille, 1999.

[8] D. Jousse, *Traité de la justice criminelle*, préface, p. xxxi. Dans son commentaire du titre XIX de l'Ordonnance de 1670, ce procédé rigoureux est justifié *«par de bonnes raisons, fondées non seulement sur l'intérêt public, mais encore sur l'équité»*, partie III, livre II, titre XXII, section 1, nᵒ 3, p. 476.

ANTOINE ASTAING

judiciaire. Cela dit, de brèves mentions dans le texte et des références données dans les notes en bas de page de la préface mettent en avant une autre raison, peut-être plus fondamentale, mais exprimée de manière négative. Celle-ci se résume en une critique de l'exercice de la justice retenue et des «*procès simulés*»[9]. L'*entière* démonstration de Jousse s'inscrit ainsi dans le cadre d'une procédure que l'on pourrait qualifier de «régulière», n'ayant pas seulement l'apparence de la justice, ce qui, en toute logique, exclut l'emploi de la question préparatoire dans une ambiance d'«intime conviction» et de fureurs partisanes.

Ensuite, Jousse s'attache à présenter les dispositions du titre XIX de l'Ordonnance criminelle de 1670 relatives au droit de la torture. L'exposé a nécessairement un statut équivoque puisque l'auteur commence ses développements en soulignant les dangers de la torture utilisée dans le but d'obtenir un aveu de culpabilité. Le criminaliste est un esprit suffisamment inquiet pour affronter un si mauvais usage, et, après avoir défini le procédé, il résume aussitôt l'argumentation abolitionniste d'«*auteurs distingués*»[10]. La torture peut être considérée comme inhumaine et étant une «*espèce d'injustice*»; elle peut conduire l'accusé «*à dire la vérité contre lui-même*»; elle échoue à faire parler cet accusé qui, quoique vraisemblablement coupable, est assez robuste pour soutenir les tourments. Dans les notes en bas de page, Jousse étaye son propos par des références à des sources connues[11]: quelques rhéteurs (notamment Quintilien), des fragments de la *jurisprudentia* classique (ainsi Ulpien qui estime le procédé de la torture fallacieux et dangereux), des Pères de l'Eglise (saint Augustin), des auteurs du droit naturel (Grotius) et, enfin, des magistrats abolitionnistes, comme Montaigne ou Nicolas. A ce stade, en dépit de la fragilité de certaines sources (comme les lieux communs des rhéteurs sur la torture ou la référence au D.48,18,1,23 Ulpien), l'orientation générale de la pensée du magistrat ne pose plus de problème.

En effet, d'un point de vue théorique, l'argumentation de Jousse semble être très proche de celle de Nicolas, lequel défend les preuves objectives

---

[9] Le lieutenant criminel d'Angers les qualifiait en son temps de «*procès caparaçonnés de toutes pièces*», A. Astaing, «Justice pénale et *Libido Dominandi*», p. 300.

[10] D. Jousse, *Traité de la justice criminelle*, partie III, livre II, titre XXII, section 1, n°s 2-3, p. 474-475.

[11] D. Jousse, *Traité de la justice criminelle*, loc. cit. n° 2-3, p. 474-475, dans les notes. Se reporter à la riche étude du mouvement abolitionniste de M. Schmoeckel, *Humanität und Staatsraison. Die Abschaffung der Folter in Europa*, Köln-Weimar-Wien, Böhlau, 2000.

et rejette l'emploi de la torture[12]. Cela expliquerait une omission frappante dans des premiers développements[13], les minces remarques sur la question préalable, mais aussi le caractère des observations finales faites dans les notes. Car le criminaliste présente *in fine* un argument politique dont l'effet est de dissiper les doutes éventuels du lecteur. Non seulement l'infinie dignité du citoyen sous la Rome républicaine est rappelée[14], mais la pratique judiciaire anglaise sert de modèle, avec moins d'espoir crédule qu'aujourd'hui: «*en Angleterre, on vit avec autant de sûreté qu'ailleurs,*

---

[12] A. Nicolas, *Si la torture est un moyen sûr de vérifier les crimes secrets*, Amsterdam, 1682. La ligne générale de la démonstration semble commune chez les deux auteurs, mais les preuves formelles sont difficiles à apporter et tout cela mériterait un examen de détail. La même chose peut être dite s'agissant des références de Jousse à Montaigne (pour une évocation de la «subtile argumentation» de l'auteur des *Essais*, malheureusement délaissée par les juristes français, voir M. Schmoeckel, *Humanität und Staatsraison*, p. 122-131). Néanmoins, certaines mentions de l'œuvre du magistrat d'Orléans laissent supposer quelques connivences intellectuelles (par exemple la douleur, au centre des préoccupations de Montaigne, l'est aussi, sous certains aspects – et s'agissant de la torture –, dans la pensée de Jousse, *Traité de la justice criminelle*, partie III, livre I, titre III, chap.2, section 6, n° 90, p. 690, note a: «M. Baluze, dans les *Vies des papes d'Avignon*, page 599, apporte plusieurs raisons pour montrer que les douleurs de la question obligent quelquefois des accusés à avouer des crimes qu'ils n'ont point commis»). On trouve ici un développement sur les aveux imaginaires faits sous les tourments, dont il est précisément question chez Montaigne, qui inscrit ce point dans des méditations plus larges, portant sur l'imagination, les illusions du langage, etc. Mais Montaigne est absent de la note, où sont mis avant quelques criminalistes. D'autres rapprochements peuvent être faits mais la difficulté demeure: identifier formellement les apports de Montaigne (par ex. la référence du *Traité de la justice criminelle*, préface, p. xvi, au procès d'Anne Du Bourg, le maître de La Boétie, qui occupe une place significative dans la pensée de Montaigne). Cela dit, la démarche de Jousse conduit nécessairement à relativiser la validité des sources invoquées par lui dans sa démonstration, de toutes les sources.

[13] Le criminaliste ne cite pas ici le procès-verbal des conférences sur l'Ordonnance de 1670. Le silence des accusés (que Jousse semble attribuer seulement aux qualités physiques des suspects dans ce développement en citant le D.48,18, 1, 23 Ulpien) est alors reconnu comme étant une des causes, et même la cause principale, de l'inutilité de la question préparatoire. La raison en est peut-être que «paradoxalement, l'accord de Lamoignon et de Pussort sur l'inefficacité d'un pareil moyen d'instruction eut pour effet de laisser intacte la disposition du projet […qui] subsista donc dans la loi jusqu'en 1780», André Laingui, Arlette Lebigre, *Histoire du droit pénal*, Paris, Cujas («Synthèse»), t. 2 [1980], *La Procédure pénale*, p. 116. Mais, dans ce cas, il est plus difficile de savoir pourquoi Jousse ne cite pas F. Serpillon dont les positions sont, elles, sans ambiguïtés (mais, dans le même temps, le lecteur trouve en bonne place son *Code criminel*, Lyon, 1757 dans la bibliographie qui suit la préface du *Traité de la justice criminelle*).

[14] D. Jousse, *Traité de la justice criminelle*, partie III, livre II, titre XXII, section 1, n° 2, note a, p. 474. Le procès romain est évoqué dès la préface, p. xl: Jousse en donne certes une vision imparfaite mais son propos vise, par une comparaison avec le procès à l'extraordinaire de l'Ordonnance de 1670, à montrer que cette dernière est «*plus rigoureuse que celle qui s'observait chez les Romains*».

quoique la question n'y soit point en usage»[15]. En conséquence, le lecteur doute que la question puisse reposer sur des raisons d'équité et, dans le même temps, acquiert la certitude qu'elle n'est pas justifiée par des raisons fondées sur l'intérêt public.

Enfin, l'étude détaillée des dispositions du titre XIX montre assez que ce moyen ne peut être employé qu'à titre exceptionnel. Dans le *Traité de la justice criminelle*, Jousse ne rapporte qu'un emploi, durant l'année 1760, soit 11 ans avant la publication de son ouvrage, de la question préparatoire par le siège présidial d'Orléans[16]. Il n'y a rien là d'étonnant. Comme les autres criminalistes de son temps, l'auteur admet les mécanismes propres à ruiner l'édifice de la torture judiciaire contenu dans l'Ordonnance criminelle et qui rendent son usage exceptionnel quoique toujours détestable. Plusieurs points peuvent être évoqués, sans qu'il soit nécessaire d'insister sur des choses aussi connues. Dans la plupart des crimes, l'emploi de la question préparatoire est rendu impossible. Les conditions (restrictives) de son admission ne sont pas remplies[17] ou, comme dans les cas privilégiés, son emploi est prohibé[18]. La preuve s'acquiert alors par d'autres voies. Dans les autres cas, et à supposer que les juges décident d'utiliser la question préparatoire, le succès de celle-ci

---

[15] D. Jousse, *Traité de la justice criminelle*, note a, p. 474. Le criminaliste passe sous silence l'usage de la peine forte et dure (violemment critiquée par W. Blackstone, *Commentaries on the Laws of England*, ed. 1765-1769, livre 4, chapitre 25, p. 317-325): il eût été conduit sinon à remettre en cause le modèle anglais. Jousse ne soulève pas le vaste problème de la preuve dans le *common law*, celui des degrés de preuve ou de certitude du droit anglais, pour la simple raison que les traités sur la preuve commencent à voir le jour à la fin du XVIIIᵉ siècle, tout en s'inspirant d'ailleurs de la tradition juridique continentale (voir Barbara J. Shapiro, *«Beyond reasonable doubt» and «probable cause». Historical perspectives on the Anglo-American Law of Evidence*, Berkeley-Los Angeles-London, University of California Press, 1991).

[16] D. Jousse, *Traité de la justice criminelle*, partie III, livre I, titre III, section 2, p. 692, note a. Sur l'aveu comme une preuve pleine et parfaite chez Jousse, voir André Laingui, Arlette Lebigre, *Histoire du droit pénal*, t. 2, p. 114. Sur l'emploi (exceptionnel) de la torture à son époque, Jean-Marie Carbasse, *Histoire du droit pénal*, n° 214, p. 401-402.

[17] On peut rappeler le contenu de l'article 1ᵉʳ du titre XIX: crime méritant la peine de mort, et, en matière probatoire, corps du délit constant et *«preuve considérable»*, sur laquelle le criminaliste insiste particulièrement, D. Jousse, *Traité de la justice criminelle*, partie III, livre II, titre XXII, section 1, n° 3, p. 476 et p. 476 s.

[18] Pour tous les cas privilégiés, selon les règles de la procédure conjointe, l'emploi de la torture visant les ecclésiastiques est prohibé, de sorte que la preuve s'acquiert sans le secours de la question préparatoire, D. Jousse, *Traité de la juridiction volontaire et contentieuse,* titre III, section I, article 6, n° 3, p. 236-238 (où l'on trouve un panorama de la doctrine). Les procédures conjointes montrent assez la possibilité qu'ont les juges de prononcer de lourdes peines sans pour autant avoir recours à la violence pour arriver à convaincre les suspects.

semble hautement improbable. Le criminaliste ne le cache pas: soit la question échoue devant le silence des accusés sous les tourments, soit celle-ci débouche sur l'obtention de confessions invraisemblables[19] ou d'aveux révoqués après les tourments[20]. Pour autant, l'échec de la torture ne signifie pas l'absence de condamnation: les juges ont pu réserver les preuves en leur entier[21]; ils vont vérifier le caractère vraisemblable d'aveux rétractés en considérant les autres preuves recueillies lors de l'instruction et éventuellement condamner[22]; ils pourront prononcer un jugement de plus amplement informé, un moyen de continuer l'instruc-tion et, éventuellement, d'infliger une peine de prison[23].

L'examen de tous ces éléments conduit à dire que la question prépa-ratoire ne peut plus être considérée comme un instrument nécessaire, même en cas de disette des preuves, et même dans les crimes graves. L'aveu n'est donc plus l'*ultima ratio* de la procédure criminelle. Mais les critiques manifestes du criminaliste coexistent avec de fades compromis et ne doivent pas masquer la sévérité nouvelle d'une procédure qui recon-naît une marge de liberté importante aux juges dans la recherche et l'ap-préciation des preuves.

*

[19] D. Jousse, *Traité de la justice criminelle*, partie III, livre I, titre III, chap.2, section 1, n° 72, p. 683 (si la confession est *«fausse en partie»*, elle est *«présumée fausse pour le tout»*) et partie III, livre I, titre III, chap.2, section 6, n° 90, p. 689-690 (aveux invraisem-blables obtenus sous les douleurs des tourments, avec une évocation de la doctrine sur ce point).

[20] D. Jousse, *Traité de la justice criminelle*, partie III, livre I, titre III, chap.2, section 2, n°s 78-81, p. 685-686.

[21] L'article 2 du titre XIX de l'Ordonnance de 1670 supprime ainsi l'obstacle repré-senté par le silence de l'accusé sous les tourments (pour la solution à apporter en cas de rétractation d'aveux faits sous la torture, *infra* note 22). Dans l'hypothèse d'un silence, les juges vont peut-être considérer que la personne poursuivie *«garde le silence comme une personne qui se sent coupable»*. Le criminaliste admet ainsi que le mutisme de l'accusé sous la torture puisse servir, selon les cas, d'indice à charge et conforter la preuve consi-dérable de l'art. 1er du titre XIX de l'Ordonnance de 1670. D. Jousse, *Traité des matières criminelles*, Paris 1771, chap. 6, section 3, §4, n° 284, p. 772, propose alors une analyse autant psychologique que juridique du silence (rappelant P. Ayrault, *L'Ordre, formalité et instruction judiciaire*, Paris 1610, 4e éd., livre 3, partie 3, XXV et XXVI, p. 489-492), lequel est rangé dans la catégorie des *«indices légers»*.

[22] D. Jousse, *Traité de la justice criminelle*, partie III, livre I, titre III, chap.2, section 6, n° 93, p. 691 (et p. 692, note a): si les aveux sont vraisemblables, *«malgré cette révo-cation, les juges peuvent condamner les accusés»*).

[23] Sur cette institution, l'étude de M.-Y. Crépin, «Le jugement de plus amplement informé, un moyen de continuer la procédure», in: *Procéder, Pas d'action, pas de droit ou pas de droit, pas d'action?*, textes réunis par Jacqueline Hoareau-Dodinau, Guillaume Métairie et Pascal Texier, Limoges, Presses Universitaires de Limoges, 2006, p. 201-208.

Jousse n'ignore pas les difficultés auxquelles sont confrontés les juges dans l'hypothèse d'une disette des preuves. Dans ce cas, fréquent en pratique[24], le rôle essentiel est joué par les indices[25], sans qu'il soit nécessairement possible ni surtout utile, à un stade avancé du procès, de rechercher un aveu de culpabilité par la violence. Dès la préface du *Traité de la justice criminelle*, le criminaliste insiste sur la formation de cette «*espèce d'analyse morale*» sans laquelle la répression serait énervée[26]. Il consacre de longs développements aux progrès de la «*science qui produit une certitude morale*»[27], celle-ci faisant appel au «*raisonnement*»[28]. Désirant préciser les contours de cette science particulière qui est une forme d'intime conviction du juge, il choisit de présenter une sorte de voie moyenne dans la recherche de la vérité, cherchant à éviter le risque de dogmatisme propre au système des preuves objectives et l'écueil du pyrrhonisme dans la méthode. C'est la raison pour laquelle Jousse présente des éléments propres à guider les juges dans leur démarche. Deux points peuvent être évoqués.

D'abord, cette «*science*» ne se comprend qu'en référence à la théorie de la preuve indiciale élaborée aux origines par le droit savant, étant entendu que celle-ci se combine, dans le cas d'une «*preuve mixte*», à une preuve testimoniale plus facilement acquise depuis le XVIe siècle[29]. C'est sur elle que reposent les règles à suivre pour l'établissement du corps du délit en l'absence de traces matérielles du crime[30], les mécanismes du

[24] Comme l'indiquent bien des mentions dans l'œuvre de Jousse, les traces matérielles du crime sont souvent absentes, ayant été dissimulées ou détruites par les criminels (*infra* note 32), les personnes poursuivies n'ont aucun intérêt à avouer (*Traité de la justice criminelle*, préface, p. xvii et partie III, livre I, titre III, chapitre 1, n° 3, p. 655), les témoignages manquent et les témoins idoines ne sont pas les plus nombreux (*Traité de la justice criminelle*, partie 3, livre 1, titre 3, chapitre 1, n° 6, p. 656).

[25] D. Jousse, *Traité de la justice criminelle*, préface, p. xix; partie III, livre I, titre III, chapitre 1, n° 23-25; partie III, livre I, titre III, chapitre 6, n° 240, p. 752 et s., etc.

[26] D. Jousse, *Traité de la justice criminelle*, préface, p. xix.

[27] D. Jousse, *Traité de la justice criminelle*, partie III, livre I, titre III, chapitre 1, section 2, n° 28, p. 665.

[28] D. Jousse, *Traité de la justice criminelle*, partie III, livre I, titre III, chapitre 6, n° 238, p. 750.

[29] B. Schnapper, «*Testes inhabiles*. Les témoins reprochables dans l'ancien droit pénal», in: *Voies nouvelles en histoire du droit*, Paris, 1991, p. 145-185, spéc. p. 159 s. D. Jousse, *Traité de la justice criminelle*, partie III, livre I, titre III, chapitre 1, n° 6 et partie III, livre I, titre III, chapitre 3, n° 98 s. et n° 142 s.

[30] La preuve du corps du délit peut certes s'entendre strictement (si l'on suit les règles posées par les titres IV et V de l'Ordonnance criminelle) mais, bien souvent, il faut suppléer celle-ci. Et les juges ne peuvent le faire qu'en ayant recours à des moyens de preuve qui permettent aussi d'établir l'identification du criminel et la preuve de l'intention criminelle, D. Jousse, *Traité de la justice criminelle*, partie III, livre II, titre I, art.1 et surtout, titre III (en entier). Sur ce point, A. Astaing, «Les expertises et la preuve du corps du délit: notes sur la procédure française de la fin de l'Ancien Régime», in: *Procéder […]?*, p. 209-218.

droit de la torture mais aussi tous les mécanismes permettant de pallier les insuffisances de la torture qui sont apparus ultérieurement. Le criminaliste, s'appuyant sur la doctrine antérieure, notamment italienne (Clarus et Farinacius), rappelle que, dans les crimes graves et secrets, la condamnation à la peine ordinaire peut s'appuyer sur des indices «*qui concluent par une conséquence si nécessaire qu'il est impossible que la chose soit autrement qu'ils la font voir*»[31]. Simplement, dans l'ambiance juridique du siècle des Lumières, ce type de raisonnement sert de flambeau aux juges dans bien d'autres crimes et circonstances[32], sans emploi de la question préparatoire, ce dont rendent compte les études menées à partir de sources archivistiques. De la sorte, les juges, une fois recueillis des éléments de preuve estimés suffisants et ayant pris en considération les interventions de la défense, sans preuve parfaite néanmoins, peuvent passer au jugement de la cause[33].

Cette liberté nouvelle dans le domaine probatoire amène les juges à procéder à des opérations intellectuelles et psychologiques qui ne se réduisent pas à celles qu'impliquait l'ancien système car l'esprit sait ne pouvoir espérer une ferme adhésion à une solution infaillible. De manière plus concrète, lors du jugement, la démarche analytique et objective d'appréciation des preuves s'efface: se substitue à elle une approche synthétique et, dans le même temps, subjective et en partie sentimentale des éléments de preuve. S'il devient illusoire de vouloir sanctionner de manière efficace, par des nullités de procédure, des irrégularités supposées dans le domaine probatoire, il n'est cependant pas possible de considérer que l'intime conviction puisse se comprendre autrement qu'en référence à un système des preuves en partie défait, celui des preuves

---

[31] D. Jousse, *Traité de la justice criminelle*, partie III, livre I, titre III, section 8, art. 2, nº 420 s. (condamnation à la peine ordinaire sur la base d'indices violents). Un résumé saisissant (fondé sur l'examen de procès célèbres) se trouve dans M. Yourcenar, *L'Œuvre au noir*, Paris, Gallimard, 1991 (1968), p. 414: «[…] mais vous savez comme moi que dix présomptions équivalent à une conviction pour le populaire, et même pour la plupart des juges».

[32] Dans les ouvrages de la doctrine, bien des passages rendent compte de cet état des choses. Ces derniers peuvent être facilement identifiés puisqu'ils sont souvent relatifs au thème de la pluralité d'infractions et à celui de la pluralité d'auteurs d'infractions, les criminels agissant en groupe ne commentant que rarement une infraction unique.

[33] Il faut chercher ici une cause des améliorations apportées par la doctrine aux règles, parfois excessivement sévères, de l'instruction. En éclaircissant les droits des accusés, celle-ci accepte et favorise une certaine contradiction lors du procès: en témoignent les interventions plus ou moins souterraines des avocats. Mais Jousse a sur ce point, dans la préface de son ouvrage, un mot équivoque: «*il peut il y avoir de bonnes raisons de donner un conseil à l'accusé (mais) on a trouvé moins d'inconvénients à lui refuser ce conseil*», *Traité de la justice criminelle*, préface, p. xi.

objectives[34]. Les anciennes règles, du moins certaines d'entre elles, sont suivies par habitude. Elles demeurent ainsi des standards élevés des preuves, chaque règle étant un étalon utile dans la mesure des éléments probatoires au dossier[35]. Dans un système de certitude renouvelé, elles favorisent d'ailleurs la recherche de la vérité, facilitant la mesure de la force des preuves et offrant au juge une voie lui permettant de sortir du doute et de trancher en fonction du plus sûr[36].

Néanmoins, Jousse ne se satisfait pas entièrement de cette première approche et considère ensuite que cette *«espèce d'analyse morale»* appelle d'autres tempéraments[37]. En effet, puisque *«les divers esprits ne*

[34] Celui-ci se survit à lui-même car ce sont toujours des juges professionnels – souvent les mêmes juges! – qui dirigent entièrement le procès. La qualité de la preuve serait bien différente dans l'hypothèse de la mise en place d'un jury populaire (en témoigne, par exemple, en 1771, la correspondance, entre Condorcet et Turgot sur le jury). Dans un tel contexte, le témoignage de Merlin de Douai, postérieur de quelques années seulement à la publication du *Traité de la justice criminelle*, a une grande valeur. Dans l'article «Présomptions» du *Répertoire universel et raisonné de jurisprudence civile, criminelle, canonique et bénéficiale*, de Joseph-Nicolas Guyot (1775-1783), il écrit, t. 47 (1781), p. 347 et p. 348, note en bas de page: *«les choses qu'à dites Serpillon* [mais il aurait pu aussi bien choisir Jousse] *n'ont plus d'application à cet objet, aussi ne les rapporte-t-on qu'à cause de la lumière qu'elles répandent sur la nature des présomptions, et sur les conséquences que le juge peut en tirer»*. Le système des preuves objectives sert donc de guide pour la compréhension d'un jugement des preuves en intime conviction et ses règles, notamment celles liées à la preuve indiciale (qui devient la principale en cas de disette des preuves), ne peuvent être présentées que si l'on considère les mécanismes de la torture judiciaire. Et encore, il faut préciser que F. Serpillon lui-même n'a vu pratiquer la question préparatoire que deux fois dans sa carrière (il y a vingt-cinq ans écrit-il en 1757), et, de surcroît dans des circonstances exceptionnelles. De la sorte, des contemporains de Jousse, auteurs réformistes des Lumières, prônent-ils la mise en place d'un système mixte combinant le maintien de certaines règles des preuves objectives et une appréciation des preuves en intime conviction (c'est le cas de G. Filangieri dont la *Science de la Législation* est traduite en français en 1780).
[35] Pour une illustration particulière de l'emploi de l'intime conviction avec une utilisation du standard des preuves objectives, A. Astaing, «Les feux éteints de l'amour? Notes sur le procès du père Girard et de La Cadière dans les *Mémoires* du Marquis de Boyer d'Argens», in: *Figures de Justice. Etudes en l'honneur de Jean-Pierre Royer*, réunies par Annie Deperchin, Nicolas Derasse et Bruno Dubois, Lille, Centre d'histoire judiciaire, 2004, p. 651-664. Dans cette affaire (où est mise en œuvre une procédure conjointe), il n'y a aucune preuve parfaite mais des indices, souvent douteux. Certains magistrats avouent avoir raisonné de la manière suivante: *«nous nous sommes d'abord défiés de la généralité des règles, sans pour autant nous en départir»* (p. 653, note 11).
[36] Il faut rapprocher ce genre d'attitude de certains choix théologiques (devenus pressants avec le développement du probabilisme), Jean Delumeau, *L'Aveu et le Pardon*, Paris, Fayard, 1992, chapitres XI-XIII.
[37] La référence aux standards des preuves objectives n'ôte pas la difficulté de la matière des indices, si difficiles à rechercher et à apprécier. Ils ne se donnent pas d'évidence: il faut d'abord les chercher en s'intéressant au moindre détail, et faire attention de tout recueillir. Ensuite, le juge doit les interpréter et mesurer leur force (mais les catégories

sont pas touchés des mêmes lumières»[38], il faut encore essayer de les aider dans les domaines les plus délicats. Certes l'influence de la méthode historique[39] de même que celle des nouvelles conceptions scientifiques de la période moderne[40] sur l'œuvre du criminaliste restent à étudier. Mais il est facile de constater – sans qu'il soit nécessaire ici de détailler ce point – que Jousse utilise les ressources de la rhétorique et bien des arguments de vraisemblance, tous posés *a priori*. Cela se comprend puisque le système des preuves objectives s'est construit en puisant dans les ressources de la rhétorique et de la logique et qu'il est toujours possible, dans un contexte probatoire transformé, de solliciter de tels appuis.

Aussi le criminaliste insiste-t-il sur les présomptions humaines «*autorisé[es] par aucune loi et qui dépend[ent] de l'estime des hommes*». Cherchant à trouver un tempérament à la liberté des juges dans l'appréciation de tels indices, Jousse voit «*dans le cœur des hommes un fond si ressemblant*»[41] et présente, dans de nombreux passages, les réactions habituelles des criminels, les constantes de leurs comportements, dont l'étude renvoie aux enseignements de la théologie[42]. Cela explique le contenu psychologique et non juridique de certaines notions présentées et l'exposé d'arguments de vraisemblance qui sont autant de standards d'interprétation des éléments de preuve recueillis. La prise en compte de

d'indices sont très fragiles). Enfin, les juges doivent estimer la liaison qu'ils ont entre eux et avec les autres éléments de preuves. Les juges devront ainsi mener une «*estimation morale*» et «*distinguer une preuve complète d'une preuve imparfaite, et c'est de cet examen que dépend le jugement qu'il doit former sur la nécessité de la liaison des faits connus, au fait inconnu, ou sur l'incertitude de cette liaison*», D. Jousse, *Traité de la justice criminelle*, partie III, livre I, titre III, section 1, n° 26, p. 664.

[38] D. Jousse, *Traité de la justice criminelle*, partie III, livre 1I, titre III, chapitre 6, n° 239, p. 751, ce que l'auteur dit à plusieurs reprises.

[39] Une étude pourrait être menée sur la manière dont Jousse, auteur de plusieurs ouvrages historiques, concevait le problème de la preuve en histoire et pouvait éventuellement le rapprocher de celui de la preuve en matière pénale (*supra* note 1).

[40] Il ne semble pas qu'il y ait l'écart parfois décrit entre les conceptions de Jousse et celle, par exemple, de Leibniz. Certes ce dernier met en avant, en méditant sur le système des preuves objectives et le combinant à une approche en terme de probabilité, une manière neuve d'aborder les questions de preuve, (voir Isabella Rosoni, *Quae singula non prosunt collecta iuvant. La teoria della prova indiziaria nell'età medievale e moderna*, Milan, Guiffrè, 1995, p. 235 s. et p. 262). Mais le criminaliste français, qui n'est pas étranger aux questions scientifiques soulevées en son temps (*supra* note 1), ne présente pas une conception des preuves se refusant à une approche en terme de probabilités, loin s'en faut (*contra*, I. Rosoni, *Quae singula non prosunt collecta iuvant*, p. 215).

[41] D. Jousse, *Traité de la justice criminelle*, partie III, livre I, titre III, chapitre 6, section 6, n° 361, p. 805.

[42] Se reporter à André Laingui, «L'homme criminel dans l'Ancien Droit», in: *Revue de Science criminelle*, 1982, p. 15-35.

l'intérêt du suspect à avoir commis l'infraction dont il est suspecté d'être l'auteur est le plus significatif: *«Cui prodest scelus is fecit»*. Ce moyen permet de lier les éléments de preuves entre eux, mais encore de vérifier la solidité et la vraisemblance de la démonstration judiciaire, qui se transformera peut-être en une véritable certitude[43]. On le voit, Jousse ne conteste nullement le nouveau système probatoire, celui de la preuve libre, d'une application générale et d'une réelle efficacité. Mais, loin de tout nier pour réaffirmer autre chose, et sans s'évertuer au doute, il insiste sur les dangers d'un jugement en intime conviction, en raison du caractère sentimental et subjectif de la preuve libre. Si les formes anciennes sont appelées à s'effacer, elles n'en demeurent pas moins les lois officiellement en vigueur. Ce sont les seules fondées en justice et les seules capables d'éviter le désordre qui peut naître de la diversité des opinions et des façons de percevoir les choses.

---

[43] D. Jousse, *Traité de la justice criminelle*, partie III, livre I, titre III, chapitre 6, section 4, §XI, n° 322 (se référant à Farinacius, *Praxis criminalis*, qu.52, n° 144 et à la *Caroline*, chapitre 25, n° 5).

LES THÉORICIENS DE LA RÉFORME PÉNALE DANS LES PAYS-BAS AUTRICHIENS

Bruno BERNARD
(*Université libre de Bruxelles*)

Les Pays-Bas autrichiens[1], cette entité géographique correspondant *grosso modo* à la Belgique et au Luxembourg actuels, mais coupée en deux, en diagonale, par la principauté de Liège, ne figurent pas, dans la première moitié du XVIIIe siècle, parmi les principaux foyers des Lumières. Assez cruellement, Voltaire, qui y séjourne d'abord en 1722 avec Mme de Rupelmonde[2], puis à plusieurs reprises entre 1739 et 1742 avec Madame du Chatelet, n'y voit même que le séjour «de l'ignorance, de la pesanteur» et «un vrai pays d'obédience, privé d'esprit, rempli de foi»[3]. Il est vrai que le gouvernorat de l'archiduchesse Marie-Elisabeth[4], sœur de l'empereur Charles VI, particulièrement bigote, constitue, de 1725 à 1741, une période peu favorable à l'épanouissement de Lumières.

Constituant l'un des principaux laboratoires du despotisme éclairé thérésien, puis joséphiste, les Pays-Bas autrichiens vont cependant se montrer plus impliqués dans le vaste mouvement européen des Lumières dans la seconde moitié du siècle. Cela suite, notamment, à la Guerre de Succession d'Autriche au cours de laquelle les troupes de Louis XV envahissent le pays après la victoire de Fontenoy et en occupent la majeure partie, de 1745 à 1748. Dès lors, l'influence des débats politiques et philosophiques qui agitent la France pénètre plus aisément dans les provinces belges. De plus, l'arrivée au pouvoir à Bruxelles, dans les années

---

[1] Voir essentiellement: Hervé Hasquin (éd.), *La Belgique autrichienne, 1713-1794. Les Pays-Bas méridionaux sous la domination des Habsbourg d'Autriche*, Bruxelles, Crédit communal, 1987; *Les Lumières dans les Pays-Bas autrichiens et la principauté de Liège. Catalogue de l'exposition, Bibliothèque Royale, Bruxelles, 27 juillet-20 août 1983*, Bruxelles, 1983, et les 45 volumes de la série *Etudes sur le XVIIIe siècle* parus, depuis 1974, aux Editions de l'Université Libre de Bruxelles.

[2] René Pomeau, *Vst*, t. 1, p. 117.

[3] Raymond Trousson et Jeroom Vercruysse éd., *Dictionnaire général de Voltaire*, Paris, Champion, 2003, notice «Pays-Bas autrichiens», p. 921-923.

[4] On manque encore d'une bonne synthèse sur le gouvernorat de Marie-Elisabeth. Divers mémoires de maitrise, demeurés inédits, ont été consacrés au sein de différentes universités belges à l'un ou l'autre aspect de sa politique, notamment religieuse. Pour un premier aperçu, voir *Nouvelle Biographie Nationale*, Bruxelles, 1990, t. 2, p. 267-270

1750, d'un certain nombre de dirigeants «éclairés» qui partagent le plus souvent les convictions, plutôt progressistes, du nouveau chancelier de Cour et d'Etat viennois Kaunitz[5] amorce également un réel tournant dans la politique du gouvernement bruxellois.

En 1766, *Dei delitti et delle pene*, le célèbre ouvrage publié en 1764 à Livourne par le juriste italien Cesare Beccaria[6], est traduit en français par l'abbé Morellet. Deux ans plus tard paraît à Amsterdam[7] une traduction néerlandaise. Au même moment, les combats successifs de Voltaire à l'occasion des affaires judiciaires Calas (1762), Sirven (1764) et La Barre (1766)[8] contribuent également par leur retentissement à placer au premier plan de l'actualité, dans toute l'Europe pensante, les nécessaires réformes de la justice pénale.

Dans les Pays-Bas autrichiens également, ces écrits et ces combats marquent de leur influence les juristes qui réfléchissent à ces questions.[9] Ce sont en effet essentiellement des professionnels qui se penchent sur ces matières: avocats et magistrats bien entendu, mais aussi membres du conseil privé, celui des trois conseils «collatéraux»[10] qui a la justice dans

---

[5] Anton-Wenzel von Kaunitz est chancelier de 1757 à 1794. Au nombre des dirigeants éclairés qui le secondent – et parfois même le devancent – dans les Pays-Bas, les ministres plénipotentiaires Charles de Cobenzl (1753-1770) et Georges Adam de Starhemberg (1770-1783), et le chef-président du conseil privé Patrice-François de Neny (1757-1783), dont il sera question plus loin, sont manifestement au premier plan.

[6] *Dizionario biografico degli Italiani*, Milano, Edizioni Tecnografico italiano, 1965, t. 7, p. 458-465. Beccaria était en rapports très étroits avec un certain nombre de hauts-fonctionnaires du gouvernement de la Lombardie, elle aussi alors autrichienne, dont notamment les frères Pietro et Alessandro Verri, maitres d'œuvre à Milan du journal *Il Caffè*, l'un des phares des Lumières italiennes. Voir surtout Carlo Capra, *La Lombardia austriaca nell'età delle riforme (1706-1796)*, Turin, Utet Università, 1987; Carlo Capra, *I progressi della raggione*, Bologne, Società Editrice il Mulino, 2002, et Raymond Abbrugiati (éd.), *Etudes sur Le Café. 1764-1766. Un périodique des Lumières*, Aix-en-Provence, Publications de l'Université de Provence, 2006.

[7] *Verhandeling over de misdaaden en straffen, waar by, de verklaaring op dit werkje Van den Heere de Voltaire*, Amsterdam, Gerrit Bom, 1768.

[8] Voir, sur ces affaires, Raymond Trousson et Jeroom Vercruysse (éd.), *Dictionnaire général de Voltaire*, respectivement p. 155-162, 1131-1133 et 693-697, ainsi que les articles «Justice (institutions)» et «Justice (morale)», p. 686-689.

[9] Marie-Sylvie Dupont-Bouchat, «La réforme du droit pénal dans les Pays-Bas autrichiens à la fin de l'Ancien Régime (1765-1787)», in: *Cornua legum. Actes des journée internationales d'Histoire du Droit et des Institutions*, publiés par G. Macours, Anvers, Kluwer, 1987, et «La révolution pénale de la fin du XVIIIe siècle et ses prolongements en Belgique au XIXe siècle», in: *Recueils de la Société Jean Bodin pour l'histoire comparée des institutions. La peine – punishment. Troisième partie: l'Europe depuis le XVIIIe siècle*, Bruxelles, 1989.

[10] Formellement institués en tant que «conseils collatéraux» par la grande Ordonnance de Charles Quint datée du 1er octobre 1531 – mais leur origine est plus ancienne –, le conseil d'état, le conseil privé et le conseil des finances demeurent pratiquement

ses attributions. Dans la seconde moitié du XVIIIe siècle, pratiquement tous les membres du conseil privé sont eux aussi titulaires d'une licence en droit de l'Université de Louvain et y ont par conséquent plus ou moins subi l'influence des ouvrages et de la pensée du grand canoniste Zeger-Bernard van Espen (1646-1728)[11]. Soupçonné de jansénisme, mort en exil dans les Provinces-Unies, van Espen a notamment défendu avec vigueur les droits régaliens contre les empiètements de l'Eglise, ce qui ne peut manquer d'avoir également des conséquences en ce qui concerne la justice pénale, que de nombreux hauts-fonctionnaires veilleront, comme le prônait van Espen, à soustraire le plus possible à l'influence morale des autorités ecclésiastiques.

Au milieu du XVIIIe siècle, c'est encore une Ordonnance criminelle du 9 juillet 1570 qui régit la procédure pénale dans les Pays-Bas autrichiens. Contrairement à la procédure civile, on n'y prévoit pas d'avocat pour l'accusé et aucun appel n'est possible en direction d'une juridiction supérieure[12]. Seule la grâce du souverain – accordée, en fait, par le gouverneur général ou la gouvernante générale – peut laisser quelque espoir au condamné. La pratique de la «question», dont l'usage est réglementé, est reconnue comme parfaitement légitime en vue de l'obtention des aveux. Le fouet et la marque sont des peines courantes et, en cas de condamnation à mort, les juges ont le choix, en fonction du crime commis, entre le bûcher, la roue et la pendaison.

En 1728, l'empereur Charles VI a vainement tenté d'attirer l'attention des conseils sur ces questions et notamment sur l'usage abusif de la torture[13], mais le conseil privé s'est contenté de suggérer d'envoyer quelques recommandations de modération aux conseils de justice des provinces.

---

inamovibles jusqu'à la fin de l'Ancien Régime. Les tentatives visant – au début du régime autrichien, de 1718 à 1725, puis sous Joseph II à partir de 1787 – à les fusionner en un unique conseil de gouvernement, se soldent par de cuisants échecs. Au XVIIIe siècle, le conseil d'état, composé de hauts dignitaires censés conseiller le souverain sur les matières d'état et de politique extérieure, devient progressivement honorifique. Voir respectivement sur ces trois conseils Eric Aerts, Michel Baelde *et alii*, *Les Institutions centrales du gouvernement habsbourgeois (1482-1795)*, 2 vol., Bruxelles, Archives générales du Royaume, 1995, p. 257-274, 287-317 et 497-521.

[11] *Biographie Nationale de Belgique*, Bruxelles, 1966, t. 33, p. 292-302, et Michel Nuttinck., *La Vie et l'œuvre de Zeger-Bernard Van Espen. Un canoniste janséniste, gallican et régalien à l'Université de Louvain (1646-1728)*, Louvain, Publications Universitaires de Louvain, 1969.

[12] Ce sont donc les conseils de justices de différentes principautés – à Bruxelles c'est le conseil de Brabant – qui jugent en dernier ressort.

[13] Eugène Hubert, «Un chapitre de l'histoire du droit criminel dans les Pays-Bas autrichiens au XVIIIe siècle. Les mémoires de Goswin de Fierlant», in: *Bulletin de la Commission Royale d'Histoire*, Bruxelles, 1895, 5e série, t. 5, p. 154-253, ici p. 154.

Seul le conseil de Brabant a manifesté quelques velléités de réforme[14]. Depuis, les choses ont peu changé et la réflexion sur ces questions est demeurée pratiquement absente des préoccupations gouvernementales. C'est donc bien la parution de l'ouvrage de Beccaria, et sa traduction dans les deux langues usitées dans les provinces belges, qui sont les éléments déclencheurs, au sein du gouvernement et de la magistrature des Pays-Bas autrichiens, d'une nouvelle interrogation à propos de l'humanisation de la justice.

Le 7 août 1765, le gouverneur général, Charles de Lorraine, beau-frère de l'impératrice Marie-Thérèse, envoie aux conseils de justice des différentes provinces une lettre circulaire demandant leur avis sur la torture[15]. Si le conseil de la petite province de Gueldre[16] se déclare partisan de l'abolir, et celui du comté de Hainaut partagé, toutes les autres provinces plaident pour le *statu quo*. Au début de l'année 1771, le ministre plénipotentiaire Georges Adam de Starhemberg, excipant du cas d'une torture pratiquée sur un suspect de façon pratiquement ininterrompue pendant près de vingt-quatre heures, demande un rapport au conseil privé. C'est le conseiller Goswin de Fierlant (1735-1804)[17], gendre du chef-président du conseil Patrice-François de Neny[18], qui se voit confier cette tâche. Se référant notamment à Montesquieu et Beccaria et désireux de traiter à fond la question des réformes à faire en matière de procédure criminelle et de justice pénale, de Fierlant remet donc au conseil, le 13 avril 1771, ses *Observations sur l'insuffisance et les inconvéniens des peines afflictives et les avantages qu'il y aurait à les remplacer par des maisons de force*[19]. Ce document est également transmis, pour avis, aux conseils de justice des provinces.

---

[14] Claude Bruneel, «Le droit pénal et son application dans les Pays-Bas autrichiens: les hésitations de la pratique (1750-1795)», in: *Etudes sur le XVIIIᵉ siècle*, Bruxelles, 1986, t. 13, p. 37.

[15] Eugène Hubert, *La Torture aux Pays-Bas autrichiens pendant le XVIIIᵉ siècle. Son application. Ses partisans et ses adversaires. Son abolition*, Bruxelles, Lebègue, 1896-1898.

[16] La Gueldre autrichienne était la région comprise entre Ruremonde (Roermond en néerlandais), et Venlo, actuellement en Limbourg hollandais.

[17] Claude Bruneel et Jean-Paul Hoyois, *Les Grands commis du gouvernement des Pays-Bas autrichiens. Dictionnaire biographique du personnel des institutions centrales*, Bruxelles, 2001, p. 255-257. Une abondante bibliographie relative à ce haut fonctionnaire y est mentionnée.

[18] Bruno Bernard, *Patrice-François de Neny (1716-1784). Portrait d'un homme d'État*, Bruxelles, Éditions de l'Université de Bruxelles, 1993.

[19] Jan Willem Bosch, «Beccaria et Voltaire chez Goswin de Fierlant et quelques autres juristes belges et néerlandais», in: *Revue d'Histoire du Droit*, XXIX (1961), p. 1-21.

En véritable pénaliste – il sera nommé deux ans plus tard à la tête du grand conseil de Malines, la plus haute juridiction des Pays-Bas autrichiens – il se penche d'abord sur les causes de la criminalité: misère, vagabondage et mendicité. Face à ce constat, et même s'il demeure, contrairement à Beccaria, partisan de la peine de mort dans certains cas[20], il plaide en général pour des peines éducatives plutôt qu'afflictives. En effet, écrit-il, il faut se mettre à la place «des gens de la lie du peuple» et comprendre que «l'humiliation qui, pour nous, ajouterait infiniment à la peine des travaux est nulle pour eux». Les placer en détention et leur apprendre à travailler de leurs mains afin qu'ils puissent gagner leur vie lui paraît donc, dans la plupart des cas, la solution la plus sage. Comme Beccaria, il pense que la justice n'a pas à sanctionner l'intention délictueuse ou criminelle – celle-ci relève plutôt du confessionnal – mais seulement ses conséquences. Il faut d'abord protéger la société de la récidive.

A cette époque[21], la détention criminelle de longue durée n'est pas encore entrée dans les mœurs. Certains délinquants sont en effet détenus, pour de brèves périodes, à Bruxelles, Gand, Bruges ou Froidmont près de Tournai, mais il sont peu nombreux car «on ne reçoit que des gens qui paient pension, laquelle même est assez forte»[22], et il n'y a, pour tout le territoire des Pays-Bas, que quelques dizaines de places. L'incarcération n'est pratiquement jamais appliquée aux criminels et meurtriers convaincus, lesquels sont le plus souvent simplement punis de peines corporelles publiques, suivies parfois de bannissement, ou bien exécutés, ou parfois graciés. Pour la plupart des autres délits, la peine la plus courante demeure l'amende. Il n'existe donc pas encore de «système carcéral» au sens que ce mot prendra partout en Europe au XIXe siècle. Et c'est bien l'instauration de celui-ci que réclame de Fierlant, sous la forme d'une «maison de force» dans laquelle les prisonniers seraient mis au travail forcé.

Dès 1749, le comte Jean-Jacques-Philippe Vilain XIIII[23] avait émis des idées semblables dans un mémoire adressé sans succès aux États de

---

[20] Jan Willem Bosch, «Beccaria et Voltaire», p. 6-7: «lorsque la conservation du corps politique la rend nécessaire, mais aussi dans tous les cas où la sûreté et le repos des individus qui composent ce corps l'exigent.»

[21] Claude Bruneel, «Le droit pénal», in: *Études sur le XVIIIᵉ siècle*, vol. 13, p. 35-66

[22] Patrice-François de Neny, 1764, Archives générales du Royaume, Bruxelles, Secrétairerie d'Etat et de guerre, 1344, f° 99.

[23] Prononcer «Vilain quatorze». Piet Lenders, *Vilain XIIII*, Leuven, Davidsfonds, 1995, 127 pages (en néerlandais). En français, en l'absence d'études récentes, consulter la notice de Frans van Kalken dans la *Biographie nationale de Belgique*, Bruxelles, 1936-1938, t. 26, p. 742-749.

Flandre. Alors bourgmestre de la petite ville d'Alost, non loin de Bruxelles, il avait en effet assisté à de graves émeutes provoquées par la misère, elle-même issue de l'analphabétisme et du chômage. Eduquer et donner une formation professionnelle aux indigents dans des institutions spécialisées où on les enfermerait, lui avait donc semblé une mesure de salut public, si l'on voulait éviter de voir se reproduire les troubles sociaux, et améliorer la situation économique et sociale du pays. Devenu, en 1755, grand bailli de la ville de Gand et président des États de Flandre, il apprend, début 1771, que la réforme de la justice pénale est à l'ordre du jour dans les cercles gouvernementaux. Dès février 1771, il propose donc à nouveau aux Etats de sa province d'examiner la question de l'érection d'une «maison de correction» ou «hôpital général» où mendiants, délinquants et criminels seraient enfermés pour un an au moins. Dans son *Mémoire sur les moyens de corriger les malfaiteurs et fainéants à leur propre avantage et de les rendre utiles à l'État*, il suggère de construire à Gand une maison de force où les prisonniers seraient à la fois éduqués et contraints au travail, ce qui permettrait de remédier définitivement aux problèmes suscités par la mendicité et d'amender les criminels. Car, écrit-il, «les peines ne changent point [l'homme] et ne remédient à rien». Il parvient à convaincre les autorités et la construction de la maison de force de Gand est achevée en 1773. Publié en 1775, le mémoire de Vilain XIIII est discuté dans tout l'Empire, et la prison de Gand, à laquelle il a donné un plan en étoile, deviendra bientôt un modèle pour de nombreuses maisons carcérales à travers toute l'Europe.

Au conseil privé également, on suit avec faveur cette évolution. Le chef-président de Neny approuve pleinement les idées de de Fierlant, dont il a favorisé la promotion à la tête du grand conseil de Malines. Plaidant pour la proportionnalité des peines, et l'abolition de la marque, dont la flétrissure ineffaçable «rend un homme totalement inutile à l'Etat», et de la torture «qui met l'innocence en danger de succomber»[24], il est lui aussi favorable à l'érection d'une «maison de correction» en Brabant. La discussion achoppe ici sur la question financière[25]. En effet, si la souveraine a formellement accepté, en 1771, de céder le château de Vilvorde, au nord de Bruxelles, en vue d'y ériger une maison de force, elle considère que les dépenses y afférentes doivent être à la charge des États du duché de Brabant. Après avoir quelque peu tergiversé, ceux-ci

---

[24] Archives générales du Royaume [AGR], Bruxelles, Conseil privé autrichien, carton 67A, dossier 484, f° 215-218.
[25] Sur ce dossier, voir AGR, Conseil privé autrichien, carton 1278B.

en acceptent le principe en mai 1772, et prévoient d'accueillir deux mille prisonniers dans le nouvel établissement. Le 20 juillet 1773, l'autorisation de Marie-Thérèse est officiellement communiquée aux États par le gouvernement. La prison de Vilvorde n'ouvrira cependant qu'en 1779.

Pendant ce temps, Goswin de Fierlant s'est attelé à la rédaction d'un nouveau code criminel. En 1778, il met au net ses *Premières idées sur la réforme des loix criminelles*, un texte qui doit servir de base aux réflexions du gouvernement des Pays-Bas autrichiens. Mais suite à l'accession au pouvoir, en 1780, de l'empereur Joseph II et à son voyage dans les Pays-Bas en 1781[26], c'est finalement le chancelier de Brabant et président du tribunal du duché, Joseph de Crumpipen (1737-1809)[27] qui est chargé par l'empereur de préparer une refonte complète du code criminel en s'inspirant de l'*Allgemeine Gerichtsordnung*, édictée le 1er mai 1781 à Vienne[28]. Pour le seconder, une commission est constituée où se retrouvent notamment Goswin de Fierlant, le conseiller privé Jacques-Antoine Le Clerc[29], qui a repris ses dossiers de justice au conseil après son départ pour Malines, ainsi que le conseiller du conseil de Brabant Jean-Baptiste de Robiano (1741-1820)[30].

S'appuyant sur les travaux de de Fierlant, qui s'attache jusqu'en 1782 à perfectionner ses *Premières idées sur la réforme des loix criminelles*, de Robiano rédige, sous le contrôle de de Crumpipen, les *Cinq premières parties du projet de la nouvelle ordonnance criminelle*[31], que le secrétaire d'État et de guerre remet en 1785 aux gouverneurs généraux Albert de Saxe-Teschen et Marie-Christine de Habsbourg. S'étant, déclare-t-il, «dépouillé de tout préjugé», l'auteur a cherché à «suivre les règles du

---

[26] Eugène Hubert, *Le Voyage de l'empereur Joseph II dans les Pays-Bas (31 mai 1781-27 juillet 1781). Etude d'histoire politique et diplomatique*, Bruxelles, Lebègue, 1899-1900, et *Le Voyage de Joseph II dans les Pays-Bas autrichiens, 1781. Catalogue de l'exposition organisée par A.M. Reinquin, G. Van Bockstaele, M. Wynants. Bruxelles, Archives générales du Royaume, 24 septembre-19 décembre 1987*, Bruxelles, 1987.

[27] Jean-Luc Petit, «Joseph de Crumpipen (1737-1809). Les idées d'un haut fonctionnaire et magistrat des Pays-Bas autrichiens sur la justice de son temps», in: *Revue d'Histoire du Droit*, Bruxelles, vol. 54, n° 3 (1986), p. 127-147.

[28] Sur les développements en matière de justice pendant les années 1780-1787, voir Eve-Marie Tesch, «La réforme de la justice de l'empereur Joseph II dans les Pays-Bas autrichiens. Le séjour à Bruxelles du baron Karl Anton von Martini», in: Bruno Bernard (éd.), *Bruxellois à Vienne, Viennois à Bruxelles*, Bruxelles, Éditions de l'Université de Bruxelles, 2004, p. 113-161.

[29] Steve Jacob, «Jacques-Antoine Le Clerc (1731-après 1797). Un fonctionnaire au service d'une politique réformatrice», in: *Etudes sur le XVIIIe siècle*, Bruxelles, 1999, t. 27, p. 244-357.

[30] Claude Bruneel et Jean-Paul Hoyois, *Les Grands commis*, p. 534-535.

[31] AGR, Conseil privé autrichien, carton 649A.

droit de la nature, celle d'une sage philosophie et le vœu de l'humanité». Il propose notamment de faire passer de un à deux le nombre de juges-commissaires en charge d'une instruction; d'accorder à tout justiciable le droit à un avocat; d'abolir purement et simplement l'extorsion d'aveux par la torture; d'organiser la détention préventive en résidence surveillée plutôt qu'en prison; enfin, de rendre l'appel d'un jugement possible dans tous les cas.

Afin de mieux coordonner l'application dans ses différents états des nouvelles ordonnances criminelles inspirées de l'*Allgemeine Gerichtsordnung*, Joseph II fait d'abord venir à Vienne le conseiller privé Le Clerc, puis le renvoie à Bruxelles en novembre 1786, accompagné du baron Karl-Anton von Martini[32], un juriste, professeur à l'université de Vienne, qui est chargé de superviser la mise en place des nouveaux codes dans les Pays-Bas. Une fois sur place, Martini se rend bien vite compte que l'application de la nouvelle législation est extrêmement difficile, en raison de l'hétérogénéité juridique des différentes principautés et de la frilosité générale de la magistrature à l'égard de toute réforme. Seuls, constate-t-il, les membres du gouvernement y sont réellement favorables. A son habitude, l'empereur décide de passer outre et ordonne l'application pure et simple dans les Pays-Bas, au 1er janvier 1787, de l'*Allgemeine Gerichtsordnung*. Soixante-douze tribunaux de première instance devront être mis sur pied, tandis que deux cours d'appel siègeront à Bruxelles et Luxembourg. Les conflits de juridiction entre ces tribunaux seront tranchés par un tribunal supérieur. La torture est abolie. En raison de l'opposition des magistrats, dont la résistance prépare ce qui deviendra en 1789 la Révolution brabançonne[33], aucune de ces mesures ne pourra cependant réellement entrer en vigueur.

Certes, on l'a vu, il y a dans les Pays-Bas des esprits éclairés, mais il faut bien dire qu'en dehors des milieux gouvernementaux, ils sont fort peu nombreux. L'Eglise catholique pèse de tout son poids, de même que les milieux très conservateurs des corporations dans les villes et des seigneurs à la campagne, même si quelques exceptions viennent nuancer le tableau. La Révolution brabançonne, qui s'annonce à partir de 1787 et que certains préparent d'ailleurs activement dès ce moment, éclate

---

[32] Michael Hebeis, *Karl Anton von Martini (1726-1800)*, Frankfurt-Berlin-Bern etc., Peter Lang, 1996, et Eve-Marie Tesch, «La réforme de la justice», p. 115-121.

[33] Henri Pirenne, Jeroom Vercruysse, *Les États Belgiques Unis. Histoire de la révolution belge de 1789-1790*, Bruxelles, 1992, et Bruno Bernard, Robert Maskens, *La Révolution brabançonne et les États Belgiques Unis (1789-1790)*, Bruxelles, *Historia Bruxellæ*, Ville de Bruxelles, 2003.

finalement en août 1789, quelques semaines seulement après la prise de la Bastille. Mais si elle se place d'une certaine façon dans le sillage des grandes révolutions américaine et française – notamment parce que ses leaders se servent parfois, pour lutter contre l'arbitraire du souverain, d'un langage assez similaire à celui des *Insurgents* –, il s'en faut de beaucoup, ainsi que l'a par exemple bien montré Hervé Hasquin[34], que ses objectifs soient les mêmes. Au contraire, ce sont les mesures progressistes de l'empereur Joseph II que l'on veut abolir et la restauration du «bon règne de l'impératrice Marie-Thérèse» est l'objectif proclamé du parti dominant, celui des Statistes, qui l'emportera finalement.

Dans ce contexte, la place de Voltaire au sein des Lumières dans les Pays-Bas autrichiens est assez contingentée. Certes on admire le brio du poète, de l'auteur dramatique et du conteur. Mais on goûte peu en général ses saillies anticléricales ou la virulence de ses combats contre l'arbitraire; et beaucoup estiment sans doute, comme le chef-président de Neny, après avoir lu en 1767 l'*Essai sur les mœurs*, qu'il «casse les vitres sans ménagement et est trop à découvert pour séduire»[35]. Si le chef-président partage sans doute certaines des idées et des critiques émises par le patriarche de Ferney, du moins pense-t-il que plus de prudence s'imposerait de sa part dans leur expression.

---

[34] Hervé Hasquin, «La Révolution brabançonne ou quand l'histoire marche à reculons», in: Roland Mortier et Hervé Hasquin (éd.), *Unité et diversité de l'empire des Habsbourg à la fin du XVIIIe siècle*, Bruxelles, Université Libre de Bruxelles, 1988, p. 165-171.

[35] Rijksarchief Utrecht, *Port-Royal*, 2437, Correspondance Neny-Dupac de Bellegarde, Neny à Dupac le 22 septembre 1767.

LES AUTEURS

Antoine ASTAING est agrégé des Facultés de Droit, et Professeur à la Faculté de Droit de Nancy. Il est l'auteur de différentes et de nombreuses contributions en histoire du droit criminel depuis la publication de sa thèse de Docteur en droit (1996): *Droits et garanties de l'accusé dans le procès criminel d'Ancien Regime (XVI-XVIIIᵉ siècles* (Aix-Marseille, 1999), pour laquelle il reçut le Prix Viard de l'Académie française.

Gilles BANDERIER, Docteur-ès-Lettres, co-éditeur de *La Lyre jésuite* (1999), s'intéresse aux rapports entre littérature, théologie et histoire des idées. On lui doit la découverte de plusieurs inédits d'Agrippa d'Aubigné, des rééditions de textes anciens (Desmarets de Saint-Sorlin, Hédelin d'Aubignac, dom Idelfonse Cathelinot, La Chapelle), ainsi que de nombreux articles sur la littérature française d'Ancien Régime.

Paul BENHAMOU est Professeur émérite de littérature française à Purdue University, West Lafayette, Indiana (USA). Ses recherches portent sur la presse périodique d'Ancien Régime, les antiphilosophes, l'histoire du livre, et les cabinets de lecture. Ses plus récentes publications sont: «Rhétorique de l'article dans *La Nouvelliste du Parnasse* de l'abbé Desfontaines», dans *Érudition et polémique dans les périodiques anciens* (Reims, 2007), et «Diffusion of forbidden books: four case studies» (*SVEC*, 2005: 12, 2005).

Bruno BERNARD, Co-Directeur du Groupe d'Étude du XVIIIᵉ siècle de l'Université libre de Bruxelles, est spécialiste de l'étude de l'histoire politique, religieuse et socioculturelle. Il a notamment publié (1993) un ouvrage tiré de sa thèse de doctorat: *Patrice-François de Neny (1716-1784). Portrait d'un homme d'État*. Ses recherches les plus récentes portent sur l'histoire des minorités et des contacts entre peuples au XVIIIᵉ siècle, ainsi que sur la période révolutionnaire en Belgique (1787-1795). Il a également – avec plus de 35 entrées – collaboré à la rédaction du *Dictionnaire général de Voltaire* (Paris, 2003).

Frédéric BIDOUZE, maître de conférences en Histoire moderne à l'Université de Pau, a publié notamment *Les Remontrances du parlement de*

Navarre au XVIIIᵉ siècle: essai sur une culture politique en province au siècle des Lumières (Biarritz, 2000), et *Les Parlementaires, les Lettres et l'Histoire au siècle des Lumières* (Pau, 2008). Par ailleurs ses recherches portent tout particulièrement sur le discours politique, littérature clandestine et représentation parlementaire.

Nathalie BORELLO, agrégée d'Histoire, maître de conférences en Histoire moderne à l'Université de Haute Alsace, est diplômée de l'Institut d'Études Politiques d'Aix-en-Provence. Elle a soutenu une thèse nouveau régime à l'Université d'Aix-Marseille I: *Les Protestants de Provence au XVIIᵉ siècle* (Paris, 2004). Ses travaux portent sur l'identification confessionnelle, l'identité protestante et l'histoire réformée du XVIIᵉ et XVIIIᵉ siècle. Elle poursuit ses recherches sur les rapports interconfessionnels entre les deux branches chrétiennes, catholique et protestante, du XVIIᵉ au XIXᵉ siècle.

Hubert BOST, professeur à la Faculté libre de Théologie protestante de Montpellier (1986-2003), et Directeur du Centre d'étude du XVIIIᵉ siècle (Université Paul Valéry-Montpellier III, 1999-2002), est Directeur d'études à l'École Pratique des Hautes Études (Paris-Sorbonne). Spécialiste du protestantisme européen de la Réforme aux Lumières, il a publié plusieurs livres sur Pierre Bayle (2 en 1994, 2 en 2006), et co-dirige, avec Claude Lauriol, l'édition de la *Correspondance générale de La Beaumelle* (4 volumes parus: 2006, 2006, 2007 et 2008, Oxford, The Voltaire Foundation).

Sébastien CHARLES est Professeur agrégé de philosophie à l'Université de Sherbrooke (Canada), où il dirige le laboratoire de recherche sur la pensée moderne. Ses propres recherches portent sur l'idéalisme et le scepticisme à l'Âge classique: *Berkeley dans la pensée des Lumières. Immatérialisme et scepticisme au XVIIIᵉ siècle* (Vrin, 2003); *Épistémologie et Science selon Berkeley* (Laval, 2004); *Scepticisme et Lumières* (Saint-Étienne, 2005); *Bonheur et volonté dans le cartésianisme*: L'Art de vivre heureux *du Pseudo-Amelie* et du Traité de la volonté *de Claude Ameline* (Vrin, 2008).

Nicholas CRONK, Professeur à l'Université d'Oxford, est Directeur de la Voltaire Foundation, et de l'édition des *OCV* où il a publié une dizaine de textes, dont par exemple *L'Anti-Giton*, et l'*Épître à Horace*. Il a publié *The Classical Sublime: French neoclassicism and the language of literature* (Rookwood, 2002), et a édité d'importants textes et recueils: Voltaire, *Letters concerning the English Nation* (Oxford, 1994); *Études sur le* Traité sur la tolérance (Oxford, 2000); *The Cambridge Companion to Voltaire* (Cambridge, 2009); et en compagnie de Christiane Mervaud: *Les Notes de Voltaire* (Oxford, 2003), les *Questions sur l'Encyclopédie* (*OCV*, t. 38, 2007; t. 39, 2008).

Nicole DYONET, maître de conférences honoraire de l'Université d'Orléans, disciple de Robert Mandrou, a – dans de nombreuses publications – abordé l'exploitation des archives judiciaires d'Ancien Régime dans des domaines très divers: sensibilité au vol dans le Berry rural du XVIIIᵉ siècle; relations de droit et relations de fait entre les officiers de maréchaussée et les justices seigneuriales; les officiers de maréchaussée et les villes au XVIIIᵉ siècle; le personnel judiciaire «moyen»; police et migrants; justice militaire; police générale du royaume au XVIIIᵉ siècle. Elle prépare une étude sur Daniel Jousse, le célèbre jurisconsulte du présidial d'Orléans.

Graham GARGETT, Professeur à l'Université d'Ulster (Irlande du Nord), est spécialiste des rapports entre philosophie et protestantisme «éclairé» au dix-huitième siècle. En dehors de nombreux articles sur les Lumières, il est l'auteur de *Voltaire and Protestantism* (Oxford, 1980), et *Jacob Vernet, Geneva and the philosophes* (Oxford, 1994). Depuis quelques années, il s'intéresse aussi à l'influence française dans l'Irlande du dix-huitième siècle, ayant édité, avec Geraldine Sheridan, *Ireland and the French Enlightenment, 1700-1800* (London, 1999). Il a été élu Member of the Royal Irish Academy en 2006.

James HANRAHAN, doctorant à l'Université d'Édimbourg (2003-2006), maître de conférences à NUIM (National University of Ireland, Maynooth) où il enseigne au Département de français, s'intéresse à la culture politique de l'Ancien Régime et aux stratégies d'écriture des philosophes. Il prépare une édition critique des divers écrits de Voltaire en faveur du pays de Gex pour les *OCV*. Sa thèse sur les relations entre Voltaire et les parlements, soutenue à l'Université d'Édimbourg en 2007, va paraître en 2009 dans la série des *SVEC* (Voltaire Foundation).

Gérard LAUDIN, Professeur à l'Université de Paris IV-La Sorbonne, spécialiste du XVIIIᵉ siècle allemand (théâtre; histoire des idées; philosophie de l'histoire et théories politiques – voir, par exemple, *L'Œuvre de Johan*

Anton Leisewitz, Frankfurt, Peter Lang, 1991; *Représentations de l'Histoire*, Cologne, 1993, etc.) – a consacré également plusieurs études aux transferts culturels entre la France et l'Allemagne, et à la réception de Voltaire dans le Saint Empire.

Claude LAURIOL, Professeur émérite à l'Université Paul Valéry-Montpellier III et ancien co-directeur du Centre d'étude du XVIIIe siècle de Montpellier, a collaboré à la grande biographie *Voltaire en son temps*, et contribue à l'édition critique des *Œuvres complètes de Voltaire*. Il est l'auteur de quatre volumes sur La Beaumelle, le dernier est paru en 2008 chez Champion sous le titre: *Études sur La Beaumelle*. En collaboration avec Hubert Bost et Hubert Angliviel de La Beaumelle, il édite à la Fondation Voltaire (Oxford) la *Correspondance générale de La Beaumelle* (4 volumes sont publiés à ce jour).

Florence MAGNOT, ancienne élève de l'École Normale Supérieure, et agrégée de Lettres, est maître de conférences à l'Université Paul Valéry-Montpellier III où elle enseigne la littérature du XVIIIe siècle. Membre de l'Institut de Recherche sur la Renaissance, l'Âge classique et les Lumières, elle est l'auteur de *La Parole de l'autre dans le roman-mémoires* (Peeters, 2004) ainsi que de nombreux articles sur le roman du XVIIIe siècle.

Anne-Marie MERCIER-FAIVRE, Professeure à l'Université de Lyon I (IUFM), co-dirige avec Chantal Thomas le groupe de recherches XVIIIe siècle (UMR 5611: CNRS-Lyon II). Auteur d'une thèse sur *Un Supplément à l'Encyclopédie: le Monde primitif de Court de Gébelin* (Champion, 1999), elle travaille sur l'histoire des idées; la tolérance; la presse; la notion de catastrophe (*L'Inventaire de la catastrophe au XVIIIe siècle*, co-dirigé avec Chantal Thomas, à paraître chez Droz) et le genre des «vies privées» (*Inventaire des vies privées*, en collaboration avec Chantal Thomas et Olivier Ferret, ouvrage en préparation).

Christiane MERVAUD, Professeur émérite de l'Université de Rouen, Présidente de la Société des Études voltairiennes (2000-), a publié *Voltaire et Frédéric II. Une dramaturgie des lumières, 1736-1778* (Oxford, 1985); *Voltaire en toutes lettres* (Paris, 1991); *Voltaire à table* (Paris, 1998). Elle a participé à la biographie de Voltaire dirigée par René Pomeau, *Voltaire en son temps* (tome 3, Oxford, 1991: rédaction des chapitres 3-11, 16). Présidente d'honneur du Comité éditorial des *OCV*, elle a dirigé l'édition critique du *Dictionnaire philosophique* (t. 35-36, Oxford, 1994), et co-dirige avec Nicholas Cronk l'édition critique des *Questions sur l'Encyclopédie* (t. 38, 2007; t. 39, 2008). Elle a édité d'importants ouvrages collectifs concernant Voltaire (1985; 1997; 2003) et a rédigé de nombreux articles sur lui parus dans des Dictionnaires, des revues ou des Actes de colloque.

Hervé PIANT, professeur agrégé et Docteur en histoire, chercheur associé à l'UMR 5605, est notamment l'auteur de: *Une Justice ordinaire: Justice civile et criminelle dans la prévôté royale de Vaucouleurs* (Rennes, 2006: Prix Erckmann-Chatrian, 2006). Il a co-édité avec Benoît Garnot, Eric Wenzel et Pascal Bastien, *La Justice et l'Histoire: sources judiciaires à l'époque moderne* (Breal, 2006). Il est également l'auteur de nombreux articles sur l'histoire de la justice à l'époque moderne.

Stéphane PUJOL, ancien élève de l'École Normale Supérieure de Saint-Cloud, agrégé de Lettres Modernes, est maître de conférences à l'Université de Paris X – Nanterre. Il a notamment publié, avec Ernest Sturm, une édition des *Œuvres* de Crébillon fils (François Bourin, 1992), et a collaboré au volume consacré aux *Contes et romans* de Diderot dans la Bibliothèque de la Pléiade (Gallimard, 2004). Il est également, en dehors d'articles parus dans des périodiques savants, l'auteur d'une étude sur *Le Dialogue d'idées au dix-huitième siècle* (Oxford, 2005), et d'un chapitre consacré à la prose d'idées dans l'*Histoire de la France littéraire* (PUF, 2006).

John RENWICK, ancien élève d'Oxford (St Catherine's College), titulaire de la Chaire John Orr de langue et littérature françaises à l'Université d'Édimbourg (1980-2006), est notamment l'auteur de cinq monographies sur Chamfort, Marmontel et Voltaire, de quarante-cinq éditions critiques pour les *OCV* (dont *Brutus; Traité sur la tolérance; Les Guèbres; Histoire du parlement de Paris; Essai sur les probabilités en fait de justice*), d'éditions critiques de catalogues de bibliothèque (Massillon; Espinchal; le Collège de l'Oratoire de Riom) ainsi que de nombreux articles sur différents apects des Lumières. Membre du Comité Éditorial des *OCV*, il est également Fellow of the Royal Society of Edinburgh.

Otto SELLES, diplômé de McMaster University et de l'Université de Paris IV–La Sorbonne, est Professeur de français à Calvin College (Grand Rapids, Michigan, EU). Sa thèse, publiée chez Champion (2002), présente une édition critique du *Patriote français et impartial*, un *«Traité sur la tolérance»* rédigé par le pasteur Antoine Court en 1751-1753. Il a également publié des travaux sur Pierre Bayle, Maximilien Misson et Voltaire. En ce moment il fait des recherches sur les «Multipliants», une secte huguenote fondée à Montpellier au début des années 1720, et sur le concept de tolérance dans les débats politiques, religieux et sociaux du monde contemporain.

Gerhardt STENGER, maître de conférences de littérature française à l'Université de Nantes, travaille sur l'histoire des idées de l'Âge classique. Il est l'auteur de *Nature et liberté chez Diderot: Après l'Encyclopédie* (Universitas, 1994), et a co-édité, avec Béatrice Fink, *Être matérialiste à l'Âge des Lumières: Hommage offert à Roland Desné* (PUF, 1999). Collaborateur aux éditions des *Œuvres Complètes* de Voltaire, et de Diderot, il a publié en 2006 une nouvelle édition critique des *Lettres philosophiques* et des *Derniers écrits sur Dieu* de Voltaire (Garnier-Flammarion)

Françoise TILKIN enseigne l'analyse textuelle et la littérature des XVIIᵉ et XVIIIᵉ siècles à l'Université de Liège dont elle co-dirige le Groupe d'étude sur le XVIIIᵉ siècle. Elle s'intéresse particulièrement aux techniques narratives, et plus spécialement au récit de paroles, dans le conte, la nouvelle ou le roman du XVIIIᵉ siècle. C'est ainsi qu'elle achève une étude sur le récit de paroles dans les contes de Voltaire. Elle a aussi donné, seule ou en collaboration, des éditions critiques dans les *Œuvres Complètes* de Benjamin Constant (Tübingen, Niemeyer).

Brigitte WELTMAN-ARON, ayant obtenu un Doctorat de 3ᵉ cycle (Paris III) et un Ph.D de l'University of Southern California, est Associate Professor of French, à l'University of Florida. Elle est l'auteur de *On Other Grounds: Landscape gardening and nationalism in Eighteenth-century England and France* (SUNY Press, 2001) et de nombreux articles publiés dans, par exemple, *SVEC, L'Esprit créateur, Romanic Review, Yale French Studies*, etc. Spécialiste essentiellement de la littérature du XVIIIᵉ siècle, son projet de livre actuel s'intéresse toutefois aux écrivains contemporains: Hélène Cixous et Assia Djebar.

INDEX DES NOMS

(Ont été retenus tous les noms (sauf ceux des éditeurs, trop récurrents) figurant dans les articles et les notes infrapaginales).

Boswell (James): 88n
Bouchilloux (Hélène): 158n
Bouchu (Claude): 29
Bouhours (R.P. Dominique): 319
Boulainvilliers (Henri, comte de): 152
Boulanger (Nicolas-Antoine): 329, 339
Boulhol (Pascal): 63n
Bouniol de Montégut (l'abbé Antoine-François): 81
Bourdin (Isaac): 28
Bourgeois de Boynes (Pierre-Étienne): 281n
Brahimi (Denise): 347n, 355n
Brinckmann (Johann Peter): 335n
Brooke (Sir Richard): 15
Brossault (Colette): 380nn
Brosses (le président Charles de): 39, 339n
Bruneau le Noir: 406
Bruneel (Claude): 446nn, 447n, 449n
Brunetière (Ferdinand): 84, 84n
Budé de Boissi (ou Budé-Boisi; Isaac): 211, 215, 221
Buisson (l'un des 'Natifs'): 203
Burigny (Jean Lévesque de): 339n
Burlamaqui (Jean-Jacques): 152
Busenet (ou Buzenot; François): 264, 265, 266, 267, 269, 271, 272
Byng (Admiral John): 88n

Cabardet (Pierre Peyre): 26
Calanus le brachman: 146
Calas (Anne-Rose Cabibel, Mme): 174, 175, 177, 178, 179, 180, 181, 221, 306
Calas (Donat): 174, 175, 178, 179, 180, 181
Calas (Jean, et l'affaire Calas): 9, 10, 11, 12, 65, 66, 67, 79, 83, 84, 85, 87, 90, 92, 93, 94, 96, 101, 110, 119, 137, 152, 173, 177, 179n, 180, 184, 185, 187, 193, 204, 212, 214, 215, 254, 271, 278, 279, 285, 295, 305, 306, 317, 319, 320, 325, 326, 359, 359n, 368, 376, 387, 389n, 391, 427, 429, 444
Calas (Louis): 180

Calas (Marc-Antoine): 178, 180, 181, 306, 326
Calas (Nanette): 214
Calas (Pierre): 174, 175, 178, 179, 180, 181
Calmet (dom Augustin): 14, 36-53, 54n
Calvin (Jean): 62, 107, 190, 203, 208, 328, 328n
Camp (Mlle): 14n
Capet (Hugues): 51
Capra (Carlo): 444n
Carbasse (Jean-Marie): 415n, 423n, 431n, 433n, 436n
Cassan (Michel): 27n, 414n
Cassen (Pierre): 182
Castelot (André): 10n
Catherine II de Russie: 128n, 288, 294, 390
Caussy (Fernand): 198n
Caveirac (l'abbé Jean Novi de): 77, 78, 79, 81, 99n, 106, 107, 110, 112-113, 115
Ceitac (Jane): 189n, 190n, 202n, 204, 206, 207
Cerfvol (chevalier de): 392
César: 170, 282
Chabannes (Joseph-Gaspard-Gilbert de): 68-69, 70, 73, 79, 80
Chamillart (Michel de): 212
Chapeaurouge (les): 192
Charlemagne: 44, 45, 51
Charles (Sébastien): 6, 454
Charles de Lorraine: 446
Charles Quint: 444n
Charles VI (l'empereur): 322, 443, 445
Charpentier (John): 84
Charron (Pierre): 426
Chassaigne (Marc): 10nn, 84
Châtelet (Mme Du): 40, 65, 233n, 443
Châtillon (Charles-Alexis, duc de): 279
Chaudon (dom Louis-Mayeul): 40n, 104, 107
Chaudron (Michelle): 401
Chauvelin (Germain-Louis): 279

INDEX DES OUVRAGES ET PÉRIODIQUES

La République des Lettres
Collection dirigée par Jan Herman.

1. M. Bokobza Kahan, *Libertinage et Folie dans le roman du XVIIIe siècle*, 2001.
2. F. Rosset et D. Triaire (éds.), *De Varsovie à Saragosse: Jean Potocki et son œuvre*, 2001.
3. J. Herman, P. Pelckmans et F. Rosset (éds.), *Le manuscrit trouvé à Saragosse et ses intertextes*, 2001.
4. M. Brix, *Éros et littérature. Le discours amoureux en France au XIXe siècle*, 2002.
5. P. Eichel-Lojkine, *Le siècle des grands hommes. Les recueils de Vies d'hommes illustres avec portraits du XVIème siècle*, 2002.
6. S. van Dijk et M. van Strien-Chardonneau (éds.), *Féminités et masculinités dans le texte narratif avant 1800. La question du 'Gender'*, 2002.
7. J. Wagner (éd.), *Marmontel: une rhétorique de l'apaisement*, 2003.
8. E. Leborgne et J.-P. Sermain (éds.), *Les expériences romanesques de Prévost après 1740*, 2003.
9. J. de Palacio, *Le silence du texte. Poétique de la Décadence*, 2003.
10. J. Cormier, J. Herman et P. Pelckmans (éds.), *Robert Challe: sources et héritages*, 2003.
11. F. Rosset et D. Triaire (éds.), *Jean Potocki - Œuvres I*, 2004.
12. F. Rosset et D. Triaire (éds.), *Jean Potocki - Œuvres II*, 2004.
13. F. Rosset et D. Triaire (éds.), *Jean Potocki - Œuvres III*, 2004.
14. F. Rosset et D. Triaire (éds.), *Jean Potocki - Œuvres IVa*, 2006.
15. F. Rosset et D. Triaire (éds.), *Jean Potocki - Œuvres IVb*, 2006.
16. F. Rosset et D. Triaire (éds.), *Jean Potocki - Œuvres V*, 2006.
17. F. Assaf (éd.), *The King's Crown. Essays on XVIIIth Century Culture and Literature in honor of Basil Guy*, 2005.
18. B. Didier et J.-P. Sermain (éds.), *D'une gaîté ingénieuse. L'histoire de Gil Blas, roman de Lesage*, 2004.
19. N. Ferrand (éd.), *Locus in fabula. La topique de l'espace dans les fictions françaises d'Ancien Régime*, 2004.
20. M. Delaere et J. Herman (éds.), *Pierrot lunaire. Albert Giraud - Otto Erich Hartleben - Arnold Schoenberg. Une collection d'études musico-littéraires / A collection of musicological and literary studies / Eine Sammlung musik- und literaturwissenschaftlicher Beiträge*, 2004.
21. F. Magnot-Ogilvy, *La parole de l'autre dans le roman-mémoires (1720-1770)*, 2004.
22. M. Kozul, *Le corps dans le monde. Récits et espaces sadiens*, 2005.
23. M. Kozul, J. Herman, P. Pelckmans et K. Peeters (éds.), *Préfaces Romanesques*, 2005.
24. C. Martin, *«Dangereux suppléments». L'illustration du roman en France au dix-huitième siècle*, 2005.
25. K. van Strien, *Isabelle de Charrière (Belle de Zuylen). Early Writings. New Material from Dutch Archives*, 2005.
26. D. van der Cruysse, *De branche en branche. Études sur les XVIIe et XVIIIe siècles français*, 2005.
27. A. Duquaire, N. Kremer, A. Eche (éds.), *Les genres littéraires et l'ambition anthropologique au dix-huitième siècle: expériences et limites*, 2005.
28. C. Bel, P. Dumont, F. Willaert (éds.), *«Contez me tout». Mélanges de langue et de littérature médiévales offerts à Herman Braet*, 2006.
29. J. Zufferey, *Le discours fictionnel. Autour des nouvelles de Jean-Pierre Camus*, 2006.
30. A. Principato, *Eros, logos, dialogos. Huit études sur l'énonciation romanesque de Charles Sorel à Germaine de Staël*, 2007.
31. B. Millet, *«Ceci n'est pas un roman». L'évolution du statut de la fiction en Angleterre de 1652 à 1754*, 2007.
32. M. Brunet, *L'appel du monstrueux. Pensées et poétiques du désordre en France au XVIIIe siècle*, 2007.

33. J. de Palacio, *Configurations décadentes*, 2007.
34. J. Herman, K. Peeters, P. Pelckmans (éds.), *Mme Riccoboni. Romancière, épistolière, traductrice. Actes du colloque international Leuven-Antwerpen, 18-20 mai 2006*, 2007.
35. J. Wagner (éd.), *Des sens au sens. Littérature & Morale de Molière à Voltaire*, 2007.
36. G. Missotten, *Don Juan Diabolus in Scriptura. Roman, autobiographie, thanatographie (1800-2000)*, 2009.
37. E. Hénin (éd.), *Les querelles dramatiques à l'Âge classique (XVIIᵉ-XVIIIᵉ siècles)*, 2010.
38. J. Herman, A. Paschoud, P. Pelckmans, F. Rosset (éds.), *L'assiette des fictions. Enquêtes sur l'autoréflexivité romanesque*, 2010.
39. C. Duflo, F. Magnot, F. Salaün (éds.), *Lectures de* Cleveland, 2010.
40. J.M. Losada Goya (éd.), *Métamorphoses du roman français. Avatars d'un genre dévorateur*, 2010.
41. J. Renwick (éd.), *Voltaire. La tolérance et la justice*, 2011.
42. R. Bochenek-Franczakowa, *Raconter la Révolution*, 2011.
43. A. Zagamé, *L'écrivain à la dérobée. L'auteur dans le roman à la première personne (1721-1782)*, 2011.
44. K. van Strien, *Voltaire in Holland, 1736-1745*, 2011.
45. J. Cormier, *«Les Illustres Françaises» apocryphes. L'«Histoire de Monsieur le comte de Vallebois et de Mademoiselle Charlotte de Pontais son épouse» et autres nouvelles*, 2011.
46. M. Escola, J. Herman, L. Omacini, P. Pelckmans, J.-P. Sermain (eds.), *La partie et le tout. La composition du roman, de l'âge baroque au tournant des Lumières*, 2011.

PRINTED ON PERMANENT PAPER • IMPRIME SUR PAPIER PERMANENT • GEDRUKT OP DUURZAAM PAPIER - ISO 9706

N.V. PEETERS S.A., WAROTSTRAAT 50, B-3020 HERENT